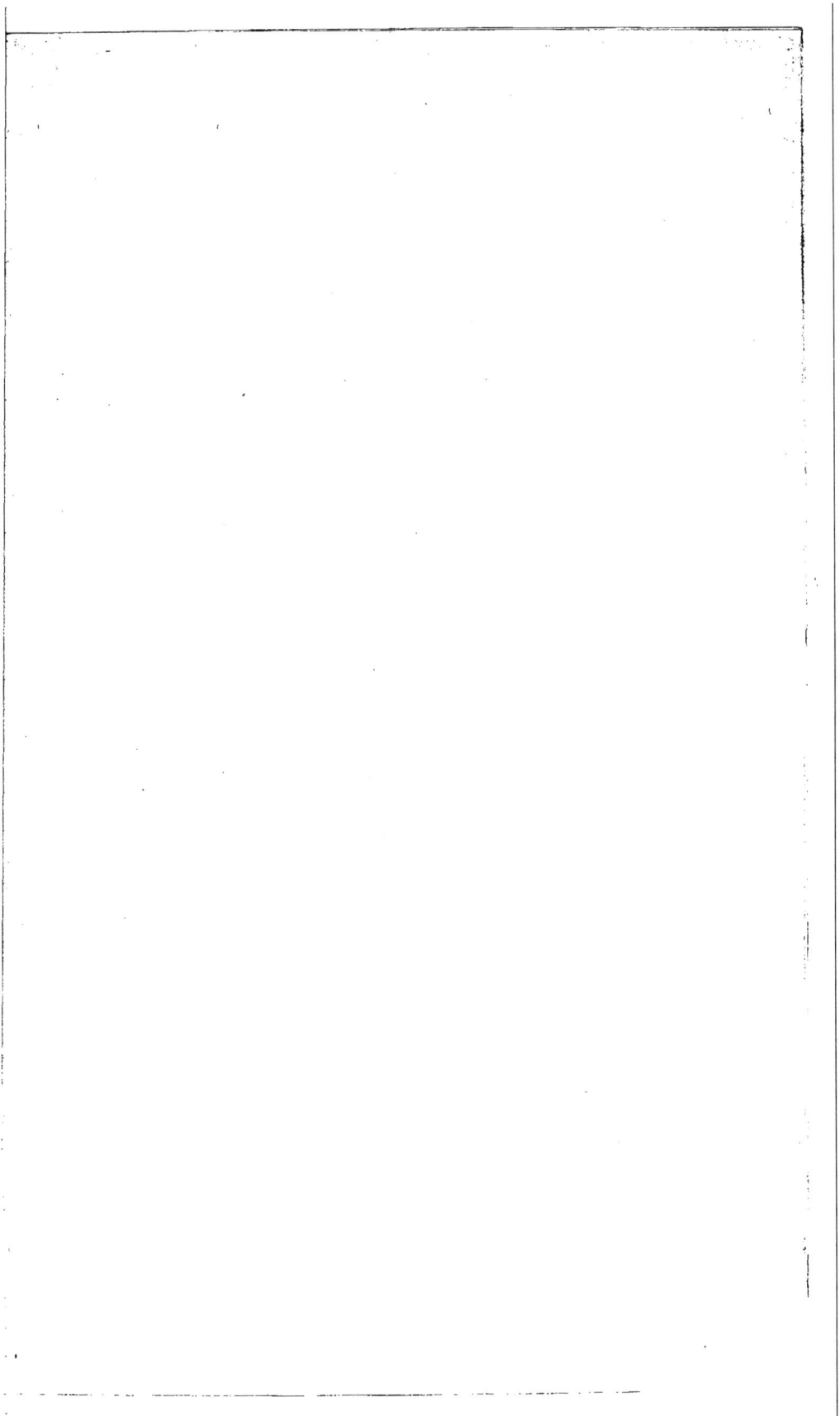

RECUEIL PRATIQUE

DE

LÉGISLATION ET DE JURISPRUDENCE.

ERRATA.

—◆◆◆—

LÉGISLATION.

Page 39 , ligne 35 , *communes*, lisez *communaux*.
— 43 , — 32 , *Art.* 1 , lisez *Art.* 7.
— 48 , — 28 , *le vigilance*, lisez *la vigilance*.
— 85 , — 10, avant *seront* , ajoutez *ces comptes*.
— 112 , dernière ligne , 1831 , lisez 1832.
— 118 , — 9 , *percepteurs*, lisez *précepteurs*.
— 123 , —21 , 11 *avril*, lisez 21 *avril*.
— 128 , — 35 , *quelques*, lisez *quelles que*.
— 193 , —21 . *sect.* 5 , lisez *sect.* 4.
— 205 , — 34 , *imposés*, lisez *imposées*.
— 210 , — 12 , *du mode*, etc., lisez *section* 2. *du mode*, etc.
— 288 , note , ligne 8 , *comptaient* , lisez *comptait*.
— 315 , note , ligne 1 , *procureur-général* , lisez *directeur-général*.
— 326 , — 15 , *rente*, lisez *route*.
— 328 , note , ligne 4 , après *l'Art.* ajoutez 56.
— 329 , — 12 , *tracé* , lisez *alloué*.
— 363 , —28 , *accolements* , lisez *accotements*.
— 372 , —25 , *détruire*, lisez *détourner*.
— 375 , — 27 , *do* , lisez *de*.
— 377 , — 15 , *marchandise*, lisez *maîtrise*.
— 405 , — 5 , *voituriers* , lisez *voitures*.
— 428 , — 36 , 1325 , lisez 1825.

JURISPRUDENCE.

Page 28 , ligne 15 , *n'a pas été dérogé* , lisez *n'a pas dérogé*.
— 74 , — 11 , *imposant* , lisez *impose*.
— 79 , — 42 , *cette* , lisez *recette*.
— 157 , — 11 , *modération* , lisez *réduction*.
— 192 , — 42 , après *seuls* , ajoutez *sont*.
— 192 , — 16 , *proportionnel* , lisez *proportionnelle*.
— 220 , — 24 , *qu'ainsi* , lisez *ainsi*.
— 235 , — 14 , *réputé* , lisez *réputée*.
— 248 , — 1 , *commissionnaires*, lisez *commissaires*.
— 368 , — 10 , 1892 , lisez 1792.
— 425 , — 13 , *délais* , lisez *délai*.
— 451 , dernière ligne , *déclare* , lisez *déclarent*.
— 460 , — 8 , *cessée* , lisez *cessé*.
Table , 2ᵉ partie , chap, 5 , ligne 1 , *mode , jouissance* , lisez *mode de jouissance*.
Idem, paragraphes 1 , 5, 6 , 7 , après *dispositions*, ajoutez *spéciales*.
Idem, 5ᵉ partie , sommaire , *dengereux* , lisez *dangereux*.
Idem, 9ᵉ partie , section 9 , *en pourvoi*, lisez *ou pourvoi*.

—◆◆◆—

RECUEIL PRATIQUE

DE

LÉGISLATION ET DE JURISPRUDENCE,

EN MATIÈRE CONTENTIEUSE ADMINISTRATIVE,

RESSORTISSANT AUX CONSEILS DE PRÉFECTURE,

A L'USAGE DES ADMINISTRATIONS MUNICIPALES, HOSPICES ET AUTRES ÉTABLISSEMENTS PUBLICS;

PAR M. HISSON,

Conseiller de préfecture du département du Doubs, ancien Officier d'artillerie,
Chevalier de la Légion-d'Honneur.

*Grouper les éléments épars de la science administrative,
c'est à la fois éclairer les administrés et abréger le travail
des administrateurs.*

BESANÇON.

LIBRAIRIE DE BINTOT, PLACE SAINT-PIERRE, 2 ET 4.

PARIS.

ÉDOUARD LEGRAND, LIBRAIRE, | THOREL, LIBRAIRE,
QUAI DES AUGUSTINS. | PLACE DU PANTHÉON.

1842.

PRÉFACE.

La doctrine du droit administratif semble, comme celle du droit commun, devoir être puisée à deux sources ; 1° dans les actes législatifs et quelquefois dans ceux du pouvoir exécutif ; 2° dans la jurisprudence établie par les juridictions de l'ordre supérieur.

Mais d'une part, les bases posées dans notre législation sont souvent diffuses, et les principes qu'elle comporte sont d'autant plus difficiles à saisir que la majeure partie de nos lois administratives, teintes de la couleur des diverses formes de gouvernements qui se sont succédé depuis environ un demi-siècle, ont dû nécessairement varier selon les circonstances que faisaient naître les passions qui dominaient les législateurs d'alors. Indépendamment de cette première cause de diffusion, il en est une autre non moins importante ; c'est celle qui résulte de l'usage essentiellement vicieux d'introduire dans les lois nouvelles la formule : « *Toutes les* » *dispositions des lois antérieures qui ne sont pas contraires à la présente* » *demeurent maintenues.* » D'où il suit, pour les fonctionnaires publics, l'obligation de consulter les lois précédemment rendues, pour en extraire les dispositions non abrogées et les coordonner avec celles des lois nouvellement promulguées.

D'une autre part, la jurisprudence présente des difficultés d'application de plus d'un genre ; d'abord en ce qu'elle est très variable sur des objets de nature à peu près identique ; ensuite, parce que les arrêts et décisions rendus soit par le conseil d'état, soit par la cour de cassation, sont, pour ainsi dire, ou ensevelis dans leurs archives ou recueillis en partie, par ordre chronologique, dans de volumineuses collections d'un prix très élevé.

Au surplus, dans ses Questions de droit administratif, M. De Cormenin déclare *qu'il y a impossibilité de codifier la science administrative,* attendu, dit-il, « *que la législation en cette matière n'est qu'un* » *amas incohérent d'articles où tout est confondu, ce qui est de principe et* » *ce qui est purement réglementaire, ce qui est définitif et ce qui est tran-* » *sitoire, ce qui est de choses et ce qui est de personnes ;* puis il ajoute,

» Que la plupart de ces lois nées parmi les impuretés de nos troubles,
» ont péri sans abrogation formelle et par leur propre infamie. »

Ainsi, tandis que l'enseignement des matières de droit civil et une foule de savants commentaires répandent chaque jour et popularisent presque nos Codes, la science si vaste, si compliquée du contentieux administratif ne semble devoir être révélée qu'à un petit nombre d'adeptes; et les fonctionnaires que la loi a investi du pouvoir de juger ne possèdent aucun guide, aucune règle uniforme de jurisprudence, et se trouvent par conséquent réduits, dans bon nombre de circonstances, à agir d'après les inspirations de leur conscience et selon leur sagacité personnelle.

Dans cet état de choses, et eu égard à la nécessité de me créer les moyens de remplir convenablement les fonctions que j'ai acceptées, je cherchai d'abord à me procurer un traité de droit administratif complet; mes investigations à cet égard ne m'ont fait découvrir autre chose 1° que les *Éléments de jurisprudence administrative par Macarel*, ouvrage empreint d'une profonde érudition, mais qui n'est plus en harmonie avec la législation en vigueur; 2° les *Questions de droit administratif par Cormenin*, où l'auteur a pris la science de trop haut, en négligeant la juridiction inférieure; 3° le *Cours de droit administratif par Cotelle*, qui est une sorte de traité à peu près spécial pour le corps des ponts et chaussées. A défaut de traité complet, je me décidai à composer un RECUEIL PRATIQUE, pour mon usage personnel, en puisant les éléments nécessaires dans l'immense collection du *Bulletin des lois*, dans celle des anciens édits, déclarations et arrêts du conseil du roi, ainsi que dans les volumineux recueils de jurisprudence du conseil d'état et de la cour de cassation.

Le recueil dont il s'agit n'est donc pas une œuvre de science; ce n'est et ce ne pouvait être qu'un extrait de notre législation et de la jurisprudence en matière administrative ressortissant aux conseils de préfecture, et dont le seul mérite consiste à avoir groupé et renfermé, dans un cadre aussi restreint que possible, tous les principes qui doivent servir de guide à la fois aux administrés et aux administrateurs, en offrant aux uns et aux autres l'avantage précieux d'éviter des recherches parfois infructueuses, à raison des difficultés que présente le chaos de nos lois et des contradictions que comporte la jurisprudence.

Quelques personnes, ayant pris connaissance de mon travail, m'ont engagé à le livrer à l'impression, en m'assurant que sa publication serait vraiment utile. Avant de me conformer à cet avis, d'ailleurs très respectable, puisqu'il émanait d'hommes compétents, j'ai cru devoir attendre l'ouverture de la session du conseil général, qui compte parmi ses membres plusieurs jurisconsultes et anciens administrateurs distingués ; et, ayant soumis le manuscrit de mon recueil à cette assemblée, voici une copie littérale de la délibération qui est intervenue à ce sujet :

« *Extrait du registre des délibérations du conseil général du département du Doubs.*
» *Séance du 24 août 1841.*

» M. Hisson, membre du conseil de préfecture du département, a adressé au conseil général un
» travail manuscrit, sous le titre de *Recueil pratique de législation et de jurisprudence, en matière*
» *contentieuse administrative, attribuée aux conseils de préfecture.* Sur le rapport qui lui est pré-
» senté, le conseil, appréciant toute l'utilité de cet ouvrage dans lequel se trouve exposé, avec ordre
» et méthode, le tableau analytique de la législation et de la jurisprudence relatives au contentieux
» administratif, ne peut qu'engager l'auteur à le publier. Comme témoignage de l'intérêt qu'il prend à
» cette publication, le conseil charge M. le préfet de souscrire pour trente exemplaires qui seront
» remis à la préfecture, aux sous-préfectures et aux vingt-six chefs-lieux de cantons du département.
» Un crédit sera ultérieurement ouvert pour cet objet. »

AVIS.

Dans sa séance du 8 avril dernier, la chambre des pairs ayant voté de nouvelles dispositions législatives sur la *police du roulage*, et, la session ne paraissant pas alors devoir arriver prochainement à son terme, il était permis d'espérer que cette loi, si impatiemment attendue, pourrait être soumise aux délibérations de la chambre des députés, avant la clôture de la session actuelle. Cette considération et le désir que j'avais d'introduire ladite loi dans ce recueil, m'ont déterminé à intervertir l'ordre primitif des matières, afin de placer la nouvelle législation sur la *police du roulage* immédiatement après l'ancienne, dont certains articles devaient continuer à demeurer en vigueur pendant deux ans; mais cette interversion a occasioné une confusion dans l'ordre numérique ; c'est-à-dire que, par suite d'une faute d'inadvertance, il existe une double série dans les nombres indicatifs, de telle sorte que le dernier qu'on trouve à la page 174 est 501, et que celui qui suit à la page 184, est 360, tandis que ce devrait être 502.

EXPLICATION DES ABRÉVIATIONS.

—◇◈◇—

Arr. ou ar. C. de cass.	Arrêt de la cour de cassation.
Arr. C. r.	Arrêt de la cour royale.
Ar. du gouv.	Arrêté du gouvernement.
Ar. du Cons.	Arrêt du conseil du roi.
Art.	Article.
Avis du Com. des fin. du cons. d'ét.	Avis du comité des finances du conseil d'état.
Avis du C. d'ét.	Avis du conseil d'état.
Bull. des C.	Bulletin des contributions.
C. de dr. adm. Cot.	Cours de droit administratif par Cotelle.
Déc.	Décret.
Décis. du direc. gén.	Décision du directeur général des ponts et chaussées.
Élém. de jurisp. adm. Mac.	Éléments de jurisprudence administrative par Macarel.
Ord. Sir. t. p. *	Ordonnance rendue en conseil d'état, recueil par Sirey, tome, page.
Ord. Mac. t. p. *	Ordonnance rendue en conseil d'état, recueil par Macarel, tome, page.
Ord. Del. t. p. *	Ordonnance rendue en conseil d'état, recueil par Deloche, tome, page.
Ord. Beauc. t. p. *	Ordonnance rendue en conseil d'état, recueil par Beaucousin, tome, page.
Ord. Fél. Leb. t. p. *	Ordonnance rendue en conseil d'état, recueil par Félix Lebon, tome, page.

NOTA. Dans tous les recueils ci-dessus indiqués par ce signe *, on désigne improprement sous le nom d'ARRÊTS les ordonnances royales rendues en conseil d'état; nous avons cru devoir donner ici à ces actes émanés du souverain leur véritable dénomination, afin de leur attribuer le caractère qui leur est propre.

Aux termes de l'arrêté rendu par le gouvernement, le 5 nivôse an VIII, en exécution de l'article 52 de l'acte constitutionnel du 22 frimaire même année, le conseil d'état est institué principalement dans le but d'expliquer ou d'interpréter le sens des lois, afin d'établir les principes de doctrine, mais le roi seul tient de la Charte la puissance exécutive et le pouvoir de faire des réglements d'administration publique pour l'exécution des lois (Art. 12 et 13 de la Charte). Ainsi le conseil d'état ne donne que des avis et ne rend pas d'arrêts.

—◇◈◇—

RECUEIL PRATIQUE

DE

LÉGISLATION ET DE JURISPRUDENCE.

———◇◇◈◇◇———

PREMIÈRE PARTIE.

DES CONSEILS DE PRÉFECTURE.

—◇◈◇—

TITRE PREMIER.

INSTITUTION DES CONSEILS DE PRÉFECTURE. — SON BUT.

—◇◈◇—

CHAPITRE UNIQUE.

LÉGISLATION ET AUTRES ACTES DU POUVOIR EXÉCUTIF.

ANALYSE DE LA JURISPRUDENCE DU CONSEIL D'ÉTAT ET DE LA COUR DE CASSATION.

1. Les conseils de préfecture ont été institués par la loi du 28 pluviôse an VIII (Art. 2); leurs attributions, comprenant celles des anciens directoires de département, se trouvent déterminées d'une manière générale par l'article 4 de la même loi.

Le but de cette institution qui n'appartient qu'à la France, est indiqué dans l'exposé des motifs de la loi précitée, dans les termes suivants :

« Remettre le contentieux de l'administration à un conseil de préfecture, a paru nécessaire ;

» Pour garantir aux parties qu'elles ne seront pas jugées sur des rapports et des avis de bureaux ;

» Pour ménager aux préfets le temps que demande l'administration ;

» Pour donner à la propriété des
» juges accoutumés au ministère de la
» justice, à ses règles et à ses formes ;
   » Pour donner, tout à la fois, à
» l'intérêt particulier et à l'intérêt pu-
» blic, la sûreté qu'on ne peut guère
» attendre d'un jugement rendu par
» un seul homme ; car cet administra-
» teur, qui balance avec impartialité les
» intérêts collectifs, peut se trouver
» prévenu et passionné quand il s'agit
» de l'intérêt particulier, et être solli-
» cité par les affections et les haines
» personnelles à trahir l'intérêt public
» et à blesser les droits des particuliers. »

2. Dans l'origine de leur institution,
les conseils de préfecture avaient une
juridiction très étendue, mais les dispositions législatives, intervenues postérieurement à l'an VIII, ont considé-
rablement diminué et amoindri les
pouvoirs que leur conférait l'article 4
de la loi précitée du 28 pluviôse, pour
étendre ceux des préfets, et c'est particulièrement sous le régime impérial
que l'on remarque cette décroissance
progressive de l'importance des conseils de préfecture, qui, s'ils étaient
restés ce que la loi constitutive les a
faits, seraient un contrôle salutaire
pour les actes administratifs des préfets
et une puissante garantie pour les citoyens, sans aucun embarras pour l'administration. De même que le conseil
d'état éclaire la marche des ministres
sans entraver leur action comme pouvoir exécutif, les conseils de préfecture
pourraient éclairer les préfets sans

apporter d'obstacles à l'exécution de leurs actes.

Néanmoins, il est bon de faire remarquer que, tout en restreignant l'importance des attributions primitives des conseils de préfecture, le législateur n'a jamais négligé de leur conférer de nouvelles attributions, toutes les fois qu'il a complété ou modifié les lois administratives.

3. Aux termes de l'article 13 de la loi du 16-24 août 1790, sur l'organisation judiciaire, il y a en France deux ordres de juridiction : la juridiction civile et la juridiction administrative. Cette dernière repousse naturellement la qualification que lui donnent certains publicistes, de *Justice exceptionnelle*, parce qu'en effet son institution ne procède d'aucun pouvoir arbitraire, mais bien de l'ordre constitutionnel et légal, lequel a fondé deux sortes de juges qui sont dès lors juges naturels au même titre devant la loi.

La disposition ci-dessus est la première qui, dans notre législation, ait proclamé le principe de la séparation des pouvoirs administratifs et judiciaires. Elle a été confirmée d'une manière générale par les lois des 16 et 21 fructidor an III, l'arrêté du gouvernement du 2 germinal an V, la loi du 28 pluviôse an VIII, l'arrêté du 5 fructidor an IX, etc.

La chose jugée par l'autorité judiciaire, ne peut être exécutée dans un sens contraire aux lois administratives (Ord. du 30 janv. 1809. Sir. t. 17. p. 101).

Les tribunaux ordinaires ne peuvent juger une contestation jugée, même incompétemment, par l'autorité administrative (Ar. C. de c. du 13 mes. an XII. Sir. t. 4. p. 154 et plusieurs autres arrêts).

Lors même qu'une décision de l'autorité administrative paraîtrait devoir être annulée pour incompétence, tant que l'annulation n'a pas été prononcée, les tribunaux ne peuvent statuer sur le même objet (Ar. C. de c. du 22 vent. an IV. Sir. t. 20. p. 464).

Quoique l'autorité administrative se soit déclarée incompétente, les tribunaux ne peuvent connaître d'une affaire qui est administrative par sa nature (Ar. C. de c. du 1er frim. an XII. Sir. t. 4. p. 68 et Ar. précité du 13 mes. an XII).

Toutefois les tribunaux peuvent être ressaisis d'un litige d'abord attribué à l'autorité administrative, lorsque les motifs de cette attribution n'existent plus; par exemple, lorsque le gouvernement ou l'administration a cessé d'avoir intérêt dans la contestation (Arr. C. de c. du 1er juil. 1829. Sir. t. 29. p. 326).

—◇—◇✦❀✦◇—◇—

TITRE II.

COMPOSITION DES CONSEILS DE PRÉFECTURE. — PAR QUI, LES MEMBRES EMPÊCHÉS OU RÉCUSÉS DOIVENT ÊTRE SUPPLÉÉS. — A QUI LA PRÉSIDENCE EST DÉVOLUE.

— ◇✿◇ —

CHAPITRE PREMIER.

DE LA COMPOSITION DES CONSEILS DE PRÉFECTURE.

4. Aux termes de l'article 2 de la loi constitutive du 28 pluviôse an VIII, les conseils de préfecture se composent, savoir :

De cinq membres dans vingt et quelques départements ;

De quatre dans quinze à vingt autres ;

Et de trois, seulement, dans le surplus, non compris les secrétaires généraux.

Une ordonnance du 9 avril 1817 prononçait la suppression des emplois de secrétaires généraux de préfecture, et une autre, en date du 6 novembre suivant, réduisait à trois le nombre des conseillers de préfecture, dans tous les départements du royaume. Mais une nouvelle ordonnance, rendue le 1er août 1820, a rapporté les dispositions des deux précédentes, en rétablissant les secrétaires généraux et le nombre des conseillers de préfecture tel qu'il a été fixé par l'article 2 de la loi précitée du 28 pluviôse an VIII.

Enfin, par une ordonnance du 1er mai 1832, les emplois de secrétaires généraux ont été supprimés de nouveau, à l'exception de ceux des six départements dont les noms suivent :

Les Bouches-du-Rhône,

La Gironde,

Les fonctions de conseiller de préfecture sont incompatibles avec celles d'avoué (Avis du C. d'ét. du 5 août 1809).

Elles sont également incompatibles avec celles de notaire (Avis du C. d'ét. du 10 vent. an XIII). Cet avis mentionné au tome I de la 5e édition des *Questions de droit administratif* de M. de Cormenin paraît être inédit, puisqu'il ne se trouve pas inséré au *Bulletin des lois* comme le précédent.

Un arrêté signé par une personne cumulant les deux fonctions énoncées ci-dessus est nul (Déc. du 16 fév. 1811).

Le Nord,
Le Rhône,
La Seine,
Et la Seine-Inférieure.

Dans tous les autres départements, le plus ancien des conseillers de préfecture remplit les doubles fonctions de secrétaire général et de conseiller.

5. On conçoit la suppression des emplois de secrétaires généraux de préfecture, pour motif d'économie, bien qu'il existe encore beaucoup d'autres économies à faire et auxquelles on paraît n'avoir pas même songé ; mais ce qu'on ne peut s'expliquer, c'est que nos législateurs aient persisté jusqu'à ce jour dans leur refus d'allouer au budget de l'état un modique crédit d'environ *cinquante mille francs*, pour l'institution d'un quatrième conseiller de préfecture dans ceux des départements où les conseils ne sont composés que de trois membres, dont un remplit, comme on vient de l'indiquer ci-dessus, les doubles fonctions de secrétaire général et de conseiller, en exécution de l'ordonnance précitée du 1er mai 1832.

6. Si, comme on est autorisé à le supposer, la population a été l'unique base qui a servi à fixer le nombre des conseillers de préfecture dans chaque département, c'est une erreur qu'il importerait de rectifier, parce qu'il est notoire que ce sont les objets matériels, c'est-à-dire les propriétés publiques et privées, qui donnent naissance au contentieux administratif, bien plus que les personnes. Ainsi, un département qui est traversé par un grand nombre de routes royales ou départementales, par un canal de grande

navigation, et qui se compose en
outre de cinq à six cents communes
possédant toutes des immeubles, notamment en bois, pâturages et autres
propriétés rurales (quelle que soit
d'ailleurs sa population), produira,
sans contredit, un contentieux plus
considérable que celui d'un autre département dont la population serait
double mais qui ne serait traversé que
par quelques routes sans aucune voie
navigable.

D'un autre côté, la fixation du
nombre de trois membres est évidemment insuffisante pour assurer la
marche régulière d'un tribunal administratif qui doit être constamment en
permanence, sans aucune fériation que
celle des fêtes chômées.

7. L'article 1er de l'arrêté du 19
fructidor an IX frappe de nullité tout
arrêté d'un conseil de préfecture rendu
avec le concours de deux membres
seulement; la présence de trois conseillers ou suppléants est donc indispensable pour valider les actes de ce
tribunal administratif; et pourtant
il existe une foule de circonstances où
l'action d'un conseil de préfecture,
composé de trois membres titulaires
seulement, peut être interrompue, soit
pour cause d'absence ou autre empêchement de l'un des trois titulaires ou
du préfet que l'un d'eux est appelé
à remplacer.

En effet, indépendamment des
fonctions de juges que les conseillers
de préfecture remplissent dans les matières contentieuses administratives, ils
sont quelquefois administrateurs; par
exemple, 1° lorsque, par délégations
spéciales, ils sont appelés à remplacer

Voyez plus bas le n° 13, à qui la présidence du
conseil de préfecture est dévolue.

les préfets pour divers actes d'administration déférés à ceux-ci ; 2° lorsque l'un d'eux assiste aux opérations
du recrutement ; 3° lorsqu'en cas de
litige entre l'état et le département,
un conseiller doit intenter une action
au nom du département (Art. 36 de
la loi du 10 mai 1838).

— ◇❀◇ —

CHAPITRE II.

MODE DE REMPLACEMENT DES TITULAIRES ABSENTS OU RÉCUSÉS.

8. L'article 2 de l'arrêté du gouvernement du 19 fructidor an **IX** porte :
« En cas de partage ou d'insuffisance
» du nombre des membres titulaires
» du conseil, ils seront remplacés de
» la manière suivante :

» Les membres restant au conseil
» désigneront, à la pluralité des voix,
» un des membres du conseil général
» du département qui siégera avec
» ceux du conseil de préfecture, soit
» qu'il faille compléter le nombre né-
» cessaire pour délibérer ou vider un
» partage.

» Le choix ne pourra jamais tomber
» sur les membres des tribunaux qui
» font partie du conseil général du dé-
» partement. » (Déc. du 16 juin 1808.)

La disposition qui précède ne produit que des résultats incomplets, attendu qu'à de rares exceptions près,
les citoyens honorables qui composent les conseils généraux ne possèdent
qu'une connaissance imparfaite des matières contentieuses administratives, et
que, par suite, leur intervention,
toute éventuelle et ordinairement de
courte durée, ne permet pas d'espérer
raisonnablement qu'ils veuillent se li-

vrer à l'étude aride de la législation et
de la jurisprudence administrative ;
d'où il résulte évidemment que le concours de MM. les membres des conseils
généraux comme suppléants des conseillers de préfecture est presque complétement illusoire (*Voir* les nombres 5
et suivants).

9. En cas de partage sur le choix du
suppléant, la voix du préfet, s'il assiste à la séance, ou du plus ancien
d'âge des conseillers de préfecture, si
le préfet n'est pas à la séance, aura la
prépondérance (Art. 4 de l'Ar. du
19 fruct. an IX).

10. Le préfet, lorsqu'il assistera à
la séance, comptera pour compléter
les membres nécessaires pour délibérer (Déc. du 16 juin 1808).

11. En cas d'empêchement de la
totalité des membres du conseil de
préfecture, ils seront suppléés par un
égal nombre de membres du conseil
général désignés par le ministre de
l'intérieur, sur la proposition du préfet
(Déc. du 16 juin 1808).

Le doyen des conseillers de préfecture ne peut
rendre des décisions en état de référé (Ord. du 12
avril **1838**).

—◇❀◇—

CHAPITRE III.

DES RÉCUSATIONS.

12. M. de Cormenin, s'appuyant sur
un arrêté du 15 brumaire an **X**, enseigne
que les conseillers de préfecture ne
peuvent se récuser en matière contentieuse. La récusation étant un droit
inhérent à la qualité de juge, nous aurions désiré connaître sur quel principe
l'arrêté cité par M. de Cormenin était
fondé, mais nous avons le regret d'an-
noncer que cet acte n'a point été inséré
au *Bulletin des lois*, et qu'en consé-

Aucune loi n'ayant déterminé pour les tribunaux
administratifs les causes de récusation, il y a lieu
de suivre à cet égard les règles tracées par le
Code de procédure civile (Ord. du C. d'ét. des
2 avril **1828** et 17 avril **1838**).

Lorsque la récusation a été exercée à temps utile
et qu'elle est fondée, les tribunaux doivent l'admettre (Ord. précitée du 2 avril **1828**).

Un conseil de préfecture est composé légalement,
lorsqu'il a été pourvu au remplacement de ceux de
ses membres qui se sont récusés pour cause de
parenté avec l'une des parties (Ord. du 26 juillet **1826**. Mac. t. 8. p. 429).

Lorsque dans un conseil de préfecture, un ou

quence nous ne pouvons en reproduire le texte.

Quoi qu'il en soit, cet arrêté paraît avoir été abrogé, du moins implicitement, par les ordonnances rapportées ci-contre.

plusieurs membres se récusent pour des causes valables et que les membres restants au conseil de préfecture ne sont pas en nombre suffisant, il doit être pourvu à leur remplacement d'après l'arrêté du 19 fructidor an IX. Le préfet peut toujours remplacer un membre (Ord. du 26 juil. 1826).

CHAPITRE IV.

DE LA PRÉSIDENCE DES CONSEILS DE PRÉFECTURE.

13. Lorsque le préfet assistera au conseil de préfecture, il présidera : en cas de partage, il aura voix prépondérante (Art. 5 de la loi du 28 pluv. an VIII). *Voir plus haut* le n° 7.

Le doyen des conseillers de préfecture n'a aucun avantage sur ses collègues. Toutefois, le *Décanat* ayant été reconnu par l'arrêté du 27 pluviôse an X, qui a pour but de pourvoir au remplacement du préfet dans le cas où celui-ci ne pourrait désigner son remplaçant, et par la loi du 10 mai 1838 (Art. 36), il est convenable que le doyen ait la présidence du conseil, en l'absence du préfet.

Le doyen des conseillers de préfecture est évidemment le plus ancien en fonctions et non le plus âgé de ces fonctionnaires (Ord. du 12 avril 1838).

14. La commission spéciale créée dans le sein du tribunat pour l'examen du projet de loi du 28 pluviôse an VIII, fut frappée des dangers de la disposition de l'article 5, qui attribue au préfet la présidence du conseil de préfecture et lui accorde voix prépondérante dans le cas de partage ; et voici dans quels termes elle s'exprime à ce sujet par l'organe de Daunou, son rapporteur :

« Nous nous sommes demandé si le » préfet était réellement membre du » bureau du contentieux ; s'il pouvait » y assister toutes les fois qu'il le ju- » geait convenable ; si le cas qui lui » donne voix prépondérante est celui » d'un partage entre les conseillers » seuls, ou dans l'assemblée des con- » seillers et du préfet en commun.

» De quelque manière que l'on ré-

» ponde à ces questions', que le texte
» du projet de loi laisse trop indécises,
» nous aurions toujours quelque peine
» à concevoir cette influence attribuée
» au préfet dans le jugement d'une con-
» testation entre les administrés et l'ad-
» ministration, dont le préfet est seul
» chargé. — Comment concevoir qu'il
» soit, à la fois, partie et juge prépon-
» dérant ?

» Qu'il nous soit permis d'ajouter
» que, juger entre les administrateurs
» et les administrés, *doit être le fait*
» *de plusieurs*, parmi lesquels aucun
» n'administre. *Administrer, juger, ré-*
» *partir*, sont trois fonctions distinctes
» dont la séparation est expressément
» promise dans le préambule du projet
» de loi ; vous jugerez, citoyens, si les
» articles 3, 4 et 5 tiennent assez cette
» promesse. »

15. Montesquieu a dit : « Dans les
» états despotiques, le prince peut ju-
» ger lui-même ; il ne le peut dans les
» monarchies ; la constitution serait dé-
» truite et les pouvoirs intermédiaires
» anéantis. C'est encore un grand in-
» convénient dans les monarchies,
» lorsque les ministres du prince peu-
» vent juger les affaires contentieuses. »
(Esp. des lois ; tit. 6. chap. 3, 4
et 6.)

Malgré ces paroles remarquables, le
vote de la loi du 28 pluviôse an VIII
paraît avoir été emporté par le prétexte d'urgence, qu'invoquèrent l'ora-
teur du gouvernement et plusieurs autres, en s'écriant dans la discussion :
« Hâtons-nous, faisons une loi, l'ad-
» ministration est désorganisée, il y a
» urgence, il y a péril ! »

16. Cette disposition de l'article 5 de la loi ne saurait être justifiée par aucune considération ni par aucun exemple. On n'a jamais déféré à un ministre la présidence du conseil d'état appelé à juger ses actes. D'ailleurs, il suffit de savoir que les membres du conseil de préfecture sont nommés et révocables sur la proposition des préfets, pour laisser dans l'esprit de quelques-unes des parties en cause une idée défavorable des décisions d'un conseil de préfecture présidé par le préfet ayant voix prépondérante ; parce qu'on suppose, à tort ou avec raison, que ce magistrat exerce nécessairement une certaine influence sur les conseillers placés, de fait, dans sa dépendance, et qu'il peut imposer ou faire prévaloir son opinion.

17. C'est notamment à l'égard des conseils de préfecture composés de trois membres titulaires, que la voix prépondérante du préfet présente un inconvénient très grave, par le seul motif que les décisions ainsi rendues peuvent paraître entachées de partialité, puisqu'il suffit, dans ce cas, qu'un seul des trois conseillers partage l'opinion du préfet pour constituer la majorité.

Un pareil état de choses porte une grave atteinte à la considération dont tous les membres de l'ordre administratif ont besoin d'être entourés pour jouir de la confiance et de l'estime publiques ; la simple énonciation d'un vice aussi radical indique suffisamment la nécessité d'une réforme dans la constitution des conseils de préfecture.

18. Si le préfet est absent du chef-lieu ou du département, celui qui le

remplacera aura, dans tous les cas, voix prépondérante comme le préfet lui-même (Art. 5 de l'Ar. du 19 fructidor an IX).

—◇—◇☙◆☙◇—◇—

TITRE III.

ATTRIBUTIONS GÉNÉRALES DES CONSEILS DE PRÉFECTURE.

—◇☙◇—

CHAPITRE UNIQUE.

19. LES attributions des conseils de préfecture sont de deux espèces bien différentes de leur nature.

La première espèce, qui est juridique, peut être divisée en six parties distinctes, parce que chacune d'elles est régie par des lois spéciales ou des règlements particuliers d'administration publique.

20. La plus grave et la plus relevée des attributions du conseil de préfecture consiste à se constituer en tribunal, comme juge de première instance en plusieurs matières contentieuses d'une très grande importance.

Ainsi, d'après l'article 4 de la loi du 28 pluviôse an VIII, le conseil de préfecture prononce sur

Le contentieux en matière de contributions;

Celui en matière de travaux publics;

Celui en matière de grande voirie;

Le contentieux des communes,

Et celui des domaines nationaux;

Enfin, sur les demandes en autorisation de plaider formées par les communes, etc.

21. Mais, postérieurement à la loi de pluviôse an VIII, plusieurs décrets,

lois, arrêtés et ordonnances réglementaires ont étendu l'action des conseils de préfecture, en leur attribuant la connaissance des objets ci-après :

22. Les difficultés en matière de baux des eaux minérales appartenant à l'état (Ar. des Consuls du 3 flor. an VIII, Art. 2 et Ord. du 23 juin 1823, Art. 21).

23. Les demandes en autorisation de plaider à accorder aux hospices (Ar. du 7 mes. an IX, Art. 11, 12 et 13).

24. Les actions à intenter contre les communes par les créanciers de celles-ci (Ar. du 17 vend. an X).

25. Les contestations relatives aux remboursements de créances dues aux pauvres et aux hospices (Ar. du 14 fruc. an X).

26. Les contestations entre l'état et les communes au sujet du droit de propriété sur les sources d'eaux minérales (Ar. du 6 niv. an XI).

27. Le mode à suivre devant les tribunaux à l'égard des contestations entre plusieurs sections d'une même commune (Ar. du 24 germ. an XI, encore en vigueur, sauf les modifications apportées par la loi du 18 juil. 1837).

28. Les contestations concernant le curage des cours d'eau non navigables et des digues qui y correspondent (Loi du 14 flor. an XI).

29. Celles relatives au partage des biens communaux, effectué en exécution de la loi du 10 juin 1793 (Loi du 9 vent. an XII). *Voir à ce sujet* l'Ar. du 4ᵉ jour complémentaire an XIII et l'Ord. du 23 juin 1819.

30. Celles relatives aux travaux de desséchement des marais (Loi du 16 septembre 1807).

31. Celles concernant les indemnités

L'autorisation de plaider doit précéder la demande d'instance à peine de nullité ; cette nullité n'est couverte ni par l'autorisation survenue pendant l'instance et avant tout jugement, ni par les défenses au fond signifiées par le défendeur (Ar. C. r. de Limoges du 13 fév. 1826, Sir. t. 26. p. 229).

dues aux propriétaires riverains pour l'établissement des chemins de halage (Déc. du 22 janv. 1808).

32. Celles relatives aux actions à intenter aux communes, en matière de banalité conventionnelle (Avis du C. d'ét. du 3 juil. 1808).

33. Celles concernant les voitures publiques allant à destination fixe (Déc. du 28 août 1808).

34. Celles en matière d'usurpation de biens communaux, depuis la loi du 10 juin 1793 jusqu'à celle du 9 ventôse an XII (Av. du C. d'ét. du 18 juin 1809).

35. Les demandes en autorisation de plaider par les fabriques des églises, par assimilation avec les hospices (Déc. du 30 déc. 1809).

36. De statuer sur les oppositions en matière d'autorisation d'établissements insalubres ou incommodes (Déc. du 15 oct. 1810).

37. L'apurement des comptes des receveurs des hospices et établissements de charité (Ord. du 29 mars 1816). *Voir en outre* celle du 31 mai 1838.

38. Les contestations en matière de servitudes imposées à la propriété pour la défense de l'état (Loi du 17 juillet 1819 et Ord. du 1er août 1821). *Il faut voir à ce sujet* la loi du 17 juillet 1791, dont plusieurs dispositions ont été maintenues en vigueur.

39. L'apurement de la comptabilité des communes et des monts-de-piété (Ord. des 23 avril 1823 et 18 juin suivant).

40. Règlement de la comptabilité des receveurs des octrois (Ord. du 15 juillet 1824).

40 *bis*. Règlement des indemnités dues par les communes ou les parti-

culiers qui dégradent les chemins vicinaux (Lois des 28 juil. 1824 et 24 mai 1836).

41. Le rachat des droits d'usage dans les forêts (Code forest. du 1ᵉʳ mai 1827 et Ord. du 1ᵉʳ août suivant).

42. Les contraventions relatives à la lougueur des moyeux des voitures de roulage (Ord. du 28 oct. 1828).

43. Les contestations en matière d'élections municipales et départementales (Lois des 21 mars 1831 et 22 juin 1833).

44. Les contestations relatives aux indemnités dues par les hospices aux autres asiles d'aliénés (Loi du 30 juin 1838, Art. 28).

45. Indépendamment des dispositions législatives énumérées ci-dessus, il en existe plusieurs autres qu'il a paru inutile de citer, parce qu'elles n'ont pour but que de reproduire , confirmer ou rendre applicables celles-ci.

46. La seconde espèce d'attributions est purement consultative , soit que les conseils de préfecture soient appelés à donner des avis sur des affaires qui leur sont soumises par le préfet, soit qu'ils assistent ce magistrat dans diverses opérations déterminées par les lois ou ordonnances, comme pour les actes rédigés d'après cette formule :

Le Préfet, en conseil de préfecture.

Lorsque le préfet, en conseil de préfecture, a statué sur une matière de la compétence du conseil de préfecture et qu'il y a lieu ainsi d'annuler l'arrêté préfectoral pour cause d'incompétence , le conseil d'état évoque l'affaire, si la cause est en état, et statue au fond (Ord. du 16 févr. 1832).

Voici l'énumération des diverses circonstances dans lesquelles la loi a conféré au préfet le pouvoir de statuer seul sur des matières contentieuses, au moyen des restrictions apportées successivement à la pensée primitive des auteurs de la loi du 28 pluviôse an VIII.

47. Lorsqu'en exécution des lois et décrets du 19 fructidor an VI, sixième jour complémentaire an VII, 7 fructidor au VIII, 9 fructidor an IX, 18 thermidor an X et 10 thermidor an II, il s'agit de décider les contestations qui peuvent s'élever à l'occasion des actes concernant la perception du droit des pauvres sur les billets d'entrée dans les théâtres et autres lieux d'amusements publics.

48. Lorsqu'il s'agit de statuer sur des réclamations en matière d'opérations cadastrales, conformément à la loi du 15 septembre 1807.

49. Lorsque la régie des droits réunis n'est pas d'accord avec les débitants, pour la fixation de l'abonnement équivalant au droit de détail, en conformité des articles 70 à 78 de la loi du 28 avril 1816.

50. Pour fixer la part contributive des propriétés de l'état et de la couronne, en ce qui concerne la confection et l'entretien des chemins vicinaux, conformément à l'article 3 de la loi du 28 juillet 1824.

51. Pour régler les subventions dues par les entreprises industrielles qui dégradent les chemins vicinaux, selon le vœu de l'article 14 de la loi du 21 mai 1836.

52. Enfin, toutes les réclamations en matière de listes électorales.

53. L'exposé qui précède fait voir que les objets dont il s'agit ne sont nullement dans les attributions des conseils de préfecture, lesquels se bornent à prêter leur assistance d'une manière toute passive, pour régulariser

les actes des préfets, sans que l'avis qui lui est donné, ait aucun caractère obligatoire pour lui.

54. De bons esprits avaient pensé que, dans le cas où les lois déclarent que le préfet prononcera en conseil de préfecture, le législateur n'avait d'autre but que d'imposer à ce magistrat, dans des discussions spéciales, l'obligation d'assister à la délibération du conseil ; mais au conseil d'état, l'on tient pour constant qu'un acte du préfet, en conseil de préfecture, n'est point la même chose qu'une décision contentieuse du conseil de préfecture, et que le législateur a seulement voulu que l'acte du préfet, dans ces matières, fût plus solennel et environné de formes délibératives.

De fait, dans ces décisions, le conseil de préfecture *est purement passif;* il ne signe même pas les décisions qui sont rendues sur son avis (*V.* Mac. des Trib. adm. p. 122).

TITRE IV.

DE LA COMPÉTENCE DES CONSEILS DE PRÉFECTURE.

CHAPITRE PREMIER.

PRINCIPES FONDAMENTAUX.

55. En tant que l'administration pèse des intérêts qui sont à régler dans des vues d'utilité publique et d'équité, il peut s'ouvrir un débat afin que l'administration s'éclaire avant de prononcer. De là un contentieux administratif, et il doit appartenir exclusivement à l'autorité administrative.

Le préfet ne peut user de la voie du conflit sur un débat de compétence entre lui et le conseil de préfecture (Ord. du 24 mars 1832).

Lorsqu'un conseil de préfecture, saisi d'une contestation, se déclare incompétent et renvoie les parties devant l'autorité judiciaire pour prononcer, si le préfet juge que la matière soit administrative de sa nature, ce n'est point par voie de conflit qu'il doit prononcer l'annulation de l'arrêté du conseil de préfecture, mais bien sur

2

Mais, sitôt qu'il s'agit d'un droit formellement garanti par la loi, a dit l'immortel auteur du *Contrat social....*, l'affaire devient contentieuse, c'est un procès dans lequel les particuliers sont une partie, et le public l'autre (Cont. soc. l. 2. c. 4).

56. La juridiction étant d'ordre public, on ne peut y déroger par des conventions particulières.

A cet égard, la jurisprudence de la cour de cassation et celle du conseil d'état concourent à établir, comme règle fondamentale, que toutes les fois qu'il y a lieu à *interpréter* un acte administratif dont le sens est contesté en justice, l'administration est essentiellement compétente, par conséquent c'est aux conseils de préfecture que, dans ce cas, la contestation doit être déférée, mais qu'aux tribunaux ordinaires seuls appartient *l'application* des actes administratifs.

Néanmoins, cette règle qui paraît d'abord si simple au premier coup d'œil, en ce qu'elle fait justement la part des deux pouvoirs, a donné lieu à des controverses sérieuses : ainsi, on a long-temps discuté sur ce qu'il faut entendre par ces mots *interprétation et application*, jusqu'à ce qu'enfin un arrêt de la cour de cassation, rendu le 13 mai 1824 (*V*. Sir. t. 25. p. 59), ait terminé le débat par une définition d'une lucidité parfaite, comme on peut le voir ci-contre.

appel au conseil d'état, par l'intermédiaire du ministre de l'intérieur (Ord. du 6 sep. 1820).

Lorsque, sur un conflit, le gouvernement attribue une affaire à la juridiction administrative, c'est pour qu'elle juge seulement les questions administratives (Ord. du 4 juin 1816).

La nullité résultant de l'incompétence du pouvoir judiciaire, dans les matières administratives, ne peut se couvrir (Ord. du 5 fruc. an 9). Cette incompétence est tellement absolue, qu'elle peut être proposée même par la partie qui a saisi les tribunaux (Ar. C de cass. du 22 mai 1824. Sir. t. 14. p. 215).

Un conseil de préfecture ne peut, pour arriver à l'interprétation d'un acte administratif soumis à son appréciation, ordonner que des parties procéderont à une expertise par devant un tribunal civil, ce serait déléguer sa juridiction (Ord. du 5 mars 1824. Sir. t. 34. p. 648).

En règle générale, l'autorité administrative est seule compétente pour statuer sur des questions dont la décision à intervenir dépend de l'interprétation d'actes administratifs (Ord. du 7 déc. 1812. Sir. t. 2. p. 146).

Par suite, lorsque la décision présente quelques doutes, soit sur la régularité, soit sur la substance d'un acte administratif, le tribunal doit renvoyer les parties devant l'autorité dont l'acte émane pour le faire expliquer, interpréter, modifier ou réformer, après quoi les juges statueront, s'il y a lieu, sur les conclusions des parties (Ar. C. de cas. du 9 juillet 1806. Sir. t. 6. p. 682 et Ord. du 17 juin 1818. Sir. t. 2. p. 372).

Attendu que s'il importe à l'ordre public de maintenir le principe fondamental du droit actuel, sur la distinction entre les fonctions judiciaires et les fonctions administratives, il n'est pas moins essentiel dans l'intérêt de ce même ordre public, que les lois qui ont établi ces distinctions soient sainement entendues ; qu'à cet égard la législation se compose de l'article 13 du titre 2 de la loi du 24 août 1790 et du décret du 16 fructidor an III.

Que la seule conséquence qui résulte de ces lois, est que les cours et les tribunaux sont dans la double impuissance d'exercer les fonctions administratives, et de soumettre les actes de l'administration à leur censure, en les infirmant, les modifiant, arrêtant ou suspendant leur exécution.

Qu'on ne peut, sans abuser des termes des lois précitées, soutenir qu'il y ait nécessité pour les juges de renvoyer la cause devant l'administration aussitôt que l'une des parties prétend trouver des doutes et matière à interprétation de l'acte administratif invoqué par l'autre; que ce serait en effet laisser à la discrétion d'un plaideur téméraire le droit de suspendre le cours de la justice, en élevant des doutes contre l'évidence et soutenant qu'il est nécessaire d'interpréter ce qui ne présenterait ni équivoque ni obscurité ; qu'au contraire, et par la nature des choses et par leurs devoirs, les cours et tribunaux doivent examiner si ou non l'acte produit devant eux attribue les droits réclamés, qu'ils doivent en cas de doute renvoyer à l'autorité administrative; que si, au contraire, l'acte ne leur paraît offrir ni équivoque, ni doute, ni obscurité sur les faits qu'il énonce ou sur la propriété qu'il attribue, ils doivent, sauf le cas de conflit légalement élevé, retenir la cause et la juger (Ar. C. de cass. du 13 mai 1824.)

57. Les principes généraux ainsi posés, le sens des arrêts et ordonnances rapportés ci-contre, en substance seulement, sera facile à saisir.

Pour qu'un conseil de préfecture statue dans les limites de sa compétence, il faut qu'il soit saisi régulièrement d'une affaire contentieuse et qu'il prononce entre diverses parties sur un débat contradictoire (Ord. du 26 fév. 1823. Mac. t. 5. p. 146).

Les conseils de préfecture ne sont pas compétents pour prescrire des mesures qui doivent être ordonnées par l'administration (Ord. du 1er août 1835. Mac. t. 4. p. 531).

Ni pour interpréter des lettres-patentes, ni les arrêts de l'ancien conseil du Roi (Ord. du 23 sep. 1810. Sir. t. 1. p. 401).

Ni pour interpréter des arrêtés de concessions, émanés du gouvernement (Ord. du 25 juillet 1827. Mac. t. 9. p. 489).

Ni pour connaître des réclamations contre les arrêtés des préfets (Ord. du 12 nov. 1809. Sir. t. 7. p. 199 et autres des 17 mars et 11 mai 1825. Mac. t. 7. p. 143 et 260).

Ni pour statuer sur des arrêtés rendus par les anciennes administrations centrales (Ord. du 6 juin 1830. Mac. t. 12. p. 278).

Les conseils de préfecture doivent s'abstenir de connaître à nouveau une contestation sur laquelle ils ont déjà prononcé contradictoirement (Ord. du 31 mars 1825. Mac. t. 7. p. 188).

58. Le conseil d'état, cour suprême de l'administration, est occupé principalement à régler la compétence des diverses autorités qui, s'égarant dans

Les tribunaux sont incompétents pour expliquer

le chaos de nos lois administratives, s'emparent de toutes les matières et ne savent trop, par fois, dans quelles limites elles doivent se renfermer.

Le conseil d'état y répand la lumière et l'ordre. Placé à la hauteur du gouvernement, il aperçoit facilement les erreurs des autorités inférieures et il les répare; il tranche, par ses décisions, les difficultés sans cesse renaissantes de l'administration; il restitue enfin les différentes matières à leurs différents juges, soit à l'aide de la loi, soit dans son silence, à l'aide d'une jurisprudence qui la supplée, et qui est toujours moins périlleuse que l'arbitraire.

Il est donc vrai de dire que le conseil d'état juge moins qu'il ne règle; c'est pour lui la principale affaire et la plus difficile, car la ligne qui sépare chaque pouvoir est souvent bien délicate à saisir et à marquer. Enfin, c'est dans la distribution des compétences que consiste, à proprement parler, presque toute la jurisprudence du conseil d'état (Élém. de jurisp. adm. Mac. t. 1. c. 1. sect. 1).

ou interpréter des actes émanés de l'autorité administrative, encore que la contestation n'aurait pour objet que des intérêts privés (Ar. de la Cour d'Agen, du 27 déc. 1809. Sir. t. 10. p. 334).

De même si les parties plaidant sur l'effet d'une autorisation administrative, placent toute la difficulté dans le point de savoir quel est le sens de l'acte administratif, les tribunaux doivent renvoyer à l'administration, pour qu'elle s'interprète elle-même (Ar. C. de cass. du 31 janv. 1806. Sir. t. 26. p. 300).

En général l'autorité administrative doit s'abstenir de statuer sur une matière qui, de sa nature, lui serait dévolue, s'il y a déjà eu décision prise par l'autorité judiciaire (Ord. du 21 déc. 1808. Sir. t. 1. p. 217).

Lorsque, sur une matière ayant en partie trait à l'administration, une demande principale est formée devant les tribunaux et que le défendeur exerce un recours en garantie contre un agent de l'administration, la contestation doit être divisée à cause de la compétence. L'action principale doit être laissée aux tribunaux ordinaires, et l'action en garantie doit être portée devant l'autorité administrative (Ord. du 5 août 1809. Sir. t. 1. p. 296).

L'autorité des arrêtés du gouvernement est telle que les tribunaux ne peuvent se refuser à les appliquer, alors même que, par usurpation de pouvoirs, ces arrêtés présenteraient des dispositions législatives ou contraires aux lois (Ar. C. de cass. du 23 flor. an X. Sir. t. 11. p. 265).

Quoique ce soit aux tribunaux à juger toute question de propriété, ils ne peuvent néanmoins, sous prétexte d'un excès de pouvoir, réformer un acte administratif qui aurait statué sur une question de ce genre ni en suspendre l'effet (Ord. du 28 fév. 1809. Sir. t. 7. p. 112 et Ar. C. de cass. du 13 déc. 1830. Sir. t. 31. p. 383).

Toutefois les questions de propriété entre le gouvernement et les particuliers sont de droit commun dévolues à l'autorité judiciaire : il n'y a d'exception que pour les rentes nationales (Ord. des 9 juin et 8 juillet 1807. Sir. t. 16. p. 277 et du 3 mai 1839. F. Leb. p. 258).

Lorsqu'il s'agit de déterminer quels sont les droits conférés à deux particuliers par leurs titres respectifs, également émanés de l'administration, c'est aux tribunaux à prononcer (Ord. du 16 fév. 1826. Sir. t. 26. p. 242).

Les tribunaux sont également compétents pour

examiner si un partage administratif contient des omissions ; ce n'est pas là interpréter (Ar. C. de cass. du 23 nov. 1829. Sir. t. 30. p. 16).

Lorsque, pour déterminer l'effet ou l'étendue ou même l'existence d'une servitude établie par un acte administratif, il est besoin de recourir à des usages ou à des titres qui n'ont rien d'administratif, c'est aux tribunaux à prononcer (Ar. C. r. de Paris, du 10 janv. 1823. Sir. t. 25. p. 187).

Mais c'est à l'administration et non aux tribunaux qu'il appartient de connaître des actions qui tendent à faire mettre en question l'étendue et l'effet d'actes passés par l'autorité administrative, lorsqu'il n'est pas besoin de recourir à des usages ou à des titres qui lui sont étrangers (Même Ar. que celui qui précède).

Les conseils de préfecture sont compétents pour statuer sur les contestations relatives à la régularité des minutes et des expéditions d'actes provenant des anciennes administrations centrales, lesquels peuvent être contestés et attaqués, bien qu'ils aient été exécutés. Mais les conseils de préfecture ne peuvent prononcer sur le maintien ou l'annulation desdits actes (Ord. rendue en C. d'ét. le 11 juin 1834).

Lorsqu'une contestation soumise à un conseil de préfecture est de sa compétence par le fond, mais qu'elle présente des incidents et des exceptions qui sont du ressort de l'autorité judiciaire, le conseil doit surseoir jusqu'à ce que lesdites exceptions aient été examinées et jugées par les tribunaux civils (Déc. du 28 fév. 1809).

La divisibilité de compétence est admise, non seulement pour juger la même affaire sous deux points de vue différents, mais encore dans la même affaire et sous le même point de vue, pour l'exécution d'un jugement ou arrêté interlocutoire, avant de statuer définitivement (Ord. du 27 mai 1816).

La litispendance devant les tribunaux n'empêche pas l'autorité administrative de connaître d'un litige qui de sa nature est administratif (Déc. du 12 mars 1814).

59. Mais la difficulté de régler la compétence, en certains cas, provient de ce que la plus grave dissonance existe entre la jurisprudence des tribunaux et celle du conseil d'état, sur la question de savoir si la répression

des contraventions en matière de grande voirie est dévolue exclusivement, ou non, aux conseils de préfecture.

C'est ainsi, par exemple, qu'en 1822, la police de Paris ayant notifié à un propriétaire d'une maison sise *avenue de Neuilly*, la défense de diriger les eaux ménagères de sa propriété dans les fossés du rond-point des Champs-Élysées, sur la citation donnée à ce particulier, le tribunal de police se déclara incompétent. La sentence portait :

« CONSIDÉRANT qu'il est constant que » les Champs-Élysées, comme domaine » de la couronne ou de la ville de » Paris, sont, à ce titre, considérés » comme objet de grande voirie et » placés dans les attributions de l'au- » torité administrative, et que toute » discussion à cet égard ne peut être » jugée qu'en conseil de préfecture, » aux termes de la loi, etc. »

60. Le jugement a été déféré en cassation, dans l'intérêt de la loi et annulé par arrêt du 15 avril 1824, motivé dans les termes rapportés ci-contre.

61. La cour de cassation avait déjà rendu, le 13 juin 1811, un premier arrêt dans le sens de celui du 15 avril 1824, rapporté plus haut ; mais cette jurisprudence de la cour suprême n'est-elle pas une violation du principe que là où une autorité exceptionnelle est instituée, la part d'attributions qui lui est dévolue se trouve définitivement enlevée à l'autorité préexistante qui exerçait auparavant les mêmes pouvoirs ?

62. Au surplus, quant à l'harmonie

Vu la loi du 29 floréal an X , portant....., et aussi la loi du 24 août 1790, titre 2, articles 1 et 3;

Considérant que quand il s'agit de faire l'application desdites lois de floréal an X et d'août 1790 à des terrains qui forment prolongement de grandes routes royales ou départementales, en même temps qu'ils sont places publiques ou des rues des villes, bourgs et villages, il faut combiner et concilier leurs dispositions de manière qu'elles s'entr'aident, et que l'exercice de l'autorité administrative ne puisse jamais paralyser ou entraver l'action municipale et celle des tribunaux de police dans leurs droits et attributions;

Qu'en jugeant que la contestation actuelle sortait des attributions de la police, le tribunal a commis une violation formelle de la loi, d'une part, en ce qu'il a méconnu la compétence exclusive résultant des articles cités de la loi du 24-27 août 1790 ; et de ce que les faits constatés et reconnus intéressaient la salubrité d'une place publique de Paris, et l'exécution d'un arrêté de la police municipale de cette ville ; d'autre part, en ce que la peine à

que la cour paraît avoir eu pour but de maintenir entre la police municipale et la police administrative, elle existe dans la séparation des deux autorités, qui connaissent quelquefois d'un même fait, mais sous des points de vue différents, ainsi qu'il résulte des lois et des instructions ministérielles.

C'est d'après ces vues, seules conformes aux vrais principes du droit administratif, que le conseil d'état a consacré une doctrine contraire à celle de la cour de cassation, notamment par deux ordonnances des 31 juillet 1822 et 17 novembre 1824. M. Garnier, qui rapporte cette jurisprudence dans son *Traité des Chemins*, l'approuve entièrement. « Les tribunaux ordinaires, » dit-il, ne peuvent statuer que sur » les contraventions qui ne sont pas » prévues par une loi d'exception. »

La même opinion est soutenue de l'autorité de M. le président Henrion de Pansey, dans son *Traité de la Compétence des juges de paix* (Cours de dr. administratif, par Cotelle, t. 3. p. 264 et 265).

63. Cette jurisprudence, que l'on pourrait nommer *intérieure*, est, en général, restée jusqu'ici à peu près inconnue aux citoyens, même à la plupart des membres des ordres administratifs et judiciaires; ainsi, à cet égard du moins, on peut dire que nous vivons sous des règles que nous ignorons (Mac.).

64. Et pourtant rien n'est plus commun que d'entendre dire : *Cette affaire est administrative, tel procès doit être jugé administrativement.* Cette manière de parler est vicieuse et peut jeter de

appliquer était écrite dans l'article 471 du Code pénal ; que voulût-on exciper de ce que la cuvette dont il s'agit a été pratiquée pour tenir en bon état une rue formant prolongement de grande route, et de ce motif faire résulter en faveur du conseil de préfecture une concurrence sous le rapport des mesures à prendre pour curer ladite cuvette ; cela ne pouvait pas ôter à l'autorité municipale les pouvoirs qui lui sont attribués, en matière de police, par la loi du 24 août 1790, ni rendre le tribunal de simple police incompétent pour juger une contravention de police à lui légalement déférée ;

D'après ces motifs, casse et annule etc. (Ar. C. de cass. du 15 avril 1824. Sir. p. 335).

la confusion dans les idées : et s'il
arrive qu'un administrateur rende un
jugement, c'est comme investi de l'autorité judiciaire en cette partie (M. le
prés. Henrion. *Just. de paix.* c. 27).

CHAPITRE II.

PRINCIPES SPÉCIAUX.

— ◇❋◇ —

SECTION I. — Contributions directes.

65. Aux termes de la loi du 28 pluviôse an VIII et l'arrêté du 24 floréal suivant, tout le contentieux des contributions directes est dévolu aux conseils
de préfecture, et il en résulte que c'est
à eux seuls qu'il appartient de prononcer sur :

66. Les questions de déchéance encourue par des contribuables réclamants (Ord. C. d'ét. du 24 mars 1832).

67. Les questions de mutations de
cotes (Ar. du 24 flor. an VIII et Ord.
du 2 fév. 1815).

68. Les contestations relatives aux
recouvrements, aux paiements effectués
ou à effectuer (Déc. du 18 janv. 1813).

69. Les questions de savoir si les
poursuites qui ont précédé les com-
mandements sont régulières (Ord.
du 22 fév. 1821).

70. La question de savoir si un
contribuable est vraiment en débet
(Ord. du 15 mars 1826).

En matière cadastrale, les conseils de préfecture
n'ont caractère pour statuer que sur les réclamations relatives au classement et, par exception, sur
celles concernant le tarif des évaluations à l'exclusion des préfets, lorsque cette opération est insépa-
rable du classement (Ord. des 11 juil. 1834 et 27
févr. 1835).

Les conseils de préfecture sont compétents pour
statuer sur la question de savoir si les opérations
cadastrales ont été exécutées, conformément aux
lois et réglements sur le cadastre et sur les travaux
d'utilité publique (Ord. du 25 janv. 1831).

Ils sont également compétents,

1° Pour déterminer le lieu où un marchand doit
prendre sa patente (Ord. du 20 nov. 1815).

2° Pour statuer sur la demande formée par un
patentable, à l'effet de n'être point porté dans la
classe où devrait le faire comprendre la nature de
son industrie, lorsque ladite demande est fondée
sur le peu d'importance de son industrie (Ord. du
19 nov. 1837).

Un conseil de préfecture excéderait ses pouvoirs,
en condamnant l'acquéreur d'un immeuble au
remboursement des contributions payées pour lui
par son vendeur ; cette question étant de la nature
de celles réservées aux tribunaux civils (Ord. du 2
fév. 1815).

C'est aux tribunaux civils qu'il appartient de
prononcer sur les questions,

1° De solidarité entre époux, pour le paiement
des contributions (Ord. du 9 avril 1817).

71. Les contestations relatives au remboursement, par le percepteur, des contributions qu'un contribuable prétendrait avoir payées pour une propriété appartenant à un autre contribuable non imposé (Lois des 11 sept. 1790 et 2 mess. an VII. Déc. spécial du 16 mai 1810 et Ord. du 31 mars 1835).

72. La validité des quittances, au moyen desquelles un contribuable prétend justifier son opposition à une saisie, bien que ladite saisie aurait été effectuée en vertu d'une décision de l'autorité supérieure (Ord. du 15 juin 1825).

73. La demande formée par un contribuable, en réduction de revenus imposables, motivée sur la détérioration de ses fonds qu'il attribue à des événements imprévus et indépendants de sa volonté (Ord. du 19 août 1835).

74. Au premier coup d'œil, on pourrait croire que ces sortes de demandes sont de l'espèce de celles qui donnent lieu aux remises et modérations réservées exclusivement aux préfets; cependant, la réclamation portant sur une diminution de revenu imposable, il en résulte une question contentieuse qui est de la compétence des conseils de préfecture.

75. Les contestations entre un percepteur et les fermiers d'une commune, lorsque, d'après une clause du bail, ceux-ci sont assujétis au paiement des contributions frappées sur les biens affermés, encore bien que lesdits fermiers seraient en instance pour la

2° De toute demande en substitution de nom d'un fermier par bail emphytéotique, sur un rôle de contribution, à celui d'un autre contribuable (Ord. du 26 juil. 1837).

3° De savoir si le privilége de l'état lui donne le droit d'imputer, au préjudice du nouvel adjudicataire d'un immeuble, les contributions d'une année expirée sur la suivante (Ord. du 22 août 1838).

4° De la validité de tous les actes qui ont précédé une saisie, si lesdits actes sont argués de nullité (Ord. du 25 fév. 1818).

5° De demandes en autorisation de faire décerner des contraintes pour la représentation des objets saisis en garantie de paiement des contributions (Ord. du 30 mai 1821).

6° De contestations entre les contribuables et les porteurs de contraintes, entre un percepteur et un huissier pour fait de poursuites exercées contre des contribuables débiteurs, et de toutes autres contestations analogues (Déc. des 25 mars, 18 août 1807 et 8 janv. 1813).

résiliation de leur bail (Ar. du 24 vend. un XII et plusieurs autres).

76. Un conseil de préfecture peut ordonner l'inscription d'un contribuable au rôle des contributions d'une commune (Lois des 26 mars 1831 et 21 avril 1832).

77. Les tribunaux civils sont seuls compétents pour statuer sur toutes les questions relatives au privilége de l'état en matière de contributions directes (Loi du 12 nov. 1808).

—◇⊛◇—

SECTION II. — Travaux publics et communaux.

78. L'intervention des conseils de préfecture, au sujet des entreprises de travaux publics, peut avoir lieu dans les limites tracées par les lois et règlements sur la matière, notamment l'arrêt du conseil d'état du roi, du 7 septembre 1755, et celui du 20 mars 1780, explicatif du précédent; les décrets des 7-11 septembre et 31 octobre 1790; la loi du 6 octobre 1791, celles des 16 frimaire an II et 28 pluviôse an VIII; le décret du 13 fructidor an XIII; la loi du 16 septembre 1807; les décrets des 4 août et 16 décembre 1811; l'ordonnance du 8 août 1821; la loi du 14-23 août 1822; l'ordonnance du 10 mai 1829, celle du 31 mars 1831, etc.

Cette intervention consiste à prononcer sur les contestations qui surviennent entre l'administration et les entrepreneurs dans les cas ci-après :

C'est au conseil de préfecture à prononcer sur les demandes en indemnité, pour occupation temporaire de terrain, à l'occasion de travaux publics (Ord. du 20 juin 1826).

Sur les demandes en garantie formées contre l'état, en cas d'insolvabilité d'un entrepreneur (Ord. du 27 mai 1839).

Sur les demandes d'indemnités pour enlèvement d'ajoncs et de broussailles (Ord. du 8 juillet 1829).

Sur les contestations relatives aux dommages causés par le passage des employés et sous-traitants d'un entrepreneur sur les terrains des particuliers (Ord. du 4 fév. 1824).

Sur les demandes en indemnités formées contre l'administration, pour blessures reçues par des individus, à l'occasion de travaux publics (Ord. du 19 déc. 1839).

Sur les contestations qui peuvent s'élever entre les entrepreneurs et leurs sous-traitants, lorsque toutefois l'administration est intéressée à la contestation (Déc. des 18 sep. 1807 et 15 mai 1813).

Sur les difficultés qui s'élèvent entre un entrepreneur et son associé, relativement à l'intervention à laquelle celui-ci prétendrait avoir droit dans l'ordre, le règlement et l'exécution des travaux de l'entreprise (Déc. du 25 mai 1811).

Sur les contestations entre un entrepreneur

79. Si les travaux ne sont pas exécutés d'après les conditions stipulées dans les adjudications ou marchés, ou bien si l'on remarque dans les moyens d'exécution des négligences faisant craindre des retards préjudiciables aux intérêts publics.

80. Sur les contestations qui peuvent naître à l'occasion de la réception de ces travaux, après leur achèvement.

81. Enfin, sur les dommages causés aux propriétés particulières, soit pour extraction de matériaux ou autres, provenant du fait des entrepreneurs.

82. Du principe que les conseils de préfecture sont compétents pour prononcer sur tout le contentieux de cette matière, il s'ensuit que c'est à eux à statuer, savoir :

83. Sur le sens et les clauses des marchés passés entre l'administration et les entrepreneurs.

84. Sur les demandes en résiliation, formées par les entrepreneurs, lorsque ceux-ci se fondent sur des clauses de leurs contrats.

85. Sur la question de savoir si un entrepreneur s'est conformé aux prescriptions des devis, soit dans l'accomplissement des formalités préalables, soit dans l'exécution des travaux.

86. Sur le sens ou l'inexécution des clauses d'une seconde soumission faite par extension à une précédente, lors

et ses créanciers, relativement aux matériaux destinés à la confection des travaux publics, ces matériaux étant considérés comme délivrés à l'administration (Déc. du 5 déc. 1810).

Sur les difficultés qui peuvent naître relativement à un acte passé entre le préfet, au nom de l'état, et le maire d'une commune, au nom de ladite commune, dans le but de régler les engagements réciproques de l'état et de la commune, pour l'exécution de travaux qui intéressent l'état et ladite commune (Ord. du 22 fév. 1837).

Sur les difficultés relatives à la responsabilité des conducteurs des voitures employées par un entrepreneur (Déc. du 20 nov. 1806).

Sur les indemnités réclamées pour cause d'exhaussement du sol, devant une propriété particulière (Ord. des 17 janv. 1838. 14 avril 1839. 25 déc. 1840 et 12 fév. 1841).

Pour la suppression d'un pont (Ord. des 6 juin 1830 et 30 mai 1834).

Sur l'exhaussement de la rampe d'accession d'un pont (Ord. du 14 juil. 1830).

Pour l'engorgement d'un moulin et l'inondation de propriétés contiguës, par suite de travaux faits à un canal (Ord. du 21 avril 1830).

Pour l'infiltration des eaux dans les propriétés riveraines (Ord. du 4 juil. 1837).

Pour le tracé d'une route et tous autres travaux analogues (Ord. du 20 mars 1828).

Sur les demandes en paiement faites à une commune, pour travaux exécutés et approvisionnements de matériaux pour le compte de ladite commune (Ord. du 10 juin 1827).

Sur la répartition d'une indemnité entre les ayant-droit (Déc. de 18 mars 1813 et 12 août 1818).

L'autorité judiciaire est compétente dans tous les cas non spécialement déférés par la loi à une autre juridiction; ainsi, par exemple, lorsqu'un entrepreneur de travaux publics n'a pas été autorisé à extraire des matériaux dans la propriété d'un particulier, et que celui-ci n'a pas été appelé à débattre le prix et à consentir à l'extraction (Ord. du 21 sep. 1827).

même que la dernière n'aurait pas été approuvée.

87. Sur la demande en démolition, formée par l'administration, de travaux exécutés mal à propos.

88. Sur les demandes en indemnité par suite d'enlèvement d'objets mobiliers, à l'occasion de travaux publics.

—◇❦‹—

SECTION III. — Voirie.

89. Aux termes des lois des 28 pluviôse an VIII (Art. 4.), et 29 floréal an X (Art. 1.), les conseils de préfecture sont seuls compétents pour prononcer sur toutes les contestations qui peuvent naître en matière de grande voirie, c'est-à-dire les atteintes portées ou les contraventions aux lois qui régissent les diverses parties du domaine public et constituent les voies de communication d'un lieu à un autre, par terre ou par la navigation.

90. En principe général, la compétence des conseils de préfecture devant se déterminer par des motifs d'intérêt public, et la question du principal entraînant toujours celle de l'accessoire, il suit de là que c'est aux tribunaux administratifs à décider :

Si un terrain fait ou non partie d'une route départementale ;

Si un particulier est propriétaire d'un terrain qu'il a planté, alors même que la question de propriété serait élevée (Ord. des 22 fév. et 11 mai 1838) ;

Si un terrain est une rue ou un chemin de halage ;

Si un bâtiment démoli par ordre de l'administration menaçait ruine à l'époque de sa démolition ;

La disposition de l'article 1er de la loi du 29 floréal an X est purement démonstrative ; on ne saurait en conclure qu'elle n'attribue restrictivement à l'autorité administrative que la connaissance des faits qui s'y trouvent spécifiés. Il s'en suit qu'elle place dans la compétence exclusive et absolue des conseils de préfecture, en se référant virtuellement sur ce point aux lois des 17 septembre 1790 et 28 pluviôse an VIII, toutes les contraventions qui peuvent être commises dans le domaine de la grande voirie (Ord. des 15 août 1839 et 23 fév. 1841).

La disposition du paragraphe 4 de l'article 479 du Code pénal, modifié par la loi du 28 avril 1832, n'a pas été dérogé, en matière de voirie, aux dispositions de la loi du 29 floréal an X et du décret du 16 septembre 1811 (Ord. du 22 août 1839).

L'ancien Code de la grande voirie est encore entier, et l'article 471 du Code pénal *régit uniquement la petite voirie* et ne peut d'ailleurs être appliqué par les tribunaux de simple police. Les infractions aux règlements de la grande voirie constituent des délits d'un autre ordre, prévus et punis par une législation spéciale comme la juridiction qui est appelée à les juger ; d'où il résulte nécessairement que les anciens règlements sur la grande voirie, confirmés dans toutes leurs dispositions, soit prohibitives, soit pénales, par les lois des 19-22 juillet 1791 et 21 septembre 1792, n'ont point été abrogées par le Code pénal qui a statué par voie de dispositions générales, sans toucher à l'existence des lois et arrêts qui régissent des matières spéciales.

Ainsi, les arrêts du conseil du roi, du 17 juin 1721 et du 4 août 1731, n'ont pas été abrogés dans leurs dispositions pénales (500 francs d'amende) à l'égard des contraventions en matière

Si l'acte de cession de parcelles de terrain, consentie à un particulier, par suite d'alignements à lui donnés, peut autoriser un recours en garantie contre l'état, au cas d'opposition des tiers.

91. Les conseils de préfecture devant réprimer les contraventions qui leur sont déférées, lorsque lesdites contraventions sont de leur compétence, il s'en suit nécessairement, qu'indépendamment des amendes, ils doivent prononcer la démolition de toute œuvre illicite, d'après la législation en vigueur.

92. Cependant, le gouvernement a reconnu lui-même, dans plusieurs occasions, que la législation actuelle sur la grande voirie n'était pas en harmonie avec nos besoins et nos mœurs; qu'en conséquence il serait utile de la réviser. C'est, probablement, sur cet aveu officiel que plusieurs conseils de préfecture s'appuient pour atténuer, autant que possible, l'effet des condamnations que la loi les oblige de prononcer, en réduisant à 5, 10 ou 20 francs la quotité des amendes exorbitantes de 300, 500 et 1,000 fr. fixées par d'anciens arrêts empreints du sceau de la féodalité.

93. Mais le conseil d'état, usant du droit très contestable qu'il s'est arrogé au nom de l'autorité souveraine, se proclame seul capable de remettre ou de modérer les amendes encourues, et annule les arrêtés des conseils de préfecture, en déclarant *qu'ils ont outre-passé leurs pouvoirs et violé les principes du droit administratif;* que néanmoins, à raison des circonstances *(dont ce tribunal supérieur se réserve*

de grande voirie, et par conséquent un conseil de préfecture qui applique, dans les cas prévus par ces arrêtés, une peine établie par le Code pénal, commet un excès de pouvoirs (Ord. des 6 et 22 août 1839. F. Leb. p. 432 et 469).

*exclusivement l'appréciation), il y a
lieu d'accorder la remise ou une modération des amendes en faveur des
contrevenants.* Ce qu'il y a de vraiment
curieux en ceci, ce sont certains considérants où l'on trouve cette phrase :
« Au roi seul appartient le droit de
» faire grâce ; » alors que c'est le conseil
d'état qui fait usage de cette belle prérogative de la royauté, dans des ordonnances, dont les prescriptions sont
souvent contraires à l'opinion des ministres qui ont ouvert les pourvois.

D'un autre côté, MM. les ministres
et même le directeur général des ponts
et chaussées, feignant d'oublier qu'ils
s'adressent à des magistrats qui doivent jouir au moins de la liberté de
conscience, leur rappelle les dispositions des lois, et invoquent la jurisprudence, de telle manière que le rôle
des membres des conseils de préfecture
semblerait devoir se reduire à un
simple visa des dispositions législatives
et à l'application pure et simple des
amendes fixes.

Certes, il ne faut pas une grande
perspicacité pour apercevoir qu'une
des conséquences immédiates de cet
ordre de choses vicieux, c'est la dé-
considération qui s'attache aux conseils
de préfecture par l'effet de la nullité
dont ils se trouvent frappés dans certains cas.

SECTION IV. — Matières domaniales.

94. Le contentieux des domaines
nationaux s'en va diminuant chaque
jour, et s'éteindra sans doute entièrement dans un temps très rap-

C'est au conseil de préfecture qu'il appartient
de connaître de toute contestation relative à un
domaine aliéné au nom de l'état, quelle que soit
l'autorité qui a procédé à la vente de ce domaine,
bien entendu, lorsque la solution des questions à

proché. Néanmoins, il ne sera pas inutile de rappeler ici, sommairement, les principes spéciaux qui régissent ces matières.

95. La loi du 5 novembre 1790 a déclaré biens nationaux, savoir : les biens qui appartenaient à la couronne, ceux qui constituaient les apanages des princes de l'ancienne famille royale, les biens du clergé et ceux appartenant aux séminaires diocésains.

Un décret de l'assemblée nationale, du 9 février 1792, a déclaré biens nationaux ceux appartenant aux Français émigrés.

On y ajouta successivement ceux des fabriques et des communautés religieuses (Déc. des 10-18 fév. 1791 et 19 août 1792), puis enfin ceux des hospices (Déc. du 23 mes. an II).

96. La vente de ces diverses propriétés, devenues nationales, fut prescrite par de nombreuses lois, et le droit de prononcer sur les contestations et les difficultés qui pouvaient survenir à l'occasion de ces ventes, ayant été dévolu d'abord aux administrations centrales des départements, est passé ensuite tout naturellement dans les attributions des conseils de préfecture.

97. Le principe général de la compétence des conseils de préfecture, en cette matière, est posé à l'article 4 de la loi du 28 pluviôse, portant que ces tribunaux administratifs prononceront *sur le contentieux des domaines nationaux.* On le voit, l'énoncé du principe de la compétence ne comporte aucune restriction et ne paraît point équivoque; or, dans les cas qui deviennent chaque jour plus rares, où un conseil de préfecture peut encore

décider se trouvera dans les actes émanés de l'administration (Ar. C. de c. du 5 fruc. an IX et 25 brum. an X. Déc. des 26 mars 1812 et 13 janv. 1813 et Ord. du 25 fév. 1841).

Idem, de toute difficulté qui peut naître à l'occasion de l'exécution de l'une ou de plusieurs clauses d'un acte de vente de biens nationaux (Ord. du 16 juil. 1828).

C'est au conseil de préfecture qu'il appartient de connaître des questions sur ce que l'on doit entendre par ces mots *Tel domaine et ses dépendances* (Ord. du 12 déc. 1818).

Idem, de toute question de revendication de biens, mal à propos vendus comme nationaux (Ord. du 9 avril 1817).

Les tribunaux civils ne peuvent connaître de la question de savoir si, d'après les titres d'adjudication, un bien national a été ou non acquis avec les servitudes dont il est grevé (Ord. du 24 mars 1819).

Idem, de la question de savoir si le droit de vaine pâture, réclamé sur un domaine national, faisait ou non partie des servitudes imposées à ce domaine, lors de l'adjudication (Déc. du 2 février 1812).

Idem, de la question de savoir si, d'après les titres d'adjudication, une servitude existant sur un domaine national a été ou non supprimée, depuis que l'immeuble dont il s'agit est passé dans les mains de l'état (Déc. du 11 juil. 1813).

Idem, de la question de savoir si, d'après les procès-verbaux d'adjudication, un bâtiment adjugé a ou n'a pas droit de vue (Ord. du 6 nov. 1817).

Lorsque la propriété d'un immeuble est l'objet d'une contestation portée devant l'autorité administrative, soit comme étant comprise dans une adjudication, soit comme acquise à un tiers par titres, prescriptions ou autrement, le conseil de préfecture doit statuer sur le litige, seulement dans ses rapports avec l'acte d'adjudication, et renvoyer la deuxième question devant l'autorité judiciaire (Déc. des 26 mars, 14 et 31 juil. 1812).

Les tribunaux civils ne peuvent connaître des questions de prescription et autres moyens de droit civil, qu'après l'interprétation préalable des titres de vente par l'autorité administrative (Ord. du 16 nov. 1835).

être appelé à statuer sur une vente nationale, ce conseil n'excéderait pas
ses pouvoirs en interprétant l'acte litigieux par d'autres actes émanés de
l'administration. Cependant, d'après
la jurisprudence du conseil d'état, les
juridictions inférieures *ne peuvent
puiser les éléments de leurs décisions
que dans les actes qui ont préparé,
accompagné ou suivi l'adjudication.*

Voyez la jurisprudence à la 4ᵉ partie du présent recueil.

C'est un pouvoir immense et qui
n'est pas sans danger, que celui de
dénaturer le sens d'une loi, que le
conseil d'état s'attribue sous le prétexte d'en expliquer la doctrine.

98. La jurisprudence a consacré,
1° l'irrévocabilité des ventes proclamée
par toutes les lois organiques postérieures à la révolution de 1789 et notamment par un article de la charte
constitutionnelle de 1814 ; 2° la propriété intégrale des immeubles vendus
dans tons les cas où l'acte de vente ne
contient aucune réserve relative aux
dépendances ou accessoires.

Les biens nationaux ont toujours été
vendus sans garantie de contenance ;
en conséquence, toute action ayant
pour but de faire déterminer cette contenance est nulle de plein droit.

SECTION V. — Des communes, des hospices et autres établissements de bienfaisance.

99. Suivant les dispositions du décret
du 14 décembre 1789, constitutif des
municipalités, les communes sont considérées comme des personnes civiles qui
peuvent posséder, acquérir, aliéner,
et, par conséquent, plaider ; mais elles
sont considérées comme mineures, et,
à ces titres, elles doivent être et sont

en effet sous la tutelle de l'autorité publique.

100. Les communes, anciennement propriétaires, furent dépouillées de tout ou partie de leurs biens par l'effet du régime féodal dont l'abolition a été décrétée immédiatement après les premiers événements de 1789 ; et l'assemblée nationale fit plusieurs lois, notamment celle du 28 août 1792, ayant pour objet de réintégrer les communes dans la propriété de tous leurs biens originaires.

Survint ensuite la loi du 10 juin 1793, qui autorise le partage de tous les biens des communes, soit patrimoniaux, soit communaux, à l'exception, toutefois, des places, édifices, etc. Ces partages, qui s'effectuaient par les soins de l'administration entre les habitants présents ou absents, a nécessairement fait naître et favoriser beaucoup de prétentions illégitimes, occasionné des violations de droit, des empiétements et même des usurpations.

Les usurpations allèrent si loin qu'elles nécessitèrent un acte législatif pour y mettre un terme : tel fut l'objet de la loi du 9 ventôse an XII.

Cette espèce de chaos, produit inévitable d'une réaction politique dont l'histoire des peuples offre peu d'exemples, était une mine inépuisable de contestations que le législateur fit sagement de soustraire à l'autorité judiciaire, en les plaçant dans les attributions de juridiction administrative.

101. Les conseils de préfecture exercent, à l'égard des communes, *les doubles fonctions de tuteurs et de juges.* En qualité de tuteurs, ils guident les communes lorsqu'elles ont à intenter

des actions ou à défendre en justice.
Comme tribunaux, ils procurent aux
communes *une justice plus prompte*,
sans frais, et, par ces motifs, mieux
appropriée à la nature de certaines con-
testations.

102. La compétence des conseils de
préfecture, en ce qui concerne le contentieux des communes, résulte d'a-
bord des dispositions des articles 1 et 2,
section 5 de la loi du 10 juin 1793,
de l'article 4 de la loi du 28 pluviôse
an VIII, de l'article 6 de la loi du
9 ventôse an XII, de l'avis du conseil
d'état du 18 juin 1809 et de la loi du
18 juillet 1837.

103. L'autorité publique exerce également, sur les hospices, bureaux de
bienfaisance, les fabriques des églises
et les monts-de-piété, les doubles fonctions de *tuteurs* et de *juges*.

Aux termes des lois des 23 messidor
an II et 16 vendémiaire an V, les
biens des hospices, réunis d'abord au
domaine de l'état comme nationaux,
et une partie de ces biens ainsi que
d'autres qui avaient également été déclarés nationaux, ayant été rendus
auxdits hospices, il en résulte que le
conseil de préfecture est compétent
pour statuer sur toutes les actions intentées, soit par soit contre les hospices, par ou contre le domaine, les
fabriques, les émigrés ou autres particuliers, à l'occasion de biens qui ont
été, pendant un temps quelconque,
sous la mainmise nationale ; les questions de droit demeurent soigneusement réservées à l'autorité judiciaire.

La loi du 4 ventôse an IX, qui abandonne aux
hospices les biens cédés au domaine et ceux provenant de fondations, ne s'étend pas aux biens
vacants ni aux rentes qui se trouvent inscrites sur
les régistres du domaine (Ord. des 4 et 18
juin 1816).

Les hospices n'ont droit à la propriété des
biens cédés à l'état, qu'autant qu'ils en ont pris
possession avant que la régie du domaine en ait
fait la découverte (Déc. des 15 mai et 20 juillet 1813).

Un hospice ne peut se prévaloir d'une signification faite au détenteur d'un bien antérieurement
au compulsoire de son adversaire, lorsque dans
cette signification l'hospice ne réclamait qu'une
rente et non la propriété du bien en litige (Ord. du
25 oct. 1826).

—◇—◆—◇—

SECTION VI. — Établissements dangereux, insalubres et incommodes.

104. L'autorité publique ayant pour mission de faire respecter tous les droits des citoyens, soit à l'égard des personnes, soit en ce qui concerne les propriétés, et d'assurer à chacun la part des avantages qui résultent de l'association ; les citoyens doivent, en retour, faire le sacrifice d'une partie de leur liberté naturelle et de leurs intérêts, pour laisser à l'autorité les moyens d'action qui lui sont indispensables.

De là dérive le droit qu'a l'administration de modifier ou de restreindre l'exercice de certaines industries, afin de préserver les citoyens des effets de l'insalubrité ou d'autres inconvénients que la proximité d'une foule d'établissements industriels pourrait produire si l'on négligeait d'imposer les conditions nécessaires à la sécurité publique.

Mais les restrictions que l'administration a le droit d'apporter à l'exercice de ces industries manufacturières sont limitées et doivent être subordonnées aux seules exigences de l'intérêt général. C'est de cette nécessité imposée à l'autorité de se renfermer dans les limites et les exigences de l'intérêt général, que naît un contentieux administratif.

105. Le conseil de préfecture n'a de compétence réelle que pour les établissements de seconde et de troisième classes (Déc. du 15 oct. 1810).

Ainsi, lorsque le préfet ou le sous-préfet ont, dans la sphère de leurs pouvoirs respectifs, autorisé un établissement insalubre ou incommode de

L'état n'est pas responsable des conséquences de l'exécution des lois qui, dans l'intérêt général prohibent l'exercice d'une industrie (Ord. du 11 janv. 1838).

L'administration peut assujétir l'établissement d'un atelier, à telles conditions qu'il lui paraît convenable (Ord. du 31 déc. 1838).

Toutes les causes qui ont pu motiver le classement, doivent être prises en considération pour déterminer l'autorisation à accorder et les conditions auxquelles elle peut l'être (Ord. du 6 avril 1836).

On ne peut invoquer, contre l'établissement d'un atelier, l'existence d'un inconvénient qui n'a pas été pris en considération dans le classement de cet atelier (Ord. du 18 nov. 1838).

Un conseil de préfecture doit rejeter les oppositions et confirmer l'autorisation accordée, si les inconvénients signalés ne sont pas assez graves pour motiver l'annulation (Ord. du 4 juil. 1827).

Lorsqu'en imposant de nouvelles conditions à l'établissement d'un atelier, on peut éviter les inconvénients qui avaient déterminé une autorité à refuser l'autorisation, il y a lieu de l'accorder (Ord. du 18 juil. 1838).

la deuxième ou de la troisième classe,
et qu'à l'occasion de cette autorisation,
il s'élève des réclamations dans le but
de faire retirer, restreindre ou limiter
ladite autorisation, de le soumettre à
des conditions ou d'étendre celles imposées, c'est au conseil de préfecture
à statuer sur les réclamations intervenues dans les divers cas énoncés ci-
dessus (Même Déc.).

DEUXIÈME PARTIE.

CONTENTIEUX DES COMMUNES ET AUTRES ÉTABLISSEMENTS COMMUNAUX, HOSPICES, BUREAUX DE BIENFAISANCE, ETC.

CHAPITRE PREMIER.

DISPOSITIONS FONDAMENTALES.

106. L'article 8 de l'acte constitutionnel, décrété le 3-14 septembre
1791, est ainsi conçu :

« Les citoyens français, considérés
» sous le rapport des relations locales
» qui naissent de leur réunion dans
» les villes et dans de certains arron-
» dissements du territoire des cam-
» pagnes, forment les communes. Le
» pouvoir législatif pourra fixer l'éten-
» due de l'arrondissement de chaque
» commune. »

Ce n'est qu'à partir de la promulgation de la loi ci-dessus rappelée, que
les communes en France ont été

constituées d'une manière forte et solide, et l'on peut même ajouter que c'est de cette époque que date leur véritable existence en corps de communauté légalement établis.

Comme agrégations de familles, les communes sont considérées comme *personnes civiles* et ont une existence qui leur est propre. C'est sous ce rapport seulement que nous traiterons le contentieux des communes, en y ajoutant ce qui concerne les autres établissements communaux, tels que les hospices, bureaux de bienfaisance, etc.

107. On vient de voir que les communes, considérées comme agrégations de familles, rentrent dans la classe des personnes civiles; or, à ce titre, *elles sont capables de contracter, par conséquent d'acquérir, de posséder, d'agir en justice, tout aussi bien que les particuliers;* d'où naissent des objets contentieux à l'égard desquels l'administration municipale ne peut ouvrir aucune action qu'après avoir été autorisée, soit par le préfet, soit par le conseil de préfecture, dans les formes prescrites par les lois et ordonnances spéciales sur la matière.

Le contentieux des communes peut se diviser de la manière suivante :

1° Biens meubles et immeubles en général.

2° Partage des biens communaux.

3° Usurpations commises sur lesdits biens par des tiers.

4° Mode de jouissance des mêmes biens par les habitants.

5° La comptabilité des receveurs municipaux.

6° Les actions judiciaires à intenter ou à défendre.

7º En matière de transactions sur procès.

8º En matière d'élections munici-pales.

Dans le présent résumé, chacun de ces objets formera un chapitre par-ticulier.

—◇🐝◇—

CHAPITRE II.

DISTINCTION DES BIENS COMMUNAUX.

108. L'ARTICLE 1ᵉʳ, section 1ʳᵉ, du décret du 10-11 juin 1793, porte ce qui suit :

« Les biens communaux sont ceux » sur la propriété ou le produit des-» quels tous les habitants d'une ou » de plusieurs communes, ou d'une » section de commune, ont un droit » commun. »

Or, ici vient se placer naturellement la distinction générale établie par le droit commun qui divise les biens en *meubles* ou en *immeubles*.

109. Les biens meubles des com-munes, suivant la définition des ar-ticles 528 et 529 du Code civil, com-prennent le mobilier des mairies, les bibliothèques, les musées ou autres collections, les créances, les actions ou les rentes perpétuelles qui leur appartiennent.

110. Le patrimoine des communes se compose, 1º des biens qui étaient occupés par les seigneurs sous l'empire de la féodalité, et dans lesquels elles ont été réintégrées, en vertu des lois de la révolution; 2º d'autres propriétés qui leur appartiennent aux mêmes titres que toutes les autres propriétés privées.

Tout emplacement qui se trouve dans l'enceinte d'une commune, est censé, à moins de titre exprès contraire, appartenir à la commune, s'il n'est ni clos ni borné (Ar. C. r. de Colmar, du 3 juin 1806. Sir. t. 6. p. 991).

111. Les communes ont été dépouillées de leurs biens, d'abord par
le décret précité du 10-11 juin 1793,
qui en a autorisé le partage entre les
habitants, et ensuite par la loi du
20 mars 1813, qui a réuni ces biens
au domaine de l'état. Le décret de 1793,
par une sorte de compensation, déclare nationales les dettes des communes ; la seconde, qui ordonna la
vente des biens, accorda, par forme
d'indemnité, des inscriptions de cinq
pour cent sur le grand livre, équivalant
au revenu net, pour 1813, des biens
communaux cédés à la caisse d'amortissement chargée d'en opérer la vente.

112. L'article 15 de la loi du 28 avril
1816 prescrit que ceux de ces biens
qui n'auront pas encore été vendus,
seront restitués aux communes.

L'article 1er de la section 4 de la loi précitée du 10-11 juin 1793, est ainsi conçu :

« Tous les biens communaux, en
» général, connus sous les divers
» noms de *terres vaines et vagues,*
» *gastes, garrigues, landes, pacages,*
» *patis, ajoncs, bruyères, bois communs,*
» *hermes, vacans, palus, marais, ma-*
» *récages, montagnes,* et sous toute autre
» dénomination quelconque, sont et
» appartiennent de leur nature à la
» généralité des habitants ou membres
» des communes ou sections de com-
» munes dans le territoire desquelles
» ces communes sont situées ; et comme
» tels, lesdites communes ou sections
» de communes sont fondées et auto-
» risées à les revendiquer, sous les
» restrictions et modifications portées
» par les articles suivants (*). »

(*) Déjà par l'article 9 du décret du 28 août-14 septembre 1792, l'assemblée législative avait adjugé aux

Cette disposition n'établit pas une présomption
de propriété en faveur des communes dont le territoire embrasse les biens qu'elle désigne, lorsque
la question de propriété, s'élève avec d'autres
qu'avec les anciens seigneurs. Ainsi, une commune
qui réclame contre des communes voisines, la propriété exclusive des marais situés sur son territoire,
est obligée de justifier sa demande par titres ou par
preuves légales, de même que si la loi du 10 juin
1793 n'existait pas (Ar. C. de cass. du 23 juin
1829. Sir. t. 29. p. 265).

Lorsqu'il y a contestation entre plusieurs communes, pour la propriété d'un terrain sur lequel
elles exercent concurremment un droit de pâturage,
la commune sur le territoire de laquelle est situé le
fonds litigieux, a en sa faveur une présomption de
propriété que les autres ne peuvent détruire que
par titres ou preuves d'une possession, en qualité
de propriétaire (Ar. C. r. de Colmar, du 23 janvier 1817. Sir. t. 18. p. 52).

Les conseils de préfecture ne sont pas compétents
pour décider, entre deux communes, la question de
propriété de terres vaines et vagues (Ord. du 13
juil. 1813. Sir. t. 11. p. 386 et autre du 23 janvier 1839. F. Leb. p. 55).

113. « Article 8. La possession de
» quarante ans, exigée par le décret
» du 28 août 1792, pour justifier la
» propriété d'un ci-devant seigneur
» sur les terres vaines et vagues, gastes,
» garrigues, landes, marais, liens
» hermes, vacans, ne pourra en
» aucun cas, suppléer le titre légitime,
» et ce titre légitime ne pourra être
» celui qui émanerait de la puissance
» féodale, mais seulement un acte au-
» thentique qui constate qu'ils ont
» légitimement acheté lesdits biens,
» conformément à l'article 8 du dé-
» cret du 28 août 1792. »

114. « Article 9. L'esprit du présent
» décret n'étant point de troubler les
» possessions particulières et paisibles,
» mais seulement de réprimer les abus
» de la puissance féodale et les usur-
» pations, il excepte des dispositions
» des articles précédents toutes con-
» cessions, ventes, collocations forcées,
» partages ou autres possessions *depuis*
» *et au-delà de quarante ans* jusqu'à
» l'époque du 4 août 1789, en faveur
» des possesseurs actuels ou de leurs
» auteurs, mais non acquéreurs volon-
» taires ou donataires, héritiers ou lé-
» gataires du fief à titre universel. »

115. « Article 10. Et à l'égard de
» ceux qui ne possèdent lesdits biens
» communaux, ou partie d'iceux, que
» depuis quarante ans jusqu'à ladite
» époque du 4 août 1789, il sera fait
» cette distinction entre eux. »

---

communes toutes les terres vaines et vagues, sous
quelque dénomination que ce soit, dont elles ne prou-
veraient pas avoir eu anciennement la possession, à
la charge d'intenter leur action dans les cinq ans; et les
seigneurs ne pouvaient arrêter l'effet de cette disposition
qu'en prouvant une possession quarantenaire de ces
terres. La convention va plus loin que l'assemblée législative, elle rejette la possession quarantenaire, et ne
s'arrête qu'au titre de légitime possession.

« 116. Les citoyens qui posséderont
» avec un titre légitime et de bonne foi,
» et qui ont défriché par leurs propres
» mains ou celles de leurs auteurs,
» les terrains par eux acquis et ac-
» tuellement en valeur, ne seront te-
» nus que de payer à la commune les
» redevances auxquelles ils s'étaient
» soumis envers le seigneur ou tous
» autres, s'ils ne s'en sont entièrement
» libérés par quittance publique. »

—◇❀◇—

CHAPITRE III.

DU PARTAGE DES BIENS COMMUNAUX.

117. L'Assemblée nationale, sur la
motion d'un de ses membres, après
avoir décrété l'urgence, décrète :
« 1° que, dès cette année, immédia-
» tement après les récoltes, tous les
» terrains et usages communaux, *autres*
» *que les bois*, seront partagés entre les
» citoyens de chaque commune; 2° que
» ces citoyens jouiront, en toute pro-
» priété, de leurs portions respectives;
» 3° que les biens connus sous le nom
» de *sursis et vacans* seront également
» divisés entre les habitants; 4° que,
» pour fixer le mode de partage, le co-
» mité d'agriculture présentera, dans
» trois mois, le projet de décret. » (Déc.
du 14 août 1792, portant abolition du
régime féodal, Art. unique.)

Extrait du décret de la convention
    nationale du 10 - 11 juin 1793.

118. « Tous les biens appartenant
» aux communes, soit communaux,
» soit patrimoniaux, de quelque nature
» qu'ils puissent être, pourront être
» partagés, s'ils sont susceptibles de

Lorsqu'il y a eu entre les habitants d'une commune partage de biens réputés communaux, s'il
survient un tiers qui réclame ces biens, comme
propriétaire par titre antérieur au partage, la
question de propriété est dévolue aux tribunaux
(Ord. des 14 nov. 1807 et 14 janv. 1808. Sir.
t. 16. p. 303 et un grand nombre d'autres Ord.).

Les tribunaux civils étant saisis d'une question
de propriété de biens communaux, entre plusieurs
communes ou sections de communes, peuvent sans
excès de pouvoirs poser les bases du partage, en
réservant à l'administration le règlement de ce
partage (Ar. C. de cass. du 24 avril 1833. Sir.
t. 33. 695).

Ces mêmes tribunaux peuvent, après avoir statué sur la question de propriété et ordonné le
partage des biens, se réserver l'exécution de leur
jugement, en cela ils n'empiètent pas sur les droits
de l'autorité administrative (Ar. C. de cass. du 9
août 1833. Sir. t. 33. p. 661).

Le droit de statuer sur le mode de partage des
biens communaux appartient à l'autorité administrative (Déc. du 21 déc. 1808. Sir. t. 1. p. 231).

» partage, dans les formes et d'après
» les règles ci-après prescrites, et sauf
» les exceptions qui seront pronon-
» cées. » (Déc. du 10 juin 1793. Art. 3.)

119 « Sont exceptés du partage les
» bois communaux, lesquels seront
» soumis aux règles qui ont été ou qui
» seront décrétées par l'administration
» des forêts. » (Même Déc. Art. 4.)

120. « Seront pareillement exceptés
» du partage les places, promenades,
» voies publiques et édifices à l'usage
» des communes, et ne sont point com-
» pris au nombre des biens communaux
» les fossés et remparts des villes, les
» édifices et terrains destinés au ser-
» vice public, les rivages, lais et relais
» de la mer, les ports, hâvres, les
» rades et, en général, toutes les por-
» tions du territoire qui, n'étant pas
» susceptibles d'une propriété privée,
» sont considérées comme une dépen-
» dance du domaine public. » (Même
Déc. Art. 5.)

121. « Le partage des biens com-
» munaux sera fait par tête d'habitant
» domicilié, de tout âge et de tout sexe,
» absent ou présent. » (Même Déc.
Art. 1. *Voir plus bas, au nombre* 130.)

122. « Les propriétaires non habi-
» tants n'auront aucun droit au par-
» tage. » (Même Dé . Art. 2.)

123. « Sera réputé habitant tout ci-
» toyen français domicilié dans la com-
» mune un an avant le jour de la pro-
» mulgation du décret du 14 août 1792,
» ou qui ne l'aurait pas quittée, un an
» avant cette époque, pour aller s'é-

Une rue dans une ville est une propriété publique, hors du commerce, et qui n'appartient à
personne. On ne peut y acquérir par prescription,
un droit de servitude, notamment le droit d'y
avoir un aqueduc dont les eaux, sortant d'une usine,
répandent une odeur insalubre (Ar. C. de cass. du
13 fév. 1828. Sir. t. 28. p. 253).

Les conseils de préfecture sont compétents pour
juger les contestations qui peuvent s'élever entre
copartageants détenteurs de biens communaux en
vertu de la loi du 10 juin 1793, mais non entre
détenteurs qui possédaient antérieurement à ladite
loi, en vertu d'arrêts de l'ancien conseil du roi
(Ord. du 11 janv. 1813. Sir. t. 11. p. 194 et autre
du 16 janv. 1822. Mac. t. 2. p. 14 .

Entre plusieurs communes ou plusieurs sections
d'une même commune, le partage des biens communaux doit être fait par feux, sans aucun égard à
l'étendue plus ou moins grande du territoire (Ar.
C. de cass. du 12 sep. 1809. Sir. t. 10. p. 287).

Bien qu'aux termes de l'article 2 ci-contre, les
propriétaires forains soient exclus du partage des
biens communaux, ils n'en doivent pas moins concourir au paiement d'une imposition extraordinaire
établie pour acquitter des condamnations prononc-
cées judiciairement contre la commune (Ord. du 7
mai 1823 et 13 août suivant. Mac. t. 5. p. 317
et 596).

Le partage par feux doit avoir lieu, toutes les
fois qu'une commune ne produit aucun titre de
propriété à l'appui de ses prétentions à un autre
mode de partage (Ord. du 28 déc. 1825. Mac.
t. 7. p. 750).

» tablir dans une autre commune. »
(Même Déc. Art. 3.)

124. « Les fermiers, métayers, va-
» lets de labour, domestiques et gé-
» néralement tous citoyens auront droit
» au partage, pourvu qu'ils réunissent
» les qualités exigées pour être réputés
» habitants. » (Même Déc. Art. 4.)

125. « Les pères et mères jouiront
» de la portion qui écherra à leurs en-
» fants, jusqu'à ce qu'ils aient atteint
» l'âge de quatorze ans.
» Nul ne peut avoir droit au partage
» dans deux communes. » (Même Déc.
Art. 7.)

126. « Les corps municipaux sont
» spécialement chargés de veiller, en
» bons pères de famille, à l'entretien
» et à la conservation des portions qui
» écherront aux citoyens qui se sont
» voués à la défense de la patrie. Ils
» les feront cultiver aux frais de la
» commune et recueillir au profit des
» partageants : cette dernière dispo-
» sition n'aura lieu qu'en temps de
» guerre. » (Même Déc. Art. 9.)

127 « Le partage des biens com-
» munaux sera facultatif.
» L'assemblée formée, elle délibé-
» rera d'abord si elle doit partager ses
» biens communaux en tout ou en par-
» tie. » (Même Déc. Art. 1.)

128. « L'assemblée des habi-
» tants pourra pareillement déterminer
» qu'un bien communal continuera à
» être joui en commun ; et, dans ce
» cas, elle fixera les règles qu'elle
» croira les plus utiles pour en régler
» la jouissance commune. » (Même
Déc. Art. 12.)

129. « Dans le cas où l'assemblée
» des habitants aura déterminé la jouis-

Au cas de vacance d'un lot de jouissance communale, tout ménager prétendant à la dévo-
lution de ce lot à son profit n'est pas tenu,
sous peine de déchéance de son droit, à réclamer
avant que le conseil de préfecture ait prononcé sur
les diverses demandes formées à cet égard. En conséquence il peut, après la décision du conseil de
préfecture se présenter comme préférable à l'habitant qui a obtenu l'envoi en possession, et former
tierce-opposition à l'arrêté qui a prononcé cet
envoi.

Mais un habitant ne peut attaquer, par la voie
de tierce-opposition, l'arrêté du conseil de préfecture, sans réclamer pour lui-même le lot dont il
a été disposé, et par ce seul motif que la décision
serait contraire aux principes régissant la dévolu-
tion des lots (Ord. du 21 juin 1839. Fél. Lebon.
p. 334 et 335).

Les communes peuvent se prévaloir des lois qui
autorisent les copropriétaires à faire cesser l'indivis
(Ar. C. de cass. du 4 ther. an VII. Sir. t. 1. p. 231).

Est nul le partage fait entre les habitants d'une
commune, sur la demande d'un seul individu : il
faut nécessairement que la délibération prescrite
par l'article 7, ci-contre, ait eu lieu (Ord. du 3
sep. 1808. Sir. t. 17. p. 22).

Le droit de participer au partage des biens d'une
commune n'appartient pas à la commune voisine,
par cela seul qu'elle a le droit de parcours sur ces

» sance, en commun, de tout ou partie
» d'un communal, les propriétaires
» non habitants qui jouissent du droit
» d'y conduire leurs bestiaux conti-
» nueront d'en jouir comme les autres
» habitants. » (Même Déc. Art. 15.)

130. « Lorsque plusieurs communes
» seront en possession, concurrem-
» ment, depuis plus de trente ans,
» d'un bien communal, sans titre de
» part ni d'autre, elles auront la même
» faculté de faire ou de ne pas faire le
» partage ou la partition des terrains
» sur lesquels elles ont un droit ou un
» usage commun, que les habitants
» d'une commune relativement au par-
» tage de leurs communaux entre eux. »
(Même Déc. Art. 2. sect. 4.) *Voir plus
haut, au nombre* 120.

A l'égard des communes qui possédaient ou qui possèdent des propriétés
communales *par indivis*, un avis du
conseil d'état en date du 20 juillet 1807
porte « *Qu'il y a lieu de procéder au
» partage* des propriétés de cette caté-
» gorie, *en raison du nombre de feux
» par chaque commune* et sans avoir
» égard à l'étendue du territoire de
» chacune d'elles. »

131. « Dans le cas de partage ou de
» partition arrêtée par ces communes,
» elles seront tenues de nommer, de
» part et d'autre, des experts à l'effet
» de ce partage; ces experts dresseront
» procès-verbal de leurs opérations,
» lequel sera déposé aux archives du
» district, et expédition en forme en
» sera délivrée à chacune des com-
» munes copartageantes, pour être
» ainsi déposée dans leurs archives. »
(Même Déc. Art. 3.)

132. « En cas de division entre lesdits

biens (Ar. C. de cass. du 22 br. an X. Sir. t. 20 p. 471).

L'article 2, section 4, ci-contre, en exigeant qu'il n'y ait titre de part ni d'autre, doit s'entendre d'une propriété exclusive au profit de l'une des communes : il ne s'applique pas au cas où les titres existants ne consacrent que des droits d'usage communs et réciproques (Ar. C. de cass. du 9 août 1833. Sir. t. 33. p. 661).

Toute question relative à la proportion des droits respectifs de deux communes sur des biens communaux est de la compétence de l'autorité judiciaire et les préfets ne peuvent en connaître : il ne s'agit pas seulement là d'appliquer les lois sur le partage des communaux (Ord. du 28 nov. 1809. Sir. t. 1. p. 338).

Lorsque les proportions d'un partage litigieux entre des communes ont été déterminées par l'autorité judiciaire et qu'il ne s'agit plus que d'appliquer les lois sur le partage, c'est au préfet qu'il appartient d'y pourvoir et non au conseil de préfecture (Ord. du 7 mai 1823. Mac. t. 5. p. 313).

L'avis du conseil d'état du 20 juillet 1807 ne peut s'appliquer aux partages faits et consommés antérieurement (Ord. du 29 mars 1833. Mac. t. 3. p. 179).—Ni au cas où il existerait des règlements conventionnels antérieurs attribuant des droits inégaux à chaque commune (Ar. C. de cass. du 19 juil. 1820. Sir. t. 11. p. 145).

L'avis précité s'applique aux bois, comme aux autres natures de biens, et il s'entend du partage de la propriété comme du partage des coupes ; peu importe, à cet égard, que dès auparavant les communes copropriétaires aient eu l'usage de partager entre elles le produit et les charges par égales parts (Ar. C. de cass. du 1er fév. 1814. Sir. t. 16. p. 163).

» experts, il sera procédé, sans délai,
» à la nomination d'un tiers-expert,
» par le directoire du département
» (remplacé actuellement par le pré-
» fet). » (Même Déc. Art. 4.)

133. La loi du 9 ventôse an XII porte :
« Les partages de biens commu-
» naux, effectués en vertu de la loi du
» 10 juin 1793, et dont il a été dressé
» acte, seront exécutés. » (Art. 1.)

La loi du 9 ventôse an XII a définitivement maintenu tous les partages de biens communaux, régulièrement faits en vertu de la loi du 10 juin 1793 (Ord. du 24 mars 1819. Sir. t. 5. p. 89).

Les dispositions de l'article 1er de la loi du 9 ventôse an XII s'appliquent aux partages de biens communaux effectués avant la loi du 10 juin 1793, en vertu d'arrêts du conseil, d'ordonnances des états et autres actes émanés des autorités compétentes, conformément aux usages établis (Déc. du 4e jour complémentaire an XIII).

Mais elles ne s'appliquent aux partages antérieurs à cette loi, que lorsqu'ils n'ont porté que sur la jouissance, et que les actes qui les concernent renferment une clause prohibitive de l'aliénation des lots (Ord. du 26 nov. 1808. Sir. t. 1. p. 215).

134. « En conséquence, les coparta-
» geants ou leurs ayant-cause sont dé-
» finitivement maintenus dans la pro-
» priété et jouissance de la portion
» desdits biens qui leur est échue, et
» pourront les vendre, aliéner et en
» disposer comme ils le jugeront con-
» venable. » (Art. 2.)

135. « Dans les communes où les
» partages ont eu lieu sans qu'il en ait
» été dressé acte, les détenteurs de
» biens communaux qui ne pourront
» justifier d'aucun titre écrit, mais
» qui auront défriché ou planté le ter-
» rain dont ils ont joui, ou qui l'au-
» ront clos de murs, fossés ou haies
» vives, ou, enfin, qui y auront fait
» quelques constructions, sont main-
» tenus en possession provisoire, et
» peuvent devenir propriétaires in-
» commutables, à la charge par eux
» de remplir, dans les trois mois de la
» publication de la présente loi, les
» conditions suivantes : 1° de faire dé-

Les partages de biens communaux, dont il a été dressé acte, doivent être exécutés; les copartageants et leurs ayant-cause doivent être maintenus dans la propriété et jouissance de la portion de biens qui leur est échue, et les conseils de préfecture ne peuvent pas ordonner la révision de ces partages, sous prétexte que quelques-uns des habitants de la commune n'y auraient pas participé (Ord. du 11 sep. 1813. Sir. t. 2. p. 427).

La possession de lots de biens communaux ne suffit pas pour établir qu'il y ait eu partage, s'il n'y a pas d'actes réguliers, sauf l'admission des détenteurs au bénéfice de l'article 3 de la loi de ventôse an XII (Ord. du 16 août 1808. Sir. t. 1. p. 191).

Cette application sévère de la loi de ventôse an XII, est contrariée par une foule de décisions qui maintiennent les partages irréguliers de biens communaux, surtout s'il y a eu possession paisible et de bonne foi de la part des copartageants. Ainsi, il a été jugé :

Qu'un partage de biens communaux est suffisamment constaté, dans le sens de la loi de ventôse an XII, bien que le partage n'ait pas été rédigé par écrit et que le tirage des lots au sort ne soit pas constaté par un procès-verbal, si, d'ailleurs, il est constant que ce partage a été délibéré et que trois experts ont fait la division des lots (Ord. du 12 déc. 1806. Sir. t. 1. p. 11).

Que l'irrégularité de forme dans les actes de

» vant le sous-préfet de l'arrondisse-
» ment la déclaration du terrain qu'ils
» occupent, de l'état dans lequel ils
» l'ont trouvé et celui dans lequel
» ils l'ont mis ; 2° de se soumettre à
» payer à la commune une redevance
» annuelle, rachetable, en tout temps,
» pour vingt fois la rente, et qui sera
» fixée, d'après estimation, à la moitié
» du produit annuel du bien ou du
» revenu dont il aurait été susceptible
» au moment de l'occupation. Cette
» estimation sera faite par experts, en
» la forme légale, dans le cours de
» l'an XII, et le paiement de la rede-
» vance courra à compter du premier
» vendémiaire an XIII.

» Un des experts sera choisi par le
» détenteur du bien communal ; le
» second, au nom de la commune,
» par le sous-préfet de l'arrondisse-
» ment, et le troisième par le préfet du
» département. » (Art. 3.)

136. « L'aliénation définitive de ces
» terrains sera faite, comme toutes les
» autres aliénations de biens commu-
» naux, en vertu d'une loi qui sera
» rendue d'après l'exécution des dispo-
» sitions prescrites par les articles pré-
» cédents, et qui autorisera les maires
» des communes à passer le contrat de
» concession, aux frais des conces-
» sionnaires.

» Néanmoins, ces concessionnaires
» resteront en possession provisoire,
» jusqu'à l'époque où la loi aura été
» rendue, à la charge par eux de payer
» la redevance annuelle, ainsi qu'il est
» dit ci-dessus. » (Même Déc. Art. 4.)

137. « Tous les biens communaux
» possédés à l'époque de la publication
» de la présente loi, sans acte de par-

partage de biens communaux, exécuté en vertu de
la loi du 10 juin 1793, ne fait pas obstacle à la
confirmation de ce partage, lorsqu'il est constant
que les détenteurs réunissent à une longue et paisible possession, la possession de bonne foi (Ord,
des 31 mai 1808 et 3 juin 1818. Sir. t. 16. p. 355
et t. 18. p. 311 et plusieurs autres).

Que l'exécution d'un acte de partage suffit pour
en couvrir toutes les irrégularités ; par exemple,
lorsque les copartageants ont défriché, clos et bâti
avec possession longue, paisible et de bonne foi
(Ord. du 21 oct. 1818. Sir. t. 5. p. 5).

Enfin, que lorsque l'acte de partage d'un bien
communal ne peut être produit, si les détenteurs
prouvent que l'acte a été brûlé ; que le partage,
d'ailleurs, a été *provoqué* par une délibération du
conseil municipal ; qu'ils ont constamment possédé,
défriché et même aliéné depuis 1793, le partage
doit être déclaré valable et maintenu (Ord. du 20
oct. 1819. Sir. t. 20. p. 239).

La déchéance prononcée par l'article 5 de la loi
de ventôse an XII, contre les détenteurs de biens
communaux, n'est pas applicable à ceux d'entre eux
qui, postérieurement à l'an XII, ont été maintenus

» tage, et qui ne seront pas dans le
» cas prévu par l'article 3, ou pour
» lesquels les déclarations et soumis-
» sions de redevances n'auront pas été
» faites dans le délai et suivant les
» formes prescrites par le même ar-
» ticle, rentreront entre les mains des
» communautés d'habitants.

» En conséquence, les maires et ad-
» joints, les conseils municipaux, les
» sous-préfets et préfets feront et or-
» donneront toutes les diligences né-
» cessaires pour faire rentrer les com-
» munes en possession. » (Même Déc.
Art. 5.)

138. « Toutes les contestations re-
» latives à l'occupation desdits biens
» qui pourront s'élever entre les co-
» partageants, détenteurs ou occu-
» pants, depuis la loi du 10 juin 1793,
» et les communes, soit sur les actes
» et les preuves de partage de biens
» communaux, soit sur l'exécution des
» conditions prescrites par l'article 3
» de la présente loi, *seront jugées par*
» *le conseil de préfecture.* » (Même Déc.
Art. 6.)

139. « Il ne sera prononcé de resti-
» tution de fruits en jouissance, ni par
» les tribunaux, en faveur des tiers,
» dans le cas de répétitions prévues par
» l'article 8, ni par les conseils de pré-
» fecture, en faveur des communes,
» dans celui mentionné en l'article 5,
» qu'à compter du jour de la demande
» par les particuliers, et à compter du
» 1er vendémiaire an XIII pour les
» communes. » (Av. du Cons. d'ét.
du 17 juil. 1808.)

« Il faut appliquer cet article, soit
» qu'il y ait eu partage des biens, soit
» qu'il n'y en ait pas eu. »

en possession, par arrêté administratif rendu contradictoirement avec la commune ; ils peuvent encore être admis au bénéfice de l'article 3, à charge
par eux de remplir les conditions qu'il prescrit
(Ord. du 23 avril 1818. Sir. t. 4. p. 301).

Les conseils de préfecture sont compétents pour
juger les contestations qui peuvent s'élever entre
copartageants, détenteurs de biens communaux, en
vertu de la loi du 10 juin 1793, mais non entre
détenteurs de biens communaux possédés antérieurement à cette même loi (Ord. du 11 janv. 1813.
Sir. t. 11. p. 194).

Ils ne sont pas compétents pour prononcer sur
les contestations auxquelles peut donner lieu l'exécution des partages de biens communaux, opérés
avant la loi du 10 juin 1793, en vertu d'arrêts du
conseil (Ord. du 16 janv. 1822. Mac. t. 3.
p. 14).

L'article 9 de la loi de l'an XII contient une
dérogation au droit commun, consigné dans l'article 546 du Code civil ; ainsi, la restitution des
fruits n'est due, à l'égard des particuliers, que du
jour de la demande, même lorsqu'il est démontré
qu'il y a eu possession de mauvaise foi (Ar. C. de
cass. des 19 mars 1816 et 13 fév. 1826. Sir. t. 16.
p. 452 et t. 26. p. 387).

140. « Ne pourront également les
» détenteurs actuels ou occupants,
» même en vertu d'un partage dont
» l'acte aurait été dressé, qui se trou-
» veraient évincés par suite des actions
» intentées dans l'un ou l'autre cas,
» répéter, soit à l'égard des communes,
» soit à l'égard des copartageants, au-
» cune indemnité, pour raison de l'é-
» viction qu'ils auront soufferte, à
» moins qu'ils n'aient fait des plan-
» tations et des constructions, auquel
» cas, ils seront indemnisés par la par-
» tie, conformément à la dernière dis-
» position de l'article 548 du Code
» civil. » (Même Déc. Art. 10.)

CHAPITRE IV.

USURPATION DES BIENS COMMUNAUX.

141. Un grand nombre de terres vaines et vagues, que les lois de la révolution accordaient aux communes, à défaut d'une propriété prouvée de la part des anciens seigneurs, ont été usurpées par les propriétaires voisins, en sorte que les communes se voyaient menacées d'être de nouveau dépossé- dées de ces biens. Ce fut pour exciter le zèle et le vigilance des autorités lo- cales et pour interrompre la prescrip- tion, qu'intervint l'ordonnance royale du 23 juin 1819, dont nous transcri- vons ci-après les principales dispo- sitions.

142. « Article 1er. Les administra-
» tions locales s'occuperont sans délai
» de la recherche et de la reconnais-
» sance des terrains usurpés sur les

Les dispositions de l'ordonnance royale du 23 juin 1819 ne concernent que les détenteurs de biens communaux qui les occupent, sans acte de concession ou de partage, écrit ou verbal (Ord. du 26 nov. 1828. Mac. t. 10. p. 779).

» communes, depuis la publication de
» la loi du 10 juin 1793, et généra-
» lement de tous les biens d'origine
» communale, actuellement en jouis-
» sance privée, dont l'occupation ne
» résulte d'aucun acte de concession
» ou de partage, écrit ou verbal, qui
» ait dessaisi la communauté de ses
» droits en faveur des détenteurs. »

143. « Article 2. Chaque détenteur
» est tenu de faire, dans le délai de
» trois mois, au chef-lieu de sa com-
» mune, la déclaration des biens com-
» munaux dont il jouit sans droit ni
» autorisation. Ladite déclaration,
» adressée au maire, indiquera l'ori-
» gine de l'usurpation, la quotité, la
» situation et les limites des terrains
» usurpés, la nature de ces biens à
» l'époque de l'usurpation, et les amé-
» liorations telles que défrichements,
» plantations, clôtures et constructions
» qu'ils auraient reçues depuis par le
» fait du déclarant. »

144. « Article 3. Les détenteurs qui
» auront satisfait à cette obligation,
» pourront, sur la proposition du con-
» seil municipal et de l'avis du sous-
» préfet et du préfet, être maintenus
» en possession définitive des biens
» par eux déclarés, s'ils s'engagent
» dans les mêmes délais, par soumis-
» sions écrites et chacun pour soi, à
» payer à la commune propriétaire
» les quatre cinquièmes de la valeur
» actuelle desdits biens, déduction
» faite de la plus value résultant des
» améliorations, ou une redevance
» annuelle égale au vingtième du prix
» du fonds, ainsi évalué et réduit à
» dire d'experts. Ils auront droit, en
» outre, à la remise des fruits qui

Elles ne s'appliquent pas à des détenteurs de biens communaux, déclarés usurpateurs par un arrêt de cour royale : ceux-ci ne peuvent être maintenus en possession (Ord. du 27 sep. 1827. Mac. t. 9. p. 508).

Ni à ceux qui n'ont fait la déclaration des biens communaux qu'ils détenaient, qu'en exécution d'un jugement contradictoire qui, les ayant déclarés usurpateurs, les a en même temps condamnés à restituer les biens (Ord. du 15 nov. 1822. Mac. t. 4. p. 344).

Lorsqu'il résulte des actes produits pour suppléer à un partage, que chacun des lots ne contenait originairement qu'une étendue déterminée, l'excédant de la contenance doit être considéré comme usurpé et soumis au régime de l'ordonnance du 23 juin 1819 (Ord. des 8 mars 1827 et 20 janv. 1831, Mac. t. 9 p. 143 et t. 12. p. 39).

Lorsqu'un partage de biens communaux est annulé, ceux des détenteurs qui ont rempli les formalités prescrites par l'ordonnance du 23 juin 1819, doivent jouir du bénéfice de cette ordonnance (Ord. du 16 juin 1822. Mac. t. 3. p. 592).

Si, d'après la concession d'un terrain communal, faite à un détenteur en vertu de l'ordonnance du 23 juin 1819, il s'élève des questions de servitudes, c'est devant les tribunaux ordinaires qu'elles doivent être portées (Ord. du 18 juil. 1824. Mac. t. 6. p. 454).

4

» pourraient être exigés, à compter
» du 1ᵉʳ vendémiaire an **XIII**, pour les
» usurpations antérieures à cette épo-
» que, conformément aux lois sur les
» biens communaux illégalement par-
» tagés. »

145. « Article 4. Tout détenteur qui
» n'aura pas rempli, dans les délais
» déterminés, les obligations et condi-
» tions prescrites par les précédentes
» dispositions, sera poursuivi, à la di-
» ligence du maire, *devant le conseil*
» *de préfecture*, en restitution des ter-
» rains usurpés et des fruits exigibles. »
(*Voir* ci-après au Nombre 148).

Ceux qui n'ont pas fait les soumissions que l'ordonnance prescrit, doivent être condamnés à restituer les biens usurpés avec les fruits, depuis
l'époque fixée par les lois (Ord. des 8 mai 1827 et
20 janv. 1830. Mac. t. 9. p. 143 et t. 12. p. 39).

Dans ce cas de réintégration des communes, les
plus anciens détenteurs doivent être préférés, et
c'est à eux qu'il doit en être passé vente (Ord. du
28 juil. 1824. Mac. t. 6. p. 454).

« Dans le cas où, par l'effet de ces
» poursuites, il demanderait à se
» rendre acquéreur desdits biens,
» l'aliénation ne pourra lui en être
» faite, le vœu et l'intérêt de la com-
» mune ne s'y opposant point, que
» moyennant le paiement de la valeur
» intégrale du fonds, sans aucune re-
» mise ni modération et suivant toute
» la rigueur du droit commun. »

146. « Article 5. Dans aucun cas,
» l'aliénation définitive des biens com-
» munaux usurpés ne pourra être
» consommée qu'en vertu de notre
» autorisation, et après que toutes les
» formalités applicables aux actes trans-
» latifs de la propriété communale
» auront été remplies. »

Un conseil de préfecture excède ses pouvoirs en
prescrivant aux usurpateurs des conditions autres
que celles imposées par l'ordonnance de 1819 (Ord.
du 20 janv. 1830. Mac. t. 12. p. 39).

147. « Article 6. Conformément
» aux dispositions de la loi du 9 ven-
» tôse an XII et de l'avis interprétatif
» du 18 juin 1809, les *conseils de pré-*
» *fecture demeurent juges* des contesta-
» tions sur *le fait* et *l'étendue de l'usur-*
» *pation*, sauf le cas où, le détenteur
» niant l'usurpation et se prétendant
» propriétaire à tout autre titre qu'en

La règle établie par l'article 6 rapporté ci-contre
a été confirmée par une foule d'ordonnances rendues en conseil d'état, et notamment par celles
des 15 août 1821 et 22 déc. 1824. Mac. t. 2. p. 251
et t. 6. p. 706.

Lorsqu'un terrain est réclamé comme communal
par une commune, et comme propriété privée
par un particulier, la contestation est du ressort
des tribunaux (Ord. du 18 juil. 1821. Mac. t. 2.
p. 145).

Lorsque le détenteur contre lequel la commune

» vertu d'un partage, il s'élèverait des » questions de propriété pour lesquelles » les parties auraient à se pourvoir de-» vant les tribunaux, après s'y être fait » autoriser, s'il y a lieu, par les conseils » de préfecture. »

Avis du conseil d'état du 18 *juin* 1809.

148. « Le conseil d'état....

» Vu les articles 6 et 8 de la loi du » 9 ventôse an XII,

» Est d'avis que toutes les usurpa-» tions de biens communaux, depuis » la loi du 10-11 juin 1793 jusqu'à la » loi du 9 ventôse an XII, soit qu'il » y ait ou qu'il n'y ait pas eu partage » exécuté, doivent être jugées par les » conseils de préfecture, lorsqu'il s'agit » de l'intérêt de la commune contre » les usurpations ;

« Et qu'à l'égard des usurpations

revendique des biens qu'elle soutient être commu-naux, se prétend propriétaire de ces biens à tout autre titre qu'en vertu d'un partage administratif, et qu'il y a lieu d'interpréter et d'apprécier des actes privés, c'est aux tribunaux et non à l'administra-tion à statuer sur la question de propriété (Ord. du 25 mars 1830. Mac. t. 12. p. 153 et un grand nombre d'autres).

Les conseils de préfecture ne peuvent prononcer sur le mérite de l'opposition formée par des parti-culiers à un partage de biens communaux, ordonné par jugement entre des communes, par le motif que ce jugement n'a pas contre eux l'autorité de la chose jugée ; ils doivent surseoir au partage et renvoyer la question de chose jugée devant les tri-bunaux ordinaires (Ord. du 23 janv. 1820. Sir. t. 5. p. 410).

Le préfet à qui le propriétaire d'un domaine d'o-rigine nationale, contigu à des biens communaux, présente une demande pour obtenir le bornage des-dites propriétés, est incompétent pour ordonner la vérification des limites, par experts, et homo-loguer ensuite l'expertise. L'arrêté du préfet dans ce cas peut être attaqué devant le ministre, après les trois mois qui suivent la notification, et il n'existe même aucun délai pour le recours devant le ministre (Odr. du 30 juin 1839, Fél. Leb. p. 358 et 359).

En pareille matière, l'objet est de la compétence des tribunaux ordinaires, s'il s'agit de faire l'appli-cation de titres pour le bornage, et il est de la compétence du conseil de préfecture, s'il s'agit de l'interprétation des actes administratifs, relatifs à la vente du domaine d'origine nationale.

L'avis du conseil d'état du 18 juin 1809, qui attribue aux conseils de préfecture la connaissance des contestations auxquelles l'usurpation des biens communaux peut donner lieu, n'est applicable qu'aux usurpations de biens dont la qualité commu-nale n'est pas contestée ; dès qu'il y a doute sur cette qualité, les tribunaux ordinaires deviennent compétents (Ord. du 10 fév.-10 mars 1816 et autres rendues en C. d'ét. des 1er déc. 1819. 22 déc. 1824 et 13 mai 1829. Sir. t. 20. p. 271. et Mac. t. 6. p. 706. et t. 11. p. 156 et plusieurs autres.

Ainsi, la question de savoir si des biens sont patrimoniaux ou communaux rentre essentiellement dans la compétence des tribunaux (Ord. du 14 août 1813. Sir. t. 2. p. 409).

Il en est de même d'une contestation entre des particuliers et des communes, relativement à la

» d'un copartageant vis-à-vis d'un
» autre, elles sont du ressort des
» tribunaux. »

propriété de chantiers de construction sur des
fossés de ville ou sur le rivage des rivières (Ord.
du 31 janv. 1817. Sir. t. 3. p. 505).

Aussi d'une contestation relative à un terrain
que la commune veut faire considérer comme place
publique et que son adversaire soutient n'avoir pas
ce caractère (Ord. du 15 janv. 1809. Sir. t. 1.
p. 236).

Également de la contestation relative à une ca-
bane ou palissade construite par un particulier sur
un terrain prétendu communal (Ord. du 15 mai
1813. Sir. t. 2. p. 322).

Idem, d'une contestation existant entre une
commune et une section de commune, relativement
à des droits de propriété (Ord. des 13 mai 1809.
Sir. t. 1. p. 287 et 18 juil. 1821. Mac. t. 2.
p. 147).

CHAPITRE V.

MODE DE JOUISSANCE DES BIENS DES COMMUNES, HOSPICES ET AUTRES ÉTABLISSEMENTS PUBLICS.

149. Les communes qui ont profité
de la faculté que leur laissait la loi
du 10-11 juin 1793, de ne pas partager leurs biens communaux, parce
qu'elles avaient considéré la jouissance
indivise comme plus avantageuse, ont
conservé, pour la plupart, les anciens
usages sur le mode de jouissance relativement aux affouages et aux partages des autres produits de biens communaux, et ces anciens modes ont été
confirmés par l'article 1er du décret
du 9 brumaire an XIII.

150. Aux termes de l'article 2 du
décret du 9 brumaire an XIII (31 octobre 1804), aucun changement dans
cet ancien mode de jouissance des biens
communaux ne pouvait avoir lieu
qu'en vertu d'une ordonnance royale
rendue sur la proposition du ministre
de l'intérieur, d'après les demandes
des conseils municipaux, l'avis du

Un arrêté d'administration centrale, qui contient
règlement provisoire de la jouissance des biens
communaux, ne peut être attaqué devant le con-
-seil d'état, par la voie contentieuse (Ord. du 3
fév. 1832. Mac. t. 2. p. 29).

L'attribution conférée à l'autorité administrative, pour régler le mode de jouissance des communaux entre les habitants, doit s'entendre en ce
sens, que le droit commun est reconnu et qu'il ne
s'agit que de son exercice : si donc les habitants
d'une commune contestent entre eux le fond du
droit, le litige devient une question de propriété
et appartient aux tribunaux (Ord. du 9 avril 1817.
Sir. t. 3. p. 553).

Le préfet excède ses pouvoirs en prenant l'initiative du règlement sur un nouveau mode de jouis-

sous-préfet de l'arrondissement et celui du préfet du département ; mais cette disposition paraît implicitement abrogée, ou du moins modifiée par l'article 17 de la loi du 18 juillet 1837, ainsi conçu :

« Les conseils municipaux règlent,
» par leurs délibérations, les objets
» suivants :

» 1° Le mode d'administration des
» biens communaux ;

» 2° Les conditions des baux à ferme
» ou à loyer dont la durée n'excède
» pas dix-huit ans pour les biens ru-
» raux et neuf ans pour les autres
» biens ;

» 3° Le mode de jouissance et la
» répartition des pâturages et fruits
» communaux, autres que les bois,
» ainsi que les conditions imposées aux
» parties prenantes ;

» 4° Les affouages en se conformant
» aux lois forestières. »

151. Il convient de remarquer qu'à l'égard des communes dans lesquelles le partage des biens communaux a été effectué, en exécution de la loi du 10 juin 1793, et où, en vertu de l'article 12, section 3 de cette loi, il a été établi un nouveau mode de jouissance sous l'empire du décret du 9 brumaire an XIII, les conseils municipaux étaient déjà autorisés à délibérer un nouveau mode de jouissance dans les formes indiquées aux articles 3, 4 et 5 du décret précité du 9 brumaire, dont voici le texte littéral.

« Article 3. Si la loi du 10 janvier
» 1793 a été exécutée dans ces com-
» munes, et qu'en vertu de l'article 12,
» section 3 de cette loi, il ait été
» établi un nouveau mode de jouis-

sance des affouages ; c'est au conseil municipal à délibérer d'abord et à provoquer ce règlement (Ord. du 25 juil. 1827. Mac. t. 9. p. 403).

Les conseils de préfecture sont compétents pour régler le mode de jouissance de l'affouage des bois sur lesquels les communes ont des droits reconnus, mais lorsque cette jouissance est subordonnée à une question de propriété, ils doivent s'abstenir et renvoyer les parties devant les tribunaux (Ord. du 15 juin 1825. Mac. t. 7. p. 276).

Les questions de domicile relatives à la jouissance des biens communaux, sont du ressort des tribunaux (Ord. du 27 août 1833. Mac. t. 3. p. 501).

Le préfet et le conseil de préfecture sont incompétents, soit pour annuler la délibération du conseil municipal tendant à obtenir un nouveau mode de jouissance, soit pour régler le mode à suivre dans l'avenir (Ord. du 12 avril 1832. Mac. t. 2. p. 140 et autre du 19 déc. 1839. F. Leb. p. 588 et 589).

» sance, ce mode sera exécuté provi-
» soirement.

» Article 4. Toutefois, les commu-
» nautés d'habitants pourront déli-
» bérer, par l'organe des conseils mu-
» nicipaux, un nouveau mode de
» jouissance.

» Article 5. La délibération du con-
» seil sera, avec l'avis du sous-préfet,
» transmis au préfet, qui l'approu-
» vera, rejettera ou modifiera, en con-
» seil de préfecture, sauf, de la part
» du conseil municipal, le recours au
» conseil d'état. »

La loi du 18 juillet 1837 modifie les
dispositions du décret du 9 brumaire
an XIII, mais *c'est pour étendre et non
pour restreindre l'action des corps municipaux* relativement à l'administration des biens des communes. En effet,
l'article 17 de cette loi leur attribue
le droit de régler le mode de jouissance
de ces biens, sous la simple surveillance du préfet, tandis que, d'après
le décret du 9 brumaire an XIII, aucun
changement dans le mode de jouissance ne pouvait avoir lieu qu'avec
l'autorisation préalable de l'administration supérieure. C'est là une concession réelle du pouvoir central au
profit des pouvoirs locaux, qui abroge
implicitement les articles 2 et 5 du
décret de brumaire an XIII. Mais, en
ce qui concerne les articles 1 et 4 du
même décret, qui maintiennent les
usages anciens, en laissant aux conseils municipaux l'initiative des changements de ces usages, la loi du 18
juillet 1837 ne contient aucune disposition d'où l'on puisse inférer que cette
faculté de conserver les modes de
jouissance antérieurs à la loi du 10

juin 1793, soit retirée aux communes

Quant *au mode de jouissance des bois communaux*, il a été réglé par le *Code forestier promulgué en* 1827, et dont voici un extrait :

152. Article 61. « Ne seront admis
» à exercer un droit d'usage quel-
» conque dans les bois de l'état, que
» ceux dont les droits auront été, au
» jour de la promulgation de la pré-
» sente loi, reconnus fondés, soit par
» des actes du gouvernement, soit par
» des jugements ou arrêts définitifs, ou
» seront reconnus tels par suite d'in-
» stances administratives ou judiciaires
» actuellement engagées, ou qui se-
» raient intentées devant les tribunaux,
» dans le délai de deux ans à dater du
» jour de la promulgation de la pré-
» sente loi, par des usagers actuelle-
» ment en jouissance. »

153. Article 90. « Sont soumis au
» régime forestier, d'après l'article 1er
» de la présente loi, les bois taillis ou
» futaies appartenant aux communes et
» établissements publics qui auront été
» reconnus susceptibles d'aménage-
» ment ou d'une exploitation régulière,
» par l'autorité administrative, sur la
» proposition de l'administration fo-
» restière et d'après l'avis des conseils
» municipaux.

» Il sera procédé, dans les mêmes
» formes, à tout changement qui pour-
» rait être demandé, soit de l'aména-
» gement, soit du mode d'exploitation.

» Lorsqu'il s'agira de la conversion
» en bois et de l'aménagement de ter-
» rains en pâturages, la proposition de
» l'administration forestière sera com-
» muniquée au maire ou aux adminis-

Avant le Code forestier qui détermine, par l'article 90, les formes à suivre pour soumettre les bois des communes susceptibles d'aménagement au régime forestier, ces bois étaient déjà en général soumis à ce régime, en exécution du titre 25 de l'ordonnance de 1669 et de l'arrêté du gouvernement du 19 ventôse an X. En conséquence, ces bois n'ont donc pas cessé d'y être soumis depuis le nouveau Code, bien que les formalités qu'il prescrit à cet égard n'aient pas encore été remplies. De là il suit que l'administration forestière a qualité aux fins de poursuivre la répression d'un délit forestier commis dans un bois communal, à l'égard duquel les formalités exigées par le nouveau Code, pour le soumettre au régime forestier, n'ont pas encore été remplies ; alors surtout qu'un arrêté du préfet a provisoirement déclaré maintenir sous le régime forestier tous les bois communaux du département (Ar. C. de cass. du 14 mai 1830. Sir. t. 30, p. 352).

» trateurs des établissements publics.
» Le conseil municipal ou ces admi-
» nistrateurs seront appelés à en déli-
» bérer; en cas de contestation, il sera
» statué par le conseil de préfecture,
» sauf le pourvoi au conseil d'état. »

154. Article 91. « Les communes et
» établissements publics ne peuvent
» faire aucun défrichement dans leurs
» bois sans une autorisation expresse
» et spéciale du gouvernement ; ceux
» qui l'auraient ordonné ou effectué,
» sans cette autorisation, seront pas-
» sibles des peines portées au titre 15
» contre les particuliers pour les con-
» traventions de même nature (*). »

155. Article 92. « La propriété des
» bois communaux ne peut jamais don-
» ner lieu à partage entre les habitants.
» Mais , lorsque deux ou plusieurs
» communes possèdent un bois par in-
» divis, chacune conserve le droit d'en
» provoquer le partage. » (*Voir* l'Ar.
de cass. au nombre 117.)

156. Article 105. « *S'il n'y a titre*
» *ou usage contraire*, le partage des bois
» d'affouage se fera par feux, c'est-à-
» dire par chef de famille ou de mai-
» son ayant domicile réel et fixe dans
» la commune : s'il n'y a également
» titre ou usage contraire, la valeur
» des arbres délivrés pour construc-
» tions ou réparations sera estimée à
» dire d'experts et payée à la com-
» mune. »

157. « Mais, aux termes de l'article

(*) L'article 220 du Code forestier, auquel se réfère l'article 91 , est ainsi conçu : « En cas de contravention , » le propriétaire sera condamné à une amende calculée » à raison de cinq cents francs au moins et de quinze » cents francs au plus, par hectare défriché, et en outre » à rétablir les lieux en nature de bois, dans le délai » qui sera fixé par le jugement et qui ne pourra excéder » trois années. »

La réunion des communes ne doit porter aucune atteinte à leurs droits respectifs : ainsi, lorsqu'une section de commune a été distraite de la commune à laquelle elle appartenait, et est incorporée à une autre commune, les habitants de la section conservent sur les biens de la commune dont ils sont distraits les droits d'affouage qu'ils avaient antérieurement (Ar. C. de cass. du 18 avril 1815. Sir. t. 15. p. 273 et autre de la C. r. de Nancy, du 18 avril 1826. Sir. t. 17. p. 203).

Le droit d'affouage est acquis aux habitants de chaque commune, par le fait seul de leur habitation actuelle, et sans qu'il soit nécessaire d'avoir habité pendant trente ans (Ar. C. r. de Nancy, du 18 avril 1826. Sir. t. 27. p. 203).

Le droit d'affouage dans un bois communal est acquis à tout habitant de la commune ; par cela seul qu'il est habitant : vainement dirait-on que le droit d'affouage est une servitude discontinue qui n'est acquise qu'autant qu'il y a titre (Ar. C. de cass. du 7 mai 1829. Sir. t. 29. p. 180).

La question de savoir si le propriétaire d'un fonds situé dans une commune a droit à sa portion dans l'affouage qui appartient à la commune, n'est pas de la compétence de l'autorité administrative; les tribunaux seuls peuvent la décider, quand bien même le fonds, à raison duquel le réclamant prétend exercer son droit , serait un domaine national (Ord. du 20 sep. 1809. Sir. t. 17. p. 188).

Lorsqu'une contestation sur un droit d'affouage, entre la masse des habitants d'une commune et un particulier propriétaire de bâtiments dans la commune , est subordonnée à la discussion de titres

» 141 de l'ordonnance du 1er août 1827
» sur le mode d'exécution du Code fo-
» restier, les communes qui ne sont pas
» dans l'usage d'employer la totalité
» des bois de leurs coupes à leur propre
» consommation, feront connaître à
» l'agent forestier local la quantité de
» bois qui leur sera nécessaire, tant
» pour chauffage que pour construc-
» tions et réparations; et il en sera fait
» délivrance, soit par l'adjudicataire
» de la coupe, soit au moyen d'une ré-
» serve sur cette coupe; le tout con-
» formément à leur demande et aux
» clauses du cahier des charges de l'ad-
» judication. »

158. « Article 110. Dans aucun cas
» et sous aucun prétexte, les habitants
» des communes et les administrateurs
» ou employés des établissements pu-
» blics ne peuvent introduire ni faire
» introduire dans les bois appartenant
» à ces communes ou établissements
» publics, *des chèvres*, *brebis* ou *mou-
» tons*, sous les peines prononcées par
» l'article 199 (l'amende de deux francs
» pour chaque bête à laine et quatre

conventionnels, c'est aux tribunaux et non aux
conseils de préfecture qu'il appartient de prononcer
(Ord. des 10 août 1825 et 22 nov. 1826. Sir. t. 27.
p. 270).

Lorsqu'un hameau est réuni à une commune, la
réunion ne confère pas aux habitants réunis le
droit de participer à l'affouage des bois de la commune (Ord. du 17 janv. 1813. Sir. t. 13. p. 256).

Lorsqu'un corps de ferme ou domaine distrait
du territoire d'une commune, est réuni au territoire d'une autre commune, cette réunion ne donne
pas au propriétaire du domaine le droit de participer à l'affouage des bois de la commune à laquelle
ce domaine est incorporé (Ar. C. r. de Besançon,
du 28 fév. 1828. Sir. t. 28. p. 242).

Le partage du bois doit être fait à raison du
nombre de feux, dans chacune des deux communes
copropriétaires d'un bois; cependant si, d'après
les titres ou la possession, il s'élève des différends
sur la quotité des droits respectifs de chaque commune, la connaissance de ces différends appartient
aux tribunaux (Ord. du 28 nov. 1809. Sir. t. 1.
p. 338).

Lorsqu'une commune ne produit aucun titre de
propriété à l'appui de ses prétentions, dans le partage des bois communaux, sur un bois appartenant
à deux communes, le partage doit être fait par
feux conformément aux lois de la matière (Ord. du
28 déc. 1825. Mac. t. 7. p. 750).

C'est devant le ministre de l'intérieur, et non
devant le conseil d'état, que des habitants d'une
commune qui n'excipent d'aucun règlement ni
d'aucun acte qui leur ait attribué une part déterminée de l'affouage, doivent attaquer l'arrêté par
lequel le préfet a homologué une délibération du
conseil municipal, relative à la vente de la moitié
des coupes affouagères (Ord. du 10 août 1828.
Mac. t. 10. p. 601).

Le droit de dépaissance sur une forêt communale,
n'autorise pas les usagers à introduire leurs bestiaux dans les cantons non déclarés défensables, ou
à introduire des bêtes à laine, même dans les cantons défensables (Ar. C. de cass. du 12 avril 1822.
Sir. t. 22. p. 368).

La dépaissance des brebis dans les bois des communes et des particuliers est interdite en tout
temps; et le certificat d'un maire, portant que le
lieu de la dépaissance n'a pas été mis en réserve
et qu'il reste destiné au pâturage de la commune,
ne peut servir de base au renvoi des prévenus
(Ar. C. de cass. du 28 janv. 1820. Sir. p. 48).

L'introduction de bêtes à laine dans un bois

» francs pour chaque chèvre), contre
» ceux qui auraient introduit ou per-
» mis d'introduire ces animaux, et
» d'une autre amende de quinze francs
» contre les pâtres et gardiens.

» Toutefois, le pacage des moutons
» ou brebis pourra être autorisé, dans
» certaines localités, par des ordon-
» nances spéciales de sa majesté. »

159. « Article 111. La faculté ac-
» cordée au gouvernement, par l'ar-
» ticle 63, d'affranchir les forèts de
» l'état de tous droits d'usage en bois,
» est applicable, sous les mêmes con-
» ditions, aux communes et aux éta-
» blissements publics, pour les bois
» qui leur appartiennent. »

EXTRAIT DU DÉCRET DU 17 NIVÔSE
AN XIII (7 JANVIER 1805).

160. « Article 1ᵉʳ. Les droits de
» pâturage ou parcours dans les bois
» et forêts appartenant soit à l'état ou
» aux établissements publics, soit aux
» particuliers, ne peuvent être exercés
» par les communes ou les particuliers
» qui en jouissent en vertu de leurs
» titres ou des statuts et usages locaux,
» que dans les parties de bois qui au-
» ront été déclarées défensables, con-
» formément aux articles 1 et 2 du
» titre 19 de l'ordonnance de 1669,
» et sous les prohibitions portées en
» l'article 13 du même titre. »

161. Lorsqu'il y aura lieu d'effectuer
le rachat d'un droit d'usage quelconque
autre que l'usage en bois, suivant la
faculté accordée au gouvernement par
l'article 64 du Code forestier, il sera
procédé de la manière prescrite pour
le cantonnement des usages en bois,
par les articles 112, 113, 114 et 115
de la présente ordonnance.

communal n'a pas le caractère de délit punissable, si cette introduction a eu lieu de bonne foi, en vertu d'actes émanés de l'autorité municipale (Ar. C. r. d'Aix, du 7 janv. 1835. Sir. t. 35. p. 205).

C'est au ministre des finances et non aux tribunaux, qu'une commune doit se plaindre d'une décision par laquelle l'administration des forêts aurait fixé le nombre des bestiaux que la commune doit envoyer au pacage dans les bois d'un particulier (Ord. du 18 janv. 1823. Mac. t. 5. p. 421).

La contestation sur le point de savoir si les droits de pâturage appartenant à une commune dans les bois d'un particulier, sont d'une nécessité absolue pour cette commune et par suite non rachetables, est de la compétence des tribunaux ordinaires, par application de l'article 121 du Code forestier, et non celle du conseil de préfecture auquel l'article 64 du même Code attribue juridiction en cette matière, pour les droits d'usage existant dans les bois de l'état (Ord. du 21 juin 1839. F. Leb. p. 333).

Toutefois, si le droit d'usage appartient à une commune, le ministre des finances, avant de prononcer sur la proposition de l'administration forestière, la communiquera au préfet, lequel donnera des renseignements précis et son avis motivé sur l'absolue nécessité de l'usage pour les habitants. Lorsque le ministre aura prononcé, le préfet, avant de faire procéder à l'estimation préparatoire, notifiera la proposition de rachat au maire de la commune usagère, en lui prescrivant de faire délibérer le conseil municipal pour qu'il exerce, s'il le juge convenable, le pourvoi qui lui est réservé par le paragraphe 2 de l'article 64 du Code forestier.

Le procès-verbal des experts ne contiendra que l'évaluation en argent des droits des usagers, d'après leurs titres (Art. 116 de l'Ord. du 1ᵉʳ août 1827).

162. En cas de contestation sur l'état et la possibilité des forêts et sur le refus d'admettre les animaux au pâturage et au pacage dans certains cantons déclarés non défensables, le pourvoi contre les décisions rendues par le conseil de préfecture, en exécution des articles 65 et 67 du Code forestier, aura effet suspensif jusqu'à la décision rendue par nous en conseil d'état (Art. 117 de l'Ord. du 1ᵉʳ août 1827).

L'article 117 de l'ordonnance du 1ᵉʳ août 1827, dans la disposition qui déclare suspensif le pourvoi au conseil d'état contrairement au droit commun, ne contient pas d'excès de pouvoir de la part du pouvoir exécutif et dès lors est obligatoire (Ar. C. de cass. du 5 juil. 1834. Sir. t. 35. p. 138).

—◇◦❀◦◇—

CHAPITRE VI.

BUREAUX DE BIENFAISANCE, HOSPICES ET FABRIQUES.

163. L'institution des hospices est due à la charité chrétienne qui les multiplie et les enrichit; par conséquent son origine remonte à des temps

C'est au conseil de préfecture qu'il appartient de statuer, savoir :

1° A l'égard des difficultés qui peuvent s'élever sur la jouissance et la distribution des bancs placés dans une église, sur la forme et le placement desfort anciens. La loi du 16 vendémiaire an V rétablit les hospices dans la propriété de ceux de leurs biens qui n'avaient pas été aliénés en vertu de la loi du 23 messidor an II, qui déclara lesdits biens nationaux.

164. L'origine des fabriques des églises remonte, comme celle des hospices, à une époque fort éloignée. Après les vicissitudes de notre révolution de 1789, la loi du 18 germinal an X, portant rétablissement du culte catholique en France, dispose (Art. 76), qu'il sera établi des fabriques pour veiller à l'entretien, à la conservation des temples et à l'administration des aumônes. Enfin, un décret du 30 décembre 1809 règle l'administration des fabriques et constitue les principes de la législation actuelle sur cette matière. Cette législation peut se résumer dans ces mots : *les communes doivent suppléer à l'insuffisance des revenus des fabriques*, conformément aux dispositions des articles 36, 37, 92 et suivants du décret précité du 30 décembre 1809.

165. Quant aux bureaux de bienfaisance organisés par la loi du 7 frimaire an V, ils sont assimilés aux hospices et aux fabriques (du moins implicitement), par un arrêté réglementaire du 9 fructidor an IX.

166. Ces divers établissements sont assimilés aux communes relativement aux objets contentieux ; ainsi, sous ce rapport, ils se trouvent placés sous la tutelle de l'autorité administrative, et les conseils de préfecture peuvent leur accorder ou refuser la faculté d'ester en justice.

dits bancs (Déc. du 29 avril 1809 et Ord. du 12 déc. 1827).

2° Sur toutes les contestations qui pourraient naître entre deux fabriques, ou entre une fabrique et un particulier, ou encore entre une fabrique et un établissement public, et sur l'application des lois qui ont ordonné la restitution aux fabriques de leurs anciens biens (Ord. des 17 mai 1837 et 9 mai 1841).

CHAPITRE VII.

CONTENTIEUX EN MATIÈRE D'ÉLECTIONS MUNICIPALES.

—◇❀◇—

SECTION I. — Principes Fondamentaux.

167. Depuis 1789, l'organisation du pouvoir municipal a subi à peu près les mêmes vicissitudes que le pouvoir politique, ainsi que nous allons le démontrer.

La loi du 14-18 décembre 1789 constitua les municipalités dans tout le royaume ; elle établit dans chacune un maire, un procureur de la commune, plusieurs officiers municipaux formant le corps municipal, un conseil général composé des notables, réunis aux membres du corps municipal (Art. 4, 25, 26, 30 et 31).

Tous les citoyens actifs concouraient à l'élection (Art. 5).

La constitution de l'an III appelait également tous les citoyens domiciliés à l'élection des magistrats municipaux, mais elle n'établissait dans les communes d'une population inférieure à cinq mille habitants, qu'un agent municipal et un adjoint ; la réunion des agents municipaux de chaque commune formait la municipalité du canton, à la tête de laquelle était placé un président. Un commissaire était nommé près de chaque administration municipale par le directoire exécutif.

168. La loi du 28 pluviôse an VIII rétablit, dans chaque commune, une municipalité distincte ; elle confiait l'administration à un maire, ayant un ou plusieurs adjoints, et, auprès de

lui, un conseil municipal; mais le droit d'élection fut alors complètement supprimé; la nomination des maires et adjoints fut réservée au chef du gouvernement à l'égard des communes dont la population excédait *cinq mille habitants*, et aux préfets pour celles d'une population inférieure à ce chiffre.

169. Actuellement, le pouvoir municipal est constitué au moyen d'élections faites dans les formes prescrites par la *loi du* 21 *mars* 1831, dont nous rapporterons ci-après les principales dispositions.

Dans le silence des lois électorales sur la manière dont une contestation doit être jugée, il y a lieu de recourir aux autres lois électorales pour y puiser des éléments d'interprétation et d'analogie (Ord. des 21 mai 1833 et 11 avril 1837).

—◇✣◇—

SECTION II. — Composition des conseils municipaux.

« Article 9. Chaque commune a un
» conseil municipal, composé, y com-
» pris les maires et adjoints,
   » De *dix membres* dans les communes
» de 500 habitants et au-dessous;
   » De *douze membres* dans celles
» de 500 à 1,500;
   » De *seize membres* dans celles de
» 1,500 à 2,500;
   » De *vingt-un membres* dans celles
» de 2,500 à 3,500;
   » De *vingt-trois membres* dans celles
» de 3,500 à 10,000;
   » De *vingt-sept membres* dans celles
» de 10,000 à 30,000;
   » Et de *trente-six membres* dans
» celles de 30,000 et au-dessus.
   » Dans les communes où il y aura
» plus de trois adjoints, le conseil mu-
» nicipal sera augmenté d'un nombre
» de membres égal à celui des adjoints
» au-dessus de trois.
   » Dans celles où il aura été nommé
» un ou plusieurs adjoints spéciaux et

» supplémentaires, en vertu du second
» paragraphe de l'article 2 de la pré-
» sente loi, le conseil municipal sera
» également augmenté d'un nombre
» égal à celui de ces adjoints. »

170. « Article 10. Les conseillers mu-
» nicipaux sont élus par l'assemblée
» des électeurs communaux. »

171. « Article 11. Sont appelés à
» cette assemblée : 1° *les citoyens les*
» *plus imposés* aux rôles des contribu-
» tions directes de la commune (*), *âgés*
» *de vingt-un ans accomplis*, dans les
» proportions suivantes :

172. « Pour les communes de
» 1,000 âmes et au-dessous, un nombre
» égal *au dixième de la population*, sauf
» le cas prévu à l'article 2.

» Ce nombre *s'accroîtra de cinq par*
» 100 *habitants, en sus de* 1,000 *jus-*
» *qu'à* 5,000 ;

» *De quatre par* 100, *en sus de* 5,000
» *jusqu'à* 15,000 ;

» *De trois par* 100 *habitants, au-*
» *dessus de* 15,000.

173. « 2° Les membres des cours et
» tribunaux, les juges de paix et leurs
» suppléants ;

» Les membres de la chambre de
» commerce, des conseils de manufac-
» tures, des conseils de prud'hommes;

» Les membres des commissions ad-
» ministratives des colléges, des hos-
» pices et des bureaux de bienfaisance;

» Les officiers de la garde nationale;

» Les membres et correspondants
» de l'institut, les membres des so-

Il a été décidé par la chambre des députés qu'il n'est pas nécessaire d'être domicilié dans la commune pour être électeur.

L'âge de vingt-un ans doit, par assimilation avec l'article 19 de la loi du 19 avril 1831, concernant les membres des colléges électoraux, être accompli à l'époque de la clôture des listes (*) (Cir. m. du 10 mars 1831).

Pour calculer le dixième de la population, lorsqu'elle n'est pas un multiple de dix, on néglige la fraction quand le nombre est plus près de la dixaine inférieure que de la dixaine suivante, et à partir du nombre intermédiaire entre les deux dixaines on force la fraction.

Quant au nombre d'électeurs à raison de tant par cent habitants, on compte la centaine commencée par la centaine accomplie. Cependant, il ne faut pas que ce calcul donne un nombre de censitaires supérieur au dixième de la population. Ainsi, on ajoute un électeur de plus depuis 1,000 jusqu'à 1,010 habitants, deux depuis 1,010 jusqu'à 1,020, trois depuis 1,020 jusqu'à 1,030, quatre depuis 1,030 jusqu'à 1,040, et cinq depuis 1,040 jusqu'à 1,100 (Cir. m. du 10 mai 1831).

Pour être électeur adjoint, suivant la catégorie établie au paragraphe 2 de l'article 11, *il faut être majeur de vingt-un ans, et jouir des droits civils et civiques dans toute leur plénitude.* Quant au domicile, le domicile réel dans la commune est nécessaire.

Les fonctions, professions ou titres qui donnent le droit d'être inscrit comme électeur adjoint doivent, de même que le domicile, être possédées avant l'ouverture des opérations relatives à la for-

---

(*) Voyez pour l'attribution des contributions au sujet des droits électoraux la jurisprudence en regard du nombre 175 ci-après.

(*) Bien que les instructions ministérielles ne puissent être considérées comme principes de jurisprudence, on a pensé qu'il serait plus commode pour le lecteur de placer les extraits ci-dessus en regard de chacune des dispositions législatives auxquelles ils se rapportent et dont ils indiquent l'esprit, au lieu de les intercaler à la suite du texte de chaque article de la loi, ce qui aurait produit une sorte de confusion.

» ciétés savantes instituées ou autori-
» sées par une loi ;

» Les docteurs de l'une ou de plu-
» sieurs des facultés de droit, de mé-
» decine, des sciences, des lettres,
» après trois ans de domicile réel dans
» la commune ;

» Les avocats inscrits au tableau,
» les avoués près les cours et tribu-
» naux, les notaires, les licenciés de
» l'une des facultés de droit, des
» sciences, des lettres, chargés de l'en-
» seignement de quelqu'une des ma-
» tières appartenant à la faculté où ils
» auront pris leur licence; les uns et
» les autres après cinq ans d'exercice
» et de domicile réel dans la commune;

» Les anciens fonctionnaires de
» l'ordre administratif et judiciaire,
» jouissant d'une pension de retraite;

» Les employés des administrations
» civiles et militaires jouissant d'une
» pension de retraite de 600 fr. et au-
» dessus;

» Les élèves de l'école polytech-
» nique qui ont été, à leur sortie, dé-
» clarés admis ou admissibles dans les
» services publics, après deux ans de
» domicile réel dans la commune :
» toutefois, les officiers appelés à jouir
» du droit électoral, en qualité d'an-
» ciens élèves de l'école polytech-
» nique, ne pourront l'exercer dans
» les communes où ils se trouveront en
» garnison, qu'autant qu'ils y auraient
» acquis leur domicile civil ou poli-
» tique avant de faire partie de la gar-
» nison;

» Les officiers de terre et de mer
» jouissant d'une pension de retraite;

» Les citoyens appelés à voter aux
» élections des membres de la chambre

mation des listes. Cependant, si, dans l'intervalle de cette époque à la clôture, un citoyen acquiert une de ces conditions, ou vient à la perdre, il doit être inscrit ou retranché (Cir. m. du 10 mai 1831).

Il a été expliqué dans la discussion que la qualité de licencié n'était pas exigée des avoués.

» des députés ou des conseils généraux
» de départements, quel que soit le
» taux de leurs contributions dans la
» commune. » (Art. 11 de la loi précitée du 21 mars 1831.)

174. « Le nombre des *électeurs do-*
» *miciliés dans la commune ne pourra*
» *être moindre de trente*, sauf le cas où
» il ne se trouverait pas un nombre
» suffisant de citoyens payant une con-
» tribution personnelle. » (Même loi.
Art. 12.)

Le domicile dont il s'agit, *est le domicile réel*
(Cir. m. du 10 mai 1831).

175. Le tiers de la contribution
» du domaine exploité par un fermier,
» à prix d'argent ou à portion de
» fruits, lui est compté pour être in-
» scrit sur la liste des plus imposés de
» la commune, sans diminution des
» droits du propriétaire du domaine. »
'Même loi. Art. 14.)

Toute question d'attribution de contribution au
sujet des droits électoraux est de la compétence de
l'autorité judiciaire, d'après la jurisprudence du
conseil d'état.

Ainsi c'est aux tribunaux civils à décider,
savoir :

Si un père peut profiter dans certaines circonstances des contributions payées par son fils majeur
(Ord. du 27 août 1840).

Si un individu qui demande, comme fermier
d'un domaine, l'attribution du tiers des contributions, est réellement fermier de ce domaine. (Ord.
du 17 août 1840).

Si un mari peut se prévaloir des contributions
payées par sa femme comme héritière de sa mère,
lorsqu'elle n'est pas inscrite nominativement au rôle
(Ord. du 27 août 1840).

S'il y a lieu d'attribuer à un citoyen pour compléter son cens, les prestations en nature auxquelles
il est imposé (Ord. du 18 déc. 1840).

De quelle quotité d'impôt un individu peut se
prévaloir pour la formation de son cens électoral,
à raison de la part qu'il doit prendre dans la succession de son auteur décédé (Ord. du 8 mai 1841).

176. « Les membres du conseil mu-
» nicipal seront tous choisis sur la liste
» des électeurs communaux, et *les trois*
» *quarts, au moins, parmi les électeurs*
» *domiciliés dans la commune.* » (Même
loi. Art. 15.)

177. « Les deux tiers des conseil-
» lers municipaux seront nécessaire-
» ment choisis parmi les électeurs
» désignés au paragraphe 1er de l'ar-
» ticle 11 (les censitaires); et l'autre

» tiers peut être choisi parmi tous les ci-
» toyens ayant droit de voter dans l'as-
» semblée, en vertu de l'article 11. »
(Même loi. Art. 16.)

178. « Les conseillers municipaux
» doivent être *âgés de vingt-cinq ans*
» *accomplis;* ils sont élus pour six ans,
» et toujours rééligibles. » (Même loi.
Art. 17.)

« Les conseils seront renouvelés *par*
» *moitié tous les trois ans.* » (Même loi.
Art. 17.)

179. « Les préfets, sous-préfets, se-
» crétaires généraux et conseillers de
» préfecture, les ministres des divers
» cultes en exercice dans la commune,
» les comptables des revenus commu-
» naux et tous agents salariés par la
» commune, ne pourront être mem-
» bres des conseils municipaux.

» Nul ne pourra être membre de
» deux conseils municipaux. » (Même
loi. Art. 18.)

180. « Dans les communes de
» 500 âmes et au-dessus, les parents,
» au degré de *père*, de *fils*, de *frère*
» et les alliés *au même degré*, ne
» peuvent être, en même temps, mem-
» bres du même conseil municipal. »
(Même loi. Art. 20.)

Un particulier déclaré par jugement en état de faillite, et qui, après avoir été mis en demeure, n'a pas produit la preuve qu'il ait été relevé de cet état, cesse par cela même de faire partie du conseil municipal, sans qu'il soit besoin de prononcer son élimination (Ord. du 2 mars 1839. Fél. Leb. p. 180 et 181).

L'article 22 de la loi du 21 mars 1831, en prescrivant à l'administration de faire compléter les conseils municipaux, lorsqu'ils sont réduits aux trois quarts de leur nombre, n'impose pas l'obligation d'attendre cette réduction pour remplir les vacances (Ord. du 21 juil. 1839. même Rec. p. 396).

Un conseil de préfecture, ayant fait l'application de l'article 18 de la loi du 21 mars 1831, à un instituteur élu conseiller municipal, celui-ci donna sa démission, et, ayant été réélu, sa réélection fut validée par le conseil d'état (Ord. du 21 nov. 1839. Fél. Leb. p. 528 et 529).

―◇◆◇―

SECTION III. — Des listes des électeurs municipaux.

181. « Le maire, assisté du per-
» cepteur et des commissaires répar-
» titeurs, dressera la liste de tous
» les contribuables de la commune,
» jouissant des droits civiques et qua-
» lifiés, à raison de la quotité de leurs

Pour la formation de la liste des électeurs-adjoints, le maire doit procéder, seul, sans le concours des répartiteurs et du percepteur. Il peut, toutefois, se faire assister pour ce travail de son adjoint ou de ses adjoints. Il devra y procéder dans la huitaine qui précédera la publication de la liste communale (Cir. m. du 10 mai 1831).

» contributions, pour faire partie de
» l'assemblée communale, conformé-
» ment à l'article 11 ci-dessus.

» Les plus imposés seront inscrits
» sur cette liste, dans l'ordre décrois-
» sant de la quotité de leurs contribu-
» tions. » (Même loi. Art. 32.)

182. « Tout individu omis pourra,
» pendant un mois à dater de l'affiche,
» présenter sa réclamation à la mairie.

» Dans le même délai, tout élec-
» teur inscrit sur la liste pourra ré-
» clamer contre l'inscription de tout
» individu qu'il croirait indûment por-
» té. » (Même loi. Art. 34.)

183. « Le maire prononcera, *dans*
» *le délai de huit jours*, après avoir
» pris l'avis *d'une commission de trois*
» *membres du conseil, délégués à cet*
» *effet par le conseil municipal.* Il no-
» tifiera, dans le même délai, sa dé-
» cision aux parties intéressées. »
(Même loi. Art. 35.)

184. « Toute partie qui se croirait
» fondée à contester une décision ren-
» due par le maire dans la forme ci-
» dessus, *peut en appeler, dans le délai*
» *de quinze jours, devant le préfet*
» *qui dans le délai d'un mois, pro-*
» *noncera, en conseil de préfecture,*
» et notifiera sa décision. » (Même
loi. Art. 36.)

185. « L'opération de la confection
» des listes commencera, chaque an-
» née, le 1er janvier; *elles seront pu-*
» *bliées et affichées le 8 du même mois,*

Les conseils de préfecture ne peuvent annuler les opérations relatives à la composition et à la confection des listes électorales (Ord. du 22 fév. 1833).

Les électeurs omis sur les listes peuvent demander leur inscription par des mandataires (Ord. du 20 fév. 1835).

Lorsque aucun des électeurs radiés d'office n'a réclamé en temps utile, la réclamation des tiers n'est pas recevable (Ord. du 23 nov. 1832).

L'inscription d'un individu sur les listes électorales ne peut être attaquée postérieurement aux élections; elle ne peut l'être qu'en temps utile (Ord. des 10 juil. 1832 et 9 mars 1836).

Lorsque, à l'expiration du délai fixé par les lois électorales, aucune réclamation n'a été élevée contre les citoyens portés sur les listes, le préfet ne peut ordonner la radiation des électeurs inscrits (Ord. du 1er août 1837).

Cette commission sera nommée au scrutin des suffrages. Les décisions du maire doivent être mo-tivées et faire mention que la commission a été entendue.

Les notifications seront faites par le garde-cham-pêtre ou par l'appariteur de la commune, ou bien par le maire ou l'adjoint, s'il n'y a pas d'appariteur ni garde-champêtre. Elles seront effectuées à la rési-dence des parties domiciliées dans la commune, et s'il s'agit d'un contribuable qui n'a pas de domicile, chez son fermier, locataire ou correspondant ha-bituel (Cir. m. du 10 mai 1831).

La déclaration de faillite postérieure à la clôture de la liste, enlève à ceux qu'elle frappe, le droit de réclamer leur carte d'électeur (Ord. du 2 mars 1839. Fél. Leb. p. 180).

» *et closes définitivement le* 31 *mars.*
» *Il ne sera plus fait de changement aux*
» *listes pendant tout le cours de l'an-*
» *née :* en cas d'élections, tous les ci-
» toyens qui y seront portés auront le
» droit de voter, excepté ceux qui au-
» raient été privés de leurs droits ci-
» viques par un jugement. » (Même
loi. Art. 40.)

—◇❀◇—

SECTION IV. — Des assemblées des électeurs communaux.

186. « Dans les communes qui ont
» 2,500 âmes et plus, les électeurs sont
» divisés en sections.

» Les sections seront présidées, sa-
» voir : la première à voter, par le
» maire, et les autres, successive-
» ment, par les adjoints, dans l'ordre
» de leur nomination, et par les con-
» seillers municipaux, dans l'ordre du
» tableau.

» Les quatre scrutateurs sont les
» deux plus âgés et les deux plus jeunes
» des électeurs présents, *sachant lire*
» *et écrire :* le bureau, ainsi constitué,
» désigne le secrétaire. » (Même loi.
Art. 44.)

187. « Aucun électeur ne pourra dé-
» poser son vote, qu'après avoir prêté,
» entre les mains du président, ser-
» ment de fidélité au roi des Français,
» d'obéissance à la Charte constitu-
» tionnelle et aux lois du royaume. »
(Même loi. Art. 47.)

188. « Les assemblées des électeurs
» communaux procèdent aux élections
» qui leur sont attribuées au scrutin de
» liste. La majorité absolue des votes,
» exprimée, est nécessaire au premier
» tour de scrutin ; la majorité relative
» suffit au second.

C'est à l'autorité judiciaire à statuer sur toute demande formée par une commune dont la population excède 2,500 âmes, et qui a été divisée en sections pour l'élection des conseillers municipaux, lorsque cette demande a pour objet de faire décider que tels électeurs sont domiciliés dans telle section, et ne peuvent conséquemment être portés sur la liste d'une autre section (Ord. du 4 sept. 1840). *Voyez* au nombre 172 pour plusieurs autres questions du ressort de l'autorité judiciaire, en matière d'élections.

Il n'y a pas lieu à s'arrêter au grief résultant de ce que le président d'une section a voté avec elle, quoi qu'il n'en fît pas partie, si la déduction de son vote ne change rien à la majorité, s'il résulte de l'instruction que cette irrégularité n'a eu aucune influence sur le résultat de l'élection (Ord. du 2 mars 1839. Fél. Leb. p. 180 et 181).

Dans le cas où le président de l'assemblée, électeur, aurait voté au premier tour de scrutin, sans avoir prêté serment et qu'il aurait ensuite réparé cette omission au second tour, et lorsque, d'ailleurs, le retranchement de son vote serait sans influence sur le résultat des élections, il n'y aurait pas lieu à annuler celles-ci (Ord. du 6 nov. 1839. Fél. Leb. p. 520 et 521).

Lorsqu'un électeur, non inscrit dans un collége, a déposé un bulletin dans l'urne et la retiré ensuite (sur l'observation qui lui a été faite, qu'il n'avait pas le droit de voter), lorsque, d'ailleurs, l'élection n'a eu lieu qu'à la majorité d'une voix, ces circonstances sont de nature à vicier l'élection (Ord. du 22 août 1839. Fél. Leb. p. 163).

Une élection n'est pas viciée, par le seul motif que les opérations auraient été prolongées pendant

» Les deux tours de scrutin peuvent » avoir lieu le même jour. *Chaque scru-* » *tin doit rester ouvert pendant trois* » *heures, au moins. Trois membres du* » *bureau, au moins, seront toujours* » *présents.* » (Même loi. Art. 49.) *V.* la jurisprudence en regard de la 4ᵉ section aux nombres 188 à 191.

189. « Le bureau juge provisoire-» ment les difficultés qui s'élèvent sur » les opérations de l'assemblée. » (Même loi. Art. 50.)

190. « Les procès-verbaux des as-» semblées des électeurs communaux » seront adressés, par l'intermédiaire » des sous-préfets, aux préfets, avant » l'installation des conseillers élus.

» Si le préfet estime que les formes » et conditions légalement prescrites » n'ont pas été remplies, *il devra dé-* » *férer le jugement de la nullité au con-* » *seil de préfecture, dans le délai de* » *quinze jours, à dater de la réception* » *du procès-verbal. Le conseil de pré-* » *fecture prononcera dans le délai d'un* » *mois.* » (Art. 51.)

la nuit, attendu que l'article 49 de la loi du 21 mars 1831 permet plusieurs scrutins le même jour, pourvu que chacun d'eux reste ouvert pendant trois heures (Ord. du 6 nov. 1839. Fel. Leb. p. 520 et 521).

Elle n'est pas non plus viciée par l'allégation fondée ou non, qu'une liste de plusieurs noms aurait été déposée sur la table, et qu'un membre du bureau aurait quitté sa place pour parler à un électeur, dans le but de l'influencer, ces faits n'étant pas de nature à porter atteinte à la liberté des votes (Ord. du 6. nov. 1839. Fel. Leb. p. 520 et 521).

Le secrétaire peut être compté parmi les trois membres du bureau dont la présence suffit pour valider le scrutin aux termes de l'article 49 de la loi (Ord. du 22 juil. 1839. Fél. Leb. p. 412).

On peut compter à un candidat des bulletins portant son nom seul, bien qu'il ait un homonyme (son frère) inscrit comme lui sur les listes d'un arrondissement voisin, lorsque, d'ailleurs, il résulte des circonstances que ces bulletins ne pouvaient s'attribuer qu'à ce candidat (Ord. du 22 août 1839. Fél. Leb. p. 464).

Le bulletin qui porte ces mots *notre juge de paix* est une désignation insuffisante, lorsque dans l'assemblée il y a des électeurs de plusieurs cantons (Même Ord. du 22 août 1839. p. 464).

Un préfet en statuant sur l'incompatibilité d'un membre élu d'un conseil municipal, même après l'expiration du délai fixé pour le recours devant le conseil de préfecture, commet un excès de pouvoirs; et dans ce cas, l'élection de ce membre est devenue définitive et inattaquable (Ord. du 1ᵉʳ juil. 1839. Fél. Leb. p. 380).

En annulant l'élection, comme conseillers municipaux, d'individus qui n'étaient pas électeurs, un conseil de préfecture ne peut proclamer, à la place de ceux-ci, des candidats qui n'auraient pas réuni, au jour de l'élection, la majorité relative des suffrages (Ord. du 10 janv. 1839. Fél. Leb. p. 21).

—◇⊗◇—

SECTION V. — Des reclamations contre les operations électorales.

191. « Tout membre de l'assemblée » aura également le droit d'arguer les » opérations de nullité. Dans ce cas, » *si la réclamation n'a pas été con-*

Des électeurs qui ont concouru à un second tour de scrutin, n'ont point, par ce fait, perdu le droit de protester contre les irrégularités des opérations du premier tour (Ord. du 22 août 1839. Fél. Leb. p. 464).

» *signé au procès-verbal*, *elle devra*
» *être déposée dans le délai de cinq*
» *jours*, *à dater du jour de l'élection*,
» *au secrétariat de la mairie ;* il en
» sera donné récépissé, et elle sera
» jugée dans le délai d'un mois par
» le conseil de préfecture. » (Art. 52.)

192. « Si la réclamation est fondée
» sur l'incapacité légale d'un ou de
» plusieurs des membres élus, la ques-
» tion sera portée devant le tribu-
» nal d'arrondissement, qui statuera
» comme il est dit article 42. » (Art. 52.)

193. « S'il n'y a pas eu de récla-
» mations portées devant le conseil
» de préfecture, ou si ce conseil a né-
» gligé de prononcer dans le délai ci-
» dessus fixé, l'installation des con-
» seillers élus aura lieu de plein droit.
» Dans tous les cas où l'annulation
» aura été prononcée, l'assemblée des
» électeurs devra être convoquée
» dans le délai de quinze jours, à partir
» de cette annulation. » (Art. 52.)

194. « L'ancien conseil restera en
» fonctions jusqu'à l'installation du
» nouveau. » (Art. 52.)

(*Voir* en outre la jurisprudence en
regard des nombres 172, 178, 179 et
183 à 187 inclus.

En matières d'élections municipales, la loi, en
déclarant que les parties pourraient se pourvoir sans
frais, n'a pas eu l'intention de les dispenser de faire
surveiller l'enregistrement de leur pourvoi au secrétariat du conseil d'état. En conséquence, les
parties ne doivent pas se borner à déposer leur
pourvoi entre les mains de l'autorité locale, dans
le délai de trois mois (Ord. du 28 nov. 1839. Fét.
Leb. p. 556).

Les membres de l'assemblée ont seuls le droit
d'arguer de nullité les opérations électorales (Ord.
des 2 août 1836 et 8 mai 1841).

Un électeur (même candidat) ne peut attaquer
les opérations électorales d'une section à laquelle il
n'appartient pas (Ord. du 22 août 1836).

Lorsqu'une assemblée est divisée en plusieurs
sections, l'électeur appartenant à une section ne
peut attaquer les élections faites par une autre section, même par le motif qu'elle aurait dépassé le
nombre des conseillers qu'elle devait nommer (Ord.
du 31 déc. 1838).

L'inscription sur les listes électorales n'est pas
nécessaire pour conférer la qualité d'éligible (Ord.
du 12 déc. 1834).

Un bulletin illisible est un suffrage exprimé (Ord.
du 30 mai 1834).

Les bulletins qui n'expriment aucun vote ne peuvent être comptés (Ord. du 19 mars 1835).

Lorsqu'il s'agit de retrancher un vote illégalement déposé, il faut, pour établir la majorité dans
le sens de la loi, le déduire du nombre total des
suffrages et non pas du nombre des votes obtenus
par un candidat (Ord. du 19 mai 1835).

Les suffrages exprimés par les électeurs ne peuvent être authentiquement constatés que lorsque
les bulletins sont écrits dans le sein de l'assemblée
(Ord. des 19 août 1832. 11 juil. 1834. 25 mars
1835 et 18 fév. 1836).

Dans le silence des lois électorales sur la manière
dont une contestation doit être jugée, il y a lieu
de recourir aux autres lois électorales pour y puiser
des éléments d'interprétation et d'analogie (Ord.
des 21 mai 1833 et 11 avril 1837).

C'est à l'autorité judiciaire de décider si un membre élu remplit les conditions d'éligibilité (Ord. du
10 juin 1835).

C'est à elle à connaître de toute question d'alliance ou de parenté (Ord. des 9 mars 1836 et 8
mai 1841).

C'est à la même autorité à décider toute question
sur la capacité ou l'incapacité légale des membres
élus (Ord. du 3 mai 1832).

SECTION VI. — Des élections aux conseils généraux des départements et des arrondissements.

195. La confection des listes des électeurs étant attribuée aux préfets, on a cru pouvoir se dispenser de rapporter ici les dispositions prescrites par la loi à ce sujet.

196. L'analogie parfaite qui existe pour le mode de procéder à l'égard des questions contentieuses d'éligibilité en matière d'élections communales et départementales, nous autorise suffisamment à renvoyer le lecteur à la section 4ᵉ, qui précède, attendu que les dispositions qu'elle comporte, sont identiquement reproduites aux articles 50, 51 et 52 de la loi du 22 juin 1833 relatives aux élections départementales.

Mais quant aux mesures d'ordre qui peuvent donner lieu à des questions contentieuses, et qui sont exclusivement applicables aux élections départementales, nous transcrivons ci-après le texte des dispositions législatives qui s'y rapportent.

197. Il n'y aura qu'une seule assemblée lorsque le nombre des citoyens appelés à voter ne *sera pas supérieur à trois cents.* Au delà de ce nombre, le préfet prendra un arrêté pour diviser l'assemblée en sections. *Aucune section ne pourra comprendre moins de cent ni plus de trois cents électeurs* (Loi du 22 juin 1833 Art. 35.)

198. Si l'assemblée n'est pas fractionnée en sections, la présidence appartient au maire du chef-lieu de canton; dans le cas contraire, le maire préside la 1ʳᵉ section; les adjoints, et, à défaut des adjoints, les membres du conseil municipal *de cette commune,* selon l'ordre du tableau, président les autres sections.

199. Le droit de suffrage est exercé

par le président de l'assemblée et par les présidents de sections, *même lorsqu'ils ne sont pas inscrits sur les listes* (Même loi, Art. 36).

200. Nul ne pourra être admis à voter s'il n'est inscrit soit sur la liste des électeurs et du jury, ou sur les listes supplémentaires mentionnées à l'article 31, soit enfin sur la liste des plus imposés mentionnée à l'article 32.

Ces listes seront affichées dans la salle et déposées sur le bureau du président; toutefois, le bureau sera tenu d'admettre à voter ceux qui se présenteront munis d'un arrêt de la cour royale déclarant qu'ils font partie d'une des listes susdites, et ceux qui sont en instance, soit devant le tribunal, soit devant le conseil de préfecture, au sujet d'une décision qui aurait ordonné que leurs noms seraient rayés de la liste. *Cette admission n'entraînera aucun retranchement de la liste complémentaire des plus imposés.* (Même loi, Art. 40).

201. Les votants sont successivement inscrits sur une liste, qui est ensuite annexée au procès-verbal des opérations, après avoir été certifiée et signée par les membres du bureau (Même loi, Art. 44).

202. La présence *du tiers plus un des électeurs inscrits* sur les listes et la majorité des votes exprimés sont nécessaires, au premier tour de scrutin, pour qu'il y ait élection.

Au deuxième tour de scrutin, la majorité relative suffit, quel que soit le nombre des électeurs présents.

En cas d'égalité du nombre de suffrages, l'élection est acquise au plus âgé (Art. 45).

CHAPITRE VIII.

COMPTABILITÉ COMMUNALE.

—◇◈◇—

SECTION I. — Principes fondamentaux.

203. L'emploi des revenus d'une commune et leur application aux charges auxquelles cette commune doit subvenir, sont l'une des attributions les plus importantes du pouvoir municipal.

Le budget est l'acte qui indique et constate les ressources communales et qui en détermine l'emploi suivant les obligations imposées par les lois et les besoins de la communauté.

204. Le budget communal se divise, tout naturellement, en deux parties distinctes; l'une comprend les revenus communaux et l'autre les charges; mais, parmi les ressources et les dépenses qui composent ce budget, *les unes ont un caractère fixe et général qui les rend indispensables, et par conséquent obligatoires;* les autres, ayant, sans nul doute, leur degré d'utilité respective, sans être précisément d'une nécessité absolue, sont laissées, en quelque sorte, au pouvoir discrétionnaire des conseils municipaux.

C'est sous ces deux points de vue que nous allons présenter l'indication des divers éléments qui doivent entrer dans les budgets communaux.

— ◇ — ◇ ◈ ◇ — ◇ —

SECTION II. — Des ressources communales.

ARTICLE I. — Recettes ordinaires.

205. Les recettes ordinaires se composent de tout ce qui produit, en faveur de la commune, un revenu annuel et régulier, notamment :

Le produit des centimes additionnels aux contributions directes, qui, chaque année, sont votés par le conseil municipal dans les limites fixées par les lois annuelles des finances, en exécution de l'article 15 de celle du 15 mai 1818.

Du prix de fermage des biens ruraux.

Du prix de location des bâtiments communaux, restés sans destination, ainsi que des places aux halles, marchés, droits de pesage et mesurage.

Produit brut de l'octroi.

Produit de l'amodiation des biens ruraux appartenant à la commune.

Rentes sur l'état et sur les particuliers.

Intérêts de fonds placés au trésor.

Attributions sur le produit des patentes et des amendes de police municipale.

Taxes affouagères et de pâturage.

Taxes et produits divers, tels que les transports des corps et concessions de sépulture dans les cimetières, expéditions des actes civils et administratifs, etc.

Produit de coupes ordinaires de bois.

ARTICLE II. — Recettes extraordinaires.

206. Les recettes extraordinaires sont :

Le produit de ventes d'immeubles communaux.

Les communes, les hospices et autres établissements publics, ne peuvent, sous aucun prétexte, consentir de réduction du prix des baux de leurs biens qu'ils ont affermés par la voix des enchères publiques ; toute délibération contraire n'est pas susceptible d'être approuvée par le gouvernement (Ord. du 21 oct. 1810. Sir. t. 11. p. 142. Ar. du gouv. du 7 germ. an IX et Ord. des 12 août 1807 et 7-26 oct. 1818).

Un arrêté du gouvernement du 19 vendémiaire an XII, imposant à tout receveur municipal, d'hospices, de bureaux de charité ou de bienfaisance, etc., l'obligation de *veiller à la conservation des biens et des revenus* des communes ou établissements dont ils gèrent la recette, d'*empêcher les prescriptions, de requérir l'inscription hypothécaire et le renouvellement des titres.*

La cour des comptes a fait l'application de l'arrêté précité, par un arrêt rendu sous la date du 16 février 1837, dont nous transcrivons ci-après les considérants :

Attendu que, bien que les titres de cinq baux à ferme ou à loyer, baux non expirés à la date de la cessation des fonctions du sieur ***, conférassent au profit de la commune... *il n'a cependant pas été pris inscription à raison de la solvabilité notoire des fermiers et de leurs cautions.*

Attendu que le sieur *** n'a pu négliger cette précaution sans contrevenir à l'arrêté du 19 vendémiaire an XII, *ni sans engager sa responsabilité personnelle pour le cas où la commune éprouverait un préjudice quelconque par suite du défaut d'inscription des hypothèques en temps utile.*

Ordonne ce qui suit : *Il est sursi au quitus et à*

Idem, des coupes extraordinaires de bois.

Celui des emprunts autorisés.

— Des impositions pour dépenses extraordinaires.

— Des dons et legs.

Enfin, les remboursements de capitaux et autres recettes diverses de *nature éventuelle*.

la décharge définitive du sieur ***, jusqu'à ce que toutes les redevances stipulées dans les baux dont il s'agit aient été intégralement recouvrées, à moins que ledit sieur *** ne justifie que depuis le jour où il aurait pu être pris inscription au profit de la commune en vertu des titres précités jusqu'à l'expiration de sa gestion, il n'a été pris de la part d'autres créanciers aucune inscription préjudiciable à la commune, sur les biens affectés à la garantie du paiement des redevances stipulées à son profit.

—◇✸◇—

SECTION III. — Dépenses communales.

207. Aux termes de l'article 30 de la loi du 18 juillet 1837, les dépenses des communes sont obligatoires ou facultatives.

ARTICLE I.—Dépenses obligatoires Voyez le nomb. 206.

208. Les dépenses obligatoires sont :

L'entretien, s'il y a lieu, de l'hôtel-de-ville, ou du local affecté à la mairie.

Les frais de bureau et d'impression pour le service de la commune (*Voir* l'Ar. des Cons. du 17 germ. an XI et Déc. du 12 août 1806).

L'abonnement au bulletin des lois (Ar. du 29 prair. an IX).

Les frais de recensement de la population.

Les frais de registres de l'état civil et la portion des tables décennales à la charge des communes (Loi du 11 frim. an VII et Déc. du 20 juil. 1807).

Le traitement du receveur municipal, du préposé en chef de l'octroi et les frais de perception (Lois des 11 frim. an VII, 5 vent. an VIII et 15 mai 1818).

Le traitement des gardes des bois de la commune et des gardes-champêtres (Lois des 6 octobre 1791 et 17 août 1822).

Le traitement et les frais de bureau

« Nous avons considéré comme dépenses obligatoires, a dit M. le rapporteur de la chambre des députés, toutes celles qui sont fondées sur une disposition de loi, celles qui ont pour objet l'acquittement d'une dette exigible, celles qui intéressent l'avenir de la commune, mais il est une autre espèce de dépenses, que le gouvernement avait déclarées obligatoires et auxquelles nous n'avons pas attaché ce caractère. Ce sont les dépenses qui intéressent non seulement les habitants de la commune, mais les forains, telles que le pavage, l'éclairage. Ces dépenses ne perdent pas leur caractère communal, elles doivent rester facultatives. »

Si l'on admettait le principe du ministre, on pourrait dire qu'il n'y a pas une dépense communale qui ne puisse être considérée comme obligatoire, car il n'y a pas une dépense faite dans l'intérêt général des habitants de la commune, qui n'intéresse aussi d'une façon indirecte les citoyens étrangers à cette commune. On vous a cité l'exemple du pavage, mais la dépense de l'éclairage, les mesures qui intéressent la salubrité de la commune, auraient ce même caractère ; si la chambre adoptait toute la nomenclature proposée par le gouvernement, si elle rejetait les suppressions parfaitement réfléchies qui ont été proposées par la commission, elle détruirait, d'un même coup, le droit des communes de faire leur budget, car la nomenclature du gouvernement comprend toutes les dépenses qui peuvent être faites dans l'intérieure d'une

des commissaires de police, tels qu'ils sont déterminés par les lois (*Voir* les Ar. des 23 fruc. an IX et 17 germ. an XI, Art. 2, et le Déc. du 22 mars 1813).

Les pensions des employés municipaux et des commissaires de police, régulièrement liquidées et approuvées.

Les frais de loyer et de réparation du local de la justice de paix, ainsi que ceux d'achat et d'entretien de son mobilier, dans les communes chefs-lieux de canton.

Les dépenses relatives à la garde nationale, telles qu'elles sont déterminées par loi du 22 mars 1831, Article 81.

Les dépenses relatives à l'instruction publique, conformément aux lois des 28 juin et 16 juillet 1833.

L'indemnité de logement aux curés et desservants et autres ministres des cultes salariés par l'état, lorsqu'il n'existe pas de bâtiments affectés à leur logement (Art. 72 de la loi du 18 germ. an X et Déc. du 30 déc. 1809).

Les secours aux fabriques des églises et autres administrations préposées aux cultes dont les ministres sont salariés par l'état, en cas d'insuffisance de leurs revenus, justifiée par leurs comptes et budgets (Lois des 14 fév. 1811. 25 mars 1817 et Déc. du 30 déc. 1809).

Le contingent assigné aux communes, conformément aux lois, dans les dépenses des enfants trouvés et abandonnés (Loi de fin. du 17 juillet 1809).

Les grosses réparations aux édifices communaux, sauf l'exécution des lois spéciales concernant les bâtiments militaires et les édifices consacrés au

commune. Et, si vous décidiez que toutes ces dépenses sont obligatoires, le budget ne serait plus fait par les maires, ni par le conseil municipal; il serait fait en résultat, par l'administration supérieure.

Les grosses réparations intéressent les fonds de la propriété, et par conséquent l'avenir de la commune.

Une commune n'est pas recevable à attaquer devant le conseil d'état par la voie contentieuse,

culte (Art. 3 de l'Ar. du 18 germ. an XI ; Déc. du 30 déc. 1809; Loi du 11 flor. an X; Déc. des 17 sept. 1808 et 15 nov. 1811 ; Ord. du 17 fév. 1815 et Art. 46 de la loi du 15 mai 1818).

La clôture des cimetières, leur entretien et leur translation, dans les cas déterminés par les lois et règlements d'administration publique (Déc. du 23 prair. an XII. Art. 3).
Les frais des plans d'alignements (Art. 52 de la loi du 16 sept. 1807).

Les frais et dépenses des conseils de prud'hommes, pour les communes où ils siègent ; les mêmes frais des chambres consultatives des arts et manufactures, pour les communes où elles existent (Ar. du 10 ther. an XI et Déc. du 20 fév. 1810).
Les contributions et prélèvements établis par les lois sur les biens et revenus communaux (Loi de fin. du 17 juil. 1819).
L'acquittement des dettes exigibles.
Et généralement toutes les autres dépenses mises à la charge des communes par une disposition de loi.

ART. II. — Dépenses facultatives.
209. Toutes dépenses autres que les précédentes sont facultatives (*).

une ordonnance royale qui l'a frappée d'office d'une imposition extraordinaire pour payer la portion à sa charge des dépenses pour la réparation de l'église chef-lieu de la succursale dont elle dépend. lorsqu'elle a été entendue dans l'instruction qui a précédé l'ordonnance ; et la commune doit être considérée comme ayant été entendue dans l'instruction, si son conseil municipal a été appelé à délibérer sur la portion des dépenses qui devait être mise à sa charge pour la réparation de l'église en question (Ord. du 14 janv. 1839. Fél. Leb. p. 26).

Le projet primitif portait : « Les frais des plans » d'alignements *prescrit par la loi*. » Ces derniers mots ont été retranchés avec raison. Il n'existe sur ce sujet qu'une seule disposition légale, c'est la loi du 16 septembre 1807, mais elle ne s'applique qu'aux villes. Or, il n'est pas moins nécessaire que les bourgs soient construits sur des plans réguliers, la disposition des bâtisses dans les villages même ne peut être abandonnée aux fantaisies des constructeurs (Rapport à la chambre des députés).

L'article 37, proposé par la commission de la chambre des députés, a été combattu par le gouvernement. « La proposition de la commission, a dit » M. le ministre de l'intérieur, est contraire aux » principes de la loi que vous votez, car elle enlève » à l'examen, au contrôle des conseils municipaux, » une portion des dépenses de la commune.

(*) D'après le tableau des pièces justificatives des comptes de gestion, annexé à l'ordonnance du 23 avril 1820, les paiements effectués au compte des communes par les receveurs municipaux, pour prix d'acquisitions

210. Les dépenses proposées au budget d'une commune peuvent être rejetées ou réduites par l'ordonnance du roi ou par l'arrêté du préfet qui règle le budget (Loi du 18 juil. 1837. Art 36).

211. Les conseils municipaux peuvent porter au budget un crédit pour dépenses imprévues (Même loi. Art. 37).

212. En exécution de l'article 39 de la loi précitée du 18 juillet 1837 , dans le cas où un conseil municipal omettrait ou refuserait d'allouer les fonds exigés pour une dépense communale obligatoire , ou n'allouerait qu'une somme insuffisante, l'allocation nécessaire serait inscrite d'office au budget par ordonnance du roi, pour les communes dont le revenu est de cent mille francs et au-dessus, et par arrêté du préfet, en conseil de préfecture, pour celles dont le revenu est inférieur.

« Quels sont les vices auxquels on prétend » remédier? Il y a déjà au budget de chaque com- » mune un chapitre intitulé *Chapitre des dé- » penses imprévues;* les dépenses qui doivent être » faites sur ce chapitre , sont votées par les con- » seils municipaux et soumises à l'approbation du » préfet, et même pour les grandes communes , » ces dépenses sont dispensées de l'approbation du » ministre. Depuis la circulaire du 20 avril 1824, » l'approbation du préfet suffit; faut-il abandonner » la tutelle administrative? »

M. le rapporteur a répondu : « Il est vrai que » dans l'état actuel , il y a un chapitre consacré à » cette nature de dépenses ; mais d'une part ce » chapitre est loin de suffire aux besoins auxquels » il doit pourvoir; de l'autre part cet emploi donne » lieu à des difficultés qui lui enlèvent presque tous » les avantages qu'il est destiné à produire. En » effet , quand il s'agit de pourvoir à une dépense » imprévue , il faut que le maire assemble son » conseil municipal , et pour le réunir il faut qu'il » obtienne au préalable l'approbation de l'autorité » supérieure. Quand le conseil est assemblé on le » fait délibérer sur l'objet qui donne lieu à la » dépense; une proposition est faite, elle est trans- » mise à l'autorité supérieure qui approuve ou » rejette. En cas d'approbation il faut qu'un devis » soit dressé.

» En regard de ces formalités qui entraînent » tant de lenteurs , considérez les dépenses qui y » donnent lieu. Dans la plupart des cas , ces » dépenses sont tout-à-fait urgentes , il s'agit, par » exemple, de rétablir des communications détruites » par la rupture d'un pont. En subissant tous ces » délais, les travaux ne pourront être faits en » temps utile. Aussi dans un grand nombre de » communes , le maire et le conseil municipal » font les dépenses qui résultent des circonstances » imprévues, sans autorisation, au moyen de » ressources qu'ils se créent d'une manière illégale.

» Voilà le vrai de l'état actuel, les inconvénients » auxquels il fallait pourvoir. C'est dans cette » pensée que la commission vous a proposé l'article » sur lequel vous délibérez. »

---

immobilières doivent être justifiés PAR LA PRODUCTION DE LA GROSSE DU CONTRAT, du CERTIFICAT DE TRANSCRIPTION AU BUREAU DES HYPOTHÈQUES DE L'ARRONDISSEMENT DANS LEQUEL SONT SITUÉES LES PROPRIÉTÉS ACQUISES; de certificat constatant qu'il n'existe pas d'inscription , ou d'un certificat de radiation ou de main-levée de celles qui existaient à la transcription du contrat.

L'accomplissement de ces formalités est indispensable pour assurer à la commune la propriété incommutable de l'immeuble acquis par elle.

213. Une ordonnance royale rendue sous la date du 17 avril 1839 a déterminé un nouveau mode de fixation des traitements des receveurs des communes et établissements de bienfaisance : voici les dispositions textuelles de ladite ordonnance, avec les modifications apportées aux bases que comporte l'article 2 par une autre ordonnance intervenue sous la date du 23 mai suivant :

214. A l'avenir, les traitements des receveurs des communes et des établissements de bienfaisance *consisteront en remises proportionnelles tant sur les recettes que* SUR LES PAIEMENTS EFFECTUÉS, par ces comptables, pour le compte desdites communes et établissements (Ord. du 17 avril 1839. Art. 1).

215. Les remises sur les recettes et les dépenses, *soit ordinaires*, *soit extraordinaires*, seront calculées, savoir (*):

1. Sur les premiers 5,000 fr., à raison de 2 fr. p. $^0/_0$ sur les recettes et sur les dépenses.

2. Sur les 20,000 fr. suivants, à raison de 1 fr. 50 c. p. $^0/_0$ *id.*

3. Sur les 70,000 fr. suivants, à raison de 0 f. 75 c. p. $^0/_0$ *id.*

4. Sur les 100,000 fr. suivants, jusqu'à un million, à raison de 0 fr. 33 c. p. fr.

Enfin, sur toutes sommes excédant un million, 0 fr. 12 c. p. fr. sur les

(*) Dans le cas de mutation de deux percepteurs, c'est celui qui a fait matériellement encaisser les deniers provenant du produit de la coupe qui a droit aux remises et non celui qui a encaissé les traites (Durieu, Mémorial des percept. 1837. p. 216).

Pour l'application des dispositions de l'ordonnance royale transcrite ci-contre, il convient de citer ici les distinctions établies dans les instructions ministérielles pour éviter les erreurs dans l'établissement du décompte des remises à allouer aux percepteurs, etc.

1° EN CE QUI CONCERNE LA RECETTE ET LA DÉPENSE DES FONDS PROVENANT DE VENTES IMMOBILIÈRES, il suffit *qu'un immeuble vendu ne soit pas, par son affectation réelle au service courant*, sorti de la classe des valeurs actives de la commune, pour qu'il n'y ait dans la réalisation de la vente *qu'une conversion de valeurs non susceptible de remise.*

Mais s'il s'agissait de la vente *d'un immeuble affecté au service* tel par exemple, qu'une maison commune ou un presbytère avec réemploi en achat d'un autre presbytère ou maison commune, le comptable aurait droit à des remises tant sur la recette que sur la dépense.

2° A L'ÉGARD DES RECETTES ET EMPLOIS DE FONDS PROVENANT DE LEGS ET DONATIONS. Tous capitaux échus par donation entre vifs ou testamentaire, et employé ensuite en achat d'un immeuble, donnera lieu à des remises en faveur du comptable; le recouvrement de ces capitaux constitue une recette réelle qui augmente l'avoir de l'établissement. Quant à l'emploi il faut faire la distinction qui précède, et par conséquent il donnera lieu ou non à remise, suivant que la dépense s'appliquera au service de l'établissement ou que les capitaux seront convertis en une autre valeur productive de revenu.

3° QUANT AUX SIMPLES CONVERSIONS DE VALEURS. Lorsque le même comptable réunit plusieurs gestions, l'ordonnance du 15 avril a réglé que les opérations qui intervenaient respectivement d'un service à l'autre, étaient des conversions de valeur et non susceptibles de remises; qu'ainsi, par exemple, la subvention municipale versée par le receveur de la commune, chargé en même temps de la cette de l'hospice dans la caisse de ce dernier établissement ne donnait lieu ni à des remises sur la dépense en ce qui concerne la commune, ni à remise sur la recette en ce qui concerne l'hospice. Ce principe est applicable au cas où l'hospice ayant vendu un immeuble à la commune, celle-ci paie le prix moyennant une rente annuelle. Le montant de

recettes et sur les dépenses (Ord. du 23 mai 1839. Art. 1).

216. Les conseils municipaux et les commissions administratives seront toujours appelés à délibérer, conformément au décret du 30 frimaire an XIII, sur la fixation des remises de leurs receveurs, sans toutefois que les proportions du tarif ci-dessus *puissent être élevées ou réduites de plus d'un dixième*, et sauf décision de l'autorité compétente (Même Ord. Art. 3).

217. Dans les communes où les fonctions de receveur municipal sont réunies à celles de percepteur des contributions directes, *la recette du produit des centimes additionnels ordinaires et extraordinaires et des attributions sur patentes ne donnera lieu à aucune remise autre que celle qui est allouée au comptable, en sa qualité de percepteur, ou en exécution de l'article 5 de la loi du 20 juillet 1837* (Même Ord. Art. 4).

218. A l'avenir, les frais de perception de tous centimes additionnels à recouvrer pour le compte des communes seront ajoutés, *à raison de trois centimes par franc, au montant desdites impositions*, pour être recouvrées avec elles et versées dans les caisses des communes, *à la charge par ces dernières d'en tenir compte aux percepteurs, à titre de dépense municipale* (Loi de fin. précitée du 20 juil. 1837. Art. 5).

219. Dans toutes les communes et établissements, *les comptables ne recevront non plus aucune remise sur les recettes et les paiements qui ne constitueraient que des conversions de valeurs* (Ord. du 17 avril 1839. Art. 5).

220. *Seront considérées comme con-*

cette rente qui figure en dépense au compte de la commune, et en recette au compte de l'hospice, est exempt de remise.

La même règle doit s'appliquer à la dépense des contributions des biens communaux, quand le receveur est en même temps percepteur. La somme dans ce cas ne sort pas non plus de sa caisse.

4° EMPLOI DES PRODUITS EN NATURE LORSQUE LE RECEVEUR REMPLIT LES FONCTIONS D'ÉCONOME. Il n'est alloué de remises au receveur sur les produits en nature, que pour les revenus de cette espèce qui proviennent de fermages ou de rentes constituées. Il n'en est point alloué de l'emploi de ces produits, lors même que le receveur remplit les fonctions d'économe. Quand le receveur aura perçu des remises sur les rentes et fermages en nature, il ne lui en sera pas dû sur les sommes provenant de la vente de ces produits, *s'ils étaient vendus comme excédant les besoins de l'établissement*. Mais il n'en serait pas de même s'il s'agissait de la vente de denrées récoltées dans des propriétés exploitées par l'administration; car il est juste dans ce dernier cas d'allouer des remises au comptable pour des valeurs réalisées en argent qui entrent dans sa caisse sur sa responsabilité.

Dans la discussion de l'article 5 de la loi de finances du 20 juillet 1837, à la chambre des députés, M. Larabit a dit : « Je ne m'oppose pas à » l'adoption de cet article, mais je voudrais qu'il » fût entendu que la valeur estimative des presta- » tions en nature votées par les conseils municipaux » pour la confection et l'entretien des chemins » vicinaux, ne fût pas assimilée pour les frais de » perception aux centimes additionnels. »

M. le ministre des finances a répondu : « que » les remises des percepteurs ne doivent évidem- » ment porter sur la partie des prestations payées » en argent. »

5° SUBVENTIONS POUR L'INSTRUCTION PRIMAIRE OU AUTRE SERVICE. La recette et l'emploi des subventions accordées aux communes et encaissées par les percepteurs, soit pour l'instruction primaire, soit pour le culte, soit pour les chemins vicinaux, sont essentiellement des recettes communales, et par conséquent susceptibles de remises en faveur des percepteurs. Il n'y a d'exception qu'en ce qui concerne les subventions départementales pour les chemins vicinaux de grande communication; celle-ci étant centralisée directement au fonds de cotisations.

6° VERSEMENT DES FORCEMENTS EN RECETTES. Si le forcement en recettes provient d'un rejet de *versions de valeurs*, lorsque le service de la commune et celui d'un établissement de bienfaisance seront réunis dans les mains du même comptable, savoir :

A l'égard des communes, *le paiement des subventions allouées à l'établissement sur les fonds municipaux;*

A l'égard de l'établissement, *la recette desdites subventions* (Même Ord. Art. 6).

221. Toutes recettes et dépenses faites par un receveur, même dans un intérêt local, mais qui ne concernerait pas le service direct de la commune, comme, par exemple, *le recouvrement et les paiements des secours ou indemnités accordés par le gouvernement en cas de sinistres, ou pour le logement des troupes chez l'habitant et d'autres articles qui pourraient être déterminés par les instructions, ne donneront droit à aucune allocation,* à moins d'un vote spécial du conseil municipal, approuvé par l'autorité administrative compétente (Même Ord. Art. 7).

222. La présente ordonnance n'est pas applicable à la ville et aux établissements de bienfaisance de Paris (Même Ord. Art. 8).

—◇☙◇—

dépenses, il n'est pas dû de remises; mais s'il s'agit d'une somme non recouvrée, le comptable a droit à des remises sur la somme VERSÉE DE SES PROPRES DENIERS.

7° DÉPENSES DES REMISES. La dépense des remises payées au receveur est une dépense comme une autre, et les comptables, en se payant à eux-mêmes, procèdent et passent écriture commme ils le font pour le traitement des autres employés; il n'y a donc, ni en droit ni en fait, aucune raison de leur refuser des remises sur ces paiements.

|SECTION V. — Apurement des comptes des receveurs municipaux.

223. Les recettes et dépenses communales s'effectuent par un comptable chargé seul, et sous sa responsabilité, de poursuivre la rentrée de tous revenus de la commune et de toutes sommes qui lui seraient dues, ainsi que d'acquitter les dépenses ordonnancées par le maire, jusqu'à concurrence des

En matière d'apurement de comptes, la demande en révision est recevable en tout état de cause, et donne lieu à un arrêté préparatoire, lequel déclare préalablement d'après un simple examen des pièces: ou des *erreurs, omissions ou doubles emplois signalés*, s'il y a lieu ou non à révision, sauf dans le cas de l'affirmative discussion ultérieure du fond. Dans le cas où la révision paraît nécessaire, l'arrêté qui l'admet, fixe, pour produire les justifications, le délai de deux mois, à dater du jour où la révision

6

crédits régulièrement accordés (Loi du 18 juil. 1837. Art. 62).

224. Toutes les recettes municipales pour lesquelles les lois et règlements n'ont pas prescrit un mode spécial de recouvrement, s'effectuent sur des états dressés par le maire. Ces états sont exécutoires après qu'ils ont été visés par le sous-préfet (*).

Les oppositions, lorsque la matière est de la compétence des tribunaux ordinaires, sont jugées comme affaires sommaires, et la commune peut y défendre, sans autorisation du conseil de préfecture.

La gestion des revenus communaux donne lieu à deux responsabilités distinctes, et dont chacune a son caractère propre. Ainsi, *le maire est ordonnateur ; le receveur municipal est seul comptable.* Ces deux titres ne sauraient être confondus dans aucun cas.

En sa qualité d'ordonnateur, le maire juge de la nécessité des dépenses facultatives, détermine le chiffre qu'elles peuvent atteindre, l'époque où elles auront lieu ; en un mot, il est chargé de l'appréciation morale des convenances et des besoins de la commune, conformément aux crédits ouverts par le budget; mais il ne doit effectuer lui-même aucune recette. S'il excédait à ce point son droit de simple ordonnateur, il dénaturerait son caractère public, et deviendrait personnellement responsable, aux termes de l'article 64 de la loi (Même loi. Art. 63).

(*) Par exemple, le prix d'une vente mobilière, d'une location, l'exécution d'actes passés par la commune comme propriétaire, et qui n'ont pas l'autorité d'actes administratifs.

Dans ces différents cas, sous l'ancienne législation, la commune était obligée de former, en justice, une action qui offrait plus de chances de pertes que de bénéfices.

est admise, et faute par les réclamants de satisfaire à cette injonction, la demande en révision est considérée comme nulle et non avenue (Inst. du ministre de l'int. du 30 mai 1827).

Par un arrêt rendu sous la date du 20 juin 1836, la cour des comptes a posé ce principe, *qu'el'approbation donnée aux comptes de gestion d'un manutenteur de deniers communaux, ou autres établissements publics, par toute autre autorité que l'autorité compétente ne libère pas le comptable.*

Voici les principales dispositions de l'arrêt précité :

Vu les articles 1372, 1993 et 2121 du Code civil, l'avis du conseil d'état du 10 juillet 1808, le décret du 12 janvier 1811, l'arrêté du gouvernement du 19 vendémiaire an XII, la loi du 28 pluviôse an III, etc. ;

Attendu qu'il résulte des dispositions des lois, ordonnances et règlements ci-dessus visés, ainsi que des principes établis par les articles du Code civil précité, *que toutes personnes autres que les receveurs légalement nommés qui s'immiscient dans le maniement des deniers publics,* SE RENDENT COMPTABLES DE FAIT, deviennent justiciables de l'autorité à laquelle les lois ont délégué le jugement des comptes, *et se soumettent par cela seul aux obligations imposées par les lois et ordonnances aux agents en titre* de la comptabilité publique.

Attendu *que la juridiction de la cour ne s'étend pas sur les ordonnateurs,* que cette règle est absolue, et ne saurait recevoir l'exception de la circonstance, que les sommes ordonnancées, l'auraient été pour des gestions occultes et en contravention aux lois et règlements.

Considérant que l'approbation donnée aux comptes que le sieur*** a pu rendre de cette gestion occulte, *par toute autre autorité que l'autorité compétente ne libère pas le comptable,* etc. (*).

Sous l'empire de la législation précédente, la cour des comptes était juge des comptes de toutes les communes et établissements de bienfaisance, ayant un revenu de dix mille francs et au-dessus.

Depuis la promulgation de l'ordonnance royale du 23 avril 1823, les comptes des percepteurs, receveurs municipaux, et par suite ceux des

---

(a) Cet arrêté fait voir qu'il ne suffit pas pour la décharge d'un receveur municipal ou autre, que le conseil de la commune ou la commission administrative ait vérifié, approuvé ses comptes de gestion, lorsque l'apurement de ces comptes doit être fait par le conseil de préfecture ou la cour des comptes.

225. Toute personne autre que le receveur municipal, qui, sans autorisation légale, se serait ingérée dans le maniement des deniers de la commune, sera, par ce seul fait, constituée comptable ; elle pourra en outre être poursuivie, en vertu de l'article 258 du Code pénal, comme s'étant immiscée, sans titre, dans des fonctions publiques (Même loi. Art. 64).

226. Les comptes du receveur municipal *sont définitivement apurés par le conseil de préfecture,* pour les communes *dont le revenu n'excède pas trente mille francs,* sauf recours à la cour des comptes.

Les comptes des receveurs des communes dont le revenu excède trente mille francs, seront réglés et apurés par ladite cour.

227. « Les dispositisns qui précèdent,
» concernant la juridiction des conseils
» de préfecture et de la cour des
» comptes, sur les comptes des rece-
» veurs municipaux, sont applicables
» aux comptes des trésoriers des hô-
» pitaux et autres établissements de
» bienfaisance. » (Même loi, Art. 66.)

228. « Les comptables qui n'auront
» pas présenté leurs comptes dans les
» délais prescrits par les règlements,
» pourront être condamnés par l'au-
» torité chargée de les juger, à une
» amende de dix francs à cent francs
» par chaque mois de retard, pour les
» receveurs et trésoriers justiciables
» des conseils de préfecture, et de cin-
» quante francs à cinq cents francs,
» également par chaque mois de re-
» tard, pour ceux qui sont justiciables
» de la cour des comptes. »

Ces amendes seront attribuées aux maires qui ont fait personnellement recette et emploi des deniers des communes, doivent être réglés par les conseils de préfecture et non par les préfets avec l'avis de ces conseils (Ar. du 30 juil. 1839. Fél. Leb. p. 416).

La chambre des pairs a retranché de ce paragraphe une disposition qui appliquait aux fabriques les articles relatifs à la juridiction des conseils de préfecture et de la cour des comptes pour le jugement de la comptabilité communale.

« L'administration des fabriques, a dit M. le rapporteur de la commission, a toujours été concertée; elle se combine avec l'action de l'autorité ecclésiastique. Leurs revenus se composent d'objets étrangers aux ressources de la commune, tels que les chaises, les quêtes, etc. On comprend que c'est là un caractère différent de celui des autres établissements entretenus avec les deniers communaux. »

L'article 68 a été ajouté par la chambre des députés, sur la proposition de MM. Laplagne et Schonen, qui ont allégué que la cour des comptes est investie, par l'article 12 de la loi du 16 septembre 1807, du droit d'infliger aux comptables en retard de présenter leurs comptes les peines et amendes prononcées par les lois. Mais il n'existait aucune disposition semblable pour les conseils de préfecture : d'un autre côté, les lois dont la cour des comptes avait à faire l'application, notamment celle du 28 pluviôse an III, avait un caractère de sévérité qui ne va plus ni à notre temps ni à nos mœurs. L'article 68 a donc un double but : d'abord de fixer les droits des conseils de préfecture, de leur donner le moyen de faire arriver devant eux les comptes qui leur sont déférés, et ensuite de simplifier et d'adoucir la législation, en ce qui concerne les justiciables de la cour des comptes.

communes ou établissements que concernent les comptes en retard.

Elles seront assimilées aux débets des comptables, et le recouvrement pourra en être poursuivi par corps, conformément aux articles 8 et 9 de la loi du 17 avril 1832 (Même loi, Art. 68).

229. « Les comptes annuels des re- » ceveurs, rendus avec la distinction » des exercices, sont soumis aux dé- » libérations des conseils municipaux » dans leur session ordinaire du mois » de mai » (Ord. du 31 mai 1833, Art. 474.)

Voyez aux nombres 223 et 224.

230. « Le conseil municipal entend, » débat et arrête les comptes en de- » niers des receveurs, *sauf règlement* » *définitif.* » (Même Ord. Art. 478.)

231. « Les comptes des receveurs » des communes, affirmés sincères et » véritables, tant en recettes qu'en » dépenses, sous les peines de droit, » datés et signés par le comptable, » doivent être présentés à l'autorité » chargée de les juger, avant le 1ᵉʳ » juillet de l'année qui suit celle pour » laquelle ils sont rendus. » (Même Ord. Art. 479.)

232. « Il ne peut être présenté aucun » compte devant l'autorité chargée de » les juger, qu'ils ne soient en état » d'examen et appuyés de pièces jus- » tificatives. » (Même Ord. Art. 481.)

— ◊ ⊛ ◊ —

SECTION VI. — Des pourvois contre les arrêtés d'apurements(*).

233. « Les communes et les comp-
» tables peuvent se pourvoir par-devant
» la cour des comptes, contre les ar-
» rêtés des comptes rendus par les
» conseils de préfecture. » (Même Ord.
Art. 485.)

234. « Les arrêtés des conseils de
» préfecture statueront sur les comptes
» présentés par les receveurs des com-
» munes, seront adressés en double ex-
» pédition aux maires des communes
» par les préfets, dans les quinze jours
» qui suivront la date de ces arrêtés. »
(Même Ord. Art. 486.)

235. « Avant l'expiration des huit
» jours qui suivent la réception de
» l'arrêté, il est notifié par le maire
» au receveur. Cette notification est
» constatée par le récépissé du com-
» ptable et par une déclaration signée
» et datée par le maire au bas de l'ex-
» pédition de l'arrêté. » (Même Ord.
Art. 487.)

« Pareille déclaration est faite sur
» la deuxième expédition, qui reste
» déposée à la mairie avec le récépissé
» du comptable. »

236. « En cas d'absence du receveur
» ou sur son refus de délivrer récé-
» pissé, la notification est faite aux
» frais du comptable par le ministère
» d'un huissier. L'original de l'exploit
» est déposé aux archives de la mairie.»
(Même Ord. Art. 488.)

237. « Si la notification prescrite
» par les articles précédents n'a pas
» été faite dans le délai fixé, toute
» partie intéressée peut requérir expé-

(*) Voyez en outre l'ordonnance royale du 28 décembre 1830.

» dition de l'arrêté de compte et la
» signifier par huissier. » (Même Ord.
Art. 489.)

238. « Dans les trois mois de la
» notification, la partie qui veut se
» pourvoir rédige sa requête en double
» original. L'un des doubles est remis
» à la partie adverse, qui en donne
» récépissé ; si elle refuse ou si elle
» est absente, la signification est faite
» par huissier.

» L'appelant adresse l'autre original
» à la cour des comptes et y joint l'ex-
» pédition de l'arrêté qui lui a été no-
» tifié. Ces pièces doivent parvenir à
» la cour, au plus tard dans le mois
» qui suit l'expiration du délai de
» pourvoi. » (Même Ord. Art. 490.)

239. « Si la cour admet la requête,
» la partie poursuivante a, pour faire
» la production des pièces justificatives
» du compte, un délai de deux mois,
» à partir de la notification de l'arrêt
» d'admission. » (Même Ord Art. 491.

240. « Faute de productions suffi-)
» santes de la part de la partie pour-
» suivante, dans le délai dont il est
» parlé à l'article 490, la requête est
» rayée du rôle, à moins que, sur la
» demande des parties intéressées, la
» cour ne consente à accorder un
» second délai dont elle détermine la
» durée.

» La requête rayée du rôle ne peut
» être reproduite. » (Même Ord.
Art. 492.)

241. « Toute requête rejetée pour
» défaut d'accomplissement des for-
» malités prescrites par l'ordonnance
» du 28 décembre 1830, peut néan-
» moins être reproduite, si le délai de
» trois mois, accordé pour le pourvoi,

» n'est pas expiré. » (Même Ord.
Art. 493.)

242. « Les dispositions concernant
» la juridiction des conseils de pré-
» fecture et de la cour des comptes,
» sur les comptes des receveurs muni-
» cipaux, sont applicables aux comptes
» des receveurs des hospices et autres
» établissements de bienfaisance. »
(Même Ord. Art. 514.)

—◇✲◇—

SECTION VII. — Des actions judiciaires relatives aux communes, hospices et autres établissements communaux (*).

243 De tout temps, la législation a exigé que les communes fussent autorisées par l'administration publique à intenter des actions en justice. Ce principe, qui fut d'abord consacré par la loi du 28 pluviôse an VIII, se trouve confirmé per l'article 49 de la loi du 18 juillet 1837 sur l'administration municipale; et, dans cette dernière loi, le législateur a introduit une disposition nouvelle qui admet chaque habitant à exercer à ses frais et risques, avec l'autorisation du conseil de préfecture, les actions qu'il croirait appartenir à la commune, et que celle-ci aurait refusé d'exercer.

Ce droit n'est peut-être pas sans inconvénient, car il est permis de craindre que la commune, pour éviter les conséquences d'un procès douteux, ne mette en avant un habitant peu solvable ; que l'exercice de ce droit ne

Les conseils de préfecture peuvent, sans excès de pouvoirs, refuser aux communes l'autorisation de plaider, alors même que ce sont les adversaires des communes qui demandent l'autorisation (Ord. du 30 juil. 1839. Fél. Lcb. p. 415 et 416).

Comme on le voit ci-contre, l'article 50 de la loi du 18 juillet 1837 autorise les administrations municipales et des établissements publics, ainsi que les contribuables auxquels l'autorisation d'ester en justice aura été refusée, *de se pourvoir devant le roi en son conseil d'état* ; mais la question préliminaire et importante de savoir en quelles matières le recours par la voie contentieuse est permis, ayant donné lieu à un assez grand nombre de décisions du conseil d'état, on a pensé qu'il serait utile de citer ci-après celles qui constituent une sorte d'ensemble de doctrine que le lecteur pourra consulter au besoin avec fruit.

LES ARRÊTS DE L'ANCIEN CONSEIL DU ROI peuvent être attaqués directement devant le conseil d'état par la voie contentieuse, à moins qu'il ne s'agisse de la reprise d'une instance qui avait été formée devant le conseil du roi à l'époque de la promulgation de la loi du 6 juillet 1791, car dans ce cas l'autorité judiciaire est seule compétente pour en connaître (Ord. du 15 avril 1828. Mac. t. 10. p. 356).

LES ARRÊTÉS DES DIRECTOIRES DE DÉPARTEMENT doivent être attaqués devant le conseil d'état, de même que les ordonnances royales intervenues sur des questions contentieuses, d'après instructions faites en première instance devant un ministre, comme une simple décision ministérielle rendue sur une question semblable (Ord. des

---

(*) Aux termes de l'article 11 du décret du 22 juillet 1806, le recours au conseil d'état contre la décision d'une autorité qui y ressortit n'est pas recevable après trois mois, du jour où cette décision aura été notifiée.

Quant aux formes et délai à observer à l'égard des actions en matières ordinaires, nous renvoyons le lecteur au Code de procédure.

serve à favoriser des inimitiés privées.

Toutefois, il est tels droits qui, bien que communaux, intéressent spécialement un simple habitant de la commune, et pour l'exercice desquels il ne doit pas être entravé par le mauvais vouloir ou l'indifférence du conseil municipal. La nécessité de recourir au conseil de préfecture est d'ailleurs une garantie contre les abus.

244. Nulle commune ou section de commune *ne peut introduire une action en justice sans être autorisée par le conseil de préfecture.*

Après tout jugement intervenu, *la commune ne peut se pourvoir devant un autre degré de juridiction, qu'en vertu d'une nouvelle autorisation du conseil de préfecture;* cependant *tout contribuable inscrit au rôle de la commune a le droit d'exercer, à ses frais et risques, avec l'autorisation du conseil de préfecture, les actions qu'il croirait appartenir à la commune ou section, et que la commune ou section, probablement appelée à en délibérer, aurait refusé d'exercer.*

La commune ou section sera mise en cause; la décision qui interviendra aura effet à son égard (Id.18 juil.1837.A.49).

245. La commune, section de commune, ou le contribuable auquel l'autorisation aura été refusée, *pourra se pourvoir devant le roi, en son conseil d'état.* Le pourvoi sera introduit et jugé en la forme administrative. Il devra, à peine de déchéance, avoir lieu dans le délai de trois mois à dater de la notification de l'arrêté du conseil de préfecture(Id.Art.50).

246. Quiconque voudra intenter une action contre une commune ou une section de commune, sera tenu d'adresser préalablement au préfet un mé-

27 sep. 1827 et 3 déc. 1828. Mac. t. 9. p. 505 et t. 10. p. 805).

LES ORDONNANCES ROYALES portant règlement d'administration publique ne sont pas susceptibles d'être déférées au conseil d'état par la voie contentieuse (Ord. des 2 juil. 1823. 22 déc. 1824. 4 mai 1826. Mac. t. 5. p. 466. t. 6. p. 710. t. 8. p. 246). Telles, par exemple, que celle relative à l'administration d'une tontine (Ord. du 12 mai 1830. Mac. t. 12. p. 250); celle qui approuve l'ouverture d'une rue (Ord. du 2 août 1826. Mac. t. 8. p. 498); celle qui approuve la concession d'un chemin de fer (Ord. du 22 nov. 1826. Mac. t. 8. p. 725. etc.).

LES DÉCISIONS MINISTÉRIELLES qui ne sont que l'exécution des ordonnances royales ne peuvent être attaquées par la voie contentieuse (Ord. du 8 avril 1831. Mac. t. 1. p. 133).

Ni celle qui refuse de faire une déclaration quelconque au profit d'un tiers, relativement à une propriété de l'état (Ord. du 13 août 1823. Mac. t. 5. p. 628).

Ni celle qui refuse de proposer au roi d'autoriser une concession d'eau ou autre qu'un particulier désire obtenir (Ord. du 4 juil. 1827. Mac. t. 9. p. 365).

Ni celle qui refuse d'approuver l'échange proposée par une commune (Ord. du 21 juin 1826. Mac. t. 8. p. 338).

LES ARRÊTÉS DES PRÉFETS pris dans les limites de leur compétence *doivent être déférées au ministre que la matière concerne,* avant de l'être au conseil d'état par la voie contentieuse (Ord. du 19 déc. 1821. Mac. t. 2. p. 559 et un grand nombre d'autres).

Tel sera, par exemple, un arrêté du préfet portant refus d'exécuter une décision ministérielle (Ord. du 4 août 1822. Mac. t. 4. p. 236).

LES ARRÊTÉS DES CONSEILS DE PRÉFECTURE *rendus par défaut,* ne peuvent être déférés au conseil d'état; on ne peut que les attaquer par la voie de l'opposition (Ord. du 29 août 1821. Mac. t. 2. p. 316).

moire exposant les motifs de sa réclamation. Il lui en sera donné récépissé (*).

La présentation du mémoire interrompra la prescription et toutes déchéances.

Le préfet transmettra le mémoire au maire, avec l'autorisation de convoquer immédiatement le conseil municipal, pour en délibérer (Même loi. Art. 51).

247. La délibération du conseil municipal sera, dans tous les cas, transmise au conseil de préfecture, qui décidera si la commune doit être autorisée à ester en jugement.

La décision du conseil de préfecture devra être rendue dans le délai de deux mois à partir de la date du récépissé énoncé en l'article précédent (Même loi. Art. 52).

Dans le projet de la commission de la chambre des députés, l'article 52 se terminait par la disposition suivante :

Deux mois après la date du récépissé, l'action pourra être intentée et la commune pourra y défendre sans aucune autorisation spéciale.

A ce sujet, M. le rapporteur a dit : « Le conseil de préfecture peut refuser à une commune l'autorisation de se défendre, mais il ne peut l'empêcher d'avoir un procès et d'être condamnée par l'autorité judiciaire ; de sorte que la question se réduit à ceci : la commune sera-t-elle dans certains cas mise dans l'impossibilité de se défendre et sera-t-elle livrée à une condamnation nécessaire par suite du refus d'autorisation? »

M. Moreau (de la Meurthe) a répondu : « Le conseil municipal est souvent composé d'hommes qui ne sont pas en situation d'apprécier le caractère d'une action judiciaire, mobilière ou immobilière. Dans la campagne surtout le désir de conserver à la commune ce que l'on croit lui appartenir emporte souvent trop loin les membres du conseil municipal. Il faut donc que le conseil de préfecture ait un moyen de tempérer leur ardeur de plaider, de les ramener à la raison, à l'appréciation des droits de leurs adversaires. »

« Vous voulez, a ajouté M. Jobard, empêcher la commune de se lancer avec témérité dans les contestations, d'entreprendre des procès injustes, et vous ne lui accorderiez aucune garantie contre les suites d'une résistance aveugle, opiniâtre, qui compromettrait gravement ses intérêts. Il s'agira toujours pour les communes d'une question de dépens, et les contestations qu'elles soutiennent sont en général de nature à en entraîner beaucoup. C'est un procès avec l'entrepreneur de travaux communaux qui ne peut être éclairci que par une expertise ; c'est une revendication de propriété, appuyée sur une longue possession, et par fois des enquêtes, des vues de lieux, des levées de plans; ce peut être un objet de minime valeur qui donnera naissance à des frais immenses. Ne sera-t-il pas

---

(*) Sous la législation précédente, on distinguait entre les actions mobilières et les actions immobilières. Lorsque l'action était purement mobilière, c'était au créancier qui voulait saisir les tribunaux à solliciter lui-même l'autorisation. Cette obligation établie par la déclaration du 2 août 1703, l'arrêt du conseil du 8 août 1783 et l'édit d'août 1764, avait été reproduite depuis la révolution par les lois des 14 décembre 1789 et 29 vendémiaire an V, et par l'arrêté du 25 vendémiaire an X. Lorsqu'il s'agissait au contraire d'actions immobilières, c'était à la commune à réclamer l'autorisation d'y défendre ; le demandeur saisissait les tribunaux et pouvait poursuivre l'audience. Si l'autorisation de plaider était refusée, ou si l'administration tardait à se prononcer, la commune pouvait être condamnée par défaut et le jugement, après les significations et les délais voulus par la loi, obtenait l'autorité de la chose jugée.

La loi actuelle supprime avec raison la distinction qui existait entre les diverses natures d'actions.

248. Toute décision du conseil de préfecture portant refus d'autorisation, devra être motivée.

En cas de refus de l'autorisation, le maire pourra, en vertu d'une délibération du conseil municipal, se pourvoir devant le roi en son conseil d'état, conformément à l'article 50 ci-dessus.

Il devra être statué sur le pourvoi dans le délai de deux mois à partir du jour de son enregistrement au secrétariat général du conseil d'état (Même loi, Art. 53).

24). L'action ne pourra être intentée *qu'après la décision du conseil de préfecture*, et, *à défaut de décision dans le délai fixé par l'article* 52, qu'après l'expiration de ce délai.

En cas de pourvoi contre la décision du conseil de préfecture, l'instance sera suspendue jusqu'à ce qu'il ait été statué sur le pourvoi, et, à défaut de décision dans le délai fixé par l'article précédent, jusqu'à l'expiration de ce délai.

En aucun cas, la commune ne pourra défendre à l'action, qu'autant qu'elle y aura été expressément auto. risée (Même loi, Art. 54).

250. Le maire peut toutefois, sans autorisation préalable, intenter toute action possessoire, ou y défendre, et

important que le conseil de préfecture exerce alors une tutelle bienfaisante et puisse en connaissance de cause refuser l'autorisation, prononcer que la commune doit céder à l'action? ou faudra-t-il que la commune engagée dans une procédure ne puisse en sortir qu'en consommant sa ruine? »

Ces considérations ont prévalu ; cependant, l'amendement de la chambre des députés, n'a été rejeté qu'après deux épreuves déclarées douteuses et à la majorité de 139 voix contre 111.

Le premier paragraphe de l'article 53 a été adopté sur la proposition de M. Genoux, il avait été combattu par la commission.

« Dans la jurisprudence du conseil d'état, avait dit M. le rapporteur, on a toujours eu soin de blâmer les conseils de préfecture qui, dans les décisions qu'ils prennent sur les autorisations de plaider, donnent des motifs sur le fond de la contestation; on a considéré cet acte de leur part comme un empiétement sur les attributions des tribunaux. »

Mais les motifs suivants ont prévalu : si le refus de plaider n'est pas motivé, la commune est obligée de se pourvoir devant le conseil d'état, pour faire réformer la décision du conseil de préfecture. Si, au contraire, la décision du conseil de préfecture est motivée, la commune peut être éclairée par les motifs mêmes de cette décision, et se départir de la prétention qu'elle aurait élevée.

Il doit être bien entendu que la disposition du dernier paragraphe de l'article 54 ne détruit pas l'exception au cas prévu en l'article 63. Cette disposition ne s'applique d'ailleurs qu'à l'action portée devant le tribunal de première instance. La chambre des pairs l'avait étendue à tous les degrés de juridiction, mais la chambre des députés n'a pas admis cette extension.

Le pourvoi au conseil d'état doit être fait par requête *à peine de nullité ;* toute déclaration de pourvoi faite par acte signifié à domicile serait sans effet (Ord. du 25 juin 1817. Sir. t. 4. p. 63).

La requête doit contenir aussi les conclusions afin d'annulation de la décision attaquée : si les conclusions ne sont pas dirigées contre la véritable décision, la requête doit être rejetée, sauf à présenter un nouveau pourvoi contenant des conclusions régulières (Ord. du 14 nov. 1821. de Corm. quest. de dr. admin. t. 2. p. 476).

On ne peut comprendre dans un recours au conseil d'état, un chef de demande sur lequel il n'a pas été prononcé en première instance (Ord.

faire tous autres actes conservatoires ou interruptifs des déchéances (Même loi. Art. 55).

251. Lorsqu'une section est dans l'intention d'intenter ou de soutenir une action judiciaire contre la commune elle-même, il est formé, pour cette section, une commission syndicale de trois ou cinq membres que le préfet choisit parmi les électeurs municipaux, et, à leur défaut, parmi les citoyens les plus imposés.

Les membres du corps municipal qui seraient intéressés à la jouissance des biens ou droits revendiqués par la section, ne devront point participer aux délibérations du conseil municipal relatives au litige.

Ils seront remplacés, dans toutes ces délibérations, par un nombre égal d'électeurs municipaux de la commune que le préfet choisira parmi les habitants ou propriétaires étrangers à la section.

L'action est suivie par celui des membres que la commission syndicale désigne à cet effet (Même loi. Art. 56).

252. Lorsqu'une section est dans le cas d'intenter ou soutenir une action judiciaire contre une autre section de la même commune, il sera formé, pour chacune des sections intéressées, une commission syndicale, conformément à l'article précédent (Même loi. Art. 57).

253. La section qui aura obtenu une condamnation contre la commune ou contre une autre section, ne sera pas passible des charges ou contributions imposées pour l'acquittement des frais et dommages-intérêts qui résulteraient du fait du procès.

Il en sera de même à l'égard de toute

des 20 juin. 18 juil. et 28 nov. 1821. Mac. t. 2. p. 122 158 et 517).

Il n'est pas nécessaire que la requête contienne l'indication de la profession des parties (Ord. du 10 sep. 1823. Mac. t. 5. p. 681).

Un pourvoi dirigé au nom de plusieurs individus, par une même requête contre une décision ministérielle qui leur fait grief, n'est pas recevable, lorsque ce pourvoi a pour objet non pas un intérêt collectif, mais un grand nombre d'intérêts individue s : en ce cas les parties doivent être renvoyées à se pourvoir chacune en leur propre et privé nom (Ord. du 4 juin 1823. Mac. t. 5. p. 393).

Le recours au conseil d'état doit être dirigé contre la seule partie sur la demande de laquelle a été rendue la décision attaquée, et non contre un tiers qui n'a pas été partie dans l'instruction, bien que la décision ait été signifiée au nom de cette partie et au nom de ce tiers (Ord. du 3 déc. 1823. Mac. t. 5. p. 796).

Lorsque le conseil de préfecture a statué par des arrêtés spéciaux sur des réclamations concernant plusieurs parties qui ont des intérêts distincts, le recours devant le conseil d'état ne peut être formé par elles collectivement (Ord. du 22 janv. 1824. Mac. t. 6. p. 55).

Mais elle doit, *à peine de rejet*, contenir les moyens à l'appui du pourvoi (Ord. des 22 janv. et 15 déc. 1824. Mac. t. 6. p. 56 et 668).

Un pourvoi ne profite qu'aux parties dénommées en la requête ; et lorsqu'un des consorts était décédé à l'époque de la production de la requête, le pourvoi n'a pu être fait en son nom. (Ord. du 1er août 1834. Mac. t. 4. p. 509).

L'arrêté par lequel un préfet refuse son approbation à une délibération de commission syndicale relative au mode de jouissance des biens communaux appartenant à plusieurs communes est inattaquable par la voie contentieuse, alors même que cette délibération aurait pour but de rétablir un ancien mode de jouissance, illégalement changé quelques années auparavant (Ord. du 27 déc. 1839 Fél. Leb. p. 597 et suiv).

partie qui aura plaidé contre une commune ou section de commune (Même loi. Art. 58).

—◇❀◇—

254. La transaction est un contrat par lequel les parties terminent une contestation née ou préviennent une contestation à naître (Art. 1044 du Code civil).

Les notions qui se rattachent à ce contrat sont relatives 1° à la forme dans laquelle il peut être passé ; 2ᵈ à la capacité nécessaire aux parties qui y figurent ; 3° à son objet et aux effets qu'il produit ; 4° enfin, aux motifs qui peuvent le faire annuler ou modifier.

L'arrêté du gouvernement en date du 21 frimaire an XII a déterminé le mode et les formalités à observer pour les transactions entre les communes et les particuliers sur les droits de propriété. Cet arrêté porte :

255. Dans tous les procès nés ou à naître qui auraient lieu entre des communes et des particuliers sur des droits de propriété, les communes ne peuvent transiger qu'après une délibération du conseil municipal, prise sur la consultation de trois jurisconsultes désignés par le préfet du département ; et sur l'autorisation de ce même préfet, donnée d'après l'avis du conseil de préfecture (Art. 1).

256. Cette transaction, pour être définitivement valable, devra être homologuée par un arrêté du gouvernement, rendu dans la forme prescrite par les règlements d'administration publique (Art. 2).

La transaction consentie par la commune san l'avis préalable de trois jurisconsultes, est null (Ord. du 18 janv. 1813. Sir. t. 2. p. 224).

Les habitants d'une section de commune ne son pas recevables à se pourvoir par opposition contr une ordonnance qui a homologué une transactio entre un particulier et une commune dont cett section fait partie, cette homologation ne faisan pas obstacle à ce que les réclamants se pourvoien devant les tribunaux pour faire valoir leurs moyen de nullité (Ord. du 17 mai 1833. Mac. t. 3 p. 261).

257. Les dispositions de l'article 2 de l'arrêté du 21 frimaire an XII ont été modifiées par l'article 59 de la loi du 18 juillet 1837 ; ce dernier article est ainsi conçu :

« Toute transaction consentie par » un conseil municipal ne peut être » exécutée qu'après l'homologation » par ordonnance royale , *s'il s'agit* » *d'objets immobiliers ou d'objets mobi-* » *liers d'une valeur supérieure à trois* » *mille francs ,* et par un arrêté du pré- » fet en conseil de préfecture , *dans* » *les autres cas.* » (Loi du 18 juil. 1837. Art. 59.)

D'après le projet primitif, la transaction était, dans tous les cas, soumise à l'homogolation par ordonnance royale. L'exception pour les valeurs inférieures à trois mille francs a été admise par la chambre des députés sur la proposition de M. Gillon, afin de prévenir des retards qui sont presque toujours un obstacle aux transactions

Cet article a d'ailleurs uniquement pour objet de régler les formes dans lesquelles le gouvernement homologuera la transaction consentie par le conseil municipal ; il n'a pas pour but de régler la manière dont ces transactions pourront être faites. La forme est établie dans la loi spéciale de l'an V.

TROISIÈME PARTIE.

CONTRIBUTIONS DIRECTES.

— ◇◇✦◇◇ —

CHAPITRE PREMIER.

PRINCIPES FONDAMENTAUX SUR LES DIVERSES NATURES DES CONTRIBUTIONS DIRECTES, LE MODE
D'ASSIETTE ET DE LA RÉPARTITION.

— ◇✦◇ —

258. D'après un ancien principe, consacré de nouveau par l'article 2 de la Charte constitutionnelle de 1830, chacun devant participer aux charges de l'état, en proportion de ses facultés, il y avait tout à la fois nécessité et justice de multiplier et de diversifier les formes de l'impôt, afin d'atteindre directement et indirectement toutes les fortunes. De là des contributions publiques très variées, que les agents du gouvernement prélèvent en vertu de lois qui atteignent tous les citoyens à divers degrés, puisqu'elles fixent les différents modes de répartition, d'assiette et de perception des diverses natures d'impôts, et que l'ignorance absolue de ces lois peut compromettre les intérêts des contribuables.

259. Les contributions directes sont au nombre de quatre, savoir:

1° La contribution foncière;

2° Celle personnelle et mobilière;

3" Celle des portes et fenêtres;

C'est aux tribunaux civils qu'il appartient de statuer sur les questions relatives au privilége du trésor en matière de contributions directes (Loi du 12 nov. 1808 et Ord. des 19 mars 1820 et 18 juillet 1838).

Les questions de savoir si son privilége donne droit à l'état d'imputer, au préjudice du nouvel acquéreur d'un immeuble, les contributions d'une année expirée sur l'une des suivantes (Ord. du 23 août 1838).

Celles relatives à la validité des actes de procédure qui ont préparé une saisie, si lesdits actes sont argués de nullité (Ord. du 25 fév. 1818).

Les questions de solidarité entre époux, pour le paiement des contributions (Ord. du 9 avril 1817).

Les demandes en substitution de nom d'un particulier porteur d'un bail emphytéotique sur le rôle de la contribution foncière, à celui d'un autre contribuable (Ord. du 26 juil. 1837).

Les contestations entre un huissier et un percepteur pour fait de poursuites contre les débiteurs retardataires (Déc. du 25 mars 1807).

Les poursuites exercées par un ex-percepteur contre un contribuable retardataire (Déc. du 18 août 1807).

Les contestations entre les contribuables et les porteurs de contraintes (Déc. du 8 janv. 1813).

4° Celle des patentes.

Puis les prestations sur les chemins vicinaux, qui ont de l'analogie avec les précédentes, en ce sens qu'elles peuvent être converties en argent, dont le recouvrement s'opère d'après les mêmes principes.

Les trois premières espèces de contributions directes ci-dessus désignées constituent autant d'*impôts dits de répartition;* c'est-à-dire que chaque année, après que les chambres législatives ont voté les voies et moyens pour le budget des recettes, le gouvernement fixe le contingent de chaque département, des trois contributions dont il s'agit; ensuite les conseils généraux en font le répartement entre les arrondissements; puis les conseils d'arrondissements opèrent un sous-répartement entre les communes; et enfin l'administration des contributions établit la cotisation de chaque propriétaire au moyen des matrices de rôles, confectionnées avec le concours des maires et commissaires répartiteurs (Art. 8 de la loi du 3 frimaire an VII) (*).

Quant à la contribution des patentes, comme elle frappe exclusivement sur ceux des citoyens qui exercent les différentes branches de commerce, d'industrie et professions, le produit annuel est nécessairement variable et, par conséquent, ne saurait

---

(*) Pour trouver le centime-le-franc d'un impôt, c'est à-dire le nombre de centimes et fractions de centime que chaque franc de revenu, porté à la matrice, doit supporter d'impôt, il suffit de diviser le contingent assigné, par le revenu total matriciel du département, d'un arrondissement ou d'une commune; LE QUOTIENT TROUVÉ EXPRIMERA LE NOMBRE DE CENTIMES ET DE FRACTIONS DE CENTIME PAR FRANC DE REVENU FONCIER.

être l'objet d'une répartition entre les départements, les arrondissements et les communes, et, par ce motif, c'est un impôt de quotité qui se prélève d'après un tarif annexé à la loi, dans lequel les industries et professions assujéties à la patente sont divisées en plusieurs classes, eu égard au degré d'importance de chacune d'elles.

Enfin, les prestations pour les chemins vicinaux constituent aussi une sorte d'impôt de quotité susceptible de varier dans chaque département, suivant les besoins des communications vicinales.

Tout ce qui est relatif à chacune des cinq espèces de contributions énoncées plus haut sera l'objet d'une section de cette partie du recueil.

Indépendamment des cinq espèces de contributions énoncées ci-dessus, il en est encore trois autres, qui sont en quelque sorte facultatives, en ce sens qu'elles ne frappent que sur un nombre très minime de citoyens. Telles sont les *redevances sur les mines*, les *rétributions pour frais de vérification des poids et mesures* et les *rétributions universitaires*.

APPLICATION DU PRINCIPE GÉNÉRAL.

260. En matière d'impôts quelconques, la base d'une taxe étant fixée par l'autorité administrative, il n'appartient pas au conseil de préfecture d'apprécier le mérite de cette décision et la déclarer illégale et non avenue ; il ne peut que fixer par d'autres chiffres le contingent de chacun des imposés, sans s'écarter des proportions sur lesquelles la taxe repose.

Dans l'exercice de cette attribution, *appelé à dire droit*, dans un intérêt privé, il ne peut prononcer soit la décharge, soit la réduction de la taxe dont il s'agit, qu'en procurant l'exécution de la loi ou du règlement d'administration publique d'où elle procède (C. de dr. adm. Cot. av. aux cons. du r. et de la C. de cass. prof. de dr. adm. à l'éc. r. des ponts et chaussées).

CHAPITRE II.

DE LA CONTRIBUTION FONCIÈRE.

SECTION I. — Dispositions principales.

261. Aucun impôt ne peut être établi ni perçu, s'il n'a été consenti par les deux chambres et sanctionné par le roi (Art. 40 de la Charte constitutionnelle de 1830).

L'impôt foncier n'est consenti que pour un an (Art. 41 de la Charte précitée).

262. La loi du 3 frimaire an VII (23 novembre 1798) forme la base de la législation actuelle concernant la contribution foncière; elle a été suivie de plusieurs autres lois qui n'en ont abrogé ou modifié qu'un petit nombre de dispositions, et qui, concurremment avec elle, régissent la matière. Telles sont : la loi du 19 ventôse an IX; qui affranchit les bois de la contribution foncière; l'arrêté du gouvernement du 3ᵉ ventôse an X, relatif à l'assiette des contributions dans les communes dont le territoire s'étend sur deux départements; celui du 11 mes-dor... an X, portant établissement

Dans les réclamations en matière de contributions foncières, le réclamant a seul le droit de désigner sur le rôle les points de comparaison (Ord. du 11 mai 1838).

7

d'une commission de répartition de la
contribution foncière; la loi du 26 ger-
minal-6 floréal an **XI**, concernant l'assiette de la contribution sur les biens
communaux; celle du 5-15 floréal,
même année, relative à la contribution
sur les canaux de navigation; celle du
23 juillet 1820 sur le même objet; le
décret du 11 août 1808, portant désignation des bâtiments exempts de la
contribution foncière, comme affectés
à un service public; l'avis du conseil
d'état du 2 février 1809, concernant
la même contribution des héritages possédés à titre d'emphytéose; celui du
5 octobre 1811, relatif à ladite contribution des marais-salants et des sa-
lines; les lois des finances des 23-25 septembre 1814; 28 avril-4 mai 1816,
titre 6; 26 mars 1817, titre 5; 15-
16 mai 1818, titre 5; 7-17 juillet 1819,
titre 2; 23 juillet 1820, titre 2; 31 juillet 1821, chapitre 1; 1er-2 mai 1822,
chapitre 2, titre 2, et autres postérieures, enfin la loi du 15 septembre 1807, qui renferme les dispositions concernant le cadastre général
de la France.

—◇◈◇—

SECTION II. — Mode de répartition.

263. Depuis l'an **VIII**, aucune loi
n'a déterminé la proportion qui doit
exister entre la contribution foncière et
les revenus territoriaux : dans l'état
actuel de la législation, un propriétaire
n'a droit de réclamer une réduction
qu'autant qu'il est imposé dans une

proportion plus forte que les autres propriétaires de la commune. La même règle s'applique aux communes d'un même arrondissement et aux arrondissements d'un même département, suivant l'article 4 de la loi du 2 messidor an VII.

264. La répartition de l'imposition ou contribution foncière est faite, par égalité proportionnelle, sur toutes les propriétés foncières, *à raison de leur revenu net imposable*, sans autres exceptions que celles déterminées ci-après par la loi pour l'encouragement de l'agriculture, ou pour l'intérêt général de la société (Art. 2 de la loi du 3 frimaire an VII).

—◇◈◇—

SECTION III. — Propriétés exemptées.

265. Les propriétés mentionnées en l'article précédent, comme exemptes de la contribution foncière, sont :

1. Les rues, les places publiques servant aux foires et marchés, les grandes routes, les chemins publics vicinaux et les rivières (Art. 103 de la loi du 3 frim. an VII).

Les canaux d'irrigation doivent être imposés, d'après les terrains qu'ils occupent, aux mêmes taux que les propriétés riveraines (Ord. du 5 mai 1831. Mac. t. 1. p. 172).

2. Les domaines nationaux non productifs, exceptés de l'aliénation par les rois, et réservés pour un service national, tels que :

Voyez plus bas la jurisprudence relative aux domaines improductifs.

3. Les palais, châteaux et bâtiments royaux, parcs et jardins en dépendant;

4. Les palais des corps législatifs, les parcs et jardins en dépendant ;

Les propriétés de la couronne qui ne sont pas soumises à l'impôt, mais qui doivent supporter les charges communales et départementales, peuvent être affranchies des centimes additionnels pour dépenses fixes ou communes des départements et

5. Le Panthéon, l'Hôtel-des-Invalides, l'École militaire, l'École polytechnique, la Bibliothèque royale, le Jardin royal des plantes;

6. Les bâtiments affectés au logement des ministres, des administrations et de leurs bureaux;

7. Les édifices et temples consacrés à un culte public, les cimetières, les archevêchés, évêchés et séminaires, les presbytères et les jardins y attenant;

8. Les bâtiments occupés par les cours de justice et les tribunaux;

9. Les lycées, prytanées, écoles et maisons royales d'éducation, les bibliothèques publiques, musées, jardins de botanique des départements, leurs pépinières et celles faites au compte du gouvernement par l'administration des forêts et celle des ponts et chaussées;

10. Les hôtels de préfectures, sous-préfectures et jardins y attenant, les maisons communales, maisons d'écoles appartenant aux communes;

11. Les hospices et jardins y attenant, dépôts de mendicité, prisons, maisons de détention;

12. Les fortifications et glacis en dépendant, les arsenaux, magasins, casernes et autres établissements militaires;

13. Les manufactures de poudre de guerre, les manufactures de tabac et autres au compte du gouvernement, les haras, enfin tous les bâtiments dont la destination a pour objet l'utilité publique (Art. 105 de la loi du 3 frim. an VII et Déc. du 11 août 1808).

14. Les domaines nationaux non productifs, exceptés de l'aliénation par les lois et réservés pour un service na-

supporter les centimes additionnels pour dépenses variables départementales (Ord. du 15 août 1834).

Les écoles secondaires ecclésiastiques instituées par ordonnance royale, sont exemptes de l'impôt foncier et de celui des portes et fenêtres, comme établissements publics (Ord. du 14 juin 1839. Fél. Leb. p. 30).

Les presbytères sont exempts de la contribution foncière (Loi du 18 ger. an X. art. 72 et Ord. du 23 avril 1836).

On ne doit pas considérer comme établissement affecté à un service public d'instruction, et en conséquence exempt de l'impôt foncier, un couvent autorisé par ordonnance royale à tenir un pensionnat appartenant à des particuliers et dans lequel on reçoit des jeunes gens à titre gratuit et aussi des pensionnaires payant (Ord. du 2 mars 1839).

Les domaines nationaux improductifs perdent leur droit à l'exemption dès que l'administration en tire quelques produits (Ord. du 22 juil. 1839).

tional, tels que les deux palais du Corps-législatif, celui du Pouvoir-exécutif, le Panthéon, les bâtiments destinés au logement des ministres et de leurs bureaux, les arsenaux, magasins, casernes, fortifications et autres établissements dont la destination a pour objet l'utilité générale (Art. 105 de la loi précitée du 3 frim. an VII).

15. Les domaines nationaux non productifs, déclarés aliénables par les lois tant qu'ils n'auront point été vendus ou loués (Art. 106 de la loi précitée).

Mais, aux termes de l'article 13 de la loi du 27 mars 1832, les propriétés de la couronne sont assujéties à toutes les charges départementales et communales.

Les domaines nationaux improductifs perdent le droit à l'exemption prononcée par l'article 105, dès lors que l'administration en tire accidentellement quelques produits, et spécialement, si l'autorité militaire afferme quelques parties de terrains de fortifications d'une place de guerre (Ord. du 22 juil. 1839. Fél. Leb. p. 407).

<hr />

SECTION IV. — Fixations des revenus imposables et mode de cotisation de certaines natures de propriétés.

266. Le revenu net des terres est ce qui reste au propriétaire, déduction faite sur le produit brut, des frais de culture, semence, récolte et entretien (Art. 3 de la loi précitée du 3 frim. an VII).

Le revenu imposable est le revenu net moyen, calculé sur un nombre d'années déterminé (Art. 4 de la même loi).

Le revenu net imposable des maisons et celui des fabriques, forges, moulins et autres usines, est tout ce qui reste au propriétaire, déduction faite sur la valeur locative, calculée sur un nombre d'années déterminé,

Un propriétaire ne peut prendre pour point de comparaison, dans sa demande en rappel à l'égalité proportionnelle, des immeubles qui ont augmenté de valeur depuis le cadastre et qui sont suceptibles d'une nouvelle évaluation (Ord. du 27 fév. 1835).

Le revenu imposable (foncier) d'une usine ne peut être établi sur d'autres éléments que ceux qui résultent de la valeur locative, aux termes des articles 5 et 7 de la loi du 1er brumaire an VII. Il y a donc lieu d'annuler un arrêté du conseil de préfecture qui s'appuie sur une expertise établie sur de pareilles bases, pour refuser la réduction de

de la somme nécessaire pour l'indemniser du dépérissement, des frais
d'entretien et de réparation (Art. 5
de la même loi).

267. EXTRAIT DE LA LOI DE FINANCES,
    DU 17 AOUT 1835.

Article 2. A dater du 1ᵉʳ janvier
1836, les maisons et usines nouvellement construites et reconstruites, et
devenues imposables, seront, d'après
une matrice rédigée dans la forme
accoutumée, cotisées comme les autres
propriétés bâties de la commune où
elles sont situées, et accroîteront le
contingent dans la contribution foncière et dans la contribution des portes
et fenêtres de la commune, de l'arrondissement et du département.

268. Le revenu net imposable des
canaux de navigation est ce qui reste
au propriétaire, déduction faite sur
le produit brut ou total, calculé sur
un nombre d'années déterminé, de
la somme nécessaire pour l'indemniser
du dépérissement des diverses constructions et d'ouvrages d'art et des frais
d'entretien et de réparation (Art. 6 de
la loi précitée).

Les domaines nationaux productifs
déclarés aliénables, seront évalués et
cotisés comme les propriétés particulières de même nature et d'égal revenu
(Art. 108 de la même loi).

l'impôt foncier auquel les usines sont soumises
(Ord. du 10 janv. 1839. Fél. Leb. p. 12).

Le nombre des fuseaux existant dans une usine,
est un signe caractéristique de l'importance de cette
usine, et peut en conséquence servir à déterminer le
revenu imposable. Pour fixer ce revenu, on ne peut
faire une déduction de plus du tiers de la valeur
locative, conformément aux articles 5 et 87 de la
loi du 3 frimaire an VII. (Ord du 18 fév. 1839.
Fél. Leb. p. 149).

L'évaluation à faire par des experts des bois qui
cessent de faire partie du domaine public, doit
être faite, conformément à l'article 18 de la loi du
28 septembre 1814, et non en conformité de l'article 67 de la loi du 3 frimaire an VII, qui se
trouve abrogé; ainsi, les bois dont il s'agit, doivent
être cotisés comme les bois de la commune, ou s'il
n'en existe pas d'autres dans la commune, comme
ceux qui se trouveront dans les communes les plus
voisines (Ord. du 28 déc. 1818. Sír. t. 10. p. 176).

SECTION V. — Biens des communes, des hospices et terrains abandonnés.

269. La contribution foncière due par les propriétés appartenant aux communes, et par les marais et terres vaines et vagues situées dans l'étendue de leur territoire, qui n'ont aucun propriétaire particulier ou qui auront été légalement abandonnés, sera supportée par les communes et acquittée par elles.

Il en sera de même des terrains connus sous le nom de biens communaux, tant qu'ils n'auront point été partagés.

La contribution due par des terrains qui ne seraient communs qu'à certaine portion des habitants d'une commune, sera acquittée par ces habitants (Art. 109 de la loi du 3 frim. an VII).

Les hospices et autres établissements publics acquitteront la contribution assise sur leurs propriétés foncières de toute nature, à l'exception des bâtiments et jardins y attenant (Art. 110 de la même loi et Déc. du 11 août 1808).

—◇✿◇—

SECTION VI. — Exceptions pour encouragement à l'agriculture.

270. Le revenu imposable des terrains déjà en valeur, qui seront plantés en vignes, mûriers ou autres, arbres fruitiers, ne pourra être évalué, pendant les quinze premières années de la plantation, qu'au taux des terres d'égale valeur non plantées (Art. 115 de la loi du 3 frim. an VII).

Le revenu imposable des terrains maintenant en valeur, qui seront plantés ou semés en bois, ne sera évalué, pendant les trente premières années de la plantation ou du semis, qu'au quart de celui des terres d'égale valeur non plantées (Art. 116 de la loi précitée).

271. Le revenu et la cotisation des marais qui seront desséchés, ne pourront être augmentés pendant les vingt-cinq premières années après le desséchement (Art. 111 de la loi précitée) (*).

272. Le revenu imposable et la cotisation des terres vaines et vagues depuis quinze ans, qui seront mises en culture autre que celle désignée en l'article 275 ci-après, ne pourront être augmentées pendant les dix premières annés après le défrichement (Art. 112 de la même loi).

273. Le revenu imposable et la cotisation des terres en friches depuis dix ans, qui seront plantées ou semées en bois, ne pourront être augmentés pendant les trente premières années du semis ou de la plantation (Art. 113 de la même loi).

274. Les semis et plantations de bois sur le sommet et le penchant des montagnes et sur les dunes, seront exempts de tout impôt pendant vingt

Les remises des contributions accordées aux propriétaires qui plantent, en bois, des terrains en culture, doivent être considérées comme des modérations relatives à une perte de revenus, et, d'après l'article 4 de la loi du 7 brumaire an VII, imputées sur le fonds de non valeur (Ord. du 1er sept. 1832. Mac. t. 2. p. 540).

On ne peut prétendre à une réduction d'imposition sur un terrain desséché, lorsque la déclaration exigée par l'article 117 de la loi du 3 frimaire an VII n'a pas été faite, et lorsqu'il n'est pas prouvé que le terrain était un marais qui a été mis en culture par le réclamant (Ord. du 8 sept. 1819, Sir. t. 6. p. 226).

La déclaration préalable est indispensable pour que le propriétaire du marais puisse invoquer le bénéfice de l'article 111 de la loi du 3 frimaire an VII (Ord. du 31 oct. 1838).

Le planteur n'est pas soumis à l'obligation de faire une déclaration préalable pour jouir de l'exemption introduite par l'article 225 ci-contre (Ord. du 27 août 1839. Fél. Leb. p. 475 et 476).

Les bois qui cessent de faire partie du domaine de l'état, doivent, à compter de l'année suivante, être portés aux rôles de la contribution foncière (Ord. du 10 fév. 1830).

(*) Cet article et les suivants jusqu'à l'article 275, ont été modifiés par la loi du 15-25 septembre 1807, titre 10, à l'égard des communes cadastrées; dans ces communes, le revenu reconnu à chaque propriété, au moment de la confection du cadastre, est toujours le revenu imposable de cette propriété, en quelques mains qu'elle passe, et quelque amélioration qu'elle éprouve par les soins et les dépenses de celui qui la possède.

ans (Art. 225 du Code forestier).

275. Pour jouir de ces divers avantages, et à peine d'en être privé, le propriétaire sera tenu de faire sa déclaration au secrétariat de l'administration municipale dans le territoire de laquelle les biens sont situés, avant de commencer les desséchements, défrichements et autres améliorations, une déclaration détaillée des terrains qu'il voudra ainsi améliorer (Art. 117 de la loi du 3 frim. an VII).

276. Cette déclaration sera reçue par le secrétaire de l'administration municipale sur un registre ouvert à cet effet, coté, paraphé, daté et signé comme celui des mutations : la déclaration sera signée tant par le secrétaire que par le déclarant ou son fondé de pouvoir. Copie de cette déclaration sera délivrée au déclarant, moyennant la somme de vingt-cinq centimes, non compris le papier timbré et autres droits légalement établis (Art. 118 de la même loi).

— ◇❀◇ —

SECTION VII. — Exemption temporaire pour maison inhabitée pendant l'année.

277. Les maisons qui auront été inhabitées pendant toute l'année, à partir du 1er janvier, seront cotisées seulement à raison du terrain qu'elles enlèvent à la culture, évalué sur le pied des meilleures terres labourables de la commune (Art. 84 de la loi du 3 frim. an VII).

Les réclamations, pour cet objet,

Lorsqu'un propriétaire n'est pas dans l'usage de louer sa maison, on doit présumer qu'il s'en est réservé la jouissance ; dès lors, il n'y a pas lieu de lui accorder dégrèvement pour défaut de location ; mais lorsque le propriétaire demeure dans la commune même où est située sa maison, et que celle-ci n'a pas été habitée pendant l'année, on ne peut pas supposer qu'il s'en réserve la jouissance (Ord. du 10 juil. 1832. Mac. t. 2. p. 345).

doivent être présentées dans les premiers jours de septembre.

—◇❖❸❖—

SECTION VIII. — Exemption de contribution foncière pendant les deux premières années, des bâtiments
nouvellement construits ou reconstruits.

278. Les maisons, les fabriques et manufactures, forges, moulins et autres usines nouvellement construites, ne seront soumis à la contribution foncière que la troisième année après leur construction. Le terrain qu'ils enlèvent à la culture continuera d'être cotisé jusqu'alors comme il l'était avant.

Il en sera de même pour tous autres édifices nouvellement construits ou reconstruits ; le terrain seul sera cotisé pendant les deux premières années (Art. 88 de la loi du 3 frim. an VII).

Les bâtiments inhabités, pour cause de reconstruction, ne sont soumis à la contribution foncière qu'à la troisième année après la reconstruction (Ord. du 15 janv. 1816. Sir. t. 18. p. 93).

Jugé, encore, que les édifices nouvellement construits ou reconstruits ne doivent être soumis à la contribution foncière qu'après la troisième année, à partir de la reconstruction, et que cette règle s'applique même dans le cas où il y a eu un premier rappel à l'égalité proportionnelle, suivant l'article 133 de la loi du 2 messidor an VII (Ord. du 24 déc. 1818. t. 20 p. 176).

Le propriétaire d'un moulin détruit par incendie et nouvellement reconstruit, est fondé à demander le dégrèvement pendant deux ans (Ord. du 15 oct. 1826. Mac. t. 8. p. 600).

Une demande en réduction de cote ne peut être recueillie, si elle a pour cause le changement de destination des bâtiments imposés, si les bâtiments après avoir perdu leur destination primitive, n'en ont pas reçu une autre : leur inhabitation et abandon sont insuffisants (Ord. du 16 nov. 1825. Mac. t. 7. p. 649).

—◇❀❖❀❖—

SECTION IX. — Dispositions concernant le cadastre.

279. Lorsque toutes les communes du ressort d'une justice de paix auront été cadastrées, chaque conseil municipal nommera un propriétaire qui se

Le tarif d'évaluation cadastrale est une opération administrative qui ne peut être attaquée par la voie contentieuse (Ord. du 30 juil. 1839. Fél. Leb. p. 417)

rendra au jour fixé par le préfet, au chef-lieu de la sous-préfecture, pour y prendre connaissance des évaluations des diverses communes du même ressort (Art. 28 de la loi du 15 sept. 1807).

280. Les évaluations seront examinées et discutées dans une assemblée composée de ces divers délégués, et présidée par le sous-préfet (Même loi, Art. 29). *Voir*, pour le mode d'opérer en pareil cas, une circulaire du ministre des finances, du 5 juillet 1832, relativement aux évaluations cadastrales.

281. Les pièces des diverses expertises seront soumises à l'assemblée, qui pourra appeler ceux des experts qu'elle désirera consulter (Même loi, Art. 31).

Cette assemblée donnera, à la pluralité des voix, ses conclusions positives et motivées sur les changements qu'elle estimerait devoir être faits aux estimations, ou son adhésion formelle au travail. Il en sera dressé procès-verbal signé des délibérants (Même loi, Art. 32).

282. Le sous-préfet enverra ce procès-verbal, avec ses observations, au préfet qui, sur un rapport du directeur des contributions et après avoir pris l'avis du conseil de préfecture, statuera sur les réclamations par un arrêté qui fixera définitivement l'allivrement cadastral de chacune des communes cadastrées, et répartira, entre elles, la masse de leurs contingents actuels, au prorata de leur allivrement cadastral (Même loi, Art. 33).

Dans l'opération du classement des parcelles, il est interdit d'adopter une autre base que la comparaison des parcelles avec les types des diverses classes : ainsi, par exemple, s'il s'agit de bois, on ne peut les classer d'après le produit qu'ont donné les coupes, pendant les années précédentes (Ord. du 22 juil. 1839. Fél. Leb. p. 406).

Un propriétaire n'est pas recevable à provoquer l'élévation de classement des immeubles appartenant à un autre propriétaire. La commune seule peut provoquer l'élévation du classement des propriétaires dont elle croit que les immeubles n'ont pas été classés proportionnellement à leur revenu foncier (Ord. du 14 fév. 1839. Fél. Leb. p. 129).

La répartition du contingent de contribution, entre les communes cadastrées, ne peut être faite que par le préfet, de l'avis du conseil de préfecture; c'est encore aux préfets, pour les communes non cadastrées, qu'il appartient d'autoriser les changements des matrices de rôles : dans ces deux cas, le conseil de préfecture est incompétent pour ordonner la formation de nouvelles cotes et pour déterminer le montant de chacune d'elles (Ord. du 21 juin 1826. Mac. t. 8. p. 300).

La formation du cadastre a été soumise à des lois dont l'application est inconciliable avec les dispositions de la loi du 2 messidor an VII, relatives aux anciens états de section. Dès lors, si un propriétaire prétend que l'évaluation de son revenu cadastral a été exagérée, comparativement aux

283. Le *revenu des propriétés bâties*, tel qu'il aura été établi par l'expertise, distraction faite du terrain qu'elles occupent et des déductions accordées par la loi pour les réparations, déterminera le montant de leur contingent d'après le taux de l'allivrement général des propriétés foncières de la commune (Même loi, Art. 35).

284. Le *contingent des propriétés bâties* une fois réglé, sera réparti chaque année d'après le recensement, comme il en est usé aujourd'hui.

Les répartiteurs continueront, à cet égard, leurs fonctions, de même que pour la répartition de la contribution personnelle et mobilière (Même loi, Art. 36).

autres propriétaires de la commune, on ne peut opposer à sa réclamation qu'il ne se trouve pas, entre sa cote et celles des contribuables qu'il a prises pour points de comparaison, une différence proportionnelle d'un dixième au moins; et si les experts ont reconnu qu'il y a une surévaluation quelconque (par exemple, du cinquantième) et que l'opération soit régulière, le conseil de préfecture rendra bonne justice, en adoptant les résultats de l'expertise et en prononçant une réduction du revenu cadastral du réclamant (Ord. du 29 janv. 1839. Fél. Leb. p. 82).

Lorsqu'un conseil de préfecture a prononcé la nullité d'une expertise relative à la fixation du revenu cadastral d'une usine, par le motif que le rapport des experts n'était pas suffisamment motivé, le conseil d'état auquel cette décision est déférée, peut, sur un supplément d'instruction ordonnée par le ministre des finances, statuer au fond et fixer lui-même le revenu de l'usine (Ord. du 29 janv. 1839. Fél. Leb. p. 82).

Le revenu imposable (foncier) doit être fixé d'après la valeur locative de l'établissement considéré comme usine, mais abstraction de revenu industriel (Ord. du 29 janv. 1839. Fél. Leb. p. 82).

Le revenu imposable servant de base à la contribution foncière d'une usine, doit être établi sur la valeur locative, déduction faite d'un tiers pour les réparations et l'entretien, et en tenant compte ensuite de l'atténuation des revenus cadastraux. Ainsi, on ne doit pas prendre pour base du revenu imposable d'une usine les produits bruts de l'exploitation (Ord. du 20 juin 1839. Fél. Leb. p. 520).

Si les répartiteurs reconnaissent que le revenu imposable, servant de base à la contribution établie sur une maison, a été évalué sans proportion avec les autres maisons de la commune, ils peuvent rectifier cette évaluation et élever le montant de la contribution, conformément à l'article 38 de la loi du 15 septembre 1807 (Ord. du 6 nov. 1839. Fél. Leb. p. 516).

Lorsque des bâtiments imposés à la contribution foncière, ne servent pas habituellement à l'habitation des hommes, qu'ils sont employés ordinairement à des usages ruraux, ils ne doivent être imposés qu'à raison des terrains qu'ils enlèvent à la culture (Ord. du 26 déc. 1830).

Il y a lieu d'accorder un dégrèvement au propriétaire d'une usine, lorsqu'il est légalement établi que l'usine se trouve placée dans une position défavorable, qu'elle est d'un mécanisme moins perfectionné que les établissements de même nature situés dans les communes voisines, ou lorsque, après avoir été imposée proportionnellement au taux de son revenu à l'époque où elle a été évaluée, elle a éprouvé une diminution considérable dans son produit par la construction des usines nouvelles (Ord. du 22 fév. 1821).

—◇◆◇—

SECTION X. — Mutations de propriétés foncières.

285. Toute propriété foncière doit être imposée sous le nom du propriétaire actuel, sauf le cas prévu par l'article 36 de la loi du 3 frimaire an VII (Art. 1er de la loi du 2 mes. an VII, 20 juin 1799).

286. La note de chaque mutation de propriété sera inscrite au livre des mutations, à la diligence des parties intéressées ; elle contiendra la désignation précise de la propriété ou des propriétés qui en seront l'objet, et il sera dit à quel titre la mutation s'en sera opérée.

287. Tant que cette note n'aura point été inscrite, l'ancien propriétaire continuera d'être imposé au rôle, et lui ou ses héritiers naturels pourront être contraints au paiement de l'imposition foncière, sauf leur recours contre le nouveau propriétaire (Art. 36 de la loi du 3 frim. an VII).

C'est contre les individus portés au rôle que le percepteur doit diriger ses poursuites, sauf ensuite au contribuable, contraint au paiement, à s'adresser aux tribunaux pour faire décider qui est réellement détenteur des fonds imposés, et pour quelle quotité chacun des détenteurs est contribuable (Ord. du 23 janv. 1820. Sir. t. 21. p. 53).

Les répartiteurs n'excèdent pas leurs pouvoirs en portant sur l'état des mutations celles des propriétés d'un contribuable qui ont été omises lors de la formation des états de sections et de la matrice du rôle (Ord. du 14 oct. 1827. Mac. t. 9. p. 520).

L'héritier d'un contribuable dont la qualité a été reconnue, peut être poursuivi en paiement des contributions dues par la succession; et en admettant que l'héritier ne fût plus propriétaire des biens imposés, le percepteur n'aurait pas moins le droit de le poursuivre, sauf son recours contre le nouveau propriétaire (Ord. du 1er nov. 1826. Mac. t. 8. p. 659).

CHAPITRE III.

DE LA CONTRIBUTION PERSONNELLE ET MOBILIÈRE.

—◇◈◇—

SECTION I. — Objet de cette nature de contribution.

288. Après avoir imposé la propriété foncière, les ressources financières de l'état ayant été reconnues insuffisantes, il était indispensable d'en créer de nouvelles, et l'on imagina de demander aux revenus acquis par le travail et créés par l'économie, leur part contributive dans les charges publiques. Pour atteindre ce but, on chercha à connaître le rapport qui existait entre le produit des immeubles et celui des capitaux mobiliers, et l'on supposa que ces derniers étaient dans la proportion d'un cinquième avec les premiers. Ce fut d'après ces données très incertaines, que la loi du 3 nivôse an VII (23 décembre 1798), créa et prescrivit la perception d'un nouvel impôt, sous le titre de contribution personnelle, mobilière et somptuaire.

La dernière fut presque immédiatement abolie et les deux premières ont été seules maintenues jusqu'à ce jour, sous la dénomination de CONTRIBUTION PERSONNELLE ET MOBILIÈRE, dont le mode de répartition et d'assiette est fixé par les lois des 23 juillet 1820 et 21 avril 1832, desquelles nous allons extraire les articles principaux.

289. Nota. D'après les termes d'un grand nombre de réclamations, il paraît que la plupart des contribuables se méprennent sur l'objet qui sert de base à la fixation de la contribution

mobilière, *le plus grand nombre des réclamants semble persuadé que l'expression* CONTRIBUTION MOBILIÈRE *s'applique aux meubles, et ils excipent de la modicité de leur mobilier pour solliciter des réductions de cotes.*

Le but de ce recueil étant d'éclairer également les fonctionnaires et les contribuables, il a paru convenable de faire connaître ici QUE LA CONTRIBUTION MOBILIÈRE EST BASÉE SUR LE LOYER DES HABITATIONS PERSONNELLES.

SECTION II. — Mode de fixation du contingent.

290. Le contingent en contribution personnelle de chaque arrondissement et de chaque commune sera fixé, par le conseil général du département et par les conseils d'arrondissements, d'après le nombre des contribuables passibles de cette contribution, multiplié par le prix de trois journées de travail (Art. 27 de la loi des finances du 23 juil. 1820).

291. La taxe personnelle se compose de trois journées de travail.

La valeur de la journée de travail ne pourra, conformément à l'article 5 de la loi du 3 nivôse an VII (23 décembre 1798), être au-dessous de cinquante centimes, ni au-dessus d'un franc cinquante centimes.

292. Le conseil général, sur la proposition du préfet, déterminera le prix moyen de la journée de travail dans chaque commune.

Elle sera de nouveau réglée dans toutes les communes, à raison de leur importance et des avantages dont elles jouissent, par les conseils généraux de département sur la proposition des préfets (Art. 28 de la loi des fin. du 23 juil. 1820 et Art. 10 de celle du 21 avril 1832).

293. Le contingent mobilier des arrondissements et des communes sera fixé d'après les valeurs locatives d'habitation (Art. 29 de la loi des fin. du 23 juil. 1820).

— ◇❀❀◇ —

SECTION III. — Mode de répartition et d'assiette de cette contribution.

294. A partir du 1er janvier 1832, la contribution personnelle sera réunie à la contribution mobilière, et ces deux contributions seront établies par voie de répartition entre les départements, les arrondissements, les communes et les contribuables (Art. 8 de la loi du 21 avril 1832).

295. Le contingent assigné à chaque département sera réparti entre les arrondissements par le conseil général, et, entre les communes, par les conseils d'arrondissements ; les cotes individuelles sont réglées par les répartiteurs communaux, d'après le nombre des contribuables passibles de la taxe personnelle et d'après la valeur locative d'habitation (Art. 27 et 29 de la loi des finances du 23 juillet 1820; Art. 7 de la loi du 26 mars 1831 et Art. 9 de la loi du 21 avril 1831).

La contribution mobilière étant un impôt de répartition, les termes de comparaison pour fixer la cote mobilière d'un contribuable, doit être prise dans les limites de la commune où il est imposé et non pas dans une commune voisine (Ord. du 6 avr. 1836).

Pour déterminer la valeur mobilière, on ne doit pas s'attacher seulement à la valeur nue des bâtiments et au revenu que peut en retirer le propriétaire ; on doit, au contraire, tenir compte de tous autres éléments dont la combinaison peut amener à une juste appréciation de la valeur locative, par exemple, du train des maisons et de leur entourage (Ord. des 18 fév. et 29 oct. 1839. Fél. Leb. p. 149. 150. 510 et 511).

On ne doit pas prendre pour base de la contribution mobilière, la fortune présumée du contribuable; cependant, si la valeur locative de la maison ne paraît pas bien certaine, le conseil de préfecture doit prendre pour base, non seulement l'expertise cadastrale, mais encore tous les éléments de nature à amener une juste appréciation de cette valeur (Ord. du 29 nov. 1833. Mac. t. 3. p. 655).

Le fils qui possède une habitation meublée, distincte de celle de ses père et mère, doit être porté en son nom au rôle de la contribution personnelle et mobilière (Ord. du 6 mai 1836).

296. Les commissaires répartiteurs établissent les valeurs locatives.

Le conseil municipal désignera les habitants qu'il croira devoir exempter de la cotisation mobilière : la délibération sera soumise à l'approbation du préfet.

On ne comprendra dans les loyers que la portion de bâtiments servant à l'habitation personnelle (Art. 7 de la loi du 26 mars 1831 et Art. 17 de la loi du 21 avril 1832).

297. Ne seront pas compris dans l'évaluation des loyers d'habitation, les magasins, boutiques, auberges, usines et ateliers, pour raison desquels les contribuables paient patente ; les bâtiments servant aux exploitations rurales, non plus que les locaux destinés au logement des élèves dans les écoles et pensionnats et aux bureaux des fonctionnaires publics (Art. 26 de la loi du 3 niv. an VII et Art. 8 de celle du 21 avril 1832).

298. La contribution personnelle et mobilière est due par chaque habitant français et par chaque habitant étranger de tout sexe, jouissant de ses droits et non réputé indigent.

299. Sont réputés comme jouissant de leurs droits, les veuves et les femmes séparées de leurs maris, les garçons et filles majeurs ou mineurs ayant des moyens suffisants d'existence, soit par

Lorsqu'un citoyen a cessé d'habiter avec ses père et mère, qu'il occupe une habitation qui lui est propre, il doit être considéré comme jouissant de ses droits dans le sens de l'article 13 de la loi du 21 avril 1832 et imposé comme tel (Ord. du 23 avril 1836).

Une fille jouissant de ses droits, non réputée indigente, qui occupe chez son frère un logement meublé, est imposable à la contribution mobilière pour ce logement (Ord. du 14 déc. 1837).

La loi, en donnant pour base à la contribution mobilière la valeur locative des habitations, s'oppose à ce qu'on prenne en considération les facultés des contribuables (Ord. du 15 août 1839. Fél. Leb. p. 441).

Lorsque diverses pièces de l'habitation où résidait un contribuable décédé dans le cours de l'année précédente, ont continué à être meublées et habitées par des domestiques, il y a lieu de soumettre l'héritier du défunt à la contribution mobilière, mais seulement à raison des pièces habitables (Ord. du 6 déc. 1836. Mac. t. 6. p. 527).

L'aubergiste qui n'occupe que la moitié de son habitation, à cause de sa profession, ne doit payer la contribution mobilière que dans cette proportion (Ord. du 5 déc. 1833. Mac. t. 3. p. 675).

Un cercle littéraire doit être imposé à la contribution mobilière (Ord. du 31 juil. 1833. Mac. t. 3. p. 422).

Les notaires ne sont pas fonctionnaires publics dans le sens de l'article 8 de la loi du 26 mars 1831, portant exemption de la contribution mobilière en faveur des locaux occupés par les bureaux des fonctionnaires publics (Ord. du 17 mai 1833).

Les domestiques attachés à l'exploitation d'une ferme, ne sont pas soumis à la contribution personnelle et mobilière (Ord. du 31 juil. 1833. Mac. t. 3. p. 424).

L'habitation principale où chaque citoyen doit payer la contribution personnelle et mobilière, n'est pas le lieu du domicile légal, mais celui où le prix du loyer est le plus élevé (Loi du 9 vent. an IX. Art. 5 et Ord. du 8 juil. 1818).

On ne peut considérer, jusqu'à preuve contraire, comme jouissant de ses droits, et par conséquent imposer à la contribution mobilière, une femme qui a contracté un bail à loyer sans l'assistance de son mari, dont la résidence est d'ailleurs inconnue (Ord. du 21 juin 1839. Fél. Leb. p. 357).

8

leur fortune personnelle, soit par la profession qu'ils exercent, lors même qu'ils habitent avec leurs pères, mères, tuteurs ou curateurs (Art. 12 de la loi du 21 avril 1832) (*).

300. La taxe personnelle n'est due que dans la commune du domicile réel ; *la contribution mobilière est due pour toute habitation meublée, située dans la commune du domicile, soit dans toute autre commune.*

301. Lorsque, par suite de changement de domicile, un contribuable se trouvera imposé dans deux communes, quoique n'ayant qu'une seule habitation, il ne devra la contribution que dans la commune de sa nouvelle résidence (Art. 13 de la loi du 21 avr. 1832).

Il faut avoir l'année de domicile dans la commune pour y être imposé au rôle de la contribution personnelle et mobilière (Ord. du 2 mars 1832. Mac. t. 2. p. 64).

Il convient pourtant de faire remarquer que l'article 2 de la loi du 26 mars 1831 n'exige que six mois de résidence dans une commune pour y être imposable à la contribution personnelle, et que cette disposition de la loi de 1831 ne paraît pas avoir été abrogée (*du moins explicitement*) par celle du 21 avril 1832.

La contribution personnelle doit être perçue au lieu du domicile réel du contribuable (Ord. du 12 avril 1838).

Le contribuable qui n'a pas fait connaître son changement de domicile, doit être maintenu sur le rôle de la contribution personnelle et mobilière de son ancienne résidence (Ord. du 10 juil. 1833. Mac. t. 3. p. 357).

Lorsqu'un contribuable a quitté une commune après la confection des rôles de la contribution personnelle et mobilière pour l'année suivante, et qu'il ne justifie pas de sa cotisation pour ladite année au rôle de sa nouvelle résidence, il doit être maintenu sur ceux de l'ancienne (Ord. du 6 avril 1836. autres ar. des 22 août et 6 nov. 1839. Fél. Leb. p. 455 et 517, puis encore ceux des 20 fév. 1835. 6 avril, 14 déc. 1836. 11 janv. 3 mars et 20 juin 1837).

Mais la décharge doit être accordée si le contri-buable a quitté la commune avant la confection des rôles, sauf à ordonner sa cotisation dans la commune où il est allé résider (Ord. des 19 janv. 1836 et 1er juil. 1839. Fél. Leb. p. 17 et 374).

Si un particulier habite une commune au moment de la confection des rôles de la contribution personnelle et mobilière de cette commune, sa cotisation auxdits rôles est régulière. S'il y conserve encore son domicile réel, au moment de l'ouverture de l'exercice, c'est à bon droit que le conseil de préfecture maintient cette cotisation (Ord. des 3 mai et 1er juil. 1839. Fél. Leb. p. 257 et 374).

Si un contribuable qui avait, à l'ouverture d'un exercice, deux habitations meublées pour lesquelles il a été imposé, vient à en céder une, dans le courant de l'exercice, il n'est pas recevable à deman-

---

(*) La loi du 21 avril 1832, n'ayant pas fixé la durée de la résidence dans une commune pour être imposable à la contribution personnelle, ni l'époque à partir de laquelle cette durée doit être comptée, il convient de se reporter à la loi du 26 mars 1831, article 2, ainsi conçu : « La taxe personnelle sera établie sur chaque habitant » français de tout sexe etc.... et sur tout habitant non » français, résidant depuis six mois dans la commune. » L'article 20 de la loi du 3 nivôse an VII exigeait une année de domicile.

302. Les officiers de terre et de mer ayant des habitations particulières, soit pour eux, soit pour leur famille, les officiers sans troupe, officiers d'é-tat-major, officiers de gendarmerie et de recrutement, les employés de la guerre et de la marine dans les garnisons et dans les ports, les préposés de l'administration des douanes, sont imposables à la contribution personnelle et mobilière, d'après le même mode et dans les mêmes proportions que les autres contribuables (Ar. du 28 ther. an X, Art. 9 de la loi du 26 mars 1831 et Art. 14 de la loi du 21 avril 1832).

303. NOTA. Par une lettre circulaire en date du 28 août 1833, le ministre des finances a fait connaître aux préfets que, d'après les dispositions de l'ordonnance du 31 mai 1831, *le corps des douaniers, ayant une organisation toute militaire,* qui les appelle à prendre part, éventuellement, à la défense du territoire, que d'ailleurs les exigences mêmes du service spécial des douanes et du service sanitaire, ou des circonstances politiques, obligeaient les préposés du service actif à de fréquents déplacements, et, par conséquent, ne leur permettent pas d'avoir des demeures fixes; qu'au surplus, ayant droit, comme les militaires, au logement chez les habitants, *il est juste d'exempter ces préposés de la contribution personnelle et mobilière et de rendre cette mesure applicable aux lieutenants et sous-lieutenants, qui ne sont, dans le fait, que de simples brigadiers ou sous-brigadiers,* à moins toutefois qu'ils n'aient une habitation fixe soit pour eux, soit pour leur famille.

der la décharge pour l'habitation qu'il a cédée (Ord. du 27 août 1839. Fél. Leb. p. 576).

Les sous-lieutenants employés dans les dépôts de recrutement, ne cessant pas de compter à l'effectif de leurs corps, ne sont point passibles de la contribution personnelle et mobilière (Ord. du 18 fév. 1839. Fél. Leb. p. 153).

On ne doit pas considérer comme habitations particulières les appartements que les officiers louent en ville, à défaut de place dans les bâtiments militaires (Ord. du 30 oct. 1834).

304. Les fonctionnaires, les ecclésiastiques et les employés civils et militaires, logés gratuitement dans les bâtiments appartenant à l'état, aux départements, aux arrondissements, aux communes ou aux hospices, sont imposables, d'après la valeur locative des parties de ces bâtiments affectées à leur habitation personnelle (Art. 10 de la loi du 26 mars 1831 et Art. 15 de celle du 21 avril 1832).

305. Les habitants qui n'occupent que des appartements garnis, ne seront assujétis à la contribution mobilière qu'à raison de la valeur locative de leur logement, évalué comme logement non meublé (Art. 11 de la loi du 26 mars 1831 et Art. 16 de la loi du 21 avril 1832).

306. La contribution personnelle et mobilière étant établie pour l'année entière, lorsqu'un contribuable viendra à décéder dans le courant de l'année, ses héritiers seront tenus d'acquitter le montant de sa cote (Art. 17 de la loi du 26 mars 1831 et Art. 21 de celle du 21 avril 1832).

307. En cas de déménagement hors du ressort de la perception, comme en cas de vente volontaire ou forcée, la contribution personnelle et mobilière sera exigible pour la totalité de l'année courante.

Les propriétaires ou, à leur place, les principaux locataires, devront, un mois avant l'époque du déménagement de leurs locataires, se faire représenter les quittances de leur contribution personnelle et mobilière. Lorsque les locataires ne représenteront pas ces quittances, les propriétaires ou principaux locataires seront tenus, sous leur

Un desservant qui a eu à sa disposition la totalité du presbytère, ne peut être admis à demander une réduction de la cote mobilière à laquelle il a été imposé par le motif qu'il n'a selon lui occupé qu'une partie du local (Ord. du 29 oct. 1839. Fél. Leb. p. 510).

On ne peut mettre à la charge d'une veuve, qu'à l'aide d'un rôle supplémentaire, la cotisation personnelle et mobilière portée au rôle primitif, sous le nom de son mari, décédé après le travail des mutations, alors même que ladite veuve aurait continué d'habiter la maison qu'occupait son mari défunt (Ord. du 23 fév. 1839. Fél. Leb. p. 165).

L'acquéreur d'une maison qui par suite de l'acquisition même a cessé d'être habitée et meublée, ne peut être contraint d'acquitter la cote mobilière à laquelle l'ancien propriétaire était soumis, et que celui-ci a laissé porter sous son nom, au lieu d'en demander la mutation (Ord. du 1er juil. 1839. Fél. Leb.).

responsabilité personnelle, de donner, dans les trois jours, avis du déménagement au percepteur (Art. 19 de la loi du 26 mars 1831, et Art. 22 de la loi du 21 avril 1832).

308. *Dans le cas de déménagement furtif, les propriétaires, et à leur place les principaux locataires, deviendront responsables des termes échus de la contribution de leurs locataires, s'ils n'ont pas fait constater dans les trois jours ce déménagement par le maire, le juge de paix ou le commissaire de police.*

309. *Dans tous les cas et nonobstant toute déclaration de leur part, les propriétaires ou principaux locataires demeureront responsables de la contribution des personnes logées par eux en garni et désignées à l'article* 15 (Art. 20 de la loi du 26 mars 1831 et Art. 23 de la loi du 21 avril 1832).

—◇✿◇—

SECTION IV. — Solutions données par l'autorité supérieure, à une série de questions posées par les agents de l'administration des contributions directes, sur certains points du mode d'assiette de la contribution personnelle et mobilière.

INDIVIDUS IMPOSABLES PAR VOIE D'INTERPRÉTATION DE LA LOI.

310. On est considéré comme jouissant de ses droits, à l'âge de 21 ans, un an avant cet âge, si l'on est émancipé, ou si l'on exerce pour son compte une profession lucrative, dès lors imposable.

311. Un contribuable qui demeure six mois dans une ville et six mois dans une commune rurale, doit être imposé à la contribution personnelle dans celle des deux communes la plus populeuse, à moins de déclaration contraire de sa part, auquel cas il est

On peut considérer, jusqu'à preuve contraire, comme jouissant de ses droits, et par conséquent imposer à la contribution mobilière, une femme qui a contracté un bail à loyer, sans l'assistance de son mari dont la résidence est d'ailleurs inconnue (Ord. du 21 juin 1839. Fél. Leb. p. 357).

libre de choisir le lieu où il veut être imposé.

312. Un garçon majeur, demeurant chez ses père et mère, et remplissant un emploi public non salarié, tel que celui de juge auditeur, juge suppléant, de surnuméraire d'une administration, est imposable à la taxe personnelle.

313. Les percepteurs, dames de compagnie, concierges, logés, nourris et à gages ; les employés et autres personnes logés comme pensionnaires chez les particuliers, sont passibles de la contribution personnelle et même de la mobilière, si la valeur locative de leur logement n'est pas comprise dans celle attribuée à la personne chez laquelle chacun d'eux est logé.

314. Il en est de même des maîtres valets dans une position semblable.

INDIVIDUS NON IMPOSABLES.

315. Les enfants ou neveux des laboureurs concourant à l'exploitation et ne jouissant personnellement d'aucun revenu.

316. Les domestiques de l'un et l'autre sexe, nourris et logés chez leurs maîtres, et exclusivement attachés au service de la personne, du ménage ou de l'exploitation.

LOCAUX IMPOSABLES.

317. La contribution mobilière est due pour chaque habitation meublée qu'un propriétaire ou locataire conserve à sa disposition, même quand il ne l'habite pas.

318. Les châteaux dont le logement du concierge est seul habité, sont imposables si ces châteaux sont meublés. Le propriétaire ou le locataire doit être imposé pour la valeur locative totale.

319. Les cercles, les sociétés litté-

Si un contribuable qui avait à l'ouverture d'un exercice, deux habitations meublées pour lesquelles il a été imposé, vient à en céder une dans le courant de l'exercice, il n'est pas recevable à demander la décharge pour l'habitation qu'il a cédée (Ord du 27 août 1839. Fél. Leb. p. 476).

raires et autres établissements de même nature, loges maçonniques, etc., sont passibles de la contribution mobilière, comme annexés à l'habitation des sociétaires.

320. Les marchands ou autres qui couchent et font leur cuisine dans leur magasin, boutique ou laboratoire, sont assujétis à la contribution mobilière, calculée sur le sixième du prix de la location totale.

321. Les appartements loués dans un hôtel garni, lorsque ceux qui les occupent ont six mois de résidence, bien que ces appartements servent de base au droit de patente.

322. On fera entrer dans le loyer des marchands qui ont chevaux et voitures, la valeur locative des écuries et remises qu'ils tiennent, si les chevaux et voitures servent à d'autre usage que celui du transport de marchandises.

323. Si les remises et écuries mentionnées ci-dessus sont situées dans d'autres maisons que celles habitées par les contribuables, on ouvrira une cote mobilière séparément.

324. Les notaires, avoués, avocats, courtiers de commerce, pour la totalité de leur loyer, sans aucune déduction pour leurs cabinets d'étude.

325. Les ateliers particuliers des peintres, à l'exclusion de ceux affectés aux élèves, assimilés aux logements des élèves dans les écoles et pensionnats.

326. Le bureau proprement dit d'un journal est imposable à la contribution mobilière comme les études de notaires. Mais les locaux où sont les presses, les magasins, ne doivent pas entrer dans l'évaluation du loyer pour la cote mobilière.

327. Les locaux affectés au noviciat ou séminaire des frères des écoles chrétiennes, sous la déduction de ceux destinés au logement et à l'instruction des élèves.

LOCAUX NON IMPOSABLES.

328. Les locaux que des particuliers louent en garni à des individus non imposables, tels que des officiers en garnison.

329. Ceux affectés aux réunions des chambres de notaires, comme étant d'utilité générale.

Les logements occupés à Paris par des pairs et des députés, pendant la durée des sessions seulement.

330. Les magasins, boutiques, ateliers, etc., des patentables non assujétis au droit proportionnel, d'après la loi du 1er brumaire an VII, y compris ceux des salpétriers, des tripiers, des savetiers et blanchisseuses de linge, que la loi exempte de patente.

331. Les écuries et remises occupées par des chevaux et voitures de marchands, lorsque ces chevaux et voitures ne servent qu'au transport des marchandises.

332. Les boutiques des débitants de tabac et de papier timbré, et les bureaux des commissionnaires des monts de piété.

333. Les parties de logement employées comme bureaux par les commissaires de police, greffiers de juges de paix, receveurs de l'enregistrement, etc.

334. Les dortoirs, salles d'études, classes et réfectoires des maîtres de pensions et instituteurs tenant classes chez eux.

335. Les locaux que les médecins

Les sous-lieutenants employés dans les dépôts de recrutement, ne cessant pas de compter à l'effectif de leur corps, ne sont point passsbles de la contribution personnelle et mobiliére (Ord. du 18 fév. 1839. Fél. Leb. p. 153).

destinent aux consultations, et ceux que les chirurgiens et dentistes affectent à leurs opérations.

336. Les cours, jardins-potagers ou d'agrément, et la surperficie des bâtiments ruraux, ne doivent pas entrer dans l'évaluation du loyer pour la mobilière.

337. Nota. Pour trouver le centime-le-franc de la contribution mobilière, il faut,

1. Multiplier le nombre des imposables à la contribution personnelle par le taux de cette cote ;

2. Soustraire ce produit du contingent assigné à la commune ;

3. Diviser le résultat obtenu par le montant des loyers d'habitation, ce qui donnera le centime-le-franc pour quotient.

CHAPITRE IV.

CONTRIBUTION DES PORTES ET FENÊTRES.

SECTION I. — Établissement de cette contribution.

338. Cette contribution a été établie originairement par une loi rendue à la date du 4 frimaire an VII, dont nous transcrivons ci-après celles de ses dispositions qui n'ont pas été abrogées par les lois postérieures, et nous indiquerons ensuite les modifications apportées à cette loi constitutive par celle du 21 avril 1832, qui contient un nouveau tarif et quelques principes nouveaux servant de règle pour fixer les bases de cette nature d'impôt.

SECTION II. — Bases pour l'assiette de cette contribution.

339. A partir du 1ᵉʳ janvier 1832,
la contribution des portes et fenêtres
a été établie par voie de répartition
entre les départements, les arrondissements, les communes et les contribuables, conformément au tarif ci-après,
sauf les modifications proportionnelles
qu'il sera nécessaire de lui faire subir
pour remplir le contingent. C'est-à-
dire que, si le tarif appliqué aux ouvertures des maisons d'une commune
produisait une somme plus forte ou
moindre que le contingent assigné à
ladite commune, il faudrait réduire ou
augmenter proportionnellement la quotité d'impôt indiqué dans le tarif, pour
chaque ouverture. Voici d'ailleurs la
manière de procéder dans ce cas.

Il faut :

1. Multiplier chaque nature d'ouvertures par le tarif de la loi, puis
former le total de ces divers produits ;

2. Diviser le contingent par ce total,
afin d'obtenir le *centime-le-franc;*

3. Multiplier ce centime - le - franc
par chaque partie du tarif de la loi,
afin d'avoir, par chaque nature d'ouvertures, le tarif suivant le contingent;

4. Multiplier par ce nouveau tarif
le nombre d'ouvertures y correspondant ;

5. Additionner tous les produits
qu'on obtiendra de ces multiplications
partielles ; ils devront présenter un total
égal au montant du contingent.

— ◇·◆·◇ —

NOMBRE ET ESPÈCES D'OUVERTURES.	VILLES ET COMMUNES D'UNE POPULATION DE					
	Au-dessous de 5,000 âmes.	De 5,000 à 10,000 âmes.	De 10,000 à 25,000 âmes.	De 25,000 à 50,000 âmes.	De 50,000 à 100,000 âmes.	Au-dessus de 100,000 âmes.
	fr. c.	fr. c.	fr. c.	fr. c.	fr. c.	fr. c.
Maisons à 1 seule ouverture........	» 30	» 40	» 50	» 60	» 80	1 »
Id. à 2 ouvertures..............	» 45	» 60	» 80	1 »	1 20	1 50
Id. à 3 id....................	» 90	1 35	1 80	2 70	3 60	4 50
Id. à 4 id....................	1 60	2 20	2 80	4 »	5 20	6 40
Id. à 5 id....................	2 50	3 25	4 »	5 50	7 »	8 50
Maisons ayant 6 ouvertures et plus.						
Fenêtres du 3ᵉ étage et étages sup.	» 60	» 75	» 75	» 75	» 75	» 75
Portes ordinaires et fenêtres du rez- de-chaussée, entresol, 1ᵉʳ et 2ᵉ ét.	» 60	» 75	» 90	1 20	1 50	1 80
Portes cochères, charretières et de magasins	1 60	3 50	7 40	11 20	15 »	18 80

340. Dans les villes et communes au-dessus de 5,000 âmes, la taxe correspondant au chiffre de la population ne s'appliquera qu'aux habitations comprises dans les limites intérieures de l'octroi ; les habitations dépendant de la banlieue seront portées dans la classe des communes rurales (Art. 24 de la loi du 11 avril 1832).

341. Cette contribution est établie sur les portes et fenêtres donnant sur les rues, cours et jardins des bâtiments et usines (Art. 2 de la loi du 4 frim. an VII).

Nota. La chambre des députés a refusé d'admettre un amendement ainsi conçu :

« Ne sont pas considérées comme fenêtres imposables les ouvertures sans châssis des habitations de la classe indigente.

Les portes des étages supérieurs d'une maison, et qui n'ont pas d'issue extérieure, ne sont pas soumises à l'impôt des portes et fenêtres (Ord. du 18 oct. 1832. Mac. t. 2. p. 571).

Les établissements de bains sont soumis à cette contribution pour les ouvertures de cabinet où sont les baignoires (Ord. du 16 août 1833. t. 3. p. 462).

Ne seront pas considérées comme portes et clôtures imposables les barrières des cours qui ferment les cours des habitations rurales. »

M. le rapporteur a dit à cette occasion : « Je le répète, la loi doit être remaniée, mais je craindrais que l'amendement proposé ne compromît l'impôt. »

342. Il ne sera compté qu'une seule porte charretière par chaque ferme, métairie ou toute autre exploitation rurale (Art. 23 de la loi du 26 mars 1831 et 27 de la loi du 11 avril 1832).

343. Les portes charretières existant dans les maisons à une, deux, trois, quatre ou cinq ouvertures, ne seront comptées et taxées que comme portes ordinaires (§ 3 de l'art. 27 de la loi du 21 avril 1832).

L'article 3 de la loi des finances du 20 juillet 1837, n'est applicable aux portes des magasins des bâtiments ayant moins de six ouvertures, qu'autant que ces portes sont charretières. Les portes de magasins, de bâtiments, ayant moins de six ouvertures qui ne sont pas charretières, sont seulement assujéties à une contribution double d'après la loi du 4 frimaire an VII (Ord. du 29 oct. 1839. Fél. Leb. p. 513).

344. Sont imposables les fenêtres dites *mansardes*, et autres ouvertures pratiquées dans la toiture des maisons, losqu'elles éclairent des appartements habitables (Même Art. § 4).

345. Les fonctionnaires, les ecclésiastiques et les employés civils et militaires, logés gratuitement dans les bâtiments appartenant à l'état, aux départements, aux arrondissements, aux communes et aux hospices, seront imposés nominativement pour les portes et fenêtres des parties de ces bâtiments servant à leur habitation personnelle (Même Art. dernier paragraphe).

Les écoles secondaires ecclésiastiques instituées par ordonnance royale, sont exemptes de l'impôt foncier et de celui des portes et fenêtres, comme établissements publics, conformément aux dispositions de l'article 105 de la loi du 3 frimaire an VII et les lois des 18 germinal an XIII et 23 ventôse an XII, les décrets des 9 avril 1809, 15 novembre 1811 et 6 novembre 1813 (Ord. du 14 janv. 1839. Fél. Leb. p. 30).

Un conseil de préfecture ne peut refuser à une école secondaire ecclésiastique qui a reçu d'une ordonnance royale le caractère d'établissement public, l'exemption de l'impôt des portes et fenêtres, par le motif qu'il existerait dans cette école des abus et des infractions au régime légal sous lequel ces établissements sont placés : mais cette exemption ne s'applique pas aux ouvertures qui servent à éclairer les habitations personnelles des ecclésiastiques logés gratuitement dans l'établissement (Ord. du 18 déc. 1839. p. 576 et 577).

346. Les propriétaires des manufactures ne doivent être taxés que pour les fenêtres de leur habitation personnelle et de celle de leurs concierges et commis ; et, en cas de difficulté sur ce qu'on doit entendre par manufactures, le conseil de préfecture statuera (Art. 19 de la loi du 4 ger. an XI et § 1er de l'art. 27 de la loi du 21 avril 1832). *Voir* au surplus l'Art. 32 de la loi du 1er brum. an VII, relativement à ce qu'il faut entendre par fabriques et manufactures.

Les moulins doivent être rangés au nombre des usines dont les ouvertures sont frappées de l'impôt des portes et fenêtres, l'exemption prononcée par l'article 4 de la loi du 4 germinal an II, n'étant applicable qu'aux établissements industriels (*manufactures*) qui, à raison de leur nature même, exigent une grande quantité d'ouvertures (Ord. du 6 août 1839. Fél. Leb. p. 427).

On ne peut considérer comme partie essentielle d'une manufacture de draps, et par cette considération exempter de la contribution des portes et fenêtres, un moulin à foulon distant de plus de huit kilomètres de cette manufacture, notamment si ce moulin n'appartient pas au même propriétaire (Ord. du 6 nov. 1839. Fél. Leb. p. 520).

Les ouvertures des pavillons dépendant d'une manufacture, ne doivent pas être imposées lorsqu'ils ne sont pas destinés à l'habitation ; mais les logements des ouvriers doivent être assimilés à ceux des commis, et comme tels imposés (Ord. du 25 oct. 1833. Mac. t. 3. p. 580).

Une boulangerie ne peut être assimilée à une manufacture, et déchargée comme telle de la contribution des portes et fenêtres (Ord. du 18 oct. 1833. Mac. t. 3. p. 561).

—◇※◇—

SECTION III. — Solution d'une série de questions sur cet impôt.

347. Voici au surplus les réponses faites par l'autorité supérieure à une serie de questions qui ont été adressées en 1831 par les agents des contributions directes, à l'effet de déterminer, d'une manière claire et précise, quelles sont les portes et fenêtres imposables et celles des ouvertures qui ne doivent pas être assujéties à la contribution.

348. Les solutions données sur chacune des questions précitées nous paraissent de nature à dissiper la plupart des doutes que peut faire naître le texte de l'article 2 de la loi du 4 frim.

an VII , nous avons jugé qu'il sera utile de les rapporter ici avec les numéros d'ordre qui leur ont été donnés par l'administration elle-même.

DES OUVERTURES EN GÉNÉRAL.

349. Les ouvertures non closes ne sont pas imposables, les clôtures seules sont assujéties à la contribution.

Les ouvertures à châssis dormants sont imposables (Ord. du 19 déc. 1838. Fél. Leb. p. 674).

DES PORTES COCHÈRES, CHARRETIÈRES ET AUTRES IMPOSABLES COMME TELLES.

350. Toutes les portes cochères et charretières donnant sur la voie publique et sur les champs et par lesquelles on obtient accès aux maisons d'habitation, magasins, usines, hangars, lors même qu'elles ne servent qu'au passage des voitures appelées carioles, tombereaux ou charrettes.

On doit considérer comme porte charretière une barrière qui sert de fermeture à une habitation (Ord. du 11 oct. 1833. Mac. t. 3. p. 547).

351. Les portes qui, sans être ni cochères, ni charretières, sont les entrées principales des maisons ou magasins occupés en entier par des banquiers, agents de change, négociants ou marchands en gros, commissionnaires ou courtiers, lorsque ces entrées sont situées au rez-de-chaussée et que la porte donne sur la voie publique ou sur la cour.

352. Les portes de granges ou autre bâtiment rural, lorsqu'elles donnent seules sur la voie publique et servent d'entrée aux maisons d'habitation.

353. Les portes cochères et charretières des parcs, jardins et clos attenant à des maisons d'habitation, mais non pas celles qui servent à fermer des enclos, parcs, etc., séparés des habitations (N° 81).

354. Les portes cochères et charretières d'une avenue conduisant à une maison d'habitation, mais non pas les barrières d'avenues (N° 79).

355. Aux termes de l'article 23 de la loi du 26 mars 1831, lorsque, dans une ferme, métairie ou autre bâtiment d'exploitation rurale, il existe plusieurs portes cochères ou charretières, une seule doit être imposée comme telle, les autres le seront comme portes ordinaires.

356. Enfin, celles des bâtiments occupés par les petits séminaires considérés, d'après la loi, comme des établissements particuliers.

Une école secondaire ecclésiastique désignée sous le nom de petit séminaire, qui n'est point entretenue par les deniers publics, ne peut être placée dans la catégorie des établissements d'instruction publique, exempte à ce titre de la contribution des portes et fenêtres (Ord. du 26 fév. 1832. Mac. t. 2. p. 53 et autres des 14 janv. 1839. Fél. Leb. p. 30. et 18 déc. 1839. Fél. Leb. p. 576 et 577).

357. Lorsque, dans une maison de campagne, indépendamment d'une porte cochère d'entrée principale, il existe sur le pourtour du parc ou d'un enclos, d'autres portes ou grilles pour l'enlèvement des fumiers ou des emblaves, si ces portes ou grilles peuvent au besoin communiquer avec la maison d'habitation, elles sont imposables comme portes cochères.

358. La grande porte d'un jardin renfermant un pavillon habité, est imposable comme porte cochère, si, d'après la disposition des lieux, une voiture peut arriver jusqu'au pavillon.

359. Les portes en claire-voie, à deux battants, placées à l'entrée d'une cour, sont imposables comme portes cochères, si elles peuvent donner passage à une voiture.

DES PORTES COCHÈRES OU POUVANT ÊTRE RÉPUTÉES COMME TELLES ET QUI NE SONT IMPOSABLES QUE COMME PORTES ORDINAIRES.

360. Lorsque dans un magasin il existe plusieurs portes simples extérieures, la porte principale doit seule

être imposée comme porte cochère ; les autres doivent être taxées comme portes ordinaires.

361. On ne doit pas imposer comme portes cochères celles qui, ayant la largeur convenable, ne peuvent cependant servir au passage des voitures parce qu'elles sont élevées au-dessus du sol par un ou plusieurs degrés, obstruées par des plantations ou qui servent d'entrée à un vestibule sous lequel il serait impossible de placer une voiture.

362. Les portes d'entrées des magasins occupés par des marchands en détail, ne devront pas être imposées comme portes cochères, ainsi que le porte la réponse à la question N° 44, relativement aux magasins occupés par des marchands en gros.

363. Les grandes portes de granges et de pressoirs se trouvent comprises dans les exceptions prévues à l'article 5 de la loi du 4 frimaire an VII, et par conséquent ne sont pas imposables.

364. La porte de la boutique d'un carrossier n'est pas imposable comme porte cochère, bien que, par suite de disposition prise dans l'intérieur, elle puisse donner passage à une voiture.

DES PORTES ORDINAIRES IMPOSABLES.

365. Toutes les portes donnant sur les cours, rues et jardins, maisons, bâtiments et usines, quelques soient leurs formes et dimensions, sont imposables.

366. Les portes de caves et pièces basses servant de magasins, de boutiques ou d'habitations, attendu qu'aux termes de la loi, toutes les portes de magasins sont imposables.

Les portes des étages supérieurs d'une maison et qui n'ont pas d'issue extérieure, ne sont pas soumises à l'impôt des portes et fenêtres (Ord. du 18 oct. 1832. Mac. t. 2. p. 571).

Les moulins doivent être rangés au nombre des usines dont les ouvertures sont frappées de l'impôt des portes et fenêtres, l'exemption prononcée par l'article 4 de la loi du 4 germinal an II, n'étant applicable qu'aux établissements industriels (*manufactures*) qui à raison de leur nature même exigent une grande quantité d'ouvertures (Ord. du 6 août 1839. Fél. Leb. p. 427).

367. Les portes donnant sur une galerie couverte, si cette partie n'est pas clôturée.

368. Les portes pratiquées sous la partie couverte soit d'une porte cochère soit d'une allée, si les deux extrémités de la partie couverte ne sont pas clôturées.

369. Les portes de chambres donnant sur une galerie à laquelle on parvient par un escalier placé à l'extérieur de la maison, si l'escalier n'est pas clôturé par une porte.

370. Les portes des fournils habités.

371. Les portes des parcs, jardins et clos séparés des maisons d'habitation, lorsque ces parcs, etc., renferment des pavillons.

372. Les portes des logements, même gratuits, dans les hospices et les bâtiments consacrés à un service public religieux, civil et militaire ou d'instruction, maisons presbytérales, etc.

373. Celles des bâtiments et autres édifices nouvellement construits ou reconstruits, dès qu'ils sont devenus habitables ou habités, bien qu'aux termes de l'art. 88 de la loi du 3 frimaire, ces bâtiments soient exempts de la contribution foncière, pendant les deux premières années de la construction ou reconstruction.

(Voyez au nombre 278.)

374. Les portes des colléges, des grands séminaires et des maisons d'école, mais seulement pour la partie des bâtiments servant au logement personnel des proviseurs, censeurs, directeurs, professeurs, instituteurs et autres personnes attachées à l'établissement.

Les instituteurs communaux sont imposables à la contribution des portes et fenêtres, pour les ouvertures des locaux qui éclairent les parties qui servent à leur habitation personnelle dans les bâtiments appartenant aux communes (Ord. du 14 fév. 1839. Fél. Leb. p. 134). *Voir* l'article 27 de la loi du 21 avril 1832.

375. Celles des bureaux des fonctionnaires désignés dans l'article 8 de

Les bâtiments occupés par les bureaux d'un fonctionnaire public, tel qu'un directeur des

la loi du 26 mars 1831, comme exempts de la contribution mobilière pour la valeur locative de leurs bureaux.

376. Celles des logements concédés à titres gratuits dans les châteaux et bâtiments dépendant du domaine de la couronne, au nom de chaque occupant.

377. Celles des bains publics et des établissements thermaux de toute nature, s'ils donnent sur rues, cours, jardins ou rivières.

378. Lorsqu'une porte cochère et une porte ordinaire sont communes à deux copropriétaires, à l'un pour entrer dans son habitation, à l'autre pour arriver à ses bâtiments ruraux proprement dits, ces portes doivent être imposées au nom du propriétaire à qui elles servent pour arriver à son habitation.

379. Outre la porte de la principale avenue dans un château ou autre maison de campagne, s'il s'en trouve de pratiquées pour des avenues qui ont d'autres directions, elles sont imposables.

380. Les portes servant de clôtures aux deux extrémités d'une allée de maison soumise, pendant le jour, au passage des gens de pied et qui ferment cette allée pendant la nuit, sont imposables.

AUTRES OUVERTURES IMPOSABLES.

381. Lorsque, dans une fermeture de boutique ou magasin, la porte d'entrée est pratiquée sur le côté et que le surplus est fermé par un châssis, on ne compte que deux ouvertures pour la totalité; mais si la porte est pratiquée au milieu, on en compte trois (*Voir* ci-après, n° 389).

douanes, doivent être considérés comme affectés à un service public, et rentrent dans le cas d'exemption prévu par l'article 5 de la loi du 4 frimaire an VII (Ord. du 14 fév. 1839. Fél. Leb. p. 134).

Les ouvertures des cabinets où sont les baignoires, dans les établissements de bains, sont soumises à la contribution des portes et fenêtres (Ord. du 16 août 1833. Mac. t. 3. p. 462).

382. Les ouvertures dites *jours de souffrançe*, sont imposables si elles sont clôturées et qu'elles éclairent des locaux faisant partie de l'habitation.

383. Les ouvertures closes servant à éclairer les ateliers de peinture, les imprimeries, les escaliers, etc.

384. Celles donnant sur une galerie couverte non clôturée.

385. Les ouvertures dites *mansardes*, lorsqu'elles éclairent des locaux habitables ou habités.

386. Celles des pièces basses ou caves servant d'habitation, de boutique, magasin, café ou cuisine.

387. Celles des maisonnettes ou pavillons situés dans les jardins, parcs, à moins qu'elles ne servent qu'à serrer des instruments d'agriculture.

388. Celles des pressoirs employés pour le public et rapportant un revenu.

389. Lorsque la façade entière d'une maison, d'un magasin ou atelier, est toute vitrée, on doit compter autant d'ouvertures qu'il y a de séparations solides, soit en fer, soit en pierre, soit en bois.

DES PORTES ORDINAIRES NON IMPOSABLES.

390. Les portes des hangars exclusivement destinées à renfermer des objets d'agriculture.

391. Celles des manufactures et fabriques autres que celles servant au logement des fabricants, manufacturiers, leurs commis et ouvriers (*Voir* l'art. 32 de la loi du 1er brum. an VII, qui explique ce qu'il faut entendre par fabr. et manufac., et l'art. 64 de la loi du 25 mars 1817, qui renvoie à la défin. de l'art. 32 de la loi préc. de brum. an VII).

392. Les portes donnant accès dans

Une boulangerie ne peut être assimilée à une manufacture, dans le sens de l'article 19 de la loi du 4 germinal an XI, et comme telle, être déchargée de la contribution des portes et fenêtres (Ord. du 18 oct. 1833. Mac. t. 3. p. 561).

On ne peut considérer comme partie essentielle d'une manufacture de draps, et par cette considération exempter de la contribution des portes et fenêtres, un moulin à foulon, distant de plus de huit kilomètres de cette manufacture, notamment si ce moulin n'appartient pas au même propriétaire (Ord. du 6 nov. 1839. Fél. Leb. p. 520).

des cours ne renfermant que des bâtiments ruraux.

393. Les portes de communication
intérieure d'une cour à l'autre, ne
donnant pas sur la voie publique.

394. Celles conduisant d'une cour
dans un jardin.

395. Les portes intermédiaires entre
celles d'avenues et les maisons.

396. Celles des fournils non habités.

397 Celles des tanneries, des brasseries, et en général de tous les établissements industriels désignés aux
articles 32 de la loi du 1er brumaire
an VII, 64 de la loi du 25 mars 1817,
en faveur desquels l'exemption est
prononcée par l'article 19 de la loi du
4 germinal an XI.

398. Celles des locaux habités par
des fabricants et où il existe un ou
plusieurs métiers à tisser.

AUTRES OUVERTURES NON IMPOSABLES.

399. Les ouvertures donnant sur
une galerie clôturée.

400. Celles des celliers et caves,
proprement dits, c'est-à-dire ne servant ni d'habitation, ni de boutique,
café ou magasin.

401. Les embrâsures pratiquées
dans des murs de cours, de parcs,
jardins, clos contigus ou non à l'habitation, clôturées par des volets ou ja-
lousies, donnant sur la voie publique
ou sur les champs, lorsqu'elles n'éclairent pas des locaux habités ou habitables.

402. Les ouvertures des bûchers,
des buanderies.

403. Celles des serres, des oran-
geries.

404. Les œils de bœuf, les vitrages
placés au-dessus des portes et autres

Les portes et fenêtres qui éclairent des ateliers
sont imposables (Ord. du 19 déc. 1838).

(*Voyez* le nombre 391.)

du même genre, lorsque les œils de bœuf n'éclairent pas des locaux.

405. Les petites ouvertures non mobiles pratiquées dans les ateliers des tisseurs, des tisserands, des vanniers et autres artisans travaillant habituellement dans des pièces basses.

406. Celles qui éclairent les logements occupés par les sœurs de la charité dans les hospices.

407. Les ouvertures des temples et synagogues.

408. Celles des remises et écuries des aubergistes, des marchands et rouliers, attendu que ces locaux ne sont pas destinés à l'habitation des hommes.

409. Les ouvertures des tanneries, des brasseries et généralement de tous autres établissements industriels désignés aux articles 32 de la loi du 1er brumaire an VII, et 64 de la loi du 25 mars 1817.

(Voyez le nombre 391.)

410. Celles des logements où les fabricants à métiers ont en même temps leur atelier de travail et leur habitation, attendu que l'exemption prononcée par la loi de germinal an XI ne fait aucune distinction entre l'atelier séparé ou non, et que les ateliers de l'espèce sont des dépendances naturelles de la fabrique.

411. Celles des châlets qui ne sont habités que par des fruitiers faisant le fromage, ainsi que des laiteries ou bâtiments faisant partie d'un corps de logis habité, et uniquement employé comme laiterie.

412. Ne sont pas soumises à la contribution établie par la présente loi, les portes et fenêtres servant à éclairer ou aérer les granges, bergeries, étables, caves et autres locaux *non destinés à*

l'habitation des hommes, ainsi que toutes les ouvertures des combles ou toitures des maisons habitées (§ 1ᵉʳ de l'Art. 5 de la loi du 4 frim. an **VII**). Excepté toutefois les fenêtres *dites mansardes* (*Voir* le nombre 385 plus haut).

413. Ne sont pas également soumises à ladite contribution les portes et fenêtres des bâtiments employés à un service public, civil, militaire ou d'instruction, ou aux hospices ; néanmoins, si lesdits bâtiments sont occupés en partie par des citoyens auxquels l'état ne doit point de logement d'après les lois existantes, lesdits citoyens seront soumis à ladite contribution jusqu'à concurrence des parties de bâtiments qu'ils occupent (Art. 5 de la loi du 4 frim. an VII, § 2). *Voir* les nombres 374 et 375 plus haut.

Les instituteurs communaux sont imposables à la contribution des portes et fenêtres pour les ouvertures des locaux qui éclairent les parties qui servent à leur habitation personnelle, dans les bâtiments appartenant aux communes (Ord. du 14 fév. 1839. Fél. Leb. p. 134). *Voir* l'article 27 de la loi du 21 avril 1832.

Les bâtiments occupés par les bureaux des fonctionnaires publics (tels qu'un directeur des douanes, etc.) doivent être considérés comme un service public et rentrent dans le cas de l'exemption prévue par l'article 5 de la loi du 4 frimaire an **VII** (Ord. du 14 fév. 1839. Fél. Leb. p. 134).

—◇◈◇—

SECTION IV. — De qui cette contribution est exigible.

414. La contribution des portes et fenêtres sera exigible contre les propriétaires et usufruitiers, fermiers et locataires principaux des maisons, bâtiments et usines, sauf leur recours contre les locataires particuliers pour le remboursement de la somme due à raison des locaux occupés par eux (Art. 12 de la loi précitée du 4 frim. an **VII**).

Si un contribuable qui avait à l'ouverture d'un exercice, deux habitations meublées pour lesquelles il a été imposé, vient à en céder une dans le courant de l'exercice, il n'est pas recevable à demander la décharge pour l'habitation qu'il a cédée (Ord. du 27 août 1839. Fél. Leb. p. 476).

415. Lorsque les mêmes bâtiments sont occupés par le propriétaire et un ou plusieurs locataires, ou par plusieurs locataires seulement, la contribution des portes et fenêtres d'un usage commun sera acquittée par les propriétaires ou usufruitiers (Art. 15 de la loi précitée du 4 frim. an **VII**).

Les propriétaires des maisons sont débiteurs envers le trésor de la contribution des portes et fenêtres, même pour les maisons qu'ils ont louées en entier, sauf leur recours en remboursement contre leurs locataires (Ord. du 27 août 1839. Fél. Leb. p. 477).

CHAPITRE V.

CONTRIBUTION DES PATENTES.

—◦◈◦—

SECTION I. — Dispositions principales.

416. Par un décret rendu le 2-17 mars 1791, l'assemblée nationale constituante a supprimé tous les droits d'*aides*, des *maîtrises* et *jurandes*, en y substituant la contribution dite *des patentes*. En établissant cet impôt d'une nouvelle espèce, l'assemblée constituante a eu pour but de faire entrer l'état dans le partage des bénéfices obtenus sur les capitaux mobiliers que le commerce met en valeur, et de procurer ainsi au trésor public une faible part des bénéfices réalisés par une classe laborieuse, qui recueille presque toujours de grands avantages des services qu'elle rend à la société.

417. Depuis 1791, une foule de lois ou décrets ont été rendus pour régler le mode d'assiette et celui de la perception de la contribution des patentes ; les dispositions contenues dans ces lois ont été (du moins en partie) réunies et refondues dans celle du 22 octobre 1798 (1er brumaire an VII), actuellement en vigueur, sauf quelques modifications qui ont été apportées à cette dernière par les lois de finances des 25 mars 1817, 15 mai 1818 et 26 mars 1831, dans le triple but de protéger le commerce sédentaire en élevant des droits sur les colporteurs, de compléter les classes désignées dans le tarif en y ajoutant quelques industries qui y étaient omises ; enfin, en

La question de savoir si un individu est ou non sujet à patente, est de la compétence administrative (Ar. C. de cass. du 18 fruct. an XI. Sir. t. 4. p. 384. *Voir* en outre, p. 413 du même Rec). C'est au conseil de préfecture et non au préfet à juger cette question (Ord. du 20 nov. 1815. Sir. t. 3. p. 168).

En cette matière est suffisamment motivé l'arrêté du conseil de préfecture, qui relate les motifs et adopte l'avis du directeur des contributions (Ord. du 19 juin 1828. Mac. t. 10. p. 491. et 14 déc. 1832. Mac. t. 2. p. 699).

C'est à l'autorité administrative à connaître de la contribution existante entre celui qui exerce le privilége d'une profession et celui qui a obtenu patente pour la même profession (Ord. du 18 août 1807 Sir. t. 1. p. 124).

Un individu qui continue à tenir magasin ou boutique ouverte, n'est pas fondé à demander la décharge de sa patente, par le motif que depuis plus d'un an il a cessé d'occuper des ouvriers pour l'exercice de sa profession ; que lui-même, devenu infirme, ne peut travailler et qu'il ne fait qu'écouler les objets qu'il avait antérieurement confectionnés (Ord. du 6 nov. 1839. Fél. Leb. p. 518).

Un négociant qui a obtenu décharge ou réduction de sa patente ne peut réclamer le remboursement d'autres frais que ceux déterminés par l'arrêté du 24 floréal an VIII ; en conséquence il n'est pas fondé à réclamer les intérêts des sommes par lui versées jusqu'au jour du remboursement (Ord. du 6 nov. 1839. Fél. Leb. p. 519).

Le droit fixe doit être le même pour les différentes sections qui peuvent composer une commune sans distinction des sections rurales de celles qui appartiennent à la partie agglomérée (Ord. du 25 janv. 1838).

Par une autre ordonnance du 20 juillet 1836, le conseil d'état a motivé sa décision sur ce que l'île St.-Maurice, dont il s'agit dans le cas particulier, fait partie de la commune d'Amiens.

déterminant, d'une manière plus précise, le mode suivant lequel on doit fixer les bases du droit proportionnel de patente.

Néanmoins, il existe encore une lacune qu'il importe de combler, dans l'intérêt de certaines industries et branches de commerce dont le peu d'importance ne comporte aucun accroissement, soit à raison des facultés intellectuelles trop restreintes, soit à raison des facultés pécuniaires trop bornées des individus qui les exercent. Cette lacune consiste à subdiviser les classes des patentables, de manière à établir des différences dans la quotité des droits fixes, suivant le degré d'importance du commerce ou de l'industrie, ayant d'ailleurs toujours égard à la population. Quant au droit proportionnel, on n'aperçoit aucun inconvénient à ce qu'il soit maintenu tel qu'il a été fixé par la loi du 1ᵉʳ brumaire an VII, dont nous transcrivons ci-après les principales dispositions :

418. L'article 4 impose à tout citoyen qui veut exercer une profession, une branche de commerce ou d'industrie, *l'obligation de prendre une patente, dans les trois premiers mois de l'année, pour l'année entière, sans qu'elle puisse se borner à une partie de l'année.* Un arrêté des consuls, en date du 15 fructidor an VIII, a déterminé le mode à suivre par les agents de l'administration pour procéder au recensement des citoyens assujétis à la patente.

419. Aux termes de l'article 5 de la même loi, la contribution des patentes se divise en *droits fixes* et en *droits proportionnels.*

(*Voyez* pour les associés, commanditaires et commis les nombres 440 et suivants.)

Les premiers (les droits fixes), sont ceux déterminés par le tarif ci-après, annexé à la loi de brumaire an VII, dans lequel on a introduit les modifications apportées par les lois de finances des 25 mars 1817 et 15 mai 1818.

(*Voyez* pour la fixation du droit proportionnel les nombres 449 et suivants.)

—◇✿◇—

SECTION II. — Tarif du droit fixe de patente dressé en conformité des lois des 6 fructidor an IV, 9 frimaire an V et 7 brumaire an VI.

§ I. SANS ÉGARD A LA POPULATION.

420. Les banquiers, *cinq cents francs:* les courtiers de navires et de marchandises, entrepreneurs de roulage, de voitures publiques par terre et par eau, *deux cents francs ;* les marchands forains avec voitures, *quarante francs ;* les colporteurs avec chevaux ou autres bêtes de somme, *trente francs ;* les colporteurs avec balles, soit qu'ils aient domicile ou non, *vingt francs ;* les entrepreneurs ou directeurs de spectacles ou autres amusements publics, dans lesquels les spectateurs paient leurs places, une *représentation complète ,* établie d'après le nombre et le prix de chaque place.

421. Les teinturiers travaillant pour les fabricants et pour les marchands, qui teignent les étoffes et les matières premières servant à la fabrication des tissus ;

Les imprimeurs d'étoffes, les tanneurs, les manufacturiers de produits chimiques ;

Les entrepreneurs de fonderies , de forges , de verreries, d'aciéries, de blanchisseries, de papeteries et de tous autres établissements définis par l'article 32 de la loi du 1er brumaire an VII,

La loi ne fait dépendre la qualité de banquier que de la nature des opérations auxquelles se livre le patentable, sans avoir égard ni à l'importance des affaires ni à la population de la localité où il exerce son industrie. En conséquence , toute personne qui se livre à des opérations de banques, est par cela seul passible des droits de patente comme banquier (Ord. du 25 avril 1839. Fél. Leb. p. 238 et 239 et autres des 14 août 1837 et 15 août 1839. Fél. Leb. p. 443 ainsi que deux autres des 30 juil. et 28 nov. 1839. même Rec. p. 420 et 553).

Les banques publiques qui s'établissent avec l'autorisation et sous la surveillance du gouvernement conformément à la loi du 24 germinal an XI, sont soumises à la patente de banquier, par assimilation aux maisons de banques particulières (Ord. du 27 août 1839. Fél. Leb. p. 479 et suiv. et autre du 6 nov. 1839. p. 520).

On doit imposer comme banquier, un commerçant qui tient une maison de banque dans laquelle on trouve en tout temps du papier sur les principales places de commerce de France et de l'étranger Ord. des 14 janv. 1824. 8 avril 1831. 11 juil. 1834 et 20 déc. 1836).

Ne doit pas être considéré comme banquier, celui qui, soumis à la patente de marchand en gros, fait de loin en loin, hors du lieu de son domicile , quelques opérations de banque qui n'entrent pas dans son commerce (Ord. du 19 mars 1823).

Les entrepreneurs de voitures publiques dites *omnibus ,* partant à des heures fixes et faisant un service régulier dans les limites et sur les lignes qui leur sont assignées, sont passibles du droit fixe de 200 francs (Ord. du 16 déc. 1835).

Il en est de même de ceux de messageries, ayant

c'est-à-dire, dans lesquels on convertit des matières premières en des objets d'une autre forme et qualité, paieront le droit fixe (sans avoir égard à la population de leur commune), dans les proportions déterminées ci-après.

Première classe. . . . . 300 f.
Deuxième id. 200
Troisième id. 150
Quatrième id. 100
Cinquième id. 50
Sixième id. 25

Ils seront classés, savoir : pour les cantons ruraux, par les sous-préfets, après avoir pris l'avis des maires des communes où sont situés les établissements, et celui des répartiteurs et des contrôleurs des contributions directes; pour les villes, par les maires, après avoir pris l'avis des répartiteurs et des contrôleurs des contributions directes (Art. 60 de la loi du 15 mai 1818).

422. Les marchands forains avec voitures continueront d'être assujétis à un droit fixe de patente de *quatre-vingts francs ;* les colporteurs avec chevaux et autres bêtes de somme, à un droit fixe de *soixante francs* (Art. 63 de la loi précitée).

423. Les marchands forains et colporteurs désignés dans l'article précédent seront tenus d'acquitter le montant de leur patente, du moment où elle leur sera délivrée (Art. 64 de la même loi).

Les marchands vendant en ambulance, échoppe ou étalage, dans les lieux de passage, places publiques, marchés des villes et communes, des marchandises autres que des comestibles, seront pareillement tenus d'ac-

relais, correspondances et tout ce qui constitue un service monté.

Un entrepreneur de diligences n'est point fondé à demander qu'on l'impose comme loueur de voitures suspendues, ou comme entrepreneur du gouvernement, sur le motif qu'il est chargé du transport des dépêches par l'administration des postes, et que ce sont les mêmes voitures qui transportent à la fois les dépêches et les voyageurs (Ord. du 17 janv. 1838).

Les courtiers de navires et de marchandises, doivent être assujétis au droit fixe de 200 francs, sans égard à la population des communes, soit qu'ils fassent à la fois le courtage des navires et des marchandises, soit qu'ils n'exercent que l'une des deux industries (Ord. du 20 mars 1838).

On doit imposer à la patente des entrepreneurs de voitures publiques par eau, à raison de l'établissement de correspondance a en France, une compagnie de bateaux à vapeur, dont le siége est à l'étranger (Ord. du 1er juil. 1839. Fél Leb. p. 372).

Les directeurs de spectacles qui exploitent plusieurs théâtres à la fois, doivent être imposés en raison du nombre et du prix des places dans chacun de ces théâtres (Ord du 2 juil. 1836).

Les directeurs qui exploitent successivement plusieurs théâtres dans des villes différentes pendant le cours de l'année, doivent être imposés d'après un terme moyen calculé sur le montant d'une représentation complète dans chacun des théâtres (Ord. du 31 janv. 1838).

Toutefois, dans les lieux où le théâtre n'est ouvert que quelques jours dans la semaine, ou pendant une ou deux saisons, on a toujours égard à ces circonstances pour la fixation du droit de patente (Ord. du 28 sept. 1822).

Les tuiliers sont imposables lors même qu'ils fabriquent des tuiles avec de la terre et du bois qu'ils tirent de leurs propriétés.

Lorsque la tuilerie est exploitée par un ouvrier pour le compte du propriétaire, la patente doit être au nom de celui-ci (Ord. du 27 oct. 1837).

quitter, au moment de la délivrance, le montant total de la patente à laquelle ils sont assujétis par la disposition finale du nombre 10 de l'article 29 de la loi du 1er brumaire an VII. Les dénommés aux articles ci-dessus seront tenus d'exhiber leur patente acquittée, à toute réquisition des officiers de police des lieux où ils voudront exposer en vente les marchandises dont ils font commerce (Art. 65 de la même loi).

424. Les commerces, industries et professions qui ne sont pas désignés ci-dessus et dans les diverses classes du tarif suivant, n'en seront pas moins assujétis à la patente, d'après l'analogie des opérations ou des objets de commerce (Art. 35 de la loi du 1er brum. an VII).

425. Nota. *On avait d'abord conçu l'idée d'employer l'ordre alphabétique pour la désignation des professions assujéties à la patente, mais, dans l'essai qui en a été fait, on s'est bientôt convaincu de la nécessité de l'abandonner, à raison de la difficulté qui en serait résultée pour rapporter en regard la jurisprudence, lorsque les principes qu'elle établit se rapportent à plusieurs professions.*

La profession de boulanger étant celle qui présente le plus d'analogie avec la profession de marchand de gâteaux et de brioches, cette dernière doit être imposée à la patente de la 5e classe (Ord. des 9 et 29 janv. 1839. Fél. Leb. p. 1 et 85).

On ne peut imposer comme marchand de cuivre ouvré (4e classe) un chaudronnier qui ne vend que des objets qu'il fabrique lui-même (Ord. du 22 août 1839. même Rec. p. 457).

Lorsqu'un patentable est imposé pour une profession qu'il n'exerce pas et que la cotisation qui lui est attribuée, est plus élevée que celle qu'il doit payer d'après le tarif, le conseil de préfecture doit se borner à prononcer une réduction, au lieu d'accorder décharge entière et obliger ainsi les agents de l'administration à le reprendre au rôle supplémentaire, à raison de sa véritable profession (Ord. du 29 oct. 1839. Fél. Leb. p. 511).

Le propriétaire d'un moulin à tan doit être soumis au même droit de patente que les meuniers (Ord. du 18 déc. 1839. Fél. Leb. p. 575).

CONTRIBUTION

§ 2. Eu égard a la population.

COMMERCE, INDUSTRIE, ARTS ET PROFESSIONS.	POPULATION						
	De 100,000 âmes et au-dessus.	De 50,000 âmes à 100,000.	De 30,000 âmes à 50,000.	De 20,000 âmes à 30,000.	De 10,000 âmes à 20,000.	De 5,000 âmes à 10,000.	Au-dessous de 5,000 âmes.
Première Classe.	fr.	fr.	fr.	fr.	fr.	fr.	fr.
426. Les agents de change et courtiers, les entrepreneurs, fournisseurs et munitionnaires du gouvernement, les directeurs et entrepreneurs d'établissements de vente à l'encan, et les directeurs d'agences ou bureaux d'affaires, les marchands de charbon de terre en gros, les marchands de bois en chantier ou magasin, ou exploitant ventes dans les bois, forêts et plantations de l'état, des communes et des particuliers, les marchands de bois de marine;							
Les marchands en gros de draperie, mercerie, soierie, étoffes de coton, toilerie, linons, mousselines, gazes, dentelles, acier, fer et autres métaux, quincaillerie, vins, liqueurs, vinaigre, épicerie, droguerie, cuirs et peaux; et les marchands tanneurs, les chiffonniers en gros.	300	240	180	120	80	50	40

427. En exécution de l'article 52 de la loi de finances du 15 mai 1818,

Les négociants, les armateurs pour le long cours et pour le grand cabotage, les commissionnaires de marchandises en gros, paieront le droit fixe de patente, d'après les fixations suivantes :

Dans les villes de 50,000 âmes et au-dessus,   300 f. » c.;

Dans les villes de 30 à 50,000 âmes, et dans les

PREMIÈRE CLASSE.

Un particulier qui se livre à l'achat et à la vente de diverses sortes de marchandises, est passible de la patente soit de négociant, soit de commissionnaire, à raison de ses opérations (Ord. du 14 janv. 1839. Fél. Leb. p. 34 et une autre du 1ᵉʳ juil. 1839. même Rec. p. 370).

Un marchand de verres de couleurs en gros et en détail doit être imposé à la patente de marchand en gros (Ord. du 29 janv. 1839. Fél. Leb. p. 84).

Un individu dont les spéculations portent sur les vins, les bois de construction, les madriers, les planches et les sardines pressées dont il fait des expéditions par navire, est imposable comme négociant (Ord. du 14 oct. 1836).

Les commissionnaires chargeurs doivent être assimilés, suivant le cas, aux commissionnaires de marchandises en gros ou aux entrepreneurs de roulage (Ord. du 27 juin 1838).

Celui qui expédie par commission, pour la Hollande, l'Allemagne, etc., des pendules, bronzes, candélabres, lampes, etc.; qui a caisse, bureau, magasin, qui emploie des commis, est imposable comme commissionnaire de marchandises en gros (Ord. du 16 nov. 1835).

Un individu chargé de fournir le bois et les chandelles nécessaires pour les besoins des troupes et des corps-de-garde, dans toute l'étendue d'un département, est passible du droit de première classe (Ord. du 4 déc. 1835).

Lorsqu'une ville chargée, moyennant indemnité, de pourvoir au logement des troupes de la garnison, traite avec un individu qui se charge de cette fourniture, moyennant l'abandon de l'indemnité payée à la ville par l'état, cet individu doit être considéré comme entrepreneur pour le compte du gouvernement, et, par suite, soumis au droit de patente de première classe (Ord. du 15 août 1839. Fél. Leb. p. 442).

Ne doivent être réputés *marchands en gros*, que ceux qui vendent par balles ou enveloppes usitées pour les premières entrées dans le commerce; ces circonstances constituent plus spécialement la profession de marchand en gros (Ord. des 22 août et 6 nov. 1839. Fél. Leb. p. 456 et 518).

Un marchand en gros ayant dans deux villes différentes deux établissements, dont l'un pour l'achat et l'autre pour la vente, doit payer le droit fixe dans celle des deux villes où ce droit est le plus élevé en raison de la population (Ord. du 26 oct. 1836).

Un patentable qui exploite à la fois un établissement industriel et une branche de commerce en gros, doit être considéré comme exerçant deux professions, et être imposé pour celle qui donne lieu au plus fort droit fixe (Ord. du 3 fév. 1835).

Le fabricant qui a hors du siège de son établissement des magasins dans lesquels il vend en gros les produits de sa fabrique, est imposable comme marchand en gros, si le droit fixe qu'il doit payer comme marchand est supérieur à celui qu'il paierait comme fabricant (Ord. du 22 nov. 1836).

Celui qui se livre à des opérations de recouvrement d'effets de commerce, moyennant une remise qui lui est allouée, est imposable comme agent d'affaires (Ord. du 22 nov. 1836).

Celui qui accepte des procurations pour paraître devant la justice de paix et le tribunal de commerce, fait des lettres missives et donne des conseils à ceux qui lui accordent leur confiance, est imposable comme agent d'affaires (Ord. du 13 avril 1836).

Les agents des compagnies d'assurances, ne sont pas passibles des droits de patentes (Ord. du 4 nov. 1835).

Celui qui se livre à quelques exploitations de bois doit être considéré comme marchand de bois en

COMMERCE, INDUSTRIE, ARTS ET PROFESSIONS.	POPULATION						
	De 100,000 âmes et au-dessus.	De 50,000 âmes à 100,000.	De 30,000 âmes à 50,000.	De 20,000 âmes à 30,000.	De 10,000 âmes à 20,000.	De 5,000 âmes à 10,000.	Au-dessous de 5,000 âmes.
	fr.	fr.	fr.	fr.	fr.	fr.	fr.
ports de mer qui, ayant un entrepôt réel, n'ont pas une population de 50,000 âmes, 200 f. » c.; Dans toutes les autres communes, 150 f. » c.							
DEUXIÈME CLASSE. 428. Les notaires, marchands en détail de draperie, étoffes en soie, toilerie, étoffes de coton, mousselines, s'ils en font leur principal commerce; Les architectes, entrepreneurs de bâtiments, constructeurs de navires; Les orfèvres, horlogers, bijoutiers, lapidaires, joailliers, distillateurs, confiseurs; Apothicaires, pharmaciens, les imprimeurs, brasseurs, les traiteurs, restaurateurs.	100	80	60	40	30	25	20

gros, tant qu'il ne justifie pas qu'il exploite pour le compte du propriétaire (Ord. du 22 juil. 1839. Fél. Leb. p. 409).

Celui qui a une cour et d'autres locaux dans lesquels il forme de grands amas de bois de construction qu'il revend aux particuliers, menuisiers et charpentiers, par centaines de planches ou de soliveaux, est imposable comme marchand en gros (Ord. du 24 avril 1837).

Un libraire peut, suivant la nature de ses opérations, être considéré comme marchand en gros (Ord. du 19 janv. 1836. Fél. Leb. p. 565 et 38 et autre du 5 déc. 1839).

Les individus qui se livrent à des opérations de prêt et d'escompte doivent être rangés dans la première classe, par assimilation aux directeurs d'agence et de bureau d'affaires (Ord. du 20 mars 1838).

Le marchand de plumes à écrire, s'il vend en gros, c'est-à-dire s'il expédie par balles, doit être rangé dans la première classe du tarif (Ord. du 14 fév. 1838).

Le sellier harnacheur est passible du droit fixe de première classe, s'il fait des expéditions en gros, soit à l'intérieur soit à l'étranger (Ord. du 3 mars 1837).

On doit considérer comme appartenant à la première classe des patentables, par assimilation, savoir :

1° Aux agents d'affaires : les escompteurs, prêteurs (Ord. du 3 avril 1834) ; celui qui se livre à des recouvrements d'effets moyennant salaire (Ord. du 22 nov. 1836) ; les anciens officiers ministériels qui se chargent, moyennant salaire, de liquidations, ventes, etc. (Ord. du 13 août 1839); ceux qui vendent ou achètent des immeubles (Ord. du 30 janv. 1840).

2° Aux marchands en gros : les marchands de coton en gros (Ord. du 3 fév. 1835) ; ceux qui expédient habituellement à l'étranger des marchandises sous les enveloppes usitées pour les premières entrées dans le commerce (Ord. du 18 avril 1835) ; ceux qui font des achats chez divers fabricants de diverses marchandises de commerce (Ord. du 26 juin 1835); les particuliers qui achètent du beurre en pain et le revendent tel qu'ils l'achètent (Ord. du 19 janv. 1836).

DEUXIÈME CLASSE.

Un maître maçon dont les entreprises ne consistent positivement que dans des travaux de sa profession sans fourniture, ses travaux ne lui étant d'ailleurs payés qu'à la toise, et ses bénéfices ne reposant que sur la main d'œuvre ou sur le prix de la journée, doit être assimilé aux *maîtres ouvriers*, placés dans la cinquième classe du tarif (Ord. du 18 déc. 1839. Fél. Leb. p. 576).

Celui qui ne vend aucune marchandise, qui travaille chez lui pour le compte des orfèvres et bijoutiers, et qui se borne à mettre en œuvre, moyennant un prix de façon convenu, les matières premières qu'il reçoit des orfèvres et bijoutiers, doit être rangé dans la sixième classe, comme ouvrier metteur en œuvre (Ord. du 23 avril 1837).

Un pharmacien chargé par le maire de fournir gratuitement les médicaments nécessaires à un dépôt de réfugiés, ne peut prétendre à l'exemption de patente, comme s'il était attaché aux hôpitaux, aux armées ou au service des pauvres, par nomination du gouvernement ou des autorités (Ord. du 14 nov. 1834).

On doit ranger dans la seconde classe des patentables par voie d'assimilation, savoir :

Les brodeurs, aux lingers, nouveautés (Ord. du 26 juin 1835).

COMMERCE, INDUSTRIE, ARTS ET PROFESSIONS.	POPULATION						
	De 100,000 âmes et au-dessus.	De 50,000 âmes à 100,000.	De 30,000 âmes à 50,000.	De 20,000 âmes à 30,000.	De 10,000 âmes à 20,000.	De 5,000 âmes à 10,000.	Au-dessous de 5,000 âmes.
TROISIÈME CLASSE.	fr.	fr.	fr.	fr.	fr.	fr.	fr.
429. Les marchands merciers en détail, tapissiers, marchands tailleurs, marchands cordonniers, manchonniers, fourreurs, les marchands en détail en linons, gazes, dentelles, droguerie et teinture, amidouniers, tanneurs, corroyeurs, ciriers, charcutiers, pâtissiers, marchands de vins, liqueurs, vinaigre, rôtisseurs, maîtres d'hôtels garnis, marchands de papier, les marchands de chevaux et autres bêtes de somme;							
Les marchands de bœufs, vaches, veaux, moutons et cochons;							
Les maîtres de billards, les paumiers, les limonadiers et brossiers;							
Les marchands de laine, fil et coton en détail;							
Les marchands de grains autres que ceux de leurs récoltes;							
Les huissiers;							
Les huissiers-priseurs;							
Les détenteurs, fermiers ou entrepreneurs de bacs sur les fleuves et rivières;							
Les propriétaires de bâtiments faisant le cabotage;							
Les marchands cartiers et cartonniers;							
Les peseurs-jurés, les jaugeurs de liquides;							
Les fabricants d'eau-de-vie;							
Les marchands de rubans;							

Troisième Classe.

Le fait de nourrir et loger les colporteurs et les ouvriers, constitue la profession d'aubergiste (Ord. du 30 juil. 1839. Fél. Leb. p. 419).

Celui qui achète des merceries pour les revendre, ne peut être considéré comme revendeur. Cette dernière qualification ne peut désigner que ceux qui achètent, pour les revendre, des objets qui ont déjà servi (Ord. du 6 août 1839. Fél. Leb. p. 426).

Un individu imposé en qualité de marchand de bestiaux, cherchait à établir qu'il ne faisait plus ce commerce; mais l'instruction ayant fait reconnaître qu'il conduisait hors de son département tous les bestiaux qu'il achetait pour les vendre au loin, et se soustraire ainsi au droit de patente, sa cotisation a été maintenue (Ord. du 6 nov. 1839. Fél. Leb. p. 519).

Les commissionnaires de bestiaux doivent être rangés dans la troisième classe, par analogie, avec les marchands de bestiaux (Ord. du 12 avril 1838).

L'exemption partielle accordée par la loi du 1er brumaire an VII, à ceux qui vendent en ambulance les objets qui se vendent en boutique, n'est pas applicable aux marchands de chevaux qui ne vendent que dans les foires et marchés (Ord. du 3 sept. 1836)

On doit imposer comme marchand cordonnier celui qui tient magasin de chaussures, ou qui expose sur la devanture de sa boutique des bottes ou des souliers confectionnés à l'avance (Ord. du 9 mars 1836).

Les concessionnaires de ponts sont imposables à la patente, lors même qu'ils sont constitués en société anonyme, qu'ils n'exécutent pas les travaux à leurs risques et périls et qu'ils se bornent à recevoir le péage pour rentrer dans les fonds dont ils ont fait l'avance au gouvernement (Ord. du 27 juin 1838).

Un meunier qui ne se borne pas à moudre pour les particuliers, et qui fait en outre le commerce des farines en gros pour son propre compte, est imposable au droit fixe de la troisième classe; quant au droit proportionnel, il doit y être assujéti sur le pied de la valeur locative de l'usine et dans la proportion du dixième de la valeur locative des magasins et habitation (Ord. du 11 juin 1838. *Voy.* le nombre 449 et jurisprudence à la 5e classe.)

Sont compris dans la troisième classe des patentables par assimilation, savoir:

Les fermiers, entrepreneurs et adjudicataires de ponts (Ord. du 27 fév. 1835).

Les rouliers qui transportent et achètent des vins pour les revendre (Ord. du 22 fév. 1833).

La veuve d'un bottier qui occupe des ouvriers après la mort de son mari (Ord. du 23 déc. 1835).

Les marchands de tulles (Ord. du 24 juin 1840).

Les cordonniers en chambre chez lesquels on trouve des souliers tout faits (Ord. du 12 avril 1838).

Les maisons de santé (Ord. du 27 mai 1839).

Les particuliers employés dans un cercle, qui y vendent des objets de consommation aux personnes admises (Ord. du 23 fév. 1841).

———◦⟨⟩⟨⟩◦———

10

COMMERCE, INDUSTRIE, ARTS ET PROFESSIONS.	POPULATION						
	De 100,000 âmes et au-dessus.	De 50,000 âmes à 100,000.	De 50,000 âmes à 50,000.	De 20,000 âmes à 30,000.	De 10,000 âmes à 20,000.	De 5,000 âmes à 10,000.	Au-dessous de 5,000 âmes.
Les marchands de comestibles ;	fr.	fr.	fr.	fr.	fr.	fr.	fr.
Les aubergistes.	75	60	45	30	25	20	15

QUATRIÈME CLASSE.

430. Les ébénistes, fripiers, marchands de meubles, marchands de bois n'exploitant point de ventes dans les bois, forêts et plantations de l'état et des particuliers, et n'ayant ni chantiers ni magasins, marchands d'écorces, tan et tourbe, serruriers, taillandiers, armuriers, couteliers, éperonniers, couvreurs, plombiers ;

Les marchands en détail de fer, acier et autres métaux, épicerie, quincaillerie, cuirs et peaux, chapeliers, bonnetiers, loueurs de chevaux et de voitures suspendues, marchands de papiers peints, marchands de verre et de verroterie, de porcelaine et cristaux, modes, plumes peintes, fleurs artificielles, perruquiers-coiffeurs de femmes, selliers, parfumeurs, libraires, *officiers de santé* ([a]), dentistes, gantiers ;

Ceux qui tiennent des bains publics ;

Les marchands d'objets de curiosité ;

Les mesureurs de sel et maîtres de traçons ;

Les marchands de faïence ;

Les fabricants de couvertures de soie, coton ou laine ;

Les mesureurs de toiles et autres étoffes ;

Les apprêteurs d'étoffes ;

Quatrième Classe.

Celui qui revend aux marchands détaillants les objets de quincaillerie , qu'il achète et dont il forme seulement de nouveaux assortiments, est imposable à la patente de première classe comme marchand en gros (Ord. du 25 janv. 1839).

Les vétérinaires ne peuvent être exemptés de la patente comme les officiers de santé (Ord. du 25 oct. 1833).

Sont rangés dans la quatrième classe des patentables , par assimilation , savoir :

Les blanchisseuses de toiles (Ord. du 26 déc. 1840).

Les bijoutiers en faux (Ord. du 16 mai 1834).

(a) Les médecins honoraires des bureaux de charité n'ont pas droit à l'exemption de patente (Ord. du 12 juil. 1837).

Le médecin qui, sur sa demande, a été autorisé à traiter pour essai les malades dans un hospice , n'a pas droit à l'exemption de la patente (Ord. du 28 déc. 1836).

Un médecin ne peut prétendre à l'exemption des droits de patente *comme fonctionnaire public ,* ou comme attaché au service des pauvres, parce qu'il a été nommé inspecteur des eaux d'un établissement privé, lorsqu'il est rétribué par le propriétaire de l'établissement et que les soins gratuits qu'il donne aux pauvres se rattachent à ses fonctions d'inspecteur des eaux (Ord. du 14 oct. 1836).

Un médecin imposé au rôle des patentes doit payer la contribution pour l'année entière, lorsque dans le courant de l'année il est attaché au service des pauvres par nomination de l'autorité compétente (Ord. du 28 nov. 1834).

Un médecin anciennement attaché au service des pauvres en qualité de chirurgien accoucheur ne doit pas continuer de jouir de l'exemption, lorsque par suite d'une nouvelle organisation aucun médecin n'est attaché comme accoucheur au service de santé (Ord. du 28 déc. 1836).

Le chirurgien des pompiers d'une ville ne peut réclamer l'exemption des droits de patente (Ord. du 23 janv. 1839. Fél. Leb. p. 57).

Les médecins des prisons ne peuvent jouir de l'exemption des droits de patente prononcée par l'article 29 de la loi du 1er brumaire an VII (Ord. du 1er nov. 1838 et autre du 6 août 1839. Fél. Leb. p. 427).

Un médecin attaché à un hospice, et qui tient en même temps à son compte une maison de santé, ne peut prétendre à l'exemption des droits de patente et il doit être assimilé aux maîtres d'hôtels garnis (Ord. du 27 mai 1839. Fél. Leb p. 295).

Les chirurgiens suppléants d'un hôpital , non chargés d'un service journalier, sont assujétis à la patente (Ord. du 25 janv. 1839).

COMMERCE, INDUSTRIE, ARTS ET PROFESSIONS.	POPULATION						
	De 100,000 âmes et au-dessus.	De 50,000 âmes à 100,000.	De 50,000 âmes à 50,000.	De 20,000 âmes à 50,000.	De 10,000 âmes à 20,000.	De 5,000 âmes à 10,000.	Au-dessous de 5,000 âmes.
Les marchands de couleurs, les marchands de boutons.	fr. 50	fr. 40	fr. 30	fr. 20	fr. 15	fr. 10	fr. 8

CINQUIÈME CLASSE.

431. Boulangers, meuniers, blattiers, cabaretiers, marchands de tableaux et gravures en boutique, marchandes lingères, batteurs et tireurs d'or, galonniers, tourneurs sur métaux, tablettiers, layetiers, miroitiers, éventaillistes, lunetiers, bouchonniers;

Luthiers, opticiens, marchands de baromètres, facteurs d'instruments de physique, d'astronomie et de mathématiques;

Les constructeurs de barques, bateaux et batelets, les ferblantiers, mégissiers, les charpentiers, charrons, bourreliers, menuisiers, les marchands de chanvre, lin et filasse, de résine, de poudre à tirer, les marchands de cordes et cordages;

Les marchands de chocolat, de macaroni et autres pâtes de même nature;

Les brossiers;

Les mariniers en chef, les déchireurs de bateaux (*);

Les entrepreneurs de vidanges;

_____

(*) Un capitaine au long cours, navigant pour le compte d'autrui, ne peut être considéré comme marinier en chef et comme tel assujéti au droit de patente (Ar. C. 6 déc. 1820. Sir. t. 6. p. 500).
Les marins qui commandent des navires ou barques faisant le petit cabotage ou la pêche, ne sont pas assujétis au droit de patente pour le fait de ce commandement (Ar. C. 25 oct. 1806. Sir. t. 6.).

CINQUIÈME CLASSE.

Un particulier qui exploite un four à chaux avec la pierre extraite de ses carrières et le bois provenant de ses forêts, n'est pas assujéti à la patente de marchand de chaux (Ord. du 1er juil. 1839. Fél. Leb. p. 568).

Ceux qui débitent en boutique, de l'avoine, du son, des fèves, des haricots ou autres grains et grenailles, doivent être imposés non comme blatiers, mais comme grainiers (Ord. du 22 fév. 1838).

L'individu qui vend du vin à la petite mesure et à la bouteille, est imposable comme cabaretier (Ord. du 25 janv. 1838).

Celui qui donne à boire chez lui, du vin, du cidre ou toute autre boisson, suivant le pays, et accidentellement à manger, doit être imposé comme cabaretier. (Ord. du 30 juin 1835).

Un meunier qui ne se borne pas à moudre pour les particuliers, et qui fait en outre le commerce des farines en gros, pour son propre compte, est imposable au droit fixe de la troisième classe; quant au droit proportionnel, il doit y être assujéti sur le pied du trentième de la valeur locative de l'usine et sur le pied du dixième de la valeur locative des magasins et habitation (Ord. du 11 juin 1838). (*Voy.* le nombre 449 et en outre la jurisprudence de la 3ᵉ classe).

Sont compris dans la cinquième classe des patentables par assimilation :

Les cultivateurs qui fabriquent de l'huile pour le compte d'autrui (Ord. du 31 juil. 1840).

Les fabricants d'instruments aratoires (Ord. du 3 sept. 1836).

Les marchands de parapluies (Ord. du 23 avril 1837).

Les marchands de farines (Ord. du 3 juin 1840).

Maçons travaillant avec des ouvriers (Ord. du 16 juil. 1840).

Maîtres maçons (Ord. du 9 janv. 1839).

Marchands de brioches et de gâteaux (Ord. du 9 janv. 1839. *Voy.* jurispr. de la 2ᵉ classe).

COMMERCE, INDUSTRIE, ARTS ET PROFESSIONS.	POPULATION						
	De 100,000 âmes et au-dessus.	De 50,000 âmes à 100,000.	De 50,000 âmes à 50,000.	De 20,000 âmes à 30,000.	De 10,000 âmes à 20,000.	De 5,000 âmes à 10,000.	Au-dessous de 5,000 âmes.
Les boyaudiers ;	fr.	fr.	fr,	fr.	fr.	fr.	fr.
Les entrepreneurs de pavés ;							
Les entrepreneurs de chaussées et routes ;							
Les marchands de musique et de cartes de géographie ;							
Les poëliers ;							
Les fumistes ;							
Les marchands de cannes.	50	40	30	20	15	10	8

SIXIÈME CLASSE.

432. Les teinturiers, dégraisseurs, parchemiers, imprimeurs en taille douce, fourbisseurs, chaudronniers, potiers d'étain, tonneliers, boisseliers, coffretiers-malletiers, cordiers, rubaniers, fondeurs, doreurs, argenteurs, fruitiers en boutique, grainiers, herboristes, potiers de terre, plâtriers, marbriers, marchands d'eaux minérales, vanniers, arpenteurs, maréchaux-ferrants, marchands de tabac, gibier et volaille, de fourrages, de salins et potasse, les crêmiers, les voiliers, les tondeurs et faiseurs de laine, les nattiers, les lanniers, les carreleurs, les revendeurs, les restaurateurs de tableaux, les marchands de parasols, les bouquinistes, les distillateurs d'eau forte, les fabricants de colle, les laveurs de cendres, les marchands de peaux pour l'habillement et l'armement (Loi du 1er brum. an VII).

Les fabricants qui travaillent par eux-mêmes, *sans employer d'ouvriers,*

Sixième Classe.

L'ouvrier à métiers travaillant chez lui pour le compte d'autrui, qui n'a pas fait à temps utile la déclaration du nom et de la demeure du fabricant, n'a pas droit à l'exemption (Ord. du 30 juil. 1839. Fél. Leb. p. 420. *Voy.* les nombres 434 et suiv.).

On doit restreindre aux ouvriers à métiers, l'exemption accordée par l'article 53 la loi du 15 mai 1818 (Ord. du 30 juil. 1839. même Rec. p. 418. *Voy.* les nombres 434 et suiv.).

Celui qui ne vend aucune marchandise, qui travaille chez lui pour les orfèvres et bijoutiers, et qui se borne à mettre en œuvre, moyennant un prix de façon convenu, les matières premières qu'il reçoit des orfèvres et bijoutiers, doit être rangé dans la sixième classe, comme ouvrier metteur en œuvre (Ord. du 23 avril 1837).

Le cordier qui emploie un grand nombre d'ouvriers et dont la fabrique est considérable, doit être rangé dans une des classes établies par la loi du 15 mai 1818 (Ord. du 18 août 1833).

Un fabricant qui a cessé de fabriquer, doit être imposé à la patente, tant qu'il continue de vendre les produits de sa fabrication (Ord. du 28 nov. 1834).

On doit comprendre dans la sixième classe des patentables, par assimilation, les professions désignées ci-après :

Les arpenteurs ou experts dans les campagnes qui apprécient la valeur du mobilier ou la gestion des métairies (Ord. du 3 fév. 1835).

Ceux qui reçoivent, gardent et soignent les chevaux moyennant salaire (Ord. du 25 janv. 1839).

Les marchands de cadres (Ord. du 27 fév. 1840).

Les ouvriers travaillant en chambre sans compagnons (Ord. du 16 mars 1834).

Les fabricants de brion (Ord. du 29 déc. 1840).

Les jardiniers qui achètent habituellement des fleurs et des arbres pour les revendre (Ord. du 27 avril 1841).

—◇⊛◇—

COMMERCE, INDUSTRIE, ARTS ET PROFESSIONS.	POPULATION						
	De 100,000 âmes et au-dessus.	De 50,000 âmes à 100,000.	De 30,000 âmes à 50,000.	De 20,000 âmes à 30,000.	De 10,000 âmes à 20,000.	De 5,000 âmes à 10,000.	Au-dessous de 5,000 âmes.
	fr.	fr.	fr.	fr.	fr.	fr.	fr.
et qui, n'ayant ni magasin ni boutique, *vendent au fur et à mesure* les produits de leurs travaux, sont rangés dans la 6ᵉ classe des patentables (Art. 33 de la loi du 1ᵉʳ brum. an VII, et Art. 53 de la loi du 15 mai 1818).	30	24	18	12	8	5	4

SEPTIÈME CLASSE.

433. Les tailleurs, grainiers, brodeurs, passementiers, tourneurs en bois, graveurs sur métaux, balanciers, perruquiers, cordonniers, tisserands, vitriers, couturières, cloutiers, épingliers, marchands de poisson frais et salé, de sabots, de sel, tailleurs de pierre, ferrailleurs; vendeurs de bière, cidre et eau-de-vie en détail, conducteurs de voitures pour le transport des voyageurs, les patachiers, les pompiers, les fontainiers, les voituriers et bouviers pour le transport des marchandises, les binbelotiers ou marchands de jouets d'enfant; Les galochiers; Les relieurs; Les charbonniers et marchands de charbon de terre en détail.	20	16	12	8	5	4	3

434. Conformément à l'article 53 de la loi du 15 mai 1818, le droit fixe de la 5ᵉ classe, établi par l'article 33 de la loi du 1ᵉʳ brumaire an VII, sur les *fabricants qui n'entretiennent pas plus de cinq métiers*, sera le même pour les fabricants qui en entretiennent un plus

Septième Classe.

Celui qui vend habituellement la houille par voiture de 750 kilogrammes et au-dessus, est imposable comme marchand en gros. On ne doit ranger à la septième classe, comme marchand en détail, que celui qui vend le charbon à la mesure (Ord. du 19 juin 1838).

Le perruquier qui tient un magasin de parfumerie qu'il revend à ses pratiques, est imposable comme revendeur de parfumeries à la sixième classe (Ord. du 9 nov. 1836).

Celui qui achète du sel par bateaux pour le revendre par 100, 200 et 300 kilogrammes, non seulement aux consommateurs, mais à des marchands, est imposable comme marchand en gros (Ord. du 12 juil. 1837).

Celui qui reçoit le sel par chargement et qui le revend aux marchands en détail par quintal, est aussi imposable comme marchand en gros (Ord. du 24 avril 1837).

Les individus qui fabriquent des bois de chaises doivent être assimilés aux tourneurs en bois (Ord. du 19 juin 1838).

Sont rangés dans la septième classe des patentables, par assimilation, les ouvriers tailleurs travaillant chez eux (Ord. du 18 juil. 1834).

Les dessinateurs de broderies (Ord. du 28 mai 1840).

Les tailleurs de grés (Ord. du 25 janv. 1839).

—◇✸◇—

grand nombre, sauf l'augmentation suivante pour chaque métier excédant le nombre de cinq, savoir :

Pour les métiers d'une largeur au-dessus d'un mètre. . . . . . . 4 fr.

Pour ceux d'un mètre et au-dessous. 2

Le tout jusqu'au maximum de trois cents francs, qui ne pourra être dépassé.

435. Aux termes de l'article 54 de la loi du 15 mai 1818, et de l'article 20 de la loi du 17 juillet 1819, *les filateurs de coton et de laine, les entrepreneurs de moulins à soie*, paieront un droit fixe de 15 francs, quelle que soit la population du lieu de leur domicile, lorsqu'ils n'emploieront pas plus de cinq cents broches, non compris celles des bellys et autres métiers prépara-toires. — Ils paieront, en outre, un droit de trois francs par chaque cent broches excédant le nombre de cinq cents, jusqu'au *maximum* de trois cents francs, qui ne pourra être dé-passé. Lesdits filateurs et entrepre-neurs continueront à être assujétis au paiement du droit proportionnel.

436. En exécution de l'article 55 de la loi précitée du 15 mai 1818, *les fabricants et marchands fabricants qui occupent ou entretiennent plus de cinq métiers*, seront tenus, sous peine d'être taxés d'office à un droit double de celui qu'ils devraient, de faire, devant le maire de la commune de leur do-micile, la déclaration du nombre de métiers qu'ils occupent ou entretien-nent habituellement soit chez eux, soit hors de leur domicile.

437. *Les filateurs et entrepreneurs de moulins à soie* seront tenus de faire

(*Voyez* pour les ouvriers à métiers la jurispru-dence en regard de la 6ᵉ classe).

(*Voyez* la jurisprudence en regard du nombre 438).

une semblable déclaration du nombre des broches qu'ils entretiennent habituellement, non compris celles des bellys et autres métiers préparatoires. Ceux des uns et des autres qui déclareront se soumettre au maximum du droit, seront dispensés de toutes autres déclarations et vérifications.

438. Ceux qui auraient fait une fausse déclaration, seront taxés au maximum du droit, et encourront une amende de deux cents francs.

Celui qui déclare un nombre de métiers inférieur à celui qu'il occupe habituellement, est passible du maximum de 300 francs (Ord. du 20 déc. 1836).

439. *Les fileurs de cotons de soie* paieront un droit fixe de trois francs par chaque chaudière, quelle que soit la population de leur domicile, sans préjudice du droit proportionnel (Art. 21 de la loi du 17 juil. 1819).

Associés.

440. Les patentes sont personnelles et ne peuvent servir qu'à ceux qui les obtiennent; en conséquence, chaque associé d'une même maison de banque ou autre commerce en gros ou en détail, profession ou industrie assujétie à la patente, sera tenu d'avoir la sienne. Mais, dans ce cas, et conformément à l'article 62 de la loi de finances du 15 mai 1818, le principal associé paiera seul le droit fixe entier, les autres ne paieront qu'un demi-droit fixe chacun. Néanmoins, dans les établissements de fabrication à métiers ou de filature, le droit fixe ne sera payé qu'une seule fois, quelque soit le nombre des associés (Même Art. 62).

441. Les dispositions de l'article 25 qui précède, relativement à l'obligation pour chaque associé de prendre une patente, ne sont pas applicables aux associés en commandite, ni aux maris et femmes auxquels une seule et même

Le droit fixe entier de patente est dû par tout associé non commanditaire, quand il réside et tient une maison auxiliaire de commerce, dans toute autre commune que celle où se trouve le principal associé, ou le siège du principal établissement. En conséquence, pour jouir du bénéfice de l'article 62 de la loi du 15 mai 1818, qui réduit à moitié le droit fixe de patente des associés non commanditaires, il faut que ceux-ci résident dans la même commune que celle où est situé l'établissement principal (Ord. du 23 fév. 1839. Fél. Leb. p. 163).

Si un particulier est imposé d'après la notoriété, comme associé de son beau-père dont il prétend n'être que le commis représentant, par suite d'arrangements pris lors de son mariage, sa cotisation comme associé doit être maintenue, s'il ne produit l'acte constatant ces arrangements suivant les prescriptions de l'article 3 de la loi du 1er brumaire an VII (Ord. du 21 juin 1839. Fél. Leb. p. 339).

Sont imposables au demi-droit fixe de patente, en exécution de l'article 25 de la loi du 1er brumaire an VII, les individus admis comme intéressés dans une société formée par des associés en nom collectif, qui se réservent à eux seuls la signature sociale (Ord. du 27 août 1839. Fél. Leb. p. 477).

Un individu imposé comme associé doit obtenir

patente suffira, en prenant toutefois celle de la classe supérieure, s'ils exercent plusieurs industries ou professions, et en payant le droit proportionnel pour tous les locaux qu'ils occupent, à moins qu'il n'y ait entre les maris et femmes séparation de biens ; auquel cas chacun d'eux devra avoir sa patente et payer séparément les droits fixes et proportionnels.

442. En exécution de l'article 62 de la loi du 15 mai 1818, lorsque les associés occuperont en commun la même maison d'habitation, les mêmes usines, ateliers, magasins et boutiques, il ne sera dû qu'un droit proportionnel qui sera payé en entier par l'un d'eux, les autres ne paieront qu'un demi-droit fixe chacun.

COMMANDITAIRES ET COMMIS.

443. Tous citoyens placés, d'après la notoriété publique, sur la liste des patentables, soit comme marchands en gros, soit comme associés à un commerce, et qui se prétendraient simplement marchands en détail, commanditaires ou commis, seront admis à justifier dans le lieu où s'élève la contestation, de la nature de leur commerce et de leur véritable qualité par la représentation de leurs journaux et registres, ainsi que des actes de société (Art. 31 de la loi du 1er br. an VII).

444. Sont réputés fabricants ou manufacturiers tous ceux qui convertissent des matières premières en des objets d'une autre nature ou qualité, soit simple, soit composée, à l'exception néanmoins de ceux qui manipulent les fruits de leurs récoltes. Ils seront tenus de prendre une patente

sa radiation, s'il justifie qu'il ne prend aucune part aux affaires commerciales de la maison ; qu'il ne figure pas dans les baux, factures et effets de commerce, qu'il ne participe point aux bénéfices, et qu'il n'existe point d'acte de société qui le concerne (Ord. du 7 fév. 1837).

Il n'y a pas lieu de considérer comme associé, un individu qui prend une part dans les bénéfices à titre de supplément d'appointements, sans participer aux pertes, s'il n'existe du reste aucun acte authentique de société (Ord. du 27 fév. 1836).

L'application du principe ci-contre a été faite à un individu imposé comme banquier, d'après la notoriété publique (Ord. du 1er juil. 1839. Fél. Leb. p. 369).

Tous ceux qui convertissent des matières premières en des objets d'une autre forme et qualité, sont compris dans cette disposition : tel est le cordier qui emploie un grand nombre d'ouvriers, et dont la fabrique est considérable (Ord. du 18 août 1833. Mac. t. 3. p. 480). Les potiers y sont aussi compris (Ord. du 25 janv. 1833. Mac. t. 3. p. 51) ainsi que les fabricants d'huile qui dépurent, clarifient et colorent les huiles (Ord. du 5 mai 1830. Mac. t. 12. p. 205).

de clases immédiatement supérieure à celle des marchands qui vendent en détail les mêmes objets du genre de ceux qu'ils fabriquent (Art. 32 de la loi précitée).

DROITS SUPPLÉMENTAIRES DE PATENTES.

445. L'article 24 de ladite loi porte que nul ne sera obligé à prendre plus d'une patente, quelles que soient les diverses branches de commerce, industrie ou profession qu'il exerce ou veuille exercer. Mais, dans le cas où un citoyen en exerce plusieurs, le patentable doit être imposé à raison du commerce, industrie ou profession qui donne lieu au droit fixe le plus élevé, d'après le tarif.

446. Néanmoins, conformément aux dispositions de l'article 26, tout citoyen qui, après avoir pris une patente, entreprendra un commerce, une profession ou un métier de classe supérieure à sa patente, sera tenu d'en prendre une nouvelle de cette classe plus élevée et d'en payer le droit fixe au prorata, en exécution de l'article 4, et, dans ce cas, il sera fait déduction du premier droit fixe, et il ne sera dû qu'un supplément du droit proportionnel, aussi au prorata, si le contribuable doit y être assujéti, et que, dans son nouvel établissement, le loyer soit plus élevé que dans le précédent.

447. L'article 27 laisse à tout citoyen muni d'une patente la faculté d'exercer son commerce, son industrie ou profession dans toute l'étendue de la France, sous la seule condition qu'il paiera le droit proportionnel dans toutes les communes où il aura des établissements et maisons d'habitation.

N'y sont pas compris les agriculteurs et fabricants de sucre indigène, qui ne manipulent dans leurs fabriques que les produits de leurs récoltes (Ord. du 24 août 1832. Mac. t. 2. p. 494).

Les entrepreneurs de fonderies et tous autres établissements industriels de ce genre doivent payer un droit fixe, sans avoir égard à la population de la commune, et suivant la classe dans laquelle ils ont été compris, sauf leur pourvoi devant le conseil de préfecture, en décharge ou modération (Ord. du 25 janv. 1833. Mac. t. 3. p. 51. *Voy.* la jurisp. de la 1re classe).

Si un contribuable exerce deux industries, on ne peut en même temps qu'on l'impose personnellement, à raison de l'une de ces deux industries, l'imposer en la personne de son fils mineur, pour la seconde industrie dont ce fils est chargé ; le père doit seul être imposé pour l'industrie qui donne lieu au plus fort droit (Ord. du 30 juin 1839. Fél. Leb. p. 356).

Pour ceux qui entreprennent une industrie dans le courant de l'année, ils ne doivent le droit qu'au prorata de l'année calculée par trimestre, il faut qu'ils n'aient encore exercé aucune profession sujette à patente (Ord. du 26 déc. 1839. Fél. Leb. p. 600).

Le droit proportionnel de patente est dû en cas de domicile séparé, même sur la maison d'habitation sise dans une commune autre que celle où s'exerce l'industrie (Ord. du 1er juil. 1839. Fél. Leb. p. 368).

448. Les patentables qui ont plusieurs établissements situés dans diverses communes, paieront le droit fixe dans celle où ce droit est le plus élevé, à raison de la population (Art. 66 de la loi du 25 mars 1817 et Art. 61 de la loi du 15 mai 1818).

—◇❀◇—

SECTION III. — Des droits proportionnels.

449. Les droits proportionnels se règlent sur la valeur locative, c'est-à-dire, le loyer réel de chaque contribuable patenté : ces derniers doivent être fixés dans les proportions suivantes :

Le *quarantième* du loyer des maîtres d'hôtels garnis ;

Le *trentième* id. des meuniers ;

(*Voyez* la jurisprudence aux 3e et 5e classes du tarif).

Le *vingtième* id. des maîtres de jeux de paume ;

Et le *dixième* id. pour toutes les autres industries ou professions, excepté celles qui sont rangées dans la sixième

On ne peut dans le cours d'une année, au moyen d'un rôle supplémentaire, augmenter le droit proportionnel de patente d'un contribuable, lorsque depuis le commencement de l'année il n'est survenu aucun fait nouveau qui motive cette augmentation de la contribution portée au rôle primitif (Ord. du 14 fév. 1839. Fél. Leb. p. 132).

(*Voy.* plus haut la jurisprudence au nombre 447 et la législation au nombre 442).

Le propriétaire d'un moulin à tan doit être soumis au même droit de patente que les meuniers, et le droit proportionnel doit être du trentième comme pour ces derniers.

On ne doit pas comprendre dans les immeubles à soumettre au droit proportionnel, une maison située à une distance considérable des bâtiments d'exploitation (*dans l'espèce à 160 mètres*), *et servant de demeure au préposé* (Ord. du 18 déc. 1839. Fél. Leb. p. 575. *Voir* en outre Ord. Gauthier, 12 juil. 1837. p. 310 et les Ord. Godard, des 5 sep. 1838. p. 537 et 6 nov. 1839. p. 520).

La profession d'aubergiste assujétit celui qui l'exerce au droit proportionnel du dixième du loyer des bâtiments servant, soit à son habitation personnelle, soit à l'exercice de sa profession, et il ne

classe du tarif et au-dessous, ou dont l'état, quand il est hors des classes, ne donne lieu qu'au droit fixe de trente francs et au-dessous; celles-ci n'étant assujéties qu'aux droits fixes, suivant les dispositions de l'article 6 de la loi de brumaire an VII.

450. Le loyer servant de base à la fixation du droit proportionnel de patente, doit comprendre celui de tous les locaux occupés par le contribuable patenté, c'est-à-dire, la maison d'habitation personnelle, avec ses aisances et dépendances ou autres accessoires, les magasins, boutiques, ateliers, hangars, etc., employés pour son industrie, son commerce ou sa profession.

Le loyer de tous les bâtiments réunis sera établi au moyen de baux authentiques, si ces bâtiments sont loués ou affermés; et, dans le cas contraire, par comparaison avec ceux dont le loyer aura été régulièrement constaté ou sera notoirement connu (Art. 26 de la loi du 26 mars 1831).

peut invoquer en sa faveur l'application de l'article 34 de la loi du 1er brumaire an VII, qui *réduit au quarantième de la valeur locative le droit proportionnel des maîtres d'hôtels garnis* (Ord. du 1er juil. 1839. Fél. Leb. p. 371).

Le droit proportionnel est dû pour tous les bâtiments consacrés à l'exercice du commerce, lors même que l'habitation ne serait pas située dans la même commune que l'usine exploitée (Ord. du 26 mai 1837).

Il est dû pour l'usine et pour l'habitation, lors même que l'habitation serait dans la ville, tandis que l'usine et ses dépendances seraient dans un faubourg (Ord. du 22 fév. 1838).

Il doit porter à la fois sur la maison d'habitation et sur les locaux où s'exerce l'industrie, lors même que la maison d'habitation est distincte et séparée de celle où se trouvent les ateliers, boutiques et magasins (Ord. du 20 juin 1837).

On ne doit pas prendre pour base du droit proportionnel de patente, la valeur locative qui a servi à déterminer la contribution foncière. Mais un chemin de fer établi dans un chantier de construction, pour faciliter et accélérer l'exécution des travaux, doit être considéré comme une dépendance de ce chantier et entrer en conséquence dans les éléments d'évaluation de sa valeur locative (Ord. du 14 janv. 1839. Fél. Leb. p. 31).

Les magasins qui se trouvent loués par un négociant pour y déposer des marchandises, à l'époque où il est imposé à la patente, doivent être compris dans la valeur locative qui sert de base au droit proportionnel, quelque soit le terme du paiement de la location, par exemple, alors même que les magasins seraient loués au mois (Ord. du 6 fév. 1839. Fél. Leb. p. 106).

Il n'y a pas lieu de faire entrer dans la valeur locative, servant de base au droit proportionnel, les chantiers que les entrepreneurs établissent temporairement auprès des édifices dont ils dirigent la construction (Ord. du 27 juin 1838).

Lorsqu'il s'agit d'apprécier la valeur d'une usine pour établir la base de la contribution, le conseil de préfecture ne peut prendre en considération le plus ou le moins d'augmentation actuelle dans les produits de l'industrie (Ord. du 6 sept. 1825. Mac. t. 7. p. 556).

La valeur locative des établissements industriels doit être établie, non sur les produits qui résultent de l'exploitation, mais d'après l'état matériel de ces établissements considérés comme usines, tels qu'ils se comportent au moment où il s'agit de les imposer (Ord. du 31 déc. 1828. Mac. t. 10. p. 850).

En cas de difficulté sur la fixation de la valeur locative pour l'établissement du droit proportionnel, il peut être procédé à une expertise contradictoire (Ord. du 12 avril 1832).

451. Les propriétaires ou principaux locataires, sujets au droit de patente, ne devront le droit proportionnel, quand il sera dû par eux, qu'à raison de la valeur locative des lieux qu'ils occupent; en cas de difficulté à ce sujet, il pourra être procédé à une évaluation (Art. 36 de la loi du 1er brum. an VII).

Le droit proportionnel est dû pour tous les bâtiments consacrés à l'exercice du commerce, lors même que ces bâtiments ont été construits par le patentable locataire (Ord. du 3 sept. 1836).

Lorsqu'un contribuable qui a demandé une réduction sur le droit proportionnel de sa patente, a été mis en demeure de faire rectifier par experts l'évaluation qu'il conteste, et qu'il a négligé d'exercer ce droit, il y a lieu par le conseil de préfecture à rejeter sa demande (Ord. du 23 fév. 1839. Fél. Leb. p. 164 et 165 et deux autres Ord. des 5 et 18 déc. 1839. même Rec. p. 564 et 573).

La disposition ci-contre, en indiquant la valeur locative comme moyen d'évaluation, n'exclut pas tous les autres moyens tels que l'expertise (Ord. du 12 avril 1832. Mac. t.11. p. 143).

— ◇✿❀✿◇ —

SECTION IV. — Exemptions, professions et industries non assujéties à la patente.

Aux termes de l'article 29 de la loi précitée, ne sont pas assujétis à la patente, savoir :

452. Les fonctionnaires publics et employés salariés par l'état, en ce qui concerne seulement l'exercice de leurs fonctions.

Professions déclarées non assujéties à la patente par la jurisprudence :

Tout gérant d'une maison de commerce (Ord. du 20 janv. 1819).

Les capitaines au long cours (Ord. du 6 déc. 1820).

Les jurés compteurs (Ord. du 30 juin 1834).

Les concessionnaires de sources ou puits d'eau salée (Ord. du 17 août 1834).

Les baigneurs (Ord. du 22 juil. 1835).

Les commerçants liquidant sans opérations de commerce (Ord. du 23 août 1836).

454. Les laboureurs et cultivateurs seulement pour la vente des récoltes et fruits provenant des terrains qui leur appartiennent, ou par eux exploités, et pour le bétail qu'ils y élèvent.

Tous particuliers qui, se livrant à des opérations de prêt et d'escompte, sont reconnus, d'après des livres, n'opérer qu'avec leurs propres capitaux (Ord. du 18 mai 1836).

Les simples intéressés dans un navire de cabotage (Ord. du 18 déc. 1840).

Les cultivateurs qui font un commerce de grains et de bestiaux indépendamment de la culture et de l'exploitation de leurs terres, sont assujétis à la patente (Ar. C. de cass. du 3 floréal an VI). Il en est de même du cultivateur qui vend d'autre vin que celui de sa récolte (Ord. du 20 oct. 1819).

Un propriétaire cultivateur peut être réputé commerçant sujet à patente, par cela seul qu'il a refusé de représenter son registre d'exploitation à l'agent chargé de vérifier s'il n'avait vendu que ses récoltes (Ord. du 20 oct. 1819).

Ceux qui ne se bornent pas à vendre les fruits de leurs récoltes, et qui achètent d'autres grains pour les revendre, sont imposables comme marchands de grains (Ord. du 11 fév. 1836).

Un propriétaire qui n'engraisse que la quantité de bêtes à cornes nécessaire pour la consommation des fourrages de ses domaines a droit à l'exemption prononcée par l'article 29 ci-contre (Ord. des 14 juil. 1838 et 18 mai 1838 et autres Ord. des 18 fév. 6 et 28 nov. 1839. Fél. Leb. p. 155, 520. et 553).

Le propriétaire qui vend des bois provenant exclusivement des forêts qui lui appartiennent, n'est pas imposable à la patente (Ord. du 23 août 1836).

Celui qui vend plus de pièces de vin qu'il n'en a récolté, est imposable comme marchand de vins (Ord. des 17 août 1836 et 22 fév. 1838).

On ne peut soumettre à patente les propriétaires qui se bornent à vendre les cendres provenant exclusivement de leurs fonds et excédant leur propre consommation (Ordon. du 8 janv. 1840. Fél. Leb. p. 1).

Le cultivateur qui brasse et convertit en cidre, destiné à la vente, d'autres pommes que celles provenant de ses récoltes, est imposable à la sixième classe de la cinquième catégorie comme fabricant de liquides (Ord. du 30 juin 1839. Fél. Leb. p. 354).

Avis du conseil d'état du 25 floréal an VIII :

« Le conseil d'état qui, d'après le renvoi des consuls, a discuté un rapport du ministre des finances, qui présente la question de savoir si les propriétaires ou fermiers de marais salants doivent être assujétis au droit de patente,

Est d'avis que l'article 29 de la loi du 1er bru-

455. Les commis, les ouvriers jour-
naliers et toutes personnes à gages,
travaillant pour autrui dans les maisons,
ateliers et boutiques de ceux qui les
emploient.

456. Ne sont point réputés ouvriers
travaillant pour le compte d'autrui,
ceux qui travaillent chez eux pour les
marchands et fabricants en gros et en
détail, ou pour les particuliers, même
sans compagnons, enseignes ni boutiques; ils devront être pourvus de la
patente de la 6ᵉ classe, ou de celle de
leur profession désignée dans le tarif
(Art. 29. § 3ᵉ de la loi du 1ᵉʳ brum.
an VII).

457. Les ouvriers à métiers qui travaillent chez eux pour le compte des
fabricants et marchands fabricants en
gros ou en détail, ne seront point
assujétis à la patente, s'ils n'entretiennent qu'un métier et s'ils déclarent
le nom et la demeure du fabricant ou
marchand fabricant pour lequel ils
travaillent (Art. 53 de la loi du 15
mai 1818).

458. Les peintres, graveurs, scul-
pteurs considérés comme artistes et
ne vendant que les produits de leur art.

maire an VII, qui porte que les laboureurs et
cultivateurs ne sont pas assujétis à la patente pour
la vente des récoltes et fruits provenant des terrains
qui leur appartiennent, ou par eux exploités, et par
le bétail qu'ils y élèvent, est nécessairement applicable aux propriétaires, fermiers et cultivateurs
des marais salants. »

459. Les officiers de santé attachés
aux armées, aux hôpitaux ou au service des pauvres, par nomination du
gouvernement ou des autorités.

460. Les sages-femmes.

461. Les maîtres de postes aux
chevaux.

Les médecins attachés à la succursale d'un hospice, sont exempts de la patente comme ceux attachés à l'hospice même (Ord. du 27 août 1833).

462. Les pêcheurs.

463. Les cardeurs, fileurs de laine et coton, les blanchisseuses, les savetiers, les tripiers.

464. Ceux qui vendent en ambulance, dans les rues, dans les lieux de passage et dans les marchés des communes les fruits, les légumes, le beurre, les œufs, le fromage et autres menus comestibles.

465. Tous ceux qui vendront d'autres objets, même en ambulance, échoppe ou étalage, paieront la moitié du droit que paient ceux qui vendent en boutique.

CHAPITRE VI.

DES PRESTATIONS ET SUBVENTIONS POUR LES CHEMINS VICINAUX.

SECTION I. — Dispositions principales.

466. En cas d'insuffisance des ressources ordinaires des communes, il sera pourvu à l'entretien des chemins vicinaux, à l'aide, soit de prestations en nature, dont le *maximum* est fixé à trois journées de travail, soit de centimes spéciaux, en addition au principal des quatre contributions directes, et dont le maximum est fixé à cinq.

L'imposition extraordinaire en centimes additionnels au principal des contributions directes, établie pour le paiement d'une dépense communale obligatoire, doit porter sur la cote de contribution foncière payée dans la commune par un canal de navigation (Ord. du 1er juil. 1839. Fél. Leb. p. 374).

Le conseil de préfecture est compétent pour connaître d'une réclamation tendante à un dégrèvement d'imposition, ayant pour objet de dessécher des propriétés inondées, alors même que ce dégrè-

Le conseil municipal pourra voter l'une ou l'autre de ces ressources, ou toutes deux concurremment.

Le concours des plus imposés ne sera pas nécessaire dans les délibérations prises pour l'exécution du présent article (Loi du 21 mai 1836. Art. 2).

vement devrait entraîner une modification dans l'ancien cadastre, par l'effet du desséchement d'une propriété (Ord. du 1ᵉʳ juil. 1839. même Rec. p. 381 et suivantes).

Les militaires imposés à la contribution personnelle et mobilière doivent contribuer également aux taxes qui sont établies par voie de centimes additionnels, et notamment pour les prestations sur les chemins vicinaux (Ord. du 18 juil. 1838).

—◇◈◇—

SECTION II. — Mode d'assiette des cotisations.

467. Tout habitant, chef de famille ou d'établissement, à titre de propriétaire, de régisseur, de fermier ou colon partiaire, porté au rôle des contributions directes, pourra être appelé à fournir, chaque année, une prestation de trois jours :

§ 1° Pour sa personne et pour chaque individu mâle, valide, âgé de 18 ans au moins et de soixante ans au plus, membre ou serviteur de la famille, et résidant dans la commune (Même loi. Art. 3).

2° Pour chacune des charrettes ou voitures attelées, et en outre pour chacune des bêtes de somme, de trait, de selle, au service de la famille ou de l'établissement dans la commune (*).

Les postillons ne peuvent être assimilés aux serviteurs des maîtres de poste, conséquemment imposés à la prestation en nature. Il en est autrement des palfreniers et garçons d'écurie (Ord. du 25 juil. 1839).

Les chefs d'établissements industriels ne doivent pas être soumis à la prestation en nature pour les employés, chefs d'ateliers et maîtres ouvriers attachés à leur établissement (Ord. du 27 août 1840).

L'ecclésiastique qui ne se trouve compris dans aucun des cas d'exception prévus par la loi du 21 mai 1836, doit être inscrit malgré sa qualité (Ord. du 1ᵉʳ juil. 1840).

Un officier en disponibilité, compris dans les cadres d'activité, est assujéti à la prestation pour sa personne (Ord. du 18 fév. 1839. Fél. Leb. p. 161).

Un chef de famille ne peut être obligé à fournir la prestation en nature pour son fils suivant à Paris le cours de la faculté de droit, et y résidant, par conséquent, la plus grande partie de l'année (Ord. du 26 nov. 1839. Fél. Leb. p. 552).

Un chef d'établissement doit être soumis à la prestation en nature pour chaque individu, membre ou serviteur de la famille, alors même que lesdits membres ne figurent pas au rôle des contributions directes (Ord. du 13 fév. 1840).

Un propriétaire qui exploite une partie de ses terres situées au territoire d'une autre commune que celle du chef-lieu de son exploitation, ne peut être soumis à la prestation en nature dans la commune où il n'a pas de centre d'exploitation pour les attelages employés à la culture des terres qui y sont situées (Ord. du 21 juil. 1839. Fél. Leb. p. 403).

Lorsqu'au moment où les agents des contributions directes ont recueilli les éléments pour la confection du rôle des prestations en nature, un particulier avait un cheval, un domestique et une voiture

---

(*) Dans la discussion de l'article 3, un député ayant soulevé la question suivante :

« Un cultivateur a deux établissements agricoles en deux communes distinctes. Il passe de l'un à l'autre non seulement de sa personne, mais par fois aussi il envoie

468. La prestation sera appréciée en argent, conformément à la valeur qui aura été attribuée annuellement pour la commune à chaque espèce de journée, par le conseil général, sur les propositions des conseils d'arrondissements.

La prestation pourra être acquittée en nature ou en argent, au gré du contribuable. Toutes les fois que le contribuable n'aura pas opté dans les délais prescrits, la prestation sera de droit exigible en argent.

La prestation non rachetée en argent pourra être convertie en tâches, d'après les bases et évaluations des travaux,

---

de ses chevaux, voitures et charrues d'un établissement dans un autre, cette hypothèse se rencontre fréquemment, et surtout dans les pays de grandes exploitations. Dans un pareille cas comment frapper ce cultivateur, relativement à la prestation en nature ? »

Le ministre a répondu :

« Le cultivateur quoiqu'il se transporte d'un établissement à l'autre, ne paie toujours qu'une seule fois son impôt personnel. Ainsi, dans la commune où il paie son impôt personnel, il devra fournir la prestation en nature pour sa tête.

Arrive maintenant la prestation en nature pour les chevaux, charrues et voitures, etc. Ici il faut distinguer : premier cas, les chevaux, charrues et voitures ne passent pas d'un établissement à un autre, mais chaque établissement a ses instruments propres d'exploitation. Qu'y a-t-il de juste alors ? C'est que chaque établissement paie la prestation en nature, eu égard au nombre de chevaux, charrues et voitures. C'est là le cas le plus simple.

Mais l'hypothèse peut se compliquer, c'est le deuxième cas : il arrive que les chevaux et charrues, comme par échange vont labourer dans les deux établissements, les chevaux de l'un de ceux-ci vont servir dans l'autre et réciproquement. On se demande, en pareil cas, comment on réglera la prestation en nature? Dans chaque commune on sait habituellement ce qu'il faut de chevaux et de charrues pour labourer une certaine quantité d'hectares de terre ; à l'aide de cette règle, on calculera, eu égard à la quantité d'hectares de chacun des deux établissements, ce qu'il faut raisonnablement de chevaux et voitures pour la culture de chacun. En conséquence, on frappera dans un village le cultivateur, eu égard à l'importance de l'exploitation que le cultivateur y possède ; on en fera autant dans l'autre village. Voilà les solutions qui me semblent équitables, je les soumets à la chambre. »

(De toutes parts, très bien!)

(SÉANCE du 26 fév. 1836.)

attelée, qu'il n'avait plus au commencement de l'année, il ne peut être imposé aux prestations pour le domestique et l'attelage dont il s'agit (Ord. du 23 juin 1839. Fél. Leb. p. 74).

Les maîtres de poste ne peuvent être assujétis aux prestations pour les postillons et les chevaux qu'ils sont tenus d'avoir constamment disponibles ; mais ils y sont assujétis à raison des hommes et chevaux qui excèdent le nombre de ceux qu'ils doivent tenir disponibles (Ord. du 23 janv. 1839. même Rec. p. 75).

Les employés du gouvernement obligés d'entretenir un cheval pour leur service, ne peuvent être assujétis à la prestation en nature à raison du cheval (Ord. du 6 nov. 1839. même Rec. p. 525).

Un conseil de préfecture ne peut ordonner la substitution au rôle des prestations de deux bœufs, à deux chevaux de luxe, parce que peu importe que la taxe représentative de la journée de deux bœufs soit plus faible que la journée des chevaux et qu'ainsi il n'y ait pas surtaxe pour l'imposé ; il y avait erreur dans la désignation du rôle et il fallait la faire rectifier au moyen d'une rectification contradictoire (Ord. du 18 fév. 1839. Fél. Leb. p. 162).

On ne peut réclamer une exemption en faveur de chevaux de relais, c'est-à-dire de chevaux qui, ne dépendant pas de l'établissement de diligence, mais appartenant à un maître de poste ou à tout autre relayeur, sont fournis par lui aux diligences qui traversent sa commune (Ord. du 16 juil. 1840).

Lorsqu'il résulte de l'instruction qu'un maître de poste n'a pas seulement dans la commune où son relai s'arrête une écurie pour reposer ses chevaux, mais qu'il fait aussi partir de ce lieu un nouveau service, il y a lieu de l'imposer à la prestation en nature dans cette commune, bien qu'il acquitte déjà cette contribution dans celle où est le siége de son établissement (Ord. du 22 août 1838).

préalablement fixées par le conseil municipal. (Même loi. Art. 4).

469. Les propriétés de l'état, productives de revenus, contribueront aux dépenses des chemins vicinaux, dans les mêmes proportions que les propriétés privées et d'après un rôle spécial dressé par le préfet.

Les propriétés de la couronne contribueront aux mêmes dépenses, conformément à l'article 13 de la loi du 12 mars 1832 (Même loi. Art. 13).

—◇◈◇—

SECTION III. — Subventions aux communes par les particuliers exploitant des mines, forêts, etc.

470. Toutes les fois qu'un chemin vicinal, entretenu à l'état de viabilité par une commune, sera habituellement ou temporairement dégradé par des exploitations de mines, de carrières, de forêts ou de toute entreprise industrielle appartenant à des particuliers, à des établissements publics, à la couronne ou à l'état, il pourra y avoir à imposer aux entrepreneurs ou propriétaires, suivant que l'exploitation ou les transports auront eu lieu pour les uns ou les autres, des *subventions spéciales* dont la quotité sera proportionnée à la dégradation extraordinaire qui devra être attribuée aux exploitations.

471. Ces subventions pourront, au choix des subventionnaires, être acquittées en argent ou en prestations en nature, et seront exclusivement affectées à ceux des chemins qui y auront donné lieu.

Elles seront réglées annuellement, sur la demande des communes, par

L'application de l'article ci-contre peut être requise par les communes, soit contre les exploitants, soit contre les propriétaires de forêts, de carrières, etc., sauf entre ceux-ci, tels recours que de droit (Ord. du 28 août 1827. Mac. t. 9. p. 475).

Les subventions particulières que les communes peuvent exiger des propriétaires ou entrepreneurs d'établissements industriels, qui dégradent habituellement ou temporairement, les chemins pour l'exploitation de leurs usines, s'appliquent aux établissements qui ont leur siége sur un autre territoire que celui de la commune dont le chemin dégradé fait partie (Ord. des 28 oct. 1831. Mac. t. 1. p. 414 et 29 juin 1832. même Rec. t. 2. p. 344).

L'expertise contradictoire ordonnée par l'article ci-contre est de rigueur (Ord. du 20 juil. 1832. Mac. t. 2. p. 422).

les conseils de préfecture, après des *expertises contradictoires*, et recouvrées comme en matière de contributions directes (*Voir* l'art. 7 de la loi du 28 juil. 1824).

472. Les experts seront nommés suivant le mode déterminé par l'article 17 ; c'est-à-dire l'un par le sous-préfet, l'autre par le propriétaire ou autre intéressé ; et, en cas de désaccord, le tiers-expert sera nommé par le conseil de préfecture (Même loi. Art. 14).

Une enquête administrative faite par ordre du préfet, avant que le conseil de préfecture ait été saisi de la contestation, ne peut remplacer cette expertise (Ord. du 21 avril 1830. Mac. t. 12. p. 201 et autre du 22 fév. 1833. t. 3. p. 135).

CHAPITRE VII.

REDEVANCES SUR LES MINES.

SECTION I. — Nature de l'impôt sur les mines.

473. Les propriétaires des mines sont tenus de payer à l'état une redevance fixe et une redevance proportionnelle au produit de l'extraction (Loi du 21 avril 1810. Art. 33).

474. La redevance fixe sera annuelle et réglée d'après l'étendue de celle-ci : *elle sera de dix francs par kilomètre carré.*

La redevance proportionnelle sera une contribution annuelle à laquelle les mines seront assujéties sur leurs produits (Même loi. Art. 34).

475. La redevance proportionnelle sera réglée chaque année par le budget de l'état, comme les autres contributions publiques : toutefois elle ne pourra jamais s'élever au-dessus de cinq pour cent du produit net. Il pourra être fait un abonnement pour ceux des propriétaires des mines qui le demanderont (Même loi. Art. 35).

Les mines exploitées à ciel ouvert, et non sujettes à concession, ne sont point passibles de la taxe établie par l'article 33 de la loi (Ord. du 5 sept. 1821. Mac. t. 2. p. 359).

La redevance proportionnelle à laquelle sont soumises les exploitations de mines, est due seulement sur le produit net de l'extraction des mines et non sur la valeur net du minerai après qu'il a subi l'ellaboration de la fonte (Ord. du 4 juin 1839. Fél. Leb. p. 311).

Lorsqu'un maître de forges paie le droit fixe de patente, il doit le paiement du droit proportionnel pour les divers établissements qui composent son exploitation ; ainsi un patouillet à roue, mû par l'eau, servant au lavage des mines, doit donner

476. Il sera imposé en sus un décime pour franc, lequel formera un fonds de non-valeurs à la disposition du ministre de l'intérieur, pour dégrèvement en faveur des propriétaires de mines, qui éprouveront des pertes ou accidents (Même loi. Art. 36).

477. La redevance proportionnelle sera imposée et perçue comme la contribution foncière.

Les réclamations à fin de dégrèvement ou de rappel à l'égalité proportionnelle *seront jugées par les conseils de préfecture*. Le dégrèvement sera de droit, quand l'exploitant justifiera que sa redevance excède cinq pour cent du produit net de son exploitation (Même loi. Art. 37).

lieu à la perception du droit proportionnel (Ord. du 23 juin 1830. Mac. t. 12. p. 344. *V.* au N. 421).

Lorsque des concessionnaires de mines demandent une réduction de leur redevance en réduisant leurs limites, le conseil de préfecture qui est appelé à prononcer sur la demande, doit se borner, sous peine d'excès de pouvoir, à statuer sur la demande sans déterminer les limites de la concession (Ord. du 5 déc. 1833. Mac. t. 3. p. 682).

—◇◆◇—

SECTION II. — Du mode d'assiette des redevances.

478. D'après les états d'exploitation dressés avec le concours du maire, adjoint et deux répartiteurs, l'ingénieur des mines fera préparer la matrice de rôle, en y laissant en blanc la colonne des évaluations définitives du produit net imposable ; il transmettra le tout au préfet, qui le soumettra au comité d'évaluation (Déc. du 6 mai 1811. Art. 23).

479. Le comité sera composé du préfet, de deux membres du conseil général du département, nommés par le préfet, du directeur des contributions, de l'ingénieur des mines et de deux propriétaires de mines dans le département où il y a un nombre d'exploitations suffisant.

480. Le comité est chargé de déterminer les évaluations définitives du produit net imposable de chaque mine, d'en faire porter l'expression au bas de chaque état d'exploitation, à l'avant-dernière colonne de la matrice du rôle, et d'arrêter les états et matrices.

481. Le comité d'évaluation procédera aux appréciations du produit net imposable, soit d'office, soit en ayant égard aux déclarations des exploitants qui les auront fournies.

482. Les exploitants, concessionnaires ou usufruitiers, ou leurs ayant cause, sont tenus de remettre au secrétariat de la préfecture, *avant le 1er mai, la déclaration détaillée* du produit net imposable de leurs exploitations ; faute de quoi, l'appréciation aura lieu d'office.

483. Les exploitants, concessionnaires ou non concessionnaires qui désireront jouir de la faveur de l'abonnement déposeront, avant le 15 avril, au secrétariat de la préfecture de leur département, leur *soumission*, appuyée de motifs détaillés ; il leur en sera délivré un reçu. Faute par ces exploitants de déposer leur soumission dans le délai prescrit, ils seront imposés proportionnellement à leur revenu net présumé comme il est dit précédemment.

—◇•◇—

SECTION III. — Des demandes en décharges ou réduction.

484. Tout particulier, concessionnaire ou non concessionnaire exploitant de mines, qui, par vente, bail, cessation de travaux ou toute autre cause légale, aurait cessé d'être imposable

Toutes les expertises faites en cette matière doivent être soumises aux dispositions du Code de procédure civile.

Une compagnie n'est pas valablement représentée à l'expertise par un associé commanditaire.

Lorsque les parties n'ont point assisté lors de la

aux redevances fixe et proportionnelle, et qui aurait été porté sur les rôles, et tous ceux qui réclameront des réductions, soit en raison des taxes d'office, faute d'avoir fait régulariser en temps utile leurs exploitations, soit pour cause d'erreur dans l'énoncé de l'étendue superficielle des concessions, adresseront leurs réclamations au préfet.

485. S'il y a lieu à ce que la cote soit réduite, *le conseil de préfecture prononcera* la quotité de la réduction, *sauf le pourvoi selon les lois.*

Enfin, aux termes des articles 48 à 53 inclus, si le sous-préfet, le directeur des contributions et l'ingénieur des mines ne trouvent pas la réclamation fondée, il sera procédé à une expertise dans les formes prescrites par l'arrêté du 24 floréal an VIII.

prestation de serment des experts à l'indication du jour de leur opération, elles doivent recevoir une sommation de se trouver aux jour et heure indiqués par les experts (Ord. du 24 juil. 1835 et 18 mars 1841).

CHAPITRE VIII.

RÉTRIBUTIONS POUR FRAIS DE VÉRIFICATION DES POIDS ET MESURES.

SECTION I. — Organisation du service.

486. Sous l'empire de la loi du 19-22 juillet 1791, les officiers de police étaient seuls chargés de la vérification des poids et mesures en usage pour toutes les industries; mais, par décret du 1er vendémiaire an IV (23 septembre 1795), la convention nationale institua, de la manière indiquée ci-après, des vérificateurs spéciaux pour ce service.

487. Il y aura, dans les principales communes de la république, des vé-

ficateurs chargés d'apposer sur les nouvelles mesures le poinçon de la république et leur marque particulière.

Le pouvoir - exécutif déterminera, d'après les localités et les besoins du service, le nombre des vérificateurs, leurs fonctions et leur salaire. Les vérificateurs seront nommés par les administrations du département, trois mois après que l'usage des nouvelles mesures aura été rendu obligatoire dans leur arrondissement. Jusqu'à cette époque, la vérification sera faite gratuitement par des artistes commis à cet effet par l'agence temporaire (Déc. du 1er vend. an IV).

488. Par un arrêté des consuls en date du 29 prairéal an IX, les assujétis à la vérification périodique des poids et mesures et autres instruments de pesage, ont été soumis à une taxe annuelle sous le titre de *Rétribution pour frais de vérification des poids et mesures*, et ces taxes avaient été fixées par un tarif annexé à l'arrêté précité. Ce tarif, en usage depuis lors, a été modifié par un autre annexé à l'ordonnance royale du 18 décembre 1825 ; et c'est ce dernier, qui est actuellement en vigueur, que nous donnons ci-après, avec les modifications apportées par la loi du 4 juillet 1837 et les ordonnances des 11 décembre 1832, 18 mai 1838, 7 avril et 16-28 juin 1839.

—◇※◇—

SECTION II. — Système légal des poids et mesures, d'après la loi du 4 juillet 1837.

489. L'usage de tous poids et mesures autres que les poids et mesures établis par les lois des 18 germinal an III et 19 frimaire an VIII, ayant été

interdit à partir du 1ᵉʳ janvier 1840,
il nous a paru inutile de rapporter ici
ceux des poids et mesures de l'ancien
système indiqués au tarif joint à l'ordonnance précitée du 18 décembre 1825,
comme tolérés jusqu'ici par le décret
du 12 février 1812, et nous avons cru
devoir nous restreindre aux seuls instruments de pesage et de mesurage
dont la dénomination, la forme et les
dimensions sont déterminées dans l'ordonnance du 16 juin 1839, en y ap-
pliquant le tarif annexé à l'ordonnance
du 18 décembre 1825 (Loi du 4 juillet 1837. Art. 1).

—◇✦◇—

SECTION III. — Du mode et des effets de la vérification.

490. Les poids et mesures nouvellement fabriqués ou rajustés seront présentés au bureau du vérificateur, vérifiés et poinçonnés, avant d'être livrés
au commerce (Ord. du 17 avril 1839.
Art. 10).

491. Aucun poids ou aucune mesure
ne peut être soumis à la vérification,
mis en vente ou employé dans le
commerce, s'il ne porte, d'une manière distincte et lisible, le nom qui
lui est affecté par le système métrique.

Notre ministre du commerce pourra
excepter de l'exécution du présent article les poids et mesures dont la dimension ne s'y prêterait pas (Même Ord.
Art. 11).

492. Indépendamment de la vérification primitive dont il est question
dans l'article 10, les poids et mesures

ont les commerçants compris dans
tableau indiqué à l'article 15 font
age ou qu'ils ont en leur possession,
ont soumis à une vérification pério-
que, pour reconnaître si la confor-
ité avec les étalons n'a pas été al-
rée.

Chacune de ces vérifications est con-
atée par l'apposition d'un poinçon
ouveau (Même Ord. Art. 13).

493. Les fabricants et marchands
e poids et mesures ne sont assujétis
la vérification périodique que pour
eux dont ils font usage dans le com-
erce.

Les poids et mesures et instruments
e pesage et mesurage, neufs ou ra-
stés, qu'ils destinent à être vendus,
oivent être seulement marqués du
oinçon de la vérification primitive
Même Ord. Art. 14).

494. Les préfets dressent, pour
haque département, le tableau des
rofessions qui doivent être assujéties
la vérification.

Ce tableau indique l'assortiment des
oids et mesures dont chaque profes-
on est tenue de se pourvoir (Même
rd. Art. 15).

495. L'assujéti qui se livre à plu-
eurs genres de commerce doit être
ourvu de l'assortiment de poids et
esures fixé pour chacun d'eux, à
oins que l'assortiment exigé pour
ne des branches de son commerce se
ouve déjà compris dans l'une des
utres branches des industries qu'il
xerce (Même Ord. Art. 16).

496. La vérification périodique se
ait tous les ans dans les chefs-lieux
l'arrondissement et dans les communes
ésignées par le préfet, et tous les deux

ans dans les autres lieux : toutefois, en 1840, elle aura lieu dans toutes les communes indistinctement (Même Ord. Art. 18).

—◇✸◇—

SECTION IV. — Des droits de vérification.

497. La vérification imposée aux bureaux d'octrois ou autres offices publics par l'article 23 de l'ordonnance précitée, sera gratuite pour les établissements dépendant de l'administration municipale, y compris les hôpitaux et bureaux de bienfaisance (Ord. du 21 déc. 1832. Art. 9).

498. La vérification première des poids et mesures et instruments de pesage est faite gratuitement.

Il en est de même pour les poids, mesures et instruments de pesage rajustés, qui sont soumis à une nouvelle vérification (Ord. du 17 avril 1839. Art. 46).

499. Les droits de la vérification périodique seront provisoirement perçus; conformément au tarif annexé à l'ordonnance du 18 décembre 1825, modifiée par celles du 21 décembre 1832 et du 18 mai 1838 (Même Ord. Art. 47).

500. La vérification périodique des poids et mesures et instruments de pesage appartenant aux établissements publics désignés par l'article 24, est faite gratuitement (Même Ord. Art. 48).

Il en est de même pour les poids, mesures et instruments de pesage présentés volontairement à la vérification par des individus non assujétis.

501. Les droits de la vérification périodique sont payés pour les poids et

Lorsque l'acquéreur d'un fond de commerce continué de vendre des objets manufacturés et qu'

mesures formant l'assortiment obligatoire de chaque assujéti, et pour les instruments de pesage sujets à la vérification.

Les poids et mesures excédant l'assortiment obligatoire sont vérifiés et poinçonnés gratuitement (Même Ord. Art. 49).

a fait usage du matériel acquis, il doit être assujéti à la rétribution pour poids et mesures (Ord. du 25 avril 1834).

————◇❈◇————

TABLEAU de la rétribution due pour frais de vérification périodique des poids et mesures, en vertu des lois et ordonnances mentionnées plus haut.

INDICATION des professions.	MINIMUM de l'assortiment exigible pour chacune d'elles.		TAUX de la rétribution d'après le tarif.	
			fr.	c.
AMIDONNIERS.	La 5e série des poids. . .	2 15	2	52
	La 3e série de mesures pour les matières sèches. . .	» 37		
APPRÊTEURS D'ÉTOFFES. . . .	La 2e série des mesures de longueur.		0	40
ARCHITECTES.	La 1re série des mesures de longueur.		0	30
ARPENTEURS.	La série des mesures agraires.		0	40
AUBERGISTES.	La 7e série des poids. . .	2 20	3	62
	La 3e série des mesures à grains. . .	» 37		
	La 3e série des mesures à liquides. . s	» 55		
	Une romaine de 15 kilog. pour peser le foin et la paille. .	» 50		
BIMBELOTIERS.	La 9e série des poids. . .	» 55	0	75
	La 3e série des mesures de longueur. . ,	» 20		
BONNETS ET BAS (Fabric. de).	La 8e série des poids.		0	80
BLATIERS.	La 3e série des mesures à grains. . . .		0	37
BEURRE (Marchands de). .	La 7e série des poids.		2	20

INDICATION des professions.	MINIMUM de l'assortiment exigible pour chacune d'elles.		TAUX de la rétribution d'après le tarif.	
			fr.	c.
Bois de chauffage (March. de), et Mouleurs jurés.	La série des mesures de solidité.	2 25	2	35
	Le mètre.	» 10		
Bois de construction (March. de).	La 1re série des mesures de longueur.	. . . .	0	30
Boisseliers.	La 1re série des mesures de capacité pour les matières sèches, augmentée du demi-décalitre, d'un double litre et du litre.	. . . .	4	05
Batiments (Entrepr. de).	La 1re série des mesures de longueur.	. . . .	0	30
Bienfaisance (Bur. de).	La 8e série des poids, la 3e série des mesures pour les liquides, et le mètre.	. . . .	»	»
Bouchers { Vendant du gros et du menu,	La 3e série des poids.	. . . .	3	65
Vendant du menu seulement.	La 7e série des poids.	. . . .	2	20
Boulangers.	La 3e série des poids.	3 65	4	02
	La 3e série des mesures à grains.	» 37		
Bijoutiers.	La 9e série des poids.	. . . .	0	55
Bouilleurs d'eau-de-vie.	La 1re série des mesures pour les liquides.	. . . .	1	70
Brasseurs.	La 3e série des mesures à grains.	» 37	2	07
	La 1re série des mesures à liquides.	1 70		
Bourreliers.	La 7e série des poids.	2 20	2	25
	Le double décimètre.	» 05		
Cabaretiers.	La 7e série des poids.	2 20	2	80
	La 3e série des mesures pour les liquides.	» 55		
	Un double litre, pour la ration du cheval.	» 05		
Cafetiers et Limonadiers.	La 3e série des mesures à liquides.	. . . .	0	55

INDICATION des professions.	MINIMUM de l'assortiment exigible pour chacune d'elles.	TAUX de la rétri- bution d'après le tarif.	
		fr.	c.
CARRIERS { entrepreneurs. . ouvriers.	La 1ᵉ série des mesures de longueur. « 30 Le mètre. » 10	0	40
CENDRES (March. de). . . .	La 3ᵉ série des mesures à grains. . .	0	37
CHANDELLES { en gros. . .	La 3ᵉ série des poids.	3	65
(fabr. de) { en petit. . .	La 5ᵉ série des poids.	2	15
CHAPEAUX (fabr. de).	La 5ᵉ série des poids.	2	15
CHAUX)fabricant de). . . .	La 1ʳᵉ série des mesures pour les matières sèches.	3	75
CHARBON } March. { en gros. Houille { de { en détail.	La 1ʳᵉ série des mesures pour les matières sèches. . . . . La 2ᵉ série des mesures pour les matières sèches.	3 1	75 62
CHARCUTIERS.	La 3ᵉ série des poids.	3	65
CHARPENTIERS.	La 4ᵉ série des mesures de longueur. .	0	15
CHARRONS.	La 4ᵉ série des mesures de longueur. .	0	15
CHAUDRONNIERS.	La 4ᵉ série des poids.	2	90
CHIFFONS (March. de)en gros	La 5ᵉ série des poids.	2	15
CIMENT.	La 2ᵉ série des mesures pour les matières sèches.	1	62
CLOUTIERS.	La 8ᵉ série des poids.	0	80
COLLE-FORTE (fabr. de). . .	La 3ᵉ série des poids.	3	65
COLPORTEURS { vendant au poids. à la mesure.	La 8ᵉ série des poids. . . . . Le demi-mètre.	0 0	80 10
COMMISSIONNAIRES de comm.	La 1ʳᵉ série des poids.	9	65
COMMISSIONNAIRES de com- merce et de liquides. . .	La 1ʳᵉ série des poids. . . 9 65 La 1ʳᵉ série des mesures à liquides. . . 1 70	11	35
COMMISSIONNAIRES de roulage.	La 1ʳᵉ série des poids.	9	65
COMMISSAIRES-PRISEURS. . . .	La 9ᵉ série des poids. » 55 La 4ᵉ série des mesures de longueur. . . » 15	0	70
CONFISEURS.	La 3ᵉ série des poids.	3	65
CORROYEURS.	La 5ᵉ série des poids.	2	15
COTON { fab. ou } en gros. { Marc. de } en détail.	La 5ᵉ série des poids. . . . . La 7ᵉ série des poids.	2 2	15 20

12

INDICATION des professions.	MINIMUM de l'assortiment exigible pour chacune d'elles.	TAUX de la rétribution d'après le tarif.	
		fr.	c.
Coquetiers.	La 7ᵉ série des poids.	2	20
Cordiers.	La 4ᵉ série des poids.	2	90
Couvreurs.	La 4ᵉ série des mesures de longueur.	0	15
Couturières.	Le demi-mètre.	0	10
Crême et Lait.	La 4ᵉ série des mesures à liquides. . .	0	20
Crin et Plume (March. de).	La 4ᵉ série des poids.	2	90
Cuirs (March. de) { en gros. .	La 3ᵉ série des poids.	3	65
{ en détail.	La 5ᵉ série des poids.	2	15
Cuivre (Fabr. de). . . .	La 2ᵉ série des poids.	2	65
Dentelles et Mousselines (March. de).	Le demi-mètre.	0	10
Draps (Fabricant de). . . .	La 3ᵉ série des poids.	3	65
Draps (March. de).	La 2ᵉ série des mesures de longueur.	0	40
Draps (Tondeurs de). . . .	La 3ᵉ série des mesures de longueur.	0	20
Distillateurs.	La 3ᵉ série des poids. . . 3 65 / La 1ʳᵉ série des mesures à liquides. . . 1 70	5	35
Drogueries (Mar. de) en gros).	La 2ᵉ série des poids.	4	65
Eau-de-vie (Débitants de). .	La 3ᵉ série des mesures à liquides. . .	0	55
Ébénistes.	La 4ᵉ série des mesures de longueur. .	0	15
Épiciers en gros.	La 2ᵉ série des poids. . . 4 65 / La 1ʳᵉ et la 3ᵉ série des mesures à liquides. . . 2 25	6	90
Épiciers faisant le demi-gros et le détail.	La 3ᵉ série des poids. . . 3 65 / La 2ᵉ et la 3ᵉ série des mesures à liquides. . . 1 85	5	50
Épiciers en détail. ·	La 5ᵉ série des poids. . . 2 15 / Deux assortiments de la 3ᵉ série des mesures à liquides. 1 10	3	25
Épingliers.	La 8ᵉ série des poids.	0	80
Étoffes (March. de). . . .	La 2ᵉ série des mesures de longueurs.	0	40
Faience et Porcelaine (Fabr. de).	La 4ᵉ série des poids.	2	90
Farines (Marchand de). . .	La 3ᵉ série des poids. . . 3 65 / La 3ᵉ série des mesures à grains. . . » 37	4	02

INDICATION des professions.	MINIMUM de l'assortiment exigible pour chacune d'elles.	TAUX de la rétribution d'après le tarif.	
		fr.	c.
FERS (Marchands de) en gros	La 2e série des poids et le double décimètre.	4	70
FERS (Marchands de) en détail	La 4e série des poids et le double décimètre.	2	95
FAULX (Fabricant de). . . .	La 2e série des poids.	4	65
FERRAILLEURS.	La 7e série des poids.	2	20
FILS DE FER (Marchands de).	La 7e série des poids.	2	20
FERBLANTIERS.	La 4e série des mesures de longueur.	0	15
FILASSE (Marchands de). . .	La 7e série des poids.	2	20
FONDEURS DE CLOCHES. . . .	La 1re série des poids.	9	65
FONDEURS DE MÉTAUX. . . .	La 5e série des poids.	2	15
FONDEURS DE SUIFS.	La 2e série des poids.	4	65
FONTE (Marchands de). . .	La 2e série des poids.	4	65
FRIPIERS.	La 9e série des poids. . . » 55 Le mètre. . . » 10	0	65
FROMAGERIES.	La 2e série des poids. . . 4 65 Le décalitre et ses sous-divisions, jusqu'au demi-litre pour le mesurage du lait. . 1 45	6	10
FROMAGE (March. de) en gros	La 2e série des poids.	4	65
FROMAGE (March. de) en dét.	La 5e série des poids.	2	15
FORGES (Maîtres de).	La 1re série des poids. . . 9 65 La 1re série des mesures de capacité pour les matières sèches. . . 3 75 La 4e série des mesures de longueur. . . » 15	13	55
FOULONNIERS.	La 2e série des mesures de longueur.	0	40
FRUITS (March. de).	La 8e série des poids.	0	80
GRENETIERS.	La 7e série des poids. . . 2 20 La 5e série des mesures à grains. . . » 32	2	52
GRENAILLES (March. de). . .	La 6e série des mesures à grains. . .	0	20
GYPSE et PLATRE (March. de.	La 2e série des mesures pour les matières sèches.	1	62
GYPSEURS.	La 4e série des mesures de longueur.	0	15
HERBORISTES	La 8e série des poids.	0	80

INDICATION des professions.	MINIMUM de l'assortiment exigible pour chacune d'elles.	TAUX de la rétri- bution d'après le tarif.	
		fr.	c.
HORLOGERS.	La 9ᵉ série des poids.	0	55
HONGROYEURS.	La 7ᵉ série des poids.	2	20
HALLES (Fermiers de) et Mesureurs publics.	30 doubles décalitres et 4 décalitres.	4	90
HUILIERS.	La 5ᵉ série des mesures à grains. . . » 32 La 3ᵉ série des mesures pour les liquides. . . » 55	0	87
HUILE (Débitants d'). . . .	La 3ᵉ série des mesures à liquides. .	0	55
JARDINIERS (Maîtres).	La 8ᵉ série des poids. . . » 80 La 6ᵉ série des mesures à grains. . . » 20	1	»
JEAUGEURS jurés.	La 1ʳᵉ série des mesures pour les liquides.	1	70
LAINE (March. de) { en gros.	La 3ᵉ série des poids.	3	65
{ en dét.	La 5ᵉ série des poids.	2	15
LAINE (Filature de).	La 3ᵉ série des poids.	3	65
LÉGUMISTE { au poids.	La 8ᵉ série des poids.	0	80
{ à la mesure. . .	La 3ᵉ série des mesures pour les matières sèches.	0	37
LINGÈRES (Marchandes). . .	Le demi-mètre.	0	10
LIMES (Fabricants de). . . .	La 3ᵉ série des poids.	3	65
LIBRAIRES.	La 9ᵉ série des poids.	0	55
MAÇONS (Entrepreneurs). .	La 1ʳᵉ série des mesures de longueurs.	0	30
MAÇONS (Ouvriers).	La 4ᵉ série des mesures de longueurs.	0	15
MANUFACTURIERS.	La 2ᵉ série des poids. . . 4 65 Le mètre. . . 0 10	4	75
MARÉCHAUX et FERREURS de voitures.	La 4ᵉ série des poids. . . 2 90 Le double décimètre. . . » 05	2	95
MARBRIERS.	La 4ᵉ série des mesures de longueurs.	0	15
MÉGISSIERS.	La 7ᵉ série des poids.	2	20
MENUISIERS.	La 4ᵉ série des mesures de longueurs.	0	15
MERCIERS.	La 7ᵉ série des poids. . . 2 20 La 3ᵉ série des mesures de longueurs. . . » 20	2	40

INDICATION des professions.	MINIMUM de l'assortiment exigible pour chacune d'elles.	TAUX de la rétribution d'après le tarif.	
		fr.	c.
MESSAGERIES, VOITURES PUBL. DILIGENCES (Entrepren. de)	La 2e série des poids.	4	65
MEUNIERS.	La 3e série des poids. . . 3 65 La 4e série des mesures à grains. . . » 47	4	12
MIROITIERS.	La 4e série des mesures de longueurs.	0	15
MODISTES.	La 3e série des mesures de longueurs.	0	20
MONTS DE PIÉTÉ.	La 7e série des poids. . . 2 20 La 4e série des mesures de longueurs. . . » 15	2	35
MUNITIONNAIRES DES VIVRES. .	La 2e série des poids. . . 4 65 La 3e série des mesures à grains. . . » 37 La 3e série des mesures à liquides. . . » 55	5	57
MARTINETS.	La 2e série des poids.	4	65
ORFÈVRES.	La 7e série des poids. . . 2 20 Le double décimètre. . . » 05	2	25
PAPETIERS.	La 3e série des poids.	3	65
PAPIERS A TEINTURE.	La 4e série des mesures de longueurs.	0	15
PARAPLUIES (Fabr. de). . .	La 4e série des mesures de longueurs.	0	15
PARCHEMINIERS.	La 4e série des poids.	2	90
PARFUMEURS.	La 7e série des poids.	2	20
PASSEMENTIERS.	La 9e série des poids. . . » 55 La 4e série des mesures de longueurs. . . » 15	0	70
PATISSIERS.	La 7e série des poids.	2	20
PAVEURS (Maîtres).	La 1re série des mesures de longueurs.	0	30
PATISSIERS, March. en gros).	La 5e série des poids.	2	15
PEINTRES en bâtiments. . .	La 7e série des poids. . . 2 20 La 4e série des mesures de longueurs. . . » 15	2	35
PEINTRES en voitures. . . .	La 8e série des poids.	0	80
PESEURS publics.	La 2e série des poids.	4	65
PAINS d'épices (Fab. de). .	La 7e série des poids.	2	20
PHARMACIENS.	La 8e et la 9e série des poids.	1	35

INDICATION des professions.	MINIMUM de l'assortiment exigible pour chacune d'elles.	TAUX de la rétri- bution d'après le tarif.
		fr. c.
PLATRIERS. . . . . {	La 3e série des mesures pour les matières sèches. . . » 37 La 4e série des mesures de longueurs. . . » 15	0 52
PLOMBIERS.	La 4e série des poids.	2 90
POËLIERS tenant la tôle et la fonte.	La 3e série des poids.	3 65
POUDRES ET SALPÊTRES (Fab de).	La 2e série des poids.	4 65
POUDRES (Débitants de). . .	La 8e série des poids.	0 80
POISSONS (Marchands de). .	La 7e série des poids.	2 20
POTIERS D'ÉTAIN.	La 4e série des poids.	2 90
PRISONS, MAISONS D'ARRÊT, etc.	La 8e série des poids ; la 3e série des mesures en étain pour les liquides.	» »
QUINCAILLIERS { en gros et en détail.	La 3e série des poids. . . . . La 7e série des poids.	3 65 2 20
RAFFINEURS en gros et faisant le détail.	La 2e série des poids.	4 65
RÉSINE (Md. de) en gros. . .	La 3e série des poids.	4 65
RESTAURATEURS-TRAITEURS. . . {	La 7e série des poids. . . 2 20 La 3e série des mesures à li-quides. . . » 55	2 75
REVENDEURS. . . . . {	La 8e série des poids. . . » 80 La 3e série des mesures à li-quides. . . « 55 La 3e série des mesures de longueurs. . . » 20	1 55
ROUTES (Entrepreneurs de).	La 1re série des mesures de longueurs.	0 30
RUBANS (Marchands de). . .	La 3e série des mesures de longueurs.	0 20
SABOTIERS.	La 4e série des mesures de longueurs.	0 15
SALINES.	La 3e série des poids.	3 65
SEL (Mds. de) en gros. . . en détail. .	La 3e série des poids. . . . . La 5e série des poids.	3 65 2 15
SERRURIERS.	La 7e série des poids et la 4e série des mesures de longueurs.	2 35
SABLERIE ET FONTE (Mds. de).	La 3e série des poids.	3 65
SELLIERS-CAROSSIERS.	La 7e série des poids et la 4e série des mesures de longueurs.	2 35
SCIES (Fabricants de). . . .	La 3e série des poids.	3 65

INDICATION des professions.	MINIMUM de l'assortiment exigible pour chacune d'elles.	TAUX de la rétribution d'après le tarif.	
		fr.	c.
SCIEURS DE LONG.	La 4ᵉ série des mesures de longueurs.	0	15
SON (Marchands de).	La 4ᵉ série des poids. . . 2 90 La 3ᵉ série des mesures à grains. . . » 37	3	27
SOIERIE (Mds. de) au poids.	La 8ᵉ série des poids.	0	55
SUCRE (Fabricants de). . . .	La 2ᵉ série des poids.	4	65
TABACS.... Entreposeurs. . .	La 2ᵉ série des poids.	4	65
Débitants.	La 7ᵉ série des poids.	2	20
TAILLANDIERS-FORGERONS. . .	La 4ᵉ série des poids.	2	90
TAILLEURS D'HABITS.	Le mètre.	0	10
TAILLEURS DE PIERRES.	La 4ᵉ série des mesures de longueurs.	0	15
TANNEURS.	La 3ᵉ série des poids.	3	65
TAPISSIERS.	La 4ᵉ série des mesures de longueurs.	0	15
TEINTURIERS.	La 5ᵉ série des poids. . . 2 15 Le mètre. . . » 10	2	25
TISSERANDS.	La 8ᵉ série des poids. . . » 80 Le mètre. . . » 10	0	90
TONNELIERS.	La 1ʳᵉ série des mesures pour les liquides	1	70
TOILES (Marchands de). . . .	La 2ᵉ série des mesures de longueurs.	0	40
TOURNEURS.	Le double décimètre.	0	05
TRIPIERS.	La 7ᵉ série des poids.	2	20
VERMICELLE (Fabricants de). .	La 8ᵉ série des poids.	2	15
VINAIGRIERS.	La 1ʳᵉ série des mesures pour les liquides.	1	70
VINS et LIQUEURS en gros. .	La 1ʳᵉ série des mesures pour les liquides.	1	70
(Marchands de) en détail. .	La 3ₑ série des mesures à liquides. .	0	55
VITRIERS.	Le double décimètre.	0	05

SECTION V . — Établissement des rôles et mode de perception.

360. Les états-matrices des rôles sont dressés par les vérificateurs des poids et mesures, d'après le résultat des opérations qui doivent être consommées avant le 1er août (Ord. du 17 avril 1839. Art. 50).

361. Avant la fin de chaque année, il sera dressé et publié des rôles supplémentaires pour les opérations qui, à raison de circonstances particulières, n'auraient pu être faites que postérieurement au délai fixé par l'article 50 (Même Ord. Art. 52).

362. La perception des droits de vérification est faite par les agents du trésor public.

Le montant intégral des rôles est exigible dans la quinzaine de leur publication.

363. L'article 3 de l'ordonnance du 21 décembre 1832 continuera d'être exécuté (Même Ord. Art. 53).

364. Sont abrogés les proclamations et arrêtés des 27 pluviôse an VI, 19 germinal, 28 messidor et 11 thermidor an VII, l'arrêté du 7 floréal an VIII, les arrêtés des 13 brumaire et 29 prairéal an IX, et les ordonnances royales des 18 décembre 1825, 7 juin 1826, 21 décembre 1832 et 18 mai 1838, *sauf les dispositions* desdites ordonnances des 18 décembre 1825, 21 décembre 1832 et 18 mai 1838, *rappelées aux articles* 47 *et* 53 *de la présente* (Même Ord. Art. 56).

Les réclamations contre les rôles de rétributions pour frais de vérification des poids et mesures, doivent avoir lieu dans les mêmes formes et avec les mêmes moyens de recours qu'à l'égard des autres contributions directes (Ord. du 25 avr. 1834).

CHAPITRE IX.

DES RÉTRIBUTIONS UNIVERSITAIRES A PAYER DANS LES COLLÉGES, INSTITUTIONS ET PENSIONS.

—◇✦◇—

SECTION I. — Loi et règlement qui prescrivent les rétributions.

365. L'article 8 de la loi de finances du 24 mai 1834 portant que, désormais et à partir du 1er janvier 1835, l'administration de l'instruction publique sera chargée, conjointement avec les agents des contributions directes, de l'assiette, de la rétribution et du droit annuel, l'autorité supérieure s'est trouvée dans l'obligation de déterminer, par un règlement spécial en date du 27 novembre 1834, le mode d'intervention des agents appelés à concourir à l'exécution des dispositions prescrites par la loi précitée, en rapportant celles précédemment en vigueur et qui doivent continuer d'être observées.

—◇✦◇—

SECTION II. — Établissements assujétis à la rétribution.

366. Une rétribution au profit de l'état est due pour tous les élèves pensionnaires, demi-pensionnaires, ou externes, et pour tous les gratuits ou non gratuits des colléges royaux, des colléges particuliers, des institutions et des pensions, quel que soit le degré d'instruction qu'ils y reçoivent (Règl. m. du 27 nov. 1834. Art. 2).

367. Les chefs d'école sont débiteurs envers l'état de la totalité des rétributions dues par leurs élèves (Même Règl. Art. 3).

La rétribution universitaire est due par les principaux des colléges et par les chefs d'institutions et pensions, pour tous les élèves gratuits et non gratuits (Ord. du 15 mars 1838).

368. Les collèges et autres écoles d'instruction secondaire où il n'est admis que des externes sont assimilés, pour la rétribution, à l'école à pensionnat du département avec lequel ils ont le plus d'analogie, d'après le degré d'enseignement qui y est donné (Même Règl. Art. 4).

369. Toute école où l'enseignement est analogue à celui qui est donné dans les collèges, dans les institutions ou dans les pensions, est soumise au paiement de la rétribution; nul ne peut se soustraire à cette obligation, sous le prétexte qu'il ne fournit aux élèves que la nourriture et le logement, et qu'il reste personnellement étranger à leur instruction (Même Règl. Art. 5).

—◇◈◇—

SECTION III. — Exceptions.

370. Les écoles primaires élémentaires et supérieures où l'enseignement est restreint dans les limites déterminées par la loi du 28 juin 1833, ne sont point soumises à la rétribution (Même Règl. Art. 6).

Lorsque les besoins de l'instruction publique l'exigent, les principaux des collèges communaux, les chefs d'institution et les maîtres de pension peuvent, sur la proposition des recteurs, être autorisés, par une décision du conseil royal, à avoir une classe primaire, séparée des classes latines et dont les *élèves externes* ne sont point passibles de la rétribution (Même Règl. Art. 7).

L'autorisation n'est valable que pour une année.

371. En vertu de l'article 28 de l'or-

Les principaux des collèges communaux, les chefs d'institutions et maîtres de pensions, pour annexer à leur établissement une classe primaire dont les élèves externes ne soient pas soumis à la rétribution du vingtième, ont besoin d'une autorisation accordée par une décision spéciale du conseil royal de l'instruction publique et renouvelée chaque année (Ord. du 15 mars 1838).

donnance du 27 février 1821, les curés
et desservants des campagnes peuvent,
sans payer la rétribution, se charger
de former deux ou trois élèves pour les
petits séminaires (Même Règl. Art. 8).

—◇◈◇—

SECTION IV. — Fixation du taux de la rétribution.

372. La rétribution est fixée ainsi
qu'il suit, savoir :

Pour les pensionnaires dans les colléges, institutions et pensions, au *vingtième du prix de la pension payée pour
chaque élève ;*

Pour les élèves à demi-pension,
pour les externes et les élèves gratuits
ou non gratuits, à une somme égale à
celle que paient les pensionnaires de
l'établissement où ils sont admis (Règl.
du 27 nov. 1834. Art. 10).

373. Le *minimum* de la rétribution
est fixé à quinze francs.

Un taux inférieur de rétribution ne
peut être admis pour aucune école,
qu'en vertu d'une décision spéciale
du conseil royal de l'instruction publique et rendue sur la proposition du
recteur, d'après l'avis du conseil académique (Même Règl. Art. 11).

374. Le trimestre entier de la rétribution est dû pour tous les élèves qui
étaient dans l'école le premier jour du
trimestre.

Tout élève entré avant le 15 d'un
mois *doit le mois entier;* tout élève
entré après le 15 *doit le demi-mois* de
la rétribution (Même Règl. Art. 12).

375. Mais, sur les réclamations de
quelques chefs d'établissements d'instruction, il est intervenu une circu-

L'article 10 du règlement du 27 novembre 1834 a
fixé *pour les externes comme pour les pensionnaires*
d'un établissement, la rétribution universitaire *au
vingtième du prix de pension,* d'où il suit que les
décisions universitaires antérieures, qui fixaient
pour les élèves externes la rétribution à un taux
inférieur, sont abrogées (Ord. du 22 juil. 1839).

Le prix de la pension servant de base au droit
du vingtième, se compose dans les colléges communaux, institutions et pensions, de toutes les
sommes payées au chef de l'école pour les élèves,
à l'exception de celles qui concernent les fournitures
de livres classiques, les maîtres d'agréments autres
que les maîtres de dessin et les frais de dégradations et d'objets perdus (Ord. du 15 mars 1838).

Le trimestre entier de la rétribution universitaire n'est due que pour les élèves entrés dans les
colléges, pensions ou écoles, avant le 15 du premier mois de ce trimestre, conformément à l'article 12 du règlement du 27 novembre 1834. On
ne peut l'exiger pour des élèves entrés après la première quinzaine, lorsque les cours de l'école ne
commencent aussi qu'après cette quinzaine (Ord.
du 27 mars 1839. Fél. Leb. p. 192 et 193).

laire du ministre des finances, en date
du 4 juin 1835, qui porte en substance
ce qui suit :

« Toutes les fois que le trimestre de la
rétribution ne coïncidera pas' avec le
trimestre de la pension, et qu'un élève
aura été porté dans un état des rétributions pour quatre ou cinq mois,
quoique n'en ayant passé que trois dans
l'établissement, le chef d'école sera
admis à réclamer la décharge des parties de taxes, dont il pourra être à découvert. Les agents des contributions
directes vérifieront les faits, en même
temps que les états des rétributions du
trimestre suivant; le conseil académique donnera son avis *et le conseil
de préfecture statuera.*

376. La rétribution étant due par
trimestre et d'avance, en exécution de
l'article 117 du décret du 15 décembre 1811, le chef d'école qui était
en exercice au commencement du trimestre, est responsable de la rétribution pour le trimestre entier, sauf son
recours contre qui de droit (Même
Règl. Art. 13).

377. Lorsqu'il y a plusieurs prix
différents de pension dans un établissement, le taux de la rétribution, par
élève, peut être réglé par abonnement, pour chaque année classique,
d'après le terme moyen des divers
prix de pension.

La demande d'abonnement doit être
faite par le chef de l'établissement,
et elle est [envoyée au directeur des
contributions directes, avec l'état des
élèves et des prix des pensions, fourni
pour le 4° trimestre (Même Règl.
Art. 18).

378. Lorsqu'il n'y a pas d'abonne-

ment dans cette école où les pensionnaires paient divers prix de pension,
le conseil académique détermine,
chaque trimestre, un prix moyen de
pension, qui sert de base pour la rétribution de tous les élèves pensionnaires,
demi-pensionnaires, externes ou gratuits, en observant néanmoins que,
d'après les règles établies à l'article 11,
la rétribution ne doit jamais, à moins
de décision spéciale, être inférieure à
quinze francs (Même Règl. Art. 19).

—◇❀◇—

SECTION V. — Taxes établies d'office.

379. Lorsqu'un chef d'école n'a pas
fourni son état trimestriel avant le dixième jour du trimestre, ou qu'il ne
l'a pas rédigé de manière à donner des
renseignements prescrits, il est assujéti à une taxe d'office, contre laquelle
il ne peut être admis à réclamer qu'en
justifiant du nombre réel de ses élèves
et du prix de leur pension par la représentation de son registre, tenu conformément au modèle donné. La taxe
d'office est proposée par le directeur
des contributions (Règl. m. du 27 novembre 1834. Art. 25).

Le chef d'école qui a été taxé d'office faute de
production de l'état de ses élèves, avant le dixième
jour du premier mois du trimestre, ne peut demander la réduction de la taxe qu'en établissant
l'exagération par la production de ses registres
régulièrement tenus en exécution de l'article 25 du
réglement du 27 novembre 1834 (Ord. du 27 mai
1839, Fél. Leb. p. 296).

—◇❀◇—

SECTION VI. — Remises accordées sur les rétributions.

380. Il ne sera plus accordé d'exemp-
tions de rétributions, mais des remises
pourront être prononcées par le conseil royal, conformément à l'article 8
de la loi de finances du 24 mai 1834,
sur le crédit ouvert au budget du ministère de l'instruction publique (Même
Règl. Art. 30).

381. Les remises ne sont valables que
pendant l'année classique pour laquelle
elles ont été accordées ; et la rétribution est due, à partir de l'ouverture
des classes, si la remise n'a pas été
accordée par une nouvelle décision
(Même Règl. Art. 31).

—◇◆◇—

SECTION VII. — Décharges et réductions.

382. Les demandes en décharges ou
réductions ne peuvent être faites que
pour les taxes indûment imposées, ou
pour des taxes qui auraient été établies
dans une proportion supérieure à celle
qui est déterminée par les règlements
(Même Règl. Art. 33).

383. Ces demandes doivent être formées *dans le délai d'un mois,* à partir du
jour où l'avertissement aura été délivré par le receveur des finances (Même
Règl.).

384. Les réclamations seront adressées au préfet, qui, après avoir pris
l'avis du directeur des contributions
et celui du conseil académique, *soumet
la demande au conseil de préfecture,
chargé par l'article 8 de la loi du 24
mai 1834 de juger les pourrois contre
l'assiette des rétributions dues par les
chefs d'école* (Même Règl.).

—◇◈◆◈◇—

CHAPITRE X.

DES RÉCLAMATIONS POUR OBTENIR DÉCHARGES OU RÉDUCTIONS DE COTES DES CONTRIBUTIONS DIRECTES DE TOUTE ESPÈCE.

—◇✦◆◆◇—

SECTION I. — Dispositions principales.

385. Les réclamations à l'effet d'obtenir la décharge ou réduction, la remise ou modération, ou simplement une mutation de cote, par suite de surtaxe, faux ou double emploi, ou pour pertes à raison d'incendie, d'inondation, de grêle ou autres sinistres, doivent être établies et présentées dans les formes et les délais déterminés par les lois des 1er brumaire an VII, article 22; 3 nivôse et 2 messidor an VII; l'arrêté du gouvernement du 24 floréal an VIII; les articles 37 et 38 de la loi du 15 septembre 1807, l'article 26 de celle du 26 mars 1831, et l'article 28 de la loi du 21 avril 1832.

Nous transcrivons ci-après, dans l'ordre chronologique le texte des articles de ces divers actes législatifs qui doivent servir de règle aux contribuables et aux autorités auxquelles les lois précitées ont conféré le pouvoir de statuer sur les contestations de cette nature.

L'autorisation donnée par un ministre de suivre l'instruction d'une réclamation présentée après l'expiration des délais fixés par la loi, ne peut valoir pour relever le contribuable de la déchéance (Ord. du 31 oct. 1838).

Nul ne peut former une réclamation contre l'impôt attribué à un tiers, à moins d'y être dûment autorisé comme fondé de pouvoirs.

Ainsi, par exemple, un fils est sans qualité pour réclamer décharge de la cote de son père (Ord. du 27 juin 1838).

Un propriétaire est sans qualité pour réclamer en son nom personnel contre l'imposition à laquelle son fermier a été soumis (Ord. du 22 juil. 1839. Fél. Leb. p. 410 et autre du 15 août suiv. même Rec. p. 411).

Un fermier par qui le propriétaire fait vendre son vin en détail, étant assujéti à la patente de cabaretier, le propriétaire est sans qualité pour réclamer en son nom personnel contre cette imposition (Ord. du 22 août 1839. Fél. Leb. p. 457).

Un patentable n'est pas fondé à réclamer une réduction à raison de la modicité de ses bénéfices; il peut seulement pour ce motif se pourvoir en remise ou modération (Ord. du 21 avril 1837).

Un patentable ne peut prétendre à la réduction d'une taxe bien établie par le seul motif que cette taxe est supérieure à celle qui lui avait été assignée pour les années antérieures (Ord. du 8 janv. 1830).

En matière de contribution directes, est suffisamment motivé l'arrêté d'un conseil de préfecture qui relate les motifs et adopte l'avis du directeur des contributions (Ord. du 19 juin 1828. Mac. t. 10. p. 491 et 14 déc. 1832. Mac. t. 2. p. 699).

—◇◆◇—

SECTION II. — Du mode, de la forme et de l'instruction des réclamations pour décharge ou réduction de cote
foncière, personnelle, mobilière, sur les demandes des contribuables.

§ I. DISPOSITIONS APPLICABLES A TOUTES LES DEMANDES EN DÉCHARGES OU RÉDUCTIONS DE CONTRIBUTIONS.

386. Tout contribuable qui se croira surtaxé, adressera au préfet ou au sous-préfet, *dans les trois premiers mois de l'émission des rôles*, sa demande en décharge ou réduction. Il y joindra la quittance des termes échus de sa cotisation, sans pouvoir, sous prétexte de réclamation, différer le paiement des termes qui viendront à écheoir pendant les trois premiers mois qui suivront la réclamation, dans lesquels elle devra être jugée définitivement.

Le même délai (trois mois), est accordé au contribuable qui réclamera contre son omission au rôle. Le montant des cotisations extraordinaires qui seront établies par suite de ces dernières réclamations, soit en contribution personnelle et mobilière, soit en portes et fenêtres, viendra en déduction du contingent de la commune pour l'année suivante (Loi du 21 avril 1832. Art. 28).

Toutes les lois antérieures à celle du 21 avril 1832, notamment celles du 3 nivôse an VII (Art. 58), du 2 messidor suivant (Art. 17), et 26 mars 1831 (Art. 27), avaient déjà fixé à *trois mois* le délai de rigueur dans lequel les contribuables doivent présenter leurs demandes en décharge ou réduction. La disposition ci-dessus n'est donc pas nouvellement introduite dans la législation en matière de contributions directes.

La pétition sera renvoyée au controleur des contributions directes, qui

Toute demande doit être formée dans les trois mois de la publication des rôles à peine de déchéance, et être accompagnée de la quittance des termes échus (Ord. du 9 mars 1831. Mac. t. 1. p. 115).

C'est à partir de l'émission des rôles, et *non de leur publication* dans la commune, que court le délai de trois mois accordé aux contribuables pour former leur demande en décharge ou réduction (Ord. du 2 fév. 1836.)

Toute demande en décharge ou réduction doit, à peine de déchéance, être adressée au conseil de préfecture dans les trois mois de l'émission des rôles, en exécution de l'article 28 de la loi du 21 avril 1832 ; cette obligation est de rigueur et ne permet aucune exception (Ord. du 15 août 1839. Fél. Leb. p. 443).

Le délai de trois mois est de rigueur et ne saurait être prolongé (Ord. des 24 mars 1832. 15 août 1836 et 16 juil. 1840).

NOTA. Ce délai est réduit à *un mois* pour les demandes en décharge ou réduction sur la rétribution universitaire (*Voyez* plus haut n° 383 de ce Rec).

Lorsque sur une demande en réduction les répartiteurs ont émis un avis contraire à la réclamation, le conseil de préfecture ne peut statuer sur le litige, sans que le réclamant ait été mis en demeure d'user, si bon lui semble, de la faculté de l'expertise (Ord. du 18 oct. 1832. Mac. t. 2. p. 572).

Les répartiteurs ne peuvent prendre une délibération qu'autant *qu'ils sont au nombre de cinq au moins présents* (Loi du 3 frim. an VII. (Art. 23. et Ord. du 28 janv. 1835).

Lorsqu'il y a lieu d'accorder un dégrèvement sur une cote de contribution, le dégrèvement doit partir du jour où la réclamation a été formée (Ord. du 11 mai 1825. Mac. t. 7. p. 245).

Les conseils de préfecture ne peuvent prononcer sur la réduction de la valeur locative sans avoir pris l'avis du directeur des contributions (Ord. du 17 mars 1825. même Rec. t. 7. p. 134).

Les préfets seuls compétents pour prononcer sur les demandes en remise de la contribution foncière (Ord. du 18 oct. 1832. Mac. t. 2. p. 572).

vérifiera les faits et donnera son avis, après avoir pris celui des répartiteurs.

387. Si le directeur des contributions directes est d'avis qu'il y a lieu d'admettre la demande, il fera son rapport, et le conseil de préfecture statuera. Dans le cas contraire, le directeur exprimera les motifs de son opinion, transmettra le dossier à la sous-préfecture, et invitera le réclamant à en prendre communication, *et à faire connaître dans les dix jours* s'il veut fournir de nouvelles observations ou recourir à la vérification par voie d'experts. Si l'expertise est demandée, les deux experts seront nommés, l'un par le sous-préfet, l'autre par le réclamant, et il sera procédé à la vérification dans les formes prescrites par l'arrêté du gouvernement, du 24 floréal an VIII (*Voir* la sect. 5ᵉ ci-après, nombres 403 et suivants).

§ II. DISPOSITIONS SPÉCIALES POUR LA CONTRIBUTION FONCIÈRE.

388. Malgré que les dispositions de l'arrêté du 24 floréal an VIII soient actuellement presque seules mises en pratique par l'administration, il en est d'autres prescrites par les lois antérieures, qui, n'ayant pas été abrogées formellement, sont par cela même maintenues en vigueur et par ce motif doivent être rapportées dans ce recueil, afin de mettre le lecteur à même de connaître toutes les formalités exigées en matière de réclamations sur les contributions.

389. L'administration (actuellement le sous-préfet) fera inscrire par extrait, sur un registre d'ordre, tous les mémoires en réduction qui lui seront

adressés, après avoir vérifié si les formalités prescrites par la présente loi
ont été observées par les réclamants.
Si les formalités n'ont pas été remplies, le mémoire ne sera pas inscrit
au registre d'ordre, mais renvoyé au
réclamant (*) (Loi du 2 mes. an VII.
Art. 19).

390. Tout contribuable imposé dans
une commune pour un bien situé dans
une autre remettra sa pétition au
sous-préfet, qui la renverra au contrôleur de l'arrondissement, lequel
vérifiera le fait et donnera son avis.

Le sous-préfet, après avoir donné
son avis, fera passer les pièces au préfet, qui les communiquera au directeur des contributions. Celui-ci remettra son avis au préfet et le conseil
de préfecture prononcera, s'il y a lieu,
la décharge *dont le montant sera réimposé sur tous les autres propriétaires de
la commune* où le réclamant aura été
mal à propos imposé (Ar. du gouv. du
24 flor. an VIII. Art. 1).

391. Lorsqu'un contribuable se croira
taxé dans une proportion plus forte
qu'un ou plusieurs propriétaires de la
commune où sont situés ses biens, il
se pourvoira devant le sous-préfet de
l'arrondissement; il joindra à sa réclamation une déclaration de ses propriétés et de leurs revenus (Même Ar.
Art. 3).

Le sous-préfet enverra la réclamation au contrôleur : ce dernier prendra

(*Voyez* la jurisprudence en regard du nombre
399 relative aux remises et modérations sur la contribution foncière).

Lorsque les formalités exigées par le titre 6
(Ar. 96 et suiv. de la loi du 2 mes. an VII), pour
l'instruction des demandes en rappel à l'égalité
proportionnelle n'ont pas été remplies, il y a lieu
d'annuler l'arrêté du conseil de préfecture qui, sur
des renseignements imcomplets, a prononcé en
faveur des réclamants (Ord. du 26 fév. 1823. Mac.
t. 5. p. 148).

La production des pièces à l'appui de la demande
en rappel à l'égalité proportionnelle, n'est pas
exigée dès l'origine de cette demande à peine de
nullité (Ord. du 18 oct. 1833. Mac. t. 3. p. 556).

Le rappel à l'égalité proportionnel peut avoir
lieu non seulement en abaissant les cotes des réclamants, dans le rapport déterminé par la cote de
comparaison, mais encore en élevant cette dernière quand elle est trop faible dans le rapport
déterminé pas les réclamants; ceux-ci sont fondés
à réclamer contre un arrêté qui aurait adopté le
second mode de rappel à l'égalité proportionnelle,
s'ils soutiennent que la cote de comparaison, malgré

(*) Actuellement les réclamations sont inscrites dans
les sous-préfectures et adressées au préfet qui les fait
passer au directeur des contributions. Ce dernier, après
les avoir aussi inscrites sur un registre les transmet aux
contrôleurs pour procéder à une instruction et faire rapport sur leur objet (Ar. du ministre des finances du 23
octobre 1832).

l'avis des répartiteurs de la commune, lesquels le donneront dans la *décade* (dix jours); s'ils conviennent de la justice de la réclamation, il en dressera un procès-verbal qu'il fera passer au sous-préfet : celui-ci, après avoir donné son avis, enverra le tout au préfet, qui prendra l'avis du directeur, et le conseil de préfecture prononcera la réduction de la cote. *Le montant de la réduction sera réimposé sur les autres propriétaires* (Même Ar. Art. 4).

l'augmentation prescrite, n'est pas encore assez élevée, et dans ce cas ils ont droit de demander une expertise contradictoire (Ord. du 19 déc. 1821. Mac. t. 2. p. 556).

Relativement aux réclamations formées par les contribuables dans les communes cadastrées, lorsque les classificateurs se sont abstenus ou ont refusé de donner leur avis, il y a lieu d'ordonner une contre-expertise (Ord. du 25 nov. 1831. Mac. t. 1. p. 441).

Lorsqu'un propriétaire de propriétés non bâties s'est pourvu en rectification du classement desdites propriétés, dans les six mois qui suivent la mise en recouvrement du premier rôle cadastral, par cela même il jouit du droit de réclamation établi par l'article 9 de l'ordonnance royale du 3 octobre 1821, et si les classificateurs n'ont pas été d'avis qu'il y eût lieu de faire droit à sa réclamation, l'inspecteur des contributions directes doit l'informer de ce refus et le mettre en demeure de requérir la contre-expertise, s'il le juge convenable ; puis dans le cas où il serait établi que le réclamant n'a pas reçu ces informations de la part de l'inspecteur, le conseil de préfecture ne peut rejeter sa réclamation en considérant que son silence équivaut à une adhésion à l'avis des classificateurs (Ord. du 29 janv. 1839. Fél. Leb. p. 81).

En cas de contre-expertise, l'avis de l'inspecteur et le rapport du directeur ne doivent pas être communiqués au réclamant à peine de nullité, si d'ailleurs ces agents n'ont fait que se référer à l'avis émis par l'expert de l'administration dans la contre-expertise à laquelle le réclamant était présent, et où il a fait ses observations (Ord. du 30 juin 1839. Fél. Leb. p. 351).

---

§ III. — DISPOSITIONS PARTICULIÈRES AUX COMMUNES CADASTRÉES.

392. Les propriétaires compris dans le rôle cadastral pour *des propriétés non bâties,* ne seront plus dans le cas de se pourvoir en surtaxe à moins que, par un événement extraordinaire, leurs propriétés ne vinssent à disparaître : il y sera pourvu alors par une remise extraordinaire ; mais ceux d'entre eux qui, par suite des gelées, inondations

Les propriétaires sont admis à réclamer un dégrèvement à toute époque, lorsque la perte qu'ils éprouvent dans leur revenu imposable provient de causes étrangères et postérieures au classement (Ord. des 31 oct. 1833. Mac. t. 3. p. 600 et 1er juil. 1839. Fél. Leb. p. 367).

La diminution passagère du revenu ne peut donner lieu qu'à des remises ou modérations, et le préfet est seul compétent pour les ordonner (Ord. du 31 oct. 1833. Mac. t. 3. p. 600. et 30 juin 1839, Fél. Leb. p. 352 et 353).

ou autres intempéries, perdront la totalité ou une partie de leur revenu, pourront se pourvoir, comme par le passé, en remise totale ou en modération partielle de leur cote de l'année dans laquelle ils auront éprouvé une perte. Le montant de ces remises ou modérations sera pris sur le fonds de non-valeurs (Loi du 15 sept. 1807. Art. 37).

393. Les propriétaires des *propriétés bâties* continueront d'être admis à se pourvoir en décharge ou réduction, dans le cas de surtaxe ou de destruction totale ou partielle de leur revenu. Le montant des décharges et réductions continuera d'être réimposé pour la partie qui ne sera pas couverte sur la portion du fonds de non-valeurs qui n'aurait pas été consommée en remises et modérations (Même Loi. Art. 38).

Les propriétaires *des propriétés bâties* sont admis à se pourvoir en remise ou modération dans le cas de perte totale ou partielle de leur revenu d'une année (Ord. du 11 août 1833. Mac. t. 3. p. 439).

MAISONS DÉMOLIES DANS LE COURANT DE L'ANNÉE.

Les propriétaires des propriétés bâties ont le droit de demander décharge ou réduction dans le cas de destruction totale ou partielle de leurs bâtiments, et, aux termes de l'article 38 de la loi du 15 septembre 1807, c'est au conseil de préfecture qu'il appartient dans ce cas de prononcer la décharge ou réduction à laquelle le propriétaire réclamant peut avoir droit, lors même que la démolition n'aurait eu lieu que dans le courant de l'année pour laquelle l'impôt est en recouvrement (Ord. du 1er nov. 1838. Bul. des cont. année 1840. 1re partie. p. 46).

—◇◉◇—

§ IV. DISPOSITIONS SPÉCIALES A LA CONTRIBUTION DES PATENTES.

394. Les réclamations doivent être faites, présentées et jugées comme celles qui concernent les contributions foncière, personnelle et mobilière (Loi du 13 floréal an **X**, Art. 10). *Voir* plus haut les paragraphes 1 et 2.

395. NOTA *important pour MM. les maires.*

L'article 40 de la loi de finances du 2 ventôse an **XIII**, est ainsi conçu :

·· Dès quinze centimes dont le prélèvement est autorisé par les lois sur le montant des rôles des patentes, deux

La descente de classe fondée sur la médiocrité des bénéfices des patentables n'est pas permise (Ord. du 11 oct. 1833).

Les descentes de classes autorisées par la loi du 1er brumaire an **VII**, ont été abrogées par la loi du 13 floréal an **X** (Ord. du 31 juil. 1833).

centimes sont affectés aux frais de confection des rôles ; les treize centimes restants sont pareillement affectés d'abord aux décharges et réductions, *et l'excédant aux dépenses communales.*

La disposition qui précède, attribuant aux communes, à titre de ressource éventuelle, l'excédant des 13 centimes additionnels à la contribution des patentes, a été rappelée et maintenue dans toutes les lois de finances promulguées postérieurement à celle précitée du 2 ventôse an XIII, et l'on remarque la note suivante dans la colonne d'observations de l'état A, annexé à celle du 10 juillet 1840, portant règlement du budget de l'état pour l'année 1841 :

» Le principal de la contribution des patentes est évalué à trente millions, mais il doit en être déduit :

» 1° *Les 8 centimes que la loi du 2 ventôse an XIII attribue aux communes,* pour former avec l'imposition spéciale des 5 centimes un fond de 13 centimes, sur lequel s'imputent d'abord les réductions, décharges et non-valeurs, et dont *l'excédant disponible vient ensuite accroître les ressources communales.* »

396. Ainsi, la loi prescrivant de verser dans les caisses municipales l'excédant du produit des 13 centimes additionnels sur la contribution des patentes, après le prélèvement fait du montant des décharges, réductions et autres non-valeurs accordées sur ladite contribution, il convient que MM. les maires se pénètrent de l'obligation que leur impose l'intérêt particulier de leurs communes respectives de signaler exactement aux contrô-

Le peu de prospérité ou la décadence du commerce ou industrie d'un patentable ne sont pas des motifs de nature à être pris en considération pour ranger le réclamant dans une classe inférieure. Ces motifs ne peuvent valoir que pour la remise ou modération de cote (Ord. du 23 oct. 1835).

La comparaison avec d'autres marchands ne peut être prise en considération à l'égard de la contribution des patentes qui est un impôt de quotité (Ord. des 19 déc. 1834 et 23 juil. 1838).

leurs des contributions les individus qui exercent des industries ou professions assujéties à la patente.

Il importe également que MM. les maires *ne donnent qu'à bon droit* des avis favorables sur les demandes en décharge ou réduction des droits de patente, puisque ces allocations ou non-valeurs diminuent d'autant les ressources éventuelles de leurs communes. Toutefois, cette considération ne doit pas porter ces fonctionnaires à être injustes envers les contribuables, lorsqu'ils reconnaissent que ceux-ci ont droit à décharge ou réduction.

—◇◈◇—

§ V. CESSATION DE COMMERCE.

397. Les citoyens qui viendront à décéder, après avoir été compris au rôle des patentes, ne seront passibles des droits que pour le passé et le mois pendant lequel le décès a eu lieu.

Les forains paieront la contribution entière dans le premier mois (Art. 26 de la loi du 13 flor. an X).

Les dispositions de cet article ne sont applicables qu'au cas où les héritiers du défunt patenté ne continueraient pas à exercer eux-mêmes la profession, le commerce ou l'industrie du décédé.

Lorsqu'un commerçant a pris patente pour une année, s'il vient à céder son fond avant l'expiration de l'année il ne peut demander un dégrèvement à raison de ce que son cessionnaire paie lui-même patente pour une portion de ladite année (Ord. des 30 mai 1834. Sir. t. 34. p. 633. 30 juil. 1839. Fél. Leb. p. 421).

La cessation de commerce ou de l'industrie dans le courant de l'année n'autorise pas l'allocation d'une réduction des droits de patente *au prorata* (Ord. du 10 fév. 1835).

Le décès d'un patentable fait exception au principe que les patentes sont prises dans les trois premiers mois *pour l'année entière*. Dans ce cas une partie du droit doit être restituée aux héritiers du défunt (Ord. du 16 juil. 1817 et 28 déc. 1834).

—◇◈◇—

§ VI. MUTATIONS DE COTES.

398. Lorsqu'une propriété aura été cotisée sous un autre nom que celui du véritable propriétaire, les mêmes

Un conseil de préfecture ne peut prononcer de substitution en matière de contribution personnelle mobilière et de patentes.

La contribution personnelle et mobilière est

formes seront observées, et le conseil de préfecture statuera sur la mutation de cote (Ar. du Gouv. du 24 flor. an VIII. Art. 2).

NOTA. *Un percepteur est suffisamment autorisé par les dispositions de la loi du 28 pluviôse an VIII et la jurisprudence, à assigner devant le conseil de préfecture un contribuable qui, n'étant pas porté au rôle, refuserait le paiement de l'impôt des biens dont il s'est rendu acquéreur et dont la mutation n'aurait pas été faite. Le conseil de préfecture doit le condamner au paiement de l'impôt, et le comptable obtiendra ainsi un titre exécutoire pour exercer des poursuites, s'il y a lieu.* (Mémorial des percepteurs par DURIEU, année 1837, p. 80).

annuelle et n'est due qu'autant que la personne imposée a vécu dans l'année pour laquelle l'impôt est mis en recouvrement; en cas de prédécès du contribuable, sa cotisation ne peut devenir une dette de la succession; et en remplaçant un contribuable par un autre, un conseil de préfecture excéderait ses pouvoirs, puisqu'il procéderait réellement à une nouvelle répartition et à la confection d'un autre rôle.

Il n'en est pas de même de la contribution foncière à l'égard de laquelle l'impôt frappe sur la propriété elle-même, attendu que la nouvelle désignation de celui qui doit acquitter cette contribution est autorisée par l'article 2 de l'arrêté du gouvernement du 24 floréal an VIII (Ord. du 15 août 1839. Bul. des cont. année 1840. 1re partie. p. 105. 201 et 203).

Cependant une ordonnance rendue en conseil d'état le 24 juin 1840, a confirmé l'arrêté d'un conseil de préfecture prononçant une mutation de cote personnelle et mobilière, au moyen de la substitution du nom d'un fonctionnaire porté nominativement au rôle à celui d'un autre fonctionnaire qui a remplacé le premier dans sa résidence avant le 1er janvier de l'année pour laquelle le rôle était mis en recouvrement (Bul. des cont. année 1841. p. 189 et suivantes).

---

§ VII. REMISES ET MODÉRATIONS.

399. Les remises et modérations étant exclusivement dans les attributions des préfets, et cet ouvrage étant consacré aussi exclusivement aux objets contentieux qui sont dans les attributions des conseils de préfecture, nous avons cru pouvoir nous abstenir de traiter la question relative aux pertes par suite de sinistres, donnant lieu à des remises ou modérations de contributions. Néanmoins, il a paru convenable de faire connaître que toutes

Le chomage d'une usine ne peut donner lieu qu'à une remise ou modération de la contribution à laquelle cette usine est imposée et non à une décharge ou réduction; dès lors le préfet est seul compétent pour statuer sur la demande, sauf recours au ministre des finances, et sa décision est inattaquable par la voie contentieuse (Ord. du 30 juin 1839. Fél. Leb. p. 352 et 353).

Les préfets sont seuls compétents pour prononcer sur les demandes en remise de la contribution foncière (Ord. du 18 oct. 1832. Mac. t. 2. p. 572).

(*Voyez* au nombre 390).

les fois que, par des évènements extraordinaires, une commune ou des particuliers auront éprouvé des pertes
quelconques, le maire ou chacun de
ces particuliers *devra adresser sa réclamation au sous-préfet dans les quinze
jours qui auront suivi l'évènement, à
peine de déchéance.*

—◇◈◇—

SECTION III. — Réclamations assujéties à la formalité du timbre.

400. L'article 12 de la loi du 1er brumaire an VII assujétit au droit de
timbre *indistinctement toutes les pétitions et mémoires*, même en forme de
lettres, présentés à toutes autorités
constituées, aux administrations, etc.

Or, il résultait de cette disposition
générale l'obligation d'établir les demandes en décharge ou réduction de
contributions sur un papier revêtu de la
formalité du timbre, quelle que fût
l'importance de leur cote et de
l'objet de la réclamation; de telle sorte
qu'il a pu arriver que, pour obtenir
décharge ou réduction de trente centimes, il fallait faire les frais d'une
feuille de papier timbré du prix de
trente-cinq centimes.

401. Mais cet inconvénient ayant
été reconnu et signalé au pouvoir-lé-
gislatif, comme un obstacle à l'exercice du droit de réclamation, principalement à l'égard des classes pauvres ou peu aisées des citoyens, les
dispositions de l'article 12 de la loi du
13 brumaire an VII ont été modifiées,
d'abord, par le dernier alinéa de l'article 27 de la loi du 26 mars 1831, qui

n'assujétissait à la formalité du timbre que les réclamations en décharge ou réduction *d'une cote ou taxe moindre de dix francs.*

402. Ensuite est intervenue la loi des finances du 21 avril 1832, dont le troisième alinéa de l'article 28, titre 2, est ainsi conçu :

« Ne sont point assujéties au droit de timbre les réclamations ayant pour objet *une cote moindre de trente francs.* »

—◇❀◇—

SECTION IV. — **Mode de procéder et résultats des expertises en matière de contributions.**

403. Les experts se rendront sur les lieux avec le contrôleur, et, en présence de deux répartiteurs et du réclamant ou de son fondé de pouvoir, ils vérifieront les objets de la cote du réclamant et des autres cotes prises ou indiquées par le réclamant pour comparaison, dans le rôle de la même commune (Loi du 24 flor. an VIII. Art. 5).

Le contrôleur rédigera un procès-verbal des dires des experts et y joindra son avis.

Le sous-préfet, après avoir lui-même donné son avis, enverra le tout au préfet.

S'il résulte que les cotes prises pour comparaison sont dans une proportion plus faible que celle du réclamant, le conseil de préfecture, sur l'avis du directeur des contributions, prononcera la réduction à raison du taux commun des autres cotes. Le montant de cette réduction sera réimposé sur les

Le procès-verbal des experts ne contient qu'un avis qu'il est loisible au conseil de préfecture d'adopter ou de rejeter (Ord. du 16 fév. 1826. Mac. t. 8. p. 75).

La formalité du serment des experts n'est pas exigée par la loi (Ord. du 25 nov. 1825. Mac. t. 1. p. 441).

Il suffit que le maire ait été présent aux opérations, pour rendre l'instruction contradictoire nonobstant le défaut des deux répartiteurs (Ord. du 16 fév. 1826. Mac. t. 8. p. 75).

Il y a lieu d'annuler l'arrêté d'un conseil de préfecture intervenu sur une réclamation contre un classement cadastral, lorsque la contre-expertise a eu lieu en l'absence des répartiteurs de la commune, et que d'autre part les experts se sont occupés d'autres parcelles que celles comprises dans la réclamation (Ord. du 22 août 1839. Fél. Leb. p. 455).

Un conseil de préfecture commet une violation de la loi, en statuant sur une demande en décharge ou réduction avant qu'il ait été procédé à l'expertise réclamée (Ord. du 27 mars 1839. même Rec. p. 192).

autres contribuables de la commune (Même Loi. Art. 6).

404. Les frais de vérification et d'experts seront réglés par le préfet , sur l'avis du sous-préfet.

Ils seront supportés, savoir : par la commune, lorsque la réclamation aura été reconnue juste; par le réclamant , lorsque la réclamation aura été rejetée (Ar. du gouv. du 24 flor. an VIII. Art. 17 et 18).

405. Les frais à la charge de la commune seront imposés sur le rôle de l'année suivante , avec les centimes additionnels et comme charge locale. Ceux à la charge des contribuables seront acquittés par eux, en vertu de l'ordonnance du préfet, entre les mains du percepteur (Même Ar. Art. 20).

406. Le percepteur fera néanmoins , dans tous les cas , l'avance de ces frais aux experts sur le produit des centimes additionnels de la commune (Même Ar. Art. 21).

Lorsqu'un contribuable qui a formé une demande en réduction de son revenu foncier adhère à l'opinion des agents des contributions directes qui lui est moins favorable que celle des répartiteurs , si le préfet désire de plus amples renseignements , il ne peut ordonner une expertise, et les vérifications que ce magistrat jugerait nécessaires doivent être faites sans frais , par les agents des contributions directes , et s'il avait prescrit une expertise , les frais ne pourraient être mis à la charge du réclamant , alors même que les résultats n'auraient pas été favorables à celui-ci (Ord. du 6 fév. 1839. Fél. Leb. p. 104).

En cas d'une réduction quelconque dans le revenu cadastral d'un propriétaire par suite de la contre-expertise , les frais de cette opération restent à la charge de la commune , quelque soit le nombre des parcelles vérifiées (Ord. du 6 août 1839. même Rec. p. 425).

—◇✱◇—

SECTION V. — Des ordonnances de décharge ou réduction.

407. La réduction d'une cote en principal entraînera toujours la réduction proportionnelle des centimes additionnels.

Ce principe avait déjà été posé dans l'article 55 de la loi du 3 nivôse an VII (Loi du 24 flor. an VIII. Art. 13).

408. Les ordonnances de décharge ou réduction seront rendues par le préfet : elles énonceront les motifs de la

pétition, l'avis du directeur et le prononcé du conseil de préfecture (Même
Loi. Art. 22).

409. Les ordonnances seront remises
au directeur et par celui-ci au receveur particulier, qui les transmettra
aux percepteurs.

Le directeur en préviendra, par
une lettre d'avis, la partie intéressée,
qui se rendra chez le percepteur pour
quittancer l'ordonnance, après en
avoir reçu le montant (Même Loi.
Art. 23).

—◇◉◊—

SECTION VI. — Des réimpositions.

410. Le montant de toutes les ordonnances de décharge ou de réduction sera réimposé au profit de ceux
qui les auront obtenues, par addition
au rôle de l'année suivante (Art. 14
de la loi du 24 floréal an VIII).

411. A cet effet, le directeur des
contributions tiendra registre de toutes
les décharges ou réductions prononcées, pour que, chaque année, le
préfet du département indique aux
communes la somme que chacune
d'elles aura à réimposer (Même loi,
Art. 15).

Avis important aux répartiteurs.

412. Il résulte du principe ci-dessus,
que les répartiteurs ne doivent donner
qu'à bon droit des avis favorables,
tendant à provoquer des décharges ou
réductions, puisque le montant de
toutes celles prononcées par le conseil
de préfecture retombe à leur charge

personnelle, aussi bien qu'à celle des autres contribuables de la commune. Toutefois, cet avertissement ne doit pas leur faire commettre d'injustice à l'égard de ceux de leurs concitoyens qui se trouveraient surtaxés ou imposés par double emploi, attendu qu'une juste proportionnalité dans la répartition des impôts en allége en quelque sorte le fardeau.

SECTION VII. — Des décharges à demander par les percepteurs.

§ I. DES ÉTATS DE COTES IRRECOUVRABLES.

413. Les états de cotes irrecouvrables seront présentés par les percepteurs dans le courant des deux premiers mois, après l'expiration de l'année à laquelle se rattachent lesdites cotes.

414. Les percepteurs ne doivent comprendre dans ces états que les cotes devenues irrecouvrables, postérieurement à l'émission du rôle, pour *cause de décès, d'absence, d'indigence ou autres cas semblables qui s'opposent d'une manière absolue au recouvrement.*

415. Ces comptables auront soin d'indiquer, d'une manière précise, les dates des décès, départs, indigence ou de l'insolvabilité des contribuables.

416. Les cotes admissibles comme irrecouvrables, sont:

En contribution foncière, celles relatives à des mâsures occupées par des indigents, et celles relatives à des maisons vacantes, lorsqu'elles appartiennent aussi à des indigents.

En contribution des portes et fe-nêtres, celles relatives à des habitations occupées par des contribuables indigents, ou à des maisons vacantes appartenant à des propriétaires indigents (comme pour la contribution foncière).

En contribution personnelle, celles des individus décédés et qui ne laissent que des héritiers dans l'indigence.

En contribution mobilière, celles dues par des absents qui n'ont laissé aucun mobilier saisissable et dont le nouveau domicile est inconnu; celles des contribuables devenus indigents depuis l'émission du rôle; enfin, celles des contribuables décédés et dont les héritiers sont indigents.

En contribution des patentes, celles restant dues depuis le jour du décès d'un patenté jusqu'au 31 décembre, et celles restant dues par des absents faillis ou autres qui n'ont laissé aucun mobilier saisissable, et dont le nouveau domicile est ignoré; enfin celles des patentés devenus indigents depuis l'émission du rôle sur lequel ils sont inscrits.

417. Nota. *Les percepteurs sont responsables des termes qui sont échus à l'époque où survient l'évènement du décès, de l'absence ou de l'insolvabilité des contribuables.*

—◇❀◇—

§ II. DES ÉTATS DE COTES INDUMENT IMPOSÉS.

418. Les états seront présentés par les percepteurs dans les trois premiers mois qui suivent l'émission des rôles.

Ils ne doivent comprendre que les cotes ci-après indiquées.

Lorsque les contribuables décédés ont été maintenus pour leurs cotes personnelle et mobilière au rôle de l'année suivante, le percepteur peut et doit demander lui-même la décharge de ces cotes, mais il en est autrement lorsque la cote indûment main-

Celles qui concernent des contribuables décédés dans le cours de l'année précédente.

Celles des individus absents depuis l'année précédente, et dont on ignore le nouveau domicile.

tenue a été acquittée par les héritiers du contribuable défunt.

Le percepteur doit demander la décharge d'une cote foncière, désignée comme ayant été établie au rôle sur une propriété inconnue.

Mais le percepteur est sans droit et qualité pour demander la décharge de cotes indûment imposées, lorsque l'existence et la désignation au rôle des personnes imposées lui permettent d'exercer contre elles ses poursuites, sauf à lui à obtenir du préfet, en fin d'exercice l'imputation sur le fonds de non-valeurs des cotes reconnues irrecouvrables.

De même le percepteur est sans droit pour demander la décharge de cotes personnelles et mobilières établies sur des individus ayant quitté la commune avant l'exercice ou notoirement indigents (Ord. des 15 août et 29 oct. 1839. Fél. Leb. p. 438. 439 et 505).

—◇◈◇—

SECTION VIII. — Des recours ou pourvois.

419. Les décisions du conseil de préfecture ne peuvent être attaquées que devant le conseil d'état. Le recours n'est pas recevable, après trois mois, du jour où les décisions ont été notifiées (Déc. du 22 juil. 1806, Art. 11).

420. Aux termes des articles 29 de la loi du 26 mars 1831 et 30 de celle du 21 avril 1832, les recours ou pourvois contre les arrêtés des conseils de préfecture, en matière de contributions directes, ne sont soumis qu'au droit du timbre.

Ils pourront être transmis au gouvernement, sans frais, par l'intermédiaire du préfet.

421. Nota. Relativement aux oppositions qu'on pourrait former contre ces sortes de décisions, voyez la 9e partie du présent recueil, concernant le mode de procéder devant les conseils de préfecture.

Les pourvois au conseil d'état doivent être présentés dans les trois mois de la notification de l'arrêté du conseil de préfecture (Ord. du 19 juillet 1837).

Lorsqu'un pourvoi formé au nom d'un mandataire a été rejeté par défaut de justifications de pouvoirs, un nouveau pourvoi ne peut être formé par ce mandataire avec justification de pouvoirs antérieurs au premier pourvoi, qu'autant qu'il se trouve encore dans les trois mois du premier pourvoi (Ord. du 15 août 1839. Fél. Leb. p. 454).

QUATRIÈME PARTIE.

CONTENTIEUX DES MATIÈRES DOMANIALES ET FORESTIÈRES.

———— ◇◆◇ ————

TITRE Ier.

DOMAINES NATIONAUX.

—◇◉◇—

CHAPITRE PREMIER.

ORIGINE DES DOMAINES NATIONAUX.

422. On appelle domaines ou biens nationaux les immeubles provenant de la confiscation prononcée par les lois des 2-4 novembre 1789 ; 26 septembre-16 octobre 1791 ; 9-12 février, 30 mars-8 avril, 19-25 juillet, 27 juillet, 14 août, 18 août, 25-28 août 1792, etc.

423. Le nombre des lois qui ont ordonné l'aliénation des biens nationaux, prescrit le mode de vente et de paiement des prix, prononcé des déchéances, est tellement considérable, que si on les rappelait toutes ici minutieusement, on courrait les risques de jeter sur cette partie de notre législation une grande obscurité ; pour éviter cet inconvénient, nous citerons seulement celles de ces lois qui offrent le plus d'intérêt.

Voici, d'abord, la série des actes législatifs qui ont déclaré que certains biens faisaient partie du domaine national.

424. Celle du 2-4 novembre 1789

De ce que les biens nationaux ont été mis en vente sans garantie de mesure, il s'en suit que l'erreur dans ladite mesure ne peut donner lieu à l'annulation du contrat de vente, ni à un supplément de prix (Ord. du 18 juil. 1821. Mac. t. 2. p. 152).

Un domaine national a été divisé en plusieurs lots : de ce que tous ces lots ont été adjugés au même individu, il ne s'en suit pas que la vente doive être considérée comme ayant compris tout le domaine sans aucune exception quelconque, de manière qu'il faille nécessairement attribuer à l'adjudicataire un terrain qui ne serait compris particulièrement dans aucun des lots (Ord. du 4 juin 1839. Fél. Leb. p. 313).

a mis les biens ecclésiastiques à la disposition de la nation.

425. La loi du 26 septembre-16 octobre 1791 a déclaré que les biens
provenant de fondations au profit
d'ordres, de corps ou corporations,
faisaient partie des domaines nationaux ; les biens des émigrés ont été
confisqués et la vente en a été ordonnée
par les lois des 9-12 février, 30 mars-
8 avril, 27 juillet, 14 août 1792 ;
celle du 25-28 août suivant a statué
sur le sort de leurs biens situés dans
les colonies.

426. La vente des palais épiscopaux
a été ordonnée par la loi du 19-25
juillet 1792 ; celle des biens provenant
des congrégations séculières et des
confréries par la loi du 18 août suivant.

427. Celle des biens appartenant
aux fabriques des églises, par la loi du
19 août-3 septembre de la même
année 1792.

428. Enfin, la loi du 4-8 nivôse
an II a ordonné la vente des biens
appartenant aux tribunaux consulaires.

429. Le mode de vente de cette nature de domaines a été réglé par
plusieurs autres lois, au nombre
desquelles figurent celles des 19-21
décembre 1789, 23-28 octobre, 5 novembre 1790, 3-17 novembre, 22 novembre et 1er décembre même année ;
3-10 juillet 1791 ; 1er-4 février 1793 ;
1er-4 avril même année ; 28 ventôse
an IV, 26 vendémiaire an VI, 29 fructidor suivant ; 9 floréal an IX et 5-12
ventôse an XII.

430. L'inviolabilité des ventes des
biens nationaux a été consacrée par
plusieurs lois successives, dont les plus
importantes sont celle du 4-17 mai 1790 ;

Lorsque la vente d'un domaine national a été
légalement consommée, elle est irrévocablement
maintenue ; peu importe qu'elle ait été faite au
mépris d'un sursis accordé par l'autorité supérieure :
la faute des administrateurs n'empêche pas la
bonne foi de l'acquéreur, et ne peut préjudicier à
ce dernier (Ord. du 20 juin 1819. Sir. t. 20.
p. 152).

Tous jugements qui ont annulé l'adjudication de
domaines nationaux avant la loi du 29 vendémiaire
an IV, même pour irrégularité intrinsèque, sont
déclarés sans effet par cette loi, sauf recours à l'autorité administrative (Ord. du 11 fév. 1820. Sir.
t. 21. p. 23).

L'inviolabilité des ventes de domaines nationaux
interdit aux anciens propriétaires toute action en
nullité desdites ventes (Ord. du 16 fév. 1832.
Mac. t. 2. p. 47).

l'acte constitutionnel du 22 frimaire an VIII (Article 94) ; le sénatus-consulte du 6 floréal an X (26 avril 1802) ; l'article 9 de la charte de 1814, la loi du 5-6 décembre suivant, et l'article 24 de la loi du 27-28 avril 1825, sur l'indemnité accordée aux émigrés ; enfin, l'article 8 de la charte de 1830.

431. Il paraît que des motifs de convenances politiques ont fait attribuer à la juridiction des conseils de préfecture, tout ce qui est relatif au contentieux des domaines nationaux.

Quand bien même lors de la vente des manœuvres frauduleuses auraient été employées par l'adjudicataire pour écarter les enchérisseurs (Ord. du 8 mai 1822. Mact. t. 3. p. 431).

Lorsqu'une vente de domaines nationaux a été faite avec toutes les formalités prescrites par la loi, qu'il y a eu séquestre, main mise du domaine, jouissance sans réclamation, estimation, affiche de vente, enchère et adjudication de l'immeuble, le tout publiquement et solemnement, les conseils de préfecture ne peuvent pour annuler cette vente, se livrer à des recherches sur l'origine des biens aliénés ; ici s'applique l'article 94 de la constitution de l'an VIII (Rap. d'une com. du C. d'ét. app. le 1er avril 1808. Sir. t. 8. p. 113).

CHAPITRE II.

DU CONTENTIEUX EN MATIÈRE DE DOMAINES NATIONAUX.

SECTION I. — Objets contentieux.

432. Le contentieux des domaines nationaux comprend, savoir :

Les contestations qui peuvent s'élever concernant ces domaines, pour l'exécution des lois des 28 octobre-5 novembre 1790 ; 18 avril 1792 (Articles 3 et 12) ; 15 brumaire an II, 9 et 29 brumaire an III, 8 floréal suivant et 12 ventôse an IV).

Celles relatives aux ventes opérées à la caisse d'amortissement, des biens d'origine communale qui ont été cédés à cette caisse en vertu de la loi du 20 mars 1813.

Cette matière qui, dans l'origine, a donné une haute importance aux

Une demande en annulation de vente de biens communaux doit être portée en première instance devant le conseil de préfecture, elle ne peut l'être directement devant le conseil d'état (Ord. des 16 juil. 1817 et 16 nov. 1825. Mac. t. 4. et 7. p. 87 et 645).

Un conseil de préfecture ne peut annuler des arrêtés pris, soit par une administration centrale de département, soit par un autre conseil de préfecture (Ord. du 10 janv. 1839. Fél. Leb. p. 14).

Il excède sa compétence, lorsque prononçant entre l'acquéreur d'un domaine national et un tiers sur la question de savoir si un terrain dont ce tiers se prétend propriétaire a été compris dans la vente nationale, s'il ne se fonde pas exclusivement sur les énonciations de l'acte, mais aussi sur des titres et faits anciens où il trouve la preuve que les terrains litigieux appartenaient aux anciens propriétaires du domaine vendu (Ord. du 25 avril 1839. même Rec. p. 246 et suivantes).

14

conseils de préfecture (*Voir* au nombre 97 , 1ʳᵉ partie) , se trouve actuellement presque éteinte, et par conséquent ne présentera désormais dans la pratique qu'un très petit nombre de contestations. Néanmoins, nous avons cru devoir rapporter les dispositions principales qni régissent le contentieux administratif des domaines, afin d'éviter le reproche d'être trop laconique au préjudice de l'utilité.

DU MODE D'INTRODUCTION D'INSTANCE.

433. L'article 13 du titre 3 de la loi du 28 octobre-5 novembre 1790, est ainsi conçu :

Toutes actions en justice, principales, incidentes ou en reprise, qui seront intentées par les corps administratifs, le seront au nom du procureur-général-syndic (actuellement le préfet) du département, poursuites et diligences du procureur-syndic du district (remplacé par le procureur du roi), et ceux qui voudront en intenter contre ces corps, seront tenus de les diriger contre ledit procureur-général-syndic (le préfet).

Actuellement, c'est au préfet seul qu'appartient l'exercice de toutes les actions tant mobilières qu'immobilières relatives à la propriété des biens contestés à l'état, et ce, en conformité de l'avis ci-après.

C'est le conseil de préfecture et non le préfet qui est compétent pour interpréter les actes de ventes nationales, alors même qu'il s'agit de décider si des travaux de sûreté et de salubrité publiques ont été mis à la charge des acquéreurs (Ord. du 20 juin 1839. même Rec. p. 322).

Un conseil de préfecture ne doit pas donner l'interprétation d'une vente nationale, lorsque cette *interprétation* lui est demandée par l'acquéreur de son propre mouvement, et que celui-ci n'est en procès avec personne sur le sens de l'acte (Ord. du 21 nov. 1839. même Rec. p. 537 et 538).

La règle qui oblige les conseils de préfecture à se renfermer, pour l'interprétation des ventes nationales, dans l'examen de l'adjudication et des actes qui l'ont préparée, s'oppose à ce qu'ils ordonnent par des arrêtés interlocutoires la reconnaissance et la description par experts, des terrains compris dans les ventes (Ord. du 21 juin 1839. même Rec. p. 340).

Une créance domaniale est soumise à l'action ou du directeur des domaines ou du préfet, selon qu'il s'agit du simple recouvrement *d'une créance non contestée* ou de faire juger la propriété *d'une créance contestée.* Ainsi, la direction des domaines a qualité pour réclamer le recouvrement d'une créance due à l'état, mais s'il y a contestation sur le fond de cette créance, au préfet seul appartient le droit de poursuivre (Avis du C. d'ét. du 28 août 1823 et Ar. C. de cass. du 6 août 1828. Sir. t. 28. p. 306).

En matière domaniale c'est *au préfet lui-même*, lorsqu'il est défendeur que l'assignation doit être donnée; une procédure qui aurait lieu contre l'état, par suite *d'une assignation donnée au préfet en la personne d'un sous-préfet serait radicalement nulle* (Ar. C. de cass. du 20 nivôse an XIII. Sir. t. 7. p. 770).

Le secrétaire-général de la préfecture n'a pas qualité en l'absence du préfet pour viser un exploit signifié au préfet dans l'intérêt de l'état (Ord. du 11 déc. 1816. Sir. t. 3. p. 448).

Dans les affaires intéressant l'état, poursuivies à la requête des préfets, les actes de procédure, sont valablement signifiés aux parquets des procureurs du roi ou des procureurs-généraux. Il existe une élection de domicile de la part des préfets aux parquets de ces magistrats (Ar. C. r. de Nancy, du 12 fév. 1827. Sir. t. 27. p. 98).

AVIS DU CONSEIL D'ÉTAT, DU 28 AOUT
1823.

434. Le conseil d'état, sur le renvoi fait par le garde des sceaux, etc. ;

Considérant que, aux termes de l'article 14 de la loi du 5 novembre 1790, et de l'article 13 de celle du 27 mars 1791, les procureurs-généraux-syndics de département et les commissaires du gouvernement, qui les ont remplacés, ne pouvaient suivre les procès concernant l'état sans l'autorisation des directoires de département ou des administrations centrales qui leur ont été substituées ; que cette disposition n'était qu'une conséquence du système d'alors, qui plaçait dans les autorités collectives l'administration tout entière, et réduisait les procureurs-généraux-syndics et les commissaires du gouvernement à de simples agents d'exécution, qui ne pouvaient agir qu'en vertu d'une délibération ou d'une autorisation ; mais que cet état de choses a été changé par la loi du 28 pluviôse an VIII, qui dispose, article 3, que le préfet est chargé seul de l'administration, et statue, par cela même, qu'il peut seul, sans le concours d'une autorité secondaire, exercer les actions judiciaires qui le concernent en sa qualité d'administrateur.

Que l'article 4 de la même loi, qui détermine les fonctions des conseils de préfecture, leur attribue la connaissance des demandes formées par les communes pour être autorisées à plaider ; que cet article ni aucun autre ne soumet à leur autorisation, ni à leur examen ou avis, les procès que les préfets doivent intenter ou soutenir.

La disposition contenue dans l'avis ci-contre, qui impose à tout individu qui veut intenter une action contre l'état l'obligation de se pourvoir préalablement auprès du préfet, par simple mémoire est applicable, savoir :

Au cas où pour défense à une action formée par la régie des domaines, la partie propose un moyen qui présente la question de savoir si cette propriété appartient à l'état ou à cette partie (Ar. C. de cass. du 29 ther. an II. Sir. t. 7. p. 1154).

Lorsqu'un particulier, conformément à l'article 14 de la loi du 5 novembre 1790, s'adresse au conseil de préfecture pour obtenir l'autorisation de citer le préfet par action en garantie ou autrement, le conseil n'a pas à examiner le bien ou mal fondé de la demande ; il ne peut qu'émettre un simple avis pour la règle du préfet (Ord. du 11 déc. 1816. Sir. t. 3. p. 448).

Jugé au contraire que lorsque le domaine est appelé en cause, la partie qui l'appelle en vertu d'un jugement, n'est pas soumise aux formalités préalables prescrites par l'article 15, titre 3 de la loi du 5 novembre 1790 (Ar. C. de cass. du 14 mars 1825. Sir. t. 26. p. 171).

Au cas où il s'agit d'une simple mise en cause, ordonnée dans une contestation sur la demande du ministère public, peu importe qu'aucunes conclusions formelles ne soient prises dans l'assignation contre le préfet (Ar. C. r. de Toulouse du 6 avril 1829. Sir. t. 29. p. 183).

Au cas où lorsque c'est une commune qui forme la demande, elle a obtenu du conseil de préfecture l'autorisation de plaider ; qu'elle prétendrait en vain que la demande en autorisation a donné à l'administration une connaissance suffisante de l'action, et a ainsi rempli le but de la présentation préalable d'un mémoire (Ar. C. r. de Nismes du 16 déc. 1830. Sir. t. 31. p. 271).

Elle n'y est pas soumise non plus lorsqu'il s'agit de former contre l'état une demande subsidiaire, si cette demande subsidiaire n'est qu'une émanation, ou même une restriction de la demande principale (Ar. C. de cass. du 4 janv. 1831. Sir. t. 31. p. 79).

Ni lorsqu'il s'agit simplement de faire ordonner l'exécution d'un jugement passé en force de chose jugée, exécution à laquelle le domaine se refuse sous prétexte que le jugement a besoin d'interprétation (Ar. C. de cass. du 22 mai 1832. Sir. t. 1er. p. 324).

Considérant que, aux termes de l'article 15 de la loi précitée du 5 novembre 1790, les particuliers qui se proposaient de former une demande contre l'état, devaient en faire connaître la nature par un mémoire qu'ils étaient tenus de remettre au directoire du département avant de se pourvoir en justice ; que cette disposition utile à toutes les parties en cause, puisqu'elle a pour objet de prévenir les procès ou de les concilier, s'il est possible, n'a été abrogée explicitement ni implicitement par la loi du 28 pluviôse an VIII ; mais que le mémoire dont parle cet article doit être remis au préfet, qui est chargé seul de l'administration et de le plaider, et non au conseil de préfecture, qui n'a reçu de la loi aucune attribution à cet égard ;

Est d'avis que, 1° *dans l'exercice des actions judiciaires que la loi leur confère, les préfets doivent se conformer aux instructions qu'ils recevront du gouvernement, et que les conseils de préfecture ne peuvent, sous aucun rapport, connaître de ces actions.*

2° Que, conformément à l'article 15 de la loi du 5 novembre 1790, *nul ne peut intenter une action contre l'état sans avoir préalablement remis à l'autorité administrative le mémoire mentionné en l'article* 15, *et que ce mémoire doit être adressé, non au conseil de préfecture, mais au préfet, qui statuera dans le délai fixé par la loi* (un mois).

435. Suivant l'avis que nous venons de transcrire, l'article 14 de la loi du 5 novembre 1790 a été virtuellement abrogé par l'article 3 de la loi du 23 pluviôse an VIII ; mais il n'en est pas

Au cas où avant l'action intentée contre l'état, partie relativement à la propriété d'un immeuble, cette partie aurait été citée correctionnellement à la requête d'une administration publique pour entreprise sur le terrain litigieux (Ar. C. r. de Poitiers du 27 juil. 1832. Sir. t. 32. p. 502).

Ni lorsqu'une partie défenderesse en première instance interjette appel d'un jugement rendu au profit de l'état (Ar. C. de cass. du 27 août 1833. Sir. t. 33. p. 858).

La nullité résultant du défaut d'exécution de l'article 15, titre 3 de la loi de 1790, est absolue et d'ordre public ; elle ne peut être couverte par le silence du préfet (Ar. C. r. de Bordeaux du 17 mars 1826. Sir. t. 26. p. 263).

La nullité peut être proposée en tout état de

de même de l'article 15, qui, ayant conservé toute sa force, doit continuer à être exécuté ponctuellement; il importe donc d'en rapporter le texte ci-après.

EXTRAIT DE LA LOI DU 5 NOVEMBRE 1790.

436. Il ne pourra être intenté aucune action contre le procureur-général - syndic (actuellement le préfet), en sadite qualité, *par qui que ce soit*, sans qu'au préalable on se soit pourvu par simple mémoire, d'abord au directoire du district (remplacé par le sous-préfet), ensuite au directoire du département (actuellement les conseils de préfecture), *pour donner une décision, à peine de nullité*. Les directoires de district et de département statueront sur le mémoire dans le mois; à compter du jour qu'il aura été remis avec les pièces justificatives au secrétariat du district (de la sous-préfecture), dont le secrétaire donnera récépissé et dont il sera fait mention sur le registre qu'il tiendra à cet effet. (Art. 15).

La remise et l'enregistrement du mémoire interromprompt la prescription, et, dans le cas où les corps administratifs n'auraient pas statué à l'expiration du délai ci-dessus, il sera permis de se pourvoir devant les tribunaux.

cause même en appel (Ar. C. r. de Bordeaux du 23 juil. 1830. Sir. t. 30. p. 377. autre de Nismes du 16 déc. 1830. même Rec. t. 31. p. 271. autre de la C. r. de Bourges du 16 août 1831. même Rec. t. 32. p. 38).

Mais cette nullité ne peut être proposée par celui-là même qui aurait dû présenter le mémoire et qui a omis cette formalité (Ar. préc. de la C. r. de Bourges du 16 août 1831. Sir. t. 32. p. 38).

Jugé enfin que la nullité prise du défaut de présentation préalable du mémoire, ne peut être proposée pour la première fois en cour de cassation (Ar. C. de cass. du 14 août 1833. Sir. t. 33. 1re part. p. 787).

Toutefois lorsque l'administration du département a défendu le domaine contre la demande d'un particulier, on ne peut dire que le domaine n'a pas été représenté et que les jugements intervenus n'ont pas l'effet de la chose jugée, parce qu'avant d'intenter le procès le particulier n'avait pas eu soin de présenter à l'administration le mémoire prescrit (Ar. C. de cass. du 29 déc. 1808. Sir. t. 20. p. 306).

L'omission de la formalité prescrite par cet article, forme un moyen de nullité contre les sentences arbitrales rendues au préjudice du gouvernement pendant le cours de l'arbitrage forcé; et cette nullité ne peut être couverte par le fait des administrateurs chargés de l'exercice des actions nationales (Ar. C. de cass. du 19 prairéal an II. Sir. t. 7. p. 770).

La loi de 1790 n'ayant point prescrit la forme du mémoire, on peut regarder comme satisfaisant au vœu de la loi plusieurs mémoires présentés au préfet avant l'action, afin de terminer la contestation extra-judiciaire, bien que ces mémoires n'ayant pas été présentés dans le but de remplir la formalité prescrite par la loi (Ar. C. de cass. du 14 juin 1832. Sir. t. 32. p. 679).

On peut également considérer comme satisfaisant au vœu de la loi la signification faite par la partie demanderesse de ses titres au préfet avec sommation d'avoir à reconnaître ses droits (Ar. C. r. de Bourges du 16 août 1831. Sir. t. 32. p. 38).

Ou bien lorsque divers actes administratifs antérieurs à l'action, et auxquels le préfet a concouru, lui avaient fait nécessairement connaître les titres et les moyens sur lesquels la partie fonde ses prétentions contre le domaine, bien que ces actes administratifs n'aient pas été directement formalisés dans le but de remplir la formalité prescrite par la loi de 1790 (Ar. C. de cass. du 2 juil. 1833. Sir. t. 33. p. 863).

Au surplus il n'est pas absolument nécessaire que le mémoire soit déposé avant l'assignation ; ce dépôt est valable et remplit le vœu de la loi, dès l'instant qu'il a lieu avant toute procédure de la part du préfet, bien qu'effectué postérieurement à l'assignation (Même Ar. du 20 août 1833. Sir. t. 33. p. 788).

⎯⎯ ◆⊛◆ ⎯⎯

CHAPITRE III.

DÉSIGNATION DES BIENS COMPRIS DANS LES DOMAINES NATIONAUX.

Extrait du Décret du 23-28 octobre-5 novembre 1790.

437. Article 1er. L'assemblée nationale décrète qu'elle entend par biens nationaux :

Tous les biens des domaines de la couronne ;

Tous les biens des apanages ;

Tous les biens du clergé ;

Tous les biens des séminaires diocésains.

L'assemblée ajourne tout ce qui concerne :

Les biens des fabriques (*Voir*, plus bas, la loi du 19 août-3 septembre 1792);

Ceux des fondations établies dans les églises paroissiales (*Voir* le Déc. du 23 sept.-16 oct. 1791) ;

Ceux des séminaires-colléges, des colléges, des établissements d'études ou de retraite et de tous établissements destinés à l'enseignement public;

Les biens des hôpitaux, maisons de charité et autres établissements des-

Le terrain des fortifications d'une place de guerre est inaliénable ; si une portion de ce terrain a été comprise dans une vente nationale, il y a lieu d'annuler cette vente, quant à ce, sauf à l'acquéreur à se pourvoir en indemnité contre qui de droit (Ord. du 22 juil. 1829. Mac. t. 11. p. 274).

Jugé au contraire que l'irrévocabilité des ventes nationales s'oppose à leur annulation même dans ce cas spécial (Ord. du 14 avril 1831. Mac. t. 1. p. 151).

L'acquéreur d'un domaine situé en pays étranger, mais vendu par le gouvernement français pendant l'occupation de ce pays par les armées françaises, peut, s'il est dépossédé par le gouvernement étranger redevenu maître de son territoire, exercer contre le gouvernement français une action en garantie (Ord. du 8 mai 1822. Mac. t. 3. p. 444).

tinés au soulagement des pauvres ;

· Ceux de l'ordre de Malte et tous autres ordres religieux militaires (*Voir* le Déc. du 18 août 1792).

438. L'assemblée décrète que tous lesdits biens déclarés nationaux seront vendus dès à présent, et, en attendant, ils seront administrés par les corps administratifs, sauf les exceptions et modifications ci-après (Art. 2).

(*Voir,* pour les exceptions, les Art. 3, 4 , 5, 8 et 9 du Décret).

439. Dans le nombre des exceptions prononcées par la loi, il paraît convenable de citer particulièrement celles énoncées dans les articles 4 et 5, ainsi conçus :

Sont et demeurent exceptés de la vente, les domaines qui auront été réservés au roi par un décret de l'assemblée nationale, et les assemblées administratives ni les municipalités ne pourront, à cet égard, exercer aucune administration (Art. 4).

Sont également exceptés de la vente, quant à présent, les bois et forêts dont la conservation a été arrêtée par le décret du 6 août dernier (Art. 5).

440. En ce qui concerne l'ajournement spécifié en l'article 1er à l'égard de certains biens, il ne fut que d'une courte durée pour quelques-uns d'entre eux, comme on va le voir par les dispositions législatives suivantes :

EXTRAIT DU DÉCRET DU 26 SEPTEMBRE- 16 OCTOBRE 1791.

Les biens dépendant des fondations faites en faveur d'ordres, de corps et de corporations qui n'existent plus dans la constitution française, soit que lesdites fondations eussent pour objet lesdits ordres, corps, corporations en commun ou les individus qui pouvaient en faire partie, considérés comme membres desdits ordres, corps ou corporations, *font partie des domaines et, comme tels, à la disposition de la nation* (Art. 1).

Les biens dépendant desdites fondations seront en conséquence *administrés et vendus comme les autres biens nationaux*, nonobstant toute clause, même de reversion, qui serait portée aux actes de fondation (Art. 2).

Extrait du décret du 19 août - 3 septembre 1792.

441. Les immeubles réels affectés aux fabriques des églises cathédrales, paroissiales et succursales, à quelque titre et pour quelque destination que ce puisse être, *seront vendus, dès à présent, dans les mêmes formes et aux mêmes conditions que les autres biens nationaux* (Art. 1).

Extrait du décret du 24 août, 15, 16, 17 et 13 septembre 1793.

442. Tout l'actif des communes pour le compte desquelles la république se charge d'acquitter les dettes, excepté les biens communaux dont le partage est décrété, et les objets destinés pour les établissements publics, appartiennent dès ce jour à la nation, jusqu'à concurrence desdites dettes (*Voir* d'autre part l'article 4 de la loi du 20 mars 1813, qui ordonne la vente des biens des communes au profit de l'état) (Art. 91).

Avis du conseil d'état du 3 nivôse an XIII (24 décembre 1804).

443. Considérant qu'il est nécessaire de déterminer d'une manière claire et qui prévienne tous les doutes sur le sens de l'article 91 de la loi du 24 août 1793,

portant que tout l'actif des communes pour le compte desquelles le gouvernement se charge d'acquitter les dettes, excepté les biens communaux et les objets donnés pour les établissements publics, appartiennent dès ce jour à la nation jusqu'à concurrence desdites dettes, et d'expliquer l'exception prononcée audit article pour les objets destinés aux établissements publics;

EST D'AVIS :

444. Que les propriétés susceptibles d'être remises en domaine national sont, outre les créances dues par la république aux communes, ou par des particuliers aux mêmes communes, les biens patrimoniaux que les communes afferment ou louent pour en tirer une rente.

445. Que les halles, les places, les marchés et tous les emplacements publics quelconques, qui seront à la charge de tous, doivent être considérés de la même manière que les biens communaux, lors même que les communes jugeraient à propos de les louer ou affermer, conformément à la loi du 11 frimaire an VII, et qu'ainsi ils ne peuvent être, non plus que les biens communaux, réunis au domaine.

446. Que les bâtiments, maisons et emplacements nécessaires au service public de la commune, qui sont employés comme tels, sans être loués ou affermés, sans produire une rente, comme les hôtels de ville, les prisons, les presbytères, les églises rendues au culte, les halles, les boucheries, etc., ne peuvent cesser d'appartenir aux communes.

447. Que toutes les dispositions contraires au présent avis doivent être annulées.

EXTRAIT DU DÉCRET DU 13-14 BRUMAIRE
AN II (3-4 NOVEMBRE 1793).

448. Tout l'actif affecté, à quel titre
que ce soit, aux fabriques des églises
cathédrales, paroissiales et succursales, ainsi qu'à l'acquit des fondations, *fait partie des propriétés nationales* (Art. 1).

449. Le smeubles et immeubles provenant de cet actif *seront régis, administrés et vendus comme les autres domaines
ou meubles nationaux* (Art. 2).

450. Les besoins pressants de l'état
ont nécessité la spoliation des fabriques, qui n'ont pas tardé à perdre,
pour la même cause, même les intérêts
des prix de leurs biens, que leur as-
surait l'article 2 du décret précité.

Mais, par un arrêté du gouvernement du 7 thermidor an XI (26 juillet 1803), les fabriques ont été remises
en possession de ceux de leurs biens
et rentes non aliénés; l'article 1er de
cet arrêté porte ce qui suit :

EXTRAIT DE L'ARRÊTÉ DU GOUVERNEMENT,
DU 7 THERMIDOR AN XI.

451. Les biens des fabriques non
aliénés, ainsi que les rentes dont elles
jouissaient et dont le transfert n'a pas
été fait, sont rendus à leur destination (Art. 1).

Un avis du conseil d'état, du 9 décembre 1810, porte :

452. Est d'avis que, les biens des fa-

Un droit d'affouage conféré jadis à des moines,
à titre de fondation pieuse est devenu la propriété
de l'état, par suite de la loi du 13 brumaire an II,
encore que l'objet de la fondation pieuse n'ait pas
été rempli (Ord. du 29 mars 1811. Sir. t. 1.
p. 486).

L'état a le droit d'exiger le service des rentes
constituées ci-devant au profit des fabriques, à la
charge de fondations qui ne s'acquittent plus (Ar.
C. de cass. du 13 prair. an IX. même Rec. t. 1.
p. 507).

Jugé encore qu'on ne peut distinguer entre les
rentes créées pour fondation de messes au profit des
églises cathédrales ou paroissiales, et celles créées
au profit d'églises particulières, telles, par exemple,
que celles des ci-devant religieux, pour se dispenser de continuer à l'état, le service de ces dernières
rentes (Ar. C. de cass. du 12 ger. an X. Sir. t. 7.
p. 971).

Les dettes des fabriques, à la différence des dettes
des communes, sont devenues dettes de l'état sans
conditions ou réserves; les créanciers ont dû nécessairement se faire liquider par l'état, et n'ont point
de recours contre les fabriques (Ord. du 28 juil.
1820. Sir. t. 21. p. 87).

Les fabriques ne sont réellement investies des
biens à elles attribués par l'arrêté du 7 thermidor
an XI, qu'après l'envoi en possession obtenu conformément à l'avis du conseil d'état du 30 avril 1807
(Ar. C. r. de Colmar du 25 mars 1828. Sir. t. 28.
p 199).

Cette disposition qui rend aux fabriques, par
préférence aux hospices, les rentes qui étaient originairement dues aux fabriques par des tiers s'étend
à des rentes originairement dues par les hospices

briques ayant été réunis au domaine, le domaine est devenu débiteur des rentes et autres dettes dont ils étaient grevés; que les biens rendus aux fabriques leur ont été rendus quittes des rentes dont ils étaient grevés, pour lesquelles les créanciers doivent se pourvoir devant le ministre des finances, depuis la suppression de la liquidation générale.

eux-mêmes et dont le transfert n'a pas été consommé (Ord. du 19 fév. 1823. Sir. t. 23. p 109 et 168).

Les fabriques nouvellement crées sont aux droits, mais non aux charges des anciennes fabriques (Ord. du 18 juil. 1820. même Rec. t. 5. p. 418).

TITRE II.

CESSION FORCÉE DE QUELQUES PARTIES DES BIENS COMMUNAUX EN EXÉCUTION DE LA LOI DU 20 MARS 1813.

—◇❀◇—

EXTRAIT DE LA LOI DES FINANCES DU
20 MARS 1813.

453. Les biens ruraux, maisons et usines possédés par les communes, sont cédés à la caisse d'amortissement, qui en percevra les revenus à partir du 1er janvier 1813 (Art. 1).

Un conseil de préfecture, devant qui s'agite une contestation relative à l'étendue d'une vente de biens communaux, doit se borner à déclarer les limites et dimensions portées dans le procès-verbal d'expertise et d'adjudication, et renvoyer les parties pour la question de bornage devant les tribunaux ordinaires (Ord. du 29 août 1821. Mac. t. 2. p. 286).

La question de savoir quelles sont les limites d'une vente de biens communaux, est du ressort des tribunaux ordinaires (Ord. du 14 août 1822. t. 4. p. 182).

Mais lorsqu'une commune soutient devant les tribunaux que le terrain qu'elle réclame n'a pas été vendu à l'acquéreur, et demande le renvoi devant l'autorité administrative pour obtenir la déclaration préalable de ce qui a été compris dans la vente, ce renvoi doit être ordonné (Ord. du 19 déc. 1827. Mac. t. 9. p. 594).

Le conseil de préfecture se trouvant saisi par suite d'un pareil renvoi ne doit pas se déclarer incompétent dans un cas semblable, en se fondant sur l'existence d'un bail antérieur à la vente; il doit au contraire commencer par déclarer que tout ce qui a été compris entre les limites exprimées dans l'acte d'adjudication a été réellement vendu, et renvoyer les parties devant les tribunaux (Ord. du 26 mars 1823. même Rec. t. 5. p. 223).

454. Sont exceptés les bois, les biens ruraux proprement dits, tels que : pâtis, pâturages, tourbières et autres, dont les habitants jouissent en commun, ainsi que les halles, marchés, promenades et emplacements utiles pour la salubrité et pour l'agrément, les salles de spectacles et autres édifices que possèdent les communes et qui sont affectés à un service public (Art. 1).

455. La régie de l'enregistrement prendra possession, au nom de la caisse d'amortissement, des biens cédés par l'article 1er, et ils seront mis en vente devant les préfets et à la diligence des préposés de la régie, en la forme ordinaire, sur une première mise à prix de vingt fois le revenu pour les biens ruraux, et de quinze fois pour les maisons et usines. Le prix des adjudications sera payable, un sixième comptant, un second sixième dans les trois mois de l'adjudication et les deux autres tiers d'année en année, à compter de l'échéance du premier terme, avec intérêt à cinq pour cent par an, tant du second sixième que des deux autres tiers, à partir du jour de l'adjudication (Même loi Art. 4).

456. La caisse d'amortissement paiera à chaque commune l'équivalent du revenu dont elle aurait joui, en 1813, d'après la fixation déterminée par un arrêt du conseil (Art. 6.)

On doit considérer comme compris dans la cession faite à la caisse d'amortissement par la loi de mars 1813, une portion de marais, que la commune n'avait pas eu l'intention de distraire du marais communal, mais qui avait été, par suite d'erreur ou d'anticipation, comprise dans une location et convertie en bien rural (Ord. du 21 juin 1839. Fél. Leb. p. 341 et 342).

Lorsqu'aux termes de l'article 2 de la loi du 20 mars 1813, une commune se croit fondée à réclamer un terrain comme faisant partie intégrante d'un chemin vicinal, elle doit se pourvoir devant le préfet, sauf recours au conseil d'état ; et, si la commune n'a pas exercé cette action avant la cession faite à la caisse d'amortissement, elle est devenue postérieurement non recevable (Ord. du 30 sept. 1830. Mac. t. 16. p. 444).

L'acquéreur a droit aux frais et aux fermages des biens communaux vendus du jour de la vente (Ord. du 11 fév. 1824. Mac. t. 6. p. 98).

Les ventes faites en exécution de la loi du 20 mars 1813, ne l'ont pas été pour le compte des communes, mais bien pour celui de la caisse d'amortissement ; et qu'ainsi les communes sont sans qualité pour attaquer ces ventes pour vices de formes (Ord. du 28 déc 1825. même Rec. t. 7. p. 748).

Une commune dont les biens ont été vendus, n'est pas fondée à réclamer l'excédant de contenance de ces biens lorsque la vente a été faite sans garantie de contenance (Ord. du 18 juil. 1821. Mac. t. 2. p. 139).

Elle n'est pas fondée non plus à réclamer des jouissances qui ne lui ont pas été réservées par l'acte de vente de ces biens (Ord. du 20 nov. 1822. même Rec. t. 4. p. 400).

Par une raison contraire une commune peut réclamer un terrain dont l'état n'a pas pris possession en vertu de la loi du 20 mars 1813, surtout lorsque l'administration du domaine n'élève aucune prétention sur ce terrain (Ord. du 31 juil. 1833. même Rec. t. 3. p. 406).

Une demande en annulation d'une vente de biens communaux doit être portée en première instance devant le conseil de préfecture, elle ne peut l'être directement devant le conseil d'état (Ord. des 16 juil. 1817 et 16 nov. 1825. même Rec. t. 4 et 7. p. 87 et 645).

Les créanciers qui auront des hypothèques sur des biens compris dans la cession, auront le droit de transférer leurs hypothèques sur les autres biens qui restent à la commune, et, en prenant cette inscription avant le 1er janvier 1814, ils conserveront leur rang d'hypothèques. A défaut d'autres biens restant à la commune, la rente assurée par l'article 3 et les autres revenus de la commune sont spécialement affectés à ces créanciers (Même loi, même art.)

457. Enfin, l'article 15, titre 4 de la loi du 28 avril 1816, ordonne la cessation de la vente des biens des communes non encore vendus, et de les remettre à la disposition de l'administration municipale, comme ils l'étaient avant la loi du 20 mars 1813 (Même loi, même art.).

Lorsqu'un conseil de préfecture a prononcé l'annulation d'une vente de biens communaux, c'est par lui, sauf recours au conseil d'état, que l'indemnité doit être fixée et non par les tribunaux (Ord. du 4 fév. 1824. Mac. t. 6. p. 65).

Lorsqu'un bien communal a été vendu à la charge par l'adjudication de souffrir le pâturage après la première coupe ou tout autre usage commun, le conseil de préfecture doit se borner à déclarer cette servitude d'après l'acte d'adjudication, et renvoyer devant la juridiction civile pour la question relative à la nature et à l'étendue de l'usage (Ord. du 19 juil. 1826. Mac. t. 8. p. 370).

TITRE III.

DU DOMAINE DE L'ÉTAT OU DOMAINE PUBLIC.

CHAPITRE PREMIER.

DE LA NATURE DES PROPRIÉTÉS COMPOSANT LE DOMAINE PUBLIC.

EXTRAIT DE LA LOI DU 22 NOVEMBRE 1790.

§ 1.

458. Article 1. Le domaine de l'état se compose de toutes les propriétés foncières et de tous les droits réels ou mixtes qui appartiennent à la nation, soit qu'elle en ait la possession et la jouissance actuelle, soit qu'elle ait seulement le droit d'y rentrer par voie d'a-

DES CHEMINS PUBLICS.

L'autorité administrative n'est pas compétente pour prononcer sur une contestation élevée par un particulier, sur la jouissance d'un chemin supprimé par le propriétaire du fonds sur lequel il existait, lorsque ce chemin prétendu public n'est réclamé ni par le domaine ni par la commune (Ord. des 14 mai et 29 nov. 1808. Sir. t. 16. p. 346).

Lorsqu'il s'agit de décider si un chemin litigieux

chat, droit de reversion ou autrement ; tels que les apanages et les domaines engagés.

459. Ainsi, par exemple, les chemins
publics, les rues et places des villes,
bourgs et villages (*V.* l'art. 1er de la loi
du 26 juil.-15 août 1790),les fleuves
et rivières navigables, les rivages, lais
et relais de la mer, les ports, les hâvres,
les rades, etc., et en général toutes
les portions du territoire national qui
ne sont pas susceptibles d'une propriété
privée , sont considérées comme dépendances du domaine public (Art. 2.)

est un chemin public ou un chemin privé, l'autorité administrative est seule compétente (Ord. des
30 sept. et 7 oct. 1807. Sir. t. 16. p. 296).

Mais les tribunaux sont seuls compétents pour
connaître de la question de propriété d'un chemin
public agitée entre une commune et un propriétaire riverain (Ord. du 24 mars 1809. Sir. t. 17.
p. 104).

Lorsque l'autorité administrative a décidé qu'un
chemin est public mais inutile, et qu'en conséquence elle en a autorisé la suppression au profit
d'un propriétaire riverain , l'autorité judiciaire ne
peut connaître de l'action en réintégrande formée
par un autre riverain touchant l'usage de ce chemin
(Ord. du 19 août 1808. Sir. t. 16. p 400).

Un particulier obligé, pour se maintenir dans la
jouissance d'un chemin public, d'argumenter de la
publicité du chemin , peut exciper des droits de la
commune , lors même que celle-ci sollicitée d'intervenir au procès aurait refusé (Ar. C. r. de
Bourges du 22 mai 1826. Sir. t. 27. p. 70).

DES RUES.

Une rue dans une ville est une propriété publique hors du commerce, et qui n'appartient à
personne; on ne peut y acquérir par prescription un
droit de servitude , notamment d'y avoir un aqueduc dont les eaux sortant d'une usine répandent
une odeur insalubre. En un tel cas la suppression
de l'aqueduc peut avoir lieu par ordre de l'autorité
municipale et sans indemnité pour le propriétaire
de l'usine (Ar. C. de cass. du 13 fév. 1828. Sir.
t. 28. p. 253).

Jugé cependant qu'une rue, encore qu'elle soit à
ce titre hors du commerce , et par suite impres-
criptible , peut néanmoins être acquise ou asservie
par prescription , si les faits possessoires sont tels
qu'ils aient nécessairement fait perdre à la rue sa
destination première et son caractère primitif
(Ar. C. r. de Montpellier du 21 déc. 1827. Sir.
t. 28. p. 81).

Les contestations entre la police et les particuliers qui , en construisant sur les bords d'une rue
auraient anticipé, ne sont pas du ressort de l'autorité administrative ; si la matière n'a pas trait à la
grande voirie (Ord. du 25 mars 1807. Sir. t. 14.
p. 453).

Jugé encore que l'autorité administrative n'est
pas compétente pour décider à qui appartient une
issue ou passage qui dans une ville aboutit d'une
maison à une rue, lorsque cette issue ou ce passage
est contesté au domaine par un particulier qui s'en
prétend propriétaire. C'est là une question de pro-

priété qui ne peut être résolue que par les tribunaux (Ord. du 21 nov. 1824. Sir. t. 17. p. 36).

PLACES PUBLIQUES.

La question de propriété d'un terrain servant de place publique est dévolue à l'autorité judiciaire (Ord. du 3 août 1808. Sir. t. 16. p. 385).

RIVIÈRES NAVIGABLES.

Une rivière ne peut être considérée comme navigable qu'autant que la navigabilité est constatée ou déclarée par un acte administratif (Ord. du 6 déc. 1820. Sir. t. 21. p. 46).

Un canal qui dérive d'une rivière navigable fait partie de la rivière navigable (Ord. des 27 avril et 17 août 1825. Sir. t. 26. p. 341).

Les eaux d'une noue, ou reculée, ou anse, ou petit golfe dans une rivière navigable, sont une dépendance de cette rivière (Ord. du 11 janv. 1826. Sir. t. 26. p. 349).

Les rivières flottables à train ou radeau sont domaniales. Il n'en est pas de même de celles qui ne sont flottables qu'à bûches perdues (Avis du C. d'ét. du 21 fév. 1822).

Les murs de soutènement d'une maison placée sur le bord d'une rivière navigable, sont réputés dépendance de la maison et non de la rivière (Odr. du 20 nov. 1815. Sir. t. 18. p. 75).

LAIS ET RELAIS DE LA MER.

Sous l'ancienne législation les lais et relais de la mer, même ceux non encore formés, pouvaient être l'objet de concessions perpétuelles au profit des particuliers ; les petits domaines de l'état, pouvant, à la différence du domaine de l'état proprement dit, être valablement et irrévocablement aliénés par les rois de France (Ar. C. de cass. du 18 mai 1830. Sir. t. 30. p. 218).

La possession immémoriale par une commune de terrains dépendants de lais et relais de la mer, possession d'ailleurs attestée par d'anciens aveux ou dénombrements, constitue une possession acquisitive de propriété (Même Ar. du 21 juil. 1828. Sir. t. 28. p. 283).

Jugé encore que les lais et relais de la mer pouvant devenir propriété privée, sont susceptibles de possession autorisant l'action possessoire (Ar. C. de cass. du 3 nov. 1824. Sir. t. 25. p. 62).

Les questions de propriété des lais et relais de la mer, comme faisant ou ne faisant pas partie d'une adjudication, sont de la compétence exclusive de l'autorité judiciaire s'il s'agit soit d'appliquer l'article 538 du Code civil, soit d'appliquer et interpréter les actes antérieurs à l'adjudication (Ord. du 30 juin 1813. Sir. t. 13. p. 268).

EXTRAIT DE L'ORDONNANCE DE LA MARINE, DU MOIS D'AOUT 1781 (TITRE 7).

460. Sera réputé bord et rivage de la mer tout ce qu'elle couvre et découvre pendant les nouvelles et pleines lunes, et jusqu'où le flot de mars se peut étendre sur les grèves (Art. 1.)

461. Tous biens ou effets, meubles et immeubles, demeurés vacants et sans maître, et ceux des personnes qui décèdent sans héritiers légitimes, ou dont les successions sont abandonnées, appartiennent à la nation (Art. 3).

462. Les effets confiés au roulage et aux messageries, qui n'ont pas été réclamés dans les six mois de leur arrivée à leur destination, seront vendus, par voie d'enchères publiques, à la diligence de la régie des domaines (Déc. du 13 août 1810).

463. Les murs et fortifications des villes, entretenus par l'état et utiles à sa défense, font partie des domaines nationaux; il en est de même des anciens murs, fossés et remparts de celles qui ne sont point places fortes; mais les villes et communautés qui en ont la jouissance actuelle y seront maintenues, si elles sont fondées en titres, ou si leur possession remonte à plus de dix ans; et, à l'égard de celles dont la possession aurait été troublée ou interrompue depuis quarante ans, elles y seront rétablies (Art. 5).

464. Les particuliers qui justifieront de titres valables ou d'une possession paisible et publique depuis quarante ans, seront également maintenus dans leur propriété et jouissance (*Voir*, à l'art. 13 de la loi du 8 juil. 1791, l'énumération des divers objets compris dans la dénomination générique de *terrains des fortifications et dépendances*).

465. Les biens particuliers du prince qui parvient au trône, et ceux qu'il acquiert pendant son règne, à quelque titre que ce soit, sont de plein droit

MEUBLES ET EFFETS DÉLAISSÉS.

La connaissance des contestations relatives au droit de propriété des épaves (*) est dévolue aux tribunaux, et l'administration des domaines doit les mettre sous séquestre provisoire (Avis du Com. des fin. du 5 janv. 1821. Sir. t. 21. p. 70).

Si un commissionnaire en marchandises ou de roulage tombe en faillite, et qu'il y ait en dépôt dans ses magasins des marchandises dont on ne connaisse pas le propriétaire et qui ne soient réclamées par personne, l'administration des domaines est fondée à réclamer que remise lui en soit faite (Trib. civil de Bergerac, jug. du 9 août 1829. Sir. t. 31. p. 92).

Lorsque trois ans se sont écoulés depuis qu'une chose a été perdue, et que l'action en revendication est prescrite contre le propriétaire primitif, la propriété en est acquise non pas au fisc, mais à celui qui l'a trouvée (Décis. du min. des fin. du 3 août 1825. Sir. t. 26. p. 2).

La réunion au domaine de l'état des biens particuliers du prince qui parvient au trône, produit l'extinction de l'obligation personnelle résultant

(*) On appelle épaves les objets mobiliers dont le propriétaire est inconnu et qui sont trouvés à l'abandon.

et à l'instant même, unis au domaine de la nation, et l'effet de cette union est perpétuel et irrévocable (Art. 6).

466. Les acquisitions faites par le roi à titre singulier et non en vertu des droits de la couronne, sont et demeurent, pendant son règne, à sa libre disposition; et, ledit temps passé, elles se réunissent de plein droit et à l'instant même au domaine public (*) (Art. 7).

Autrefois le domaine de l'état était essentiellement inaliénable, mais la loi précitée du 22 novembre 1790 (§ 2, Art. 8 à 15) permet son aliénation en vertu d'une loi.

Extrait de l'arrêt du conseil d'état du roi, du 24 juin 1777.

467. Sa majesté déclare tous les ports, chaussées, pertuis, digues, hollandages, pieux, balises et autres ouvrages publics qui sont ou seront par la suite construits, pour la sûreté et facilité de la navigation et du halage, sur et le long des rivières et canaux navigables ou flottables, faire partie des ouvrages royaux, et les prend en conséquence sous sa protection et sauf-garde royale; enjoint sa majesté aux maires, syndics et autres officiers municipaux des communautés riveraines, de veiller et empêcher que lesdits ouvrages ne soient dégradés, détruits ni enlevés; et ordonne que tous ceux qui feraient ou occasionneraient lesdites dégradations ou destructions, seront poursuivis extraordinai-

des dettes qu'il avait contractées avant d'être roi, et ses créanciers deviennent exclusivement ceux de l'état (Ar. C. de cass. des 30 janv. 1822 et 26 avril 1824. Sir. t. 22. p. 113 et t. 26. p. 268).

La cour royale de Paris avait jugé en sens contraire par ses arrêts des 19 janvier et 22 décembre 1821 (Sir. t. 21. p. 38 et t. 22. p. 73).

(*) Aux termes de l'article 22, titre 3 de la loi du 2 mars 1832, les biens que le roi acquerra à titre gratuit ou onéreux pendant la durée de son règne, seront compris dans son domaine privé, et sa majesté pourra en disposer soit par acte entre vifs soit par testament.

rement, *condamnés à une amende arbitraire*, et tenus de réparer les choses endommagées (Art. 11).

EXTRAIT DU DÉCRET DU 26 JUILLET - 15 AOUT 1790.

468. Le régime féodal et la justice seigneuriale étant abolis, nul ne pourra dorénavant, à l'un ou l'autre de ces titres, prétendre aucun droit de propriété ni de voirie sur les chemins publics, rues, places de villages, bourgs ou villes (Art. 1).

(*Voyez* à la 8ᵉ partie du présent recueil pour la répression de ces sortes de contraventions).

TITRE IV.

DOMAINE ENGAGÉ.

—◇⊛◇—

CHAPITRE PREMIER,

LOIS QUI RÉGISSENT LA MATIÈRE ET ATTRIBUTIONS.

469. On appelle *domaines engagés* les domaines nationaux aliénés postérieurement à l'ordonnance de 1566, et dont l'état pouvait reprendre la possession, soit en vertu des contrats, soit en vertu de la loi de l'inaliénabilité.

470. La législation sur cette matière est fixée par les lois des 22 novembre-1ᵉʳ décembre 1790 ; 3-4 septembre 1792 ; 10 frimaire au II ; 14 ventôse an VII ; 11-21 pluviôse an XII, l'avis du conseil d'état du 22 fructidor an XIII ; celui du 19 août 1808 ; ceux des 2 février et 21 octobre 1809 ; la loi du 28 avril 1816 et enfin celle du 12-17 mars 1820.

C'est aux tribunaux à prononcer sur les moyens proposés par le possesseur actuel de domaines inféodés à l'effet d'être dispensé du paiement du quart (Ord. du 13 janv. 1816. Sir. t. 3. p. 211).

C'est également aux tribunaux à prononcer sur la question de savoir si un remboursement fait pendant la minorité de l'engagiste par le domaine, est nul ou valide à l'égard de l'héritier de cet engagiste (Ord. du 28 fév. 1827. Mac. t. 9. p. 124).

De même sur la question de savoir si des bois détenus à titre d'acensement par une commune sont ou non dans le cas des dispositions révocatoires

471. Mais pour l'application, notre but serait dépassé, si nous nous étendions *au delà des objets contentieux qui sont placés dans les attributions des conseils de préfecture;* et, ayant résolu de restreindre le cadre de ce recueil à ces seuls objets, nous devons nous borner ici à extraire des divers actes législatifs désignés ci-dessus les dispositions relatives, savoir :

A la validité des soumissions faites par les engagistes, en exécution de la loi du 14 ventôse an VII (Art. 14);

Aux contestations qui peuvent tendre à remettre en question la liquidation de la finance d'engagement, réglée par des arrêts de l'ancien conseil, soit d'interpréter le sens et les effets d'une ordonnance royale, rendue sur des contestations de cette nature;

A la validité des ventes opérées en vertu de la loi du 14 ventôse an VII;

Aux ventes faites aux anciens engagistes;

Enfin, aux diverses questions du domaine engagé qui peuvent s'élever entre la régie et les détenteurs, excepté toutefois celles concernant les droits des servitudes fondées sur la possession ou des titres anciens, ces dernières, ainsi que toutes les autres relatives aux droits de propriété, étant du ressort des tribunaux.

de la loi de ventôse an VII (Ord. du 18 janv. 1831. Sir. t. 31. p. 348).

Idem, sur les questions qui peuvent naître de l'abolition des rentes affectées sur le domaine engagé (Ord. du 22 nov. 1811. Sir. t. 1. p. 555).

Les décisions du ministre des finances en matière de propriété des domaines engagés ne sont que des instructions pour la régie des domaines et ne font pas obstacle à ce que les tribunaux jugent la question de propriété (Ord. du 18 mars 1818. Sir. t. 4. p. 283).

C'est aux tribunaux et non à l'autorité administrative qu'il appartient de juger toutes les questions de propriété des biens engagés (Ord. du 15 août 1827. Mac. t. 9. p. 439).

Par exemple, si des terrains prétendus domaniaux ne sont pas tels; si des biens engagés sont soumis à la révocation prononcée par la loi de ventôse, ou si au contraire ils sont compris dans les exceptions (Ord. des 20 nov. 1815. 18 mars 1816. 25 fév. 1818. Sir. t. 3. p. 137 et 251. t. 4. p. 268. et autres des 11 fév. 15 et 26 mars 1829. Mac. t. 2. p. 18. 35. 82 et 96 et plusieurs autres dans le même sens sur cet objet).

La question de savoir si des aliénations de domaines faites anciennement par le duc de Lorraine sont révoquées ou maintenues an nombre de celles réservées aux tribunaux (Ord. du 2 déc. 1829. Mac. t. 2. p. 450).

C'est aussi aux tribunaux à prononcer sur les droits respectifs des représentants des engagistes (Ord. du 24 oct. 1821. Mac. t. 2. p. 380).

Idem, sur les contestations entre l'engagiste principal et les sous-aliénataires relatives à la validité et aux effets du contrat de sous-engagement (Ord. du 3 fév. 1819. Sir. t. 19. p. 305).

Idem, sur le sens des clauses renfermées dans les actes de concession émanés du gouvernement (Ord. du 22 juin 1810. Sir. t. 1. p. 380).

Idem, sur la question de savoir si des sous-concessionnaires de domaines engagés sont frappés de révocation (Ord. du 16 oct. 1813. Sir. t. 2. p. 446).

Idem, si un tiers possède ou non à titre d'engagiste (Ord. du 15 juin 1812. Sir. t. 2. p. 76).

Idem, sur la question préjudicielle de savoir si un immeuble soumissionné est communal ou national (Ord. du 12 déc. 1818. t. 5. p. 23).

L'arrêté d'un préfet qui applique à plusieurs engagistes le relief de la déchéance obtenue par un seul d'entre eux, ne touche point à la question de propriété des biens engagés; les parties intéressées peuvent la faire décider par les tribunaux (Ord. du 31 janv. 1817. Sir. t. 3. p. 492).

———◦◆◦———

CHAPITRE II.

NATURE DES BIENS QUI CONSTITUENT LE DOMAINE ENGAGÉ.

EXTRAIT DE LA LOI DU 22 NOVEMBRE - 1ᵉʳ DÉCEMBRE 1790.

472. Tous contrats d'engagement de biens et droits domaniaux postérieurs à l'édit de 1566, sont sujets à rachat perpétuel; ceux d'une date antérieure n'y seront assujétis qu'autant qu'ils en contiendront la clause expresse (Art. 23).

Les domaines cédés en Franche-Comté avec la faculté de rachat par les anciens souverains de ce pays, avant sa réunion à la France, sont soumis aux dispositions révocatoires de la loi du 14 ventôse an VII (Ar. C. de cass. du 20 mai 1834. Sir. t. 34. p. 572).

Le rachat fait entre les mains de l'état avant la loi du 14 ventôse an VII, par les sous-concessionnaires de domaines engagés, de rentes à eux imposées par leur acte de concession, ne change pas la nature des domaines par eux possédés, et ne peut être considéré comme une renonciation anticipée de la part de l'état à l'exécution de cette loi (Ar. C. de cass. des 18 mars 1833. Sir. t. 33. p. 275. 12 mai et 9 juin 1834. même Rec. t. 34. p. 589 et 633).

Lorsqu'une sous-concession ancienne de domaines engagés a été faite sous la condition expresse que le sous-concessionnaire obtiendrait du roi une concession perpétuelle des mêmes domaines, la condition peut être réputée faillie, et par suite le contrat de sous-concession peut être résolu par cela seul qu'il est intervenu ultérieurement des actes de l'autorité souveraine exprimant une volonté contraire à la confirmation et à la perpétuité de la concession (Ar. C. de cass. du 29 juil. 1829. Sir. t. 29. p. 329).

Un particulier auquel des bois auraient été concédés ne peut être considéré comme engagiste si les lettres-patentes portant concession à son profit n'ont pas été enregistrées et s'il n'a jamais été mis en possession des bois concédés : ses héritiers ne sont pas fondés à demander le maintien de la concession, sous la condition même de se conformer aux lois des 14 ventôse an VII et 28 avril 1816; car n'étant ni détenteurs ni dépossédés, ils ne se trouvent dans aucun des cas prévus par la première de ces lois (Ord. du 27 déc. 1820. Sir. t. 22. p. 327).

473. Les ventes et aliénations de domaines nationaux, postérieures à l'édit de 1566, seront réputées simples engagements et comme telles perpétuellement sujettes à rachat, quoique la stipulation en ait été omise au contrat, ou même qu'il contienne une disposition contraire (Art. 24).

—◦◈◦—

CHAPITRE III.

MODE DE RACHAT ET DE LIQUIDATION.

474. Aucun détenteur de biens domaniaux sujets à rachat ne pourra être dépossédé, sans avoir préalablement reçu ou été mis en demeure de recevoir sa finance principale avec ses accessoires (*Voir* l'Art. 4 du Déc. du 3-4 sept. 1792) (Art. 25).

475. En procédant à la liquidation de la finance due aux engagistes, les sommes dont il aura été fait remise en compensation, lors du contrat d'engagement, à titre de don, gratification, acquit patent ou autrement, seront répétées, on ne pourra faire entrer en liquidation que les deniers comptants, réellement versés en espèces au trésor public, en quelques termes ou pour quelques causes que les quittances soient conçues; et la preuve du contraire pourra être faite par extraits tirés des registres du trésor public, états des menus et comptants et autres papiers du même genre, registres et comptes des chambres des comptes et tous autres actes (Art. 26).

L'engagiste ne peut se prévaloir de visa ou de copies et récépissés de quittances pour établir le non-remboursement de sa finance, en admettant d'ailleurs que l'engagiste peut produire quelques quittances non liquidées; il n'en résulterait en sa faveur qu'une simple créance; dès lors il serait considéré comme créancier de l'état et soumis aux déchéances prononcées par les lois des finances (Ord. du 16 août 1833. Mac. t. 3. p. 464).

En thèse générale, l'engagiste qui a reçu le remboursement de sa finance d'engagement n'a pas qualité pour soumissionner (Ord. du 1er déc. 1824. Mac. t. 6. p. 648).

Le ministre des finances peut suspendre provisoirement l'exécution et les effets de la soumission antérieurement validée d'un ancien engagement, lorsque le domaine oppose une quittance de remboursement : une pareille mesure ne préjudicie pas aux moyens que l'ancien engagiste peut faire valoir pour contester les effets et les conséquences du remboursement dont excipe le domaine (Ord. du 1er déc. 1824. Mac. t. 6. p. 648).

Lorsqu'un engagiste prétend que le remboursement de la finance n'a pas été intégral et qu'il est encore créancier de sommes considérables, il y a lieu de surseoir jusqu'à ce que la quittance ait été produite en bonne forme par le domaine (Ord. du 24 mars 1832. Mac. t. 2. p. 97).

CHAPITRE IV.

PRODUCTION DES TITRES PAR LES DÉTENTEURS.

476. Les baux emphytéotiques, les baux à une ou plusieurs vies, sont réputés aliénations; en conséquence, les détenteurs des biens compris en iceux et en général tous fermiers de biens et usines nationaux, dont les baux excèderaient neuf années, remettront au comité des domaines, dans le délai d'un mois, des copies collationnées de leurs baux et emphytéoses, pour être examinées par le comité, et ensuite sur son rapport être statué sur leur entretien et sur leur résiliation (Art. 29).

477. Tous acquéreurs ou détenteurs de domaines nationaux les rendront, lors de la cessation de leur jouissance, en aussi bon état qu'ils étaient lors de la concession, et ils seront tenus des dégradations et malversations commises par eux ou par personnes dont ils doivent répondre (Art. 30.)

—◇❀◇—

CHAPITRE V.

CONFIRMATION DES ALIÉNATIONS CONSOMMÉES SANS CLAUSES DE RETOUR NI RÉSERVE DE RACHAT.

EXTRAIT DE LA LOI DU 14 VENTOSE AN VII.

478. Les aliénations du domaine de l'état, consommées dans l'ancien territoire de la France avant la publication de l'édit de février 1566, sans clause de retour ni réserve de rachat, demeurent confirmées (Art. 1).

Les dispositions de la loi du 14 ventôse an VII, révocatoire des engagements de domaines, ne s'appliquent qu'aux biens qui avaient été expressément unis et incorporés au domaine de la couronne, ou qui avaient été tenus et administrés pendant dix ans par les officiers du roi (Ar. C. r. de Paris du 8 janv. 1834. Sir. t. 34. p. 269).

Elles ne s'appliquent pas aux domaines vendus

par les anciens ducs de Bar (Ar. C. de cass. du 30 janv. 1821. Sir. t. 21. p. 146).

La loi du 14 ventôse an VII n'est pas applicable aux simples ventes faites par le gouvernement sarde, lorsque ces ventes ne remontent pas à plus de trente ans de date : dans ce cas l'administration doit se borner à recouvrer ce qui peut être dû sur le prix des ventes; mais à l'égard des ventes de cette espèce qui ont plus de trente ans de date, les acquéreurs sont assujétis aux formalités et obligations prescrites par la loi précitée (Avis du C. d'ét. du 21 oct. 1821).

Les terres en friche échues par déshérence aux anciens ducs de Lorraine, avant la réunion à la France, tombaient dans leur domaine privé aliénable et non dans le domaine de l'état; en conséquence, les concessions de ces terres, consenties par les anciens ducs, ne peuvent être considérées comme aliénation du domaine de l'état, tombant sous la révocation prononcée par la loi de ventôse an VII (Ar. C. de cass. du 15 juil. 1823. Sir. t. 23. p. 409).

479. En ce qui concerne les pays réunis postérieurement à la publication de l'édit de 1566, les aliénations de domaines, faites avant les époques respectives des réunions, seront réglées suivant les lois lors en usage dans les pays réunis, en suivant les traités de paix ou de réunion (Art. 2).

—◇✸✸✸◇—

CHAPITRE VI.

RÉVOCATION DES ALIÉNATIONS CONTENANT CLAUSE DE RETOUR OU RÉSERVE DE RACHAT.

480. Toutes les aliénations du domaine de l'état, contenant clause de retour ou réserve de rachat, faites à quelque titre que ce soit, à quelques époques qu'elles puissent remonter et en quelque lieu de la république que les biens soient situés, sont et demeurent définitivement révoquées (Art. 3).

481. Toutes autres aliénations, même celles qui ne contiennent aucune clause de retour ou de rachat, faites et consommées dans l'ancien territoire de la France postérieurement à l'édit de février 1566, et, dans les pays réunis, postérieurement aux époques respectives de leur réunion, sans auto-

(*Voyez* la jurisprudence en regard du nombre 486 ci-après).

risation des assemblées nationales,
sont et demeurent révoquées, ainsi que
les sous-aliénations qui peuvent les
avoir suivies, sauf les exceptions ci-
après (Art. 4).

—◦◈◦—

CHAPITRE VII.

EXCEPTIONS AUX DISPOSITIONS RÉVOCATOIRES.

482. Sont exceptés des dispositions
de l'article 4 ;

Les échanges consommés légalement et sans fraude, avant le 1ᵉʳ janvier 1789, pour les pays qui, à cette
époque, faisaient partie de la France,
et, avant les époques respectives
des réunions, quant aux pays réunis
postérieurement audit jour 1ᵉʳ janvier 1789.

483. Les aliénations qui ont été
spécialement confirmées par des décrets particuliers des assemblées nationales, non abrogés ou rapportés
postérieurement.

484. Les inféodations, acensements
de terres vaines et vagues, landes,
bruyères, palus et marais non situés
dans les forêts, ou à sept cent quinze
mètres d'icelles, pourvu que les
inféodations et acensements aient été
faits sans fraude et dans les formes
prescrites par les règlements en usage
au jour de leur date, et que les fonds
aient été mis et soient actuellement en
valeur suivant que le comportent la
nature du sol et la culture en usage
dans la contrée.

485. Les aliénations et sous-alié-

Dans le cas de maintenue de l'engagiste principal,
les sous-aliénations sont implicitement maintenues
comme étant aux droits du vendeur (Ord. du 3 fév.
1819. Sir. t. 19. p. 305).

Un engagiste maintenu ne peut, à raison de sa
maintenue, évincer des sous-aliénataires (Décis.
min. du 5 mai 1807. Sir. t. 6. p. 144).

On doit comprendre dans l'exception du paragraphe 3 de l'article 5 de la loi de ventôse an VII,
la vente d'un bois faite à la condition d'en défricher
le sol et de le convertir en nature de pré (Ar. C.
de cass. du 10 fév. 1808. Sir. t. 8. p. 190).

Il n'est pas nécessaire que la condition de démolir,

nations ayant dates certaines avant le 14 juillet 1789, faites avec ou sans deniers d'entrée, de terrains épars quelconques, au-dessous de la contenance de cinq hectares, pourvu que lesdites parcelles éparses de terrains ne comprissent, lors des concessions primitives, ni des maisons appelées châteaux, moulins, fabriques ou autres usines, à moins qu'il n'y eût eu condition de les démolir et que cette condition n'ait été remplie; ni dans les villes des habitations actuellement comprises au rôle de la contribution foncière au-dessus de quarante francs de principal;

486. Les inféodations, sous-inféodations et acensements de terrains dépendant des fossés, murs et remparts de villes, justifiées par des titres valables ou par arrêt du conseil, ou par une possession paisible et publique de quarante ans, pourvu qu'il y ait été fait des établissements quelconques ou qu'ils aient été mis en valeur (Art. 5).

exigée par le paragraphe 4 de la loi de ventôse an VII, soit écrite dans le contrat, il suffit qu'elle puisse s'induire des termes équipollents (Ar. C. r. de Paris du 21 mars 1834. Sir. t. 34. p. 222).

Pour déterminer si une propriété bâtie anciennement aliénée ou engagée par l'état comporte une contribution foncière inférieure à quarante francs, et si par suite elle est comprise dans l'exception du paragraphe 4 de la loi précitée de ventôse an VII, il faut avoir égard non à l'état actuel de la propriété, mais à l'état où la propriété se trouvait au temps de la concession (Ar. C. de cass. du 4 déc. 1827. Sir. t. 28. p. 204).

On rangeait dans la classe des petits domaines les terrains dépendant des fossés, glacis, fortifications, et sous ce rapport leur concession était irrévocable (Ar. C. de cass. du 17 juil. 1811. Sir. t. 2. p. 173).

—◇◈◇—

CHAPITRE VIII.

CONDITIONS POUR VALIDER LES ÉCHANGES.

487. En conformité de l'article 19 de la loi du 22 novembre-1er décembre 1790, les échanges ne seront censés légalement consommés dans les pays formant la France au 1er janvier 1789, qu'autant que toutes les formalités rappelées par ledit article auront été

accomplies en entier, et en ce qui concerne les pays réunis, qu'autant qu'on
aura observé les lois qui y étaient en
vigueur (Art. 6).

—◦◈◦—

CHAPITRE IX.

CAS DE RÉVOCATION DES CONTRATS D'ALIÉNATION.

488. Les échanges pourront être
révoqués ou annulés malgré l'observation exacte des formalités prescrites,
s'il s'y trouve fraude, fiction ou simu-
lation prouvée par la lésion d'un quart,
eu égard au temps de l'aliénation
(Art. 7).

489. Dans le cas où un contrat
d'aliénation, d'inféodation, bail ou
sans bail à cens ou à rente, porte-
rait à la fois sur des terrains désignés
comme vains et vagues, landes,
bruyères, palus, marais et terrains en
friche, et sur des terres désignées
comme étant cultivées ou autrement
en valeur, sans énonciation de contenance, ou sans distinguer la contenance
des uns et des autres, la révocation
aura lieu pour le tout (Art. 8).

490. Si les objets aliénés sous le nom
de terres vaines et vagues, landes,
bruyères, palus et marais, étaient,
lors de l'aliénation, des terrains en
culture ou en valeur, la frauduleuse
qualification pourra se prouver par la
notoriété publique et par enquête,
ou par actes écrits ou mis en opposition avec l'acte qui contient l'aliénation (Art. 9).

491. Cette frauduleuse qualification

sera légalement présumée et donnera
lieu, de plein droit, à sa révocation,
si les aliénations dont il est parlé en
l'article précédent ont été faites à des
ci-devant gentilshommes titrés, ou
autres personnes ayant charge à la cour,
sans, néanmoins, que ladite révocation
puisse atteindre les sous-inféodataires,
à moins qu'ils ne réunissent les mêmes
qualités (Art. 10).

—◇��◇—

CHAPITRE X.

PROPRIÉTÉS NON COMPRISES DANS LES EXCEPTIONS ÉNONCÉES AU CHAPITRE VII.

492. L'exception portée au paragraphe 5 de l'article 5, ne s'applique
pas aux inféodations, dons ou concessions faits par un seul acte, et en
entier de tous les murs, remparts et
fortifications d'une ville ou de tous
les terrains en dépendant; en ce cas,
le sort desdites concessions sera réglé
par les articles 1, 2, 3 et 4 de la présente, sans préjudicier toutefois à l'exécution dudit paragraphe 5, relativement
aux parcelles qui seraient possédées par
des sous-concessionnaires (Art. 11).

493. Les mêmes articles 1, 2, 3 et 4
s'appliquent aux biens que l'engagiste
aurait pu réunir par puissance féodale
ou à titre de retrait féodal ou censuel,
résultant de son contrat d'acquisition
(Art. 12).

(*Voyez* la jurisprudence en regard du nombre
486 qui précède).

Les articles 13 et 14 de la loi de ventôse an VII,
qui soumettent les engagistes au paiement du quart,
pour devenir propriétaires incommutables de la
valeur des biens, s'appliquent aux concessionnaires
à titre gratuit, comme aux concessionnaires à titre
onéreux; même à ceux dont la concession aurait été
révoquée par une loi spéciale antérieure, mais qui
n'auraient pas cessé de posséder les biens concédés
(Ar. C. de cass. des 14 nov. 1832. Sir. t. 33.
p. 50. et 18 mars 1833. même Rec. t. 33.
p. 275).

Est réputé à titre gratuit la concession consentie
par le souverain en contemplation des services
rendus à lui et à ses prédécesseurs par le conces-

sionnaire et ses auteurs; en conséquence, une telle concession rentre dans l'application de la loi de ventôse an **VII**, même dans les pays réunis, où d'après les traités de réunion les concessions du domaine de l'état faites à titre onéreux ne pouvaient être frappées de révocation (Ar. **C.** de cass. du 27 nov. 1832. Sir. t. 33. p. 21).

— ◇※◇ —

CHAPITRE XI.

DÉCLARATIONS ET SOUMISSIONS A FAIRE PAR LES ENGAGISTES ET ÉCHANGISTES NON MAINTENUS.

494. Les engagistes qui ne sont maintenus par aucun des articles précédents, et même les échangistes dont les échanges sont déjà révoqués ou susceptibles de révocation, sont tenus, à peine d'être déchus de la faculté portée en l'article suivant, de faire, dans le mois de la publication de la présente, à l'administration centrale du département où sont situés les biens ou la majeure partie des biens engagés ou échangés, non encore vendus par la nation, ni soumissionnés, en exécution de la loi du 28 ventôse an IV et autres y relatives, la déclaration générale des fonds faisant l'objet de leur engagement, échange ou autre titre de concession. (La loi du 16 pluviôse an VIII a prorogé à trois mois le délai d'un mois fixé par le présent article, pour faire les déclarations; mais cette prorogation n'est pas applicable aux domaines engagés qui auraient été aliénés depuis la déchéance des engagistes. Voyez l'article 2 de la loi précitée) (Art. 13).

L'engagiste soumissionnaire doit continuer le service des rentes dont les biens soumissionnés sont grevés envers le domaine, lorsque cette obligation lui a été imposée par l'arrêté administratif qui a accepté la soumission et l'a déclaré propriétaire incommutable (Ar. **C.** de cass. du 23 juil. 1833. Sir. t. 33. p. 577).

Mais l'engagiste peut être affranchi du service de ces mêmes rentes, encore que l'obligation lui en ait été imposée par l'arrêté administratif qui a accepté sa soumission, alors que loin d'exécuter cette condition, l'engagiste au contraire a demandé à en être déchargé (Ar. du 24 nov. 1834. même Rec. t. 34. p. 776).

Quoique la condition de juger les rentes portées au titre de concession, ne se trouve point exprimée dans l'arrêté de maintenue, les engagistes ne sont pas moins obligés de servir ces rentes (Décis. min. du 28 prai. an VII. Sir. t. 1. p. 537).

On a jugé cependant que par le paiement du quart les engagistes ne sont pas affranchis des charges autres que des hypothèques dont le bien était grevé envers des tiers (Ord. du 4 juin 1809. Sir. t. 9. p. 381).

Jugé aussi que la clause par laquelle des domaines engagés ont été conférés aux propriétaires libres de toutes charges ne les affranchit pas du service des rentes foncières existant dans les concessions primitives (Ord. du 12 mai 1807. Sir. t. 16. p. 270).

L'engagiste qui pour devenir propriétaire incommutable a payé le quart, n'a pas profité de l'abolition prononcée par les lois de 1792 et 1793 des rentes féodales ou mélangées de féodalité (Ar.

495. Ceux qui auront fait la déclaration ci-dessus, pourront, dans le mois suivant, faire, devant la même administration, la *soumission irrévocable de payer en numéraire métallique le quart de la valeur desdits biens*, estimés comme il sera dit ci-après, avec renonciation à toute imputation, compensation ou distraction de finance ou amélioration.

En effectuant cette soumission, ils seront maintenus dans leur jouissance ou réintégrés en icelle, s'ils ont été dépossédés et que lesdits biens se trouvent encore sous la main de la nation, déclarés en outre propriétaires incommutables, et en tout assimilés aux acquéreurs de biens nationaux, aliénés en vertu des décrets des assemblées nationales (Art. 14).

L'engagiste qui a été déclaré propriétaire incommutable par la loi du 14 ventôse an VII, *sous l'obligation de payer le quart de la valeur des biens engagés*, est dispensé de payer en sus une finance quelconque d'engagement (Déc. minist. du 25 mars 1809).

496. Jugé, au contraire, que le paiement du quart décharge l'ancien engagiste de toutes les rentes dont le bien était grevé (Avis du C. d'ét. du 22 fruct. an XIII. Sir. t. 6. p. 3).

C. de cass. des 10 brum. et 5 niv. an XII. Sir. t. 6. p. 46 et 100).

Les arrérages de ces rentes échus à l'époque où l'engagiste a été maintenu, doivent être payées (Ar. C. de cass. du 16 août 1809. Sir. t. 10. p. 8).

La partie qui a fait la soumission d'exécuter la loi du 14 ventôse an VII, doit être considérée comme ayant reconnu elle-même sa qualité d'engagiste, et n'est plus admise à réclamer celle d'échangiste (Ord. du 6 sept. 1826. Mac. t. 8. p. 556).

Lorsqu'un arrêté préfectoral prononce la déchéance du soumissionnaire, celui-ci ne peut se pourvoir à fin de réformation que devant le ministre des finances (Ord. du 9 janv. 1828. Mac. t. 10. p. 25).

Lorsqu'une loi spéciale a révoqué une concession faite par arrêt de l'ancien conseil, les héritiers du concessionnaire ne peuvent être admis à faire la soumission autorisée par l'article 13 ci-contre (Ord. du 10 juil. 1832. Mac. t. 2. p. 350).

La soumission de l'engagiste étant nulle par défaut de qualité, la vente qu'il a pu faire à un tiers est nulle aussi : au reste, si l'engagiste a été autorisé par ordonnance royale à suivre les effets de sa soumission, il est juste de tenir compte à l'acquéreur qui a agi de bonne foi, des avances qu'il a pu faire pour le paiement du quart; toutefois cette indemnité ne peut excéder l'estimation du quart fixé par l'arrêté du préfet (Ord. du 16 août 1833. Mac. t. 3. p. 464).

Il n'y a pas lieu à la restitution des arrérages de rentes d'engagements payées antérieurement à l'avis du conseil d'état du 22 fructidor an XIII (Déc. du 3 juin 1806. Sir. t. 6. p. 251).

On ne peut être admis à soumissionner les biens engagés, qu'autant que le soumissionnaire a conservé la qualité d'engagiste et qu'il se soumet à faire remise au trésor du montant de sa finance; l'engagiste qui a reçu le montant de sa finance, et qui par conséquent a cessé d'être engagiste, n'a pu soumissionner valablement; les créanciers intervenus ne peuvent à cet égard avoir plus de droits que leurs débiteurs, et soutenir qu'il a conservé une qualité qui ne lui appartient réellement plus (Ord. du 16 août 1833. Mac. t. 3. p. 464).

Le ministre des finances saisi par de prétendus engagistes de leur demande en soumission, est compétent pour vérifier leur qualité d'engagistes (Ord. du 10 juil. 1832. Mac. t. 2. p. 350).

La décision ministérielle qui refuse d'admettre

la soumission de sous-concessionnaires, ne fait pas obstacle à ce que ceux-ci fassent valoir leurs droits devant les tribunaux contre l'engagiste primitif (Ord. du 16 mai 1832. Mac. t. 2. p. 257).

Lorsque la soumission faite par un ancien engagiste a été validée par une ordonnance royale ; que celui-ci a payé le quart de la valeur du bien estimé et qu'il a revendu ce bien à un tiers, si, par une décision provisoire, le ministre, sans tenir compte de la soumission, ordonne au domaine de reprendre possession du bien, le tiers ne peut, avant que cette décision ne soit annulée, poursuivre le domaine en restitution du bien et de ses frais (Ord. du 19 janv. 1825. Mac. t. 7. p. 32).

Les possesseurs de domaines engagés qui obtiennent leur confirmation au moyen d'un supplément de prix, sont passibles sur ce supplément de prix d'un droit de mutation (Ar. C. de cass. du 12 avril 1808. Sir. t. 8. p. 522).

Les détenteurs de domaines engagés devenus propriétaires incommutables, par suite du paiement du quart, n'ont pas été affranchis des charges annuelles dont ils étaient antérieurement tenus envers le domaine (Ar. C. de cass. du 7 janv. 1829. Sir. t. 29. p. 54).

---◇◈◇---

CHAPITRE XII

CAS DE NULLITÉ DES SOUMISSIONS.

497. En faisant la soumission énoncée en l'article précédent, ils seront tenus de nommer leurs experts, et de déposer l'état signé d'eux, ou de leur procureur constitué, touchant la consistance des biens qu'ils entendent conserver, leur situation, leur nature au temps de la concession, leur état actuel et leur produit, sans pouvoir être reçus à faire leur soumission autrement que sur la totalité du domaine ou des domaines compris dans le même titre, ou sur la totalité de ce qui reste en

leur possession, le tout à peine de nullité de ladite soumission (Même loi, Art. 15).

498. Le présent article ainsi que le 13ᵉ et le 14ᵉ *ne s'appliquent point aux concessions de forêts au-dessus de cent cinquante hectares, ni de terrains enclavés dans les forêts nationales ou à sept cent quinze mètres d'icelles*, sur lesquelles il sera définitivement statué par une résolution particulière.

Aux termes de l'article 5, titre 20 de l'ordonnance de 1669, les engagistes de forêts composées de futaies et taillis, ne pouvaient disposer des futaies qui étaient réservées au profit du roi, et dont le prix devait être payé au receveur de ses domaines et bois : d'après ce principe, l'engagiste qui a soumissionné est obligé de payer la totalité de la valeur des futaies et non le quart seulement comme il est d'usage pour les autres biens (Ord. du 6 sept. 1826. Mac. t. 8. p. 556).

Les bois qui n'excédaient pas cent cinquante hectares ont pu être soumissionnés par les anciens engagistes (Ord. du 28 août 1827. Mac. t. 9. p. 449).

Dans l'évaluation des forêts composées de futaies et de taillis, les futaies doivent être comprises pour la totalité de leur valeur; pour éviter de payer la totalité de la valeur des futaies les engagistes ne peuvent diviser leur soumission afin d'acquitter les taillis séparément de la futaie, mais ils peuvent retirer leur soumission et se pourvoir en liquidation de leur finance d'engagement (Ord. du 5 sept. 1821. Mac. t. 2. p. 343).

Si l'engagiste n'a soldé que le quart de la futaie, le domaine est fondé à répéter les trois quarts non payés; l'engagiste est tenu de restituer les trois quarts du prix de la vente de la futaie d'une forêt qui ne faisait pas partie de l'engagement, quoiqu'il soit devenu plus tard propriétaire incommutable de ladite forêt, et il n'est pas fondé à demander la compensation avec une somme qu'il prétend lui être due pour indemnité de non-jouissance, lorsque les lois de la matière n'accordent aucune indemnité de cette espèce (Ord. du 4 juil. 1827. Mac. t. 9. p. 342).

499. Les dispositions du dernier paragraphe de l'article 15 ci-dessus transcrit ont été rapportées par l'article 116 de la loi des finances du 28 avril 1816, lequel article est ainsi conçu :

« La condition mise par la loi du 5 décembre 1814 à la restitution des biens provenant d'émigrés, qui ont été cédés à la caisse d'amortissement est révoquée : ces biens seront rendus aux propriétaires, lorsqu'ils auront

La loi du 28 avril 1816, n'a relevé de la déchéance prononcée par celle du 14 ventôse an VII, contre les engagistes qui n'ont pas fait leur soumission dans le délai utile, *que les seuls engagistes de forêts au-dessus de cent cinquante hectares,* dépossédés par suite de la loi du 1ᵉʳ février 1804 ; la loi du 22 mars 1820 n'a relevé de la déchéance que les détenteurs actuels et non les engagistes dépossédés : lorsque l'engagiste a renoncé volontairement au bénéfice de sa soumission pour se présenter comme créancier de l'état, et qu'en cette qualité il a encouru la déchéance prononcée par un décret définitif et irrévocable, il ne peut invoquer

rempli les formalités prescrites par cette loi.

» A l'egard des biens à restituer qui consisteraient en domaines engagés, la loi du 11 pluviôse an XII et le paragraphe 2 de l'article 15 de celle du 14 ventôse an VII sont rapportés. Les possesseurs réintégrés ne seront assujétis qu'à l'exécution des autres dispositions de cette dernière loi.

» La présente disposition sera communiquée à tous les engagistes. »

les deux lois précitées pour faire de nouvelles soumissions en vertu de son ancienne qualité (Ord. du 28 août 1827. Mac. t. 9. p. 449).

CHAPITRE XIII.

NOMINATION D'EXPERTS.

500. La valeur des biens dont il s'agit aux trois précédents articles sera réglée, aux frais de l'engagiste ou échangiste soumissionnaire, par trois experts nommés, savoir : l'un par le soumissionnaire, en la forme prescrite par l'article 15, le second par le directeur des domaines, et le troisième par l'administration centrale dans le ressort de laquelle les biens ou la majeure partie d'iceux sont situés : ces deux derniers experts seront nommés, dans la décade de la soumission, à la diligence de la régie des domaines (Art. 16).

501. Les experts ne pourront être pris, à peine de nullité, parmi les détenteurs de biens nationaux susceptibles de retrait ou dépossédés en vertu de la loi du 10 frimaire an II, ou qui ont été ci-devant nobles,

ou qui sont agents ou fermiers desdits détenteurs, ci-devant détenteurs ou ci-devant nobles. Celui qui étant à sa connaissance dans l'exclusion, ne le déclarera pas et procédera à l'estimation, sera condamné à *trois cents* francs d'amende, par voie de police correctionnelle, à la diligence du receveur des domaines, sans préjudice des dommages-intérêts des parties (Art. 17).

—◇❀◇—

CHAPITRE XIV.

MODE DE PROCÉDER PAR LES EXPERTS.

502. Il sera procédé à l'estimation de la manière qui suit, savoir :

Pour les *maisons, usines, cours et jardins en dépendant :*

Par une première opération, les experts les estimeront d'après leurs connaissances locales et relativement au prix commun actuel des biens dans le lieu ou les environs.

Par une seconde, relativement au prix commun en 1790, en formant un capital de seize fois le revenu dont lesdits objets étaient susceptibles, sans considérer les baux à ferme ou à loyer, s'ils ne s'élevaient pas au véritable prix ;

Par une troisième, s'il y avait des baux en 1790, lesdites maisons et usines, les cours et jardins en dépendant, seront évalués sur le pied de leur valeur en 1790, calculée à raison de seize fois leur revenu net.

Et pour les terres labourables, prés, bois, vignes et tous autres terrains :

16

Par une première opération, les experts estimeront la valeur d'après leurs connaissances locales et relativement au prix commun actuel des biens de même nature dans le lieu ou les environs.

Par une seconde, ils estimeront la valeur, d'après le montant de la contribution foncière en 1793, en prenant pour revenu net d'une année quatre fois le montant de cette contribution et en multipliant la somme par *vingt*.

Et, par une troisième, s'il y avait des baux existant en 1790, la valeur sera fixée sur le pied de la même année et calculée à raison de vingt fois le revenu, d'après lesdits baux (Art. 19).

503. A l'égard de ce dernier cas et de ceux non prévus ci-dessus, les experts se conformeront au paragraphe 3 de la loi, en forme d'instruction, du 6 floréal an IV, relative à l'exécution de celle du 28 ventôse précédent. Ce paragraphe porte, entre autres dispositions, que « si un même bail comprend des biens de deux classes, il faudra faire procéder par experts à une ventilation ou estimation des objets affermés, confusément, pour, d'après la fixation du prix de chaque classe, former le capital de chaque portion, suivant la classe à laquelle elle appartient. A défaut de bail authentique en 1790, la contribution doit servir de base d'évaluation pour les biens ruraux ; mais il faut que le rôle ou la matrice de rôle ne confonde pas des biens non compris dans une même soumission ; sans quoi on serait réduit à l'estimation par experts. »

Les experts motiveront leur rapport sur chacune des bases ; et les adminis-

Les dispositions ci-contre ne prescrivent pas d'établir le revenu net en déduisant les contributions et frais d'entretien (Ord. du 6 sept. 1826. Mac. t. 8. p. 556).

trations, dans leurs arrêtés, en énonceront les résultats, se fixeront à celui qui sera le plus avantageux à l'état et en feront mention expresse : *le tout à peine de nullité.*

—◇❀◇—

CHAPITRE XV.

MODE DE PAIEMENT DU QUART DE LA VALEUR DES BIENS ENGAGÉS.

504. Le quart de la valeur du terrain, estimé d'après les règles portées en l'article précédent, sera acquitté dans le mois de la date de l'arrêté de l'administration, qui en aura fixé le montant, d'après le rapport des experts, savoir : un tiers en numéraire et les deux autres tiers en obligations ou cédules acquittables aussi en numéraire, savoir : un tiers dans deux mois à courir de l'expiration du premier terme, et l'autre tiers aussi dans deux mois à courir de l'expiration du second terme; le tout avec intérêt sur le pied de cinq pour cent par an, à compter du jour de la prise de possession, à l'égard de ceux qui avaient cessé d'être détenteurs, et à compter du jour de l'arrêté ci-dessus, à l'égard des autres (Art. 20).

505. A l'égard de tous engagistes ou échangistes non maintenus et qui n'auraient pas fait la déclaration prescrite par l'article 13 de la présente loi, ou qui, après l'avoir faite, ne se seraient pas présentés pour faire la soumission autorisée par les articles 14 et 15, la régie des domaines, immédiatement après l'expi-

C'est du jour de l'arrêté de maintenue, et non du jour de la prise de possession, que les soumissionnaires doivent au domaine l'intérêt du quart qu'ils ont payé pour devenir propriétaire incommutable : si les anciens engagistes sont des émigrés et s'ils ont été remis en possession des domaines engagés, en vertu de la loi du 5 décembre 1814, le domaine ne peut exiger d'eux les intérêts des coupes de bois qu'ils ont pu faire (Ord. du 21 juin 1826. Mac. t. 8. p. 315).

ration du mois qui suivra la publication de la présente loi, en ce qui concerne les premiers, ou du mois qui
suivra la déclaration non suivie de
soumission, en ce qui concerne les
seconds, leur fera signifier copie des
*titres primitifs, récognitifs ou énon-
ciatifs*, tendant à établir les droits de
la nation, avec déclaration que, dans
le délai d'un mois à dater de la signification, elle poursuivra la vente des
biens y énoncés, lesquels ne pourront
être des biens qui auraient été soumissionnés en exécution de la loi du
28 ventôse an IV et autres y relatives.
Elle les interpellera par le même acte
de nommer, dans la décade, un expert
pour procéder aux opérations préparatoires, conjointement avec l'expert
qui sera nommé par la régie et celui
qui le sera par l'administration centrale du département de la situation
des biens (Art. 22).

506. Dans le mois qui suivra la
signification des titres si le détenteur les soutient inapplicables ou insuffisants, ou s'il prétend être placé
dans les exceptions de la présente,
ou si, de toute autre manière, il
s'élève des débats sur la propriété,
il y sera prononcé par les tribunaux,
après néanmoins qu'on se sera adressé
par voie de mémoire aux corps administratifs, conformément à la loi du
28 octobre-5 novembre 1790 (*Voir* la
section 1 de la présente partie de ce
recueil); mais en ce cas, soit le tribunal
de première instance, soit celui d'appel, devront, chacun en ce qui le
concerne, procéder aux jugements sur
simples mémoires respectivement fournis dans le mois à dater de l'expiration

Encore que l'article 27 de la loi du 14 ventôse
an VII, porte qu'on jugera sur simples mémoires
les causes relatives aux domaines engagés, cette
disposition ne prohibe pas la défense orale (Ar. C.
de cass. du 7 déc. 1825. Sir. t. 26. p. 290 et autr.
Ar. C. r. de Colmar du 8 janv. 1830. même Rec.
t. 30. p. 188).

des délais ordinaires de la citation (Art. 27).

507. Il n'est rien changé par la présente aux attributions de l'autorité administrative, en ce qui concerne purement et simplement les liquidations de droits et créances prétendus par des particuliers envers l'état (Art. 28).

Les conseils de préfecture excéderaient leurs pouvoirs s'ils prononçaient sur les droits respectifs des concessionnaires et des titres et sur l'étendue des exceptions portées dans la loi de ventôse an VII (Ord. du 15 nov. 1822. Mac. t. 4. p. 356).

L'autorité administrative appelée à examiner le mérite d'une action à soutenir par l'état contre un engagiste, excède ses pouvoirs en décidant que l'engagiste est propriétaire incommutable (Ord. du 6 déc. 1820. Sir. t. 5. p. 494).

L'autorité administrative est seule compétente pour décider de la validité d'une soumission (Ord. du 16 août 1833. Mac. t. 3. p. 464).

Elle est encore exclusivement compétente pour statuer sur la fixation du prix à payer par suite de la soumission des détenteurs d'un bien engagé (Ord. du 25 oct. 1833. Mac. t. 3. p. 583).

C'est également à l'autorité administrative qu'il appartient soit de décider les contestations qui tendent à remettre en question la liquidation de la finance d'engagement réglée par des arrêts de l'ancien conseil, soit d'interpréter le sens et de déterminer les effets d'une ordonnance royale relative à ces contestations (Ord. du 28 fév. 1827. Mac. t. 9 p. 124).

Les conseils de préfecture sont compétents pour statuer sur la validité des ventes opérées en vertu de la loi du 14 ventôse an VII, et dans les formes qu'elle prescrit (Ord. du 1er déc. 1824. Mac. t. 8. p. 171).

Enfin, c'est aux conseils de préfecture et non aux préfets à connaître des questions concernant les domaines engagés entre les détenteurs et la régie (Ord. du 7 fév. 1809. Sir. t. 9. p. 290).

Un détenteur de domaines engagés contre lequel la dépossession a été prononcée, a dû se pourvoir en liquidation dans les délais prescrits par les lois, à peine de déchéance, peu importe la possession précaire qu'il a conservée (Ord. du 24 mars 1819. Sir. t. 5. p. 90).

508. Il sera procédé à la liquidation des indemnités que l'engagiste pourrait réclamer à la vue des quittances de finances, de la même manière qu'il est observé pour les autres créanciers de l'état; la remise des titres sera faite dans trois mois, pour tout délai (Art. 29).

509. Il n'est, par la présente, porté aucune atteinte à l'exécution des lois des 28 août 1792 et 10 juin 1793 et autres relatives aux biens appar-

tenant aux communes ou sections de
communes, et aux revendications de
biens usurpés par la puissance féodale
(Art. 34).

Dans le cas où il y aurait procès
pendant, entre cette commune et un
engagiste, relativement au fond du
droit sur les biens concédés par l'ancien gouvernement, les dispositions de
la présente et les délais établis par elle
ne courront contre l'engagiste qu'à
dater du jugement définitif qui pourrait confirmer sa possession vis-à-vis
de la commune, sauf l'intervention de
la régie des domaines audit procès,
s'il y a lieu.

510. Il n'est point dérogé par la
présente aux droits et actions qui
peuvent compéter à la nation contre
les concessionnaires ou sous-concessionnaires maintenus purement et simplement en possession par l'article
5, à raison des redevances et prestations assignées sur les fonds et qui
n'auraient pas été frappées d'abolition
par les lois nouvelles (Art. 35).

TITRE V.

MATIÈRE FORESTIÈRE.

CHAPITRE PREMIER.

LOIS ET ORDONNANCES RÉGLEMENTAIRES ACTUELLEMENT EN VIGUEUR.

511. Les bois ont toujours été soumis, en France, à des règlements particuliers, mais ces règlements pro-
mulgués à diverses époques, d'après
des systèmes et des vues, sinon opposés, du moins contradictoires, quel-

quefois étaient d'une exécution difficile. De nombreux obstacles à leur
exécution venaient souvent de la part
des seigneurs, dont les prétentions en-
travaient l'administration. Ce fut dans
le but de faire cesser ces sortes d'abus,
que Louis XIV rendit *la célèbre ordonnance du* 13 *août* 1669, *dite des eaux
et forêts*, où se trouvent réunies en
un système complet les dispositions
jusque-là éparses sur cette matière.

Cette ordonnance a régi la matière
si importante des bois et forêts pendant
près de deux siècles, c'est-à-dire jusqu'en 1827, époque où fut promulgué
le nouveau Code forestier, dont nous
allons rapporter les dispositions, ainsi
que celles de l'ordonnance d'exécution
du 1er août 1827, en ce qui concerne
les objets du contentieux administratif.

512. Le Code de 1827 a remplacé
l'ordonnance de 1669 dans celles de
ses dispositions qui concernent le droit
forestier et les nombreux règlements
qui avaient suivi cette ordonnance;
l'article 218 du Code les abroge expressément. Toutefois, nous rapporterons
les arrêts qui ont interprêté ces règlements et qui consacrent des principes
restés en vigueur sous l'empire de la
nouvelle législation fondée en 1827.

EXTRAIT DU CODE FORESTIER PROMULGUÉ
LE 31 JUILLET 1827.

513. Sont soumis au régime forestier et seront administrés conformément aux dispositions de la présente
loi :

Les bois et forêts qui font partie du
domaine de l'état;

Les bois et forêts dans lesquels
l'état, la couronne, les communes ou

les établissements publics ont des droits de propriétés indivis avec les particuliers, etc., etc. (Art. 1).

—◇◆◇—

CHAPITRE II.

DU CONTENTIEUX.

514. En matière forestière, le contentieux administratif naît des contestations qui peuvent s'élever à l'occasion des droits d'usage, qui consistent dans la faculté accordée à certaines communes et à des particuliers de prendre du bois de chauffage et autre dans les forêts de l'état, ou dans le droit de pâturage et panage pour la nourriture des bestiaux et celles que peuvent occasionner les procès-verbaux des ventes et des récolements des coupes.

Les commissionnaires-priseurs, non plus que les notaires, n'ont qualité pour procéder à la vente aux enchères des bois façonnés provenant d'abattages et d'élagages dans les forêts du domaine de la couronne; de telles ventes ne peuvent avoir lieu que devant les préfets, les sous-préfets ou maires en présence des agents forestiers (**Ar. C. r. de Paris** du 28 juin 1833. Sir. t. 33. p. 389).

En matière forestière, il n'appartient qu'au conseil de préfecture de statuer sur la validité des procès-verbaux de récolement (Ar. C. de cass. du 6 mars 1834. Sir. t. 34. p. 416).

Un arrêté administratif statuant sur un droit d'usage, n'a pu avoir pour effet que de régler l'exercice de ce droit, entre les ayant droit reconnus, il ne peut avoir pour effet de prononcer sur le fond du droit; car c'est là une question de propriété dont la connaissance appartient aux tribunaux (Ord. du 25 mars 1807. Sir. t. 14. p. 456).

515. L'article 26 du Code de 1827, déférait aux conseils de préfecture les contestations qui pouvaient s'élever au sujet de la validité des surenchères autorisées par l'article 25. Mais la loi du 4-8 mai 1837 a supprimé ces deux articles du Code, auxquels se trouvent substitués les suivants de la loi précitée du 4-8 mai 1837.

Toute adjudication sera définitive du moment où elle aura été prononcée, sans que, dans aucun cas, il puisse y avoir lieu à surenchère.

Les divers modes d'adjudication seront

déterminés par une ordonnance royale ; ces adjudications auront toujours lieu avec publicité et libre concurrence (Loi du 4-8 mai 1837, Art. 1).

Toutes les contestations qui pourront s'élever pendant les opérations d'adjudication, soit sur la validité desdites opérations, soit sur la solvabilité de ceux qui auront fait des offres et de leurs cautions, *seront décidées immédiatement par le fonctionnaire qui présidera la séance d'adjudication.*

Les adjudicataires *sont tenus, au moment de l'adjudication,* d'élire domicile dans le lieu où l'adjudication aura été faite, à défaut de quoi, tous actes postérieurs leur seront valablement signifiés au secrétariat de la sous-préfecture (Même loi du 4-8 mai 1837, Art. 2).

(*Voir*, pour les diverses modes de ventes des coupes de bois, l'ordonnance du 26 novembre 1836).

—◇◆◇—

CHAPITRE III.

DES RÉARPENTAGES ET RÉCOLEMENS DES VENTES.

516. Il sera procédé au réarpentage et au récolement de chaque vente, dans les trois mois qui suivront le jour de l'expiration des délais accordés pour la vidange des coupes. Ces trois mois écoulés, les adjudicataires pourront mettre en demeure l'administration, par acte extra-judiciaire, signifié à l'agent forestier local, et, si dans le mois de la signification de cet acte, l'administration n'a pas procédé au

L'administration n'est mise en demeure que par une sommation régulière ou par une clause du cahier des charges (Ar. C. de cass. du 7 sept. 1810. Sir. t. 15. p. 231).

Une lettre missive au sous-inspecteur ne peut être considérée comme une mise en demeure (Id. du 28 juil. 1809. même Rec. t. 14. p. 277).

Il ne suffit pas non plus d'une sommation verbale lors même qu'elle serait prononcée par témoins; il faut un acte positif émané d'un officier public, par exemple, une sommation faite par un notaire, ou un acte signifié par un huissier (Id. du 6 juillet 1809. Sir. t. 10. p. 326).

Il n'est pas nécessaire à peine de nullité que

réarpentage et au récolement, l'adjudicataire demeurera libéré (Code for. Art. 47).

517. L'adjudicataire ou son concessionnaire sera tenu d'assister au récolement, et il lui sera signifié, au moins dix jours d'avance, un acte contenant l'indication des jours où se feront le réarpentage et le récolement ; faute par lui de se trouver sur les lieux ou de s'y faire représenter, les procès-verbaux de réarpentage et de récolement seront réputés contradictoires (Art. 48 du Code forestier).

518. Les adjudicataires auront le droit d'appeler un arpenteur de leur choix pour assister aux opérations du réarpentage ; à défaut d'user de ce droit, les procès-verbaux de réarpentage n'en seront pas moins réputés contradictoires (Même Code, Art. 49).

519. Dans le délai d'un mois après la clôture des opérations, l'administration et l'adjudicataire pourront requérir l'annulation du procès-verbal, pour défaut de forme ou pour fausse énonciation. *Ils se pourvoiront, à cet effet, devant le conseil de préfecture, qui statuera.*

En cas d'annulation du procès-verbal, l'administration pourra, dans le mois qui suivra, y faire suppléer par un nouveau procès-verbal(Même Code, Art. 50).

Le réarpentage des coupes sera exécuté par un arpenteur autre que celui qui aura fait le premier mesurage, mais en présence de celui-ci ou lui

deux agents forestiers concourent au procès-verbal de récolement (Ord. du 17 mai 1833. Sir. t. 34. p. 503).

Le défaut de citation à l'adjudicataire n'opère pas de plein droit la nullité du procès-verbal de récolement ; tout ce qui en résulte pour lui, c'est la faculté de demander un nouveau récolement lorsqu'il est poursuivi par suite du premier (Ar. C. de cass. du 25 août 1808. Sir. t. 9. p. 290).

Un procès-verbal de récolement doit être réputé contradictoire, quoiqu'il n'ait été précédé d'aucune sommation, si l'adjudicataire s'est trouvé présent au moment de l'opération, alors même qu'il a refusé d'y rester et d'en signer le procès-verbal (Ar. C. de cass. du 14 déc. 1810. Sir. t. 11. p. 139 et plusieurs autres Ar.).

Les procès-verbaux de récolement ne sont point soumis à la formalité de l'affirmation (Ar. C. de cass. du 7 janv. 1808. Mer. nouv. rép. *Voyez* récolement).

L'administration peut faire faire après le récolement des vérifications dans les coupes sans être tenue d'y appeler les adjudicataires ; ils ne doivent être appelés que lors des récolements ordinaires (Ar. C. de cass. du 26 fév. 1807. nouv. rép. de jurisp. par Mer. *Voyez* délit for. § 19).

Lorsque, pendant les contestations sur la validité des procès-verbaux de récolement, et dans un temps où il n'y avait aucune difficulté ni aucun inconvénient à recommencer cette opération, l'inspecteur forestier a offert à l'adjudicataire de procéder à un nouveau récolement et que celui-ci s'y est refusé, le tribunal a pu décider que par ce refus l'adjudicataire a perdu le droit de demander une nouvelle vérification (Ar. C. de cass. du 5 août 1808. nouv. rép. de jurisp. par Mer. *Voyez* récolement).

dûment appelé (Art 97 de l'Ordon. du 1er août 1827).

L'opération du récolement sera faite par deux agents au moins, et le garde du triage y sera appelé.

Les agents forestiers en dresseront un procès-verbal qui sera signé, tant par eux que par l'adjudicataire ou son fondé de pouvoirs (Art. 98 de l'Ord. précitée du 1er août 1827).

520. Le gouvernement pourra affranchir les forêts de l'état de tous droits d'usage en bois, moyennant un cantonnement (*) qui sera réglé de gré à gré, et, en cas de contestation, par les tribunaux.

L'action en affranchissement d'usage par voie de cantonnement, n'appartiendra qu'au gouvernement et non aux usagers (Même Code, Art. 63).

521. Quant aux autres droits d'usage quelconque et aux pâturages, panage et glandée dans les mêmes forêts, ils ne pourront être convertis en cantonnement, mais ils pourront être rachetés moyennant des indemnités qui seront réglées de gré à gré, en cas de contestation par les tribunaux.

Néanmoins, le rachat ne pourra être requis par l'administration dans les lieux où l'exercice du droit de pâturage est devenu d'une absolue nécessité pour les habitants d'une ou plusieurs communes.

Si cette nécessité est contesté par l'administration forestière, *les parties*

L'enquête exigée par l'article 64, sur le point de savoir si un droit d'usage ou de pâturage, dont le rachat est demandé, est d'une absolue nécessité pour la commune qui en jouit, doit avoir lieu en la forme ordinaire des enquêtes réglée par le titre 12 du Code de procédure civile, lorsque la question s'agite entre une commune et un particulier (Ar. C. de cass. du 2 déc. 1835. Sir. t. 36. p. 413).

L'administration forestière peut limiter chaque année la durée du pâturage dans les forêts soumises à une servitude de cette nature; l'article 119 de l'ordonnance du 1er août 1827, qui confère ce droit, est conforme à l'esprit de l'article 65 du Code forestier (Ar. C. de cass. du 18 mars 1837. Sir. t. 37. p. 309).

Une décision judiciaire appréciant le caractère d'une affectation de bois établie sur une forêt nationale, a déclaré que cette affectation constituait un droit de propriété non soumis à l'application de l'article 65 du Code forestier, mais qu'il devait être exercé sans préjudicier à des droits d'usage appartenant à des communes.

Dans ces circonstances, si, lors de la demande en délivrance de l'affectation, l'administration

---

(*) On appelle cantonnement l'abandon en toute propriété fait aux usagers par le propriétaire d'une portion de la forêt usagère pour tenir lieu du droit d'usage.

se pourvoiront devant le conseil de pré-
fecture, qui, après une enquête de com-
modo et incommodo, statuera, sauf re-
cours au conseil d'état (Même Code,
Art. 64).

522. Dans toutes les forêts de l'état
qui ne seront point affranchies au
moyen de cantonnement ou de l'indemnité, conformément aux articles 63
et 64 ci-dessus, l'exercice des droits
d'usage pourra toujours être réduit par
l'administration, *suivant l'état et la*
possibilité des forêts, et n'aura lieu que
conformément aux dispositions contenues aux articles suivants. (Id. Art. 65).

523. En cas de contestation sur l'état
et la possibilité des forêts, et sur le
refus d'admettre les animaux au pâturage et au panage, dans certains cantons déclarés non défensables, le
pourvoi contre les décisions rendues
par les conseils de préfecture, en exécution des articles 65 et 67 du Code
forestier, aura effet suspensif jusqu'à
la décision rendue par nous en conseil
d'état (Art. 117 de l'Ord. du 1er août
1827).

524. La durée de la glandée et du
panage ne pourra excéder trois mois.

L'époque de l'ouverture en sera fixée
chaque année par l'administration forestière (Code forest. Art. 66).

525. Quels que soient l'âge et l'essence des bois, les usagers ne pourront exercer leurs droits de pâturage
et de panage que dans les cantons qui
auront été déclarés défensables par

oppose que cette délivrance ne peut avoir lieu sans
préjudice pour les communes, la question de possibilité que cette exception soulève est de la compétence du conseil de préfecture (Ord. du 15 août
1839. Fél. Leb. p. 436).

L'article 117 de l'ordonnance réglementaire du
1er août 1827, qui déclare suspensif le pourvoi au
conseil d'état contrairement au droit commun, ne
contient pas d'excès de pouvoir de la part du pouvoir exécutif, dès lors est obligatoire (Ar. C. de
cass. du 5 juil. 1834. Sir. t. 35. p. 138).

Les droits d'usages et de parcours dans une forêt
ne peuvent être exercés tant que la forêt n'a pas
été déclarée défensable, quelles que soient les conventions particulières (Ar. C. de cass. du 3 juin
1835. Sir. t. 35. p. 733).

Les usagers ne peuvent introduire des bestiaux

l'administration forestière, *sauf le recours au conseil de préfecture, et ce, nonobstant toute possession contraire* (Même Code, Art. 67).

quelconques dans les bois non déclarés défensables (**Ar. C. de cass. du 22 avril 1824. Sir. t. 34. p. 324** et plusieurs autres Ar. rendus dans le même sens et au même sujet).

526. Les usagers ne peuvent introduire des bestiaux quelconques dans les forêts non déclarées défensables (Avis du C. d'ét. des 18 brum. et 16 frim. an XIV).

527. L'administration forestière fixera, d'après les droits des usagers, le nombre des porcs qui pourront être mis au panage et les bestiaux qui pourront être mis au pâturage (Même Code, Art. 68).

—◇❖◇—

CHAPITRE IV.

DES DROITS D'USAGE DANS LES BOIS DE L'ÉTAT (*).

528. Ne seront admis à exercer un droit d'usage quelconque dans les bois de l'état, que ceux dont les droits auront été, au jour de la promulgation de la présente loi, reconnus fondés, soit par des actes du gouvernement, soit par des jugements ou arrêts définitifs, ou seront reconnus tels par suite

Pour qu'une commune puisse réclamer l'exercice d'un droit d'usage dans les bois de l'état, il faut qu'elle justifie avoir été dénommée en l'état arrêté au conseil du roi, conformément à l'article 1er du titre 19 de l'ordonnance de 1669 (**Ar. C. de cass. du 1er prair. an XII. Sir. t. 4. p. 317**).

C'est aux tribunaux, et non à l'autorité administrative, qu'il appartient de prononcer sur les questions relatives aux droits d'usage dont se prévalent les habitants d'une commune pour faire des coupes de bois dans les forêts nationales, lorsque ce droit leur est contesté (**Ord. du 17 mars-23 avril 1807. Sir. t. 16. p. 245**).

Toutes contestations sur les droits d'usage dans lesquelles il s'agit d'appliquer les lois forestières à des titres conventionnels, sont de la compétence des tribunaux ordinaires et non de la juridiction

(*) Le contentieux en matière d'affectations à titre particulier dans les bois de l'état étant du ressort exclusif de l'autorité judiciaire, on s'est abstenu de traiter les questions qui y sont relatives, attendu qu'elles sont étrangères à l'objet du présent recueil.

La délibération par laquelle un conseil de préfecture refuse de reconnaître qu'un particulier ait droit d'usage dans une forêt domaniale est un simple avis qui doit

d'instances administratives ou judiciaires actuellement engagées ou qui seraient intentées devant les tribunaux dans le délai de deux ans, à dater du jour de la promulgation de la présente loi, par des usagers actuellement en jouissance (Même Code, Art. 61).

529. Il ne sera plus fait à l'avenir, dans les forêts de l'état, aucune concession de droits d'usage, de quelque nature et sous quelque prétexte que ce puisse être (Même Code, Art. 62).

être soumis au ministre des finances ; et la décision du ministre n'est elle-même qu'une règle d'administration intérieure, une instruction pour les agents du domaine ; elle ne fait pas obstacle à ce que la contestation soit portée devant les tribunaux. (Ord. du 7 déc. 1825. Sir. t. 26. p. 346).

Toutes les décisions intervenues sur la compétence, paraissent devoir être suivies en présence de l'article 61 du Code forestier qui attribue aux tribunaux ordinaires la connaissance des contestations qui peuvent s'élever entre les particuliers et l'état sur les droits d'usage dans les forêts domaniales.

administrative (Ord. du 30 août 1822. Sir. t. 23. p. 84).

Dans l'appréciation des titres établissant le droit d'usage réclamé par une commune, les juges sont autorisés à donner la préférence aux titres qui sont les plus favorables aux communes (Ar. C. de cass. du 18 mai 1825. Sir. t. 26. p. 419).

L'article 61 qui admet à exercer des droits d'usage dans les forêts de l'état, ceux dont les droits seraient reconnus fondés par suite d'instances actuellement engagées est applicable même aux usagers qui auraient encouru la déchéance prononcée par les lois des 28 ventôse an XI et 14 ventôse an XII, pour défaut de production de leurs titres dans le délai fixé par ces lois, l'article 61 du Code forestier ayant relevé les usagers de cette déchéance (Ar. C. r. de Bourges du 26 janv. 1829. Sir. t. 29. p. 21).

Des arrêts du conseil portant reconnaissance d'anciens droits d'usage au profit d'un village dans une forêt de l'état, et aménagement de la forêt pour l'exercice de ces droits, peuvent être réputés attributifs de droits définitifs et non révocables, bien que les arrêts renferment la clause que l'exercice des droits d'usage aura lieu jusqu'à ce qu'il plaise à sa majesté d'en ordonner autrement (Ar. C. de cass. du 22 déc. 1835. Sir. t. 36. p. 29).

L'article 61 qui maintient en possession des droits d'usage dans les forêts de l'état ceux dont les droits auraient été reconnus fondés par des jugements ou arrêts définitifs, ne reçoit application que dans le cas où ces arrêts et jugements ont statué sur l'exercice même ou l'étendue des droits d'usage (Ar. C. de cass. du 22 mars 1836. Sir. t. 38. p. 62).

Les droits d'usage dont les biens de l'ancien clergé jouissaient sur les forêts domaniales, se sont éteints par la confusion lors de la réunion de ces biens au domaine de l'état (Art. 795 du Code civ.).

Dès lors il s'en suit naturellement que ces droits n'ont pas dû être compris dans la vente nationale des biens de l'église au profit desquels ils étaient établis, alors du moins que l'acte de vente ne les maintient pas d'une manière expresse.

Il faut donc le décider ainsi, alors même que par l'effet d'un bail existant au moment de la main-mise nationale, les droits d'usage auraient subsisté au profit du fermier, qu'ils auraient continué jusqu'au delà de la vente et que l'acquéreur aurait été chargé d'exécuter le bail.

Voici les considérants d'une ordonnance rendue en conseil d'état sur cette matière :

« Considérant que l'article 5 du cahier des charges en se référant au bail de 1829, ne confère à l'adjudicataire que la propriété des objets qui faisaient partie de ce bail. Que l'article 1er dudit bail en exceptait d'une manière explicite et générale tous les bois et accrues enclavés dans les terres et prés dépendant du moulin de ***, ou limitrophes de ces terres et prés. Que l'article 2 du cahier des charges stipule expressément que les terres sont vendues sans aucune garantie de mesure dont le plus ou le moins doit être au profit ou à la perte de l'adjudicataire.

» Il est déclaré que l'accrue du bois de N*** n'est point comprise dans la vente faite au S.*** par adjudication...., du moulin de *** et ses dépendances. » (Ord. du 1er juil. 1839. Fél. Leb. p. 365 et 378 et suivantes).

La loi du 5 décembre 1814 ne permet pas à un émigré remis en possession de bois confisqués, d'attaquer une décision du ministre des finances qui a relevé un individu prétendant à des droits d'usage dans ces bois d'une déchéance prononcée contre lui par le conseil de préfecture, pour non production de ses titres dans les délais prescrits par les lois des 28 ventôse an XI et 14 ventôse an XII.

Cette loi fait également obstacle à ce que l'émigré attaque un arrêté par lequel le conseil de préfecture sur le vu de la décision ministérielle portant relief de la déchéance, a rapporté son premier arrêté qui prononçait la déchéance des usagers (Ord. du 19 déc. 1839. Fél. Leb. p. 586 et suivantes).

—◇⊗◆⊗◇—

CINQUIÈME PARTIE.

DES ÉTABLISSEMENTS DANGEREUX, INSALUBRES OU INCOMMODES.

————————◇◈〰◈◇————————

CHAPITRE PREMIER.

530. Du principe posé par l'article 544 du Code civil, que *tout citoyen peut disposer de sa propriété de la manière la plus absolue*, POURVUQUE L'USAGE N'EN SOIT PAS PROHIBÉ PAR LES LOIS OU PAR LES RÈGLEMENTS D'ADMINISTRATION PUBLIQUE, il résulte que chacun est libre en général de former des établissements, manufactures et ateliers, partout où bon lui semble.

Toutefois, l'expérience ayant démontré qu'un grand nombre de ces établissements présentaient de graves inconvénients sous le rapport de la sûreté et de la salubrité publiques, ou même seulement de l'incommodité qu'ils peuvent occasionner par leur voisinage des habitations, le législateur a dû prescrire des mesures nécessaires pour imposer certaines conditions à ceux de ces établissements qui, par la nature de l'industrie à laquelle on les destine, offrent *des chances de danger, d'insalubrité ou d'incommodité pour les populations de leur voisinage.*

521. La législation qui se rapporte aux établissements dont il s'agit, est résumée dans le décret du 15 octobre 1810, où se trouvent fondues les lois

Le conseil d'état autorise l'établissement des usines susceptibles d'être incommodes et préjudiciables aux voisins, lorsqu'il y a moyen d'imposer au propriétaire de l'usine des conditions préservatrices (Ord. du 14 juil. 1819. Sir. t. 20. p. 144 et plusieurs autres).

La question de savoir si une manufacture sera autorisée, n'est pas subordonnée à des raisons puisées dans l'intérêt du commerce : il ne s'agit uniquement que de savoir si l'établissement dont on propose la mise en activité n'est ni insalubre ni dangereux (Ord. du 5 janv. 1813. Sir. t. 2. p. 181).

Les motifs tirés de la voirie vicinale doivent également rester étrangers à l'application des règlements relatifs aux ateliers dont il s'agit; la demande ne doit être examinée que sous le rapport de l'insalubrité et de l'incommodité des usines (Ord. du 3 fév. 1830. Mac. t. 12. p. 51).

Celui qui a obtenu l'autorisation de construire un établissement de la nature de ceux dont il est question dans le décret de 1810, est obligé de se conformer aux procédés indiqués par l'autorisation

et anciens règlements sur cette matière. Elle se divise en deux parties distinctes ; l'une ayant pour but de tracer la marche à suivre pour obtenir l'autorisation de former de ces sortes d'établissements, et les conditions sous lesquelles l'autorité compétente peut les accorder ; l'autre, qui contient la classification desdits établissements et leur nomenclature divisée en trois classes, d'après les prescriptions du décret du 15 octobre 1810, et celles des ordonnances des 14 janvier 1815, 29 juillet 1818, 8 juin 1822, 25 juin et 29 octobre 1823, 20 août 1824, 9 février 1825, 5 novembre 1826, 20 septembre 1828, 23 septembre 1829, 25 mars-8 avril 1830, 31 mai 1833, 27 janvier 1837, 25 mars, 15 avril et 27 mai 1838, intervenues en suite des développements progressifs des arts industriels et du commerce.

532. Chacune des parties de la législation sera traitée séparément, sous un titre spécial, en suivant l'ordre indiqué ci-dessus, c'est-à-dire, en commençant par la nomenclature des établissements dont il s'agit, puis l'indication des moyens d'obtenir les autorisations.

La nomenclature comprendra toutes les additions que comportent les ordonnances mentionnées plus haut.

ou de renoncer à son bénéfice (Ord. du 3 fév. 1819. Sir. t. 5. p. 61).

L'autorisation donnée pour un établissement insalubre ne doit pas être révoquée par cela seul que les procédés employés ont donné lieu à de justes plaintes, si les conditions prescrites étaient insuffisantes ; l'autorité doit imposer de nouvelles conditions et ne supprimer l'établissement qu'autant qu'on refuserait de les exécuter (Ord. du 31 mars 1819. Sir. t. 5. p. 102).

Lorsqu'un particulier s'est volontairement établi dans le voisinage d'un atelier insalubre, il ne peut en demander l'éloignement (Ord. du 16 janv. 1828. Mac. t. 10. p. 50).

17

CHAPITRE II.

DIVISION EN TROIS CLASSES DES ÉTABLISSEMENTS RECONNUS DANGEREUX, ETC.

— ✧⊛✧ —

SECTION I. — Nomenclature, formalités et conditions imposées pour les établissements rangés dans la première classe.

EXTRAIT DU DÉCRET DU 15 OCTOBRE 1810.

533. A compter de la publication du présent décret, les manufactures et ateliers qui répandent une odeur insalubre ou incommode, ne pourront être formés sans une permission de l'autorité administrative, ces établissements seront divisés en trois classes.

LA PREMIÈRE CLASSE *comprendra ceux qui doivent être éloignés des habitations particulières* (comme dangereux).

LA SECONDE, *les manufactures et ateliers dont l'éloignement des habitations n'est pas rigoureusement nécessaire, mais dont il importe, néanmoins, de ne permettre la formation qu'après avoir acquis la certitude que les opérations qu'on y pratique, sont exécutées de manière à ne pas incommoder les propriétaires du voisinage, ni à leur causer des dommages* (comme insalubres).

Dans LA TROISIÈME CLASSE *seront placés les établissements qui peuvent être tolérés sans inconvénient auprès des habitations, mais qui doivent rester soumis à la surveillance de la police* (comme incommode).(Art. 1er du Déc. précité.)

534.*Établissements et ateliers qui ne pourront plus être formés dans le voisinage des habitations particulières et pour la création desquels il sera nécessaire de se pourvoir d'une autorisation du roi, accordée en conseil d'état.*

Abattoirs publics à ériger dans une

Le décret du 15 oct. 1810, en réglant pour l'avenir les conditions d'autorisation des manufactures ou établissements insalubres ou incommodes, n'a pas dépouillé l'autorité municipale tant que cette autorisation n'a pas été obtenue du droit, qu'elle tient de l'article 3, n° 5, du titre 9, de la loi du 6-24 août 1890, de prescrire les mesures que la salubrité publique lui paraît exiger (Ar. C. de cass. du 14 fév. 1833. Sir. t. 33. p. 586).

Le ministre n'est pas recevable à demander, dans l'intérêt privé du fabricant, la modification des conditions imposées à son atelier par l'ordonnance d'autorisation : pour que le pourvoi du ministre fût recevable, il faudrait qu'il reposât sur des considérations d'ordre ou d'intérêt public (Ord. du 23 déc. 1829. Mac. t. 11. p. 474).

commune, quelle que soit sa population (Ord. du 15 avril 1838) (a).

Acide nitrique (Eau forte, fabriq. d').

Acide pyroligneux (Fabrique d'), lorsque les gaz se répandent dans l'air sans être brûlés.

Acide sulfurique (Fabrication d').

Affinage de métaux, au fourneau à manche, au fourneau à coupelle ou à réverbère (b).

Allumettes détonnantes ou fulminantes (Fabrique d').

Amidoniers.

Artificiers.

Bleu de Prusse (Fabrique de), lorsqu'on n'y brûlera pas la fumée et le gaz hydrogène sulfuré.

Boyaudières.

Cendres gravelées (Fabrique de), lorsqu'on laisse répandre la fumée au dehors.

Cendres d'orfèvre (Traitement des), par le plomb.

Chanvre (Rouissage du) en grand par son séjour dans l'eau.

Charbon de terre (Épurage du), à vans ouverts.

Chlorure de chaux (Fabrication en grand du). (Ord. du 31 mai 1833.)

Colle forte (Fabrique de).

Cordes à instruments (Fabrique de).

Cretonniers.

Cuirs vernis (Fabrique de).

Dégras ou huile épaisse à l'usage des tanneurs (Fabrique de).

Dépôts et ateliers pour la cuisson et la dessiccation du sang des animaux, destiné à la fabrication du bleu de Prusse.

Dépôt de chairs ou débris d'animaux.

Dépôts de matières provenant des

(a) *Voyez* d'autre part *tueries*).

(b) *Voyez* page 262 la jurisprudence relative aux fabriques de *verre, cristaux*, etc.

vidanges de latrines ou des animaux destinés aux engrais.

Désargentage du cuivre (Atelier de), par le mélange de l'acide sulfurique et de l'acide nitrique (Ord. du 27 mai 1838).

Équarrissage (a).

Échaudoirs (a).

Encre d'imprimerie (Fabrique d').

Fourneaux (Hauts-).

Goudron (Fabrication du).

Graisses à feu nu (Fonte des). (Ord. du 31 mai 1833.)

Huile de pieds de bœufs (Fabrication d').

Huile de térébenthine et huile d'aspic (Distillerie en grand de l').

Huile rousse (Fabrique d').

Huiles de lin (Cuisson des), (Ord. du 31 mai 1833).

Litharge (Fabrication de la).

Massicot (Fabrique de).

Ménagerie.

Minium (Fabrication du).

Noir d'ivoire et noir d'os (Fabrication du), lorsqu'on n'y brûle pas la fumée.

Orseille (Fabrication de l').

Plantes marines (La combinaison des), lorsqu'elle se pratique dans des établissements permanents (Ord. du 27 mai 1838).

Pompes à feu ne brûlant pas la fumée.

Porchères.

Poudres ou matières détonnantes ou fulminantes, ou objets fabriqués avec ces sortes de poudres (Ord. du 25 juin-21 juillet 1823).

Poudrette.

Résines, goudrons, galipots, arcansons et toute autre matière résineuse

(a) Les ateliers de décharnage et de débourrement des peaux doivent être, comme compris dans la première classe, éloignés des habitations agglomérées (Ord. du 10 janv. 1821. Mac. t. 1. p. 45).

(Travail en grand des). (Ord. du 9 février 1825.)

Rouge de Prusse (Fabrique de), à vases ouverts.

Routoirs servant au rouissage en grand du chanvre et du lin , par leur séjour dans l'eau (Ord. du 5 nov. 1826).

Sel ammoniaque ou muriate d'ammoniaque (Fabrication du), par le moyen de la distillation des matières animales.

Sel ammoniaque, extrait des eaux de condensation du gaz hydrogène (Fabrique de). (Ord. du 20 sept. 1828.)

Soies de cochon (Ateliers pour préparer les) par tout procédé de fermentation (Ord. du 27 mai 1838).

Soude de Varech (Fabrication en grand de), lorsqu'elle s'opère dans des établissements permanents. (Ord. du 27 mai 1833.)

Souffre (Distillation du).

Suif brun (Fabrication du).

Suif en branche (Fonderie du) à feu nu.

Suif d'os (Fabrication du).

Sulfate d'ammoniaque (Fabrication du), par le moyen de la distillation des matières animales.

Sulfate de cuivre (Fabrication du), au moyen du souffre et du grillage.

Sulfate de soude (Fabrication du), à vases ouverts.

Sulfure métallique (Grillage du), en plein air.

Tabac (Combustion des côtes du), en plein air.

Taffetas ciré (Fabrique de).

Taffetas et toile vernis (Fabrication des).

Toile cirée (Fabrique de). (Ord. du 9 février 1825.)

Tourbe (Carbonisation de la) à vases ouverts.

Tripiers.

Tueries dans toute commune, quelle que soit la population (*Voyez* Abattoirs).

Urate (Fabrique d'). (Ord. du 9 février 1825.)

Vernis (Fabrique de).

Verre, cristaux et émaux (Fabrique de) (*).

Visières et feutres vernis (Fabrique de). (Ord. du 5 novembre 1826.)

535. La permission nécessaire pour la formation des manufactures et ateliers compris dans la première classe, sera accordée avec les formalités ci-après, par un decret rendu en notre conseil d'état (Art. 2 du Déc. du 15 oct. 1810).

(*) Les réserves établies dans l'intérêt de la reproduction des bois dans le canton, et des besoins des communes environnantes, par la nomenclature annexée à l'ordonnance du 14 janvier 1815, ne concerne que les établissements et ateliers de première classe et non les établissements et ateliers de deuxième classe (Ord. du 26 oct. 1828. Mac. t. 10. p. 711).

Lorsque sur une demande en autorisation de deux établissements dont l'un est dans la première classe et l'autre dans la seconde des classes établies par les réglements, des oppositions sont formées à ces établissements et portées devant le conseil de préfecture, ce tribunal administratif peut admettre sous forme d'avis celles qui ont trait à l'établissement de première classe, et rejeter par voie de décision celles qui se rapportent à l'établissement de la seconde (Ord. du 23 juil. 1823. Mac. t. 5. p. 483).

Une ordonnance royale qui accorde à un particulier l'autorisation d'établir une verrerie sur les francs-bords d'un canal de navigation ne peut préjudicier aux droits du propriétaire du canal qui se prétend propriétaire du terrain sur lequel l'usine a été établie. La question de propriété est du ressort des tribunaux (Ord. du 12 avril 1829. Mac. t. 11. p. 128).

Les ordonnances royales qui ont refusé l'autorisation d'établir des ateliers de première classe ne sont pas susceptibles d'oppositions (Ord. du 13 août 1823. Mac. t. 5. p. 593).

Le recours au conseil d'état par la voie contentieuse, n'est pas ouvert à la partie qui a essuyé le refus (Ord. du 24 déc. 1823. Mac. t. 5. p. 851 et plusieurs autres).

536. (*) Indépendamment des formalités prescrites par le décret du 15 octobre 1810, la formation des fabriques de ce genre ne pourra avoir lieu qu'après que les agents forestiers en résidence sur les lieux auront donné leur avis sur la question de savoir : si la reproduction des bois dans le canton et les besoins des communes environnantes permettent d'accorder la permission (Ord. du 4 janvier 1815).

537. La demande en autorisation sera présentée au préfet, et affichée par son ordre dans toutes les communes, à cinq kilomètres du rayon.

Dans le délai qui sera indiqué, tout particulier sera admis à présenter ses moyens d'oppositions. Les maires des communes auront la même faculté (Art. 3 du même Déc.).

538. Il sera procédé à une enquête *de commodo et incommodo*, dans les formes prescrites ci-après, pour les établissements compris dans la seconde classe; les résultats de cette enquête seront consignés dans un procès-verbal (Art. 2 de l'Ord. du 14 janv. 1815).

539. La durée des affiches et des publications pour les demandes ou permission d'établir des verreries est définitivement fixée à un mois, comme pour toutes les autres demandes relatives à la formation d'établissements dangereux, insalubres ou incommodes de la première classe, à laquelle continueront d'appartenir les fabriques de verres, cristaux et émaux qui demeurent soumis au régime du décret du 15 octobre 1810 et de l'ordonnance du 14 janvier 1815 (Art. 4. de l'Ord. du 20 sept.-15 oct. 1828).

540. S'il y a des oppositions, *le conseil de préfecture donnera son avis*, sauf la décision du conseil d'état (Art. 4 du déc. du 15 oct. 1810).

Les délibérations des conseils de préfecture prises en forme d'avis au sujet des établissements de première classe, ne peuvent être attaquées devant le conseil d'état par la voie contentieuse (Ord. du 19 mars 1823. Mac. t. 5. p. 167).

Les propriétaires lésés par l'établissement d'ateliers dangereux, insalubres ou incommodes de première classe doivent non seulement former opposition devant le conseil de préfecture, mais encore justifier leur opposition par voie d'intervention devant le conseil d'état. Ils ne doivent pas compter sur la faculté de former directement opposition à l'ordonnance en conseil d'état; cette ordonnance est réputée contradictoire, alors même que le propriétaire lésé, après avoir formé son opposi-

541. S'il n'y a pas d'opposition, la permission sera accordée, s'il y a lieu, sur l'avis du préfet et le rapport du ministre de l'intérieur (Art. 5 du même Déc.).

542. S'il s'agit de fabriques de soude, ou si la fabrique doit être établie dans la ligne des douanes, notre directeur-général des douanes sera consulté (Art. 6 du même Déc.).

543. L'Autorité locale indiquera le lieu où les manufactures et ateliers, compris dans la première classe, pourront s'établir, et exprimera leur distance des habitations particulières.

544. Tout individu qui ferait des constructions dans le voisinage de ces manufactures et ateliers, après que la formation en aura été permise, ne sera plus admis à en solliciter l'éloignement (Art. 9 du Déc. précité).

545. En cas de graves inconvénients pour la salubrité publique, la culture ou l'intérêt général, les fabriques et ateliers de première classe qui les causent, pourront être supprimés, en vertu d'un décret rendu en notre conseil d'état, après avoir entendu la police locale, pris l'avis des préfets, reçu la défense des manufacturiers ou fabricants (Art. 12 du Déc. précité).

tion devant le conseil de préfecture, n'a aucunement été entendu ni appelé devant ce conseil (Ord. du 19 juil. 1826. Sir. t. 27. p. 271).

L'opposition de la part des tiers est non recevable contre une ordonnance qui, après toutes les formalités remplies, a autorisé un établissement de première classe (Ord. du 15 déc. 1824. Mac. t. 6. p. 669).

Si un établissement de première classe n'est pas formé hors la ville, ainsi que le veulent le décret de 1810 et l'ordonnance d'autorisation, les intéressés doivent se retirer devant l'administration pour réclamer l'exécution de cette disposition; ils ne peuvent former tierce-opposition à l'ordonnance royale (Ord. du 21 déc. 1825. Mac. t. 7. p. 728).

—◇◈◇—

SECTION II.—Nomenclature, formalités et conditions imposées pour les établissements rangés dans la 2° classe.

546. *Établissements et ateliers dont l'éloignement des habitations n'est pas rigoureusement nécessaire, mais dont il importe néanmoins de ne permettre la*

Les conseils de préfecture ne sont compétents pour connaître des oppositions formées par les tiers aux établissements insalubres de deuxième classe, qu'autant que l'autorisation a déjà été accordée par le préfet; ils ne le sont pas s'il y a eu refus (Ord.

formation qu'après avoir acquis la certitude que les opérations qu'on y pratique seront exécutées de manière à ne pas incommoder les propriétaires du voisinage, ni à leur causer des dommages.

Absynthe (Distillerie d'extrait d').

Acier (Fabrique d').

Acide muriatique (Fabrication de l'), avec vases clos.

Acide muriatique oxigéné (Fabrication de l').

Acide pyroligneux (Fabrique d'), lorsque les gaz sont brûlés.

Acide pyroligneux avec le fer, le plomb ou la soude (Combinaison de l'). (Ord. du 31 mai 1833.)

Battoirs à écorces dans les villes (Ord. du 20 sept. 1828).

Bitumes en planches (Fabrique de). (Ord. du 9 février 1825.)

Bitumes pissasphaltes (Atelier pour la fonte et la préparation des). (Ord. du 31 mai 1833.)

Blanc de baleine (Raffinerie de). (Ord. du 5 nov. 1826.)

Blanc de plomb ou de céruse (Fabrique de).

Blanchiment des tissus et fils de laine ou de soie par le gaz ou l'acide sulfureux (Ord. du 5 nov. 1826).

Bleu de Prusse (Fabrique de), lorsqu'elles brûlent leur fumée et le gaz hydrogène sulfuré.

Carbonisation du bois, à air libre, lorsqu'elle se pratique dans des établissements permanents et ailleurs que dans les bois et forêts en rase campagne (Ord. du 20 sept. 1828).

Cartonniers (Fabrique de cartonnerie).

Cendres d'orfèvre (Traitement des)

du 10 sept. 1823 et du 14 janv. 1824. Mac. t. 5. p. 681 et t. 6. p. 1 et 2. et plusieurs autres Ord.).

Les arrêtés des conseils de préfecture en matière d'établissements de deuxième classe, avant l'autorisation accordée, ne sont pas susceptibles de recours au conseil d'état, et n'empêchent pas que les opposants se retirent devant le préfet pour faire statuer sur l'autorisation demandée et sur leurs oppositions (Ord. du 26 oct. 1825. Mac. t. 7. p. 605).

Ces arrêtés ne sont que des simples avis non susceptibles de recours quel qu'il soit (Ord. du 15 mars 1826. Mac. t. 7. p. 153).

Le conseil de préfecture est valablement saisi de la demande des opposants, lorsque l'opposition a été formée non seulement dans le procès-verbal de *commodo* et *incommodo*, mais encore dans des actes séparés et signifiés (Ord. du 26 oct. 1828. Mac. t. 10. p. 709).

En cas d'opposition le recours n'est ouvert devant le roi, en conseil d'état, que par voie d'appel de l'arrêté du conseil de préfecture (Ord. du 11 nov. 1831. Mac. t. 1. p. 426).

Lorsque les conseils de préfecture sont saisis d'oppositions en matière d'établissements de deuxième classe, ils ont juridiction; ils doivent donc statuer par voie de décision et non par voie de simple avis (Même Ord. du 4 juil. 1827. t. 9. p. 316).

Les conseils de préfecture ne peuvent pas rejeter les oppositions, par la raison qu'elles ne sont pas fondées sur des motifs d'intérêt public (Ord. du 7 mai 1828. même Rec. t. 10. p. 418).

Après avoir statué sur les oppositions, le conseil de préfecture ne peut renvoyer les opposants à se pourvoir contre l'arrêté du préfet, qui a été l'objet de l'opposition (Ord. du 11 nov. 1831. même Rec. t. 1. p. 426).

Les conseils de préfecture ne peuvent prononcer sans appel sur les oppositions (Ord. du 18 janv. 1823. Mac. t. 5. p. 416).

Le ministre a qualité pour demander au conseil d'état l'annulation des arrêtés des conseils de préfecture rendus en cette matière (Ord. du 14 nov. 1821. Mac. t. 2. p. 450).

Les tiers opposants ont qualité pour intervenir dans l'instance au conseil d'état (Ord. du 10 janv. 25 juil. et 14 nov. 1834. Mac. t. 4. p. 17. 479 et 713).

L'opposition des tiers intervenants dans l'instance au conseil d'état fondée sur les motifs

par le mercure et la distillation des amalgames.

Cendres gravelées (Fabrication des), lorsqu'on brûle la fumée , etc.

Chamoiseurs.

Chandeliers.

Chapeaux (Fabrique de) (a)

Charbon animal (Fabrication et revivification du). (Ord. du 28 sept.-15 octobre 1828.)

Charbon de bois, fait à vases clos.

Charbon de terre épuré, lorsqu'on travaille à vases clos.

Châtaignes (Dessiccation et conservation des).

Chaux (Fours à), permanents (étaient de la première classe, rangés dans la seconde par Ord. du 29 juillet-22 août 1818) (b).

Chiffonniers.

Chlorure alcalin (Eau de Javelle) et Chlorure de chaux (Ateliers de), où l'on en fabrique dans une proportion de 300 kilogrammes, au plus, par jour (Ord. du 31 mai 1833).

Chromate de potasse (Fabrique de). (Même Ord. du 31 mai 1833.)

Chrysalides (Dépôts de). Ord. du 20 sept.-15 octobre 1828.)

Cire à cacheter (Fabrique de)

Colle de peau de lapin (Fabrique de). (Ord. du 9 févr.-1er mars 1825.)

Corroyeurs (c).

Couverturiers.

Cuirs verts (Dépôts de).

Cuivre (Dérochage du), par l'acide

qu'ils n'auraient pas été entendus dans l'enquête de *commodo* et *incommodo*, doit être rejetée , s'ils ne produisent pas d'autres moyens sur lesquels l'arrêté du conseil de préfecture a statué contradictoirement avec l'opposant originaire (Ord. du 31 juil. 1822. Mac. t. 4. p. 111).

Les conseils de préfecture n'ont pas d'attribution pour statuer sur les oppositions à l'établissement d'un atelier insalubre, lorsque les opposants s'appuient uniquement sur les lois relatives à l'administration des forêts, et spécialement sur la loi du 6 octobre 1791 et sur le Code forestier ; l'arrêté du préfet en ce cas ne fait pas obstacle à ce que les opposants se pourvoient devant les tribunaux pour l'application de ces lois s'il y a lieu (Ord. du 6 janv. 1830. Mac. t. 12. p. 1).

(a) Encore qu'il y ait opposition à la formation d'une fabrique de chapeaux, l'arrêté d'autorisation doit être maintenu, si les mesures de précaution qu'il prescrit donnent une garantie suffisante contre le danger de la mauvaise odeur ou de l'insalubrité , si l'autorisation ne comprend que la foule des chapeaux et lorsque d'ailleurs le fabricant s'engage à ne point exécuter dans l'établissement projeté les opérations de teinture et de baguettage (Ord. du 27 déc. 1820. Sir. t. 5. p. 514).

(b) Un propriétaire de trois fours à chaux, désirant les remettre en activité après une suspension de plus de six mois, dut se pourvoir d'une nouvelle autorisation (Déc. du 15 oct. 1810. Art. 13). Trente voisins demandèrent que, pour éviter l'inconvénient de la fumée, le propriétaire des fours à chaux fût tenu à ne brûler que de véritables escarabins de fabrique ou de coke.

L'impétrant s'était offert à se conformer aux vœux de ses voisins, pour le choix de combustible ; sur l'avis favorable du ministre du commerce, le conseil d'état a autorisé la réouverture des fours à chaux dont il s'agit ; cette autorisation a été motivée dans les termes suivants :

« Considérant qu'il résulte de l'instruction que les fours à chaux dont le rétablissement est demandé, peuvent être autorisés sans danger ni inconvénient pour les propriétés voisines.

» Considérant néanmoins qu'il y a lieu de prescrire le mode de chauffage proposé par le requérant lui-même, etc. » (Ord. du 18 fév. 1839. Fél. Leb. p. 147.)

(c) Lorsqu'il résulte de l'instruction de l'affaire que le local choisi par le corroyeur n'est pas convenable à un établissement de corroyerie, notamment à raison du quartier où il est situé, il y a lieu de

nitrique. (Ord. du 20 sept. - 15 octobre 1828.)

Cuivre (Fonte et laminage du).

Eau-de-vie (Distillerie d').

Faïence (Fabrique de).

Feutre goudronné, propre au doublage des navires (Fabrication du). (Ord. du 31 mai 1833).

Filature de cocons (Ateliers dans lesquels s'opère la), en grand, c'est-à-dire ceux contenant au moins six tours (Ord. du 27 mai 1838).

Fonderies à fourneaux à la Vilkenson (Ord. du 9 fév. 1825) (d).

Fondeurs, en grand, au fourneau à réverbère.

Forges de grosses œuvres (Ord. du 5 nov. 1826).

Fours à cuire les cailloux destinés à la fabrication des émaux (Ord. du 5 novembre 1826).

Galons et tissus d'or ou d'argent (Brûleries en grand des).

Gaz (Ateliers où l'on prépare les matières grasses propres à la production du). (Ord. du 31 mai 1833.)

Gaz hydrogène (Usines pour l'éclairage par le). (Ord. du 10-31 août 1824.)

Genièvre (Distillerie de).

Goudron (Fabrique de), à vases clos.

Harengs (Saurage des).

Hongroyeurs.

Huile de térébenthine et autres huiles essentielles (Ord. du 9 fév. 1825).

Huiles et autres corps gras contenus dans les eaux savonneuses des fabriques (Extraction des). (Ord. du 20 sept.-15 oct. 1828.)

Huiles (Épuration des), au moyen de l'acide sulfurique.

Indigoteries.

confirmer le refus d'autorisation : néanmoins, si le délai fixé pour la suppression est expiré, il est équitable de le proroger , afin de donner au fabricant le temps de chercher un autre local (Ord. du 17 août 1825. Mac. t. 7. p. 462).

(d) Une fonderie à couler des bronzes peut être autorisée dans le centre des habitations , lorsqu'au moyen de conditions indiquées, elle ne peut causer d'inconvénients aux voisins. Le conseil d'état peut néanmoins exiger que l'entrepreneur n'y coulera que les bronzes qu'il aura modelés (Ord. du 23 juil. 1823. Mac. t. 5. p. 481).

Lards (Ateliers à enfumer les).

Liqueurs (Fabrique des).

Machines à feu, à haute pression, ou celles dans lesquelles la force élastique fait équilibre à plus de deux atmosphères, lors même qu'elles brûleraient complétement leur fumée (Ord. du 29 oct.-24 nov. 1823).

Maroquiniers.

Mégisseries.

Morue (Sècherie de). (Ord. du 31 mai 1833.)

Moulins à farines dans les villes (Ord. du 9 fév. 1825).

Moulins à broyer le plâtre, la chaux et les cailloux (Même Ord. du 9 février 1825).

Noir de fumée (Fabrication du).

Noir d'ivoire et noir d'os (Fabrication des), lorsqu'on brûle la fumée (a).

Noir minéral (Carbonisation et préparation des schistes bitumineux pour fabriquer le). (Ord. du 31 mai 1833.)

Or et argent (Affinage de l'), au moyen du départ et du fourneau à vent (b).

Os (Blanchiment des), pour les éventaillistes et les boutonniers.

Os d'animaux (Toute calcination d'). (Ord. du 20 sept.-15 oct. 1828.)

Papiers (Fabrique de).

Parcheminiers.

Peaux ou Poils de lapin (Secrétage des). (Ord. du 20 sept.-15 oct. 1828.)

Plâtre (Fours à) permanents (étaient de la première classe, rangés dans la seconde par l'Ord. du 29 juillet - 22 août 1818 (c).

(a) Lorsqu'il résulte des pièces de l'instruction de l'affaire, notamment de l'avis motivé du comité consultatif des arts et manufactures, que l'odeur exhalée par les os, pendant la calcination, ne serait point détruite en totalité par les procédés du fabricant, et que les moyens indiqués pour y remédier, sont insuffisants et inadmissibles, il y a lieu de refuser l'autorisation (Ord. du 6 sept. 1825. Mac. t. 7. p. 550).

(b) L'affinage de l'or et de l'argent au moyen de l'acide sulfurique est rangé dans la première classe des établissements insalubres ou incommodes, jusqu'à ce que l'affineur soit parvenu à condenser les gaz : cet établissement est rangé dans la troisième classe, lorsque les gaz sont condensés (Ord. du 17 mars 1823. Mac. t. 5. p. 171).

Les affineurs d'or et d'argent, qui dans leurs procédés d'affinage ont substitué l'acide sulfurique à l'acide nitrique, bien moins incommode, se sont mis, par ce fait, dans la première classe des ateliers insalubres de manière à ne pouvoir plus jouir de leur titre, et à devoir cesser leurs travaux jusqu'à ce qu'ils aient obtenu l'autorisation légale (Ord. du 19 mars 1823).

(c) Il n'est pas rigoureusement nécessaire que les fours à plâtre soient éloignés des habitations, néanmoins l'administration doit, avant d'autoriser ces établissements, reconnaître avec certitude que les opérations auxquelles ils sont destinés, y seront

Pipes à fumer (Fabrication des).

Phosphore (Fabrique de). (Ord. du 5 nov. 1826.)

Plomb (Fonte du) et laminage de ce métal (d).

Poêliers fournalistes.

Porcelaine (Fabrication de la).

Potiers de terre (e).

Rogues (Dépôts de). (Ord. du 5 novembre 1826.)

Rouge de Prusse (Fabrique de), à vases clos.

Salaisons et saurissage des poissons (Ateliers pour les). (Ord. du 9 février 1825.)

Salaisons (Dépôts de).

Schistes bitumineux pour la fabrication du noir minéral (Carbonisation et préparation des). (Ord. du 31 mai 1833.)

Sel ou muriate d'étain (Fabrication du).

Sucre (Raffinerie de) (f).

Suif (Fonderie de), au bain-marie ou à la vapeur (g).

Sulfate de soude (Fabrication de), à vases clos.

Sulfates de fer et de zinc (Fabrication des), lorsqu'on forme ces sels de toutes pièces avec l'acide sulfurique et les substances métalliques.

Sulfures métalliques (Grillage des), dans les appareils propres à retirer le soufre ou à utiliser l'acide sulfureux qui se dégage.

exécutées de manière à ne pas incommoder les propriétaires du voisinage, et à ne leur causer aucun dommage (Ord. du 4 sept. 1822. Mac. t. 4. p. 290).

(d) Bien que les plomberies et lamineries de plomb soient rangées dans la deuxième classe des établissements dont l'éloignement des habitations n'est pas rigoureusement nécessaire, il importe néanmoins de n'en permettre la formation qu'après avoir acquis la certitude que les opérations qu'on y pratique, seront exécutées de manière à ne pas incommoder les propriétaires voisins et à ne leur causer aucun dommage (Ord. du 2 juil. 1823. Mac. t. 5. p. 463).

(e) Les poteries de terre ne sont pas rangées dans la classe des usines pour lesquelles il importe d'examiner si la production des bois dans le canton et les besoins des communes environnantes permettent d'accorder l'autorisation, peu importent les oppositions fondées sur des intérêts particuliers (Ord. du 23 juin 1819. Sir. t. 20. p. 236). (*Voyez* la note au bas de la page 262.)

(f) Les raffineries de sucre peuvent être autorisées dans les villes à la charge de certaines conditions pour prévenir les dangers d'incendie (Ord. du 28 sept. 1816. Sir. t. 3. p. 390).

(g) Les fonderies de chandelles répandant une odeur insalubre, et présentant des dangers d'incendie, doivent autant que possible être éloignées des quartiers populeux, surtout s'il y a opposition des voisins (Ord. du 12 mai 1819. Sir. t. 5. p. 128).

Tabacs (Fabrique de).

Tabatières en cartons (Fabrication des).

Tanneries (h).

Toiles (Blanchiment des), par l'acide muriatique oxigéné.

Tôle vernie ‚Fabrique de). (Ord. du 9 fév. 1825‧)

Tourbe (Carbonisation de la), à vases clos.

Tuileries et briqueteries.

Vernis à l'esprit de vin (Fabrique de). (Ord. du 31 mai 1833.)

Zinc (Usines à laminer le). (Ord. du 29 sept.-15 oct. 1828.)

547. L'entrepreneur adressera d'abord sa demande au sous-préfet de son arrondissement, qui la transmettra au maire de la commune dans laquelle on projette de former l'établissement, en le chargeant de procéder à des informations de *commodo* et *incommodo*. Les informations terminées, le sous-préfet prendra sur le tout un arrêté *qu'il transmettra au préfet. Celui-ci statuera, sauf le recours à notre conseil d'état, pour toutes parties intéressées.*

548. S'il y a opposition, *il y sera statué par le conseil de préfecture,* sauf le recours au conseil d'état (Art. 7 du Déc. précité du 15 oct. 1810).

(h) Les tanneries comprises dans la deuxième classe, quoique rangées parmi les établissements insalubres dont l'éloignement des habitations n'est pas rigoureusement nécessaire, ne doivent être néanmoins autorisées qu'à la charge d'observer les dispositions prescrites, de manière à ne pas incommoder les propriétaires du voisinage, ni à leur causer du dommage (Ord. des 14 juil. 1819 et 14 avril 1824. Sir. t. 20. p. 144. et t. 24. p. 242).

L'édit de Henri III, du 21 novembre 1577, qui prescrivait de n'autoriser l'établissement des tanneries que près de l'eau, a été implicitement abrogé par le décret du 15 octobre 1810, qui met les tanneries dans la troisième classe des ateliers insalubres, et permet l'établissement des ateliers de cette classe au milieu des habitations.

Lorsque les conditions imposées par le préfet pour l'établissement d'un atelier insalubre sont d'une exécution à peu près impossible, et que tout annonce que le concessionnaire ne les exécutera pas, les propriétaires voisins ne peuvent demander, par la voie de l'opposition devant le conseil de préfecture, le rapport de l'arrêté d'autorisation, et, dans ce cas, les propriétaires voisins se trouvent obligés d'attendre la mise en activité de l'atelier, pour réclamer, non pas devant le conseil de préfecture, mais bien devant le préfet, à raison de la non-observation des précautions imposées (Ord. du 15 août 1839. Fél. Leb. p. 454).

C'est au préfet qu'il appartient d'apprécier, dans les demandes d'autorisation, les considérations d'intérêt public, qui sont favorables ou contraires à l'établissement des manufactures de deuxième classe: l'autorisation d'établir ces sortes de manufactures, n'est accordée par le préfet que sans préjudice des droits des tiers (Ord. du 7 mai 1828. Mac. t. 10. p. 418).

Les établissements de deuxième classe ne peuvent être autorisés que par les préfets: *les conseils de préfecture excèdent leurs pouvoirs en prononçant sur l'autorisation demandée* (Ord. du 1er mars 1826. Mac. t. 8. p. 118).

DISPOSITIONS SPÉCIALES RELATIVES AUX MACHINES A FEU, A HAUTE PRESSION.

549. Lors de la demande en autorisation, les chefs d'établissements seront tenus de déclarer à quel degré de pression habituel leurs machines devront agir.

Ils ne pourront dépasser le degré de pression déclaré par eux. La pression sera évaluée en unités d'atmosphères ou en kilogrammes, par centimètres carrés de surface exposés à la pression de la vapeur (Art. 2 de l'Ord. du 29 oct.-24 nov. 1823).

550. Toute chaudière dans laquelle on doit produire de la vapeur à une pression habituelle de plus de deux atmosphères pour le chauffage à la vapeur et d'autres usages analogues, ne pourra être placée à demeure sur un fourneau de construction, qu'après avoir été soumise aux épreuves prescrites par les ordonnances des 29 octobre 1823 et 7 mai 1828 (Ord. du 23 sept.-7 oct. 1829).

551. Toute chaudière destinée aux établissements publics ou industriels, dans laquelle on doit produire de la vapeur à un degré de pression quelconque, et qui servira à la marche des machines, au chauffage à la vapeur, ou à tout autre usage, ne pourra être établie à demeure sur un fourneau de construction, qu'en vertu d'une autorisation obtenue dans les formes prescrites par le décret du 15 octobre 1810, pour les établissements de deuxième classe, pour les chaudières à haute pression, et de troisième classe, pour les chaudières à base pression.

552. Cette autorisation ne sera accordée qu'après l'accomplissement des

En cette matière le refus d'autorisation ne peut être basé sur la rareté du combustible (Ord. du 23 juin 1830. Mac. t. 12. p. 339).

Lorsque le préfet a refusé d'autoriser un établissement de deuxième classe, le recours n'est ouvert contre sa décision que devant le conseil d'état (Ord. du 12 avril 1832. Mac. t. 2. p. 137 et plusieurs autres Ord.).

Les préfets ne peuvent statuer sur les oppositions des tiers aux établissements de deuxième classe : *les conseils de préfecture sont seuls compétents* (Ord. du 17 janv. 1831. Mac. t. 1. p. 14).

C'est également aux préfets qu'il appartient de connaître de la translation provisoire des fabriques insalubres d'un lieu dans un autre, sauf recours devant le ministre de l'intérieur (Ord. du 31 juil. 1822. Mac. t. 4. p. 114).

conditions de sûreté qui sont exigées par la présente ordonnance (Ord. du 25 mars-8 avril 1830 , Art. 1).

—◇⊛◇—

553. *Établissements et ateliers qui peuvent rester sans inconvénient auprès des habitations particulières, et pour la formation desquels il sera néanmoins nécessaire de se munir d'une permission, aux termes des articles 2 et 8 du décret du 15 octobre 1810.*

Acétate de plomb, sel de Saturne (Fabrication de l').

Acide acétique (Fabrique d'). (Ord. du 5 nov. 1826.)

Acide tartareux (Fabrique d'). (Même Ord.)

Ammoniaque ou alcali volatil avec les sels ammoniacaux (Fabrication en grand de l'). (Ord. du 31 mai 1833.)

Ardoises artificielles et mastics divers (Fabrique d'). (Ord. du 20 septembre 1828.)

Batteurs d'or et d'argent.

Blanc d'Espagne (Fabrique de).

Blanchiment des toiles de fils de chanvre, de lin ou de coton, par les chlorures alcalins (Ord. du 5 novembre 1826).

Bois à brûler (Chantiers de) dans les villes. (Ord. du 9 fév. 1825.) (a)

Bois dorés (Brûleries des).

Borax (Raffinage du).

Borax artificiel (Fabrique de). (Ord. du 9 fév. 1825.)

Bougies de blanc de baleine (Fabrique de). (Même Ord.)

Boutons métalliques (Fabrique de).

Lorsqu'il s'agit d'autoriser un établissement de troisième classe dans l'arrondissement chef-lieu du département, le préfet est compétent pour statuer comme sous-préfet, sur la demande en autorisation (Ord. du 22 déc. 1824. Mac. t. 6. p. 701).

On est recevable à recourir au conseil d'état, contre les arrêtés des préfets qui ont autorisé l'établissement d'ateliers et manufactures de troisième classe (Ord. du 18 avril 1821. Mac. t. 1. p. 477).

(a) Un chantier de bois à brûler peut être autorisé dans une ville, à la charge de certaines conditions pour prévenir les dangers d'incendie (Ord. du 12 mai 1819. Sir. t. 5. p. 124).

Brasseries.

Briqueteries ne faisant qu'une seule fournée en plein air, comme on le fait en Flandre.

Briquets phosphoriques ou oxigénés (Fabrique de). (Ord. du 5 nov. 1826.)

Buanderies.

Camphre (Préparation et raffinage du).

Caractères d'imprimerie (Fonderie de).

Caramel en grand (Fabrique de). (Ord. du 5 nov. 1826.)

Cendres (Laveurs de).

Cendres bleues et autres précipités du cuivre (Fabrication des).

Charbon de bois dans les villes (Dépôts de). (Ord. du 9 fév. 1825.)

Chaux (Fours à), ne travaillant pas plus d'un mois par année.

Chicorée-café (Fabrique de). (Ord. du 9 fév. 1825.)

Chromate de plomb (Fabrique de). (Même Ord.)

Ciriers.

Colle de parchemin et d'amidon (Fabriques de).

Corne (Travail de la) pour la réduire en feuilles.

Cristaux de soude (Fabrique de), sous-carbonate de soude, cristallisé.

Cuisson de têtes d'animaux dans des chaudières établies sur un fourneau de construction, quand elle n'est pas accompagnée d'une fonderie de suif (Ord. du 31 mai 1833).

Doreurs sur métaux.

Eau seconde (Fabrication de l') pour les peintres en bâtiments, alcalis caustiques et dissolution.

Échaudoirs dans lesquels on traite les têtes et les pieds d'animaux, afin d'en séparer le poil (Ord. du 31 mai 1833).

Encre à écrire.

Essayeurs.

Fanons de baleine (Ateliers pour le travail des). (Ord. du 27 mai 1838.)

Fécule de pommes de terre (Fabrique de). (Ord. du 9 fév. 1815.)

Fécule de pommes de terre (Fabrique de, extraction du sirop de la). (Même Ord. du 9 fév. 1825.)

Ferblanc (Fabrique de).

Feuilles d'étain (Fabrique des).

Fondeurs au creuset.

Fromages (Dépôts de).

Gaz hydrogène (Petits appareils pour la fabrication du), destiné à fournir, au plus, à dix becs d'éclairage, et tout gazomètre en dépendant, d'une capacité de sept mètres au plus, et pourvu qu'on n'y emploie aucune matière animale (Ord. du 25 mars 1338).

Gélatine extraite des os (Fabrique de la). (Ord. du 9 février 1825.)

Glaces (Étamages des).

Laine et bourre (Battage en grand et journalier, des). (Ord. du 31 mai 1833.)

Laques (Fabrication des).

Lavoirs à laine (Ordon. du 9 février 1825).

Moulins à huile.

Ocre jaune (Calcination de l'), pour la convertir en ocre rouge.

Oies (Engraissage en grand des). (Ord. du 31 mai 1833.)

Papiers peints et papiers marbrés (Fabrique de).

Peaux (Lustrage des). (Ord. du 5 novembre 1826.)

Plâtres (Four à) ne travaillant pas plus d'un mois par année.

Plombiers et fontainiers.

Plomb de chasse (Fabrication de).

Pompes à feu brûlant leur fumée.

Potasse (Fabricat. de).

Potiers d'étain.

Sabots (Ateliers à enfumer les).

Salpêtre (Fabrication et raffinage du).

Savonneries.

Sel de soude sec (Fabrication du), sous-carbonate de soude sec.

Sel (Raffinerie de).

Soude (Fabrication de la) ou décomposition du sulfate de soude.

Sulfate de cuivre (Fabrication du) au moyen de l'acide sulfurique et de l'oxide de cuivre ou du carbonate de cuivre.

Sulfate de potasse (Raffinage du).

Sulfate de fer et d'alumine (Extraction de ces sels, des matériaux qui les contiennent tout formés, ou transformation du sulfate d'alumine en alun).

Tartre (Raffinage du)

Teinturiers.

Teinturiers-dégraisseurs.

Tissus de coton par le gaz (Grillage des). (Ord. du 9 février 1825.)

Tréfileries (Ord. du 20 septembre 1828).

Tueries, dans les communes dont la population est au-dessous de dix mille âmes.

Vacheries, dans les villes dont la population excède cinq mille habitants.

Vert de gris et verdet (Fabrication du).

Viande (Salaison et préparation des).

Vinaigre (Fabrication du).

FORMALITÉS A REMPLIR RELATIVEMENT AUX DEMANDES D'AUTORISATIONS.

EXTRAIT DU DÉCRET DU 15 OCTOBRE 1810.

554. Les manufactures et ateliers ou établissements portés dans la troisième

Pour que le préfet de police à Paris soit compétent pour autoriser un établissement insalubre ou

classe, ne pourront se former que sur la permission du préfet de police, à Paris, et sur celle du maire, dans les autres villes ou communes.

S'il s'élève des réclamations contre les décisions prises par le préfet de police ou les maires, sur une demande en formation de manufactures ou ateliers compris dans la troisième classe, *elles seront jugées par le conseil de préfecture* (Art. 8).

incommode, il faut que cet établissement soit rangé dans la troisième classe, ou que du moins il y soit assimilé par une décision du ministre (Ord. du 30 mai 1821. Mac. t. 1. p. 577).

Le préfet de police n'est pas compétent pour autoriser une fabrique non encore légalement classée (Ord. du 10 sept. 1823. Mac. t. 5. p. 681).

Il est incompétent pour accorder l'autorisation d'établir une distillerie d'eau-de-vie , et l'appel de sa décision doit nécessairement être porté au conseil de préfecture avant d'être soumis au conseil d'état (Ord. du 15 mars 1826. Mac. t. 8. p. 153).

En cas de contravention aux dispositions prescrites par l'ordonnance d'autorisation, le préfet de police peut suspendre la marche de l'atelier (Ord. du 2 juil. 1823. Mac. t. 5. p. 463).

Le fabricant refusé peut recourir au conseil d'état (Ord. du 3 mars 1825. Mac. t. 7. p 120).

— ◇ ◈ ◇ —

SECTION IV. — Dispositions générales communes aux trois classes.

555. Les dispositions du présent décret n'auront point d'effet rétroactif : en conséquence , tous les établissements qui sont aujourd'hui en activité, continueront à être exploités librement, sauf les dommages dont pourront être passibles les entrepreneurs de ceux qui préjudicient aux propriétés de leurs voisins ; les dommages seront arbitrés par les tribunaux (Art. 11).

L'article 11 du décret de 1810 ne s'applique qu'aux établissements tels qu'ils existaient à cette époque, et, par conséquent, non à ceux dont partie a été déplacée postérieurement et sans autorisation (Ord. du 17 août 1825. Mac. t. 7. p. 460).

Il ne s'applique pas non plus au cas de translation d'un ancien établissement , il faut une autorisation nouvelle (Ord. du 17 nov. 1819. Sir. t. 5. p. 258 et autre du 4 juil. 1827. Mac. t. 9. p. 320).

L'article 11 du décret du 15 octobre 1810 , ne s'oppose pas à la conservation des constructions antérieures au décret, mais toutes constructions postérieures sont soumises aux formalités prescrites, à peine de suppression, au cas même où relativement à une fabrique de colle antérieure au décret, il ne s'agirait que de la construction ultérieure d'un fourneau, l'autorisation nouvelle est indispensable (Ord. du 24 déc. 1818. Sir. t. 5. p. 32).

Les conseils de préfecture ne peuvent ordonner la suppression des établissements insalubres construits antérieurement au décret de 1810. Ils ne peuvent que donner un avis et renvoyer la décision au conseil d'état (Ord. du 2 juil. 1812. Sir. t. 2. p. 96).

L'arrêté d'un préfet qui conserve un atelier insalubre , comme ayant existé avant le décret du

15 octobre 1810, est un acte administratif : c'est donc devant le ministre et non devant le conseil d'état que le pourvoi contre cet arrêté doit être porté (Ord. du 29 janv. 1814. Sir. t. 2. p. 505).

Lorsqu'un individu prévenu d'avoir formé un atelier incommode ou insalubre, sans l'autorisation préalable exigée par le décret du 15 octobre 1810, soutient que l'atelier existait antérieurement, et que dés lors les dispositions du décret ne lui sont pas applicables, il résulte de cette exception une question préjudicielle sur laquelle le tribunal de police ne peut statuer ; ce tribunal doit se borner à surseoir en fixant un délai dans lequel le prévenu devra rapporter la décision de l'autorité administrative (Ar. C de cass. du 14 fév. 1833. Sir. t. 33. p. 586).

556. Les établissements maintenus par l'article 11, cesseront de jouir de cet avantage, dès qu'ils seront transférés dans un autre emplacement, *ou qu'il y aura une interruption de six mois, dans leurs travaux.* Dans l'un et l'autre cas, ils rentreront dans la catégorie des établissements à former, et ils ne pourront être remis en activité, qu'après avoir obtenu, s'il y a lieu, une nouvelle permission.

Extrait du Code forestier du 1ᵉʳ mai 1827.

557. Aucun four à chaux ou à plâtre, *soit temporaire, soit permanent,* aucune briqueterie et tuilerie ne pourront être établis dans l'intérieur et à moins d'un kilomètre des forêts, sans l'autorisation du gouvernement, *à peine d'une amende de cent à cinq cents francs, et de démolition des établissements.*

558. Les préfets sont autorisés à faire suspendre la formation ou l'exercice des établissements nouveaux qui, n'ayant pu être compris dans la nomenclature précitée, seraient cependant de nature à y être placés. Ils pourront accorder l'autorisation d'établissements pour tous ceux qu'ils jugeront devoir ap-

Les forges destinées à la fabrication ordinaire des enclumes et des essieux, ne se trouvent pas comprises dans la nomenclature des établissements insalubres et incommodes qui ne peuvent être formés sans autorisation préalable ; elles ne constituent pas une industrie nouvelle à laquelle on puisse appliquer les dispositions de l'article 5 de l'ordonnance du 14 janvier 1815 (Ord. du 2 août 1826. Mac. t. 8. p. 454).

L'article 13 du décret de 1810, est applicable

partenir aux deux dernières classes de la nomenclature, en remplissant les formalités prescrites par le décret du 15 octobre 1810, sauf dans les deux cas, à en rendre compte à notre directeur général des manufactures et du commerce (Art. 5 de l'Ord. du 14 janvier 1815).

L'accomplissement des formalités établies par le décret du 15 octobre 1810, et par notre présente ordonnance, ne dispense pas de celles qui sont prescrites pour la formation des établissements qui seront placés dans le rayon des douanes ou sur une rivière qui soit navigable ou non : les règlements à ce sujet continueront d'être en vigueur (Ord. du 14 janvier 1815, dernier alinéa).

aux établissements formés sous son empire, comme aux établissements antérieurs (Ord. du 3 mars 1825. Mac. t. 12. p. 120).

En matière d'établissement d'usines, l'autorité à laquelle le décret du 15 octobre 1810 confère le droit d'accorder ou de refuser l'autorisation, ayant le caractère de juge de première instance, peut toujours revenir sur sa première décision, si les circonstances ont changé ou si de nouveaux procédés ont fait disparaître les inconvénients qui avaient motivé un refus. Il résulte de ce principe que le conseil d'état, tribunal d'appel, ne peut remplir les fonctions de l'autorité chargée de décider en première instance, et par suite l'article du règlement qui fixe à trois mois le délai des pourvois, est applicable au recours contre un arrêté qui refuse l'autorisation d'un établissement insalubre (Ord. du 20 avril 1839. Fél. Leb. p. 226).

—◇⊱⊰◆⊱⊰◇—

SIXIÈME PARTIE.

DES SERVITUDES IMPOSÉES A LA PROPRIÉTÉ DANS L'INTÉRÊT DE LA DÉFENSE DE L'ÉTAT.

❖◆❖

CHAPITRE PREMIER.

PRINCIPES FONDAMENTAUX.

559. Le premier acte législatif qui a réglé l'exercice des servitudes imposées à la propriété, dans un certain rayon autour des places de guerre et postes militaires, est la loi du 8-10 juillet 1791, qui, par l'article 25, attribuait aux tribunaux civils la connaissance des contestations en cette matière.

Mais l'expérience acquise pendant les invasions de 1793, de 1814 et 1815, a démontré que, si dans le grand nombre des affaires publiques contentieuses il en est qui exigent une prompte décision, celles qui intéressent la défense du territoire doivent prendre le premier rang. Or, la lenteur qu'exigent les formes ordinairement suivies par la juridiction civile, excluant la célérité indispensable dans la plupart des circonstances où les intérêts de la défense se trouvent engagés, le gouvernement provoqua et obtint avec raison le vote de la loi du 17 juillet 1819, *qui établit la compétence des conseils de préfecture* pour la répression des contraventions en matière de servitudes militaires, par voie d'assimilation avec les contraventions de grande voirie.

La juridiction administrative se justifie à cet égard, d'abord parce que les places de guerre et leurs dépendances, faisant partie du domaine public, la répression des contraventions dont elles peuvent être l'objet doit être du ressort exclusif des tribunaux administratifs ; et de plus, par la conséquence du principe que l'administration est instituée pour veiller à la sûreté publique.

560. Il suit de là, que *les conseils de préfecture sont compétents pour prononcer sur toutes les contraventions, telles que constructions ou réparations, fouilles, dépôts de matériaux, ou encombrements quelconques entrepris ou exécutés dans l'étendue des zônes frappées de servitudes établies pour la défense du territoire.*

561. *Les conseils de préfecture doivent statuer sur toutes les contraventions énoncées ci-dessus, indépendamment et sous la réserve expresse des droits de propriété que pourraient invoquer les contrevenants.*

Tels sont les principes qui régissent la matière *des servitudes dites militaires*, d'après la législation actuellement en vigueur.

562. Aux termes de l'article 7 de la charte de 1830, tous les Français ont le droit de faire publier et imprimer leurs opinions. Usant de ce droit constitutionnel, voici mon opinion personnelle sur la législation en matières de servitudes imposées à la propriété, pour la défense du royaume.

Dans le cours de ma longue carrière militaire, j'ai concouru, *en qualité d'officier d'artillerie*, à la défense de plusieurs places fortes d'une haute importance ; et je pourrais, sans blesser les règles de la modestie, avancer qu'à

l'égard de cette partie de l'art de la
guerre, mon expérience équivaut au
moins à celle de la majeure partie des
officiers qui composent aujourd'hui le
corps du génie militaire. C'est d'après
cette expérience acquise, que je me
crois fondé à affirmer ici que la législation actuelle sur les servitudes dont
il s'agit est trop sévère, *qu'elle devrait
comporter des principes de tolérance
pour les temps de paix*, afin de remédier aux nombreux obstacles qu'elle
met à la libre jouissance des propriétés
situées dans les zônes prohibitives, ce
qui contribue beaucoup à en déprécier
la valeur vénale. A quoi il faut ajouter
les mauvais effets de la partialité révol-
tante avec laquelle certains agents subalternes se complaisent à agir, et les
mesures vexatoires qui en sont presque
toujours les suites.

563. Ainsi, par exemple, on pourrait
citer plus d'une construction tolérée
ou autorisée contrairement aux prescriptions de la loi, *en faveur de tels
et tels*, qui ont de l'influence sous le
double rapport de leur fortune et de
leur position sociale, tandis que d'autres citoyens, dont les propriétés se
trouvent placées dans les mêmes conditions, s'autorisant de l'exemple et de
la sécurité des premiers, ont été tour-
mentés sans relâche pour de simples
réparations de peu d'importances.

564. Indépendamment des prohibitions déjà si gênantes que la loi prononce, en matière de servitudes militaires, il existe un genre d'abus contre
lequel une administration bienveillante
doit garantir les citoyens. Ces sortes
d'abus proviennent de la négligence
des agents chargés de constater les con-

traventions, lesquels au lieu de faire des tournées fréquentes dans la circonscription de territoire confiée à leur surveillance, ne font ces tournées qu'à des intervalles de temps fort éloignés, et laissent aux *propriétaires insouciants ou ignorants*, le loisir d'édifier de habitations et des clôtures dans l'étendue des zônes de servitudes défensives; puis lorsque ces constructions, élevées parfois à grands frais, sont achevées, ces agents se donnent ensuite la singulière satisfaction d'en provoquer la démolition au moyen de procès-verbaux constatant des contraventions *qu'ils auraient pu ou dû empêcher*.

Il est à regretter que l'autorité supérieure ne soit pas placée de manière à apercevoir d'elle-même les déplorables effets de ces sortes d'abus, de nature à occasionner la ruine de quelques citoyens, qui, pour la plupart, n'ont enfreint la loi que par ignorance de ses prescriptions.

565. Toutefois je reconnais la nécessité de prendre des précautions pour que l'espace sur lequel l'ennemi peut s'établir en cas de siège, soit laissé ou puisse être mis promptement à découvert ; mais je n'aperçois pas le but d'une prohibition absolue des constructions légères en bois, si faciles à détruire par le feu, le cas échéant. Pourquoi donc priver un bon nombre de citoyens de la faculté d'*ériger à leurs risques et périls* de simples abris et autres constructions en bois, *sans pans de mur ni maçonnerie*, dans l'étendue des trois zônes de servitudes défensives des places et postes de guerre, en exigeant toutefois une déclaration par écrit de renoncer à toute espèce d'indemnité

dans le cas où l'intérêt de la défense exigerait le sacrifice desdites constructions ?

566. Plus une zône de servitude est éloignée des fortifications d'une place, plutôt les terrains qu'elle comprend sont susceptibles d'être envahis par l'assiégeant; la raison en est simple, elle dérive des vrais principes posés par les grands maîtres qui ont tracé la marche progressive de l'attaque des places fortifiées. Ainsi (à moins d'une surprise) un ennemi prudent n'essaiera sans doute pas de s'établir de prime-abord sur le terrain compris dans la 1re zône, il s'établira tout au plus dans l'étendue de la 3e ; c'est donc dans celle-ci qu'il importerait que les terrains fussent laissés ou puissent être mis promptement à découvert, et par conséquent où les constructions en maçonneries ne devraient pas plus être tolérées que dans les deux premières.

D'où je conclus que toutes les constructions en maçonnerie devraient être prohibées dans les trois *zônes, mais que celles en bois peuvent et doivent être autorisées sous condition de souffrir la démolition ou la destruction par un moyen quelconque, sans indemnité.*

CHAPITRE II.

DES TERRAINS COMPRIS DANS LES FORTIFICATIONS ET DÉCLARÉS PROPRIÉTÉS NATIONALES.

EXTRAIT DE LA LOI DU 8-10 JUILLET 1791.

567. Tous terrains de fortifications des places de guerre ou postes militaires, tels que remparts, parapets, fossés, chemins couverts, esplanades,

Le propriétaire dont le terrain se trouve réuni au domaine militaire perd nécessairement ce terrain; et comme, d'après les dispositions de l'article 545 du Code civil et l'article 9 de la Charte, nul ne peut être contraint à céder sa propriété pour cause d'utilité publique qu'après une juste et préalable indemnité, *ce propriétaire doit être considéré*

glacis, ouvrages avancés, terrains vides, canaux, flaques ou étangs dépendant des fortifications, et tous autres objets faisant partie des moyens défensifs des frontières du royaume, tels que lignes, redoutes, batteries, retranchements, digues, écluses, canaux et leurs francs-bords, lorsqu'ils accompagnent les lignes défensives ou qu'ils en tiennent lieu, quelque part qu'ils soient situés, soit sur les frontières de terre, soit sur les côtes et dans les îles qui les avoisinent, *sont déclarés propriétés nationales;* en cette qualité, leur conservation est attribuée au ministre de la guerre, etc. (Art. 13).

568. Dans toutes les places de guerre et postes militaires, *le terrain compris entre le pied du talus du rempart, et une ligne tracée du côté de la place, à quatre toises du pied dudit talus,* et parallèlement à lui, ainsi que celui renfermé dans la capacité des redans, bastions, vides ou autres ouvrages qui forment l'enceinte, sera considéré comme terrain militaire national, *et fera rue le long des courtines et des gorges des bastions ou redans.*

Dans les postes militaires qui n'ont point de remparts, mais un simple mur de clôture, la ligne destinée à limiter intérieurement le terrain militaire national, *sera tracée à cinq toises du parement intérieur du parapet ou mur de clôture et fera également rue* (Art. 15).

comme atteint par une expropriation tacite. ce qui lui donne droit à une indemnité qui est réglée suivant les mêmes bases que s'il avait été exproprié par un jugement; en cas de dissentiment cette indemnité est fixée par le jury spécial dans les formes prescrites par les lois des 7 juillet 1833, et 5-6 mai 1841 (Traité des servitudes militaires par Delalleau. p. 611).

—◇◈◇—

CHAPITRE III.

FIXATION DES ZÔNES DE SERVITUDES MILITAIRES.

569. Les agents militaires veilleront à ce qu'aucune usurpation n'étende à l'avenir les propriétés particulières au-delà des limites assignées au terrain national, et cependant toutes personnes qui jouissent actuellement de maisons, bâtiments ou clôtures qui débordent ces limites, *continueront d'en jouir sans être inquiétées*, mais dans le cas de démolition desdites maisons, bâtiments ou clôtures, *que cette démolition soit volontaire, accidentelle ou nécessitée par le cas de guerre et autres circonstances,* les particuliers seront tenus, dans la restauration de leurs maisons, bâtiments et clôtures, de ne point outre-passer les limites fixées au terrain national, par l'article 15 qui précède (Même loi, art. 17).

Les particuliers qui, par les dispositions de l'article 17 ci-dessus, perdront une partie du terrain qu'ils possèdent, en seront indemnisés par le trésor, s'ils fournissent les titres légitimes de leur possession; l'assemblée nationale n'entendant d'ailleurs déroger en rien aux autres conditions en vertu desquelles ils seront entrés en jouissance de leurs propriétés (Même loi, art. 18).

570. Il ne sera fait aucun chemin, levée ou chaussée, ni creusé aucun fossé dans l'étendue de cinq cents toises (974 mètres 71 cent.), autour des places, et trois cents toises (584 mètres 71 cent.), autour des postes militaires, sans que leur alignement et leur posi-

Par suite de travaux exécutés par le génie militaire, le mur de clôture d'un jardin s'écroula et entraîna dans sa chute les arbres fruitiers dont il était garni; le propriétaire du jardin, se fondant sur ce que la destruction de son mur de clôture était le fait de l'administration elle-même ou de ses agents, assigna le préfet représentant l'état, pour se voir condamner à faire reconstruire le mur dont il s'agit à lui payer des dommages-intérêts. Le préfet opposa l'article 17 de la loi du 10 juillet 1791. Cependant le tribunal de Brest et la cour royale de Rennes ordonnèrent la reconstruction du mur aux frais de l'état. Mais par arrêt de la cour de cassation du 8 avril 1834, la décision des premiers juges fut réformée (Traité des servitudes militaires par Delalleau p. 610).

tion aient été concertés avec l'autorité militaire (Art. 29 de la loi précitée, *Voir* plus loin l'article 4 de l'Ord. régl. du 1ᵉʳ août 1821).

571. Il ne sera, à l'avenir, bâti, ni reconstruit aucune maison ni clôture de maçonnerie, autour des places de première et de seconde classes, même dans leurs avenues et faubourgs, plus près qu'à deux cent cinquante toises (487 mètres 25 cent.) de la crête des parapets des chemins couverts les plus avancés : *en cas de contraventions, ces ouvrages seront démolis, aux frais des propriétaires contrevenants.*

Pourra, néanmoins, le ministre de la guerre, déroger à cette disposition, pour permettre la construction de moulins et autres semblables usines, à une distance moindre que celle prohibée par le présent article, à condition que lesdites usines ne seront composées que d'un rez-de-chaussée, et à charge par les propriétaires de ne recevoir aucune indemnité pour démolition en cas de guerre (Art. 30 de la loi précitée. *Voir* plus loin l'Art. 7 de l'Ord. réglement. du 1ᵉʳ août 1821).

572. Autour des places de première et de seconde classes, il sera permis d'établir des bâtiments et clôtures en bois et en terre, sans y employer de pierres ni de briques, même de chaux ni de plâtre, autrement qu'en crépissage, mais seulement à la distance de cent toises (195 mètres) de la crête du parapet du chemin couvert le plus avancé, et avec la condition de les démolir, sans indemnité, à la première réquisition de l'autorité militaire, dans le cas où la place légalement déclarée

Les propriétés particulières ne peuvent être atteintes dans l'intérêt des places de guerre, qu'en vertu des lois des 10 juillet 1791, 17 juillet 1819, et 7 juillet 1833, et qu'autant que le gouvernement a consacré la mesure; s'il en est autrement, s'il n'y a que le fait d'autorités militaires subalternes, l'opération est un excès de pouvoir qui ne lie pas les tribunaux; le propriétaire lésé peut et doit s'adresser à l'autorité judiciaire pour faire conserver dans sa plénitude son droit de propriété (Ord. du 28 juill. 1820. Sir. t. 21. p. 87).

Des propriétaires de domaines nationaux avaient élevé la prétention que leurs propriétés n'étaient pas grevées de servitudes militaires, parce que cette charge ne leur avait pas été imposée par leurs contrats de vente. Cette prétention a été repoussée par une ordonnance rendue en conseil d'état sous la date du 7 novembre 1834, portant que les servitudes défensives font partie des servitudes actives et passives mentionnées dans tous les actes de vente des biens nationaux. Deux autres décisions semblables ont été rendues le 5 décembre suivant (Traité des servitudes militaires par Delalleau p. 612 et 613).

en état de guerre, serait menacée d'une hostilité (Même loi, Art. 31. *Voir* ci-après Art. 4 et 5 de la loi du 17 juillet 1819).

573. Autour des places de troisième classe et des postes militaires de toutes les classes, il sera permis d'élever des bâtiments et clôtures de construction quelconque, au delà de la distance de cent toises (195 mètres) des crêtes des parapets des chemins couverts les plus avancés, ou des murs de clôture des postes, lorsqu'il n'y aura pas de chemins couverts.

Le cas où ces places et postes seraient déclarés dans l'état de guerre, les démolitions qui seraient jugées nécessaires à la distance de deux cent cinquante toises (487 mètres) et au-dessous, de la crête des parapets des chemins couverts et des murs de clôture, n'entraînent aucune indemnité pour les propriétaires (Même loi, Art. 32. *Voir* plus loin, Art. 4 et 5 de la loi du 17 juilet 1819).

574. Les décombres provenant des bâtisses et autres travaux civils et militaires, ne pourront être déposés à une distance moindre de cinq cents toises (974 mètres) de la crête des parapets des chemins couverts les plus avancés des places de guerre, si ce n'est dans les lieux indiqués par les agents de l'autorité militaire, *exceptant de cette disposition ceux des détriments qui pourraient servir d'engrais aux terres, pour les dépôts desquels les particuliers n'éprouveront aucune gêne, pourvu qu'ils évitent de les entasser* (Même loi, Art. 34).

575. Il est défendu à tous particuliers, autres que les agents militaires

Le législateur a voulu prohiber le dépôt dans les zones de servitudes, de tout ce qui pourrait offrir à l'ennemi des tranchées ou des fortifications toutes faites, ou lui faciliter les moyens d'en faire; l'intérêt de la défense ne permettant pas que l'on tolère aucun amas ou dépôt d'objets quelconques, que les ingénieurs considéreraient comme pouvant favoriser le succès d'une attaque.

Le conseil d'état par une ord. du 10 juillet 1833, a, par application de ces principes, considéré comme une contravention le dépôt fait dans les zones de servitudes de la place, par ordre du maire, de grès devant servir au payage des rues.

Par une autre ord. du 13 novembre 1835, le conseil d'état a déclaré que l'article 34 de la loi du 10 juillet 1791, et l'article 4 de l'ordonnance du 1er août 1821 prohibaient dans les trois zones de servitudes, et à plus forte raison sur le terrain militaire, *tous les dépôts* à l'exception des détriments pouvant servir d'engrais aux terres (Traité

désignés à cet effet par le ministre de la guerre, d'exécuter aucune opération de topographie sur le terrain, à cinq cents toises (974 mètres) d'une place de guerre, sans l'aveu de l'autorité militaire. Cette faculté ne pourra être refusée (Même loi, art. 41).

Telles sont les principales dispositions de la loi du 8-10 juillet 1791, concernant les servitudes imposées pour la défense du royaume ; nous allons indiquer les modifications apportées par la loi additionnelle du 17-25 juillet 1819 et par l'ordonnance réglementaire du 1er août 1821.

Extrait de la loi du 17-25 juillet 1819 (*).

Lorsque le roi aura ordonné, soit des constructions nouvelles de places de guerre ou postes militaires, soit la suppression ou démolition de ceux actuellement existants, soit des changements dans le classement ou dans l'étendue desdites places ou postes, les effets qui résulteraient de ces mesures, dans l'application de servitudes im-

des servitudes militaires par Delalleau p. 613 et 614).

Les prohibitions ou servitudes imposées par la loi du 17 juillet 1819, ne sont subordonnées qu'à la publication prescrite par son article 1er, et par l'article 76 de l'ordonnance d'exécution du 1er août 1821 (Ord. du 21 sept. 1827. Mac. t. 9. p. 488 et 496).

Lorsque l'administration entreprend des établissements militaires pour lesquels elle a besoin d'un terrain appartenant à une commune, elle doit préalablement se conformer à la loi sur les expropriations pour cause d'utilité publique : ainsi, est annulable une décision du ministre de la guerre, qui, sans indemnité préalable, étend les limites du terrain militaire sur un terrain attribué par une loi spéciale à une ville pour son agrandissement (Ord. du 26 août 1818. Sir. t. 4. p. 430).

Les droits de propriété des particuliers en cas de travaux militaires et de constructions élevées sur le terrain, se résolvent en un droit à une indemnité (Ord. du 21 sept. 1827. Mac. t. 9. p. 491).

Le conseil de préfecture peut faire défense d'élever des constructions, et même ordonner la démolition de celles déjà faites dans le rayon destiné à former une nouvelle esplanade pour un fort, lorsque l'ordonnance de délimitation qui doit fixer l'étendue des fortifications de la place, n'est pas encore rendue, mais il ne peut, par son arrêté sur

---

(*) Il convient de rappeler ici une circonstance importante qui a été signalée à la tribune de la chambre des députés par M. le colonel d'artillerie Paixhans, dans les termes suivants :

« La loi du 17 juillet 1819 n'a pas été voté par » la majorité voulue par la charte de 1814 comme » par celle de 1830. La chambre des députés ne » comptaient alors que 258 membres ; la moitié est de » 129, la majorité absolue est de 130. Eh bien ! il n'y » eût pas 130 voix qui votèrent la loi. Je ne me suis pas » borné à l'avoir vu dans le Moniteur, j'ai consulté les » procès-verbaux très réguliers ; j'ai vu qu'en effet le » nombre des votants n'avait pas été constaté tel qu'il » est exigé par la charte. Je ne tire aucune conséquence » de ce fait qui est une singularité législative..... Mais » je donne ce fait pour ce qu'il est et l'abandonne à » ceux qui voudront le relever pour en tirer telles con- » séquences que de raison. (Extr. du Moniteur du 9 fév. » 1833. p. 350.)

posées à la propriété, en faveur de la défense, par la loi du 8-10 juillet 1791, ne pourront avoir lieu qu'en vertu d'une ordonnance du roi, publiée dans les communes intéressées, et d'après les formes prescrites par la loi du 8 mars 1810 (Remplacée par celle du 7-9 juillet 1833.) (Art. 1er de la loi précitée.)

576. Le terrain militaire appartenant à l'état, tel qu'il a été défini par la loi du 10 juillet 1791 (articles 13 et 15), sera limité par des bornes plantées contradictoirement avec les propriétaires des terrains limitrophes. Ces bornes seront rattachées à des points fixes et rapportées sur un plan spécial de circonscription, dont une expédition sera déposée à la sous-préfecture, afin que chacun puisse en prendre connaissance.

L'opération de ce bornage sera exécutée aux frais du gouvernement (Même loi, Art. 2).

577. La tolérance spécifiée par l'article 30 du titre 1er de la loi du 10 juillet 1791, en faveur des moulins et usines, pourra, lorsqu'il n'en résultera aucun inconvénient pour la défense, s'étendre à toute espèce de bâtiments ou clôtures situés hors des places ou postes, ou sur l'esplanade des citadelles, le tout sous les conditions qui seront déterminées par le roi, relativement à la nature des matériaux ou à la dimension des constructions.

Les terrains auxquels la présente exception pourra être appliquée, seront limités par des bornes et rapportés sur le plan spécial de circonscription mentionné à l'article précédent et homologué par une ordonnance du roi.

le fond prononcer une amende pour contravention à un arrêté, d'avant faire droit, qui aurait défendu de continuer les constructions commencées (Ord. du 17 août 1825. Mac. t. 7. p. 503).

L'existence de la servitude établie dans l'intérêt de la défense des places de guerre et la répression des contraventions particulières, ne sont pas subordonnées à l'exécution du bornage et à la confection du plan général de délimitation prescrite par les articles 6 et suivants de la présente loi; en conséquence, et jusqu'à la confection définitive de ce plan, il y a contravention toutes les fois que des constructions sont élevées aux distances prohibées par la loi (Ord. du 20 juil. 1832. Mac. t. 2. p. 406. et un grand nombre d'autres Ord.).

Une décision du ministre de la guerre qui ne fait pas mention de l'accomplissement de toutes les formalités prescrites par l'article 3 de la loi du 17 juillet 1819, et de l'ordonnance du 1er août 1821, ne peut s'appliquer à aucune propriété déterminée, une pareille décision conçue en termes généraux n'est qu'une simple instruction, et ne constate à l'égard des particuliers qu'une déclaration administrative du sens dans lequel le ministre de la guerre estime que cette même loi doit être entendue; une telle décision n'est pas susceptible d'être déférée au conseil d'état par la voie contentieuse (Ord. du 8 mars 1827. Mac. t. 9. p. 179).

19

Il ne sera accordé aucune permission quelconque, ni avant la confection de ce plan, ni hors de ses limites, quand il aura été dressé (Même loi, Art. 3).

578. La distance fixée à cent toises (195 mètres), par les articles 31 et 32 du titre 1er de la loi du 10 juillet 1791, *sera portée à deux cent cinquante mètres, sans, néanmoins, que la prohibition qui en résulte puisse s'étendre aux constructions existantes, lesquelles pourront être entretenues dans leur état actuel.*

Pourront aussi, entre ladite limite et celle du terrain militaire, être établies librement des clôtures en haies sèches ou en planches à claire-voie, *sans pans de bois ni maçonnerie* (Même loi, Art. 4).

579. Les ouvrages détachés auront sur leur pourtour, suivant leur degré d'importance, des rayons égaux, soit aux rayons de l'enceinte des places et ouvrages qui en dépendent immédiatement, soit à ceux des simples postes militaires.

Seront considérés comme ouvrages détachés, les ouvrages de fortification qui se trouveraient à plus de deux cent cinquante mètres des chemins couverts de la place à laquelle ils appartiennent (Même loi, Art. 5).

L'exception portée à l'article 4 de la loi de 1819, ne s'applique qu'aux maisons situées dans le rayon ajouté par cette loi à la première zône des servitudes déterminée par les articles 31 et 32 de la loi du 10 juillet 1791 : lorsque les constructions ont été élevées dans la deuxième zône, l'exception est inapplicable (Ord. du 8 sept. 1830. Mac. t. 12. p. 410).

Un hangard, bien qu'il ne soit construit qu'en planches et sans maçonnerie, ne peut être compris sous la dénomination de clôtures en haies sèches ou en planches à claire-voie, dans le sens de l'article 4 de la loi du 17 juillet 1819, et, en conséquence, il ne peut être permis de l'élever dans l'étendue de deux cent cinquante mètres autour des places de guerre (Ord. du 8 avril 1829. Sir. t. 29. p. 378).

Un fragment de plan est suffisant pour que le conseil de préfecture puisse prononcer l'application de l'article 4, sauf en cas de contestation à ordonner une vérification contradictoire de la distance dans les formes prescrites par la loi (Ord. du 15 oct. 1826. Mac. t. 8. p. 617).

Antérieurement à la promulgation de la loi du 17 juillet 1819, et de l'ordonnance royale du 1er août 1821, un ouvrage de défense extérieure (une lunette) avait été ajouté aux fortifications d'une place de guerre ; mais aucune ordonnance ne lui avait attribué l'exercice des servitudes militaires. Le tableau de classification des places de guerre annexé à l'ordonnance royale précitée du 1er août 1821, et sur lequel se trouve cette désignation : *La place dont il s'agit et ses dépendances* suffit pour attribuer à l'ouvrage sus mentionné l'exercice des servitudes militaires (Ord. du 18 déc. 1839. Fél. Leb. p. 585 et 586).

Les ouvrages de fortification détachés (c'est-à-dire éloignés de plus de 250 mètres des chemins couverts les plus avancés des places de guerre auxquelles ils appartiennent), n'ont pas reçu de l'ordonnance royale du 1er août 1821, l'attribution de servitudes militaires autorisées par l'article 5 de la loi du 17 juillet 1819, par cela seul que les places auxquelles appartenaient ces ouvrages ont été portées sur le tableau annexé à ladite ordonnance, et ont ainsi reçu elles-mêmes l'attribution desdites servitudes.

Cette attribution n'a pu résulter de ladite ordonnance pour les ouvrages détachés, qu'autant que ces ouvrages eux-mêmes ont été nominativement portés sur le tableau (Ord. du 27 mai 1839. Fél. Leb. p. 305).

Une lunette, un fort détaché, fait partie du système de défense de la place, et par conséquent est comprise dans la zône des servitudes où il est défendu de bâtir (Ord. du 30 nov. 1832. Mac. t. 2. p. 672).

580. Les distances fixées par la loi du 10 juillet 1791 et par la présente loi, pour l'exercice des servitudes imposées à la propriété en faveur de la défense, seront mesurées à partir des lignes déterminées par lesdites lois sur les capitales de l'enceinte et des dehors. Leurs points extrêmes seront marqués par des bornes qui, réunies de proche en proche par des lignes droites, serviront de limites extérieures aux terrains soumis auxdites servitudes (*).

Les procès-verbaux de bornage seront dressés par les ingénieurs civils et militaires, en présence des maires des communes intéressées, et ces fonctionnaires pourront y faire inscrire leurs avis ou observations (Même loi, Art. 6).

581. Autour des places et postes qui n'ont ni chemins couverts, ni murs de clôture, les distances susdites seront mesurées à partir de la crête intérieure de leur parapet (Même loi, Art. 7).

582. Les distances et dimensions fixées par le plan et par l'état descriptif ci-dessus mentionnés (Art. 6), seront notifiées à chaque partie intéressée par l'intermédiaire des gardes des fortifications, dûment assermentés.

Si, dans les trois mois de la noti-

Le choix des capitales sur lesquelles doivent être mesurées les distances légales fixées par la loi du 17 juillet 1819, ne peut appartenir qu'à l'autorité militaire chargée de dresser le plan de circonscription exigé par l'article 6 ; les conseils de préfecture ne peuvent s'immiscer dans ce choix et dans ce plan (Ord. du 22 mars 1833. Mac. t. 3. p. 173).

Lorsque les constructions prohibées sur le terrain d'une commune autre que celle de la place de guerre, l'application de la servitude n'est pas subordonnée à la délimitation communale (Ord. du 2 sept. 1829. Mac. t. 11. p. 374).

Le maire dans un intérêt communal a qualité pour faire ses observations tant sur les opérations de bornage prescrites par l'article 6 de la loi de 1819, que sur la vérification du plan de circonscription et de l'état descriptif, mais il n'a pas qualité pour réclamer en faveur de la masse des propriétaires le paiement d'une indemnité qui, si elle est due, ne peut être réglée qu'individuellement et contradictoirement avec chacune des parties intéressées (Ar. C. de cass. du 11 nov. 1833. Mac. t. 3. p. 549).

En cas de contestation, le conseil de préfecture peut ordonner la *vérification contradictoire des distances* (Ord. du 9 août 1826. p. 211 du traité des servitudes par Delalleau).

Les formalités prescrites par les articles 8 et 9 de la loi du 17 juillet 1819, doivent être observées toutes les fois qu'il y a contestation sur le plan rédigé par les officiers du génie (Ord. du 21 sept. 1827. Mac. t. 9. p. 488).

Dans l'exercice des servitudes défensives, la loi n'ouvre de recours aux propriétaires intéressés devant le conseil de préfecture que sur l'application

(*) Les zônes de servitudes sont déterminées par les articles 1 à 6 de l'ordonnance réglementaire du 1er août 1821. Voyez plus loin pages 296 et suivantes.

fication, *les propriétaires interressés réclament contre l'application des limites légales, il sera statué à cet égard, sauf tout recours de droit comme en matière de grande voirie*, d'après une vérification faite par les ingénieurs civils et militaires. Les propriétaires intéressés y seront présents ou dûment appelés, et pourront s'y faire assister par un arpenteur. Leurs avis et observations seront consignés au procès-verbal (Même loi , Art. 9).

583. Les travaux ou constructions qui pourront devenir, en vertu de la présente loi ou de celle du 10 juillet 1791 , l'objet d'une tolérance spéciale, ne seront entrepris qu'après que les particuliers ou les communes auront pris l'engagement de remplir les conditions qui leur seront prescrites.

Cette soumission ne sera assujétie qu'au droit fixe d'un franc , et son effet subsistera indéfiniment , sans qu'il soit besoin de la renouveler (Même loi , Art. 10).

584. *Les contraventions à la présente loi seront constatées par les procès-verbaux des gardes des fortifications , et réprimées conformément à la loi du 10 mai 1802 (29 floréal an* X), relative aux contraventions en matière de grande voirie (*) (Loi du 17 juil. 1819, Art. 11).

(*) Lorsqu'un procès-verbal a été annulé par vice de forme, SI LE PROPRIÉTAIRE RECONNAIT L'EXISTENCE DE LA CONTRAVENTION, le conseil de préfecture doit, NONOBSTANT LA NULLITÉ DU PROCÈS-VERBAL, ordonner la destruction des bâtiments ou constructions élevés au mépris des prohibitions de la loi. C'est ce que le conseil d'état a déclaré dans un arrêt rendu le 22 août 1855, Del. p. 510 (Traité des servitudes militaires par Delafleau, p. 649.)

matérielle des limites légales, et non sur le plan de circonscription qui détermine ces limites; la délimitation desdites limites constitue un acte de bornage administratif qui est du ressort du ministre de la guerre et non du conseil de préfecture (Ord. du 2 nov. 1832. Mac. t. 2. p. 612. et autre du 22 mars 1833. même Rec. t. 3. p. 173).

Les réclamations formées par les parties intéressées contre la délimitation , doivent être jugées comme en matière de grande voirie (Ord. du 30 nov. 1832. Mac. t. 2. p. 672).

Un particulier qui a outrepassé l'autorisation de bâtir, à lui donnée par le génie militaire, s'est mis en contravention et doit être condamné à démolir, nonobstant l'absence d'un plan de délimitation fait dans les formes prescrites par les articles 6 et suivants de la présente loi; mais toutefois l'exécution des arrêtés du conseil de préfecture doit être différée jusqu'à ce que le terrain militaire ait été tracé et borné conformément au plan , et dans les formes prescrites (Ord. du 21 sept. 1827. Mac. t. 9. p. 491).

Un particulier qui , dans la construction d'une maison dépasse la hauteur fixée par la loi et les réglements militaires , doit être condamné à démolir et à l'amende, surtout lorsqu'il avait déclaré vouloir se conformer à la fixation déterminée par l'officier du génie de la place (Ord. du 15 oct. 1826. Mac. t. 8. p. 619).

Lorsqu'un tribunal a statué sur la propriété d'un terrain réclamé par l'administration de la guerre, comme dépendant du rayon militaire d'une place forte , le conseil de préfecture est incompétent pour prononcer sur cette même propriété; lorsqu'il n'a pas été élevé de conflit le jugement ne peut être attaqué, si les délais ne sont pas expirés, que par les voies judiciaires; dans le cas contraire , ce même jugement doit servir de base au réglement de l'indemnité qui sera due pour le terrain compris dans les limites légales de la zône militaire (Ord. du 15 oct. 1826. Mac. t. 8. p. 621).

En cette matière le contrevenant ne peut se prévaloir de l'alignement qui lui a été donné par le préfet ou par le maire : cet alignement ne fait pas obstacle à ce que le conseil de préfecture statue sur le procès-verbal de contravention , et ne peut arrêter l'exercice de sa compétence (Ord. du 21 sept. 1827. Mac. t. 9. p. 488 et 490).

D'ailleurs les arrêtés des conseils de préfecture qui répriment les contraventions, ne font pas obstacle à ce que les contrevenants portent devant les tribunaux les questions de propriété et d'indemnité *(Ord. du 21 sept. 1827. Mac. t. 9. p. 491).*

Le procès-verbal de contravention est nul, faute d'avoir été dressé par un garde du génie assermenté près le tribunal du ressort et *d'avoir été affirmé dans les vingt-quatre heures* (Ord. du 2 sept. 1829. Mac. t. 11. p. 372).

Lorsque l'affirmation a été faite devant le juge de paix, le lendemain du jour où le procès-verbal a été dressé mais sans indication d'heure, il y a présomption légale qu'elle a eu lieu dans le délai de la loi (Ord. du 9 juin 1830. Mac. t. 12. p. 312).

Lorsque le terrain sur lequel ont été élevées des constructions dénoncées est en litige, il y a lieu de surseoir avant de prononcer sur la contravention (Ord. du 9 juin 1830. Mac. t. 12. p. 319).

Le conseil de préfecture doit statuer au fond sur l'opposition formée par le contrevenant à son arrêté pris par défaut, au lieu de subordonner sa décision à celle du ministre de la guerre (Ord. du 8 sept. 1830. Mac. t. 12. p. 410).

Les tribunaux ordinaires ne peuvent connaître des questions relatives aux servitudes défensives, les conseils de préfecture sont seuls compétents pour statuer sur ces contraventions (Ord. du 30 nov. 1830. Mac. t. 2. p. 672).

Les procès-verbaux des gardes du génie qui constatent des contraventions, font foi de leurs énonciations matérielles, et ne peuvent être détruites que par une inscription de faux (Ord. du 18 janv. 1831. Mac. t. 1. p. 45. et Ord. du 27 nov. 1835).

La prohibition prononcée par les lois précitées de 1791 et 1819, constituant une servitude d'utilité publique, et les contrats privés ne pouvant déroger aux obligations qui résultent de cette loi, les conseils de préfecture doivent se déclarer compétents et réprimer les contraventions nonobstant les titres de propriété invoqués par les prévenus (Ord. du 7 déc. 1832. Mac. t. 2. p. 691).

(Voyez page 303)

Si un propriétaire prévenu de contravention aux lois précitées de 1791 et de 1819, comme ayant construit dans la zône prohibée, prétend que sa maison est plus ancienne que la place de guerre, cette question d'antériorité résultant de titres privés, est du ressort des tribunaux ordinaires; le conseil de préfecture excéderait ses pouvoirs en décidant une question de cette nature (Ord. du 14 déc. 1832. Mac. t. 2. p. 716).

Lorsque les contraventions ne sont pas contestées en faits, on ne peut arguer du défaut de signature du garde du génie sur la copie de la notification du procès-verbal (Ord. du 27 août 1833. Mac. t. 3. p. 510).

Une demande en visite de lieux formée devant un conseil de préfecture, par un particulier contre lequel un procès-verbal de contravention a été dressé par les gardes du génie, ne peut être considérée comme une demande en inscription de faux sur laquelle le conseil de préfecture dût statuer (Ord. du 20 déc. 1836. p. 543 du Rec. de ladite année par Mac.).

Des considérations particulières à des propriétés spéciales ne peuvent jamais autoriser le conseil de préfecture à tolérer les contraventions à la loi; ces considérations peuvent seulement donner lieu à la fixation de polygones exceptionnels, dans les cas déterminés par l'article 3 de la loi du 17 juillet 1819, et les articles 7 et 8 de l'ordonnance du 1er août 1821 (Ord. du 16 août 1832. Mac. t. 2. p. 474).

En cette matière les arrêtés des conseils de préfecture notifiés par les gardes du génie assermentés, doivent être attaqués dans le délai de trois mois, sous peine de déchéance (Ord. du 19 janv. 1832. Mac. t. 2. p. 23).

585. Dans le cas où, nonobstant la notification, faite par les gardes des fortifications, des procès-verbaux de contravention, les contrevenants ne rétabliront pas l'ancien état des lieux dans le délai qui leur sera fixé, l'autorité militaire transmettra lesdits procès-verbaux au préfet du département ; elle y joindra, avec un fragment du plan dont il est fait mention à l'article 2 de la présente loi, un extrait de l'état descriptif et un mémoire sommaire de discussion, *pour être sur le tout statué en conseil de préfecture*, sauf les vérifications qui pourront être jugées nécessaires.

Toutefois, si, après la notification faite en vertu du présent article, les contrevenants poursuivaient leur infraction, *le conseil de préfecture ordonnerait sur le champ la suspension des travaux* (Même loi, Art. 12).

586. Outre la démolition de l'œuvre nouvelle, aux frais des contrevenants, ils encourront, selon le cas, les peines applicables aux contraventions analogues en matière de grande voirie (Même loi, Art. 13).

587. Tout jugement de condamnation, rendu en exécution des deux

articles précédents, fixera le délai dans lequel le contrevenant sera tenu de démolir, enlever les décombres et rétablir à ses frais l'ancien état des lieux. Il sera notifié à la partie intéressée, par les gardes des fortifications, avec sommation d'exécuter; faute de quoi il y sera procédé d'office.

A défaut d'exécution, après l'expiration du délai, la démolition aura lieu, à la diligence de l'autorité militaire, en présence du maire ou de ses adjoints requis à cet effet.

Les démolitions, déblais et remblais seront effectués et la dépense constatée dans les formes établies pour les travaux de fortifications; le compte de ces dépenses sera transmis par le directeur des fortifications au préfet du département, qui en fera poursuivre le recouvrement, conformément à la loi du 29 floréal an X (19 mai 1802). (Même loi, Art. 15.)

588. Les indemnités prévues par les articles 18, 19, 20, 24, 33 et 38 de la loi du 10 juillet 1791, seront fixées dans les formes prescrites par les lois du 7 juillet 1833, 3-6 mai 1841 et préalablement acquittées conformément à l'article 10 de la Charte constitutionnelle.

Il n'y a lieu à suivre les formes prescrites par la loi du 7 juillet 1833, que pour les expropriations, privations de jouissance et dommages matériels : les demandes en indemnité pour tous les autres cas non prévus sont de la compétence du ministre de la guerre sauf recours au conseil d'état (Ord. du 21 déc. 1825. Mac. t. 7. p. 726).

En matière d'indemnité réclamée pour dommages causés à des propriétés particulières par suite de la mise en état de défense d'une place de guerre, il faut distinguer entre les dommages que les travaux de défense ont occasionnés aux propriétés situés dans le rayon militaire, et les dommages qu'ont éprouvés les propriétés situées au-delà de ce rayon : au premier cas l'indemnité est due par l'administration de la guerre d'après une expertise contradictoire, et ne peut être réduite par décision ministérielle; au deuxième cas cette administration n'est pas tenue à la réparation du dommage, lorsque d'ailleurs un fonds extraordinaire a été mis à cet effet à la disposition de l'autorité civile (Ord. du 6 déc. 1829. Sir. t. 5. p. 495).

EXTRAIT DE L'ORDONNANCE RÉGLEMENTAIRE
DU 1ᵉʳ AOUT 1821.

589. Dans l'étendue de *deux cent cinquante mètres autour* des places de guerre de toutes les classes et des postes militaires, il ne sera bâti aucune maison ni clôture de construction quelconque, *à l'exception des clôtures en haies sèches ou en planches à claire-voie, sans pans de bois ni maçonnerie,* lesquelles pourront être établies librement entre ladite limite et le terrain militaire.

Les reconstructions totales de maisons, clôtures et autres bâtisses sont également prohibées dans la même zône de servitude, quelle qu'ait pu ou que puisse être à l'avenir la cause de leur destruction (Ord. préc. Art. 1).

590. Dans l'étendue de *quatre cent quatre-vingt-sept mètres* autour des places de première et de seconde classes, il ne sera bâti ni reconstruit *aucune maison ni clôture en maçonnerie;* mais, au-delà de la première zône de deux cent cinquante mètres, *il sera permis d'élever des bâtiments et clôtures en bois et en terre, sans y employer de pierres ni de briques, même de chaux, ni de plâtre, autrement qu'en crépissage,* et avec la condition de les démolir immédiatement, et d'enlever les décombres et matériaux, sans indemnité, à la première réquisition de l'autorité militaire, dans le cas où la place, déclarée en état de guerre, serait menacée d'hostilités (Même Ord. Art. 2).

591. Autour des places de troisième classe et des postes militaires, il sera permis d'élever des bâtiments et clôtures de constructions quelconques au delà de la distance de deux cent cinquante mètres.

Les propriétaires de maisons bâties sur le terrain soumis aux servitudes défensives d'une place de guerre, ne peuvent faire à ces maisons ni réparations ni constructions nouvelles à peine de démolition (Ord. du 14 déc. 1832. Mac. t. 2. p. 716)

A plus forte raison lesdits propriétaires ne peuvent bâtir de maisons dans le rayon de la place sans s'exposer à la démolition (Ord. du 15 oct. 1826. Mac. t. 8. p. 617).

La réparation d'un bâtiment situé dans le rayon militaire d'une place forte, est assimilée à la reconstruction, et se trouve par conséquent soumise à la démolition (Ord. du 7 déc. 1825. Mac. t. 7 p. 717).

Le cas arrivant où ces places et postes seraient déclarés en état de guerre, les démolitions qui seraient jugées nécessaires, à la distance de quatre cent quatre-vingt-sept mètres, ne donneront lieu à aucune indemnité en faveur des propriétaires (Même Ord. Art. 3).

592. Dans l'étendue de *neuf cent soixante-quatorze mètres autour des places de guerre, et de cinq cent quatre-vingt-quatre mètres autour des postes militaires*, il ne sera fait aucun chemin, levée ou chaussée, ni creusé aucun fossé, sans que leur alignement et leur position aient été concertée avec les officiers du génie; et, d'après ce concert, notre ministre de la guerre déterminera, et, au besoin, nous proposera de déterminer les conditions auxquelles ces divers travaux devront être assujétis dans chaque cas particulier, afin de concilier les intérêts de la défense avec ceux de l'industrie, de l'agriculture et du commerce.

Dans la même étendue, les décombres provenant de bâtisses et autres travaux quelconques, ne pourront être déposés que dans les lieux indiqués par les officiers du génie.

Sont exempts de cette disposition, ceux des détriments qui pourraient servir d'engrais aux terres, et pour les dépôts desquels les particuliers n'éprouveront aucune gène, *pourvu qu'ils évitent de les entasser.*

Dans la même étendue, il est défendu d'exécuter aucune opération de topographie sans le consentement de l'autorité militaire; ce consentement ne pourra être refusé lorsqu'il ne s'agira que d'opérations relatives à l'arpentage des propriétés (Ord. précitée , Art. 4).

593. Les citadelles et les châteaux auront à l'extérieur les mêmes limites de prohibition que celles des places fortes, dont les unes et les autres font partie. Les limites de leurs esplanades, du côté des villes, pourront être réduites, selon les localités, par des fixations speciales que nous nous réservons d'arrêter sur la proposition de notre ministre de la guerre (Même Ord. Art. 6).

Les demandes relatives aux constructions sur le terrain des esplanades ne peuvent être portées devant le conseil d'état par la voie contentieuse (Ord. du 9 juin 1830. Mac. t. 12. p. 312).

Lorsqu'une ville ne conteste pas au département de la guerre , la propriété du mur de souténement de l'esplanade dépendant d'un fort , il appartient au ministre de la guerre de déterminer les conditions auxquelles il a cédé au vœu de la ville qui demande à reconstruire ce mur : l'autorisation conditionnelle accordée par le ministre , ne devient obligatoire pour la ville que dans le cas où elle persisterait à reconstruire le mur en question ; et la décision ministérielle n'est pas susceptible d'être attaquée par la voie contentieuse (Ord. du 18 oct. 1829. Mac. t. 11. p. 381).

—◇❀◇—

CHAPITRE IV.

EXCEPTIONS.

594. Notre ministre de la guerre pourra permettre , par exception aux articles précédents, la construction de moulins et autres semblables usines en bois et même en maçonnerie , à condition que lesdites usines ne seront composées que d'un rez-de-chaussée, et à charge par les propriétaires de ne recevoir aucune indemnité pour démolition en cas de guerre. Les permissions de cette nature ne pourront, toutefois, être accordées qu'après que le chef du génie , l'ingénieur des ponts et chaussées et le maire auront reconnu , de concert, et constaté , par procès-verbal, que l'usine qu'on se propose de construire est d'utilité publique, et que son emplacement est déterminé par quelque circonstance locale qui ne peut se rencontrer ailleurs.

(*Voir* l'Art. 30 de la loi du 10 juil. 1791).
(Ord. précitée, Art. 7.)

595. La tolérance spécifiée par l'article précédent, pourra, lorsqu'il n'en résultera aucun inconvénient pour la défense, s'étendre à toute espèce de bâtisses ou clôtures situées hors des places ou postes, ou sur l'esplanade des citadelles ou châteaux, sous les conditions qui seront déterminées par nous, relativement à la nature des matériaux et à la dimension des constructions (Art. 10 de la loi du 17 juil. 1819).

La présente exception ne pourra être appliquée qu'aux terrains que nous aurons déterminés pour chaque place ou poste, selon les localités, et qui seront limités par des bornes (Ord. précitée, Art. 8).

596. Les administrations, les communes ou les particuliers qui désireront obtenir des permissions spéciales, en vertu des deux articles précédents, adresseront leur demande à notre ministre de la guerre, lequel, après avoir pris l'avis du directeur des fortifications, accordera, s'il y a lieu, les permissions demandées, en prescrivant aux pétitionnaires toutes les conditions qu'il jugera convenables pour que les constructions ne puissent nuire à la défense de la place (Ord. précitée, Art. 9).

597. Les permissions accordées immédiatement ou subséquemment, d'après les exceptions prévues par les articles 7 et 8, ne pourront avoir leur effet, et les constructions nouvelles autorisées conditionnellement par les articles 1er, 2 et 3 de la présente ordonnance, ne pourront être entreprises qu'après que les administrations, les

communes ou les particuliers auront
souscrit l'engagement de remplir les
conditions qui leur seront prescrites,
et notamment celle de démolir immédiatement à leurs frais les constructions autorisées, ou d'en supporter la
démolition sans indemnité, dans les
cas prévus par les articles 2 et 3.

Ces soumissions seront faites sur
papier timbré et enregistrées, moyennant la droit fixe d'un franc. Il en sera
fourni aux frais de la partie intéressée,
trois expéditions authentiques au chef
du génie de la place ; l'une de ces expéditions restera déposée dans les archives du génie de ladite place ; la seconde sera déposée aux archives de la
direction et la troisième sera transmise
à notre ministre de la guerre (Même
Ord. Art. 10).

598. Dans les vingt-quatre heures
qui suivront l'accomplissement des
formalités ci-dessus prescrites, le chef
du génie délivrera à la partie intéressée,
pour le cas de permission spéciale,
copie certifiée de la lettre de notre ministre de la guerre, contenant l'énoncé
des clauses et conditions de ladite permission ; et, pour le cas d'autorisation
générale, un certificat conforme au
modèle N° 2 annexé à la présente, afin
de constater que toutes les conditions
desquelles résulte ladite autorisation,
ont été remplies (Même Ord. Art. 11).

599. Pour assurer la défense de
l'état dans le juste degré de ses besoins
réels, et afin de déterminer spécialement les localités dans lesquelles la
propriété doit être soumise à l'application des servitudes militaires, suivant les règles qui précèdent, le tableau
général de classement des places et

postes de guerre, annexé à la présente
ordonnance, sera publié et affiché par
extraits dens les communes intéressées
de chaque département, à la diligence
des préfets, selon ce qui est prescrit
par l'article 1ᵉʳ de la loi du 17 juillet
1819, et prévu par la présente ordonnance (Même Ord. Art. 76).

—◇☙◇—

CHAPITRE V.

RÉPARATIONS ET ENTRETIEN DES BATISSES EXISTANTES.

600. *Les bâtisses, clôtures et autres
constructions en bois et en terre*, quelle
que soit leur distance de la fortification
autour des places de toutes les classes
et des postes militaires, *pourront être
entretennes*, DANS LEUR ÉTAT ACTUEL,
*par des réparations et des reconstruc-
tions partielles*, mais *sans aucun changement dans leurs dimensions extérieures*, et sous la condition expresse :
1° que *les matériaux de réparation ou
de reconstruction partielle seront de
même nature que ceux précédemment mis
en œuvre ;* 2° que *la masse des constructions existantes ne sera point accrue* par
des bâtisses faites dans des cours, jardins et autres lieux clos, à ciel ouvert (Ord. préc. Art. 25).

601. Les dispositions de l'article précédent s'appliqueront aux maisons,
clôtures et autres constructions en maçonnerie situées au delà de la première
zône de deux cent cinquante mètres
des places de troisième classe et des
postes militaires, ou qui seraient comprises, quelle que soit d'ailleurs la
classe de la place, dans le terrain d'exception que nous aurons spécialement
déterminé (Même Ord. Art. 26).

602. *Les bâtisses, clôtures et autres constructions en maçonnerie, qui ne seraient pas comprises dans le terrain d'exception dont il vient d'être parlé*, ou qui seraient situées soit dans la première zône de 250 mètres des places et postes, soit sur l'esplanade que nous aurons spécialement déterminée pour les citadelles et châteaux, soit dans la seconde zône des places des deux premières classes, *ne pourront être entretenues qu'avec les restrictions légalement prescrites en matière de voirie urbaine;* c'est-à-dire *sous la condition expresse de ne point faire à ces constructions de reprises en sous-œuvre*, ni même de grosses répations ou *toute autre espèce de travaux confortatifs*, soit à leurs fondations et à leur rez-de-chaussée, s'il s'agit de bâtiments d'habitation, soit pour de simples clôtures jusqu'à moitié de leur hauteur, mesurées sur leur parement extérieur, soit pour toutes autres constructions, jusqu'à trois mètres au-dessus du sol extérieur (Même Ord. Art. 27).

603. Les restrictions prescrites par l'article précédent seront appliquées aux maisons, bâtiments et clôtures (autres que celles en haies sèches ou en planches à claire-voie), qui, dans l'intérieur des places de toutes les classes et des postes militaires, se trouvent entièrement, ou partiellement, sur le terrain de la rue militaire établie ou à établir pour la libre communication le long du rempart ou du mur de clôture. Dans le second cas, les restrictions ne porteront que sur les parties de bâtiments ou de clôtures qui dépassent l'alignement de ladite rue (Même Ord. Art 28).

604. Toute construction quelconque, quelle que soit d'ailleurs sa situation,

dans l'une ou l'autre des deux zônes
extérieures de servitudes, ou par rapport à l'alignement de la rue militaire,
pourra néanmoins être entretenue dans
son état actuel, sous les seules restrictions que comporte l'article 25 ci-dessus,
si le propriétaire fournit la preuve légale, lors de la vérification prescrite
par les articles 22 et 23, savoir : *pour
les bâtisses extérieures*, que ladite construction existait, dans sa nature et ses
dimensions actuelles, avant la publication de l'ordonnance du 9 décembre
1713, ou qu'à l'époque de son érection
elle se trouvait à plus de quatre cent
quatre-vingt-sept mètres de l'un des
points fixés par l'article 12 ci-dessus ;
pour les bâtisses intérieures, avant la
publication de la loi du 10 juillet 1791,
qui a prescrit l'établissement de la rue
militaire parallèlement au pied du talus
du rempart ou du parement intérieur
du parapet en mur de clôture. Dans
l'un et l'autre cas, le propriétaire
qui n'aura pu fournir la preuve légale jouira de la même faculté pour
l'entretien de sa construction, s'il
justifie d'une permission spéciale,
en vertu de laquelle il l'aurait établie
dans sa nature et ses dimensions actuelles, *à la charge de démolition*, ou
s'il souscrit la soumission de remplir
cette condition *à ses frais et sans indemnité*, dans le même cas que celui
prévu par l'article 2 de la présente ordonnance (Même Ord. Art. 29).

605. *Tout propriétaire* d'un bâtiment,
maison, clôture ou autre construction
quelconque existant dans l'une des
zônes de servitudes, ou en-deçà de
l'alignement de la rue militaire, *qui
voudra y faire exécuter des réparations*

(*Voy.* page 293, dernier alinéa).

sera tenu d'en faire préalablement la déclaration au chef du génie, et ne pourra les faire commencer qu'après que celui-ci lui aura délivré un certificat portant qu'elles sont dans l'un des cas où l'exécution en est autorisée par la présente ordonnance (Même Ord. Art. 30).

—◇❀◇—

CHAPITRE VI.

RÉSUMÉ DE LA LÉGISLATION EN MATIÈRE DE SERVITUDES MILITAIRES.

606. Il résulte des dispositions législatives qui précèdent, qu'à la *distance de 250 mètres*, qui constitue la première zône des servitudes autour des places de guerre et postes militaires, toutes constructions autres que *des clôtures en planches à claire-voie on en haies sèches, demeurent prohibées.*

Qu'à la distance de 487 mètres formant la deuxième zône des servitudes autour des places de première et de seconde classes, *la loi permet d'édifier des bâtiments et clôtures* EN BOIS ET EN TERRE SEULEMENT, sans y employer de pierres ni de briques, même de chaux ni de plâtre, autrement qu'en crépissage, et sous les clauses et conditions énoncées ci-après.

Quant aux autres espèces de constructions qui peuvent être permises dans la 3ᵉ zône des places de 1ʳᵉ et 2ᵉ classes et au-delà de 250 mètres autour des places de 3ᵉ classe et des postes militaires, nous renvoyons le lecteur aux nombres 591 et 592 plus haut.

607. Pour se conformer aux prescriptions des lois des 10 juillet 1791 et 17 juillet 1819 et aux dispositions de l'ordonnance réglementaire du 1ᵉʳ août 1821, dont les principaux articles

sont transcrits plus haut, tout propriétaire qui voudra faire autour d'une
place de guerre des constructions autres
que clôtures en planches en claire-voie
ou haies sèches, dans l'étendue des
zônes de servitudes déterminées par
les articles 1, 2, 3 et 4 de l'ordonnance
précitée du 1er août 1821, ainsi que
les articles 15, 29, 30, 31 et 32 de
la loi du 10 juillet 1791, devra, préalablement à toute entreprise à ce sujet,
adresser une demande au chef du génie
militaire de la place, et attendre les
résultats de cette première et indispensable démarche, sous peine d'encourir
la démolition de sa nouvelle construction et une amende.

608. Si le lieu où le propriétaire
veut construire se trouve sur les bords
d'une route royale ou départementale,
indépendamment de la demande à
adresser au chef du génie militaire de
la place, le propriétaire devra adresser
une seconde demande au préfet du
département, afin d'obtenir l'alignement qui doit lui être donné, à raison
d'une construction le long d'une route.

Les mêmes formalités devront être
remplies, dans le cas où il ne s'a-
girait que de simples réparations à
exécuter à d'anciennes constructions
existant dans l'étendue des zônes de
servitudes sus mentionnées et le long
d'une route.

609. Au surplus, dans ces sortes
d'occasions il est du devoir de l'autorité administrative d'éclairer les citoyens qui forment des demandes de
l'espèce, en les renvoyant à se pourvoir devant qui de droit, pour éviter
toute surprise et tout prétexte d'ignorance.

SEPTIÈME PARTIE.

TRAVAUX PUBLICS.

--- ◆ ---

CHAPITRE PREMIER.

PRINCIPES FONDAMENTAUX.

610. Aux termes de l'article 3 de la loi du 5 mai 1841, tous *grands travaux publics*, routes royales, canaux, chemins de fer, canalisation de rivières, bassins et docks, *entrepris par l'état, les départements, les communes ou par des compagnies particulières*, avec ou sans péage, avec ou sans subsides du trésor, avec ou sans aliénation du domaine public, ne pourront être exécutés qu'en vertu d'une loi qui ne sera rendue qu'après une enquête administrative.

611. Une ordonnance royale suffira pour autoriser l'exécution *des routes départementales, celle des canaux et chemins de fer d'embranchement de moins de vingt mille mètres de longueur des ponts et de tous autres travaux de moindre importance*; cette ordonnance devra également être précédée d'une enquête.

Ces enquêtes auront lieu dans les formes déterminées par un règlement d'administration publique (*).

612. Ainsi l'état a le droit de s'emparer des propriétés privées, dans un but d'utilité publique, mais sous la condition expresse d'une juste et préalable indemnité.

Les propriétaires sont pleinement autorisés à éconduire tous agents de l'administration qui se permettraient sur leurs terrains une entreprise d'expropriation pour utilité publique, non autorisée par une loi ou une ordonnance royale : toutefois, les propriétaires sont obligés de laisser faire sur leurs propriétés des travaux préparatoires d'études par les agents de l'administration (sauf indemnité pour dégâts), mais les agents de l'administration ne doivent se permettre d'opérer sur les propriétés particulières, même pour les travaux préparatoires ou d'étude, qu'après s'être entendus avec le propriétaire et lui avoir communiqué les ordres de l'administration.

S'il arrivait qu'un propriétaire non prévenu se crût autorisé à arracher des jalons plantés par des ingénieurs des ponts et chaussées, qui n'auraient pas rempli les formalités envers lui, celui-ci serait exempt de blâme, l'article 257 du Code pénal étant inapplicable à ce cas (Ar. C. de cass. du 4 mars 1825. Sir. t. 26. p. 36).

Lorsqu'une ordonnance royale a autorisé des travaux d'utilité publique, qui portent préjudice à une propriété particulière, le propriétaire lésé peut se pourvoir contre cette ordonnance par voie de tierce-opposition, sinon pour la faire rapporter, au moins pour faire ordonner le sursis à l'exécution, jusqu'à ce qu'il ait été statué dans les formes prescrites par la loi sur l'indemnité à laquelle il peut avoir droit : la règle s'applique notamment au cas où la suppression d'une ou de plusieurs rues, aurait pour effet d'anéantir pour les propriétaires riverains le droit de sortir sur les rues (Ord. du 17 août 1825. Sir. t. 26. p. 196).

Les travaux dont les plans et devis ont été approuvés par le préfet, et dont l'adjudication a été passée dans les formes prescrites pour les travaux publics, doivent être considérés comme travaux d'utilité publique (Ord. du 8 janv. 1840. Fél. Leb. année 1840. p. 3).

Les travaux de constructions, reconstructions et grosses réparations exécutées dans la partie des

---

(*) Les formes de cette enquête ont été réglées par les ordonnances des 18 février 1834 et 15 février 1835, quand il s'agit de travaux d'une utilité générale, et par celle du 25 août 1835, quand il s'agit de travaux communaux.

Montesquieu a dit : « Lorsque l'état a besoin du fonds d'un particulier, il faut qu'il indemnise ; le public est à cet égard comme un particulier qui traite avec un particulier. » (Esprit des Lois, liv. 26. chap. 15.)

613. Après la révolution, l'assemblée constituante consacra dans les termes suivants le droit d'expropriation :

« La constitution garantit l'inviolabilité des propriétés, ou la juste et préalable indemnité de celles dont la nécessité publique légalement constatée exigera le sacrifice. » (Const. du 3-14 sept. 1791, tit. 1, n° 3.)

La constitution de 1793, celle de l'an III, la Charte de 1814, celle de 1830, se sont exprimées à peu près dans les mêmes termes.

Enfin, l'article 545 du Code civil décide que : « Nul ne peut être contraint de céder sa propriété, si ce n'est pour cause d'utilité publique et moyennant une juste et préalable indemnité. »

614. Mais il ne suffisait pas de poser le principe, il fallait en régler l'application. C'était là sans doute le point qui présentait de sérieuses difficultés. En effet, il fallait décider qui déclarerait l'utilité, par qui l'expropriation devrait être prononcée, qui règlerait l'indemnité, qui serait juge, en un mot, dans cette lutte inégale, entre le droit d'un seul et la volonté de tous.

Tel fut l'objet des lois des 6-11 septembre 1790, 1-8 avril 1793, 28 pluviôse an VIII, 16 septembre 1807, mars 1810, 7 juillet 1833.

La première abandonnait le règlement de l'indemnité aux départements,

hôtels de préfecture destinée au service des bureaux, par exemple, la construction d'un calorifère, etc., et dont les dépenses sont imputées sur les fonds départementaux, rentrent dans l'application des dispositions de l'article 4 de la loi du 28 pluviôse an VIII, attendu que ces locaux sont incontestablement des établissements d'utilité publique (Ord. du 14 fév. 1839. Fél. Leb. p. 140. Voir en outre les Ord. des 31 déc. 1831. 9 nov. 1836 et 31 août 1837, relatives à de semblables travaux).

sur l'avis préalable des juges de paix.

La seconde voulait que le règlement de l'indemnité eût lieu à dire
d'experts, sans ajouter qui serait juge
en dernier ressort. La loi du 28 pluviôse
an VIII donnait cette attribution aux
conseils de préfecture.

La loi du 16 septembre 1807 est la
première qui ait réglé avec quelques
succès les formalités à suivre en cette
matière. Toutefois, fidèle à ses habi-
tudes d'omnipotence administrative,
le gouvernement impérial, sous lequel
cette loi fut rendue, obtint pour l'administration le triple droit de déclarer
l'utilité publique, de prononcer l'expropriation et de fixer l'indemnité par
voie de simple expertise. Ainsi l'état
se trouvait juge et partie.

615. Les réclamations de l'intérêt privé, sacrifié sans défense à l'intérêt général, amenèrent la loi du 8 mars 1810.

Ce nouvel acte législatif conser-
va à l'administration le pouvoir de
déclarer l'utilité publique; celui de
prononcer l'expropriation et de fixer
l'indemnité fut réservé aux tribunaux
civils. Ce fut donc une sorte de réaction. La propriété avait retrouvé des
garanties, mais ces garanties étaient
exagérées, et l'intérêt public se trouvait compromis à son tour par des
lenteurs interminables et des estimations exorbitantes, que les tribunaux
se trouvaient à peu près obligés d'ho-
mologuer. C'est d'après ces considérations importantes que le gouvernement se détermina à provoquer
d'abord la loi du 7 juillet 1833, puis
ensuite celle du 5 mai 1841, actuellement en vigueur.

CHAPITRE II.

DES MOYENS D'EXÉCUTION, DES DROITS ET DES OBLIGATIONS DES ENTREPRENEURS.

616. On conçoit que pour faire organiser et faire exécuter des travaux publics, quel qu'en soit la nature et l'importance, la première condition à remplir, c'est de mettre à la disposition de l'autorité les terrains sur lesquels les travaux publics doivent être exécutés, et les matériaux propres aux constructions.

De là naît, d'une part, la nécessité d'exproprier les particuliers, et, de l'autre, l'obligation d'avoir recours aux moyens dont l'industrie dispose, et par conséquent, de traiter avec des entrepreneurs qui procurent et font agir les ouvriers, d'où ressort naturellement un contentieux qui, selon la nature particulière des objets, ou rentrent dans le droit commun et, en ce cas, sont de la compétence des tribunaux ordinaires, ou se trouvent compris dans les attributions des conseils de préfecture, en exécution de la loi du 28 pluviôse an VIII.

617. En ce qui concerne les contestations en matière d'expropriation, la loi du 7 juillet 1833, en ayant attribué la connaissance aux tribunaux ordinaires, elles deviennent, par cela seul, étrangères à notre objet qui est le contentieux administratif, et nous nous abstiendrons d'entrer dans aucun détail à cet égard.

618. Quant aux entreprises de travaux publics et aux moyens d'en assurer la bonne exécution d'après les devis ou les marchés, ce double objet étant du ressort exclusif de l'administration, et les conseils de préfecture

Dans les débats relatifs au marché d'un entrepreneur, la caution n'a pas qualité pour intervenir, et ne peut agir que comme fondée de pouvoirs.

Une femme mariée qui a indiqué le domicile de son mari, et justifie de son autorisation avant le jugement, ne peut pas être déclarée non recevable (Ord. du 1er mars 1826).

L'article 4 de la loi du 28 pluviôse an VIII, n'est applicable qu'aux ouvrages d'utilité publique, dont les plans ont été approuvés par le gouvernement dans les formes prescrites, et dont l'exécution est surveillée par un agent délégué à cet effet par l'autorité supérieure. Lorsque les travaux ne présentent pas la réunion de ces caractères, les contestations qui s'élèvent sont du ressort des tribunaux (Ord. du 25 avril 1828. Mac. t. 10. p. 391).

En conséquence, la compétence administrative ne s'étend pas aux difficultés qui peuvent naître d'un marché d'ouvrages entre une commune et un entrepreneur (Ord. des 29 août 1821. Mac. t. 2. p. 321. 17 avril 1822. Mac. t. 3. p. 344. 12 avril et 2 sept. 1829. Sir. t. 29. p. 359 et Mac. t. 11. p. 375).

Mais lorsqu'il ne s'agit ni de l'interprétation du devis, ni du mode d'exécution des travaux, les.

étant appelés à en connaître dans certains cas prévus et définis, nous allons indiquer les différents modes d'adjudication en usage, ainsi que les obligations et les droits des entrepreneurs.

Les entreprises de travaux publics peuvent avoir lieu, savoir :

Par marchés à forfaits ;

Par adjudication au rabais ;

Par marchés faits de gré à gré, sur devis ;

Par marchés avec série de prix ;

Par régie économique ;

Enfin, par marchés sans conventions de prix, sauf à régler.

L'administration indique, par des affiches, celui des modes d'exécution ci-dessus mentionnés qu'elle croit devoir adopter suivant la nature et l'importance des travaux.

619. Le décret du 6-7 septembre 1790 porte ce qui suit :

Les entrepreneurs de travaux publics seront tenus de se pourvoir sur les difficultés qui pourraient s'élever en interprétation ou dans l'exécution des clauses de leurs marchés, (Art. 3).

620. Des pouvoirs que l'autorité administrative tient de la loi pour assurer l'exécution des travaux publics, il s'ensuit naturellement qu'elle a la faculté de régler les clauses et conditions des entreprises ; et c'est en vertu de cette faculté que l'administration a fait établir le règlement analysé ci-après et qui constitue la loi des parties, c'est-à-dire qui règle les droits et les obligations de l'administration et des entrepreneurs de travaux.

entrepreneurs ne sont pas fondés à réclamer la compétence des conseils de préfecture, sous prétexte qu'elle est stipulée par un article du marché (Ord. du 3 janv. 1827. Mac. t. 9. p. 17).

Jugé de plus qu'en pareil cas les parties n'ont pu valablement déroger à la compétence des tribunaux (Ord. précitée du 2 sept. 1829. Mac. t. 11. p. 375 et autres des 16 déc. 1830. même Rec. t. 12. p. 552 et 31 déc. 1831. même Rec. t. 1. p. 493).

Néanmoins les travaux ayant pour objet l'embellissement d'une ville sont des travaux publics, et les conseils de préfecture sont seuls compétents pour connaître des contestations auxquelles l'exécution de ces travaux peut donner lieu (Ord. du 7 fév. 1809. Sir. t. 17. p. 111).

Il en est de même lorsqu'il s'agit d'un pont destiné à la communication de plusieurs communes, et dont l'adjudication a été faite dans la forme prescrite pour les travaux publics (Ord. du 13 juil. 1825. Mac. t. 7. p. 412).

On ne peut dans les marchés de travaux publics stipuler l'arbitrage et déroger à la compétence des conseils de préfecture (Ord. des 15 mars 1829. Mac. t. 11. p. 91 et 11 janv. 1833. même Rec. t. 3. p. 28).

Les entrepreneurs de travaux publics ne sont pas fondés à décliner la juridiction administrative à laquelle ils se sont soumis par les clauses de leurs marchés (Ord. du 16 janv. 1822. Mac. t. 3. p. 65).

En thèse générale, l'autorité administrative est seule compétente, à l'exclusion de l'autorité judiciaire, pour connaître des difficultés qui peuvent s'élever entre l'administration et des entrepreneurs des travaux publics sur le sens et l'exécution des clauses de leurs marchés (Ord. des 26 juin 1822. Mac. t. 3. p. 596. 16 fév. 1825. même Rec. t. 7. p. 88 et un grand nombre d'autres Ord.)

L'autorité administrative est seule compétente pour statuer sur la question de savoir si un entrepreneur a excédé l'autorisation résultant de son marché et des actes de l'administration ; et les tribunaux doivent surseoir à statuer sur les plaintes formées contre l'entrepreneur jusqu'à ce qu'il ait été statué sur la question préjudicielle (Ord. du 16 mai 1827. Mac. t. 9 p. 258).

Jugé encore que lorsqu'il y a contestation entre un entrepreneur et un propriétaire, les dépens doivent être à la charge de l'entrepreneur, lorsque les parties ne sont pas préalablement convenues du mode et des bases d'appréciation des dommages, alors même qu'il ne leur aurait pas été possible

Extrait du cahier des clauses et conditions arrêtées par m. le directeur
général des ponts et chaussées,
en 1811.

621. Pour que les travaux ne soient
pas abandonnés à des spéculateurs inconnus ou inhabiles, il ne sera pas admis
de sous-traitants, etc. (Art. 4).

622. Pendant la durée entière de
l'adjudication, l'entrepreneur ne pourra
s'éloigner des travaux que pour affaires
relatives à son marché, et après en
avoir obtenu l'autorisation, etc. (Art. 5).

623. A l'époque fixée par l'adjudication, l'entrepreneur mettra la main à
l'œuvre et entretiendra constamment un
nombre suffisant d'ouvriers; il exécutera
tous les ouvrages, en se conformant
strictement aux plans, profils, tracés et
instructions qui lui seront donnés par les
ingénieurs ou leurs préposés. A cet
effet, il lui sera préalablement délivré
des expéditions en bonne forme, tant
des plans, dessins et épures, que du
devis du détail estimatif et des principaux ordres de service (Art. 6).

Il se conformera, pendant le cours
du travail, aux changements qui
lui seront ordonnés par écrit, et sous
la responsabilité de l'ingénieur en chef,
pour des motifs de convenance, d'utilité ou d'économie, et il lui en sera
fait compte, mais il ne pourra de lui-
même, et sous aucun prétexte, apporter le plus léger changement au projet
et au devis (Art. 7).

624. Au moyen des prix consentis et approuvés, l'entrepreneur fera
l'achat, fourniture, transport à pied
d'œuvre, façon, pose et emploi de
tous les matériaux.

Il soldera tous les salaires et peines

d'apprécier les dommages futurs; et que dans le
cas où la propriété a changé de maître, l'entrepreneur ne doit pas continuer l'exploitation avant d'a-
voir mis en demeure le nouveau propriétaire (Ord.
du 21 juil. 1824. Mac. t. 6. p. 434).

Une décision ministérielle ou un arrêté du préfet
qui rejette les prétentions d'un entrepreneur ne fait
pas obstacle à ce qu'il soit prononcé sur ces prétentions par le conseil de préfecture (Ord. des 16
mai 1827. Mac. t. 9. p. 284. 30 nov. 1830. même
Rec. t. 12. p. 522. 21 juin 1833. même Rec. t. 3.
p. 348).

Le conseil de préfecture est compétent pour
connaître des difficultés élevées sur le sens ou l'exécution des clauses d'une seconde soumission faite
par extension d'une soumission précédente, lors
même que cette seconde soumission n'aurait pas
été approuvée par l'autorité administrative (Ord.
des 3 mai 1839. Fél. Leb. p. 269. 19 fév. 1823.
16 fév. 1825 et 3 janv. 1827).

Suivant l'interprétation qu'il convient de donner
à l'article 40 des clauses et conditions générales de
la rédaction de 1811 (*), l'entrepreneur qui par le
fait de l'administration s'est trouvé dans l'impossibilité de connaître le lieu des travaux (comme, par
exemple, le cas où la fixation de l'emplacement
demeure en litige pour une cause quelconque), peut
contraindre ladite administration, conformément à
l'article 40, § 3, à reprendre les matériaux d'approvisionnement, quoiqu'ils ne soient pas déposés à
pied d'œuvre, en cas d'ajournement indéfini (Ord.
du 21 mars 1839. Fél. Leb. p. 186 et 187).

L'état s'étant chargé envers un entrepreneur de
travaux publics des subventions qu'il pourrait y
avoir à payer pour la voirie vicinale, l'arrêté du
conseil de préfecture qui a condamné l'entrepreneur aux subventions, ne peut être opposé par lui
à l'état qui n'y a pas été partie. Dès lors l'état se
trouve sans intérêt, et par conséquent sans droit à y
former tierce-opposition (Ord. du 6 août 1839.
Fél. Leb. p. 431).

Lorsque la résiliation d'un marché a été prononcée par un ministre dans un intérêt public, le

(*) L'article 40 a été légèrement modifié dans la rédaction de 1833.
Si le devis d'une adjudication a omis une partie de
route dont le prix de la construction était énoncé aux
sous-détail et qui se trouvait comprise dans le détail
estimatif des travaux, le procès-verbal d'adjudication qui
désigne clairement cette portion de route, comme
faisant partie de celle dont la construction est l'objet du
marché, supplée suffisamment à l'omission du devis.

d'ouvriers, commis et autres agents dont il pourra avoir besoin pour assurer la bonne et solide exécution des ouvrages.

625. Il ne pourra, sous aucun prétexte d'erreur ou omission dans la composition des prix de sous-détail, revenir sur ceux par lui consentis, attendu qu'il a dû s'en rendre préalablement un compte exact, et qu'il est censé avoir refait et vérifié tous les calculs d'appréciation.

Mais il pourra réclamer, s'il y a lieu, contre les erreurs de métrés ou de dimensions des ouvrages (Art. 11 du cahier des clauses et conditions générales précitées¹).

626. Lorsque les ingénieurs présumeront qu'il existe des vices d'exécution, ils ordonneront, avant la réception finale, la démolition et la reconstruction des ouvrages présumés vicieux. Les dépenses résultant de cette vérification, ne seront à la charge de l'entrepreneur, que lorsque les vices de construction auront été constatés (Art. 13 du cahier précité).

627. En général, tous les matériaux seront des dimensions prescrites par le devis. Si cependant, par des causes extraordinaires, l'entrepreneur leur donnait des dimensions plus fortes ou plus faibles, dans le premier cas, il ne pourra réclamer une plus-value : les métrages et pesées seront basés sur les dimensions des devis, à moins que les excès de grosseur ne soient jugés nuisibles ou difformes, car alors les pièces seraient enlevées et replacées à ses frais. Dans le cas de dimensions plus faibles, les prix seront réduits en proportion, pourvu, encore, qu'il n'en ré-

fournisseur ne peut réclamer, en vertu de l'article 1794 du Code civil, une indemnité pour la privation des bénéfices que l'exécution du marché lui aurait procuré (Ord. du 22 janv. 1840. même Rec. p. 5).

Y a-t-il une disposition de loi qui permette de prononcer des dépens au profit ou à la charge des administrations publiques (Réponse négative même Ar.).

Des propriétaires intéressés à la direction d'une route, ayant souscrit l'engagement de payer à l'état une certaine somme ou de lui fournir tous les terrains nécessaires à l'établissement de cette route, sous la condition qu'elle passera par un lieu déterminé; si ces propriétaires refusent ensuite de remplir leur engagement accepté par un arrêté spécial du préfet, sur le motif que la route n'a pas reçu la direction stipulée, c'est à l'autorité administrative seule qu'il appartient de statuer à cet égard (Ord. du 20 avril 1839. Fél. Leb. p. 233).

sulte rien de contraire au goût et à la solidité; car alors, comme dans le premier cas, l'entrepreneur ferait remplacer à ses frais les pièces, en se conformant aux dimensions indiquées.

628. Dans tous les cas, l'entrepreneur ne pourra employer aucune pièce ni aucune matière, n'étant pas dans les dimensions ou du poids prescrit par le devis, sans l'autorisation écrite de l'ingénieur (Art. 14 du cahier précité des clauses et conditions générales).

629. Lorsque le devis n'indiquera pas de carrières ou sablières appartenant à l'état, l'entrepreneur en ouvrira à ses frais, ou traitera de celles précédemment ouvertes par des particuliers; et alors, il sera tenu de dédommager préalablement les propriétaires, de gré à gré ou à dire d'experts, conformément aux lois et règlements sur cette matière, et il sera tenu de représenter, quand il en sera requis, le traité qu'il aura fait avec eux et leur quittance.

Dans tous les cas, il paiera, sans recours contre le gouvernement, tous les dommages que pourront occasionner la prise, le transport ou le dépôt des matériaux. Il en sera de même pour l'établissement des chantiers, chemins de service et autres indemnités temporaires, qui font partie des charges et faux-frais de l'entreprise (Art. 9 du cahier des clauses et conditions générales arrêtées en 1811).

L'article 9 des clauses et conditions générales porte : « Lorsque le devis n'indiquera pas de carrières, etc., appartenant à l'état, l'entrepreneur en ouvrira à ses frais. »

L'adjudicataire ne peut soutenir que, sans énonciation spéciale du devis il y a eu, d'après les circonstances de l'affaire, désignation suffisante d'une carrière et qu'il a pu compter sur elle pour l'extraction des matériaux (Ord. du 30 juin 1839. Fél. Leb. p. 361 et 362).

Sur la première partie de cet arrêt, la question résolue d'une manière affirmative, ne peut être l'objet d'aucun doute. Quant à la seconde partie, voici le considérant du conseil d'état :

« Considérant que le devis n'indiquait aucune carrière appartenant à l'administration comme devant fournir à l'entrepreneur les matériaux dont il avait besoin; que dès lors aux termes de l'article 9 des clauses et conditions générales, les frais d'ouverture et d'exploitation des nouvelles carrières nécessaires à ses travaux devaient demeurer à la charge dudit entrepreneur (*). »

Dans une action intentée à raison de fouilles de terrains pour travaux publics, l'autorité administrative est seule compétente pour statuer sur la question de savoir si l'entrepreneur est sorti des limites à lui tracées par le devis, soit sur le défaut d'accomplissement des formalités préalables indi-

---

(*) Ce considérant a été rédigé de telle manière qu'on demeure dans l'incertitude sur la question de savoir si le conseil d'état a voulu établir, comme principe général, qu'en aucun cas les circonstances ne pouvaient suppléer aux énonciations du devis, ou bien s'il a décidé simplement en fait que dans l'espèce les circonstances alléguées par l'entrepreneur ne constituaient pas une désignation suffisante.

quées dans le devis, soit sur le règlement de l'indemnité due au propriétaire pour fouilles exécutées
dans les limites et les formes prescrites par le devis
(Ord. du 19 déc. 1839. Fél. Leb. p. 592).

—◇◈◇—

CHAPITRE III.

EXTRACTION DES MATÉRIAUX.

630. Après avoir déterminé les divers modes d'adjudication qu'il convenait d'adopter, suivant la nature et l'importance des travaux à exécuter, l'autorité a dû prendre les mesures nécessaires pour faciliter aux entrepreneurs les moyens de se procurer, sans obstacles, tous les matériaux propres aux constructions. La nécessité de semblables mesures paraît avoir été reconnue depuis long-temps, puisqu'elle fut l'objet de plusieurs arrêts rendus en conseil d'état du roi, et dont le plus récent, qui date de près d'un siècle, est ainsi conçu :

EXTRAIT DE L'ARRÊT DU CONSEIL D'ÉTAT
DU ROI, DU 7 SEPTEMBRE 1755 (*).

631. Les arrêts du conseil des 13 octobre 1667, 3 décembre 1672 et 22 juin 1706, seront exécutés selon leur forme et teneur; en conséquence, les entrepreneurs de l'entretien du pavé de Paris, ainsi que ceux des autres ouvrages ordonnés pour les ponts, chaussées et chemins du royaume, etc., pourront prendre la pierre, le grès, le sable et autres matériaux pour l'exécution des ouvrages dont ils sont ad-

La disposition de l'article 4 de la loi du 28 pluviôse an VIII, n'a pas été abrogée en ce qui concerne la compétence de l'autorité administrative par les lois des 8 mars 1810 et 7 juillet 1833, sur l'expropriation pour cause d'utilité publique, ni par la loi du 21 mai 1836, relative aux chemins vicinaux. Ainsi les réclamations élevées contre des entrepreneurs de travaux publics, pour extraction et enlèvement de matériaux destinés à ces travaux, sont de la compétence des conseils de préfecture (Ord. du 23 juin 1824. Mac. t. 6. p. 36).

Aux termes de l'arrêt du conseil du 7 septembre 1755, les entrepreneurs de travaux publics peuvent prendre les matériaux pour l'exécution des ouvrages dont ils sont adjudicataires dans tous les lieux qui leur sont indiqués par le devis, sans néanmoins qu'ils puissent les prendre dans les lieux qui sont fermés de murs ou de clôtures équivalentes, suivant les usages du pays ; et si par le même arrêt il est défendu aux propriétaires des lieux non clos de n'apporter aucun trouble ni empêchement à l'enlèvement des matériaux, il ne leur est pas défendu d'enclôre les terrains contenant des carrières en exploitation pour un service public (Ord. du 5 nov. 1828. Mac. t. 10. p. 773).

Lorsqu'un entrepreneur de travaux publics a été autorisé à exploiter une carrière désignée dans le domaine d'un particulier, il ne peut étendre cette autorisation à une autre carrière située sur le même domaine; s'il le fait il ne peut exciper de sa qualité d'entrepreneur de travaux publics pour se soustraire soit à l'indemnité, soit aux dommages-intérêts réparés par le propriétaire du domaine : dans ce cas le conseil de préfecture est compétent pour statuer tout à la fois sur l'indemnité et sur les dommages-intérêts en exécution de la loi de 1807 (Ord. du 27 avril 1825. Mac. t. 7. p. 221).

Lorsqu'un entrepreneur de travaux publics n'a pas été autorisé par l'administration à extraire de la pierre sur la propriété d'un particulier, et que

(*) Un autre arrêt du 23 juillet contient les mêmes dispositions que celui ci-dessus du 7 septembre 1755 pour l'extraction des matériaux, et il interdit en outre aux propriétaires des terrains fouillés de se pourvoir ailleurs que devant l'administration pour leurs dédommagements.

judicataires, dans tous les lieux qui leur seront indiqués par les devis et adjudications desdits ouvrages, sans néanmoins qu'ils puissent les prendre dans des lieux qui seront fermés de murs ou autre clôture équivalente, suivant l'usage du pays. Fait sa majesté défense aux seigneurs ou propriétaires desdits lieux non clos, de leur apporter aucun trouble ni empêchement, sous quelque prétexte que ce puisse être, à peine de toute perte, dépens, dommages et intérêts, même d'amende et de telle autre condamnation qu'il appartiendra, selon l'exigence des cas, sauf néanmoins auxdits seigneurs et propriétaires à se pourvoir contre lesdits entrepreneurs pour leur dédommagement, ainsi qu'il sera réglé ci-après; dans le cas où les matériaux indiqués par les devis ne seront pas jugés suffisants ou convenables, les inspecteurs généraux ou ingénieurs pourront en indiquer à prendre dans d'autres lieux; mais lesdites indications seront données par écrit et signées desdits inspecteurs ou ingénieurs (Art. 1.) (*).

632. Veut sa majesté que les entrepreneurs ne puissent faire aucun autre usage des matériaux qu'ils auront extraits des terres appartenant aux par-

celui-ci n'a pas été mis en demeure de débattre et de consentir les prix de cette extraction, les ouvriers de l'entrepreneur n'ont ni droit ni qualité pour commencer l'exploitation; dans ce cas l'action en dommages-intérêts est du ressort des tribunaux (Ord. du 21 sept. 1827. Mac. t. 9. p. 504).

Lorsqu'aux termes du devis de l'adjudication, il est interdit à l'entrepreneur d'extraire des matériaux ailleurs que dans les carrières nommément indiquées audit devis, il ne peut enlever des pierres d'un mur qui sert de clôture à la propriété d'un particulier; et une pareille entreprise, réputée voie de fait, est du ressort des tribunaux ordinaires (Ord. du 5 nov. 1828. Mac. t. 10 p. 771).

Lorsqu'un champ n'a pas été désigné dans le devis, l'exploitation n'en peut être que de gré à gré entre l'entrepreneur et le propriétaire, à moins de désignation ultérieure et spéciale faite par l'administration (Ord. du 30 janv. 1828. Mac. t. 10. p. 128).

Si la propriété sur laquelle une sablière existe, n'est pas entièrement close de murs ou de haies vives, suivant l'usage du pays, et qu'il résulte d'une enquête faite à ce sujet, qu'il est possible d'arriver à cette sablière de plusieurs points sans passer par la barrière qui ferme cette propriété, le propriétaire n'est pas fondé à réclamer l'exception relative aux propriétés totalement closes (Ord. du 4 juin 1823. Mac. t. 5. p. 400).

On ne peut dans le sens de l'article 55 de la loi du 16 septembre 1807, réputer carrière en exploitation que celle qui offre au propriétaire un revenu assuré, soit qu'il l'exploite régulièrement par lui-même et pour ses besoins; soit qu'il en fasse un objet de commerce en l'exploitant régulièrement par lui-même ou par autrui (Ord. du 6 sept. 1813. Sir. t. 14. p. 325).

Les travaux communaux ne peuvent pas être assimilés aux travaux publics, en ce sens qu'on ne peut appliquer au propriétaire dans le fonds duquel on aurait extrait des matériaux destinés à la construction d'un pont, les dispositions de l'article 55 de la loi de 1807 (Ord. du 17 déc. 1809. Sir. t. 1. p. 342).

Les tribunaux ordinaires sont seuls compétents pour statuer sur une extraction de matériaux dans une forêt communale, lorsqu'aucune autorisation administrative n'a été donnée à l'entrepreneur des travaux pour exécuter des extractions dans cette forêt (Ord. du 19 déc. 1839. Fél. Leb. p. 594).

---

635. (*) Une décision de M. le procureur-général des ponts et chaussées, en date du 14 juillet 1828, prescrit de soumettre à l'approbation de l'administration, les devis qui indiquent l'emplacement des carrières ou des terrains à fouiller; et, dans le cas où, après l'approbation des devis, il y aurait lieu de recourir à de nouvelles carrières, soit pour cause d'insuffisance ou de mauvaise qualité des matériaux de celle précédemment indiquée, les ingénieurs doivent soumettre préalablement leurs propositions au préfet, afin que ce magistrat soumette l'arrêté qu'il croira devoir prendre à ce sujet, à l'approbation du directeur-général, pour prévenir ainsi toute contestation dans l'application de l'arrêt rapporté plus haut.

ticuliers, que de les employer dans les ouvrages dont ils sont adjudica-taires, à peine de tous dommages et intérêts envers les propriétaires et même de punition exemplaire.

634. Lesdits inspecteurs et ingé-nieurs indiqueront autant qu'ils le pourront, pour prendre lesdits maté-riaux, les lieux où leur extraction cau-sera le moins de dommage; ils s'abs-tiendront, autant que faire se pourra, d'en faire prendre dans les bois, et dans le cas où l'on ne pourrait s'en dispenser sans augmenter considéra-blement le prix des ouvrages, veut sa majesté que les entrepreneurs ne puis-sent mettre des ouvriers dans les bois appartenant à sa majesté ou aux gens de main-morte, même dans les lisières et *aux abords des forêts et distances prohibées par les règlements, sans en avoir pris la permission des grands-maîtres des eaux et forêts ou des offi-ciers des maîtrises par eux commis*, qui constateront les lieux où il sera permis aux entrepreneurs de faire tra-vailler et la manière dont se fera l'ex-traction desdits matériaux, comme aussi les chemins par lesquels ils les voitureront, voulant sa majesté que, dans le cas où lesdits officiers auraient quelque représentation à faire pour la conservation desdits bois, ils en adres-sent, sans retardement, leur mémoire au sieur contrôleur-général des fi-nances, pour y être statué par sa ma-jesté, et ne pourront, en aucun cas, lesdits officiers, exiger desdits entre-preneurs aucuns frais ni vacations pour raison des visites et permissions ci-dessus ordonnées (Art. 2).

635. Veut sa majesté que les entre-

preneurs rejettent en outre, à leurs
frais et dépens, dans les fouilles et ouvertures qu'ils auront faites, les terres
et décombres qui en seront pro-
venus (Art. 3).

636. Les bois, pierres, grès, sables
et autres matériaux que les entrepreneurs des ouvrages du pavé de Paris,
des ponts et chaussées, turcies et
levées, feront transporter pour l'exécution de leurs ouvrages, même leurs
outils et équipages, seront exempts de
tous droits de traite, entrée et sortie,
même de ceux dépendant des fermes
des aides, domaine et barrage, droits
d'octroi, péages, pontonnages et de
tous autres généralement quelconques
appartenant à sa majesté, aliénés, engagés ou concédés, soit aux villes et
communautés, soit aux particuliers,
à quel titre que ce soit, conformément
à la déclaration du 17 septembre 1692,
aux arrêts du conseil des 2 juin et
4 août 1705 et autres subséquents,
en rapportant certificat de leur destination par l'ingénieur, visé des trésoriers de France, commissaires du pavé
de Paris et des ponts et chaussées,
dans les généralités de Paris, et des
sieurs intendants et commissaires départis dans les provinces et autres généralités du royaume, aux officiers des
bureaux des finances, aux grands-
maîtres et autres officiers des maîtrises
des eaux et forêts, de tenir la main,
chacun, en droit soi, à l'exécution du
présent arrêt, qui sera lu, publié et
affiché partout où besoin sera (Art. 4).

637. Aucune carrière de pierres de
taille, moellons, grès et autres fouilles
pour tirer de la marne, glaise ou
sable, ne pourra être ouverte qu'à

« Considérant que la loi du 21 avril 1810, n'a
point abrogé les dispositions de l'arrêt du conseil
du 5 avril 1772; qu'au contraire ladite loi n'a permis l'exploitation des carrières à ciel ouvert, sans
autorisation préalable, qu'à la charge, par les exploi-

trente toises (58 m. 50 c.) du pied des arbres plantés au long des grandes routes ; et ne pourront les entrepreneurs desdites carrières, pousser aucune fouille ou galerie souterraine du côté desdites routes, à moins de trente toises (58 m. 50 c.) de distance desdites plantations ou des bords extérieurs desdites routes, conformément aux dispositions de l'arrêt du conseil du 14 mars 1741 et de l'ordonnance du bureau des finances, du 29 mars 1754 (Art. 1 de l'Ar. du C. d'ét. du roi, du 5 avril 1772).

638. *L'ouverture et l'exploitation des carrières dans les forêts de l'état et des communes ne pourront jamais avoir lieu qu'après que l'ingénieur en chef des ponts et chaussées aura réglé, d'accord avec les agents de l'administration forestière, les lieux où il sera permis aux entrepreneurs de faire travailler,* la manière dont l'extraction des matériaux devra se faire, et les chemins qui devront servir à leur transport (Circ. du dir. gén. du 20 fruct. an XI, Code des p. et ch. M. Ravinet).

639. Il résulte des termes du règlement du 22 mars 1813 que, tant qu'aucune contravention n'existe sur les conflits d'une carrière, l'exploitant peut pousser ses travaux près de la limite commune, en conservant seulement la distance ordinaire que prescrit l'article 9. Mais, dès que le propriétaire limitrophe vient à construire, on rentre dans les cas prévus par les articles 5 et 6, et l'exploitation doit s'arrêter aux distances que ces articles déterminent. C'est une restriction inhérente à son droit de jouissance et qu'il n'a pas dû perdre de vue, lors-

tants d'observer les règlements généraux et locaux, et que l'infraction aux dispositions de l'arrêté précité constitue une contravention de grande voirie.» (Ord. du 27 oct. 1837).

qu'il a acheté ou loué la carrière et entrepris ses travaux. Autrement il suffirait d'ouvrir une exploitation dans un endroit, pour priver les propriétaires voisins de la faculté de s'enclôre et de bâtir sur leur héritage : ce serait là une servitude exorbitante, les articles 6 et 7 ont eu précisément pour objet de les en préserver (Décis. du Min. de l'Int., du 6 janv. 1834, année 1834, t. 6. p. 535; Même Code, Ravinet).

640. Quand l'exploitation a lieu par galeries souterraines, elle es soumise à la surveillance de l'administration, comme il est dit au titre 5 de la loi du 21 avril 1810; or, ce titre 5 se compose des articles 47, 48, 49 et 50, autorisant l'administration à prescrire et faire exécuter toutes les mesures qu'exigeront la construction des édifices et la sûreté du sol, en y pourvoyant, ainsi qu'il est pratiqué en matière de grande voirie et selon les lois.

641. Le Code pénal, en décrétant la peine d'un franc à cinq francs contre ceux qui contreviendraient aux règlements légalement faits par l'autorité administrative, et ceux qui ne se seraient pas conformés aux règlements et arrêtés publiés par l'autorité municipale en vertu des articles 3 et 4, titre 11 de la loi des 16-24 août 1790 et l'article 46, titre 1 de la loi des 19-22 juillet 1791, n'a en rien dérogé aux règlements généraux et spéciaux concernant les carrières.

Pour les lieux où la déclaration de 1780 n'aura pas elle-même force de loi, s'il existe un règlement de date récente, donné en conséquence de la délégation confiée à l'administration par le décret du 24 mars 1813, ayant force de loi, et que ce règlement ne prononce aucune peine, le contrevenant doit être poursuivi en police correctionnelle et sera passible des peines prononcées par le même décret de 1813, en vertu duquel ce règlement aura été donné pour l'adoucissement de celles prononcées par le décret du 21 avril 1810.

642. « Selon nous (dit M. Cotelle), » la loi de 1810 a placé tous les règle- » ments concernant les mines, mi- » nières et carrières, sous la sanction » des peines qu'elle décrète, si elles » n'ont pas été fixées par ces règlements » eux-mêmes, dans les limites de la » loi » (C. de dr. adm. p. 375, t. 2.)

643. La police des carrières emporte des prescriptions : les unes sont d'une nature générale et commune à toutes les exploitations, les autres d'une nature particulière relative à tels procédés d'extraction.

Dans la première classe se trouve la prescription de la distance à observer entre la fosse ou les cavages, puits et galeries et les chemins, édifices et constructions quelconques, et même les propriétés et terrains vagues non enclos.

Les fossés bordant les routes et chemins, ont été protégés par plusieurs règlements, par l'interdiction faite aux voituriers de se frayer d'autres passages des carrières aux grands chemins que ceux préparés pour leur usage, sous peine d'amende.

Quant aux prescriptions de la 2ᵉ classe, comme elles consistent à fixer un système de règles d'art pour chaque mode d'exploitation, et que ces détails sont étrangers à notre objet, nous ne nous occuperons pas de cette dernière classe.

LOI DU 19-22 JUILLET 1791. ART. 29.

L'arrêt du 17 mars 1741 a porté plus loin cette précaution : il défend d'ouvrir des carrières sur les bords et aux côtés des routes et grands chemins, *sinon à trente toises de distance du bord ou extrémité* de la largeur qu'auront et que doivent avoir les chemins, lequel bord sera mesuré (porte ledit arrêt) du pied des arbres, lorsqu'il y en aura de plantés au bord des chemins, à la distance réglée par l'arrêt du 3 mai 1720, et à trente-deux toises de l'extrémité de la largeur des chemins, lorsqu'il n'y aura ni arbres ni fossés, à peine d'une amende de 300 livres.

—◇◆◇—

CHAPITRE IV.

INDEMNITÉS POUR EXTRACTION DE MATÉRIAUX, OCCUPATION DE TERRAINS PRIS EN FOUILLES ET TORTS ET DOMMAGES ENVERS LES PARTICULIERS.

EXTRAIT DE L'ARRÊT DU CONSEIL D'ÉTAT DU ROI, DU 7 SEPTEMBRE 1755.

644. Les propriétaires de terrains sur lesquels des matériaux auront été pris, seront pleinement et entièrement dédommagés de tout le préjudice qu'ils auront pu en souffrir tant par la fouille pour l'extraction desdits matériaux, que par les dégâts auxquels l'enlèvement aura pu donner lieu.

645. Sera payé ledit dédommagement auxdits propriétaires, par les entrepreneurs, suivant l'estimation qui en sera faite par l'ingénieur qui aura fait le devis des ouvrages, et, en

Il n'existe aucune loi qui impose à l'état l'obligation de réparer les conséquences indirectes des travaux qu'il effectue pour le service public (Ord. du 14 déc. 1836. Mac. p. 537).

Au cas d'insolvabilité d'un entrepreneur, l'état peut être condamné à indemniser des dommages causés par la faute de cet entrepreneur, s'il résulte des circonstances de l'affaire que l'accident doit être également attribué à un défaut de surveillance des agents de l'administration (Ord. du 27 mai 1839. Fél. Leb. p. 306).

L'indemnité due pour les dommages, privation de jouissance et dépréciation ou moins value du sol, ne peut être cumulée avec le remboursement des contributions (Ord. du 21 juil. 1824. Mac. t. 6. p. 434).

L'indemnité allouée à un propriétaire pour détérioration de son sol par suite de travaux publics

cas que lesdits propriétaires ne voulussent pas s'en rapporter à ladite estimation, il sera ordonné un rapport de trois nouveaux experts nommés d'office, dont lesdits propriétaires seront tenus d'avancer les frais (Art. 3).

EXTRAIT DU DÉCRET DU 6-7 SEPTEMBRE 1790.

646. Les demandes en contestations sur le règlement des indemnités dues aux particuliers à raison des terrains pris ou fouillés pour la construction des chemins, canaux ou autres ouvrages publics, seront portées de même d'abord par voie de conciliation devant le directoire du district, et pourront l'être ensuite au directoire du département, etc. (Art. 4).

647. Toutefois, la désignation de l'autorité à laquelle le règlement de l'indemnité appartenait sous l'empire de la loi du 8 mars 1810, a donné lieu à de nombreuses controverses résultant de l'opposition apparente entre cette loi qui attribuait ce règlement aux tribunaux, et la loi du 16 septembre 1807, qui investit l'administration de ce pouvoir.

648. En effet, il s'agissait et il s'agit encore, presque toujours, de savoir si le fait qui donne lieu à indemnité, est ou une expropriation réelle dans le sens de la loi du 7 juillet 1833, ou un simple dommage réparable par voie administrative, dans le sens de la loi de 1807, d'où il peut résulter des équivoques fâcheuses. Or, les principes de la nouvelle législation fondée par la loi de 1833, n'ont pas fait disparaître la difficulté, puisqu'en définitive ils sont toujours appelés à sanctionner la déclaration du jury, et

produit intérêts du jour de la dépossession (Ord. du 25 avril 1839. Fél. Leb. p. 248).

Les intérêts de l'indemnité doivent courir à compter de la clôture du dernier procès-verbal d'expertise jusqu'au jour du paiement (Ord. du 21 juil. 1824. Mac. t. 6. p. 434).

En thèse générale, toutes les fois qu'à l'occasion de travaux de grande voirie il s'agit de dommages causés, et non d'expropriation, les conseils de préfecture sont compétents pour prononcer (Ord. du 26 déc. 1827. Mac. t. 9. p. 626 et plusieurs autres Ord. des 22 janv. 6 août 1823. 12 avril et 29 juin 1832. 22 janv. 1833. 30 mai 1834 et 14 déc. 1836).

La connaissance des demandes en dommages-intérêts, résultant des torts et dommages provenant du fait personnel des entrepreneurs étant réservée à l'administration, celle-ci est, à plus forte raison, seule compétente pour connaître des demandes de cette nature formées contre elle (Ord. des 12 avril 1832. Sir. t. 34. p. 506. 8 nov. 1833. Mac. t. 3. p. 621. et Ar. C. de cass. du 21 août 1834. Sir. t. 34. p. 524).

C'est au conseil de préfecture à statuer sur la demande en indemnité formée par un particulier, à raison de l'occupation d'un terrain pris pour un port ou dépôt de bois destiné à l'approvisionnement d'une ville (Ord. du 21 juin 1826. Mac. t. 8. p. 328).

Il lui appartient également de statuer sur la demande en indemnité formée par un propriétaire privé d'une portion de sa propriété par suite de remblais opérés sur une route départementale (Ord. des 12 avril et 29 juin 1832. Mac. t. 2. p. 178 et 340).

D'après l'article 4 de la loi du 28 pluviôse an VIII, les conseils de préfecture sont compétents à l'égard des dommages provenant du fait des entrepreneurs, cette compétence s'étend aux enlèvements de pierres, qu'un entrepreneur, autorisé administrativement à faire des extractions dans une carrière, a opéré sur les murs d'un vieux château situé sur cette carrière (Ord. du 28 nov. 1839. Fél. Leb. p. 560).

Les tribunaux administratifs sont compétents pour statuer sur les demandes en indemnité formées contre l'administration, pour blessures éprouvées par des individus à l'occasion de travaux publics, spécialement pour chute dans un puits

que d'ailleurs la loi du 16 septembre 1807 n'est pas abrogée.

Dans cet état de choses, il nous a paru utile de rapporter ci-contre quelques-uns des arrêts rendus en cette matière par les tribunaux de l'ordre supérieur, pour fixer l'opinion sur la jurisprudence établie à cet égard.

649. Les particuliers qui se plaindront de torts et dommages procédant du fait personnel des entrepreneurs, *et non du fait de l'administration*, se pourvoiront contre les entrepreneurs, etc. (Art. 5).

650. Lorsque, par suite des travaux déjà énoncés dans la présente loi, lorsque, par l'ouverture de nouvelles rues, par la formation de places nouvelles, par la construction de quais, ou par tous autres travaux publics généraux, départementaux ou communaux, ordonnés ou approuvés par le gouvernement, des propriétés privées auront acquis une notable augmentation de valeur, ces propriétaires pourront être chargés de payer une indemnité qui pourra s'élever jusqu'à la valeur de la moitié des avantages qu'elles auront acquis : le tout sera réglé par estimation dans les formes établies par la présente loi, jugé et homologué par la commission qui aura été nommée à cet effet (Art. 30).

d'amarre d'un pont suspendu laissé ouvert par mégarde (Ord. du 19 déc. 1839. Fél. Leb. p. 593).

L'exhaussement du sol de la voie publique aboutissant à des maisons particulières, exhaussement qui gêne et modifie les conditions de la jouissance des propriétaires de ces maisons, ne peut être considéré comme une expropriation partielle ; et les demandes d'indemnité pour un dommage de cette nature sont de la compétence administrative (Ord. du 14 avril 1839. Fél. Leb. p. 225 et plusieurs autres Ord. des 26 nov. 1827. 6 juin 1830. 12 avril 1832. 17 janv. 1838 et 23 fév. 1839).

On ne doit pas assimiler à une expropriation partielle le dommage résultant pour des particuliers de l'abaissement de la voie publique devant leurs maisons, lors même que cet abaissement modifie les conditions de leur jouissance ; et une demande en indemnité pour un dommage de cette nature est de la compétence administrative (Ord. du 6 nov. 1839. Fél. Leb. p. 552).

Lorsqu'un locataire, sous le prétexte que l'exhaussement du pavé de la rue a rendu la maison qu'il occupe inhabitable, forme contre son bailleur une demande en dommages-intérêts, et si le bailleur appelle la commune en garantie, l'action devient de la compétence des tribunaux ordinaires (Ord. du 30 mai 1839. Fél. Leb. p. 255).

Les travaux de raccordement d'une rue exécutés aux dépens du budget communal, mais qui se lient aux travaux de redressement et d'élargissement de la rue, autorisés par une ordonnance royale et adjugés administrativement, le dommage occasionné par l'exhaussement du sol de cette rue, le long d'une propriété particulière est déclaré soumis à l'appréciation de l'autorité administrative aux termes de l'article 30 de la loi du 16 septembre 1807 (Ord. du 23 fév. 1839. Fél. Leb. p. 172).

651. Lorsque pour exécuter un dessèchement, l'ouverture d'une nouvelle navigation, un pont, il sera question de supprimer des moulins et autres usines, de les déplacer, modifier, ou de réduire l'élévation de leurs eaux, la nécessité en sera constatée par les ingénieurs des ponts et chaussées. Le prix de l'estimation sera payé par l'état, lorsqu'il entreprend les travaux; lorsqu'ils sont entrepris par des concessionnaires, le prix de l'estimation sera payé avant qu'ils puissent faire cesser le travail des moulins et usines. Il sera d'abord examiné si l'établissement des moulins et usines est légal, ou si le titre d'établissement ne soumet pas les propriétaires à voir démolir leurs établissements sans indemnité, si l'utilité publique le requiert (Art. 48).

652. Le taux des indemnités réglées par la loi du 28 juillet 1824, pour chômage des moulins, n'est pas applicable aux chômages que peut nécessiter l'exécution des travaux publics; et les indemnités qui peuvent être dues pour cet objet, doivent continuer à être réglées conformément aux dispositions de la loi du 16 septembre 1807 (Décis. de M. le direc.-gén. des ponts et chaussées, du 5 oct. 1824. Code des ponts et chaussées par Ravinet).

653. Les terrains nécessaires pour l'ouverture des canaux et rigoles de dessèchement, des canaux de navigation, de routes, de rues, la formation de places et autres travaux reconnus d'utilité publique et générale, seront payés à leurs propriétaires, à dire d'experts, d'après leur valeur, avant l'entreprise des travaux, et sans nulle

L'appréciation du dommage causé à une usine par la surélévation des eaux résultant de travaux exécutés à un canal, est de la compétence administrative (Ord. du 14 avril 1839. Fél. Leb. p. 224).

La demande en indemnité fondée sur le chômage d'un moulin par suite de travaux publics, est dans la compétence administrative. Mais il n'en est pas de même si la demande est fondée sur une diminution permanente de la force motrice (Ord. du 27 août 1839. Fél. Leb. p. 487).

Lorsque l'administration s'empare d'une partie des eaux d'un moulin pour alimenter un canal nouvellement établi, on ne doit pas considérer cette prise d'eau comme une expropriation; ce fait ne constitue qu'un simple dommage temporaire et variable, que le conseil de préfecture doit apprécier dans les formes prescrites par la loi du 16 septembre 1807 (Ord. du 8 janv. 1832. Sir. t. 32. p. 667).

La loi du 8 mai 1810 (remplacée par celle du 7 juillet 1833), qui autorise, pour utilité publique, l'expropriation des citoyens, ne peut être invoquée par les communes pour leur utilité qu'autant que l'intérêt communal rentre dans l'intérêt général : elle ne peut l'être au cas où une commune veut affecter un emplacement à une foire; dans ce cas elle doit acquérir l'emplacement de gré à gré (Avis du comité de l'intérieur du 27 sept. 1820. Sir. t. 21. p. 104).

L'administration peut faire démolir pour cause

augmentation du prix d'estimation (Art. 49).

654. Lorsqu'un propriétaire fait volontairement démolir sa maison, ou qu'il est forcé de la démolir pour cause de vétusté, il n'a droit à l'indemnité que pour la valeur du terrain délaissé, si l'alignement qui lui est donné par l'autorité compétente le force à reculer sa construction (Art. 50).

de sûreté publique et d'intérêt général des édifices qui sont une propriété particulière, lorsqu'ils sont reconnus en état de dégradation et de vétusté par les deux experts du propriétaire et de l'administration ; dans ce cas il n'y a lieu à indemnité (Ord. du 24 mars 1820. Sir. t. 21. p. 53).

Lorsqu'il n'y a pas dépossession absolue d'un terrain, mais seulement imposition d'une servitude, par exemple, établissement d'un canal qui oblige le propriétaire à souffrir des constructions souterraines, à ne pas bâtir, à ne pas planter d'arbres à longues racines, il n'y a pas lieu à indemnité comme au cas d'expropriation pour utilité publique, mais seulement à un simple dédommagement réglé par l'autorité administrative (Ord. du 27 oct. 1819. Sir. t. 20. p. 240).

Lorsqu'une maison vouée à l'agrandissement d'une voie publique est abattue ou démolie, non pour cause de vétusté, mais pour cause de destruction prématurément opérée par un agent de l'administration, le propriétaire de la maison démolie a sans doute à exercer une action en indemnité pour cause de destruction prématurée de sa maison, mais ce n'est pas une indemnité comme au cas d'expropriation pour utilité publique; cette indemnité doit être réglée par l'administration et non par l'autorité judiciaire (Ord. du 8 avril 1816. Sir. t. 27. p. 43).

Lorsque les propriétés des citoyens sont dégradées et éprouvent des moins-values par le fait de l'administration, les propriétaires doivent être indemnisés en vertu de la loi qui leur accorde une indemnité au cas d'expropriation pour utilité publique : vainement on dirait que la dégradation provenant des travaux faits dans l'intérêt général, est un cas fortuit auquel chaque citoyen est soumis par l'effet de l'association civile : ainsi, le propriétaire dont la maison se trouve enfouie à une certaine hauteur par suite de l'exhaussement d'une rue, a droit à une indemnité s'il est reconnu que les travaux exécutés lui causent un dommage réel sans avantage qui le compense (Ar. C. de cass. du 18 janv. 1826. Sir. t. 26. p. 267).

Il en est de même au cas de reculement d'une maison par suite de l'exécution d'un alignement (Ar. C. de cass. du 21 déc. 1824. Sir. t. 25. p. 128 et t. 26. p. 385).

Le particulier qui éprouve un dommage par suite du changement de la direction d'un chemin ordonné par l'administration, a droit à une indemnité comme au cas d'expropriation pour cause d'utilité publique (Ord. du 22 sept. 1812. Sir. t. 2. p. 142).

Lorsque la propriété d'un particulier éprouve un dommage notable par suite de travaux publics, par exemple, la construction d'une route ou d'un pont, le conseil de préfecture ne peut que donner son avis sur l'évaluation de l'indemnité, sauf le droit du ministre de l'intérieur de le confirmer ou de l'infirmer ; et si le propriétaire refuse d'accéder à la décision ministérielle, l'indemnité doit être réglée dans les formes prescrites par la loi sur l'expropriation (Ord. du 23 juin 1819. Sir. t. 20. p. 237).

NOTA. Les dispositions des trois précédents arrêts semblent impliquer une contradiction manifeste avec celles contenues dans le 1er arrêt en date du 26 décembre 1827, et plusieurs autres cités en tête du chapitre 4.

Les indemnités réclamées par des propriétaires pour entreprises ou dommages sur leurs terrains par un fait administratif, sont réglées par les tribunaux ordinaires, quand ce sont des communes qui en sont passibles (Ord. du 14 juil. 1819. Sir. t. 20. p. 151).

Les dommages résultant des maux de la guerre, n'entraînent pas contre l'état d'action en indemnité comme au cas d'expropriation pour utilité publique (Ord. du 6 déc. 1820. Sir. t. 21. p. 119).

655. Lorsqu'il y aura lieu, en même temps, à payer une indemnité à un propriétaire pour terrains occupés, et à recevoir de lui une plus-value pour des avantages acquis à ses propriétés restantes, il y aura compensation jusqu'à concurrence ; et le surplus, seulement selon les résultats, sera payé au propriétaire ou acquitté par lui (Art. 54).

656. Les terrains occupés pour prendre les matériaux nécessaires aux routes et autres constructions publiques, pourront être payés aux propriétaires comme s'ils eussent été pris pour la route même. — Il n'y aura lieu à faire entrer dans l'estimation la valeur des matériaux à extraire, que dans le cas où l'on s'emparerait d'une carrière déjà en exploitation ; alors lesdits matériaux seront évalués d'après leur prix courant, abstraction faite de l'existence

Considérant qu'on ne peut réputer carrière en exploitation que celle qui offrait au propriétaire un revenu assuré, soit qu'il exploite régulièrement par lui-même et pour ses besoins, soit qu'il en fasse un objet de commerce en exploitant régulièrement par lui-même ou par autrui ;

Que les carrières de N*** n'étaient point en exploitation lors de l'extraction faite par l'entrepreneur X*** ;

Que le conseil de préfecture de ***, en accordant une indemnité à laquelle il ne pourrait prétendre, aux termes de la loi précitée, que dans le cas où ses carrières eussent été en exploitation régulière, à l'époque de l'extraction faite par l'entrepreneur, a évidemment contrevenu à l'esprit et à la lettre

et des besoins de la vente pour laquelle ils seraient pris, ou des constructions auxquelles on les destine (Art. 55).

EXTRAIT DE LA LOI DU 29 SEPTEMBRE-6 OCTOBRE 1791 (*).

657. Les agents de l'administration ne pourront fouiller dans un champ pour y chercher des pierres, de la terre ou du sable, nécessaires à l'entretien des grandes routes ou autres ouvrages publics, qu'au préalable, ils n'aient averti le propriétaire, et qu'il ne soit justement indemnisé à l'amiable ou à dire d'experts conformément à l'article 1er du présent décret.

___

(*) Il convient de faire remarquer que s'il est vrai de dire que la loi du 16 septembre 1807, contient une exception aux garanties qui protègent le droit de propriété,

de cette loi ; et que l'interprétation qu'il lui donne, tendrait à consacrer une violation manifeste des principes (Déc. rendu en C. d'ét. du 6 sept. 1813).

Lorsqu'une carrière est déjà en exploitation avant l'extraction faite par l'entrepreneur, il y a lieu de faire entrer dans l'estimation de l'indemnité la valeur des matériaux (Ord. du 13 juil. 1825. Mac. t. 7. p. 408 et plusieurs autres).

Il en est de même lorsqu'il est établi que la carrière avait été ouverte et exploitée par le propriétaire long-temps avant l'extraction faite par l'entrepreneur : il n'est pas nécessaire que la carrière soit en état d'exploitation au moment où l'entrepreneur s'empare des matériaux (Ord. du 1er mars 1826. Mac. t. 8. p. 142).

Il doit en être de même pour les matériaux extraits d'une nouvelle carrière située dans la même propriété et non loin de l'ancienne, lorsqu'il est prouvé qu'ils sont de même nature et proviennent du même banc à une distance qui n'excède pas celle que pourrait atteindre l'ancienne exploitation d'après l'extension dont elle est susceptible : les deux exploitations forment dès lors un tout indivisible, et il y a lieu de faire entrer dans l'estimation la valeur des matériaux extraits (Ord. du 4 mai 1826. Mac. t. 8. p. 248).

On doit considérer comme un tout indivisible une carrière à 200 mètres d'une autre carrière en exploitation, située dans la même propriété qui s'applique à la même nature de pierre et au prolongement du même banc ; et dès lors le dernier venu de deux entrepreneurs doit payer le prix des matériaux extraits pour la nouvelle exploitation (Ord. du 9 janv. 1839. Fél. Leb. p. 7).

Par un arrêt rendu le 20 juin 1839 (Voyez le Rec. par Fél. Leb. p. 329), le conseil d'état a rejeté la demande formée par un propriétaire réclamant une indemnité à un entrepreneur de travaux publics, qui avait été autorisé à extraire des matériaux pour l'entretien d'une route sur un terrain en nature de culture.

Après avoir visé la loi du 16 septembre 1807, l'arrêt précité contient les considérants que nous transcrivons littéralement ci-après pour éviter d'en affaiblir le sens.

« En ce qui touche la demande en dommages-intérêts et en indemnité préalable, considérant qu'en cas d'extraction de matériaux pour la confection et l'entretien des routes, il ne s'opère pas une dépossession totale ou partielle qui, aux termes des lois, entraînerait une indemnité préalable ;

» En ce qui touche la question de savoir s'il y a lieu de faire entrer dans l'appréciation de l'indemnité la valeur des matériaux extraits, considérant qu'aux termes de l'article 55 de la loi du 16 septembre 1807, la valeur des matériaux extraits ne doit être payée aux propriétaires que lorsqu'il s'agit de matériaux pris dans une carrière déjà en exploitation; que dans l'espèce il n'est pas articulé qu'il s'agit d'une carrière, et qu'au contraire il résulte de l'instruction qu'il s'agit d'une pièce de terre en nature de culture à l'époque de l'extraction , etc.

CHAPITRE V.

DES EXPERTISES.

§ 58. Les experts, pour l'évaluation des indemnités relatives à une occupation de terrain, dans les cas prévus au présent titre, seront nommés pour les objets de travaux de grande voirie, l'un par le propriétaire, l'autre par le préfet, *et le tiers-expert, s'il en est besoin, sera de droit l'ingénieur en chef du département;* lorsqu'il y aura des concessionnaires, un expert sera nommé par le propriétaire, un par le concessionnaire, et le tiers-expert par le préfet. Quant aux travaux des villes, un expert sera nommé par le propriétaire ou par le maire de la ville ou de l'arrondissement pour Paris, et le tiers-expert par le préfet (Loi du 16 sept. 1807, Art. 56).

En administration le mode de nomination n'est pas réglé par le Code civil et le Code de procédure; on suit les règles tracées par la présente loi et par l'ordonnance du 25 juin 1817; notamment il est de règle et d'usage de laisser aux parties le soin de choisir leurs experts; il n'en est nommé qu'à leur refus et lorsqu'elles ont été mises en demeure (Ord. du 17 nov. 1819. Sir. t. 5. p. 251).

Les juges peuvent, sans même exprimer formellement les motifs qui leur font rejeter l'avis des experts qu'ils ont eux-mêmes nommés, adopter l'avis d'un autre expert précédemment nommé par l'une des parties (Ar. C. de cass. du 18 mars 1829. Sir. t. 29. p. 375).

On doit regarder comme irrégulière l'expertise dans laquelle l'ingénieur en chef des ponts et chaussées n'a pas été appelé à concourir aux discussions, mais seulement à donner son avis (Ord. du 11 mars 1830. Mac. t. 12. p. 147).

Aux termes de la loi, l'ingénieur en chef du département *étant de droit tiers-expert ,* l'approbation donnée par cet ingénieur antérieurement à l'expertise, à un avis donné sur la demande par l'ingénieur ordinaire, ne peut suppléer à la tierce-expertise (Ord. du 23 juil. 1840).

---

cette exception doit être limitée au seul cas pour lequel elle a été introduite dans la loi: et ce cas est celui où l'état s'emparerait d'un terrain renfermant des matériaux propres à l'exploitation. (Voyez plus haut, l'Art. de la loi précitée du 16 sept. 1807.)

Or, comme il n'est nullement question dans la disposition de ladite loi de 1807, du cas tout différent où l'état se contente de faire une extraction de matériaux sur des terrains qu'il n'achète pas, on est autorisé à croire que dans le cas dont il s'agit, il y avait lieu de faire en faveur du propriétaire réclamant l'application de l'article 1er, section 6, de la loi du 29 septembre-6 octobre 1791, transcrit plus haut.

659. Le contrôleur et le directeur des contributions directes donneront leur avis sur le procès-verbal d'expertise, qui sera soumis par le préfet à la délibération du conseil de préfecture. Le préfet pourra, dans tous les cas, faire faire une nouvelle expertise (Même loi, Art. 57).

EXTRAIT DU DÉCRET DU 16 FÉVRIER 1807, CONTENANT LE TARIF DES FRAIS D'EXPERTISES.

660. Il sera tracé aux experts, pour chaque vacation de trois heures, quand ils opéreront dans les lieux où ils sont domiciliés, ou dans la distance de deux myriamètres, savoir :

	dépt. de la Séine	autres dépt.
Pour les artisans ou laboureurs.	4 f.	3 f.
Pour les architectes et autres artistes. . .	8	6

(Art. 159).

661. Au-delà de deux myriamètres, il sera alloué par chaque myriamètre, pour frais de voyage et nourriture, soit pour aller, soit pour revenir,

Aux artisans et laboureurs.	3 f.	3 f.
Aux architectes et autres artistes. . . .	6	4 50 c.

(Art. 160).

Il sera alloué à ces derniers, seulement pendant leur séjour, à la charge de faire quatre vacations par jour, savoir :

A ceux de Paris.	32 fr.
A ceux des départements.	24

NOTA. La taxe sera réduite dans le cas où le nombre de quatre vacations n'aurait pas été employé (Art. 162).

662. Il sera encore alloué aux ex-

perts deux vacations, l'une pour leur
prestation de serment, l'autre pour le
dépôt de leur rapport, indépendamment de leurs frais de transport, s'ils
sont domiciliés à plus de deux myriamètres de distance du lieu où siège
le tribunal; il leur sera accordé par
myriamètre, en ce cas, le cinquième
de leur journée de campagne (Art. 162).

663. Au moyen de cette taxe, les
experts ne pourront rien réclamer ni
pour frais de nourriture ou de voyage,
ni pour s'être fait aider par des écri-
vains ou par des toiseurs ou porte-
chaînes, etc.

—◇❀◇—

CHAPITRE VI.

RÈGLEMENT DES COMPTES DES ENTREPRENEURS DE TRAVAUX PUBLICS.

EXTRAIT DU CAHIER DES CLAUSES ET CON-
DITIONS GÉNÉRALES, ÉTABLI EN 1811.

664. S'il survient quelque difficulté
entre l'ingénieur ordinaire et l'entrepreneur, relativement à l'application
des prix ou au métrage, il en sera référé à l'ingénieur en chef, qui prononcera provisoirement suivant les règles
admises dans les ponts et chaussées,
et *sauf l'appel au conseil de préfecture.*
Dans aucun cas, l'entrepreneur ne
pourra invoquer en sa faveur les us
et coutumes auxquels il est formellement dérogé par le présent article
(Art. 30).

665. Les métrages, états de dépense,
états de situation, devront être communiqués à l'entrepreneur et acceptés
par lui. En cas de refus, il déduira
par écrit ses motifs, dans les dix jours

L'entrepreneur qui a accepté sans réserve un
état de situation définitive et un décompte, ne peut
réclamer ensuite contre cette acceptation pour
toute autre cause que pour erreur matérielle (Ord.
du 19 déc. 1839. Fél. Leb. p. 592).

Les entrepreneurs ne peuvent être admis à réclamer contre le règlement de leurs comptes, après
avoir donné quittance pure et simple des mandats
délivrés à leur profit ou après avoir signé sans
réserve le procès-verbal de réception des travaux
par eux entrepris (Ord. des 28 avril 1824 et 4
juil. 1827).

La liquidation d'un décompte doit, en cas de
réclamation, être portée devant le conseil de préfecture, et le refus du préfet d'allouer les sommes
réclamées ne fait pas obstacle à ce que le conseil
de préfecture soit saisi de la contestation (Ord. du
16 mai 1827).

Le refus, fait par le directeur-général des ponts
et chaussées, d'allouer aux entrepreneurs les
sommes réclamées par ces derniers, ne fait pas non
plus obstacle à ce que la contestation soit portée
devant le conseil de préfecture (Ord. du 18
janv. 1826).

Les réserves faites d'une manière générale par

qui suivront la présentation desdites pièces, et, dans ce cas seulement, il sera dressé procès-verbal de l'acte de présentation. Un plus long délai mettrait souvent dans l'impossibilité de rechercher et de constater les causes d'erreurs qui auraient pu donner lieu à quelques réclamations. En conséquence, il est expressément stipulé que l'entrepreneur ne sera jamais admis à élever de réclamations contre la réduction des métrages, états de dépense, états de situation et certificats de réception, après le délai de dix jours, et que, passé ce délai, ces réceptions seront censées acceptées par lui, quand même ils ne les auraient pas signées. Le procès-verbal de présentation devra toujours être joint à l'appui des pièces qui n'auront pas été acceptées (Art. 32).

un entrepreneur dans l'acceptation d'un compte de ses travaux ne lui conservent pas le droit de présenter des réclamations qui n'auraient pas été spécifiées et motivées par écrit dans le délai de dix jours.

L'entrepreneur qui a apposé sa signature sur le décompte, ne peut, pour repousser la déchéance, invoquer cette circonstance, qu'aucun procès-verbal de présentation n'a été dressé.

Il ne peut pour échapper à la déchéance prononcée par l'article 62 du cahier des clauses et conditions, opposer l'irrégularité résultant de ce que les métrés dont le décompte a été accompagné n'avaient pas été dressés au fur et à mesure des travaux.

Il y a des circonstances où, nonobstant les dispositions de l'article 32 ci-contre, l'entrepreneur est recevable à attaquer son décompte général lorsque cet acte offre sur certains points des contradictions avec les décomptes particuliers de fin d'année (Ord. du 6 nov. 1839. Fél. Leb. (*).

Les conseils de préfecture sont incompétents pour statuer sur un règlement de compte destiné à déterminer le solde dû à un entrepreneur suivant une ordonnance rendue en conseil d'état le 2 février 1826, et dont voici le considérant :

« Considérant qu'il ne s'agissait pas dans l'espèce de statuer sur l'exécution des travaux faits par le S **** d'après les clauses de son marché, mais sur l'établissement d'un compte de situation pour servir à déterminer le solde qui serait dû à cet entrepreneur, et que ce compte ne pouvait être réglé que par le préfet, etc. »

(*) A l'égard du dernier objet, dans l'espèce particulière, des différences existaient entre le décompte partiel et le décompte général dressé à la fin de l'année suivante. Des différences en plus, dans ce dernier compte, s'expliqueraient naturellement par les travaux exécutés postérieurement au premier ; mais il n'en était pas de même des différences en moins, et à cet égard, le ministre et les ingénieurs ont dit : « *Les décomptes de fin d'année,* » *rédigés en cours d'exécution, sont faits en général avec* » *moins de soins et de régularité que les décomptes finaux* » *des entreprises :* on sait que, en cas d'erreurs, ils peu- » vent être rectifiés par les décomptes suivants. Dans l'es- » pèce, le décompte partiel contenait des erreurs maté- » rielles ; beaucoup de quantités qu'il indiquait comme » approvisionnées, n'auraient jamais existé par la raison » qu'il est d'usage, pour ne pas laisser tomber des fonds » en reprise, de porter dans les décomptes de fin d'année, » comme effectués, une assez grande quantité d'appro- » visionnements pour absorber tout le crédit de l'année.» Cette question n'est donc pas susceptible d'une solution indépendante des circonstances.

666. Les paiements ne pouvant être faits qu'à fur et à mesure des ordonnances des fonds disponibles, il ne sera *jamais alloué d'indemnité*, *sous aucune dénomination*, *pour retard de paiement* (Art. 34 , dernier alinéa).

Des intérêts ne peuvent être réclamés pour retard dans le paiement des sommes dues aux entrepreneurs, lorsque ces retards tiennent à des difficultés inhérentes à la liquidation de leur entreprise (Ord. du 26 mars 1837. Fél. Leb. p. 544).

—◇◉◇—

CHAPITRE VII.

RESPONSABILITÉ DES ENTREPRENEURS DE TRAVAUX PUBLICS.

EXTRAIT DU CODE CIVIL.

667. Dans le droit civil, lorsqu'un architecte ou un entrepreneur s'est chargé, *à prix fixe*, d'un bâtiment, la durée de la garantie est de dix années, aux termes de l'article 1792 du Code civil, ainsi conçu :

668. « *Si l'édifice construit*, A PRIX FAIT, *périt en tout ou en partie par le vice de la construction, même par le vice du sol, les architectes en sont responsables pendant dix ans.*

669. Pour les travaux des ponts et chaussées, l'article 35 du cahier des clauses et conditions générales de 1811 *a réduit la durée de garantie à trois mois, pour les travaux d'entretien; à six mois, pour les constructions neuves de routes et de canaux, et à deux ans, pour les ouvrages d'art, selon que cela aura été stipulé au devis*, et ce, à compter de la réception provisoire des travaux.

Le même article 35 porte qu'après l'expiration du délai de garantie, l'entrepreneur sera naturellement déchargé de toutes ses obligations, s'il ne lui a pas été fait de significations contraires.

La responsabilité de garantie pendant dix ans, qui pèse sur les entrepreneurs de travaux publics, aux termes de l'article 1792 du Code civil, *ne doit s'entendre que de la solidité et de la durée proprement dite des travaux de charpente et de maçonnerie*, mais non de la conservation des embellissements et des décorations architecturales.

Lesdits entrepreneurs de maçonnerie ne sont pas tenus de supporter les travaux de défense usités dans les grands monuments publics destinés à préserver les vives arrêtes des constructions, les membres d'architecture délicats et fragiles, des détériorations que peuvent occasionner les ouvriers en menuiserie, en serrurerie et autres; ces sortes de travaux de précaution ayant toujours été et continuant à être faits partout à la charge de l'administration et non aux frais de l'entrepreneur (Ord. du 3 mai 1839. Fél. Leb. p. 265).

Suivant les principes du droit commun en conformité des dispositions de l'article 1384 du Code civil, les entrepreneurs des travaux publics *sont responsables des dommages, etc., provenant du fait des ouvriers qu'ils emploient* (Ord. du 3 août 1828).

670. Aux termes de l'article 36, dans le cas où le gouvernement ordonnerait la cessation absolue ou l'ajournement indéfini des travaux adjugés, l'entrepreneur pourra requérir qu'il soit procédé de suite à la réception provisoire des ouvrages exécutés, et à leur réception définitive, après l'expiration du délai de garantie. Ce délai expiré, il sera, ainsi que sa caution, déchargé de toute garantie pour raison de son entreprise.

671. Presque toujours le plan des travaux a été arrêté par un architecte, mais l'œuvre est exécutée par un entrepreneur. Dans ce cas, le vice du sol ne peut être une excuse ni pour l'un ni pour l'autre ; ainsi, l'architecte devait s'assurer d'abord de la solidité du fonds, et l'entrepreneur ne devait pas jeter de fondation dans un terrain qui n'offrait pas la solidité nécessaire. Or, l'architecte répond seul du vice des plans, mais l'entrepreneur répond des fausses manœuvres et de la mauvaise qualité des matériaux.

672. Après les dix ans de garantie, si la maison bâtie par l'architecte vient à s'écrouler, il n'existe qu'une présomption qu'elle a été construite selon les règles de l'art. Mais si, la maison venant à s'écrouler, le propriétaire avait fait constater qu'elle a péri par le vice du sol, comme, par exemple, si elle eût été bâtie au-dessus d'une carrière sans qu'on eût pris les précautions convenables en pareil cas, soit avec de mauvais matériaux ; ou si un mur qui, d'après le projet, devait être en pierres, se trouvait fait en parements de peu d'épaisseur à l'intérieur et rempli de petits moellons ; dans tous

les cas de fausses manœuvres ou de fraudes, l'action de garantie durerait pendant trente ans à partir de la découverte de la fraude.

673. Pendant le délai légal de garantie, les architectes et les entrepreneurs sont responsables de la ruine de l'édifice par l'événement même; au lieu qu'après ce délai, la preuve de leur faute doit être faite par le propriétaire ou l'ordonnateur (C. de dr. adm. Cot).

CHAPITRE VIII.

DES CONCESSIONS ET EXPLOITATIONS DES MINES ET MINIÈRES.

SECTION I. — Principes fondamentaux.

674. Deux grands principes ont toujours dominé la législation sur les mines. Ces principes sont 1° le droit du propriétaire du sol sur tout ou partie du produit de la mine; 2° un droit inhérent à l'administration de surveiller les exploitants de manière qu'il n'en résulte aucun préjudice.

Ces deux principes ont été consacrés pour la première fois, en termes formels, par une ordonnance rendue sous Louis XI, en 1471; depuis cette époque, ils se retrouvent dans tous les règlements qui ont eu les mines pour objet. sauf les modifications que les circonstances avaient introduites. Ils formaient enfin la base de la loi du 12 juillet (27 mars, 15 juin) et 28 juillet 1791, dont l'article 1 est ainsi conçu :

Dans le cas prévu par l'article 46 de la loi du 21 avril 1810, la connaissance des contestations relatives aux demandes et règlement des indemnités dues par les concessionnaires des mines, appartient exclusivement aux tribunaux (Ord. du 11 août 1808. Sir. t. 16. p. 392).

La connaissance des conventions particulières relatives aux redevances à payer aux propriétaires de la surface est essentiellement du ressort des tribunaux (Ord. du 5 avril 1826. Mac. t. 8. p. 199).

675. « Les mines et minières, tant métalliques que non métalliques, ainsi que les bitumes et charbons de terre ou de pierre et porytes, sont à la disposition de la nation, en ce sens seulement que ces substances ne pourront être exploitées que de son consentement et sous sa surveillance, à la charge d'indemniser, d'après les règles qui seront prescrites, les propriétaires de la surface, qui jouiront en outre de celles de ces mines qui pourront être exploitées, ou à tranchée ouverte, ou avec fosse et lumière, jusqu'à cent pieds de profondeur seulement.

676. Les principes énoncés ci-dessus se retrouvent encore dans la loi du 21 avril-1er mai 1810, qui régit actuellement tout ce qui concerne les mines, minières et carrières.

Nous allons rapporter ci-après les dispositions de cette dernière loi, dont l'application est du ressort exclusif des conseils de préfecture, à titre de contentieux administratif.

C'est à l'autorité administrative seule qu'il appartient, soit d'autoriser les travaux nécessaires à l'exploitation des mines, soit de maintenir ou supprimer les ouvrages faits sans autorisation ; en conséquence, les tribunaux ne sont pas compétents pour ordonner la destruction de chaussées pratiquées par les exploitants sur les terrains des propriétaires des fonds environnants (Ord. du 11 août 1808. Sir. t. 16. p. 389).

—◇❀◇—

SECTION II. — De la propriété des mines.

EXTRAIT DE LA LOI DU 21 AVRIL-1er MAI 1810.

677. Les mines ne peuvent être exploitées qu'en vertu d'un acte de concession, délibéré en conseil d'état (Art. 5).

Dans le cas où les concessionnaires d'une mine élèveraient la prétention de contester à l'administration le droit de police sur les mines, qui lui appartient en vertu de l'article 5 de la loi du 21 avril 1810, ou de faire réformer et modifier les actes de l'autorité administrative, relatifs soit à l'établissement même du chemin de fer, soit à l'exercice du droit de police dont il s'agit, cette double question devrait être décidée par voie contentieuse administrative (Ord. du 8 avril 1831. Mac. t. 1. p. 141).

Les parties qui se croient lésées par une ordonnance portant concession d'une mine, ne peuvent attaquer cette ordonnance par opposition ni par la voie contentieuse, encore que le réclamant sou-

678. Cet acte règle les droits des propriétaires de la surface sur le produit des mines concédées (Art. 6).

679. Il donne la propriété perpétuelle de *la mine*, *laquelle* est dès lors disponible et transmissible comme tous autres biens et dont on ne peut être exproprié que dans le cas et selon les formes prescrits pour les autres propriétés, conformément au Code civil et au Code de procédure civile. Toutefois une mine ne peut être vendue par lots, ou partagée, sans une autorisation préalable du gouvernement, donnée dans les mêmes formes que la concession (Art. 7).

tienne que la concession embrasse, par erreur, des mines qui sont sa propriété, ledit réclamant doit s'adresser directement au roi, en la forme prescrite par l'article 40 du règlement du 22 juillet 1806, par la voie et sur le rapport du ministre qui a fait rendre l'ordonnance dont il se plaint (Ord. du 26 août 1818, 23 août 1820. Sir. t. 20. p. 77. t. 21. p. 25 et autre Ord. du 21 mars 1821. Mac. t. 1. p. 44).

Les tribunaux sont incompétents pour examiner si l'ordonnance de concession d'une mine a été précédée ou non des formalités préalables, prescrites par la loi du 21 avril 1810; c'est là une question purement administrative, sur laquelle il n'appartient qu'à l'administration de prononcer. Les tribunaux ne peuvent donc, sous prétexte que les formalités voulues n'ont pas été observées, décider que la concession est sans effet à l'égard de quelques-uns des propriétaires de la surface des terrains compris dans la concession (Ar. C. cass. du 28 janvier 1833. Sir. t. 33. p. 223).

Le propriétaire d'un terrain dans lequel se trouve une mine, n'est pas recevable à demander la division de la concession antérieurement faite ; les anciens concessionnaires d'exploitation de mines, en exécution de la loi du 21 avril 1810, sont propriétaires incommutables en se conformant à ce que cette loi prescrit (Ord. du 4 août 1811. Sir. t. 1. p. 517).

Les questions d'indemnités dues aux propriétaires de fonds par les concessionnaires de mines, à raison des travaux faits, sont de la compétence des tribunaux, du moins quand il s'agit de travaux postérieurs à la concession et relatifs à l'exploitation des mines (Ar. C. de cass. du 21 avril 1823. Sir. t. 23. p. 390).

Le principe, *n'est associé qui ne veut*, et cet autre principe, *nul n'est tenu de rester dans l'indivision*, ne sont pas applicables aux sociétés pour concession de mines ; l'article 7 de la loi du 21 avril 1810 semble vouloir que la dissolution, comme la formation de telles sociétés, n'ait lieu qu'avec autorisation du gouvernement. Ainsi, pour peu que le contrat de la société formée à cet égard exclue l'idée de dissolution volontaire, l'arrêt qui l'aura prohibée doit être à l'abri de la cassation (Ar. C. de cass. du 7 juin 1830. Sir. t. 30. p. 205).

L'article 7 de la loi de 1810 ne fait pas obstacle à ce que les concessionnaires règlent entr'eux le mode de jouissance individuelle de la mine concédée ; par exemple, à ce qu'ils divisent l'exploitation et conviennent que cette exploitation sera, pour chacun d'eux, restreinte à la partie de mine qui se trouve sous l'étendue de sa propriété (Ar. C. de cass. du 4 juil. 1833. Sir. t. 33. p. 757).

Le droit de concourir à l'exploitation d'une mine et à son administration, appartient à tous les propriétaires de la mine, même à ceux qui ne sont que cessionnaires de l'un des titulaires primitifs de la concession, quelle que soit d'ailleurs leur part d'intérêt (Ar. C. de cass. du 15 avril 1834. Sir. t. 34. p. 650).

Lorsque des concessionnaires de mine sont troublés dans leur exploitation par des travaux de constructions d'une route en fer, la demande en indemnité contre la compagnie chargée des travaux de construction est du ressort des tribunaux (Ord. du 8 avril 1831. Mac. t. 1. p. 141).

L'héritier d'un concessionnaire d'une mine, ou du permissionnaire d'une usine, n'est pas dans l'obligation de se pourvoir d'une autorisation nouvelle pour en continuer l'exploitation, attendu que l'article 76 de la loi du 21 avril 1810 a abrogé la disposition contraire de l'arrêté du directoire exécutif du 3 nivôse an VI (Ord. du 21 juin 1839. Fél. Leb. p. 346).

—◦◉◦—

SECTION III. — Recherches et demandes de concessions.

680. Nul ne peut faire des recherches pour découvrir des mines, enfoncer des sondes ou tarières sur un terrain qui ne lui appartient pas, que du consentement du propriétaire de la surface, ou avec l'autorisation du gouvernement, donnée après avoir consulté l'administration des mines, à la charge d'une préalable indemnité envers le propriétaire et après qu'il aura été entendu (Loi préc. Art. 10).

681. La demande en concession sera faite, par voie de simple pétition adressée au préfet, qui sera tenu de la faire enregistrer à sa date, sur un registre particulier et d'ordonner les publications et affiches dans les dix jours (Loi préc. Art. 22).

La prohibition portée par l'article 10 de la loi du 21 avril 1810, est applicable non seulement au cas d'exploitation de mines concédées ; elle peut être invoquée non seulement par le propriétaire du fonds où le puits est ouvert, mais encore par tous les autres propriétaires de maisons et enclos du voisinage (Ar. C. de cass. du 21 avril 1823. Sir. t. 23. p. 390).

Les propriétaires voisins ne sont pas fondés à réclamer l'application de l'article 10 de la loi, lorsqu'il s'agit d'une ancienne exploitation (Ord. du 18 juil. 1827. Mac. t. 9. p. 397).

Les concessionnaires, de même que les simples exploitants de mines, ne peuvent s'emparer des terrains sur lesquels ils veulent diriger leurs travaux ou recherches, qu'après avoir au préalable payé aux propriétaires une juste indemnité. La loi du 21 avril 1810, sur les mines, ne contient aucune dérogation au principe que *nul ne peut être contraint à céder sa propriété sans une juste et préalable indemnité.*

22

S'il arrive que les concessionnaires, violant ce principe, commencent leurs travaux avant de payer l'indemnité, alors le montant des dommages-intérêts dus au propriétaire illégalement dépossédé doit être réglé, non plus d'après la loi du 21 avril 1810, mais d'après la loi commune; 'c'est-à-dire qu'il doit être indemnisé de tout le préjudice souffert (Ar. C. r. de Bourges, du 20 avril 1831. Sir. t. 31. p. 321).

682. L'étendue de la concession sera déterminée par l'acte de concession; elle sera limitée par des points fixes, pris à la surface du sol et passant par des plans verticaux menés de cette surface dans l'intérieur de la terre, à une profondeur indéfinie; à moins que les circonstances et les localités ne nécessitent un autre mode de limitation (Loi préc. Art. 29).

Toute limitation de mine faite administrativement au préjudice des propriétaires d'une autre mine, ceux-ci non entendus, est susceptible d'être querellée devant l'autorité administrative; peu importe qu'elle ait été faite par lignes droites, d'après les instructions ministérielles; ces instructions ne s'entendent que des terrains à concéder, sans dommage pour les concessions déjà faites (Ord. du 21 fév. 1814. Sir. t. 14).

L'autorité judiciaire est seule compétente pour statuer sur les demandes et oppositions des parties intéressées relativement aux travaux à faire sous les enclos murés, maisons ou lieux d'habitation (Ord. du 5 avril 1826. Mac. t. 8. p. 199).

—◇◆◇—

SECTION IV. — Réglement des indemnités par les conseils de préfecture.

683. Toutes les questions d'indemnités à payer par les propriétaires de mines, à raison des recherches ou travaux antérieurs à l'acte de concession, seront décidées, conformément à l'article 4 de la loi du 28 pluviôse an VIII (c'est-à-dire par les conseils de préfecture). (Loi préc. Art. 46.)

Les conseils de préfecture sont compétents pour statuer sur toutes les questions d'indemnité à payer par les propriétaires des mines, à raison des recherches ou travaux antérieurs à l'acte de la concession, que cette concession soit ou non antérieure à la loi du 21 avril 1810 (Ord. du 17 avril 1822. Mac. t. 4. p. 561).

Ils sont compétents pour régler l'indemnité due par un nouveau à un ancien concessionnaire de mines; et ils peuvent, pour parvenir à la fixation de cette indemnité, se rendre propre une expertise déjà faite devant l'autorité judiciaire (Ord. du 27 avril 1825. Mac. t. 7. p. 215).

—◇❀◇—

SECTION V. — Des anciennes concessions en général.

684. Les concessionnaires antérieurs à la présente loi deviendront, du jour de sa publication, propriétaires incommutables, sans aucune formalité préalable d'affiches, vérification de terrains ou autres préliminaires, à la charge

Un ancien concessionnaire de mines n'est pas fondé à réclamer le prix de sa concession, lorsqu'il a été indemnisé par les concessionnaires (Ord. du 20 juil. 1832. Mac. t. 11. p. 404).

Les droits des anciens exploitants à continuer leur exploitation, sont réservés par l'article 53 de la loi du 21 avril 1810, et le ministre de l'intérieur

seulement d'exécuter, s'il y en a, les conventions faites avec les propriétaires de la surface, et sans que ceux-ci puissent se prévaloir des articles 6 et 42 (Art. 51, loi précitée du 21 avril 1810).

685. Les anciens concessionnaires seront, en conséquence, soumis au paiement des contributions, comme il est dit aux articles 33 et 34, section 2 du titre 4 de la présente loi (Même loi, Art. 52).

686. Les difficultés qui s'élèveraient entre l'administration et les exploitants, relativement à la limitation des mines, seront décidées par l'acte de concession.

A l'égard des contestations qui auraient lieu entre des exploitants voisins, elles seront jugées par les tribunaux et cours (Même loi, art. 56).

est compétent pour annuler un arrêté de préfet, qui aurait suspendu cette exploitation (Ord. du 18 juil. 1827. Mac. t. 9. p. 397).

Un ancien concessionnaire ne peut attaquer des concessions nouvelles, créées par des décrets postérieurs à l'expiration du terme de sa concession, sous prétexte qu'on n'aurait pas prononcé sur sa demande de prorogation (Ord. du 10 août 1825. Mac. t. 7. p. 440).

Le second alinéa de l'article 56 de la loi ne peut s'appliquer aux héritiers du concessionnaire qui a cessé de l'être à la fin de la concession (Ord. du 10 août 1825. Mac. t. 7. p. 440).

En fait de concessions anciennes, et jusqu'à délimitation nouvelle desdites concessions, l'état provisoire doit être réglé par les titres des parties; s'il s'élève des contestations entre les exploitants voisins, sur les droits résultants de titres anciens, et, par suite, sur l'état provisoire des concessions non encore définitivement réglées, ces contestations doivent être jugées par les tribunaux (Ord. du 19 mars 1817. Sir. t. 3. p. 530).

CHAPITRE IX.

DES MINIÈRES.

— ◇※◇ —

SECTION I. — De la propriété et de l'exploitation des minerais de fe

687. L'exploitation des minières, est assujétie à des règles spéciales. Elle ne peut avoir lieu sans permission (Loi précitée du 21 avril 1810, Art. 57).

688. La permission détermine les limites de l'exploitation et les règles sous les rapports de sûreté et de salubrité publiques (Loi précitée, Art. 58).

689. Le propriétaire du fonds sur

lequel il y a du minerai de fer d'alluvion, est tenu d'exploiter, en quantité
suffisante pour fournir, autant que faire
se pourra, aux besoins des usines établies dans le voisinage, avec autorisation légale : en ce cas, il ne sera assujéti qu'à en faire la déclaration au
préfet du département ; elle contiendra
la désignation des lieux. Le préfet donnera acte de cette déclaration, ce qui
vaudra permission pour le propriétaire,
et l'exploitation aura lieu par lui, sans
autre formalité (Loi précitée, Art. 59).

690. Si le propriétaire n'exploite
pas, les maîtres de forges auront la faculté d'exploiter à sa place, à la charge
d'en prévenir le propriétaire qui,
dans un mois à compter de la notification, pourra déclarer qu'il entend exploiter lui-même ; d'obtenir du préfet
la permission, sur l'avis de l'ingénieur
des mines, après avoir entendu le propriétaire (Loi précitée, Art. 60).

691. Si, après l'expiration du délai
d'un mois, le propriétaire ne déclare
pas qu'il entend exploiter, il sera censé
renoncer à l'exploitation ; le maître de
forges pourra, après la permission obtenue, faire les fouilles immédiatement
dans les terres incultes et en jachères,
et après la récolte, dans toutes les autres
terres (Loi précitée, Art. 61).

—◇◈◇—

SECTION II. — Des permissions pour l'établissement des fournaux, forges et usines.

962. Les fourneaux à fondre les minerais de fer et autres substances métalliques, les forges et martinets pour
ouvrer le fer et le cuivre, les usines
servant de patouillets et bocards, celles
pour le traitement des substances sa-

Les parties qui se croient lésées, ne peuvent
demander par la voie contentieuse l'annulation
d'arrêtés des préfets, portant autorisation d'établir
des forges à travailler le fer, ou autres usines (Ord.
du 21 mars 1821. Mac. t. 1. p. 144.)

Les juges au correctionnel, saisis d'une plainte
portée contre des propriétaires de mines à raison

lines et pyriteuses dans lesquelles on consomme des combustibles, ne pourront être établies que sur une permission accordée par un règlement d'administration publique (Loi précitée, Art. 72).

693. La demande en permission sera adressée au préfet, enregistrée le jour de la remise sur un registre spécial, à ce destiné, et affiché pendant quatre mois, dans le chef-lieu du département, dans celui de l'arrondissement, dans la commune où sera situé l'établissement projeté, et dans le lieu du domicile du demandeur.

694. Le préfet, dans le délai d'un mois, donnera son avis, tant sur la demande que sur les oppositions et les demandes en préférence qui seraient survenues ; l'administration des mines donnera le sien, sur la quotité du minerai à traiter ; l'administration des forêts, sur l'établissement des bouches à feu en ce qui concerne les bois ; et l'administration des ponts et chaussées, sur ce qui concerne les cours d'eau navigables ou flottables (Loi précitée, Art. 74).

695. Les impétrants des permissions pour les usines supporteront une taxe une fois payée, laquelle ne pourra être *au dessous de cinquante francs, ni excéder trois cents francs* (Loi précitée, Art. 75).

696. Les permissions seront données à la charge d'en faire usage dans un délai déterminé : elles auront une durée indéfinie, à moins qu'elles n'en contiennent la limitation (Même loi, Art. 76).

697. L'acte de permission d'établir des usines à traiter le fer, autorise à

de l'établissement illégal de la voirie, peuvent, tout en relaxant les prévenus, quant aux peines portées par la loi, ordonner, sous formes de réparations civiles, la destruction des lavoirs, et condamner les prévenus aux dépens (Ar. C. de cas. du 2 avril 1830. Sir. t. 30 p. 379).

L'autorité administrative est seule compétente pour statuer sur les contestations relatives au placement des lavoirs et patouillets nécessaires à l'exploitation des mines (Ar. C. r. de Bruxelles, du 25 nov. 1811. Sir. t. 12. p. 256).

La loi du 12-28 juillet 1791, la rend également compétente pour prononcer sur la hauteur des eaux qui doivent être employées à ces lavoirs et patouillets (Ar. C. de cass. du 6 mai 1806. Sir. t. 6. p. 601).

Les tribunaux ne peuvent statuer sur les demandes en dommages-intérêts, formées par des particuliers, qu'après que l'administration a prononcé sur la légitimité du placement des lavoirs (Ar. précité. C. r. de Bruxelles, du 25 nov. 1811. Sir. t. 12. p. 256).

L'article 76 de la loi est inapplicable aux permissions concernant l'extraction du minerai, accordées par un propriétaire à un maître de forges ; il n'y a pas, dans ce cas, durée indéfinie (Ar. C. de cass. du 22 juillet 1834. Sir. t. 34. p. 541.

faire des fouilles même hors de leurs propriétés, et à exploiter les minerais par eux découverts, ou ceux antérieurement connus, à la charge de se conformer aux dispositions de l'article 7 qui précède (Même loi, Art. 79).

698. Les impétrants sont aussi autorisés à établir des patouillets, lavoirs et chemins de charroi sur les terrains qui ne leur appartiennent pas, mais sous les restrictions portées en l'article 11 de la loi : le tout à charge d'indemnité envers le propriétaire du sol, et en le prévenant un mois d'avance (Même loi, Art. 80).

Le droit conféré, par l'article 80 de la loi, aux maîtres de forges, d'établir leurs patouillets et lavoirs sur la propriété d'autrui, ne peut être exercé qu'autant qu'ils ont obtenu l'autorisation de les établir selon les formes prescrites par les articles 73 et 74 de cette loi (Ord. du 16 fév. 1826. Mac. t. 7. p. 92).

Une décision portant refus d'une semblable autorisation, est un acte purement administratif qui n'est pas susceptible d'être attaqué par la voie contentieuse (Même Ord. du 16 fév. 1826).

—◇◈◇—

SECTION III. — Des expertises.

699. Dans tous les cas prévus par la présente loi, et autres naissant des circonstances où il y aura lieu à expertise, les dispositions du titre 14 du Code de procédure civile, articles 303 et 323, seront exécutés (Loi précitée, Art. 87).

700. Les experts seront pris parmi les ingénieurs des mines, ou parmi les hommes notables et expérimentés dans le fait des mines et de leurs travaux (Même loi, Art. 88).

701. Le procureur impérial sera toujours entendu et donnera ses conclusions sur le rapport des experts (Même loi, Art. 89).

(Voyez pour les frais d'expertise à la page 329. L'extrait du décret du 16 février 1807.

Les demandes en dommages-intérêts formées par un particulier, contre un autre particulier chargé de l'exploitation d'une mine, ne sont pas nécessairement sujettes à communication au ministère public ; en conséquence, elles peuvent être soumises, par compromis, à des arbitres.

L'article 89 de la loi du 21 avril 1810 n'est pas applicable à ce cas (Ar. C. de cass. du 14 mai 1829. Sir. t. 29. p. 223).

SECTION IV. — Police et Juridiction relatives aux mines.

702. Les contraventions des propriétaires de mines exploitants, non encore concessionnaires, ou autres personnes, aux lois ou règlements, seront dénoncées et constatées comme les contraventions en matière de voirie et de police (Art. 93).

703. Les procès-verbaux contre les contrevenants seront affirmés dans les formes et délais prescrits par les lois (Art. 94).

704. Ils seront adressés en originaux à nos procureurs impériaux, qui seront tenus de poursuivre d'office les contrevenants, devant les tribunaux de police correctionnelle, ainsi qu'il est réglé et usité pour les délits forestiers, et sans préjudice des dommages-intérêts des parties (Art. 95).

705. Les peines seront *d'une amende de cinq cents francs au moins, double en cas de récidive, et d'une détention qui ne pourra excéder la durée fixée par le Code de police correctionnelle* (Art 96).

La peine d'emprisonnement prononcée par l'article 96, n'est applicable qu'en cas de récidive : la première contravention n'est punissable que d'une simple amende (Ar. C. de cass. du 6 août 1829. Sir. t. 30. p. 354).

En cas d'accidents qui auraient occasionné la mort ou la mutilation d'un ou plusieurs ouvriers, faute d'exécution des règlements, les exploitants, propriétaires et directeur des mines, peuvent être traduits devant les tribunaux, pour l'application, s'il y a lieu, des dipositions des articles 319 et 320 du Code pénal, indépendamment des dommages-intérêts (Déc. rendu en C. d'ét. 3 janv. 1813).

—◦⚬◦⚬◦—

HUITIÈME PARTIE.

VOIRIE GRANDE (POLICE DE) SUR LES ROUTES, CANAUX, FLEUVES ET RIVIÈRES NAVIGABLES ET FLOTTABLES.

TITRE PREMIER.

PRINCIPES FONDAMENTAUX.

CHAPITRE PREMIER.

OBJET DE LA POLICE DE GRANDE VOIRIE.

706. La voirie est cette portion de la police qui a pour objet l'établissement et la conservation de la voie publique. Elle doit donc pourvoir à ce que *les communications soient faciles, libres et sûres.*

Elle se distingue aujourd'hui en *grande et petite voirie.*

La dénomination de *grande voirie* doit s'entendre de tout ce qui concerne la police des communications d'une utilité générale. Elle comprend, dans toute la France, *les grandes routes, les quais, les ports maritimes, les canaux, fleuves et rivières navigables, les rues des villes, bourgs et villages qui font suite aux grandes routes,* conformément aux dispositions de l'article 1er de la loi des 7-14 octobre 1790 et article 2 de la loi du 22 novembre-1er décembre suivant.

Elle comprend, en outre, l'entretien, la plantation et la police tant des routes royales et départementales, que

En matière de grande voirie les préfets ont le droit d'ordonner toutes mesures qui intéressent la sûreté publique ; mais, sauf le cas de péril imminent, les oppositions aux arrêtés des préfets sont recevables et doivent être portées aux conseils de préfecture (Ord. du 2 juil. 1820. Sir. t. 1. p. 398).

L'attribution conférée aux conseils de préfecture par la loi du 29 floréal an X, est uniquement relative aux contraventions qui ont lieu dans l'intérêt public : lorsque c'est un particulier qui est lésé ou qui réclame, la contestation doit être soumise aux tribunaux ordinaires (Ord. du 28 juil. 1817. Sir. t. 20. p. 152). Jugé pourtant que c'est à l'autorité administrative seule à statuer entre simples particuliers sur les actions en dommages-intérêts pour contravention de grande voirie (Ord. du 11 janv. 1808. Sir. t. 16. p. 305).

Jugé encore que les particuliers peuvent dans leur intérêt privé, et indépendamment de l'intérêt public de la navigation et du commerce, requérir l'exécution des arrêtés des conseils de préfecture, qui ordonnent la destruction des ouvrages construits sans autorisation sur une rivière navigable (Ord. du 20 juin 1821. Mac. t. 2. p. 97).

La répression des délits de grande voirie n'appartient à l'autorité administrative qu'en ce qui concerne l'application des peines pécuniaires; quant aux peines corporelles, c'est aux tribunaux seuls à les prononcer (Ord. du 23 avril 1807. Sir. t. 4. p. 449).

des canaux, fleuves et rivières navigables, les bacs et bateaux à la charge de l'administration des ports maritimes du commerce, et généralement tout ce qui intéresse les voies de grandes communications par terre et par eau, y compris les chemins de halage et marchepieds sur les bords des rivières.

Par une conséquence nécessaire et naturelle, la grande voirie doit embrasser les moyens d'exécution et de conservation des objets que comporte cette partie du service public; de là résulte aussi nécessairement son application à la police des routes, canaux et rivières, ainsi que des plantations qui les bordent, à celle du roulage et des transports par eaux, aux occupations temporaires de terrains, extractions de matériaux, etc., etc.

707. Quant à la *petite voirie ou voirie urbaine*, comme les contraventions qui s'y rapportent sont de la compétence exclusive des tribunaux de simple police, on a dû se borner ici à la mentionner seulement à cause de l'analogie, en transcrivant l'arrêt ci-contre du conseil d'état qui limite la compétence des conseils de préfecture à cet égard.

Jugé dans le même sens, et de plus que si le même délit emporte des peines de l'une et de l'autre espèce, il doit y avoir deux décisions distinctes rendues par l'une et par l'autre autorité (Ord. du 2 fév. 1808. Sir. t. 16. p. 313).

Par une erreur que le ministre ne croyait même pas devoir réfuter, un conseil de préfecture s'était appuyé sur la loi des chemins vicinaux, pour connaître d'une contravention en matière de *voirie urbaine*. Le conseil d'état ayant été appelé à prononcer sur cette question, a décidé que la répression des contraventions en matière de voirie urbaine appartenait aux tribunaux de simple police et non aux conseils de préfecture (Ord. du 3 mai 1839. Fél. Leb. année 1839. p. 274).

◇❖◇

CHAPITRE II.

ANCIENNE LÉGISLATION ACTUELLEMENT EN VIGUEUR POUR LA POLICE DE GRANDE VOIRIE.

708. Les bases de la législation sur la grande voirie se trouvent résumées dans la loi du 29 floréal an X; toutefois, relativement à divers objets compris dans la dénomination générique de grande voirie, et pour l'application de certaines amendes fixes, il est in-

L'ancien Code de la grande voirie est encore entier, et l'article 471 du Code pénal *régit uniquement la petite voirie ou voirie urbaine*, et ne peut d'ailleurs être appliqué que par les tribunaux de simple police. Les infractions aux règlements de grande voirie constituent des délits d'un autre ordre, prévus et punis par une législation spéciale, comme la juridiction qui est appelée à les juger. D'où il résulte nécessairement que les anciens ré-

dispensable de recourir aux textes des anciennes ordonnances et arrêts rendus en conseil du roi, ainsi qu'à ceux des lois, décrets et ordonnances réglementaires que nous énumérerons ci-après, savoir :

709. En ce qui concerne les communications par terre, l'article 5 du titre 28 de l'ordonnance du 13 août 1669, les arrêts du conseil du roi, du 17 juin 1721, 29 mars 1754 et 27 février 1765; les lois des 7 ventôse an XII et 9 ventôse an XIII; les décrets des 23 juin 1806 et 16 décembre 1811.

710. Et relativement aux communications par eau, les articles 7, 40, 42, 43, 44, 45 du titre 27 de l'ordonnance précitée du 13 août 1669, l'arrêté du conseil du roi du 24 juin 1777, l'arrêté du directoire du 19 ventôse an VI, l'arrêté des consuls du 8 prairial an XI, le décret du 22 janvier 1808, les articles 20 et 21 de la loi du 9 juillet 1836, relatifs aux droits de navigation intérieure; enfin, les règlements spéciaux d'administration publique concernant la police de la navigation sur les canaux.

711. La législation, en matière de grande voirie est, sous plusieurs rapports, la plus embarrassante des attributions des conseils de préfecture, à raison des difficultés que présente son application à certaines contraventions malheureusement trop fréquentes.

Les causes des difficultés que la juridiction inférieure éprouve à cet égard, proviennent d'abord des nombreuses contradictions qui existent (du moins en apparence) dans la jurisprudence de la cour de cassation et du conseil d'état ; ensuite de ce que les

glements sur la grande voirie, confirmés dans toutes leurs dispositions, soit prohibitives soit pénales, par les lois des 19-22 juillet 1791, du 21 septembre 1792, n'ont point été abrogées par le Code pénal *qui a statué par voie de dispositions générales sans toucher à l'existence des lois et arrêts qui régissent des matières spéciales.*

Ainsi les arrêts du Conseil du roi du 17 juin 1721, et du 4 août 1731, n'ont pas été abrogés dans leurs dispositions pénales (500 *frans d'amende*) à l'égard des contraventions en matière de grande voirie, et par conséquent un conseil de préfecture qui applique, dans les cas prévus par ces arrêts, une peine établie par le Code pénal, commet un excès de pouvoir (Ord. des 6 et 22 août 1839. Fél. Leb. p. 432 et 469).

D'un autre côté, la cour de cassation, ayant été appelée à statuer sur la question de validité des décrets impériaux qui prononcent des peines, a donné à ces actes du pouvoir souverain une sorte de sanction, en déclarant :

« Qu'il est de principe, que tous les actes du gouvernement impérial, dont les dispositions ont été exécutées et qui ne sont pas contraires à la Charte constitutionnelle, doivent conserver la plénitude de leur exécution ; que la force des choses et l'intérêt social ont fait consacrer ce principe reconnu par tous les pouvoirs, et sans lequel, jusqu'à ce qu'il y ait été pourvu par des dispositions convenues, la société resterait désarmée dans une multitude de cas où elle serait troublée, la sûreté publique et celle individuelle seraient impunément compromises. » (Ar. du 26 août 1828.)

prescriptions d'une foule d'anciens édits, ordonnances et arrêts de règlements non abrogés, demeurent inconnus à la presque totalité des citoyens et même des fonctionnaires de l'ordre administratif, chargés d'en assurer l'exécution, parce que la collection est très rare et ne se trouve que dans quelques bibliothèques publiques ; puis de ce qu'une partie de ces anciens édits, etc., n'ayant pas été revêtus de la formalité de l'enregistrement par certains parlements, ne paraissent pas obligatoires dans les départements des ressorts desdits parlements, nonobstant la jurisprudence contraire du conseil d'état.

712. Ainsi, par exemple, l'édit du 27 février 1765, qui prononce une amende de 500 fr. et la démolition de toute construction faite le long et joignant une route, sans avoir demandé l'alignement et obtenu l'autorisation préalable, *n'ayant pas été enregistré au parlement de l'ancienne province de Franche-Comté*, les habitants des départements du Doubs, du Jura et de la Haute-Saône, qui formaient jadis la Franche-Comté, ne considèrent pas cet édit comme obligatoire pour eux ; mais le conseil d'état persiste à annuler les arrêtés des conseils de préfectures fondés sur le défaut d'enregistrement de l'édit en question (*).

713. Cependant, il faut le dire, dans le sens absolu de la loi du 29 floréal an X, en quel code les conseils de préfecture iraient-ils puiser la fixation des amendes pour la plupart des contraventions de

---

(*) Voyez, page 348 d'autre part, l'ordonnance rendue en conseil d'état le 23 février 1837.

grande voirie, s'ils n'appliquaient pas les anciens règlements?

D'ailleurs, cette loi du 29 floréal n'a point abrogé les anciennes ordonnances, et l'article 20 du décret de l'assemblée nationale du 19-22 juillet 1791, non abrogé, est ainsi conçu :

« *Sont confirmés provisoirement les règlements qui subsistent touchant la grande voirie, ainsi que ceux actuellement existant à l'égard des constructions de bâtiments et relatifs à leur solidité et sûreté.* »

Ainsi, dans ce provisoire, qui a duré jusqu'à présent, *toutes les anciennes ordonnances, lettres-patentes, édits et déclarations du roi, ordonnances des trésoriers de France et autres actes ayant force de loi, sont maintenus et forment encore le véritable Code de la grande voirie.* Cette opinion est conforme aux principes posés dans la jurisprudence constante du conseil d'état, comme on le verra ci-contre et en d'autres parties du présent recueil.

714. Vainement prétendrait-on que les anciens règlements n'avaient force de loi que dans le ressort des parlements par lesquels ils auraient été enregistrés ; la jurisprudence du conseil d'état a écarté cette argutie par plusieurs arrêts, tels que l'ordonnance du 19 mars 1823 relative aux déclarations en matière de voirie ; des 18 juillet 1729 et 17 août 1730, et celle du 23 février 1837, relative à l'arrêt du conseil, du 17 février 1765.

715. Au reste, conformément aux principes ci-dessus, il a été professé devant les chambres réunies de la cour de cassation, par son procureur général, que la nécessité de l'enregistrement ne

Un conseil de préfecture ne peut se refuser à appliquer l'arrêt du 27 février 1765, sous le prétexte qu'il n'a pas été enregistré au parlement dans le ressort duquel se trouve le département actuel où a été commise la contravention (Ord. du 23 fév. 1827).

s'appliquait pas aux règlements concernant une matière qui était du ressort
de la police, ce que consacre implicitement l'arrêt solennel du 24 juin 1826
(C. de droit adm. Cot. t. 3. p. 211).

—◦⊛◦—

CHAPITRE III.

DE LA PRESCRIPTION DES CONTRAVENTIONS EN MATIÈRE DE GRANDE VOIRIE.

716. Aux termes de l'article 640 du
Code d'instruction criminelle, l'action
publique et l'action civile, pour une
contravention de police, sont prescrites après une année révolue, à
compter du jour où elle aura été commise, lors même qu'il y aura eu procès-
verbal, instruction ou poursuite, si,
dans cet intervalle, il n'est point intervenu de condamnation.

717. Mais, d'après l'article 643 du
même Code, la disposition ci-dessus
ne déroge point aux lois particulières
relatives à la prescription des actions
résultant de certains délits ou de certaines contraventions. Or, le dernier
alinéa de l'article 26 de la loi du
14 brumaire an VII est ainsi conçu :

« Les actions résultant des procès-
verbaux seront poursuivies dans le
mois, à peine de nullité. »

718. C'est ici le cas de faire remarquer que, pour suppléer au silence
des lois et décrets concernant la répression des contraventions en matière de grande voirie, deux ordonnances rendues en conseil d'état, sous
les dates des 18 janvier 1826 et
26 mai 1837, sur le rapport du comité

Par un arrêté en date du 17 brumaire an VIII
(*Voyez* Rec. par Sir. t. 1. 1ʳᵉ partie. p. 258),
la cour de cassation a décidé que les dispositions
de l'article 8 de la loi du 28 septembre 1791, qui
fixe à un mois la prescription des délits ruraux,
étaient abrogées par le Code des délits et des peines;
qu'en conséquence la prescription était de trois
mois.

Par un autre arrêt du 28 floréal an II (*Voyez*
Sir. t. 3. 2ᵉ partie, p. 421), la même cour a jugé
dans le sens contraire, en posant le principe *que le
Code des délits et des peines n'a pas dérogé aux
lois qui établissent des prescriptions particulières.*

Lorsqu'une contravention de police a été commise par un particulier, en élevant une construction
hors de l'alignement, si un arrêté de l'autorité
compétente a ordonné à ce particulier de démolir
dans un certain délai, la prescription de l'action
publique pour la répression de la contravention,
dans le cas où la démolition n'aurait pas eu lieu,
commence à courir, non du jour de l'arrêté ordon-
nant la démolition, *mais du jour de l'expiration
du délai accordé par cet arrêté pour opérer cette
démolition* (Ar. C. de cass. du 25 mars 1830. Mac.
t. 30. p. 273).

Le conseil d'état ne paraît pas accueillir avec
faveur la prescription, car il l'a écartée d'abord par
un premier arrêt du 20 juin 1821,(Affaire Lescaille),
puis, par un autre en date du 2 septembre 1829
(Affaire Lami). Enfin, dans une espèce plus récente, ce moyen a encore été écarté, s'agissant de
constructions ou plantations prohibées par les lois
et règlements, et qui constituent une *infraction
permanente,* dont la répression, quel que soit le
laps de temps écoulé, peut et doit être poursuivie

de législation et de justice administrative, portent que les dispositions de
l'article 26 de la loi précitée du 14
brumaire an VII, et celles de l'article
26 de l'arrêté des consuls du 8 prairial an XI, sont applicables à tous
les procès-verbaux en matière de
police de roulage, relativement au
délai pour l'affirmation, à la formalité
du timbre et de l'enregistrement desdits procès-verbaux. On est autorisé à
conclure de là qu'il doit en être de
même pour la prescription; qu'en
conséquence on doit appliquer, en ce
cas, les dispositions ci-dessus rappelées
du dernier alinéa de l'article 26 de la
loi du 14 brumaire an VII.

719. Cependant M. Cotelle, avocat
au conseil du roi et à la cour de cassation, dans son cours de droit administratif, 2ᵉ édition, tome 1, p. 177,
s'exprime dans les termes suivants :

« *A quelque époque qu'aient été commises des contraventions en matière de
grande voirie, ce genre de poursuites
étant régi par la loi du 29 floréal an X,
et non par le Code pénal, ces délits ne
sont pas couverts par les prescriptions
d'un an ou de trois ans.* »

A l'appui de son opinion à ce sujet,
M. Cotelle ajoute : « Pour partir d'un
principe clair, solide et incontestable,
il est à propos de rappeler *que les lois
générales ne dérogent pas aux lois spéciales*, et qu'ainsi *les dispositions du
Code pénal et du Code d'instruction criminelle ne sont point applicables aux
contraventions en matière de grande
voirie.* Ce principe résulte des termes
formels de l'article 484 du Code pénal
ainsi conçu : *Dans toutes les matières
qui n'ont pas été réglées par le présent*

dans l'intérêt toujours subsistant de la navigation,
ce qui veut dire, en d'autres termes, que la prescription invoquée n'est pas applicable à la voirie,
car le conseil d'état, dans cette espèce, a prononcé
une amende de cent francs (Ord. du 13 mai 1836).
Le principe admis dans l'ordonnance du 13 mai
1836 a été confirmé par une autre ainsi conçue :
« Les contraventions résultant de constructions
et plantations effectuées ou ayant subsisté le long
d'une rivière navigable, sont permanentes, et la
répression doit en être poursuivie, quel que soit le
laps de temps écoulé, d'où il suit qu'elle ne peuvent
être couvertes par la prescription établie par l'article 640 du Code de procédure civile. » (Ord. du
2 janv. 1838. Sir.)

Dans le cas où l'action publique serait prescrite
par une année révolue, du jour où a cessé la contravention en ce qui concerne l'application de la
peine, l'infraction aux règlements n'en doit pas
moins être poursuivie dans l'intérêt public toujours
subsistant (Ar. du 27 fév. 1836. le ministre de la
guerre contre Pozzo-di-Borgo).

Code ET QUI SONT RÉGIES PAR DES LOIS ET RÈGLEMENTS PARTICULIERS, *les cours et tribunaux continueront de les observer.*

« Dans cette réserve des dispositions répressives demeurant en vigueur en dehors du Code pénal, il faut comprendre les règlements de la grande voirie : leurs amendes sont encore applicables; la juridiction ressortant des lois des 28 pluviôse an VIII, 29 floréal an X, du décret du 16 décembre 1811, etc., les conseils de préfecture n'ont nullement à se préoccuper du Code pénal ni du Code d'instruction criminelle.

« Dans l'application des lois spéciales, la loi générale se tait et ne demande pas d'être suivie, même par voie d'analogie et par assimilation : SPECIALIA GENERALIBUS DEROGANT. »

Ce jurisconsulte termine ainsi :

« A la vérité (dit-il), la loi du 14 brumaire an VII, *sur la taxe d'entretien des routes,* déclare les actions résultant des procès-verbaux éteintes, si elles n'ont été poursuivies *dans le mois;* mais d'abord, c'était là une disposition spéciale qui ne pouvait pas s'étendre aux procès-verbaux de la grande voirie, pour les alignements, les saillies, les encombrements de la voie publique et le long et dans le cours des rivières navigables.

« De plus, quand la taxe d'entretien des routes a été supprimée, il n'y a eu ni inspecteurs, ni percepteurs, ni procès-verbaux de la taxe d'entretien : les juges de paix n'avaient plus à en connaître; *l'article 26 de la loi du 14 brumaire an VII était abrogé comme le système en son entier.*

« L'article 3 de la loi du 7 ven-

tôse an XII (concernant la police du
roulage), contient deux dispositions ;
elle se réfère à la loi de la taxe d'entretien et à la loi du 29 floréal an X,
dans les termes suivants : *Les contraventions à la présente loi* SERONT CON-
STATÉES PAR LES PRÉPOSÉS A LA PERCEP-
TION DE LA TAXE D'ENTRETIEN ET DÉCIDÉES
PAR VOIE ADMINISTRATIVE, *conformément
à la loi du* 29 *floréal an* X.

« Selon la loi de la taxe d'entretien,
les actions étaient poursuivies devant
la justice de paix ; la loi de brumaire
an VII prononçait la prescription par
le délai d'un mois. La loi de l'an XII
sur la police du roulage saisit les conseils de préfecture de la répression des
contraventions, conformément à la loi
du 29 floréal an X, qui ne prononce
pas la prescription. Or, l'effet et le
sort de l'action doivent être régis par
la loi du 29 floréal an X, et non par celle
du 14 brumaire an VII. Dès lors, point
de prescription opposable. Cette dé-
monstration me paraît de toute rigueur. »

720. D'un autre côté pourtant,
MM. Stourm et Gillon prétendent que
la prescription de trois ans est applicable
à la grande voirie, d'après l'élévation de
ses amendes excédant le taux de celles
de simple police, pour lesquelles la
poursuite est sujette à la prescription
annale. Ces règles, disent-ils, ont
plusieurs fois déjà servi de bases aux
décisions de l'autorité administrative.

721. De ces opinions contradictoires
résulte la nécessité de remplir cette
lacune importante dans la législation
en matière de grande voirie, ainsi que
plusieurs autres que nous indiquerons
au titre DES PROCÈS-VERBAUX.

TITRE II.

DES DÉLITS ET CONTRAVENTIONS COMMIS SUR LE TERRAIN DES ROUTES ET CHEMINS (*).

—◇❀◇—

CHAPITRE PREMIER.

OBJETS QUI CONSTITUENT DES CONTRAVENTIONS DE VOIRIE, DÉSIGNATION DES AGENTS CHARGÉS DE LES CONSTATER ET FONCTIONNAIRES APPELÉS A EN ASSURER LA RÉPRESSION.

722. L'article 1ᵉʳ de la loi du 29 floréal an X, dispose que les contraventions en matière de grande voirie, telles que : *anticipations, dépôts de fumier ou d'autres objets,* et *toutes espèces de détériorations commises sur les grandes routes, sur les fossés, ouvrages d'art et matériaux destinés à leur entretien, sur les canaux, fleuves et rivières navigables, leurs chemins de halage, francs-bords, fossés et ouvrages d'art,* seront constatées, réprimées et poursuivies par voie administrative.

L'article 2 de la même loi désigne les fonctionnaires et autres agents chargés de constater les contraventions dont il s'agit, et l'article 3 et dernier de ladite loi attribue la connaissance de ces contraventions aux conseils de préfecture.

Mais cette loi, ne comportant aucune disposition pénale sur l'objet dont il s'agit, fait que l'on se trouve dans la nécessité de recourir aux anciens règlements maintenus en vigueur, aux lois et décrets spéciaux sur cette matière.

La disposition de l'article 1ᵉʳ de la loi du 29 floréal an X, *est purement démonstrative :* on ne saurait donc en conclure *qu'elle n'attribue restrictivement* à l'autorité administrative que la connaissance des faits qui y sont spécifiés ; qu'elle place dès lors, dans la compétence exclusive et absolue des conseils de préfecture, en se référant virtuellement sur ce point aux lois des 6-7-11 septembre 1790 et à l'article 4 de celle du 28 pluviôse an VIII, toutes les contraventions qui peuvent être commises dans le domaine de la grande voirie, et spécialement tout ce qui tient à la libre et sûre navigation des fleuves et rivières navigables et flottables; que c'est là un des principes fondamentaux de notre droit public (Ord. des 15 août et 6 nov. 1839, Fél. Leb. année 1839. p. 453. 623 et 624).

Les règlements sur la grande voirie s'appliquent aux routes départementales comme aux routes royales. Le conseil de préfecture peut prononcer des amendes dans l'un et l'autre cas de contraven-

---

(*) Les anciens édits, ordonnances et arrêts de règlements qui établissent des amendes applicables aux contraventions de grande voirie sont rapportés *en caractères dits petit-texte*, dans ce chapitre et les suivants.

723. En conséquence, et dans le but de faciliter l'application des amendes encourues pour fait de contraventions commises *sur le terrain des routes royales et départementales*, nous allons transcrire ci-après le texte des anciens règlements, ainsi que des lois et décrets applicables au présent titre, dont chaque objet formera une section distincte, afin d'y attribuer, en regard et séparément, la jurisprudence des tribunaux de l'ordre supérieur.

724. « En entreprenant l'ouverture des routes larges et entretenues en bon état de viabilité, le gouvernement a dû prévoir qu'on s'empresserait d'élever le long de ces routes des bâtiments pour les différents usages du commerce en général, et notamment du roulage, tels que dépôts de marchandises, auberges, bureaux de messageries, débits de toutes espèces de denrées, etc. ; à la vérité ces constructions ne peuvent que contribuer à la sûreté et à l'embellissement de la voie publique, mais elles seraient susceptibles d'apporter des obstacles aux améliorations qui pourraient être jugées nécessaires, si elles n'étaient soumises à certaines conditions ; car s'il était loisible à tout propriétaire d'édifier des bâtiments ou des clôtures selon ses convenances personnelles ou son caprice, il se pourrait qu'une route se trouvât encaissée entre des constructions d'une valeur considérable et que l'état fût obligé de les acheter pour opérer des changements dans la direction ou de simples élargissements dans les parties de route ainsi encaissées. »

tion (Ord. du 1ᵉʳ sept. 1819. Sir. t. 5. p. 197).

Lorsqu'un même terrain sert de rue et de grande route, les contraventions aux réglements de police qui s'y réfèrent, peuvent être poursuivies concurremment par l'autorité judiciaire et par l'autorité administrative; ainsi, par exemple, lorsqu'un particulier, en contravention à une ordonnance de police, a laissé du fumier ou des immondices au devant de sa maison, le tribunal de police ne peut renvoyer le prévenu devant l'autorité administrative, sous le prétexte que la rue où le fumier a été déposé, fait partie de la grande voirie ; dans ce cas, l'autorité administrative et l'autorité judiciaire, étant également compétentes pour connaître de la contravention, le jugement de la cause appartient à l'autorité qui en est saisie la première (Ar. C. de cass. du 13 juin 1811. Sir. t. 12. p. 64).

« *Or les routes étant créés aux frais du public, et principalement en vue de l'utilité générale, si des particuliers élèvent des bâtiments le long et joignant la voie publique, ce sera évidemment pour faire de la route un usage journalier et direct: ainsi, ils y prendront leurs sorties, leurs jours, l'issue de leurs eaux, de telle sorte qu'elle sera bien plus à leur service qu'à celui des autres membres de l'état :* donc le gouvernement a le droit incontestable de mettre des conditions à cet emploi continu d'une propriété publique. C'est sur ce principe des droits de l'état que ces conditions ont été fixées par la loi.

» En conséquence, quiconque élève un bâtiment le long d'une route, commence par subir l'effet de la contiguité en demandant l'alignement pour ses constructions ; il est averti en même temps de cet autre effet, qu'il n'y pourra apporter aucun changement extérieur, sans être muni d'une permission préalable ; et que, dès l'instant où il voudra reconstruire, de même que si, par accident ou vétusté, le bâtiment a besoin d'être restauré, dans ces divers cas, l'autorité publique sera fondée à interdire les travaux. » (C. de droit adm. Cot. t. 3. p. 206 et 207.)

—◊ ⊛ ◊—

CHAPITRE II.

CONSTRUCTIONS ET RÉPARATIONS LE LONG ET JOIGNANT LES ROUTES. — NÉCESSITÉ D'OBTENIR PRÉALABLEMENT PERMISSION ET ALIGNEMENT.

725. L'administration en matière de grande voirie appartiendra aux corps administratifs, et la police de conservation tant pour les grandes routes

Les mesures répressives de grande voirie, en matière d'alignements, doivent atteindre le propriétaire, sauf son recours contre le locataire s'il y a lieu (Ord. rendue en C. d'ét. le 4 mai 1826).

Le propriétaire dont la maison est située sur la

que pour les chemins vicinaux, aux juges du district (Art. 6 du décr. du 6-7 sept. 1790).

726. L'administration en matière de grande voirie, attribuée aux corps administratifs par l'article 6 du décret précité du 6-7 septembre 1790, comprend dans toute l'étendue du royaume l'alignement des rues des villes, bourgs et villages, qui servent de grandes routes (Déc. du 7-14 oct. 1790).

727. Ainsi, tout propriétaire *qui veut construire, réédifier ou réparer en tout ou en partie une maison ou ses dépendances, édifices ou autre construction,* généralement quelconque, murs de clôture, etc., situés le long et joignant une route ou un chemin vicinal de grande communication, doit, avant de rien entreprendre, adresser au préfet du département une demande d'autorisation et d'alignement (*), sous peine d'encourir la démolition de l'œuvre illicite et une amende de 300 francs, conformément aux dispositions d'un *arrêt rendu en conseil du roi, le* 27 *février* 1765, *dont voici l'extrait littéral :*

728. « Sa majesté a confirmé et confirme l'ordonnance du 29 mars 1754 (Art. 4 et 12) qui prescrivent les demandes d'alignements pour constructions ou reconstructions de maisons, édifices ou bâtiments généralement quelconques, *en tout ou en partie ,* étant le long et joignant les routes construites par ses ordres, soit dans les traverses des villes, bourgs et villages, soit en pleine campagne, etc.

» Fait sa majesté défense à tous particuliers , propriétaires ou autres, de construire, reconstruire ou réparer aucun édifice, poser échoppes ou choses saillantes le long desdites routes sans en

_____

(*) C'est aux préfets à donner l'alignement lorsqu'il s'agit des routes royales et départementales, même quand elles traversent des villes ou villages (Décret du 14 octobre 1790). Il en est de même lorsqu'il s'agit des chemins vicinaux de grandes communications (Chabrol de Chaméane, *Dictionnaire de législation usuelle*).

voie publique et soumise à un alignement, ne peut, au cas de démolition du mur de devant, le réédifier sans autorisation : s'il viole la règle, l'autorité administrative peut le contraindre à démolir, toutefois sauf indemnité , si l'alignement ne peut avoir lieu qu'aux dépens de sa propriété (Ord. du 13 avril 1809. Sir. t. 1. p. 167).

Le particulier qui réédifie sa maison sur le bord d'une route royale, sans avoir obtenu de l'autorité l'alignement nécessaire , peut être rigoureusement condamné à la démolir ; cependant il y a lieu à modération de la peine, s'il est prouvé que le propriétaire avait demandé l'alignement, et qu'il a construit sur un alignement qui ne porte aucun préjudice à la voie publique (Ord. du 17 juin 1818. Sir. t. 18. p. 327).

L'alignement donné par un préfet pour enclore une propriété bornée par un chemin vicinal, ne peut préjudicier aux droits des tiers (Ord. du 7 mars 1821. Mac. t. 1. p. 374).

Si un bâtiment a une face le long d'une route et une autre face le long d'une rue ou d'un chemin, les travaux à faire exigent un alignement de grande voirie pour les deux faces, par le motif qu'il ne doit se faire dans les maisons sises le long d'une route aucuns travaux qui auraient pour objet, en consolidant un édifice, de retarder l'exécution des projets approuvés, ou d'obliger l'état à payer la valeur de cet édifice pour effectuer le reculement (Ord. du 7 mars 1821. C. de droit admin. Cot. t. 3. p. 221).

La bonne foi d'un contrevenant peut l'exempter de l'amende (Ord. du 29 août 1821. Mac. t. 2. p. 323).

Les maires ne sont pas compétents pour donner les alignements le long des rues qui font partie des routes départementales (Ord. du 29 août 1821. Mac. t. 2. p. 323).

Les arrêtés des préfets rendus en matière d'alignement, ne peuvent être attaqués directement devant le conseil d'état; ils doivent d'abord l'être devant le ministre de l'intérieur (Ord. des 4 mai et 6 juin 1830. Mac. t. 12. p. 133 et 289).

Les conseils de préfecture sont compétents pour faire l'application des déclarations des 18 juillet 1729 et 18 août 1730, aux maisons situées dans la traverse des routes départementales, et pour ordonner la démolition des bâtiments dont les murs de face surplombent de plus de la moitié de leur épaisseur (Ord. du 19 mars 1823. Mac. t. 5. p. 208).

Un alignement donné verbalement par l'auto-

avoir obtenu les alignements ou permissions, etc., à peine de démolition desdits ouvrages, confiscation des matériaux , et de *trois cents livres d'amende ;* et contre les maçons, charpentiers et ouvriers, de pareille amende et même de peines plus graves en cas de récidive. »

729. En matière de voirie, l'édit de 1607, enregistré dans tous les parlements, a soumis les citoyens à l'obligation de prendre l'alignement pour toutes les constructions et réparations de bâtiments et murs qui seraient faites le long des chemins publics ; cet arrêt porte que les contrevenants seront condamnés *à une amende de six francs* ou à une amende plus forte, s'il y échet.

730. L'alignement consiste dans le tracé, donné par l'autorité compétente, des limites des contructions et reconstructions faites sur la voie publique. Son objet est de maintenir la largeur et la direction des chemins publics et la régularité des constructions.

La demande d'alignement est nécessaire quand il s'agit de construire un mur d'intérieur qui aurait pour résultat de consolider un autre mur de face en dehors de l'alignement.

Enfin, une autorisation est nécessaire pour faire de simples réparations d'embellissement.

rité municipale, ne peut tenir lieu de l'alignement exigé par la loi du 16 septembre 1807 (Art. 52) et qui doit être donné en la forme et avec les précautions prescrites par les lois et réglements de la matière (Ord. du 23 fév. 1839. Fél. Leb. p. 176).

Les alignements des rues qui longent les routes royales , doivent être donnés par les maires et non par les préfets (Ord. du 16 janv. 1828. Mac. t. 10. p. 80).

Lorsqu'un mur a été récrépi sans autorisation , c'est la destruction seulement du récrépissage qui doit être ordonnée , et non pas la démolition du mur, en conformité de l'arrêt du conseil du roi du 27 février 1765 (Ord. du 27 oct. 1828).

Les particuliers qui réparent sans autorisation les bâtiments situés le long des grandes routes , sont passibles, outre la démolition des nouveaux ouvrages, d'une *amende fixe de 300 francs ;* dans ce cas, le conseil de préfecture ne peut se borner à ordonner la démolition des travaux, sans prononcer l'amende contre le propriétaire et l'architecte qui a dirigé les travaux (Ord. des 29 janv. et 6 fév. 1839. Fél. Leb. p. 102 et 120).

Un conseil de préfecture excède ses pouvoirs en modifiant le taux de l'amende fixée à 300 francs par l'arrêt du conseil du 17 février 1765, laquelle amende doit être prononcée contre quiconque répare ou reconstruit, sans autorisation préalable, des édifices ou autres choses saillantes le long et aux abords des routes (Ord. du 30 juin 1839. Fél. Leb. p. 362 et suivantes).

Un propriétaire qui se pourvoit contre un arrêté du conseil de préfecture qui le condamne à la démolition et à l'amende, pour avoir exécuté des travaux nonobstant la défense de l'autorité locale, *si avant le jugement du pourvoi* , le propriétaire obtient de l'autorité supérieure la permission que l'autorité locale a refusée, le conseil d'état doit ordonner qu'il ne soit pas donné suite au chef de la condamnation , relatif à la démolition , mais il doit maintenir la condamnation à l'amende, sauf à en modifier le chiffre (Ord. du 5 déc. 1839. Fél. Leb. p. 570).

———◇❁◇———

CHAPITRE III.

731. *Un arrêt du conseil du roi, en date du 3 mai* 1720, a fixé la largeur des routes royales et des fossés dans les termes suivants :

« Veut sa majesté que les autres grands chemins servant de passage aux coches, carrosses, messagers, voituriers et rouliers de ville à autre, aient au moins trente-six pieds de largeur entre les fossés, lesquels fossés auront au moins six pieds dans le haut, trois pieds dans le bas et la profondeur de trois pieds.

» Ordonne sa majesté que lesdits fossés seront entretenus et curés par les propriétaires des terres y aboutissant, toutes et quantes fois qu'il sera jugé nécessaire par les inspecteurs et ingénieurs des ponts et chaussées, et seront tenus lesdits propriétaires de faire jeter sur leurs héritages ce qui proviendra du curage.

» Excepte sa majesté de la présente disposition les chemins qui se trouveront entre les montagnes et dont la situation ne permet pas qu'ils soient élargis, etc. »

732. En ce qui concerne l'entretien et le curage des fossés des routes, la loi du 12-18 mai 1825, applicable aux routes royales et départementales, a abrogé les dispositions ci-dessus par son article 2 portant :

« Qu'à dater du 1ᵉʳ janvier 1827, le curage et l'entretien des fossés qui font partie de la propriété des routes royales et départementales, seront opérés par les soins de l'administration publique et sur les fonds affectés au maintien de la viabilité desdites routes. »

733. Un arrêt du conseil d'état du roi, du 6 février 1776, a divisé les routes et chemins en trois classes, et fixé leur largeur comme il suit :

1ʳᵉ *classe* comprenant les routes qui traversent la totalité du royaume, ou qui conduisent de la capitale dans les principales villes, ports ou entre-

Un décret ou une ordonnance royale portant fixation de la largeur d'une route royale ou départementale et de l'alignement dans lequel les constructions doivent être faites sur cette route, ne peut être attaqué par la voie de la tierce-opposition (Ord. du 4 juin 1823. Mac. t. 5. p. 406).

pôts de commerce seront ouvertes à 42 pieds.
13 ᵐ 64.

2ᵉ *classe*, celles par lesquelles les provinces et principales villes du royaume communiquent entr'elles. Idem à 36 pieds 11 ᵐ 70.

3ᵉ *classe*, celles qui ont pour objet la communication entre les villes principales d'une même province ou de provinces voisines. Idem. à 30 pieds 9 ᵐ 75.

Enfin, les chemins particuliers destinés à la communication des petites villes ou bourgs seront rangés dans la quatrième classe; leur largeur sera de 20 pieds 6 ᵐ 50.

Ne seront pas compris dans les largeurs ci-dessus spécifiées, les fossés ni les empatements des talus ou glacis.

Entend néanmoins sa majesté que l'article 3 du titre des chemins royaux de l'ordonnance des eaux et forêts, qui, pour la sûreté des voyageurs, a prescrit une ouverture de 60 pieds pour les chemins dirigés à travers des bois, continue d'être exécuté selon sa forme et teneur.

734. Le titre 1ᵉʳ du décret du 16 décembre 1811 est ainsi conçu :

Toutes les routes de notre empire seront divisées en routes impériales et routes départementales (Art. 1).

Les routes impériales seront de trois classes, conformément aux tableaux 1, 2 et 3 joints au présent décret (Art. 2).

Les routes départementales sont toutes les grandes routes non comprises auxdits tableaux, et connues jusqu'à ce jour sous la dénomination de routes de 3ᵉ classe (Art. 3).

Toutes les fois qu'une nouvelle route sera ouverte, le décret qui en ordonnera la construction, indiquera la classe à laquelle elle appartiendra, etc. (Art. 4).

—◇⊰⊱◇—

CHAPITRE IV.

EXRTAIT DE L'ARRÊT DU CONSEIL D'ÉTAT
DU ROI DU 17 JUIN 1721 :

735. Sa majesté en conseil a ordonné et ordonne que les nouveaux ouvrages de pavé et les relevés à bout des anciennes chaussées seront conduits du plus droit alignement que faire se pourra, et qu'aux endroits où ne se trouvent pas encore de fossés faits et où les entrepreneurs n'y seront pas tenus par leurs baux, il sera laissé aux deux côtés desdits chemins la largeur nécessaire tant pour lesdits accotements que pour les fossés non faits, de manière qu'ils puissent être confectionnés aussitôt qu'il plaira à sa majesté de les ordonner : que les fossés faits et ceux qui se feront à l'avenir seront entretenus par les propriétaires des héritages riverains, chacun en droit soi sous peine d'y être contraints.

Fait sa majesté défense à tous particuliers, même à tous seigneurs sous prétexte de droit de justice ou de voirie, de troubler les entrepreneurs dans leurs travaux, combler lesdits fossés et de labourer ou faire labourer en dedans de la largeur bornée par lesdits fossés, d'y mettre aucuns fumiers décombres et autres immondices, soit en pleine campagne ou dans les villes, bourgs et villages où passent lesdites chaussées, d'y faire aucune fouille ni de planter des arbres ou haies, sinon à six pieds de distance des fossés séparant les chemins de leurs héritages, et à cinq toises du pavé où il ne se trouvera pas encore de fossés de faits, le tout à peine d'amende contre les contrevenants, même de confiscation des fumiers, etc. (*Voyez* plus loin, chapitre 5, au nombre 740) (*).

736. L'arrêt rendu en conseil du roi, le 4 août 1731, porte en substance ce qui suit :

« Fait sa majesté itérative défense à tous grave-

(*) Cet arrêt prononce *une amende arbitraire* qui doit être appliquée à tous dépôts faits sur les routes, empiétements de l'agriculture, sur les fossés et francs-bords, à toutes fouilles, plantations, etc., conformément à la jurisprudence du conseil d'état.

Il n'y a pas contravention de grande voirie dans le fait d'avoir déposé des planches sur une portion de terrain qui faisait autrefois partie d'une route départementale, mais qui a depuis été déclassée par suite d'un nouveau tracé assigné à la route ; dans ce cas le conseil de préfecture n'est pas compétent pour ordonner l'enlèvement des objets déposés (Ord. du 4 juin 1839. Fél. Leb. p. 317).

L'ordonnance du 4 août 1731, prononce une amende de 500 francs pour fait de dépôts illicites de matériaux ou immondices sur les routes. Un conseil de préfecture qui modère cette sorte d'amende, commet un excès de pouvoirs (Ord. du 30 juin 1839. Fél. Leb. p. 363 et suivantes).

Les dépôts de matériaux, faits sans autorisation, sur une route départementale constituent des contraventions de grande voirie de la compétence des conseils de préfecture (Ord. du 3 août 1828. Mac. t. 10. p. 592).

Un S⁷ G***, cité devant le conseil de préfecture, à l'occasion *d'un tas de fumier déposé sur la douve d'une route*, avait opposé que ce dépôt n'était que momentané et *qu'il n'avait duré que le temps nécessaire pour être transporté dans les champs*; qu'enfin il n'avait en rien gêné la circulation. Ces moyens de défense avaient été accueillis, mais le ministre s'étant pourvu, le conseil d'état a prononcé que ce délit était punissable nonobstant ces exceptions (Ord. du 31 oct. 1838).

Cependant la jurisprudence de la cour de cassation, qui déclare *non punissable les dépôts faits en cas de nécessité absolue*, pourrait, ce semble, porter à adoucir la rigueur des anciens règlements par autorité de raison (Ar. C. de cass. du 21 nov. 1834).

Les conseils de préfecture sont compétents pour connaître de la contravention commise par un entrepreneur de travaux publics, en ce qu'il aurait déposé des matériaux dans une rue formant le prolongement d'une route royale, pour l'entretien et la réparation de cette route (Ord. du 17 nov. 1824. Mac. t. 6. p. 643).

Un conseil de préfecture ne peut renvoyer le contrevenant de la plainte, sous le prétexte que le dépôt ne gênait pas la circulation, ou qu'il était

tiers, laboureurs, vignerons, jardiniers *et autres.* de décharger aucuns gravois, fumiers, immondices et autres empêchements au passage public, tant sur les chaussées de pavés et les chemins de terre, que sur les ponts et dans les rues des bourgs et villages, etc., le tout à peine de confiscation des chevaux, voitures et équipages et *de cinq cents livres de dommages-intérêts.*

737. « Si des dépôts permanents doivent être défendus et réprimés (a écrit M. Doyat, ingénieur distingué), ceux au contraire qui ne sont que momentanés, qui sont faits à mesure qu'on vaque au transport des objets qui les composent pour les rendre à leur destination, *sont et doivent être permis.* Ainsi, un propriétaire peut déposer momentanément sur le sol public du fumier qu'il fait sortir de ses écuries, pouvu que des voitures l'emportent en même temps que le dépôt s'exécute. » (Ann. des ponts et chaussées par Doyat).

« Ainsi, (ajoute M. Cotelle dans son Cours de droit administratif, tom. 3, page 261), celui qui fait construire une maison, peut déposer sur une route le sable, la chaux, les pierres nécessaires à cette construction, mais il ne peut les faire déposer qu'à mesure que l'emploi en est fait. Il ne peut en faire des approvisionnements. »

738. La doctrine établie par messieurs Doyat et Cotelle est repoussée d'une manière absolue par la jurisprudence du conseil d'état en matière de grande voirie; mais elle paraît avoir été admise par la cour de cassation, dans le cas seulement d'absolue nécessité, comme on peut le voir par les arrêts rapportés ci-contre en substance.

nécessité par des travaux de construction (Ord. du 25 janv. 1839).

L'exécution de travaux de terrassement dans le talus en déblais de la route constitue une contravention (Ar. du C. du roi du 4 août 1731 qui prononce une amende de 500 fr.).

CHAPITRE V.

DÉTÉRIORATIONS ET ANTICIPATIONS COMMISES SUR LES ROUTES ET CHEMINS, AINSI QUE SUR LES
PLANTATIONS D'ARBRES OU HAIES QUI LES BORDENT.

739. L'arrêt rendu par le conseil du roi le 4 août 1731, porte en substance ce qui suit :

« Fait sa majesté itérative défense à tous gravetiers, laboureurs, vignerons, jardiniers et autres, *de combler les fossés, abattre les berges qui bornent la largeur des grands chemins et d'anticiper sur cette largeur* par leurs labours ou autrement de quelque manière que ce soit ; de planter aucuns arbres à une moindre distance que celle de six pieds du bord extérieur desdits fossés ou berges, le tout à peine de *cinq cents livres de dommages-intérêts.* »

740. Du principe posé par l'article 640 du Code civil, qui assujétit le fonds inférieur envers ceux qui sont plus élevés, à recevoir les eaux qui en découlent naturellement *sans que la main de l'homme y ait contribué*, il résulte que le propriétaire d'un fonds inférieur ne peut faire aucun ouvrage qui mette obstacle à l'écoulement des eaux pluviales d'une route plus élevée que son fonds.

Ce principe se trouve déjà consacré dans une ordonnance du bureau des finances du 17 juillet 1781, qui fait défense

« A tout propriétaire d'héritages *plus bas que les chemins* et qui en reçoivent les eaux, d'en interrompre le cours, soit par l'exhaussement, soit par la clôture de leurs terrains ; elle leur enjoint de rendre libre le cours des eaux qu'ils ont intercepté, si mieux ils n'aiment construire à leurs dépens les aqueducs, gargouilles et fossés nécessaires à cet usage, conformément aux dimensions qui leur seront données. » (*Voyez* plus haut, chap. 4, au nombre 735.)

741. Mais l'effet de ce règlement ne doit s'entendre que de la servitude des eaux qui coulent naturellement, et il

Il y a contravention de la part d'un propriétaire riverain qui, par des travaux pratiqués sur son fonds, fait refluer les eaux pluviales sur une route, et occasionne ainsi des dégâts sur cette route (Ord. du 25 avril 1833. Mac. p. 229).

Les dégradations commises sur une grande route, à l'occasion de travaux exécutés d'après les ordres de l'ingénieur en chef des ponts et chaussées, doivent être déférées aux conseils de préfecture (Ord. du 20 fév. 1822. Mac. t. 3. p. 204).

Il ne suffit pas qu'un chemin ait le caractère de chemin public, pour que la répression d'une anticipation sur ce chemin doive être réservée à l'administration : *si ce chemin n'appartient pas à la grande voirie*, quoiqu'il soit public, la répression d'une anticipation doit être soumise aux tribunaux civils (Ar. C. de cass. du 7 avril 1827. Sir. t. 29. p. 36).

Lorsqu'un propriétaire, par des travaux pratiqués sur son fonds, a fait refluer les eaux pluviales sur la grande route et occasionné des détériorations, ce fait constitue une contravention de grande voirie, répressible par l'arrêt du 17 juin 1721, rapporté plus haut, chapitre 4 (Ord. du 25 avril 1833).

Les dégâts commis sur le talus d'une route par des troupeaux, constituent une contravention aux règlements de voirie et doivent être réprimés par l'application de l'arrêt du 16 décembre 1759 (Ord. du 11 janv. 1837).

ne fait pas obstacle en cas de construction de nouveaux ouvrages de routes
(C. de droit adm. par Cot. p. 381).

EXTRAIT DE L'ARRÊT DU CONSEIL DU ROI, DU 16 DÉCEMBRE 1759.

742. Le roi étant informé que, quelqu'attention
que l'on apporte à l'entretien des *haies d'épines et
autres*, plantées au haut des remblais formés pour
l'adoucissement des montagnes dans les grands
chemins, ces plantations ont rarement le succès que
l'on doit en attendre.

En conséquence, fait sa majesté très expresses
inhibitions et défenses à tous pâtres et autres gardes
et conducteurs de bestiaux de les conduire en
pâturage ou de les laisser répandre sur les bords
des grands chemins, plantés soit d'arbres soit de
haies d'épines ou autres, à peine de confiscation
des bestiaux et de *cent livres d'amende*, de laquelle
amende les maîtres, pères, chefs de famille et propriétaires de bestiaux seront et demeureront civilement responsables (*).

—◦◈◦—

CHAPITRE VI.

ATTEINTES AUX BORNES PRÉSERVATIVES PLACÉES SUR LES ACCOTEMENTS DES ROUTES.

EXTRAIT DE L'ORDONNANCE DU 4 AOUT 1731.

743. Fait sa majesté itérative défense à toutes
personnes d'abattre aucunes bornes mises pour empêcher le passage des voitures sur les accolements
des chaussées, celles qui défendent les murs de soutènement et les parapets des ponts, non plus que
lesdits parapets, le tout à peine de confiscation
des chevaux, voitures et équipages et de *cinq
cents livres de dommages-intérêts* contre chacun
des contrevenants, applicables comme dessus, et en
outre de prison pour ceux qui seraient pris sur le
fait; de toutes lesquelles condamnations les maîtres
desdites voitures demeureront civilement garants
responsables.

(*) Il s'entend de soi-même que la contravention
prévue par cet arrêt ne résulte pas du cas où, en passant
sur une route un troupeau aurait brouté un peu d'herbe,
mais bien de celui où il aurait endommagé les arbres ou
les haies qui les bordent.

CHAPITRE VII.

EXTRAIT DE L'ORDONNANCE DITE DES EAUX
ET FORÊTS DU 13 AOUT 1669, TITRE 28.

744. Ordonnous que dans les angles ou coins des
places croisées, triviaires et biviaires qui se rencontrent és grandes routes et chemins royaux des
forêts, nos officiers des maîtrises feront incessamment planter des croix, poteaux ou pyramides à
nos frais, és bois qui nous appartiennent, et pour
les autres aux frais des villes les plus voisines et
intéressées, avec inscription et marques apparentes
du lieu où chacun conduit, sans qu'il soit permis
à aucunes personnes de rompre, emporter, lacérer
ou biffer telles croix, poteaux, inscriptions et
marques, à peine de *trois cents livres d'amende*
et de punition exemplaire (Art. 6).

TITRE III.

PLANTATIONS BORDANT LES ROUTES.

CHAPITRE PREMIER.

LÉGISLATION ANCIENNE ET NOUVELLE SUR CETTE MATIÈRE.

745. Le 19 janvier 1552, Henri II,
voulant joindre l'utile à l'agréable, ordonna que les bords des routes seraient
plantés en *arbres d'ormes*, pour servir
à l'artillerie et affuts d'icelle.

746. Un arrêt de réglement du conseil du roi, en
date du 3 mai 1720, porte (Art. 6), que tous les
propriétaires d'héritages tenant et aboutissant aux
grands chemins et branches d'iceux, seront tenus
de les planter d'ormes, hêtres, chataigniers, arbres
fruitiers et autres, suivant la nature du terrain, à la
distance de 30 pieds l'un de l'autre, et une toise
au moins du bord extérieur du fossé.

747. Ces anciens règlements ont été suivis d'un grand nombre de lois et décrets sur la même matière, etc., entre autres, on peut citer :

Le décret du 26 juillet - 15 août 1790 ;

La loi du 28 août 1792 (Art. 14 et 18);

La loi du 28 sept.-7 octob. 1791 ;

La loi du 9 ventôse an XIII ;

Le décret du 16 décembre 1811 ;

Et la loi du 12-18 mai 1825.

Il ne sera sûrement pas inutile de rapporter ici succinctement les prescriptions des lois et décrets cités ci-dessus pour en faciliter l'exécution.

CHAPITRE II.

OBLIGATIONS IMPOSÉES AUX PROPRIÉTAIRES RIVERAINS.

748. L'article 1er de la loi du 9 ventôse an XIII et les articles 88 à 108 inclus du décret du 16 décembre 1811, qui règlent le mode actuel des plantations des routes, sont conçus dans les termes ci-après :

« Les grandes routes de l'empire, non plantées et susceptibles d'être plantées, le seront en arbres forestiers ou fruitiers, suivant les localités, par les propriétaires riverains (Art. 1 de la loi du 9 vent. an XIII).

« Les plantations seront faites dans l'intérieur de la route, sur le terrain appartenant à l'état, avec un contre-fossé qui sera fait et entretenu par l'administration des ponts et chaussées (Art. 2 de la loi du 9 vent. an XIII).

749. « Les plantations seront faites au moins à la distance d'un mètre du bord extérieur des fossés, et suivant

Un propriétaire riverain d'une grande route n'est pas fondé à prétendre qu'il a ignoré les lois et règlements qui lui imposent l'obligation de planter les bords de cette route, ni à se plaindre de ce que les plantations ont été exécutées d'office lorsqu'elles n'ont eu lieu qu'après une adjudication publiquement annoncée par affiches, et qu'il est constant que des piquets ont été plantés et des trous ouverts sur la propriété trois mois avant les plantations (Ord. du 20 fév. 1822. Mac. t. 3. p. 207).

Les articles 88, 95 et 97 du décret du 16 décembre 1811, ont force de loi (Ord. du 28 oct. 1831. Mac. t. 1. p. 416). Voir l'arrêt de la cour de cassation du 26 août 1828 rapporté en regard

l'essence des arbres (Art. 90 du Déc. du 16 déc. 1811).

750. « Les arbres seront reçus par les ingénieurs des ponts et chaussées, qui surveilleront toutes les opérations, et s'assureront que les propriétaires se sont conformés en tout aux dispositions de l'arrêté du préfet (Art. 92 du Déc. précité).

751. L'article 93 du décret du 16 décembre 1811, porte que *tous les arbres morts ou manquants seront remplacés dans les trois derniers mois de chaque année, par le planteur, sur la simple réquisition de l'ingénieur en chef.*

752. L'article 95 veut que le préfet ordonne l'adjudication des plantations non effectuées ou mal exécutées par les particuliers ou les communes propriétaires, à l'expiration du délai que ce magistrat aura fixé en exécution de l'article 91, à l'effet de déterminer l'alignement des plantations, le délai nécessaire pour l'effectuer, et l'essence des arbres pour chaque localité. *Cette disposition est applicable au remplacement des arbres morts ou manquants* (Art. 96 du décret).

753. Aux termes de l'article 5 de la loi du 9 ventôse an XIII, dans les grandes routes dont la largeur ne permettra pas de planter sur le terrain appartenant à l'état, lorsque le particulier riverain voudra planter des arbres sur son propre terrain, *à moins de six mètres de distance de la route,* il sera tenu de demander et d'obtenir l'alignement à suivre de la préfecture du département.

754. L'obligation imposée aux propriétaires riverains par l'article 93 du

du nombre 708, titre 1er, chapitre 2 de cette partie.

décret du 16 décembre 1811, a été rappelée aux préfets par une circulaire du directeur général des ponts et chaussées, du 1er mai 1827. A la suite de cette circulaire, on trouve un modèle de réquisition à adresser, à ce sujet, aux propriétaires riverains par l'ingénieur en chef du département.

—◇◆◇—

CHAPITRE III.

DROITS DE PROPRIÉTÉ SUR LES PLANTATIONS BORDANT LES ROUTES.

755. L'article 18 de la loi du 28 août 1792, dispose que, jusqu'à ce *qu'il ait été législativement pourvu à la plantation des routes,* nul ne pourra s'en approprier les arbres et les abattre, que leurs fruits seulement et les bois morts appartiendraient aux propriétaires riverains, etc.

756. Survint ensuite la loi du 9 ventôse an XIII, dont l'article 3 attribue aux propriétaires riverains la propriété *des arbres plantés par eux dans l'intérieur de la route sur le terrain appartenant à l'état,* ainsi que leurs produits, sous la seule condition qu'ils ne pourront les couper, abattre ou arracher qu'avec l'autorisation donnée par l'administration, *et à la charge du remplacement.*

757. Puis, l'article 86 du décret du 16 décembre 1811, *déclare propriété de l'état tous les arbres plantés avant la publication dudit décret* sur les routes royales en dedans des fossés et sur le terrain de la route, excepté ceux qui ont été plantés, en exécution de la loi du 9 ventôse an XIII, par les propriétaires riverains.

Lorsque le droit concédé à une commune de planter et d'ébrancher des arbres sur des chemins publics, lui est contesté par une autre commune qui prétendrait que la concession est entachée de féodalité; comme il s'agit là d'une question de propriété, c'est aux tribunaux et non à l'autorité administrative que la connaissance en est dévolue (Ord. du 29 avril 1809. Sir. t. 17. p. 125).

L'autorisation d'abattre les arbres est indispensable au propriétaire riverain : s'il néglige de la demander, il encoure une amende (Ord. du 28 nov. 1821. Mac. t. 2. p. 536).

Les dispositions de l'article 86 du décret du 16 décembre 1811, s'appliquent même aux arbres plantés en vertu de concessions formelles et onéreuses du gouvernement avant 1789 (Ord. du 29 mai 1823. Sir. t. p. 353).

758. L'article 87 du même décret porte que tous les arbres plantés jusqu'à la publication dudit décret, le long desdites routes *et sur le terrain des propriétés communales ou particulières*, sont reconnus appartenir aux communes ou particuliers propriétaires du terrain.

759. Dans cet état de la législation, il y avait trois distinctions à faire relativement à la propriété des arbres plantés sur et le long des routes.

Ainsi, l'état était propriétaire des arbres qui sont sur le terrain de la route en dedans des fossés, quand, toutefois, ces arbres n'étaient pas du nombre de ceux plantés par les propriétaires riverains, en exécution de la loi de ventôse an XIII.

760. *Les riverains étaient propriétaires des arbres plantés par eux dans l'intérieur de la route, sur le terrain appartenant à l'état.*

Enfin, les riverains étaient reconnus propriétaires des arbres plantés jusqu'à la publication du décret du 16 décembre 1811, sur le terrain de leurs propriétés.

761. Mais la loi du 12-18 mai 1825 modifie les dispositions qui précèdent, en ce sens qu'elle exige de la part des riverains la preuve qu'ils ont acquis la propriété des arbres en question ; en effet, l'article 1er de cette loi est ainsi conçu :

« Seront reconnus appartenir aux particuliers les arbres actuellement existant sur le sol des routes royales et départementales, *et que ces particuliers justifieraient avoir légitimement acquis à titre onéreux ou avoir plantés à leurs frais, en exécution des anciens règlements.* Toutefois, ces arbres ne pour-

L'article 1er de la loi du 12 mai 1825, qui attribue à ceux qui les ont plantés la propriété des arbres actuellement existant sur le sol des routes royales, *ne s'applique qu'aux arbres qui sont sur le sol même de la route, et non aux arbres plantés sur le terrain riverain de la route;* ceux-ci, quelle que soit la personne qui les aient plantés, appartiennent aux propriétaires des fonds riverains : tel fut le vœu des dispositions de l'article 16 de la loi du 28 août 1892 et de l'article 87 du décret du 16 décembre 1811 (Ar. C. de cass. du 7 juin 1827. Sir. t. 27. p. 475).

Le même article 1er de la loi du 12 mai 1825, comprend, *dans l'expression des particuliers*, tous ceux qui, à quelque titre que ce soit, ont planté des arbres dont la propriété leur était attribuée par les anciens règlements, et s'applique même aux ayant-cause des anciens seigneurs-voyers qui avaient

ront être abattus que lorsqu'ils donneront des signes de dépérissement, et sur une permission de l'administration.

La permission de l'administration sera également nécessaire pour en opérer l'élagage.

762. Quant à l'autorisation de couper des arbres bordant les routes, l'article 99 du décret du 16 décembre 1811 exigeait l'approbation du directeur général des ponts et chaussées ; mais, par une ordonnance royale du 29 mai-9 juin 1830, les autorisations données par les préfets sont affranchies de cette formalité, dans les termes ci-après de ladite ordonnance.

Seront exécutoires et dispensées de l'approbation supérieure à laquelle elles étaient précédemment soumises, les autorisations données par les préfets, à l'effet d'abattre et à la condition de remplacer les arbres plantés le long des routes royales et départementales, dont le dépérissement aura été constaté par les ingénieurs (Art. 1er).

763. Ainsi, tout propriétaire riverain qui voudra faire couper, arracher ou élaguer des arbres bordant les routes, devra se pourvoir préalablement d'une autorisation auprès du préfet du département de la situation des arbres, à peine d'encourir une amende égale au triple de la valeur des arbres abattus. *(Voir* au nombre 766.)

planté en leur qualité de seigneur (Ar. C. de cass. du 24 déc. 1835. Sir. t. 36. p. 135).

La question de savoir qui eut anciennement le droit de planter des arbres sur un terrain, ou de savoir, en fait, si les arbres plantés par un seigneur ont été plantés à titre de seigneur ou de propriétaire, est une question purement judiciaire : si une telle question s'élève incidemment devant l'autorité administrative, et qu'elle soit renvoyée devant l'autorité judiciaire, cette autorité ne peut se refuser à juger, sous prétexte qu'on ne lui demanderait qu'un simple avis et que sa décision n'aurait pas le caractère d'un jugement (Ar. C. de cass. du 1er mai 1827. Sir. t. 27. p. 269).

—◇◉◆◈◇—

CHAPITRE IV.

CONTENTIEUX.

764. Les contestations qui pourront s'élever entre l'administration et les particuliers, relativement à la propriété des arbres plantés sur le sol des routes, seront portées devant les tribunaux ordinaires (Art. 1er de la loi du 12-18 mai 1825).

—◇◈◇—

CHAPITRE V.

DISPOSITIONS PÉNALES RELATIVES AUX PLANTATIONS DES ROUTES.

765. L'article 97 du décret du 16 décembre 1811, est ainsi conçu :

Tous particuliers ou communes, au lieu et place desquels il aura été effectué des plantations en conformité des articles 88 et 95, seront condamnés à l'*amende d'un franc par pied d'arbre* que l'administration aura planté à leur défaut, et ce, indépendamment du remboursement de tous les frais de plantation.

766. L'article 101 porte : *Tout propriétaire qui sera reconnu avoir coupé sans autorisation, arraché ou fait périr les arbres plantés sur son terrain*, sera condamné à une amende égale à la triple valeur de l'arbre détruit (*).

767. Suivant les prescriptions de

Un propriétaire riverain d'une grande route n'est pas fondé à prétendre qu'il ignore les lois et règlements qui lui imposent l'obligation de planter les bords de cette route, ni de se plaindre de ce que les plantations ont été exécutées d'office, lorsqu'elles n'ont eu lieu qu'après adjudication publique annoncée par affiches, et qu'il est constant que des piquets ont été plantés et des trous faits trois mois avant la plantation (Ord. du 20 fév. 1822. Mac. t. 3. p. 207).

Les articles 88, 95 et 97 du décret du 16 décembre 1811, ont force de loi (Ord. du 28 oct. 1831. Mac. t. 1. p. 416).

Il appartient aux conseils de préfecture de statuer sur le dommage causé à l'état par l'ébranchement des arbres plantés sur le terrain des routes.

« Vu l'arrêté du conseil de préfecture de *** qui, se fondant sur ce que les tribunaux seuls sont compétents pour connaître du délit résultant de l'ébranchement d'un arbre sur une route royale et appartenant à l'état, lorsque la propriété n'est pas contestée ;

» Considérant que le fait rapporté dans le procès-verbal du....., ci-dessus visé, ne constitue ni un délit, ni une contravention, mais seulement un simple dommage envers l'état, qu'il y a lieu d'apprécier sans pénalité et dont la connaissance, aux

---

(*) Voyez pour la valeur estimative des arbres le tarif qui se trouve à la suite du Code forestier, pour l'exécution de l'article 192 dudit Code.

l'article 105 du même décret, les particuliers ne peuvent procéder à l'élagage des arbres qui leur appartiennent sur les routes, qu'aux époques et d'après les indications contenues dans l'arrêté que le préfet doit prendre à cet égard : mais cette opération doit se faire sous la surveillance des agents des ponts et chaussées, sous peine de poursuites comme coupables de dommages causés aux plantations des routes.

termes du premier paragraphe de l'article 14 du décret du 16 décembre 1811, doit être portée devant les conseils de préfecture, etc. » (Ord. du 22 juin 1825).

TITRE IV.

DE LA VOIRIE FLUVIALE, OU POLICE A EXERCER SUR LES FLEUVES ET RIVIÈRES NAVIGABLES ET FLOTTABLES, LES PORTS, HAVRES, QUAIS, ETC.

CHAPITRE PREMIER.

PRINCIPES FONDAMENTAUX.

768. Les anciens édits, ordonnances ou arrêts de règlements, et les lois actuellement en vigueur qui régissent les cours d'eau navigables et flottables sont :

1. Les articles 40, 42, 43, 44 et 45 du titre 27 ; les articles 6 et 7 du titre 28 de l'ordonnance dite des eaux et forêts, du 13 août 1669.

L'ordonnance de règlement du mois de juin 1672.

L'ordonnance de la marine du mois d'août 1681.

L'arrêt du conseil du roi du 24 juin 1777.

Celui du 23 juillet 1783.

1. L'autorité administrative chargée de la police des cours d'eau, a, par suite, la connaissance des difficultés qui naissent sur l'exécution de ses arrêtés en matière de cours d'eau ; ainsi les tribunaux civils, ne peuvent statuer sur l'opposition formée par un particulier contre l'arrêté d'un maire, portant qu'il sera tenu de démolir les ouvrages par lui construits sur un cours d'eau, en ce qu'ils causent des inondations (Ord. du 19 mars 1808. Sir. t. 16. p. 318).

2. Les lois relatives à la police des rivières navigables *s'appliquent aux bras non navigables de ces rivières*, considérés comme une dépendance desdites rivières (Ord. des 27 janvier 1824, 27 avril 1825 et 11 fév. 1836).

3. *Les rivières ne sont du domaine public qu'à partir du point flottable ou navigable*. Ainsi, les conseils de préfecture sont incompétents pour connaître des empiétements exécutés sur une *rivière*

L'article 1er, section 6 du titre 1er, et l'article 40 du titre 2 du décret de l'assemblée nationale du 6 octobre 1791.

Le chapitre 6 de la loi du 12-20 août 1790.

L'article 2 de la loi du 22 novembre-1er décembre 1790.

L'arrêté du directoire exécutif du 19 ventôse an VI.

Le décret impérial du 22 janvier 1808.

Le titre 9 de celui du 16 décembre 1811.

Et le décret du 10 avril 1812.

Nous extrairons de ces divers actes du pouvoir souverain les dispositions applicables au contentieux de la voirie fluviale pour les rapporter littéralement aux lieux et places qui conviendront, suivant l'intitulé de chacun des chapitres du présent titre.

EXTRAIT DE L'ORDONNANCE DES EAUX ET FORÊTS DU MOIS D'AOUT 1669, TITRE 27, ART. 44.

769. Défendons à toutes personnes de détruire l'eau des rivières navigables et flottables (*), ou d'en affaiblir le cours par tranchées, fossés ou canaux, à peine, contre les contrevenants, d'être punis comme usurpateurs, et les choses réparées à leurs dépens (Disp. reproduites à l'Art.1er de l'Ord. du mois de sept. 1672).

EXTRAIT DE L'ARRÊT DU CONSEIL D'ÉTAT DU ROI, DU 24 JUIN 1777.

770. Sa majesté déclare tous les ponts et chaussées, pertuis, digues, hollandages, pieux, balises et autres ouvrages publics qui sont ou seront par la suite construits pour la sûreté et facilité de la

___

(*) Par rivières navigables et flottables, l'article 558 du Code civil désigne *les rivières navigables par bateaux et flottables sur trains ou radeaux, c'est-à-dire navigables par toute embarcation du même tirant d'eau que les trains ou radeaux ;* mais non les ruisseaux qui, n'étant flottables qu'à bûches perdues, ne comportent aucune espèce de navigation proprement dite (Avis du C. d'ét. du 3 fév. 1822).

qui n'est ni navigable ni flottable (Ord. du 31 mars 1825).

4. Une rivière doit être considérée comme navigable et flottable, au point où il existe des passelis ou pertuis (Ord. du 10 janv. 1832).

5. Une rivière ne peut être considérée comme navigable qu'autant que la navigabilité est constatée ou déclarée par un acte administratif (Ord. du 6 déc. 1820. Sir. t. 21. p. 46).

Un canal qui dérive d'une rivière navigable, fait partie de cette rivière navigable (Ord. des 27 avril et 17 août 1825. Sir. t. 26. p. 341).

6. Les contraventions aux règlements de police *sur les rivières non navigables, canaux et autres petits cours d'eau,* doivent, selon les dispositions du Code civil et des lois existantes, être portées, suivant leur nature, devant les tribunaux de police municipale ou correctionnelle; et les contestations qui intéressent les propriétaires, devant les tribunaux civils (Avis du C. d'ét. du 28 vent. an XII).

7. Il résulte du principe établi par la jurisprudence qui précède, que c'est à l'autorité judiciaire, c'est-à-dire aux tribunaux civils, qu'il appartient d'appliquer les anciens règlements d'eau, et notamment l'ordonnance de 1669, sauf pour cette ordonnance ce qui est relatif au chemin de halage (Ord. des 10 janv. 1821 et 8 mai 1822).

8. La juridiction de l'administration cesse, dès que l'intérêt public n'est plus l'objet de la contestation à vider, ou dès que la difficulté prend sa source et ne peut trouver sa solution que dans les principes du droit civil. Or, *les cours d'eau non navigables* ne sont pas assimilés aux chemins vicinaux sous le rapport de la police, comme les rivières navigables le sont sous ce rapport aux grandes routes (Ord. des 29 juill. 1829 et 19 mars 1840).

9. Le propriétaire d'un bateau n'est pas responsable des dommages causés par ce bateau *à l'écluse d'un canal,* lorsque la personne qui le conduisait au moment de l'événement, n'était ni son domestique ni son préposé (Ord. du 3 juin 1837).

Une ordonnance royale qui défend de faire des prises d'eau dans un canal de navigation suffit pour que toute prise d'eau postérieure doive être réprimée comme contravention de grande voirie, alors même que le contrevenant prétendrait exercer un ancien droit de propriété (Ord. du 26 déc. 1839. Fél. Leb. p. 604).

Les rivières n'étant du domaine public qu'à partir du point flottable ou navigable, il s'en suit que les conseils de préfecture sont incompétents pour connaître des empiétements exécutés sur une

navigation et du halage sur et le long des rivières et canaux navigables ou flottables, faire partie des ouvrages royaux, les prend en conséquence sous sa protection, sauvegarde royale; enjoint sa majesté aux maires, etc., de veiller et empêcher que lesdits ouvrages ne soient dégradés, détruits ou enlevés, et ordonne que tous ceux qui feraient ou occasionneraient lesdites dégradations ou destructions, seront poursuivis extraordinairement et condamnés à une amende arbitraire et tenus de réparer les choses endommagées.

EXTRAIT DE LA LOI DU 22 NOVEMBRE-1er DÉCEMBRE 1790.

771. *Les fleuves et rivières navigables, les rivages, lais et relais de la mer, et en général toutes les portions du territoire national qui ne sont pas susceptibles d'une propriété privée, sont considérées comme des dépendances du domaine public* (Art. 2).

EXTRAIT DE LA LOI DU 28 SEPTEMBRE-6 OCTOBRE 1791, SECTION 1re DU TITRE 1er.

772. *Nul ne peut se prétendre propriétaire exclusif des eaux d'un fleuve ou d'une rivière navigable ou flottable; en conséquence, tout propriétaire riverain peut, en vertu du droit commun, y faire des prises d'eau, sans néanmoins en détourner ni embarrasser le cours d'une manière nuisible au bien général et à la navigation établie* (Art. 4).

EXTRAIT DE L'ARRÊTÉ DU DIRECTOIRE EXÉCUTIF DU 19 VENTÔSE AN VI.

773. Le directoire exécutif, vu 1° les articles 42, 43 et 44 de l'ordonnance des eaux et forêts du mois d'août 1669, portant, etc. (*Voir* ci-dessous et aux chapitres suivants le texte littéral de ces articles); 2° l'article 2 de la loi du 22 novembre-1er décembre 1790, portant, etc. (*Voir* ci-après); 4° l'article 4 de la 1re section du titre 1er de la loi du 28 septembre-6 octobre 1791; l'article 16 du titre 2 de la même

rivière qui n'est ni flottable ni navigable (Ord. du 31 mars 1825). *Voyez* l'avis du conseil d'état du 24 ventôse an XII rapporté plus loin, chapitre intitulé, *Police des cours d'eau non navigables.*

L'article 4 de la section 1re du titre 1er de la loi du 28 septembre-6 octobre 1791, a modifié *les conventions prohibitives ou restrictives* de l'usage des cours d'eau, tellement qu'une digue construite jadis par un seigneur, sur une rivière, ne peut être considérée comme une propriété particulière, dont un autre riverain ne puisse aujourd'hui tirer avantage en indemnisant celui qui l'a construite (Ar. C. de cass. du 18 juin 1806. Sir. t. 6. p. 315).

loi (*Voir* ci-après); la loi du 21
septembre 1792, portant que, « *jusqu'à ce qu'il en ait été autrement ordonné, les lois non abrogées seront
provisoirement exécutées.*

Considérant qu'au mépris des lois
ci-dessus, les rivières navigables et
flottables, les canaux d'irrigation et
de dessèchement tant publics que privés, sont dans la plupart des départements obstrués par des batardeaux,
écluses, gords, pertuis, murs, chaussées, plants d'arbres, fascines, pilotis,
filets dormants, réservoirs, engins
permanents, etc.; que de là résulte
non-seulement l'inondation des terres
riveraines et l'interruption de la navigation, mais l'atterrissement même des
rivières et canaux navigables, dont le
fond ensablé ou envasé s'élève dans une
proportion effrayante, qu'une plus
longue tolérance de ces abus ferait
bientôt disparaître le système entier
de la navigation intérieure, qui, lorsqu'il aura reçu tous ses développements
par des ouvrages d'art, doit porter
l'industrie et l'agriculture de la France
à un point auquel nulle autre nation
ne pourrait atteindre.

Considérant que, pour assurer à la
république les avantages qu'elle tient
de la nature et de sa position entre
l'Océan, la Méditerranée et les grandes
chaînes de montagnes d'où partent une
foule de fleuves et de rivières secondaires, il ne s'agit que de rappeler aux
autorités et aux citoyens les lois existantes sur cette matière.

En vertu de l'article 144 de la constitution, *ordonne que les lois ci-dessus
transcrites seront exécutées selon leur
forme et teneur.*

774. Les cours d'eau navigables et flottables font partie de la grande voirie, conséquemment du domaine public. Il en résulte que l'administration publique est chargée de la police de ces cours d'eau *et que les contraventions dont ils peuvent être l'objet doivent être réprimées par les conseils de préfecture* (Lois des 6 oct. 1791, 28 pluv. an VIII et 29 flor. an X, et Déc. des 16 décembre 1811 et 10 avril 1812).

Ces canaux de navigation et leurs dépendances sont voie publique par destination, lors même qu'ils ont été concédés à perpétuité (Ord. du 27 avril 1826).

Par cela seul qu'un cours d'eau particulier sert depuis long-temps à l'alimentation d'un canal de navigation, les propriétaires de ce cours d'eau qui effectuent, sans le consentement de l'administration, des travaux dont l'effet est d'interrompre la navigation commettent une contravention de grande voirie, et il en est ainsi lors même que les travaux dont il s'agit seraient l'exécution d'un arrêt de cour royale (Ord. du 1er juil. 1839. Fél. Leb. p. 389).

—◇◆◇—

CHAPITRE II

CONSTRUCTIONS ET PLANTATIONS DANS LES LITS DES FLEUVES, DES RIVIÈRES ET SUR LES RIVAGES DE LA MER.

ORDONNANCE DE 1669, TITRE 27.

775. Nul, soit propriétaire ou engagiste, ne pourra faire moulins, batardeaux, écluses, gords, pertuis, plants d'arbres, amas de pierres, de terres et de fascines, ni autres édifices ou empêchements nuisibles au cours de l'eau, dans les fleuves et rivières navigables et flottables, ni même y jeter aucunes ordures, immondices, ni même les amasser sur les quais et rivages, à peine d'amende arbitraire. Enjoignant à toutes personnes de les ôter dans les trois mois, du jour de la publication de la présente, et, si aucun se trouve subsister après ce temps, voulons qu'ils soient incessamment ôtés et levés, à la diligence do nos procureurs des maîtrises, aux frais et dépens de ceux qui les auront faits ou causés, sous peine *de cinq cents livres d'amende*, tant contre les particuliers que contre le juge et notre procureur qui auront négligé de le faire, et de répondre, en leurs privés noms, des dommages et intérêts (Art. 42).

776. Ceux qui ont fait bâtir des moulins, écluses, vannes, gords et autres édifices dans l'étendue des fleuves et rivières navigables et flottables, sans en avoir obtenu la permission de nous ou de nos prédécesseurs, seront tenus de les démolir, sinon ils le seront à leurs dépens.

Cette permission est aussi nécessaire pour pouvoir transporter un moulin d'un endroit de la rivière dans un autre (Lettres patentes du mois de février 1675).

1. Les murs de soutènement d'une maison placée sur le bord d'une rivière navigable, sont réputés dépendances de la maison et non de la rivière (Ord. du 20 nov. 1815. Sir. t. 18. p. 75).

2. Le propriétaire d'une île dans une rivière, qui pratique des ouvrages offensifs pour réunir à son île un nouveau banc qui se forme dans la rivière, est passible d'amende, alors même qu'il aurait été autorisé à construire des ouvrages défensifs (Ord. du 23 août 1828).

3. Aucune usine, batardeau, écluse, ni aucune autre construction ne peuvent être effectuées sans autorisation sur une rivière navigable : en cas de contravention, *l'amende est de mille francs* fixée par l'arrêt de conseil du 24 juin 1777 (Ord. du 26 novembre 1839. Fél. Leb. p. 549, et autre du 21 juin 1806, relatif à la construction de neuf épis sur la Loire).

4. La portée et les effets d'un arrêt du conseil du 3 novembre 1677, ou de titres antérieurs qui ont autorisé une usine sur une rivière navigable, ne peuvent être appréciés par l'autorité judiciaire, attendu que, dans ce cas, il s'agit de l'interprétation d'un acte administratif (Ord. du 27 mars 1839. Fél. Leb. p. 203).

5. La demande en indemnité pour travaux qui constituent une diminution permanente de la force motrice d'une usine située sur une rivière navigable, ne peut être portée devant les tribunaux ordinaires, lorsque le réclamant se fonde sur des

Et à plus forte raison quand il s'agit de rétablir à nouveau un moulin (Lettres patentes de l'année 1677) (Art. 43).

EXTRAIT DE L'ORDONNANCE DE LA MARINE, DU MOIS D'AOUT 1681, TITRE 7.

777. Sera réputé bord et rivage de la mer, tout ce qu'elle couvre et découvre pendant les nouvelles et pleines lunes, et jusqu'où le grand flot de mars se peut étendre sur la grève (Art. 1).

Faisons défense à toutes personnes de bâtir sur les rivages de la mer, d'y planter aucun pieux, ni faire aucun ouvrage qui puisse porter préjudice à la navigation, à peine de démolition desdits ouvrages, confiscation des matériaux et d'amende arbitraire (Art. 2).

ARRÊT DU CONSEIL D'ÉTAT DU ROI, DU 24 JUIN 1777.

778. Sa majesté fait, en conséquence, défense à toutes personnes de quelque qualité et condition qu'elles soient, de faire aucuns moulins, pertuis, vannes, écluses, arches, bouchis, gords ou pêcheries, ni autres constructions ou autres empêchements quelconques sur ou au long des rivières et canaux navigables, *à peine de mille livres d'amende* et de démolitions desdits ouvrages... Ordonne sa majesté aux propriétaires de les enlever et de les détruire dans le délai de deux mois du jour, etc. (Art. 1).

EXTRAIT DU DÉCRET DU 28 SEPTEMBRE-6 OCTOBRE 1791, TITRE 2.

779. *Les propriétaires ou fermiers des moulins et usines construits ou à construire, seront garants de tous dommages que les eaux pourraient causer aux chemins et aux propriétés voisines, par la trop grande élévation du déversoir ou autrement. Ils seront forcés de tenir les eaux à une hauteur qui ne nuise à personne, et qui sera fixée par le directoire du département (remp'acé par le préfet), d'après l'avis du directoire du district (c'est actuellement l'avis de l'ingénieur en chef des ponts et chaussées). En cas de contravention, la peine*

actes administratifs pour établir son droit de propriété sur la force motrice.

La demande formée par le propriétaire d'une usine sur une rivière navigable, en répétition d'une somme pour laquelle il a contribué à des travaux qui devaient augmenter la force motrice de son usine, ne peut être portée devant les tribunaux ordinaires, lorsque le réclamant se fon ie sur des actes administratifs pour établir ses droits de propriété sur la force motrice.

Un propriétaire riverain d'un cours d'eau peut, nonobstant l'autorisation administrative accordée à une usine, porter une action en dommages-intérêts devant les tribunaux, si l'établissement de cette usine lui porte préjudice. Mais il ne peut attaquer par la voie contentieuse l'ordonnance d'autorisation, lorsqu'il a été entendu dans l'instruction ou enquête préparatoire (Ord. du 5 déc. 1839. Fél. Leb. p. 566).

6. Lorsqu'après l'exécution de travaux publics dans le lit d'une rivière navigable, une propriété riveraine éprouve un préjudice qu'elle n'eût pas éprouvé ou qui eût été moindre sans les travaux, mais qui, cependant, n'en sont que la conséquence éventuelle et indirecte, le propriétaire n'a droit à aucune indemnité (Ord. du 27 août 1839. Fél. Leb. p. 489).

7. Lorsqu'un propriétaire riverain, poursuivi pour plantations et travaux exécutés suivant le procès-verbal dans le lit d'une rivière, oppose que ces plantations et travaux ont été faits sur un alluvion qui lui appartient, la question se réduit à savoir si, en admettant l'existence de cette propriété (qui n'est pas l'objet du litige), les faits reprochés n'en constituent pas moins une infraction aux lois et réglements; et dès lors le conseil de préfecture est compétent pour statuer *hic* et *nunc* sans qu'il soit obligé, avant faire droit, de renvoyer devant les tribunaux ordinaires, chargés de prononcer sur la question de propriété (Ord. du 1er juil. 1839. Fél. Leb. p. 391).

8. Les préfets sont compétents pour ordonner la destruction d'ouvrages qui entraveraient le cours d'une rivière navigable ; et leurs arrêtés doivent être attaqués devant le ministre de l'intérieur avant de l'être devant le conseil d'état (Ord. du 13 juin 1821. Mac. t. 2. p. 74).

9. L'autorité administrative peut, en autorisant le maintien des moulins et usines sur les cours d'eau, modifier l'ancien régime des eaux, pour prévenir et empêcher tout dommage public. Elle a ce droit, nonobstant toute possession ou

era une amende qui ne pourra excéder
la somme du dédommagement (Art.
16) (*).

toute autorisation contraire, précédemment donnée par elle-même, et l'ordonnance qui règle les nou-velles conditions d'existence est inattaquable par la voie contentieuse (Ord. du 1ᵉʳ juillet 1839. Fél. Leb. p. 375 et suivantes).

10. L'ordonnance portant règlement d'eau d'une usine, ne peut être attaqué par la voie contentieuse, par le propriétaire ou le subrogé tuteur des mineurs-propriétaires en l'absence de la mère-tutrice d'une autre usine, entendue dans l'instruction qui a précédé cette ordonnance (Ord. des 15 et 22 août 1839. Fél. Leb. p. 458 et 464).

Lorsque la hauteur d'eau d'un moulin occasionne l'inondation des propriétés riveraines, l'autorité royale peut ordonner la réduction nonobstant possession trentenaire (Ord. des 1ᵉʳ juil. 6 août et 21 nov. 1839. Fél. Leb. p. 364. 429 et 528).

—◇◆◇—

CHAPITRE III.

DES DÉPÔTS DE MATÉRIAUX ET AUTRES OBJETS EMBARRASSANT LE COURS DE L'EAU DANS LES PORTS, RADES, FLEUVES, RIVIÈRES, CANAUX ET LA LIBRE CIRCULATION SUR LES QUAIS, ETC.

EXTRAIT DE L'ORDONNANCE DU MOIS DE
DÉCEMBRE 1672.

780. Enjoint aux marchands et voituriers de faire incessamment enlevé de la rivière les bateaux étant au fond de l'eau, et de faire ôter de la rivière, et de dessus les ports et quais, les débris desdits bateaux, et ce à peine d'amende et de confiscation; à cet effet, esdits bateaux et débris seront marqués du marteau de la marchandise, pour être vendus dans la huitaine sans autre formalité de justice, et les deniers

1. Lorsque des bateaux ont échoué, la condamnation à l'amende et à la confiscation des marchandises ne sauraient avoir lieu conformément à l'article 10 de l'ordonnance du mois de décembre 1672 (Ord. du 21 oct. 1831).

2. Le cas de force majeure est inadmissible de la part de celui qui a halé des bateaux sur un bord de rivière, lorsqu'il existe un règlement administratif qui ordonne de ne haler que sur l'autre bord (Ar. C. de cass. du 22 juill. 1824. Sir. t. 24. p. 279).

3. Les contraventions aux règlements sur la police des ports maritimes de commerce, qui ont pour objet d'assurer la liberté de la navigation, sont des contraventions de grande voirie, qui rentrent dans les attributions des conseils de préfecture (Ord. du 14 janv. 1839. Fél. Leb. p. 52).

4. Un particulier qui n'a pas enlevé, dans le délai fixé par les règlements sur la police des ports maritimes de commerce, un dépôt de bois qu'il avait fait sur le quai de ce port, est *passible d'une amende de cinq cents francs* (Ord. des 14 et 23 janvier 1839. Fél. Leb. p. 53 et 70).

---

781. (*) Dans l'espèce énoncée ci-contre, le réclamant alléguait que la hauteur d'eau de son moulin avait été réglée par l'administration départementale, l'arrêt ne reconnaissant pas en fait l'exactitude de cette allégation, il n'y avait lieu à généraliser la solution, en l'étendant au cas où la hauteur des eaux aurait été réglée par des actes administratifs. Mais sans contester à l'autorité royale, le droit de prévenir les inondations, un propriétaire de moulin dont on abaisserait les eaux contrairement à un règlement administratif régularisé par une ordonnance royale rendue dans les formes actuellement employées, ce propriétaire aurait sans doute ouverture à un recours par la voie contentieuse, à l'effet d'obtenir une indemnité. Toutefois la jurisprudence n'est pas fixée à cet égard (Opinion émise par Fél. Leb.).

en provenant appliqués aux hôpitaux (Chap. 1.
Art. 10).

EXTRAIT DE L'ORDONNANCE DE LA MARINE DU MOIS D'AOUT 1681 , TITRE 1.

782. Les ports et hâvres seront entretenus dans
leur profondeur et netteté; faisons défense d'y
jeter aucunes immondices, à peine de *dix livres
d'amende,* payables par les maîtres pour leurs
valets, même par les pères et mères pour leurs
enfants (Art. 1).

Les marchands, facteurs et commissionnaires
ne pourront laisser sur les quais leurs marchandises
plus de trois jours, après lesquels elles seront enlevées, à la diligence du maître du quai, où il y en
aura d'établi, sinon de nos procureurs au siège de
l'amirauté, et aux dépens des propriétaires, lesquels
seront en outre *condamnés en amende arbitraire*
(Art. 7).

Enjoignons aux maçons et autres employés aux
réparations des murailles, digues et jetées des
canaux, hâvres et bassins, d'enlever les décombres
et faire place nette incontinent après les ouvrages
finis, *à peine d'amende arbitraire* et d'y être
pourvu à leurs frais *(Art. 13 titre 4).*

Faisons défense à tous capitaines et maîtres des
navires de jeter leur leste dans les ports, canaux,
bassins et rades, *à peine de cinq cents livres d'a-
mende* pour la première fois, et de saisie et confiscation en cas de récidive, et aux délesteurs de porter
ailleurs que dans les lieux à ce destinés, à peine de
punition corporelle (Art. 6) (*).

Faisons aussi défense, sous pareilles peines, aux
capitaines et maîtres de navires de délester leurs
bâtiments, et aux maîtres et patrons de gabarres
ou bateaux lesteurs, de travailler au lestage ou
délestage d'un nouveau vaisseau pendant la nuit
(Art. 7).

EXTRAIT DE L'ARRÊT DU CONSEIL DU 24 JUIN 1777.

783. Ordonne pareillement sa majesté à tous
riverains, mariniers ou autres, de faire enlever les
pierres, terres, bois, pieux, débris de bateaux et
autres empêchements, étant de leur fait ou à leur
charge dans le lit des rivières ou sur leurs bords, à
peine de cinq cents livres d'amende, et d'être en
outre *contraints au paiement des ouvriers em-*

(*) Les dispositions de l'article 6 du titre 4 de l'ordonnance de 1681, ont été confirmées par l'article 36 du
décret du 12 décembre 1806, sur la police des 'ports.

ployés auxdits enlévements ou nétoiements, etc. (Art. 3).

Défend sa majesté, sous les mêmes peines, à tous riverains et autres, de jeter dans les lits desdites rivières et canaux, ni sur leurs bords, aucuns immondices, pierres, gravois, paille ou fumiers, ni rien qui puisse embarrasser ou altérer le lit, ni en affaiblir et changer le cours, par aucune tranchée ou autrement, ainsi que d'y planter aucuns pieux, mettre rouir du chanvre, comme aussi d'y tirer aucune pierre, terre, sable ou autres matériaux plus près des bords que six toises (Art. 4).

— ◇◆◇ —

CHAPITRE IV.

EXTRACTION DE MATÉRIAUX PRÈS DES RIVIÈRES, ETC.

EXTRAIT DE L'ORDONNANCE DU MOIS
D'AOUT 1669, TITRE 27.

784. Ne seront tirés terres, sables et autres matériaux à six toises (11ᵐ 70 c.) près des rivières navigables à peine de *cent livres d'amende* (Art. 40).

Cette disposition se trouve rappelée littéralement à l'article 2 de l'ordonnance du mois de décembre 1672, enregistrée le 20 février 1673, et à l'article 4 de l'arrêt du conseil d'état du roi du 24 juin 1777.

— ◇◆◇ —

CHAPITRE V.

CHEMINS DE HALAGE ET MARCHEPIEDS (*).

ORDONNANCE DU 13 AOUT 1669 TITRE 28.

785. Les propriétaires des héritages aboutissant aux rivières navigables, laisseront le long des bords *vingt-quatre pieds au moins* (7 mètres 70 centi-

1. Un règlement d'administration publique rendu en exécution de la loi du 16 septembre 1807, pour l'établissement d'un chemin de halage, ne peut être attaqué par la voie de la tierce opposition (Ord. du 25 avril 1833. Mac. t. 3. p. 226).

2. L'obligation imposée aux riverains de fournir le chemin de halage et marchepied, constitue une

(*) L'espace réservé de chaque côté des rivières navigables, pour le trait des chevaux et le marchepied, doit se compter à partir du point que les eaux atteignent lorsque la rivière est à plein bord ou prête à déborder (Décis. du Direc.-gén. des ponts et chaussées du 4 février 1821; Code des p. et ch. Ravinet, t. 2. p. 11).

(*) Voyez, chapitre 1er, nombre 774, une ordonnance rendue en conseil d'état, sous la date du 27 avril 1826, laquelle porte que les canaux de navigation *et leurs dépendances* sont voies publiques par destination.

mètres) en largeur pour chemin royal et trait des chevaux, sans qu'ils puissent planter arbres, ni tenir clôtures ou haies plus près que trente pieds (9 mètres 75 centimètres), du côté que les bâteaux se tirent, et *dix pieds* (3 *mètres* 25 *centimètres*) de l'autre bord, *à peine de cinq cents livres d'amende* (500 francs), confiscation des arbres, et d'être, les contrevenants, contraints à réparer et remettre les chemins en état à leurs frais (Art. 7) (*).

786. (*) Les dispositions de cet article ne sont applicables *qu'aux rivières naturellement navigables.* Quant à *celles qui ne sont navigables qu'aux moyen d'ouvrages d'art,* l'établissement du halage donne lieu à des indemnités en faveur des propriétaires riverains, conformément au décret du 22 janvier 1808, et une décision du ministre de l'intérieur, du 7 février 1822, consacre le principe que l'état *doit indemniser les propriétaires, lors même que les travaux destinés à rendre une rivière navigable auraient été ordonnés antérieurement à ce décret* (Décis. précitée du direc. gén. même Code t. 1. p. 10.) Voir les ordonnances rendues en conseil d'état rapportées ci-contre, numéros 2, 3, 4, 9, 10 et 11.

L'article 7 de l'ordonnance du mois d'août 1669 a donné lieu à un assez grand nombre de questions qui provenaient presque toutes *de ce qu'on oubliait que les chemins de halage ne font point partie du domaine public,* et que les dispositions que cette ordonnance prescrit aux riverains *ne contient qu'une servitude* pour l'utilité publique, servitude *qui n'attaque que la jouissance* ET NON LA PROPRIÉTÉ.

Ainsi, 1. Lorsque les propriétaires se refusent à faire l'essartage des bois et broussailles nuisibles au |service du halage, '*qui pourraient croître naturellement* dans l'espace frappé de servitude, cette opération doit être faite aux frais de l'état, conformément aux articles 697 et 698 du Code civil (Décis. du direct. gén. du 22 janvier 1827. Code précité t. 1. p. 11).

2. On ne peut assujétir les propriétaires à recevoir sans indemnité sur les chemins de halage, les matières provenant du curage des rivières navigables ou flottables.

3. La servitude imposée aux riverains est exclusivement réservée au service de la navigation, et ne peut en conséquence donner à des tiers aucuns droits étrangers à ce service, tels que de construire des aqueducs, de puiser de l'eau, de laver, etc. (Déc. du direc. gén. des 20 août 1815 et 6 mars 1820, même Code, t. 1. p. 11). Voir l'ordonnance rendue en conseil d'état le 7 avril 1819, numéros 2, 3, 4 et 6.

4. Les propriétaires ne peuvent être contraints à l'entretien du chemin de halage, puisqu'ils sont obligés de fournir gratuitement le terrain nécessaire, soit à la conservation de ce chemin dans la largeur prescrite, soit à l'établissement d'un nouveau, si l'ancien vient à être envahi par les eaux. Mais dans le cas où quelques circonstances, en forçant de reculer le chemin de halage, nécessiteraient la destruction de quelques arbres ou de quelques bâtiments, l'administration n'a jamais refusé de payer la valeur de ces arbres ou de ces bâtiments, pourvu toutefois que les propriétaires pussent justifier |que leurs

servitude et non pas une expropriation pour cause d'utilité publique (Ord. des 4 juil. 1827 et 2 janvier 1838).

3. La servitude imposée aux propriétaires riverains, s'étend sur tout le terrain nécessaire à la navigation dans toutes les saisons de l'année ; et, si la rivière comporte des accroissements habituels, la servitude doit être réglée en prenant un terme moyen entre les eaux basses et l'élévation des hautes eaux : ce n'est qu'après avoir ainsi déterminé les bords de la rivière, aux termes de l'article 1er, titre 7, livre 4, de l'ordonnance de 1681, que l'on doit tracer deux espaces libres de 9 mètres 75 et de 3 mètres 25 centimères de largeur pour le chemin de halage, aux termes de l'article 7, titre 27, de l'ordonnance de 1669 ; le propriétaire ne peut planter des arbres qu'en deçà de ces deux espaces (Ord. des 24 déc. 1818. Sir. t. 20. p. 233).

4. Un chemin de halage n'a pas le caractère de chemin public, bien que l'ordonnance de 1669 l'ait qualifié de chemin royale (Ar. C. r. de Toulouse, du 19 janv. 1825. Sir. t. 25. p. 119).

5. Un chemin de halage n'est qu'une servitude imposée par la loi, et la propriété privée conserve sa nature et ses prérogatives hors le cas du service de la navigation (Ar. C. de cass. du 24 fév. 1827. Sir. t. 27. p. 481).

6. Le propriétaire peut donc s'opposer à ce que, dans l'intérêt d'un tiers, il soit formé un port fixe d'abordage le long des chemins de halage (Ord. du 26 août 1818. Sir. t. 18. p. 322).

7. Les riverains doivent tenir clôture ou haie à 2 mètres au moins du chemin de halage (Ord. de 1669 et Ord. rendue en C. d'ét. le 18 mai 1838).

8. Le décret du 22 janvier 1808 (article 3), n'accorde indemnité pour l'établissement des chemins de halage qu'aux riverains des fleuves ou rivières qui n'étaient pas encore navigables, et où la navigation s'établirait par la suite (Ord. du 2 janvier 1838).

9. Il n'est dû indemnité aux propriétaires riverains, pour l'établissement des chemins de halage, que pour les navigations nouvellement établies dans les rivières qui n'étaient pas navigables par bateaux, trains ou radeaux. L'indemnité n'est pas due lorsque la rivière était anciennement navigable (Art. 3 du déc. du 22 janv. 1808, et Ord. du 5 août 1829. Deloche, p. 300).

10. L'indemnité doit être refusée aux riverains sur la propriété desquels l'administration n'a établi le chemin de halage que postérieurement au décret du 22 janvier 1808, s'il s'agit d'un fleuve ou d'une

787. Les dispositions qui précèdent au nombre 785 sont rappelées dans l'article 3 de l'ordonnance du mois de décembre 1672, enregistrée le 20 février 1673, et ont été confirmées par un arrêté du gouvernement du 13 nivôse an **V**.

ARRÊT DU CONSEIL D'ÉTAT DU ROI, DU 24 JUIN 1777.

788. Enjoint sa majesté à tous propriétaires riverains, de livrer vingt-quatre pieds de largeur pour le halage et trait des chevaux le long des bords des fleuves et rivières navigables, *ainsi que sur les îles* où il en serait besoin, sans pouvoir planter arbres, ni haies, tirer fossé ni clôture plus près desdits bords que trente pieds ; et, où il se trouverait aucuns bâtiments, arbres, haies, clôtures ou fossés dans ladite largeur prescrite pour les chemins de halage, d'un ou d'autre bord, ordonne sa majesté que lesdits bâtiments, arbres, haies et clôtures seront abattus, démolis et enlevés, et les fossés comblés pas les propriétaires, dans le terme d'un mois, à compter de la publication du présent arrêté, à peine par lesdits riverains de demeurer garants et responsables des événements et retards, *de cinq cents livres d'amende* et d'être contraints à leurs dépens, auxdites démolitions (Art. 2).

EXTRAIT DE L'ARRÊT DU CONSEIL D'ÉTAT DU ROI, DU 23 JUILLET 1783, TITRE 2.

789. Ne pourront aucuns des propriétaires d'îles, îlots, grèves, accolins ou emplacements, s'opposer, même sous prétexte de la mise en possession par le commissaire départi, à ce qu'il soit pratiqué des

rivière qui était navigable antérieurement au décret précité (Ord. du 13 janv. 1840).

11. Si l'administration déplace le chemin de halage d'une rivière anciennement navigable, et que par suite le chemin de halage soit transporté sur la rive opposée, les propriétaires n'ont droit à aucune indemnité pour le chemin qu'ils sont tenus de fournir (Ord. du 27 août 1839),

---

plantations ou constructions étaient originairement à la distance prescrite par l'article 7 de l'ordonnance de 1669 (Décis. du direct.-gén. des 29 oct. 1811, 19 mai 1818 et 27 juil. 1825, même code t. 1. p. 11). Voir l'ordonnance rendue en conseil d'état le 7 avril 1819 rapportée aux numéros 4, 5 et 6.

Lorsque le gouvernement juge nécessaire au service de la navigation de changer la forme du terrain, soit par des déblais soit par des remblais, plantations ou autres ouvrages, alors il doit acquérir, moyennant une juste indemnité, la propriété de ce chemin, et il se substitue ainsi aux droits et aux charges des propriétaires. Dans ce dernier cas il est juste et nécessaire, pour l'appréciation de l'indemnité, de tenir compte de la servitude dont le terrain est grevé, et de déduire la valeur qu'il sera possible de mettre à cette servitude (Décis. du direc.-gén. des 18 mars 1823 et 16 mars 1826, même Code, t. 1. p. 11). Voir au numéro 11.

chemins à travers lesdites possessions, pour la commodité et service public des rivières et du commerce ; lesdits chemins auront au moins dix-huit pieds de largeur franche, et devront être tracés sur l'indication des ingénieurs et ordonnances des sieurs commissaires départis.

DECRET DU 22 JANVIER 1808.

790. Les dispositions de l'article 7 de l'ordonnance de 1669 sont applicables à toutes les rivières navigables de l'empire, soit que la navigation y fût établie à cette époque, soit que le gouvernement se soit déterminé depuis, ou se détermine aujourd'hui et à l'avenir à les rendre navigables (Art. 1er).

En conséquence, les propriétaires riverains, en quelque temps que la navigation ait été ou soit établie, sont tenus de laisser le passage pour le chemin de halage (Art. 2).

Il sera payé aux riverains des fleuves et rivières où la navigation n'existait pas et où elle s'établira, une indemnité proportionnée au dommage qu'ils éprouveront, et cette indemnité sera évaluée conformément aux dispositions de la loi du 6 septembre 1807 (Art. 3).

L'administration pourra, lorsque le service n'en souffrira pas, restreindre la largeur des chemins de halage, notamment quand il y aura antérieurement des clôtures en haies vives, murailles ou travaux d'art, ou des maisons à détruire (Art. 4).

—◇☙◇—

CHAPITRE VI.

FIXATION DES INDEMNITÉS DUES POUR CHÔMAGE DES MOULINS, PAR SUITE DE TRAVAUX OU AUTRES EMPÊCHEMENTS EFFECTUÉS SUR LES FLEUVES OU RIVIÈRES NAVIGABLES OU FLOTTABLES (*).

ORDONNANCE DU 13 AOUT 1669, TITRE 27, ET ORDONNANCE DU MOIS DE DÉ - CEMBRE 1672.

791. Réglons et fixons le chômage de chacun moulin qui se trouvera établi sur les rivières navigables et flottables, avec droits, titres et concessions à quarante sols pour le temps de vingt-quatre heures, qui seront payés aux propriétaires des moulins ou leurs fermiers et meûniers par ceux qui causeront le chômage par leur navigation et flottage; faisant très expresse défense à toutes personnes de retarder en aucune manière la navigation et le flottage, *à peine de mille francs d'amende,* outre les dommages-intérêts, frais et dépens. Art. 45).

Le flottage est de droit public; ainsi, les parcs et jardins dans lesquels passe une rivière flottable, ont assujétis à souffrir le passage des bois qui passent à flot, comme cela a été souvent décidé, et c'est par cette raison que tous les possesseurs de moulins, pertuis, vannes, écluses, etc., sont obligés de se prêter au besoin public en les dédommageant.

792. La loi du 28 juillet-4 août 1824 a modifié la partie des anciennes ordonnances de 1669 et 1672, relative à l'indemnité pour chômage des moulins, dans les termes suivants :

« Les droits réglés par les articles 13 et 14 du chapitre 17 de l'ordonnance de 1672, seront portés, savoir (Art. 1er) :

A quatre francs, au lieu de quarante sous, pour chômage d'un moulin pendant vingt-quatre heures, quelque soit le nombre des tournants.

A dix centimes, au lieu d'un sou, *par corde de bois empilée sur une terre en labour.*

Et *à quinze centimes,* au lieu de dix-huit deniers, *par corde de bois,*

La servitude de passage établie sur les rivières flottables à bûches perdues, ne concerne que les rivières où cette espèce de flottaison fut établie sous l'empire des lois nouvelles; cette servitude ne peut être établie qu'à charge d'indemnité pour les riverains (Ar. du 14 janv. 1891. Sir. t. 25 p. 284).

Le flottage à bûches perdues, dans le cas où il est autorisé par règlement d'administration publique, peut et doit être restreint de manière à ce que les propriétaires riverains en éprouvent le moins de dommage possible; ainsi le flottage peut n'être permis que du mois de novembre au mois de mars; on peut aussi, et l'on doit prohiber l'excessive longueur des bûches perdues (Même Ar. que ci-des.)

Tous dommages-intérêts réclamés par les propriétaires du bord des petites rivières, par suite de flottage à bûches perdues, sont soumis au droit commun, soit en ce que le propriétaire doit être dédommagé intégralement, soit en ce que le dommage doit être payé par le particulier flotteur et non par aucun syndicat, soit en ce que la contestation doit être soumise aux tribunaux et non à l'administration (Ar. C. de cass. du 18 nov. 1823. Sir. t. 24. p. 219).

(*) On a élevé la question de savoir si les indemnités dues, à raison des chômages causés aux moulins pour l'exécution de travaux publics, devaient être réglés suivant les bases énoncées dans les lois et ordonnances rapportées ci-contre. On peut croire que l'autorité royale, en restreignant, dans l'intérêt général et d'après les formes alors en usage, l'exercice du droit de propriété, au point d'imposer aux propriétaires des héritages aboutissant aux rivières navigables, l'obligation de laisser le long des bords vingt-quatre pieds au moins de largeur pour le trait des chevaux; a agi dans la pensée que les propriétaires des moulins ne devaient pas exiger de l'état une indemnité plus élevée que des particuliers. Mais comme cette pensée ne se trouve pas exprimée dans les ordonnances, et que toute exception au droit commun ne peut recevoir d'extension, il convient de s'en tenir aux termes précis desdites ordonnances, et de n'en faire l'application qu'aux cas de chômage pour le passage des bois (Décis. du directeur-gén. des ponts-et-chauss. du 5 oct. 1824).

empilée sur une terre en nature de pré.

» Lorsque les bois ne seront pas empilés à la hauteur prescrite par l'article 15 du chapitre 17 de l'ordonnance (2 mètres 60 cent.), *l'indemnité sera payée pour les couches incomplètes, à raison de la quantité de cordes qu'elles contiendraient, si elles étaient portées à ladite hauteur* (Art. 2).

ARRÊTÉ DES CONSULS DU 8 FRAIRIAL AN XI
(28 MAI 1803).

793. Il est défendu à tous conducteurs de bateaux, etc., de passer les bureaux sans payer, *à peine de cinquante francs d'amende* (Art. 23).

En cas d'insultes ou violences, l'amende sera de cent francs, indépendamment des dommages-intérêts et de peines plus graves, si le cas échet ; et ce, conformément aux dispositions du titre 2 de la loi du 3 nivôse an VI sur la taxe d'entretien des routes (Art. 24).

Il sera placé sur le port, en face de chaque bureau de perception, un poteau et une plaque sur laquelle sera inscrit le tarif (Art. 27).

Défenses sont faites à tous maîtres de ponts ou de pertuis, de monter ou descendre aucun bateau avant de s'être fait représenter la quittance des droits de navigation, et ce, à peine d'être contraints personnellement au remboursement de ces droits par les voies prescrites pour le paiement des contributions (Art. 28).

CHAPITRE VII.

RÉPRESSION DES CONTRAVENTIONS.

EXTRAIT DU DÉCRET DU 16 DÉCEMBRE 1811, TITRE 9.

794. A dater de la publication du présent décret, les *cantonniers, gendarmes, gardes champêtres, conducteurs des ponts et chaussées* et autres agents appelés à la surveillance des routes, pourront affirmer leurs procès-verbaux de contraventions ou de délits devant le maire ou l'adjoint du lieu (Art. 112).

Ces procès-verbaux seront adressés au sous-préfet, qui ordonnera sur-le-champ, aux termes des articles 3 et 4 de la loi du 29 floréal an X, la réparation des délits par les délinquants, ou à leur charge, s'il s'agit de dégradations, dépôts de fumiers, immondices ou autres substances, et en rendra compte au préfet, en lui adressant les procès-verbaux (Art. 113).

Il sera statué sans délai *par les conseils de préfecture*, tant sur les oppositions qui auraient été formées par les délinquants, que sur les amendes encourues par eux, nonobstant la réparation du dommage. — Seront en outre renvoyés à la connaissance des tribunaux civils, les violences, vols de matériaux, voies de fait ou réparations de dommages réclamés par des particuliers (Art. 114).

795. Vu la loi du 29 floréal an X, relative aux contraventions en matière de grande voirie ; vu le titre 9 de notre décret du 16 décembre 1811, prescrivant des mesures répressives des délits de grande voirie, et complétant

Les contraventions résultant de constructions et plantations effectuées ou ayant subsisté le long d'une rivière navigable *sont permanentes*, et la répression doit en être poursuivie, quel que soit le laps de temps écoulé ; d'où il suit qu'elles ne peuvent être couvertes par la prescription établie à l'article 640 du Code de procédure civil (Ord. du 27 janv. 1838).

Les plantations sur le bord des rivières navigables, au mépris des lois et règlements, sont punies d'une amende de 500 francs en exécution de l'article 42 de l'ordonnance du mois d'août 1669 (Ord. du 10 juin 1835).

Les contraventions relatives à la servitude des chemins de halage et marchepied le long des rivières navigables *sont de leur nature matière de grande voirie*, et doivent être réprimées par les conseils de préfecture ; par exemple, lorsqu'il s'agit d'empiétements sur ces chemins (Ord. des 8 mai 1822 et 8 août 1827. Mac. t. 3. p. 504 et t. 9. p. 436).

En cas d'empiétement sur le chemin de halage d'une rivière flottable, la contravention doit être poursuivie devant le conseil de préfecture comme s'il s'agissait d'une rivière navigable (Ord. du 8 mai 1822. Sir. t. 28. p. 197).

Lorsqu'il est reconnu que les propriétaires riverains d'une rivière navigable ont empiété sur le chemin de halage et l'ont même intercepté, le conseil de préfecture ne peut s'abstenir de prononcer, sous prétexte de l'ancienneté des ouvrages, et en se fondant sur le décret du 22 janvier 1808 qui permet en certains cas de réduire les dimensions en largeur prescrites par l'ordonnance de 1669 ; c'est aux contrevenants à se retirer ultérieurement devant l'administration pour réclamer cette réduction, conformément à l'article 4 du décret précité (Ord. du 6 fév. 1828. Mac. t. 10. p. 143).

Lorsqu'un terrain est affecté pour une portion à un chemin de halage, s'il s'élève une contestation à l'occasion d'un passage de charrette sur ce terrain, la contestation doit être soumise au conseil de préfecture, en tant qu'il s'agit d'un délit de grande voirie ; c'est-à-dire si le passage de charrette a eu lieu sur la portion de terrain affectée au chemin de halage, elle doit être soumise au juge de paix, en tant qu'il s'agit de trouble à la possession d'un ter-

25

la loi du 29 floréal an **X** ; notre conseil d'état entendu, nous avons décrété :
Le titre IX de notre décret précité est applicable aux canaux, rivières navigables, ports maritimes, de commerce et travaux à la mer, sans préjudice des autres moyens de surveillance ordonnés par les lois et décrets, et des fonctions des agents qu'ils instituent (Déc. du 10 avril 1812, Art. unique).

rain ou d'une portion de terrain qui n'est pas chemin de halage (Ord. du 30 sept. 1814. Sir. t. 18. p. 120).

Les dispositions de l'article 114 du décret du 16 déc. 1811, qui renvoie aux conseils de préfecture le jugement des contraventions de grande voirie, sont applicables aux canaux et rivières navigables (Ord. du 8 mai 1822. Mac. t. 3. p. 504).

—◆◈◇—

CHAPITRE VIII.

POLICE DES COURS D'EAU NON NAVIGABLES, DES BACS ET BATEAUX.

796. Le conseil d'état qui, d'après le renvoi du gouvernement, a entendu le rapport de la section de l'intérieur, tendant à rendre commune à la police des rivières non navigables les dispositions de la loi du 29 floréal an **X** ;

Est d'avis que la loi proposée ne peut être adoptée, et que les contraventions aux règlements de police sur les rivières non navigables, canaux et autres petits cours d'eau, doivent, selon les dispositions du Code civil, être portées, suivant leur nature, devant les tribunaux de police municipale ou correctionnelle, et les contestations qui intéressent les propriétaires devant les tribunaux civils (Avis du C. d'ét. du 24 vent. an XII, (15 mars 1804).

797. Aux principes de la police des fleuves et rivières navigables semblaient devoir se rattacher tout naturellement les lois et règlements qui concernent les bacs, bateaux, etc. Toutefois, la

Les rivières n'étant du domaine public qu'à partir du point flottable ou navigable, il s'ensuit que les conseils de préfecture sont incompétents pour connaître des empiétements exécutés sur une rivière qui n'est ni flottable ni navigable (Ord. du 31 mars 1825).

C'est à l'administration et non aux tribunaux qu'il appartient de connaître si un particulier a eu le droit d'établir des bateaux de passage au préjudice d'un bac affermé par l'état (Ord. du 13 nov. 1807. Sir. t. 16. p. 300).

Idem de la question de savoir dans quelles limites

loi du 6 frimaire an VII contient les dispositions suivantes, desquelles on doit conclure que le régime, la police et l'administration des bacs et bateaux, passe-cheval, etc., sont du ressort de l'administration, mais la poursuite et la répression des délits criminels et de police sont de la compétence des tribunaux civils.

EXTRAIT DE LA LOI DU 6 FRIMAIRE AN VII.

Les opérations relatives à l'administration, la police et la perception des droits de passage sur les fleuves, rivières et canaux navigables appartiendront aux administrations centrales de département, dans l'étendue desquelles se trouvera situé le passage, sans préjudice de la surveillance de l'administration municipale de chaque lieu. *La poursuite des délits criminels* ET DE POLICE *continuera*, conformément au Code des délits et des peines, à être de la compétence des tribunaux (Art. 31).

est renfermée la perception d'un droit de péage autorisé par un ancien arrêt du conseil (Ord. du 18 mars 1816. Sir. t. 3. p. 258).

Les fermiers des bacs doivent être considérés comme des commis ou préposés du gouvernement, et non comme des entrepreneurs de transports, justiciables à ce titre des tribunaux de commerce (Ar. C. r. de Nîmes du 13 août 1812. Sir. t. 14. p. 103).

C'est aux tribunaux ordinaires qu'il appartient de connaître des contestations survenues entre l'ancien propriétaire d'un bac, pour ses agrès, et le fermier ou abonnataire de ce bac, lorsqu'il y a eu convention sur le fond du droit et que le propriétaire en réclame l'exécution (Ord. du 18 juil. 1819. Sir. t. 20. p. 151).

Le fermier d'un bac auquel, depuis son entrée en jouissance, il est survenu des dommages par suite d'actes administratifs qu'il n'avait ni connue ni dû prévoir, a droit à une diminution dans le prix de son bail; si, par exemple, il y a eu changement de la ligne des postes et diminution dans les produits du bac (Ord. du 17 juil. 1816. Sir. t. 3. p. 346).

TITRE V.

FIXATION D'UN MINIMUM ET D'UN MAXIMUM POUR L'APPLICATION DES AMENDES ÉTABLIES PAR LES ANCIENS ÉDITS ET ARRÊTS DE RÈGLEMENTS ANTÉRIEURS A 1791.

CHAPITRE UNIQUE.

798. Ainsi que nous l'avons énoncé précédemment (page 346, nombre 711), depuis long-temps le besoin de nouvelles dispositions législatives pour l'application des amendes en matière de grande voirie, se faisait généralement sentir, et notamment en ce qui con-

cerne celles établies par les anciens édits, ordonnances et arrêts de règlements rendus en conseil du roi.

Honneur au ministre qui a su apprécier ainsi les besoins de notre époque, en soumettant à la sanction du pouvoir législatif, un projet de loi sur cette matière qui intéresse la presque totalité des citoyens et place les juges dans de meilleures conditions d'équité.

Dans l'exposé des motifs développés à la tribune de la chambre des pairs (séance du 17 janvier 1842), le ministre des travaux publics (M. Teste) a dit :

« Vous savez, Messieurs, que la sanction pénale de ces règlements consiste dans des amendes d'un taux généralement fort élevé pour de certains délits ; à la peine pécuniaire venait se joindre la confiscation et même des peines corporelles.

» *Restreinte à la peine pécuniaire*, la répression des délits de grande voirie est encore trop sévère dans un grand nombre de cas, *et souvent la pénalité n'est en rapport ni avec la gravité du délit, ni avec la position personnelle des délinquants.*

» L'administration a été la première à le reconnaître, aussi n'avait-elle mis d'abord aucun obstacle à l'établissement d'une jurisprudence d'après laquelle les conseils de préfecture pouvaient, selon le cas, réduire le taux des amendes (*). Mais cette latitude indéfinie avait tourné au préjudice de la vertu préventive des règlements ; les conseils de préfecture ne pronon-

(*) Il eût été plus conforme aux principes de sanctionner cette latitude laissée illégalement aux conseils de préfecture, par une disposition législative semblable à celle qui vient d'être adoptée.

çaient le plus souvent que des amendes vraiment illusoires, équivalant à l'impunité. Les délits, les récidives se perpertuaient, et bientôt l'administration a dû employer ses efforts à faire consacrer par le conseil d'état une jurisprudence nouvelle qui fit obstacle à l'extrême indulgence des conseils de préfecture. On était fondé d'ailleurs à soutenir que les anciens règlements ont établi des amendes fixes, que nulle part il n'y est mention de la faculté pour le juge de modérer ces amendes, et que dès lors il était du devoir des tribunaux de les appliquer littéralement, sauf aux délinquants à obtenir de la clémence royale un adoucissement motivé sur la gravité du délit. Tel est aussi le principe que de nombreux arrêts du conseil d'état ont fait prévaloir en définitive, mais auquel, il faut le dire, *la majorité des conseils de préfecture répugne à se soumettre* (*). Quant à ceux qui s'y conforment avec un louable scrupule, chacune de leurs décisions devient l'objet d'un recours en grâce, qui déplace véritablement l'action de la justice, puisqu'aussitôt après le jugement du conseil de préfecture, l'administration est obligée de procéder à une nouvelle instruction particulière pour s'éclairer sur le mé-

---

(*) On devait s'attendre à ce qu'il en serait ainsi, par le motif que toutes les fois qu'une pénalité est trop sévère ou ne s'harmonise plus avec les mœurs d'une nation, les juges inclinent vers l'indulgence qui dérive souvent en impunité. Pour se convaincre de la réalité du fait que nous énonçons ici, il suffira de se reporter à ce qui se passe dans les cours d'assises à l'égard des jurés qui ne répondent pas à l'appel; le taux des amendes établies par l'article 396 de la loi du 28 avril 1832, étant trop élevé, il est très rare que les cours d'assises en fassent l'application, tandis que si ces amendes étaient graduées eu égard aux circonstances, elles seraient prononcées plus souvent.

rite de chaque demande et de recourir ensuite à la prérogative royale qu'il conviendrait de ne solliciter et de ne faire intervenir que dans des cas beaucoup plus restreints. »

» Ce n'est point là, il faut le reconnaître, un état de chose régulier. Nous pensons *qu'il est urgent de restituer aux conseils de préfecture le véritable jugement des délits de grande voirie, en leur conférant la faculté de se mouvoir entre deux limites extrêmes de pénalité*, et en leur donnant ainsi le moyen de proportionner la répression au délit. L'appréciation des circonstances atténuantes et l'élasticité des peines, ces bases nouvelles de notre Code pénal, s'appliquera parfaitement aux délits de grande voirie, dont la variété et les nuances, *de même que la position des délinquants*, ne peuvent être définies à l'avance. »

» Nous avons fixé à 300 fr. la limite supérieure de la peine. Cette amende nous a paru suffisante pour une contravention de grande voirie, quelle qu'en soit la gravité, puisque d'ailleurs on peut renvoyer aux tribunaux ordinaires tous les délits accessoires qui sont de leur compétence. Nous n'avons pas pensé, d'autre part, qu'il fût convenable de faire descendre la peine au-dessous d'un minimum de 16 fr.; d'abord, pour conserver à la contravention un caractère de délit, et puis parce qu'on ne peut perdre de vue que la grande voirie est chargée de veiller à des intérêts d'une grande importance, et que le service public a besoin d'être protégé par une pénalité suffisante pour réprimer des entreprises qui portent préjudice à la sûreté, à la facilité des communications. »

» En même temps que nous vous proposons d'adoucir la sévérité inflexible des anciens règlements, nous devons demander à la loi les moyens de fortifier la surveillance qu'exige le développement toujours croissant de nos communications, et d'augmenter à cet effet le nombre des agents revêtus du caractère nécessaire pour constater les infractions aux lois et règlements sur la grande voirie.

799. » D'après la loi du 29 floréal an X (19 mai 1802), les ingénieurs et les conducteurs des ponts et chaussées sont les seuls agents de ce service, dont les procès-verbaux puissent faire foi en justice. Leur action est évidemment insuffisante : retenus soit dans le cabinet pour l'étude et la rédaction de nombreux projets, soit sur les ateliers où s'exécutent d'importants travaux, ils ne peuvent s'occuper que d'une manière accessoire de la police de grande voirie, tandis que derrière eux deux autres classes d'agents, les *piqueurs et les cantonniers chefs*, appelés par la nature de leurs fonctions, à circuler constamment sur les routes, sont placés dans les meilleures conditions possibles pour constater à l'heure même toutes les espèces de délits qui peuvent être commis au préjudice de l'intérêt public. Il est donc très important de conférer à ces agents la capacité légale de verbaliser. Tel est l'objet du second article de la loi que nous venons soumettre à vos délibérations. » (Extrait du *Moniteur* du 15 février 1842.)

800. C'est d'après les considérations rapportées ci-dessus que les chambres ont adopté sans modification le projet

de loi qui leur a été présenté par le gouvernement et que nous transcrivons
ci-après.

LOI DU 23 MARS 1842 (*).

A dater de la promulgation de la présente loi,
les amendes fixes établies par les règlements de
grande voirie, *antérieurs à la loi du* 19-22 *juillet* 1791, pourront être modérées, eu égard au
degré d'importance ou *aux circonstances atténuantes des délits* (**), *jusqu'au vingtième desdites amendes, sans toutefois que ce minimum
puisse descendre au-dessous de seize francs.*

A dater de la même époque, les amendes dont
le taux, d'après les règlements, était laissé à l'arbitraire du juge, pourront varier entre *un minimum
de seize francs et un maximum de trois cents
francs* (Art. 1).

Les piqueurs des ponts et chaussées et les cantonniers chefs, COMMISSIONNÉS ET ASSERMENTÉS
A CET EFFET, constateront tous les délits de grande
voirie concurremment avec les fonctionnaires et
agents dénommés dans les lois et décrets antérieurs
sur la matière (Art. 2).

(*) *Bulletin des lois*, n° 892, page 198.
(**) L'introduction *du principe des circonstances
atténuantes*, dans la législation en matière de grande
voirie, était vivement désirée et sera favorablement
accueillie par tous les membres des conseils de préfecture, parce que, d'abord, cette disposition s'harmonise
avec les principes généraux qui ont servi de base pour
la rédaction de nos codes, et ensuite, parce que *désormais les conseils de préfecture seront des tribunaux
d'équité*, qui pourront, abstraction faite de toute
considération, proportionner la peine au délit, au lieu
d'être de simples délégués chargés d'appliquer la pénalité écrite dans des arrêts de règlement dont les dates
remontent à plus de deux siècles.

—◇❈◈❈◇—

TITRE VI.

VOIRIE VICINALE.

—◊❁❁◊—

CHAPITRE PREMIER.

OBJET DES COMMUNICATIONS VICINALES; ÉTAT DE LA LÉGISLATION A CE SUJET.

801. « Depuis long-temps, a dit le ministre de l'intérieur, (en exposant dans la chambre des députés les motifs à l'appui du dernier projet de loi sur cette matière), la sollicitude du gouvernement et des chambres a été fixée sur cet important objet.

» Les développements rapides du commerce et de l'industrie, les besoins de l'agriculture, nous pressent de compléter par tous les moyens possibles un vaste système de communication intérieure, qui, en facilitant les relations et les transports, établissent entre toutes les parties du territoire, un échange perpétuel de richesses et de prospérité. Ce système, pour être réellement complet, doit descendre dans les plus petites localités, car les bienfaits d'une circulation bien établie sont d'autant plus accélérés et féconds que leur cercle est plus étendu. Ce sont là des vérités que chaque jour rend plus familières aux bons esprits, et qui ont besoin, pour être réalisées, de l'intervention efficace de la loi.

» *Il faut souvent commander le bien, même à ceux qui doivent en profiter, pour qu'ils l'accomplissent. C'est une des plus belles missions de la loi.* »

C'est aux conseils de préfecture à décider si tel chemin ou partie de chemin est un chemin vicinal ou une grande route (Ar. C. de cass. du 14 therm. an XIII. Sir. t. 7. p. 792).

C'est à l'autorité administrative à décider si un chemin litigieux est vicinal et public, ou s'il est une simple voie privée (Ord. du 7 oct. 1807. Sir. t. 1. p. 128). Jugé en sens contraire (Ord. du 7 fév. 1809. Sir. t. 17. p. 210).

Lorsqu'il y a litige sur la largeur d'un chemin ou sentier servant aux communications rurales, la connaissance du litige est dévolue à l'autorité administrative, sans qu'il y ait lieu d'examiner si le chemin ou sentier a le caractère d'un chemin public, ou s'il a le caractère de servitude privée (Ord. du 10 nov. 1807).

Lorsqu'un particulier et une commune sont en contestation au sujet d'un chemin et des arbres qui le bordent, la contestation doit être renvoyée devant les tribunaux ordinaires (Ord. du 4 déc. 1818. Sir. t. 19. p. 245). Peu importe que la commune soit en possession du chemin (Ar. C. de cass. du 23 fév. 1809. Sir. t. 11. p. 283).

C'est aux conseils de préfecture à décider entre deux particuliers, si un chemin est rural ou, au contraire, vicinal; les préfets sont incompétents dans ce cas (Ord. du 15 juin 1812. Sir. t. 2. p. 81).

C'est au préfet ou à l'autorité administrative qu'il appartient de reconnaître et de déclarer l'utilité de l'élargissement d'un chemin vicinal; et c'est aux tribunaux ordinaires à prononcer sur toutes les questions de propriété et d'indemnité (Ord. du 8 nov. 1813. Sir. t. 14. p. 331 et 14 juil. 1819. t. 20. p. 152).

Les principes sont les mêmes quand il s'agit de rétablir un ancien chemin vicinal; s'il appartient

M. le rapporteur à la chambre des pairs a dit :

« La loi du 28 juillet 1828 est demeurée impuissante, en ce sens que toutes les mesures qu'elle prescrit sont facultatives, et en ce qu'elle ne donne à l'autorité supérieure aucun moyen coercitif pour vaincre la mauvaise volonté ou l'insouciance des communes, etc. »

802. La nouvelle loi proposée ayant reçu la sanction législative le 21 mai 1836, c'est elle qui régit actuellement la voirie vicinale, avec l'article 3 de la loi du 9-19 ventôse an XIII, relatif aux plantations qui peuvent être faites sur les bords des chemins vicinaux. Quant à la loi du 21 mai 1836, qui détermine le mode de reconnaissance d'établissement et d'entretien des chemins vicinaux, nous commencerons par transcrire ci-après textuellement celles de ses dispositions qui concernent les conseils de préfecture.

au préfet d'ordonner le rétablissement, la question de propriété du terrain doit être jugée par les tribunaux ordinaires (Ord. du 13 juillet 1825. Mac. t. 7. p. 427).

—◊✸◊—

CHAPITRE II.

RECONNAISSANCE, IMPRESCRIPTIBILITÉ DES CHEMINS VICINAUX, FIXATION DE LEUR LARGEUR ; DROIT DES PROPRIÉTAIRES RIVERAINS, ALIGNEMENTS, ETC.

803. Les chemins vicinaux reconnus et maintenus comme tels, sont imprescriptibles (Art. 10 de la loi précitée du 21 mai 1836).

Les arrêtés du préfet, portant reconnaissance et fixation de la largeur d'un chemin vicinal, attribuent définitivement au chemin le sol compris dans

Lorsqu'un chemin a été classé par arrêté du préfet au nombre des chemins vicinaux d'une commune, si un particulier, se prétendant propriétaire de ce chemin, y fait creuser des fossés pour en interdire l'usage au public, le conseil de préfecture doit ordonner le comblement de ces fossés, sauf au particulier à se pourvoir par devant les tribunaux pour faire reconnaître ses droits de propriété (Ord. du 25 avril 1839. Fél. Leb. p. 251).

les limites qu'ils déterminent (*).

Le droit des propriétaires riverains se résout en une indemnité qui sera réglée à l'amiable ou par le juge de paix du canton, sur le rapport d'experts nommés conformément à l'article 17.

Mais *leur action sera prescrite par le laps de deux ans*, en conformité de l'article 18 (Même loi, Art. 15).

En exposant les motifs du projet de loi, le ministre a fait remarquer que le projet de la loi nouvelle ne trace plus les formes de la reconnaissance des chemins, mais que l'article 22 se réfère à la législation existante pour tout ce qu'elle n'a pas modifié ou abrogé. Or, ces formes sont depuis long-temps fixées, elles consistent dans un arrêté du préfet pris sur une délibération du conseil municipal, et déclarant que tel chemin fait partie des chemins vicinaux de la commune de... Cette attribution donnée aux préfets, ajoute le ministre, remonte, non-seulement à la loi du 28 juillet 1824, elle leur était déjà dévolue d'après la loi du 6 octobre 1791 et l'arrêté du directoire du 23 messidor an V.

804. Aux termes de l'article 21 de la loi du 21 mai 1836, les préfets ayant dû régler le mode d'après lequel les alignements seront déterminés, les autorisations de construire accordées et les plantations exécutées le long des chemins vicinaux, et, *l'article 22 de la même loi*, *portant que toutes les dis-*

Avant la promulgation de la loi du 21 mai 1836, l'administration pouvait, comme après la promulgation de ladite loi, comprendre dans le classement, non seulement les chemins eux-mêmes, mais encore leurs fossés, bien que la propriété en fût contestée à la commune (Ord. du 30 juin 1839. Fél. Leb. p. 364).

Le principe d'après lequel le conseil de préfecture doit réprimer toute entreprise sur un chemin déclaré vicinal, même de la part du particulier qui se prétend propriétaire, est sans application, lorsqu'il s'agit d'un terrain que l'administration prétend dépendre d'un chemin vicinal, mais qui se trouve en dehors des limites assignées à ce chemin par l'arrêté de classement (Ord. du 26 déc. 1839. Fél. Leb. p. 605).

Les conseils de préfecture ne sont pas compétents pour condamner à l'amende les propriétaires riverains qui usurpent sur la largeur des chemins vicinaux (Ord. du 7 janv. 1842) (*).

(*) Le principe établi par cette ordonnance paraît être basé sur un autre parfaitement identique qui fut admis par la cour de cassation, dans l'un de ses arrêts rendu sous l'empire de la loi du 28 septembre–6 octobre 1791 ; cet arrêt est ainsi conçu :

« *L'usurpation*, la dégradation et la détérioration des chemins publics, sont des délits correctionnels qui ne peuvent être confondus avec les dégradations de la voie publique, délit de simple police ; en conséquence, ces délits sont de la compétence des tribunaux correctionnels et non des tribunaux de simple police. » (Ar. C. de cass. du 14 brum. an II. Sir. t. 3. p. 394.)

Cependant par l'article 22 de la loi du 21 mai 1836, qui constitue la législation actuelle sur les chemins vicinaux, *toutes les dispositions des lois antérieures sont abrogées en ce qu'elles ont de contraire à la nouvelle loi précitée* ; et attendu que, suivant les termes de l'article 21 de ladite loi, MM. les préfets ont été chargés, chacun pour le département dont l'administration lui est confiée, de la rédaction d'un règlement spécial pour assurer l'exécution de la loi, en ce qui concerne les détails de surveillance, de conservation, d'entretien, etc., des chemins vicinaux, il est évident que le principe établi par le conseil d'état, dans l'ordonnance du 7 janvier 1842, ne saurait être d'une application générale, lorsque le règlement spécial dûment approuvé, aura placé la répression des usurpations sur les chemins vicinaux dans les attributions des conseils de préfecture, par application de l'article 8 de la loi du 9 ventôse an XIII, ainsi que cela a lieu pour le département du Doubs.

(*) Le préfet est compétent pour donner l'interprétation d'un arrêté pris par lui, pour le classement d'un chemin (Avis du C. d'ét. du 24 avril 1859 (Inédit). Voir au surplus les Ord. rendues en C. d'ét. les 9 mars et 26 mai 1856).

positions des lois antérieures demeurent abrogées, en ce qu'elles auraient de contraire à ladite loi, le nouveau mode dont il s'agit, devant être l'objet de règlements spéciaux pour chaque département, on conçoit qu'on ne saurait les analyser ici.

—◇◈◇—

CHAPITRE III.

INDEMNITÉS POUR OCCUPATIONS TEMPORAIRES DE TERRAIN, EXTRACTION DE MATÉRIAUX, ETC.

805. *Les extractions de matériaux, les dépôts ou enlèvements de terre, les occupations temporaires de terrains seront autorisés par arrêté du préfet, lequel désignera les lieux;* cet arrêté sera *notifié aux parties intéressées, au moins dix jours avant que son exécution puisse être commencée.*

Si l'indemnité ne peut être fixée à l'amiable, *elle sera réglée par le conseil de préfecture* sur le rapport d'experts nommés, l'un par le sous-préfet, l'autre par le propriétaire.

En cas de désaccord, le tiers-expert sera nommé par le conseil de préfecture (Art. 17 de la loi du 21 mai 1836).

L'action en indemnité des propriétaires, pour les terrains qui auront servi à la confection des chemins vicinaux, et pour extraction de matériaux, *sera prescrite par le laps de deux ans.*

—◇◈◇—

CHAPITRE IV.

PLANTATIONS SUR LE BORD DES CHEMINS VICINAUX. — DROITS DE PROPRIÉTÉ DES ARBRES. — ALIGNEMENTS.

806. L'article 21 de la loi du 21 mai 1836, ayant conféré aux préfets seuls le droit de régler tout ce qui est relatif aux plantations et aux alignements le long des chemins vicinaux, sous ce double rapport, l'ancienne législation se trouve abrogée, moins toutefois ce qui concerne les droits de propriété des arbres plantés sur les bords desdits chemins; à ce sujet, il faut se référer à la loi du 12-18 mai 1825, qui régit cette matière, et pour la jurisprudence *voir* la section 3 du titre 3, intitulée : *Droits de propriété sur les plantations, etc.*

C'est aux tribunaux et non à l'autorité administrative qu'il appartient de décider les questions relatives à la propriété des arbres plantés sur le bord des chemins vicinaux (Ord. du 21 déc. 1808. Sir. t. 17. p. 106).

Lors même que la décision qu'on attaque a été rendue sous l'empire du décret du 16 décembre 1811 (Ord. du 21 juin 1826. Mac. t. 8. p. 340).

La question de savoir à qui, du propriétaire limitrophe ou de la commune, il appartient de planter d'arbres les bords d'un chemin vicinal est dévolue à la connaissance des conseils de préfecture, du moins, lorsque la propriété du chemin n'est pas contestée par le riverain (Ord. du 19 mars 1820. Sir. t. 21. p. 55).

—◦✦◦—

CHAPITRE V.

RÉPRESSION DES CONTRAVENTIONS.

807. L'article 11 de la loi du 21 mai 1836, porte que,

Le préfet pourra nommer des agents-voyers.

Les agents-voyers prêteront serment; *ils auront le droit de constater les contraventions et délits*, et d'en dresser des procès-verbaux.

808. L'article 21 dispose ce qui suit :

Dans l'année qui suivra la promulgation de la présente loi, chaque préfet fera, pour en assurer l'exécution, un règlement, etc.

Ce règlement fixera, dans chaque département, le *maximum de la lar-*

L'usurpation, la dégradation et la détérioration des chemins publics sont des délits correctionnels qui ne peuvent être confondus avec les dégradations de la voie publique, délits de simple police; en conséquence, ces délits sont de la compétence des tribunaux correctionnels et non des tribunaux de simple police (Ar. C. de cas. du 14 brum. an XI. Sir. p. 391. autre du 2 août 1828, même Rec. t. 28. p. 417 et un grand nombre d'autres Ar.).

Il ne faut pas confondre non plus ces délits avec *l'embarras de la voie publique*, dont la connaissance et la répression sont dévolues aux tribunaux de simple police (Ar. C. de cass. du 21 déc. 1827. Sir. t. 28. p. 270).

Il ne suffit pas qu'un chemin ait le caractère de chemin public, pour que la répression d'une anticipation sur ce chemin doive être réservée à l'administration, *si ce chemin n'appartient pas à la*

geur des chemins vicinaux : il fixera en outre les délais nécessaires à chaque mesure, *statuera en même temps sur tout ce qui est relatif aux alignements, aux autorisations de construire le long des chemins, à l'écoulement des eaux, aux plantations, à l'élagage, aux fossés, à leur curage,* etc. »

grande voirie, quoiqu'il soit public, la répression de l'anticipation doit être déférée aux tribunaux civils (Ar. C. de cass. du 7 avril 1827. Sir. t. 29. p. 36).

Lorsque des arbres ou une haie plantés par un particulier le long d'un chemin vicinal, ont laissé au chemin la largeur qui lui a été reconnue par le dernier arrêté de classement du préfet, le conseil de préfecture ne peut ordonner la suppression des arbres ni de la haie, en se fondant sur un arrêté de classement antérieur (Ord. du 14 fév. 1839. Fél. Leb. p. 144).

Il est de principe que toute entreprise sur un chemin déclaré vicinal, même de la part de celui qui se prétend propriétaire du chemin, doit être réprimée par le conseil de préfecture (Ord. du 30 juin 1839. Fél. Leb. p. 364).

Les conseils de préfecture sont seuls compétents pour réprimer toute contravention commise sur les chemins vicinaux (Ord. du 2 sept. 1840).

Mais pour que la compétence du conseil puisse recevoir une application légale, il est indispensable que le chemin dont il s'agit ait été déclaré vicinal par arrêté du préfet, qui seul a qualité pour faire cette déclaration (Ord. du 7 avril 1841).

TITRE VII.

POLICE DU ROULAGE (*).

CHAPITRE PREMIER.

OBJET DE LA POLICE DU ROULAGE.

809. La nécessité de garantir la sûreté des voyageurs et de veiller à la conservation des routes, justifie suffisamment les prescriptions des lois en matière de police de roulage, lesquelles consistent : 1° dans la fixation de la

---

814. (*) L'impression de ce Recueil était sur le point d'être achevée, lorsque le gouvernement présenta à la chambre des pairs (séance du 17 janvier 1842) un

largeur des jantes des roues ; 2° dans la
fixation du *maximum* du chargement
des voitures de roulage, proportionnée
à la largeur limitée des jantes et du
diamètre des roues, afin d'éviter la
trop prompte dégradation des routes
par l'excès de profondeur des ornières;
3° dans le *maximum* de la longueur des
essieux et la saillie des moyeux, qui
fixe la voie de ces voitures pour prévenir les accidents qui peuvent résulter
toutes les fois que, voyageant dans une
direction opposée, elles se croisent
sur les routes ; 4° enfin, dans l'obligation imposée aux propriétaires de
voitures de roulage, circulant sur les
routes royales et départementales, de
munir *chacune* de leurs voitures d'une
plaque en métal, portant indication
de leur nom et de leur domicile; cette
dernière mesure a pour objet de fournir
aux agents de l'administration les
moyens de désigner d'une manière
précise les auteurs de contraventions
dans les procès-verbaux qu'ils sont
chargés de dresser.

810. La législation actuellement en

---

projet de loi sur la police du roulage; ce projet présentant de nombreuses et importantes modifications à la
législation actuellement en vigueur, il était convenable
d'attendre l'issue des débats que cette présentation
devait faire naître, afin de rendre notre travail complet
en y insérant, s'il y a lieu, les nouvelles dispositions
législatives sur cette matière, que le pays réclame depuis long-temps.

Cependant le projet de loi mentionné ci-dessus a été
voté par la chambre des pairs dans sa séance du
8 avril dernier; mais les dispositions contenues dans le
titre 5, articles 52 et 53, portant l'indication de plusieurs
dispositions principales de la nouvelle loi, qui ne
seront mises à exécution qu'après un délai qui varie d'un
à deux ans, l'adoption de ce principe exige nécessairement la reproduction de la législation actuellement en
vigueur, puisqu'elle doit demeurer applicable pendant
une et même deux années après la promulgation de la
nouvelle loi, qui sera l'objet d'un appendice au présent
Recueil, SI ELLE EST SANCTIONNÉE PAR LE POUVOIR
LÉGISLATIF DANS LA SESSION ACTUELLE.

vigueur sur la police du roulage se compose, savoir :

1° De la loi du 7-17 ventôse an **XII** qui fixe le minimum que doivent avoir les jantes des roues des voitures employées aux transports et circulant sur les routes royales ou départementales, lorsque ces voitures sont attelées de plus d'un cheval.

2° Le décret du 23 juin 1806, rendu en exécution de l'article 4 de la loi précitée du 7-17 ventôse an **XII**, lequel a pour objet principal la fixation du poids des voitures de roulage, et contient plusieurs mesures de police, parmi lesquelles on doit remarquer les dispositions de l'article 34, qui impose aux propriétaires des voitures de roulage l'obligation de faire apposer au côté gauche de chacune desdites voitures une plaque portant le nom et le domicile du propriétaire.

3° Une ordonnance royale du 16 juillet 1828, qui règle la largeur des bandes des roues et le chargement des voitures publiques.

4° Une autre ordonnance royale du 29 octobre même année, qui fixe la longueur et la saillie des moyeux de voitures de toutes espèces, circulant sur les routes royales et départementales.

5° Enfin l'ordonnance royale du 15 février 1837, qui modifie le décret du 23 juin 1806, en ce qui concerne le poids des voitures de roulage et des messageries, eu égard à la largeur des jantes.

Nous extrairons de ces divers actes du pouvoir souverain celles des dispositions qui sont maintenues actuellement en vigueur pour les rapporter textuellement ci-après, en les classant par chapitre suivant la nature de leur objet spécial.

Mais il a paru convenable de faire connaître préalablement quelques-uns des principes généraux qui gouvernent la police du roulage et notamment les attributions données aux divers fonctionnaires appelés à statuer sur les contraventions prévues dans le décret du 23 juin 1806. Voici à cet égard les règles tracées dans une ordonnance rendue en conseil d'état le 22 novembre 1822.

811. L'article 38 du décret du 23 juin 1806 est ainsi conçu :

Les contestations qui pourraient s'élever sur l'exécution du présent règlement, et notamment sur le poids des voitures, sur l'amende et sur sa quotité, *seront portées devant le maire de la commune, et par lui jugées sommairement sans frais et sans formalités;* ses décisions seront exécutées provisoirement, sauf le recours au conseil de préfecture comme pour les matières de voirie, selon la loi du 29 floréal an X.

Les dispositions ci-dessus ont été corroborées par une ordonnance royale rendue en conseil d'état le 22 novembre 1820.

812. Le maire n'est appelé dans les contestations auxquelles peut donner lieu la police du roulage, que comme officier public qui interpose son autorité pour arrêter la contravention et faire déposer l'amende qu'il croit encourue; il ne condamne pas; il ne juge pas le fond de la contestation ; il assure seulement l'effet de la condamnation, et les droits des voituriers restent entiers.

813. L'article 38 du décret du 23 juin 1806, n'a pas voulu donner aux maires une juridiction administrative en matière de grande voirie, qui ne saurait leur appartenir, et qui établirait trois degrés de juridiction.

En se servant du mot *jugé*, il a entendu une décision sommaire et sans frais, non sur la contravention elle-même, mais sur l'exécution provisoire du règlement, sauf les droits de la partie saisie (Circ. du direct.-gén. de l'admin. com. et départ. M. Guizot du 17 mars 1819).

—◦◉◦—

CHAPITRE II.

FIXATION DU MINIMUM DE LARGEUR QUE DOIVENT AVOIR LES JANTES DES ROUES DES VOITURES DE ROULAGE ATTELÉES DE PLUS D'UN CHEVAL (*).

814. L'article 2 de la loi du 7 ventôse an XII est conçu dans les termes ci-après :

Le *minimum* de la largeur des jantes des voitures de roulage est fixé par le tarif suivant :

_____

(*) Les articles 1 et 2 du projet de loi adopté par la chambre des pairs, dans sa séance du 8 avril 1842, modifiant essentiellement la loi du 7 ventôse an XII et le décret du 23 juin 1806, il est bien entendu que si cette loi reçoit la sanction législative dans le cours de la session actuelle, les dispositions ci-dessus de la loi du 7 ventôse se trouveront légalement abrogées et devront être considérées comme nulles et non avenues; nous donnerons dans un appendice le texte littéral de la nouvelle loi auquel on devra se reporter.

Ainsi qu'on peut le voir ci-contre, la jurisprudence a souvent varié sur la question importante des chevaux d'aide ou renfort que les rouliers sont obligés d'employer pour franchir les rampes rapides qu'ils rencontrent fréquemment dans les pays de montagnes, tels que les départements des Pyrénées, des Alpes, du Jura, du Doubs, de l'Ardèche, des Vosges et autres. Mais le

Il n'y a pas lieu à prononcer de condamnation à l'égard des voitures à jantes étroites, attelées de plus d'un cheval, qui seraient rencontrées sur toute autre voie de communication que celles soumises au régime de la grande voirie (Ord. du 6 nov. 1839. Fél. Leb. p. 524 et autre du 23 janv. même année, même Rec. p. 70).

Le propriétaire de bois transportés par un voiturier, est responsable des contraventions commises par celui-ci (Ord. du 26 déc. 1830. Mac. t. 12. p. 585).

On doit considérer comme voitures de roulage, assujéties aux prescriptions de la loi du 7 ventôse an XII, les voitures légères à jantes de moins de 11 centimètres de largeur, attelées de plus d'un cheval (Ord. du 20 avril 1839. Fél. Leb. p. 234).

On doit également considérer comme voiture de roulage, une voiture dite char-à-bancs, employée au transport des légumes, linge, effets et bagage d'une maison de campagne à une maison en ville (Ord. du 26 nov. 1839. Fél. Leb. p. 550).

On ne peut faire d'exception dans le cas de contravention prévu par l'article 2 de la loi du 7 ventôse an XII, en faveur des voitures à jantes de

Voitures à deux ou quatre roues, attelées de deux chevaux. . 11 cent.

Les mêmes voitures attelées de trois chevaux. 14

Les voitures à deux roues, attelées de 4 chevaux. . . Celles à quatre roues, attelées de 4, 5 ou 6 chevaux. . } 17

Les voitures à deux roues, attelées de plus de 4 chevaux. 25

Les chariots attelés de plus de 6 chevaux. 22

815. L'article 6 de la loi précitée, qui assujétissait aux prescriptions de l'article 2, pour la largeur des jantes, toutes les diligences, messageries et autres voitures conduites au trot, dont *le poids excéderait* 2200 *kilogrammes,* a été abrogé par l'article 2 de l'ordonnance du 15 février 1837. *(Voy.* ciaprès au nombre 825, page 408.)

816. Aux termes de l'article 4 de ladite loi du 7 ventôse an XII, toute voiture de roulage dont la circulation est interdite par l'article 1er, doit être arrêtée par les agents désignés en l'article 2 de la loi du 29 floréal an X,

moins de 11 centimètres de largeur attelées de plus d'un cheval, marchant avec relais, lorsque d'ailleurs il est constant qu'il s'agit de voitures employées au roulage et allant au pas; attendu que les dispositions de l'article 4 du décret du 23 juin 1806, ne sont applicables qu'aux diligences, messageries, fourgons et autres voitures publiques voyageant au trot (Ord. du 21 juin 1839. Fél. Leb. p. 347 et 348).

Les chevaux attelés momentanément comme aides, ne comptent pas; ainsi, une voiture ne cesse pas d'être réputée à un seul cheval, bien que le voiturier en ait attelé plusieurs dans un moment difficile (Ord. du 28 juil. 1820. Sir. t. 21. p. 87).

Il n'y a pas d'exceptions aux prescriptions de la loi du 7 ventôse an XII, pour le cas d'aide ou renfort nécessité par la difficulté des rampes (Ord. des... mars 1837, 15 août 1839 et 1er juillet 1840. Fél. Leb. p. 451).

Les voitures employées au roulage, doivent avoir des roues à jantes de 11 centimètres, au moins, de largeur, lorsqu'elles sont attelées de plus d'un cheval, quel que soit d'ailleurs le poids de leur chargement (Ord. du 26 novembre 1839. Fél. Leb. p. 550).

La loi du 7 ventôse an XII, ayant interdit la circulation sur les routes des voitures à jantes de moins de 11 centimètres de largeur, attelées de plus d'un cheval, il n'y a pas d'exption pour le cas d'aide ou renfort, nécessité par le mauvais état des chemins (Ord. du 18 fév. 1839. Fél. Leb. p. 161, 15 août et 6 novembre suivants, même rec. p. 449 et 525).

La circulation sur les grandes routes des voitures dont les jantes ont moins de 11 centimètres de largeur, est interdite lorsque ces voitures sont attelées de plus d'un cheval, sans exception relativement à l'état des routes (Ord. du 23 janvier 1839. Fél. Leb. p. 70).

En ce qui concerne les voitures à jantes de 11 centimètres et plus de largeur, les dispositions de l'article 2 de la loi du 7 ventôse an XII, ont été implicitement abrogées par le décret du 23 juin 1806, et à l'égard de ces voitures, ce n'est plus à raison du nombre de chevaux attelés à chacune d'elles que l'on doit déterminer la largeur des jantes, mais seulement à raison de son poids constaté (Ord. du 7 mars 1821. Sir. t. 5. p. 563 et autre du 19 mars 1823. Mac. t. 5. p. 205.

gouvernement ne tient aucun compte des obstacles que, dans un bon nombre de localités, la nature a apportés à l'exécution stricte et absolue de certaines dispositions législatives sur le roulage, et nous aimons à croire que, si les ministres connaissaient les résultats fâcheux que produit dans l'esprit des populations la rigueur avec laquelle les lois sur cette partie de service public sont exécutées, et la perturbation que cette sorte de sévérité jette dans plusieurs branches d'industrie, depuis longtemps sans doute ils auraient avisé au moyen de prévenir l'anéantissement prochain du roulage dans les pays montagneux désignés plus haut, en autorisant les préfets à prendre des arrêtés sous la forme de règlements d'administration publique, portant indication des rampes de leurs départements respectifs, que les voitures de roulage peuvent franchir avec des chevaux d'aide ou renfort sans encourir les prohibitions portées en l'article 2 de la loi du 7 ventôse an XII. Cette mesure serait d'autant plus équitable, qu'en fait la prohibition des chevaux de renfort ne frappe que les habitants des pays de montagnes.

lesquels sont chargés de dresser les procès-verbaux de contravention de cette nature. Si le lieu où la contravention a été constatée, est aux portes ou dans l'intérieur d'une ville chef-lieu de sous-préfecture, *la voiture et ses roues seront brisées*, d'après un arrêté pris, à cet effet, par le sous-préfet de l'arrondissement, et le voiturier paiera les dommages stipulés dans l'article 3 de la loi précitée. Dans le cas où le lieu de la contravention serait isolé, le voiturier contrevenant pourra consigner le montant des dommages entre les mains du préposé saisissant et continuer sa route, mais seulement jusqu'à la ville la plus voisine qui lui sera désignée par un passavant délivré par l'agent saisissant. Dans cette ville ses roues seront brisées, conformément à ce qui a été dit ci-dessus.

817. La difficulté que présente, dans beaucoup de cas, l'exécution de la mesure prescrite par l'article 4, et sans doute aussi sa sévérité la rendent complètement nulle, en ce sens qu'elle demeure inexécutée, parce que l'autorité recule devant une mesure de rigueur dont les résultats seraient de porter une grave atteinte aux intérêts des rouliers. Tel est le sort des lois trop sévères!!!.... Néanmoins, les mêmes dispositions se trouvent reproduites en l'article 1er du décret du 23 juin 1806 (*Voy.* ci-après au nombre 820).

—-◇ᵓ◈ᵓ◇-—

CHAPITRE III.

EXCEPTIONS (*).

818. L'article 8 de la même loi prononce l'exception aux prescriptions de l'article 2, en faveur des voituriers employés à la culture des terres, aux transports des récoltes et à l'exploitation des fermes, en réservant au gouvernement la faculté de régler le poids du chargement de ces voitures, pour le cas où elles emprunteront les grandes routes.

819. La loi précitée du 7 ventôse an XII, ainsi que le décret du 23 juin 1806 sont d'une application sévère, trop sévère même, en ce sens que cette partie de notre législation ne laisse aux tribunaux administratifs aucune latitude pour l'appréciation des circonstances qui peuvent atténuer les faits de contraventions. Néanmoins, le but évident du législateur étant de prévenir et de réprimer, le cas échéant, toutes dégradations aux chemins publics, c'est au conseil de préfecture qu'il appartient d'apprécier si, suivant les localités, telle combinaison dans l'attelage fait présumer un excès de chargement, proportionnellement à la largeur des jantes des roues.

En un mot, mon opinion est que,

L'exception posée par cet article, n'est applicable qu'aux transports qui se font d'un point à l'autre d'une ferme et de ses dépendances ; ainsi les particuliers qui empruntent la grande route pour aller à la ville, et non pour l'exploitation de leurs terres, sont passibles d'amende, si les jantes des roues de leurs voitures n'ont pas la largeur prescrite (Ord. du 28 juil. 1819. Sir. t. 20. p. 237 et une autre du 20 oct. suivant, même Rec. t. 21. p. 216).

Il en est de même des voitures qui transportent de la commune où s'est fait la récolte, à la ville où demeure le propriétaire, des fourrages destinés à la consommation ou au commerce (Ord. du 10 mai 1839. Fél. Leb. p. 278).

L'exception établie par l'article 8, peut être appliquée en faveur des voitures qui viennent de rouissage, chargées de chanvre ou de fagots à employer à une closerie (Ord. du 15 août 1839. Fél. Leb. p. 449 et deux autres à la même date. p. 450).

L'exception contenue en l'article 8, est applicable à une voiture employée par un particulier au transport de sa portion de bois d'affouage (Ord. du 23 fév. 1841).

Idem, aux voitures uniquement employées par des particuliers au transport des betteraves provenant de leurs récoltes au siége de leur exploitation (Ord. du 23 fév. 1838).

Idem, à la voiture d'un nourrisseur de bestiaux qui transporte au chef-lieu de son établissement des fourrages provenant des terres dont il est propriétaire ou fermier (Ord. du 17 sept. 1838).

Une voiture de jardinier conduisant ses denrées au marché, attelée d'un cheval et d'un âne, n'est pas soumise aux dispositions de la loi sur la largeur des jantes (Ord. du 4 mars 1830).

(*) Le titres 2, article 7, 8, 9, 10, 11 et 12 du projet de loi adopté par la chambre des pairs, le 8 avril 1842, prononçant plusieurs exceptions non prévues par l'article 8 de la loi du 7 ventôse an XII, si la nouvelle loi précitée reçoit la sanction législative dans le cours de la session actuelle, nous en donnerons le texte littéral à la fin du présent Recueil, sous la forme d'appendice, auquel le lecteur devra alors se reporter, s'il y a lieu.

tout en se conformant à la loi, les conseils de préfecture doivent se pénétrer
de son esprit plutôt que de la lettre,
et l'appliquer le moins rigoureusement
possible, à raison de l'énormité des
amendes que la juridiction supérieure
s'arroge le droit exclusif de modérer.
(*Voir* à ce sujet l'Ord. rendue en
conseil d'état le 27 août 1840.)

---•◦◈◦•---

CHAPITRE IV.

FIXATION DU POIDS DES VOITURES DE ROULAGE (*).

820. L'état de la législation actuelle
sur cette matière, se trouve établi dans
le décret du 23 juin 1806, dont nous
allons transcrire ci-après les principales
dispositions, ainsi que les modifications apportées au même objet, par les
ordonnances du 23 avril 1834 et 15
février 1837.

L'article 1er du décret du 23 juin
1806, qui reproduit à peu près les dispositions de l'article 4 de la loi du 7
ventôse an XII, est ainsi conçu :

Au 20 juin 1807, et en conséquence
de l'article 4 de la loi du 7 ventôse
an XII et du décret du 4 prairial an XIII,
toute voiture de roulage dont la circulation est interdite par la loi du 7 ventôse an XII et par le présent décret,
sera arrêtée au premier pont à bascule

(*) Aux termes de l'article 2 du projet de loi adopté
par la chambre des pairs, dans sa séance du 8 avril
1842, la limite des poids des voitures de roulage et
autres employées à des transports et des messageries
devant être déterminée provisoirement par des règlements d'administration publique, si la nouvelle loi
précitée reçoit la sanction du pouvoir législatif dans le
cours de la session actuelle, nous donnerons le texte
littéral de la nouvelle loi, et, s'il est possible, celui des
règlements sus mentionnés en forme d'appendice du
présent Recueil, auquel le lecteur devra alors se
reporter.

où la contravention aura été constatée ou par le premier officier de police. Si ce pont est placé ou si la voiture est arrêtée aux portes d'une ville, les roues seront brisées d'après un arrêté pris, à cet effet, par le sous-préfet de l'arrondissement, et le voiturier paiera les dommages stipulés dans l'article 3 de la loi du 7 ventôse an XII et l'article 27 du présent décret.

821. Dans le cas où le pont à bascule serait placé ou la voiture arrêtée dans un lieu isolé, le voiturier pris en contravention pourra consigner les dommages entre les mains du préposé saisissant, et continuer sa route, mais seulement *jusqu'à la ville* la plus voisine qui lui sera désignée par un passavant délivré par ledit préposé : dans cette ville (*) *ses roues seront brisées,* conformément à ce qui a été dit ci-dessus (Art. 2).

822. L'article 3 du décret précité, qui fixait le poids des voitures de roulage, a été modifié par les dispositions de l'article 1er de l'ordonnance du 15 février 1837, rendue en conformité de l'article 7 de la loi du 7 ventôse an XII ; cet article porte ce qui suit :

Le poids des voitures de roulage et d'autres employées à des transports allant au pas, y compris voiture, chargement, paille, cordes et bâches, est limité, à raison de la largeur des jantes, du nombre des roues et des saisons, ainsi qu'il suit :

Les amendes en matière de police de roulage, doivent être consignées et ne sont définitivement acquises à l'état, que lorsqu'elles ont été prononcées par des jugements passés en force de chose jugée (Ord. du 20 juil. 1832. Mac. t. 2. p. 419).

(*) Le mot *ville* ne peut être pris dans une acception rigoureuse ; car, souvent, pour atteindre une ville, il faudrait sortir de l'arrondissement de sous-préfecture ou du département où la contravention a été commise : dans ce cas, le vœu de la loi sera rempli, en dirigeant les voitures vers la commune la plus prochaine. (Circulaire du directeur général des ponts et chaussés, du 15 juin 1807.)

LARGEUR DES JANTES.	VOITURES à 2 roues.		VOITURES à 4 roues.	
	Du 20 nov. au 1er avril.	Du 1er avril au 20 nov.	Du 20 nov. au 1er avril.	Du 1er avril au 20 nov.
	kil.	kil.	kil.	kil.
De 11 à 14 centimétr.	2700	3200	4400	5200
De 14 à 17 id.	3500	4100	5600	6700
De 17 c. et au-dessus.	4200	4900	6100	8100

823. Il est accordé, en toute saison, sur les poids énoncés au tableau ci-dessus, une tolérance de deux cents kilogrammes au plus pour les voitures à deux roues, et de trois cents kilogrammes pour les voitures à quatre roues.

824. Il est accordé sur la largeur des jantes une tolérance d'un centimètre au moins.

825. L'article 2 de ladite ordonnance est conçu dans les termes ci-après :

Le poids des diligences, messageries, berlines, fourgons et autres voitures publiques employées au transport des voyageurs ou des marchandises, portées sur quatre roues, suspendues sur ressorts métalliques, allant au trot, avec ou sans relais, y compris voiture, voyageurs, cordes et bâche, à raison de la largeur des jantes et des saisons, est limité comme il suit :

Les procès-verbaux constatant une surcharge, doit s'entendre en ce sens que le poids indiqué comme surcharge est en sus, non seulement du poids autorisé, mais même du poids toléré (Ord. du 8 janv. 1817. Sir. t. 3. p. 477).

LARGEUR DES JANTES.	Du 20 novembre au 1er avril.	Du 1er avril au 20 novembre.
7 centimètres.	2400 kilg.	2600 kilg.
8 id.	3100	3400
9 id.	3400	3800
10 id.	3800	4100
11 id.	4000	4400

826. Ces poids seront réduits de moitié pour les voitures à deux roues.

827. Il est accordé, en toute saison, sur les poids énoncés au tableau ci-dessus, une tolérance de deux cents kilogrammes.

828. Il est accordé, sur la largeur de la jante, une tolérance d'un demi-centimètre en moins (c'est-à-dire cinq millimètres).

829. Si la voiture n'est pas suspendue sur ressorts métalliques, la limite des poids autorisée restera telle qu'elle est fixée par le décret de 1806 et l'ordonnance royale du 23 avril 1834, ainsi conçue :

L'article 18 de l'ordonnance royale du 16 juillet 1828 est rapporté.

Le poids des voitures publiques, diligences et messageries, etc., demeure fixé, savoir :

Avec bandes de 8 centimètres de largeur, à. . . . . . 2560 kil.

Avec bandes de 11 cent. de largeur, à. 3620

Avec bandes de 14 cent. de largeur, à. . . . . 4480 non compris la tolérance de cent kilogrammes accordée par l'article 19 de la même ordonnance.

EXCEPTION POUR VOIES INÉGALES.

830. Aux termes de l'article 4 du décret de 1806, il doit être fait une exception en faveur des chariots dont les voies sont inégales, c'est-à-dire lorsque la voie de derrière excédera celle de devant, dans les proportions désignées ci-dessous, et que ces proportions se trouveront également entre la longueur des essieux d'une échantignolle à l'autre.

831. *Pendant les cinq mois d'hiver.*

Chariots à bandes de 11 centimètres, avec excès de largeur pour la voie de derrière de 12 centimètres. 3700 kil.

Bandes de 14 centimètres, avec excès de 16 centim. 5200

Bandes de 17 centim., avec excès de 19 centim. 7400

Bandes de 22 centim., avec excès de 24 centim. 9500

832. *Pendant les cinq mois d'été, pour les mêmes chariots.*

Bandes de 11 centimètres, avec excès de largeur de 12 cent. 4400 kil.

Bandes de 14 centim., avec excès de 16 centim. 6200

Bandes de 17 centim., avec excès de 19 centim. 8800

Bandes de 22 centim., avec excès de 24 centim. 11400

833. Il est accordé une tolérance sur le poids ci-dessus fixé des charrettes et chariots, pour suppléer au cas où les roues et les voitures seraient surchargées de boue, et où la bâche et même le chargement seraient impregnés d'eau. La tolérance sera uniforme pour toutes les saisons et pour toutes les largeurs de bandes ; elle est fixée à deux cents kilogrammes en faveur des charrettes, et à trois cents pour les chariots (Art. 5).

834. Le poids des voitures employées à la culture des terres, au transport des récoltes, à l'exploitation des fermes, et qui, par l'article 8 de la loi du 7 ventôse an XII , sont exceptées de l'obligation d'avoir des roues à jantes larges, ne pourra, lorsqu'elles fréquenteront les grandes routes, excéder, dans aucun cas, quatre mille kilogrammes, chargement compris (Art. 8).

835. Les objets indivisibles, tels que pierres, marbres, arbres et autres dont le poids ne peut être diminué, sont exceptés des dispositions qui précèdent, et pourront être transportés par des voitures dont la dimension des jantes seraient inférieures aux largeurs déterminées.— Néanmoins, les préfets sont autorisés à appliquer les dispositions du présent décret aux voitures habituellement employées à l'exploitation des carrières et à celle des forêts. Les propriétaires de ces voitures seront tenus d'obtempérer aux règlements des préfets, sous les peines portées par la loi du 7 ventôse an XII (Art. 9).

—◇❁◇—

CHAPITRE V.

PESAGE DES VOITURES (*).

836. Aux termes de l'article 10 du décret du 23 juin 1806, la vérification du poids des voitures désignées dans ledit décret, doit être faite gratuitement au moyen des ponts à bascule déjà établis ou à établir par la suite. Lorsqu'il y aura lieu à la vérification du poids des voitures employées à la culture, elle se fera également par le moyen des ponts à bascule,

Le procès-verbal constatant une surcharge, doit s'entendre en ce sens que le poids indiqué comme surcharge est en sus, non seulement du poids autorisé, mais même du poids toléré (Ord. du 8 janv. 1817. Sir. t. 3. p. 477).

Un procès-verbal de contravention n'est pas vicié par une erreur de calcul dans l'appréciation de la surcharge, lorsque d'ailleurs cette surcharge est suffisamment établie (Ord. des 30 juil. et 6 nov. 1839. Fél. Leb. p. 423 et 525).

Le refus par un conducteur de voiture, de passer sur un pont à bascule, établit contre ce conducteur la présomption d'un excès de chargement, et le rend passible d'une condamnation à 300 francs d'amende, en exécution des lois des 3 nivôse an VI, 29 floréal an X, et du décret du 23 juin 1806 (Ord. des 20 avril et 30 juil. 1839. Fél. Leb. p. 235 et 424 et une autre du 15 août suivant, même Rec. p. 452).

Lorsque par suite d'un refus de pesage, un conseil de préfecture applique une amende pour surcharge présumée, en l'absence de la vérification

(*) L'article 4 du projet de loi voté par la chambre des pairs, dans sa séance du 8 avril 1842, portant que, *des règlements d'administration publique détermineront le mode et les formalités du pesage des voitures*, il s'entend de soi-même que, si la nouvelle loi reçoit la sanction du pouvoir législatif dans le cours de la session actuelle, les dispositions ci-dessus du décret du 23 juin 1806, se trouveront abrogées, et il faudra dès-lors recourir aux règlements énoncés ci-dessus pour le mode de pesage des voitures.

si elles passent sur le point où ils sont établis.

837. L'article 11 porte : les voitures vides et celles dont la modicité du chargement apparent ne donneront lieu à aucune présomption de surcharge, ne seront point assujéties à passer sur les ponts à bascule.

838. Suivant l'article 3 de l'ordonnance du 15 févrir 1837, ne sont point soumises à la vérification de leur poids, les voitures publiques employées au transport des voyageurs, portées sur quatre roues, suspendues sur ressorts métalliques, allant au trot, avec relais, ou ne parcourant au trot et sans relais qu'une distance de vingt mille mètres (20 kilomètres) au plus, attelées de trois chevaux au plus, avec roues à jantes de sept centimètres au moins, ou de quatre chevaux au plus, avec roues à jantes de neuf centimètres au moins.

839. L'article 12 du décret précité du 23 juin 1806 laisse aux propriétaires de voitures et aux rouliers, la faculté de s'assurer du poids de leurs voitures vides ou chargées, avant de commencer un voyage, de la manière suivante :

Pourront les propriétaires de voitures et rouliers, avant de commencer leurs voyages, se présenter aux ponts à bascule pour s'assurer du poids soit des voitures vides, soit des voitures chargées, et éviter par là de s'exposer à la contravention. Dans ce cas, ils paieront aux préposés, à titre d'indemnité, cinquante centimes pour une voiture vide, et un franc pour une voiture chargée.

rendue impossible, il y a lieu à prononcer le *maximum* de l'amende (300 francs), établie par l'article 4 de la loi du 29 floréal an II, et l'article 27 du décret du 23 juin 1806 (Ord. du 6 nov. 1839 et du 19 déc. suiv. Fél. Leb. p. 525 et 596).

Si le préposé d'un pont à bascule, après avoir terminé le pesage d'une diligence, voit de nouveaux voyageurs monter en fraude dans cette voiture, il doit évaluer le poids de ces voyageurs, l'ajouter à celui constaté par le pesage ; et, s'il en résulte un excès de chargement, il y a lieu de dresser procès-verbal (Ord. du 25 avril 1839. Fél. Leb. p. 250).

Un conseil de préfecture n'est pas fondé à déclarer que des voitures ne sont pas assujéties aux prescriptions concernant les voitures de roulage, en se fondant sur ce que les procès-verbaux de contravention ne constatent pas la nature du chargement (Ord. du 1er juil. 1839. Fél. Leb. p. 393).

On ne peut opposer aux rouliers le poids résultant de leurs lettres de voitures comme surcharge (Ord. du 4 juil. 1827).

Cet article est applicable seulement aux propriétaires de voitures qui réclament le pesage avant de commencer leurs voyages, et non à ceux qui arrivent au terme de ces voyages, bien que, dans le chemin qu'ils ont parcouru depuis le lieu de leur chargement jusqu'à leur destination, ils n'aient pas rencontré de pont à bascule (Ord. du 4 juin 1823. Mac. t. 5. p. 410).

Les propriétaires de voitures ou rouliers sont obligés de déclarer avant de commencer leur voyage, et en arrivant devant le pont à bascule, s'ils veulent faire peser leurs voitures ; les préposés aux ponts à bascule ne sont pas tenus de les avertir, dans le cas où ils ne feraient pas cette déclaration; s'ils ne la font pas et que les employés reconnaissent une surcharge, il y a dès-lors contravention : l'amende est encourue par le seul fait de la surcharge, sans qu'il soit nécessaire de faire constater si elle a plus ou moins dégradé les routes, et encore que la voiture n'ait pas quitté le pavé de la ville. Il y a lieu à modérer l'amende en cas de bonne foi (Ord. du 17 avril 1822. Mac. t. 3. p. 348).

CHAPITRE VI.

840. Le titre 4 du décret du 23 juin 1806, qui détermine le *maximum* de la longueur des essieux de toute espèce de voitures, de leur saillie sur les moyeux et les dimensions des clous de bandes, se compose des articles 16, 17 et 18, que nous transcrivons ci-après :

841. La longueur des essieux de toute espèce de voitures, même de culture et de labourage, ne pourra jamais excéder *deux mètres cinquante centimètres* entre les deux extrémités; et chaque bout ne pourra saillir, au-delà des moyeux, de plus de *six centimètres* (Art. 16).

842. Quant aux voitures qui seront construites sur des voies inégales, l'essieu de derrière ne pourra excéder les proportions déterminées par l'article précédent, et celui de devant sera raccourci de la quantité nécessaire pour établir l'inégalité des voies (Art. 17).

843. Les défenses d'employer des clous à tête de diamant sont renouvelées : tout clou de bande sera rivé à plat et ne pourra, lorsqu'il aura été posé à neuf, former une saillie de plus d'un centimètre (Art. 18).

Voir pour la largeur du chargement des voitures, l'arrêt du conseil d'état du 29 janvier 1839, en regard du chapitre 8 ci-après, page 416.

(*) L'article 5 du projet de loi adopté par la chambre des pairs, dans sa séance du 8 avril 1842, portant que la longueur des essieux, la forme des bandes de roues et celles de leurs clous, etc., seront déterminées par des règlements d'administration publique, il est évident que dans le cas où la nouvelle loi précitée recevrait la sanction du pouvoir législatif dans le cours de la session actuelle, les dispositions ci-dessus du décret du 23 juin 1806 se trouveraient légalement abrogées, et alors nous donnerions, s'il est possible, le texte littéral de ces règlements et la nouvelle loi en forme d'appendice au présent Recueil, auquel le lecteur devra se reporter.

CHAPITRE VII.

VÉRIFICATION DE LA LARGEUR DES BANDES, DE CELLE DES VOIES INÉGALES, DE LA LONGUEUR DES ESSIEUX ET DES CLOUS DE BANDES (*).

844. Le mode d'exécution des vérifications indiquées au titre du présent chapitre est prescrit par les articles 19 à 25 inclus du décret du 23 juin 1806, que nous transcrivons ci-dessous :

Les préposés aux ponts à bascule sont aussi chargés de vérifier la largeur des bandes des roues : cette vérification se fera gratuitement, au moyen de jauges en fer qui seront remises à chaque bureau par l'administration des ponts et chaussées (Art. 19).

845. Il est accordé, lors de la vérification, une tolérance d'un centimètre, sur la largeur des bandes des voitures de roulage, et d'un demi-centimètre, sur celles des voitures de messageries (Art. 20).

846. Les propriétaires de voitures et les rouliers pourront faire vérifier, par les préposés des ponts à bascule, la largeur des bandes de leurs voitures, et en retirer un certificat pour lequel ils paieront un franc, timbre du papier compris (Art. 21).

847. Ce certificat ne vaudra que pour servir de règle privée aux rouliers, et

Quoique cet article énonce que la largeur des bandes des roues des voitures, sera vérifiée avec des jauges en fer, etc.; tout autre moyen de vérification pendant le trajet parcouru, et sur des points éloignés des bureaux de vérification, n'est pas interdit à peine de nullité (Ord. du 4 fév. 1824. Mac. t. 6. p. 92).

(*) Les articles 2 et 5 du projet de loi adopté par la chambre des pairs, dans sa séance du 8 avril 1842, portant que la largeur des bandes des roues, leur forme, celle de leurs clous seront déterminées par des règlements d'administration publique, il s'en suit naturellement que, si le projet précité reçoit la sanction du pouvoir législatif, les dispositions ci-dessus se trouveront légalement abrogées, et dans ce cas nous rapporterons le texte littéral de la nouvelle loi et, s'il est possible, celui des règlements dont il s'agit sous forme d'appendice à la suite du présent Recueil, auquel le lecteur devra alors se reporter.

ne pourra être opposé comme preuve contraire dans les procès-verbaux de contravention sur la largeur des bandes (Art. 22).

848. Indépendamment des jauges qui seront distribuées aux préposés des ponts à bascule, le ministre de l'intérieur en fera déposer dans les chefs-lieux des départements et des arrondissements, afin que tous maîtres de forges, charrons, maréchaux, commissionnaires de roulage, propriétaires de voitures et rouliers puissent s'en pourvoir pour leur usage (Art. 23).

849. Les propriétaires de voitures à quatre roues, ou rouliers, qui voudront, en exécution de l'article 4 du présent décret, user de la faculté d'obtenir un plus fort chargement, en construisant des voitures à voies inégales, pourront faire constater, une première et seule fois, à l'un des bureaux des ponts à bascule, que la construction du chariot est conforme aux conditions imposées par ledit article : ils seront affranchis de toute vérification ultérieure, en présentant ce certificat, sauf néanmoins le cas où, contre la teneur dudit certificat, il serait reconnu que la voiture n'est point à voies inégales, qu'il a été fait des changements, soit à la longueur des essieux, soit à la distance des échantignolles (Art 24).

850. Il sera accordé, lors de cette vérification, une tolérance de cinq centimètres, sur la longueur des essieux, en compensation du frottement qui aurait usé les échantignolles (Art. 25).

—◇❈◈❈◇—

CHAPITRE VIII.

FIXATION DE LA SAILLIE DES MOYEUX (*).

851. L'ordonnance royale du 29 octobre 1828, qui fixe la longueur des moyeux des voitures de roulage, contient les dispositions suivantes :

Dix-huit mois après la publication de la présente ordonnance, aucune charrette, voiture de roulage ou autre, ne pourra circuler dans l'étendue du royaume qu'avec des moyeux dont la saillie, en y comprenant celle de l'essieu, n'excédera pas de douze centimètres un plan passant par la face extérieure des jantes (Art. 1).

852. Toute charrette ou voiture trouvée en contravention, après l'époque ci-dessus déterminée, sera arrêtée et retenue, et elle ne pourra être remise en circulation qu'après que les moyeux

Il n'existe aucune disposition de loi ni de réglement qui ait fixé la largeur des chargements des voitures de roulage : l'article 16 du décret du 23 juin 1806, détermine seulement le *maximum* de la voie des voitures; et l'ordonnance royale du 29 octobre 1828, règle aussi seulement la saillie des moyeux (Ord. du 29 janv. 1839. Fél. Leb. p. 99).

Les contraventions à l'article 1er de l'ordonnance royale du 29 octobre 1828, qui fixe le *maximum* de la saillie des moyeux et celle des essieux à 12 centimètres, doivent être punies d'une amende de 15 francs, prononcée par l'article 28 du décret du 23 juin 1806 (Ord. du 23 août 1839. Fél. Leb. p. 408).

(*) L'article 5 du projet de loi adopté par la chambre des pairs, dans sa séance du 8 avril 1842, portant que des règlements d'administration publique détermineront la saillie des moyeux, il est clair que dans le cas où le projet de loi précité obtiendrait la sanction du pouvoir législatif, les dispositions ci-dessus seraient légalement abrogées, et dans ce cas, nous donnerions le texte littéral de la nouvelle loi, et s'il y a lieu, les règlements dont il s'agit, sous forme d'appendice à la suite du présent Recueil, auquel le lecteur devra alors se reporter.

On ne saurait raisonnablement contester que le but de l'ordonnance du 29 octobre 1828, en fixant à 12 centimètres le *maximum* de la saillie des moyeux, y compris celle des essieux des voitures de roulage, soit d'éviter les accidents qui peuvent résulter de la rencontre fréquente des voitures circulant sur les routes. Or, ce but sera évidemment manqué, du moins en partie, aussi long-temps qu'on tolérera l'existence d'un siège à bras, que la plupart des rouliers sont dans l'usage d'adapter au côté gauche de leurs voitures pour s'y asseoir et se reposer dans le cours de leurs voyages, et si les chargements de ces voitures peuvent impunément dépasser les saillies des moyeux, de même que les sièges à bras mentionnés plus haut.

et l'essieu auront été réduits à la longueur prescrite par l'article premier (Art. 2).

853. Les contraventions seront, en outre, exactement constatées par des procès-verbaux, et poursuivies comme les autres contraventions en matière de roulage, sans préjudice de peines plus graves dans les cas d'accidents prévus par les lois (Art. 3).

—◇—◆—◇—

CHAPITRE IX.

OBLIGATION IMPOSÉE AUX PROPRIÉTAIRES ET ROULIERS, DE FAIRE APPOSER UNE PLAQUE SUR CHACUNE DE LEURS VOITURES (*).

854. L'article 34 du décret du 23 juin 1806 est ainsi conçu :

Tout propriétaire de voiture de roulage sera tenu de faire peindre sur une plaque de métal, en caractères apparents, son nom et son domicile ; cette plaque sera clouée en avant de la roue et au côté gauche de la voiture ; et ce, à peine de vingt-cinq francs d'amende : l'amende sera double, si la plaque porte soit un nom, soit un domicile faux ou supposé.

Les contraventions à l'article 34 du décret du 23 juin 1806, concernant l'obligation de la plaque, doivent être portées devant le maire (Ord. du 20 nov. 1822. Mac. t. 4. p. 438).

Les préfets sont incompétents pour statuer sur les recours contre les décisions des maires; ce droit appartient aux conseils de préfecture, et les décisions doivent être exécutées provisoirement (Ord. du 12 mai 1818 et 23 janv. 1823).

On doit considérer comme voiture de roulage toutes les voitures chargées de denrées destinées à la consommation ou au commerce, à l'exception seulement de celles employées à la culture des terres, au transport des récoltes, à l'exploitation des fermes. En conséquence, un conseil de préfecture excède ses pouvoirs lorsqu'il déclare qu'une voiture légère, attelée d'un seul cheval, n'est pas assujétie aux prescriptions de l'article 34 du décret du 23 juin 1806, relatives à l'obligation de la plaque (Ord. du 27 mars 1839. Fél. Leb. p. 207).

Une voiture d'exploitation traînée par un seul cheval, et dont le poids n'excède pas quatre mille kilogrammes, n'est pas assujétie à la disposition de l'article 34, relativement à la plaque (Ord. du 12 mars 1821. Sir. t. 21. p. 93).

Il n'y a pas lieu à faire exception aux prescriptions de l'article 34 du décret du 23 juin 1806, pour les voitures habituellement employées à l'ex-

(*) Les dispositions de l'article 34 du décret du 23 juin 1806 devant subir des modifications importantes, par celles que comportent les articles 21 et 22 du projet de loi adopté par la chambre des pairs, dans sa séance du 8 avril 1842, si ce projet reçoit la sanction du pouvoir législatif, nous donnerons le texte littéral de la nouvelle loi, sous la forme d'appendice, à la suite du présent Recueil, auquel le lecteur devra alors se reporter.

27

ploitation des terres, et qu'une circonstance extra-ordinaire, un déménagement par exemple, aurait obligé à emprunter une grande route pour se rendre à destination ; mais il n'y aurait pas lieu à prononcer une condamnation à l'égard desdites voitures, si elles étaient rencontrées sur toute autre voie que les communications soumises au régime de la grande voirie (Ord. du 6 nov. 1839. Fél. Leb. p. 524).

855. NOTA. Les termes de l'article 34 ci-dessus sont impératifs, par conséquent ne permettent aucune exception ni restriction ; aussi, comme on peut le voir par l'arrêt ci-contre, chaque voiture de roulage doit être pourvue d'une plaque, lors même qu'il y en aurait plusieurs circulant ensemble, sur les routes, sous la conduite de leur propriétaire seul, ou d'un roulier. Il est donc, dans l'intérêt bien entendu des propriétaires de voitures destinées à fréquenter les routes, de s'imposer le léger sacrifice de la dépense du prix modique d'une plaque pour chacune de leurs voitures, afin d'éviter d'encourir *une amende de vingt-cinq francs*, qui doit leur être appliquée autant de fois que les procès-verbaux de contravention énonceraient de voitures dépourvues de plaques.

Les voitures employées à l'agriculture, pour lesquelles l'article 8 de la loi du 7 ventôse an XII prononce l'exception, ne peuvent invoquer le même privilége pour la plaque. —

856. Toutefois, l'article 34 du décret précité, relatif aux plaques exigées pour les voitures de roulage, n'est pas applicable aux voitures légères, traînées par un seul cheval et chargées d'un poids de quatre mille kilogrammes.

A cette occasion et sur un recours au

Si de deux voitures marchant ensemble, l'une est pourvue d'une plaque parfaitement conservée, il y a contravention lorsque la plaque de l'autre est illisible, attendu que l'article 34 du décret du 23 juin 1806, exige que toute voiture de roulage soit pourvue d'une plaque en métal portant en caractères apparents le nom et le domicile de son propriétaire (Ord. du 6 août 1839. Fél. Leb. p. 434).

Les caractères gravés ou frappés et non peints sur les plaques des voitures, satisfont au prescrit de l'article 34 du décret du 23 juin 1806 (Ord. du 31 janv. 1827).

On doit astreindre à la plaque une voiture qui, allant d'une ferme à une commune voisine, y transporte des denrées et parcourt une route royale ou départementale (Ord. du 18 juil. 1838).

Considérant que la voiture du Sr Sirey était légère et traînée par un seul cheval, qu'il n'a pas été établi, par le procès-verbal, que cette voiture fût chargée de plus de quatre mille kilogrammes, en contravention à l'article 8 du décret du 23 juin 1806, et que dès-lors il n'y avait pas lieu de lui appliquer l'article 34 dudit décret relatif aux plaques exigées pour les voitures de roulage, etc. (Ord. du 21 mars 1821. Mac. t. 1. p. 448).

conseil d'état, formé par M. Sirey, le ministre ayant été consulté a répondu :

« Que la loi du 3 nivôse an VI, qui rappelle l'article 34 du décret du 23 juin 1806, n'assujétit que les propriétaires des voitures de roulage ; et que, pour l'application de cette disposition de la loi, une instruction du 7 floréal an VIII spécifie que l'intention du législateur était de n'y obliger que les voitures de roulage proprement dites ; que les fermiers du droit de passe devaient s'abstenir de poursuivre, pour défaut de plaques, les voituriers qui n'étaient pas considérés comme rouliers. »

TITRE VIII.

DES PROCÈS-VERBAUX EN MATIÈRE DE GRANDE VOIRIE.

CHAPITRE PREMIER.

FONCTIONNAIRES ET AGENTS CHARGÉS DE CONSTATER LES CONTRAVENTIONS EN MATIÈRE DE GRANDE VOIRIE.

857. La loi du 23 mars 1842, relative à l'application des amendes encourues pour contraventions en matière de grande voirie, désigne, dans les termes ci-après, les fonctionnaires et agents appelés à constater lesdites contraventions et délits :

Les piqueurs des ponts et chaussées et les cantonniers chefs, COMMISSIONNÉS ET ASSERMENTÉS A CET EFFET, *constateront tous les délits de grande voirie, concurremment avec les fonctionnaires et agents*

*dénommés dans les lois et décrets anté-
rieurs sur la matière* (Art. 2 de la loi
précitée).

858. Or, l'article 2 de la loi du
29 floréal an X porte :

Les contraventions seront constatées concurremment par *les maires
et adjoints*, *les ingénieurs des ponts et
chaussées et leurs conducteurs*, *les agents
de la navigation*, *les commissaires de
police et par la gendarmerie* (*).

A cet effet, ceux des fonctionnaires
publics, ci-dessus désignés, qui n'auront pas prêté serment en justice, le
prêteront devant le préfet.

859. L'article 1ᵉʳ du décret du
18 août 1810 est ainsi conçu :

*Les préposés aux droits réunis et
aux octrois* seront à l'avenir appelés,
concurremment avec les fonctionnaires
publics désignés en l'article 2 de la loi
du 29 floréal an X, à constater les
contraventions en matière de grande
voirie, de poids de voitures et de police sur le roulage.

860. Enfin, l'article 112 du décret
du 16 décembre 1811 porte :

A dater de la publication du présent

Il n'y a aucune disposition de loi ni de réglement
qui prescrive, à peine de nullité, aux agents qui
dressent les procès-verbaux en matière de grande
voirie, de mentionner leur résidence dans ces
procès-verbaux (Ord. du 29 janv. 1839. Fél. Leb.
p. 99).

(*) L'article 37, titre 4, du projet de loi sur la police du
roulage, adopté par la chambre des pairs, dans sa séance
du 8 avril 1842, *n'accorde qu'aux officiers et sous-officiers seuls* de gendarmerie la faculté de constater les
délits et contraventions en matières de police de roulage. Le même article désigne *les vérificateurs des poids
et mesures*, *les commissaires voyers des routes royales
et départementales*, nommés par les préfets, dans le
nombre des agents appelés à constater les délits et
contraventions spécifiés dans le projet de loi dont il
s'agit, et les cantonniers, les gardes champêtres et les
simples gendarmes sont exclus.

Dans notre opinion fondée sur l'expérience, l'exclusion des simples gendarmes est une faute, attendu que
par la nature même de leur commandement, les officiers
et sous-officiers de gendarmerie ne sont assujétis qu'à
des tournées moins fréquentes que les simples gendarmes, qu'en conséquence ces derniers sont plus à
même que leurs chefs d'exercer une surveillance efficace sur les routes.

décret, *les cantonniers*, *gendarmes et gardes champêtres*, *conducteurs des ponts et chaussées* et *autres agents* appelés à la surveillance de la police des routes, pourront affirmer leurs procès-verbaux de contraventions et de délits devant le maire ou l'adjoint du lieu.

En rapprochant ces mots *et autres agents* des termes combinés du titre 2 de la loi du 3 nivôse an VI avec ceux des articles 19, titre 5, 33 et 35, titre 8, 38 et 39, titre 9 du décret du 23 juin 1806, on devra nécessairement comprendre les *préposés des ponts à bascule* au nombre des agents que la loi précitée du 23 mars 1842 investit du pouvoir de constater les délits et contraventions en matière de grande voirie.

861. En résumant ce qui précède, il résulte que les délits et contraventions en matière de grande voirie peuvent être légalement constatés par les fonctionnaires et agents ci-après dénommés, savoir :

Les maires et adjoints ;

Les commissaires de police ;

Les ingénieurs des ponts et chaussées et leurs conducteurs ;

Les piqueurs et cantonniers chefs commissionnés et assermentés à cet effet ;

Les agents de la navigation ;

La gendarmerie ;

Les préposés des droits réunis et ceux des octrois ;

Les préposés des ponts à bascule

Et les gardes champêtres.

CHAPITRE II.

MODE DE CONSTATER LES CONTRAVENTIONS DE GRANDE VOIRIE.

862. Les anciens règlements ainsi que les lois, décrets et ordonnances qui régissent la grande voirie, ne contiennent aucune disposition sur le mode de constater les contraventions, la forme des procès-verbaux et les délais dans lesquels ces actes doivent être dressés ; d'où l'on est autorisé à conclure que les intentions du législateur, sous ce triple rapport, ont été d'appliquer, en ce cas, les règles du droit commun. Ainsi, en ce qui concerne le mode de constater et la forme dans laquelle les procès-verbaux doivent être dressés, il paraîtrait convenable de se conformer, à ce sujet, aux prescriptions du second paragraphe de l'article 16 du Code d'instruction criminelle, c'est-à-dire mentionner les jour et heure, la nature, les circonstances, le temps, le lieu des contraventions, les indices ou preuves recueillis, etc.

863. Quant au délai dans lequel les procès-verbaux doivent être dressés, l'article 7, section 7, de la loi du 28 septembre-6 octobre 1791, qui prescrit aux gardes champêtres de dresser, dans les 24 heures, les procès-verbaux des délits ruraux, à peine de demeurer responsables des dommages, ne saurait être applicable en matière de grande voirie, à raison de la nature même des diverses fonctions dont se trouvent chargés certains agents appelés à constater les contraventions de l'espèce. Par la même raison, on ne pourrait, sans inconvénient, les assujétir

Un seul gendarme peut valablement constater un délit ou une contravention de grande voirie (Ord. du 19 janv. 1836).

Les procès-verbaux des gendarmes n'étant assujétis à aucune forme par la loi, ils ne peuvent être annulés sous prétexte de vice de forme (Ar. C. de cass. du 11 mars 1825. Sir. t. 26. p. 25).

Le décret du 1er germinal an XIII, qui prescrit des formalités pour les procès-verbaux des agents de la régie des droits réunis, ne s'applique pas aux procès-verbaux des gendarmes (Ar. C. de cass. du 5 sept. 1813. Sir. t. 14. p. 9).

Aucune disposition de loi ni d'ordonnance n'ayant prescrit aux agents chargés de constater les contraventions en matière de voirie ou de police de navigation, de dresser les procès-verbaux dans les 24 heures de la reconnaissance de la contravention, il ne peut résulter pour ces actes un motif de nullité de ce qu'ils n'auraient pas été dressés dans ce délai (Ord. du 22 août 1839. Fél. Leb. p. 470).

aux prescriptions de l'article 15 du Code d'instruction criminelle, qui veut que toutes les pièces et les renseignements relatifs aux contraventions de police, soient remis à l'officier qui remplit le ministère public, dans les trois jours, au plus tard, y compris celui où le fait a été reconnu.

Il n'y a donc point de délai fixé pour la rédaction et la remise des procès-verbaux de grande voirie.

864. Ces mêmes procès-verbaux, n'exigeant point de signification d'exploit, étant notifiés par voie administrative, ne rentrent pas dans l'exception prévue à l'article 63 du Code de procédure civile et peuvent, en conséquence, être rédigés les dimanches et jours fériés ; ces derniers, d'après le concordat du 29 germinal an X, sont : l'*Ascension*, l'*Assomption*, la *Toussaint* et *Noël*.

Par un avis du 20 mars 1810, le conseil d'état a déclaré que le *jour de l'an* est également jour férié.

Voyez au titre *Mode de procéder par les conseils de préfecture*, l'ordonnance rendue en conseil d'état du 30 mai 1834. (Mac. t. 4. p. 341).

Lorsque plusieurs agents concourent à constater une ou plusieurs contraventions en matière de grande voirie, il suffit que les procès-verbaux soient signés par celui de ces agents qui est assermenté (Ord. du 26 nov. 1828).

—◇ ❖ ◇—

CHAPITRE III.

FONCTIONNAIRES QUI PEUVENT RECEVOIR L'AFFIRMATION DES PROCÈS-VERBAUX (*).

865. L'article 2 du décret du 18 août 1810, qui prescrit l'affirmation des procès-verbaux de contraventions de grande voirie, impose aux fonction-

Les procès-verbaux peuvent être affirmés devant les adjoints des maires (Ord. du 30 mai 1821. Mac. t. 2. p. 23).

Ils peuvent l'être devant le juge de paix de la résidence du fonctionnaire, aussi bien que devant le juge de paix du lieu du délit (Ord. des 31 août 1828 et 21 mars 1831. Mac. t. 10. p. 702 et t. 1. p. 402).

Il suffit que la mention de l'affirmation des procès-verbaux, en matière de grande voirie, soit signée par le magistrat qui la reçoit : on ne peut en conséquence annuler cette affirmation et les

---

(*) L'article 40 du projet de loi sur la police du roulage, adopté par la chambre des pairs, dans sa séance du 8 avril 1842, prescrit l'affirmation dans les trois jours des procès-verbaux, devant le juge de paix du canton ou devant le maire de la commune, soit du lieu où la contravention a été constatée, soit du domicile de l'agent qui a verbalisé.

naires et agents chargés de les constater, l'obligation d'affirmer lesdits procès-verbaux devant le juge de paix, pour faire foi et motiver une condamnation : cette disposition semblerait restreindre aux seuls juges de paix la faculté de recevoir ces sortes d'affirmation. Mais, en procédant par voie d'analogie, on reconnaîtra, d'après les termes de l'article 26 de l'arrêté des consuls, du 8 prairial an XI, qui règle la navigation intérieure, et l'article 25 du décret du 1ᵉʳ germinal an XIII, concernant les contraventions en matière de droits réunis, que la faculté de recevoir l'affirmation est également dévolue aux suppléants des juges de paix, ainsi que le veulent les deux articles précités, dont voici les extraits :

ARRÊTÉ DES CONSULS DU 8 PRAIRIAL AN XI.

866. Tout procès-verbal devra être affirmé devant le juge de paix ou son *assesseur*, etc. (Art. 26).

DÉCRET DU 1ᵉʳ GERMINAL AN XIII.

Les procès-verbaux seront affirmés par etc., devant le juge de paix ou l'un de ses suppléants, etc. (Art. 25).

867. Enfin, suivant les arrêts du conseil d'état, transcrits ci-contre, l'affirmation peut être reçue par les adjoints de maires, et indifféremment par le juge de paix de la résidence du fonctionnaire, et du juge de paix du lieu où le délit a été reconnu et constaté.

procès-verbaux qui en sont l'objet, sur le motif que la mention n'en a pas été signée aussi par celui qui a fait dresser l'acte de l'affirmation.

En général, l'affirmation des procès-verbaux doit être signée par l'agent qui affirme ; mais, en matière de grande voirie, cette formalité n'étant prescrite par aucune disposition de loi, on ne peut en exiger l'accomplissement (Ord. du 16 juil. 1840. Fél. Leb.).

L'affirmation d'un procès-verbal devant le fonctionnaire désigné pour la recevoir, est une formalité substantielle dont l'omission emporte nullité (Ar. C. de cass. du 11 déc. 1824. Sir. t. 25, p. 232).

CHAPITRE IV.

DÉLAIS DANS LESQUELS L'AFFIRMATION DES PROCÈS-VERBAUX DOIT AVOIR LIEU, A PEINE DE NULLITÉ (*).

868. Dans une lettre circulaire, en date du 30 novembre 1837, le directeur général des ponts et chaussées, en adressant aux préfets expédition de l'ordonnance transcrite ci-contre, s'exprime dans les termes ci-après :

« M. le préfet, j'ai l'honneur de vous adresser expédition d'une ordonnance royale, rendue le 26 mai dernier, sur le rapport du comité de législation et de justice administrative du conseil d'état, et qui tranche la question relative au délai de l'affirmation des procès-verbaux en matière de roulage.

» Cette question avait été, jusqu'ici, diversement jugée. Une note insérée au bas du modèle de procès-verbal joint à la circulaire de l'un de mes prédécesseurs, du 8 août 1816, énonçait que l'affirmation des procès-verbaux était de rigueur dans les 24 heures ; on s'était basé, vraisemblablement, dans la rédaction de cette note, sur les lois des 28 et 29 septembre 1791 ; mais ces lois ne sont applicables qu'à la police rurale et aux procès-verbaux des gardes champêtres et des gardes forestiers, et, dès-lors, l'assimilation qu'on avait voulu établir était mal fondée à tous égards.

» Dans l'état actuel de la législation sur la police du roulage, aucun délai n'est prescrit d'une manière générale

ORDONNANCE DU 26 MAI 1837.

Vu l'article 26 de la loi du 14 brumaire an VII, l'article 26 de l'arrêté du 8 prairial an XI, la loi du 7 ventôse an XII, et les décrets des 1er germinal an XIII, 23 juin 1806 et 18 août 1810 ;

Considérant qu'aucune disposition de loi ni d'ordonnance n'ayant prescrit l'affirmation, dans les 24 heures, des procès-verbaux des agents auxquels il appartient de constater les contraventions en matière de grande voirie, le défaut d'affirmation dans ce délai ne peut être pour ces actes un motif de nullité ; qu'il résulte au contraire des lois et règlements sus visés, *qu'un délais de trois jours a été accordé pour l'affirmation* à chacun des agents qui sont chargés de dresser des procès-verbaux en matière de police de roulage ;

Nous avons ordonné et ordonnons ce qui suit :

Sont annulés les arrêtés rendus par le conseil de préfecture du département de ***, en date des 13 et 20 août 1836, lesquels ont déclaré qu'il n'y avait lieu à suivre sur des procès-verbaux dressés en matière de roulage, attendu que ces procès-verbaux n'ont été affirmés que le lendemain de leur date, sans indication de l'heure à laquelle cette formalité a été remplie, et que dès-lors rien ne constate qu'elle a eu lieu dans les 24 heures.

Les procès-verbaux en matière de grande voirie peuvent être valablement affirmés dans les trois jours (Ord. du 29 janv. 1839. Fél. Leb. p. 99).

_____

(*) L'article 40 du projet de loi sur la police du roulage, adopté par la chambre des pairs, dans sa séance du 8 avril 1842, prescrit *l'affirmation* des procès-verbaux *dans les trois jours*, à peine de nullité.

pour l'affirmation des procès-verbaux,
et le défaut d'affirmation dans les 24
heures ne saurait dès-lors être pour
ces actes un motif de nullité.

» D'un autre côté, cependant, comme
il n'est pas possible d'admettre que le
délai d'affirmation puisse rester indéfini ; il était, ce semble, naturel d'assimiler les contraventions aux règlements sur la police du roulage, à celles
qui concernent les droits de navigation,
et qui, d'après l'article 26 de l'arrêté
du 8 prairial an XI, doivent être
constatées *par des procès-verbaux
affirmés dans les trois jours*. Cette affirmation dans les trois jours était également prescrite par la loi du 14 brumaire an VII, relative à la taxe d'entretien des routes ; et la loi du 7
ventôse an XII sur la police du roulage,
en décidant (Art. 3) que les contraventions en cette matière seraient constatées par les préposés à la taxe d'entretien des routes, admettait par là,
implicitement, que l'affirmation des
procès-verbaux devait aussi avoir lieu
dans le délai de trois jours. Enfin, le
décret du 1er germinal an XIII accorde
trois jours pour affirmer leurs procès-
verbaux aux préposés des droits réunis
et des octrois, que le décret du 18 août
1810 appelle à verbaliser en matière
de police de roulage.

» Ainsi, en s'appuyant de ces exemples, on était naturellement conduit à
regarder comme valable l'affirmation
des procès-verbaux de police du roulage,
lorsqu'elle a eu lieu dans les trois jours
de leur date. Cette doctrine a été soutenue par l'administration devant le
conseil d'état, qui l'a consacrée par

l'ordonnance dont je vous transmets ci-joint une expédition. »

On verra, ci-contre, que ce principe a été de nouveau consacré par une autre ordonnance rendue le 29 janvier 1839; que, dès-lors, la jurisprudence sur ce point est bien fixée.

Le 1er alinéa de l'article 26 de la loi du 14 brumaire an VII, est ainsi conçu :

Les procès-verbaux des inspecteurs et percepteurs de la taxe d'entretien, seront affirmés dans les trois jours devant le juge de paix du canton, ou devant l'un des assesseurs, à peine de nullité.

—◇⊛◇—

CHAPITRE V.

FOI DUE AUX PROCÈS-VERBAUX POUR CONTRAVENTIONS EN MATIÈRES DE GRANDE VOIRIE (*).

869. Suivant l'opinion émise par Proudhon, dans son traité du *Domaine public* (T. 1, n° 296, p. 437 et 438), les procès-verbaux de contraventions en matières de grande voirie en peuvent faire foi jusqu'à inscription de faux. Ce célèbre professeur ajoute que toute preuve légale est admissible pour combattre la foi qui se rattache naturellement, mais *non infailliblement*, à ces procès-verbaux.

870. Dans son dictionnaire de *Législation usuelle*, Chabrol de Chaméane établit une distinction (P. 366) : « Parmi les procès-verbaux, dit-il, les

Les procès-verbaux que les conducteurs des ponts et chaussées et, par assimilation, les gendarmes et les sous-officiers de gendarmerie sont appelés à dresser pour contraventions en matière de grande voirie, font foi par eux-mêmes, sauf l'inscription de faux (Ord. du 30 nov. 1830. Mac. t. 12. p. 525).

(*) Le dernier paragraphe de l'article 37 du projet de loi sur la police du roulage, adopté par la chambre des pairs, dans sa séance du 8 avril 1842, porte : « Les procès-verbaux dressés en vertu du présent article, *font foi jusqu'à preuve contraire*. »

uns font foi jusqu'à inscription de faux,
c'est-à-dire que le contenu ne peut pas
être contesté devant les tribunaux, ni
combattu par la preuve contraire ; tels
sont ceux dressés par les employés des
douanes et les agents des contributions
indirectes. D'autres ne font foi que jusqu'à preuve contraire ; par exemple,
ceux dressés par les gardes champêtres. »

Enfin, on lit ce qui suit à la page
483 du cours de droit administratif, par
M. Cotelle, 2e édition :

« On sait que les seuls actes qui
fassent foi, jusqu'à inscription de faux,
sont ceux auxquels une loi positive attache ce caractère. Les actes des officiers et agents qui ne sont pas dans ce
cas ne font foi que jusqu'à preuve contraire. » Tels sont, suivant une énumération faite par M. Delalleau :

Les gardes du génie (Loi du 27
mars 1806, Art. 29).

Les portiers-consignes des places de
guerre (Déc. du 16 sept. 1811, Art. 19).

Les conducteurs des ponts et chaussées et les cantonniers (Déc. du 16 déc.
1811, Art. 12 et Ord. du 28 juil.
1820).

Les gardes champêtres (Art. 9 et
16 du Code d'instr.).

Les gardes et agents forestiers
(Art. 176 et 177 du Code forest.).

Les agents de la navigation et la
gendarmerie (Loi du 29 flor. an X,
Art. 2 et Ar. C. de cas. des 8 avril
et 26 août 1325, 30 nov. 1827 et
2 août 1828).

871. Le second alinéa de l'article
26 de la loi du 14 brumaire an VII,
relative aux contraventions sur la taxe
d'entretien des routes, est ainsi conçu :

« Ces procès-verbaux feront foi

jusqu'à inscription de faux, en matière de fraude et de contravention ; et en matière de police correctionnelle, jusqu'à preuve contraire. »

872. Et il semble résulter, nécessairement, de l'assimilation énoncée dans la circulaire du directeur général des ponts et chaussées, en date du 30 novembre 1837, transcrite à la section précédente, que tous les procès-verbaux en matière de grande voirie doivent avoir même force et même valeur que ceux qu'on rédigeait pour contraventions à la taxe d'entretien des routes, avant l'abrogation de la loi du 14 brumaire an VII.

Toutefois, l'article 22 du décret du 23 juin 1806 peut donner lieu de croire que la preuve contraire est admise ; voici le texte de cet article :

Ce certificat ne vaudra que pour servir de règle privée aux rouliers, et ne pourra être opposé *comme preuve contraire* dans les procès-verbaux de contravention sur la largeur des bandes.

On a souvent dit, et il a été prononcé par quelques ordonnances rendues en conseil d'état, que les procès-verbaux de grande voirie *faisaient foi jusqu'à inscription de faux;* le principe contraire se trouve déjà posé plus haut, par le motif que les seuls agents dont les actes fassent foi jusqu'à inscription de faux, sont ceux auxquels la loi a conféré ce pouvoir. Or, ni les conducteurs des ponts et chaussées, ni les agents de la navigation, ni les gendarmes, ni les agents des contributions indirectes ne sont dans ce cas. Ainsi donc, la preuve contraire peut être proposée et administrée contre leurs

Considérant que, d'après les lois et règlements de la matière, les procès-verbaux des agents de la grande voirie *ne font foi que jusqu'à preuve contraire;* que dès-lors le conseil de préfecture de *** n'est pas sorti des bornes de sa compétence, en admettant devant lui la discussion des faits opposés à la contravention imputée au Sr P*** (Ord. du 21 mars 1834. Le ministre de la guerre contre Pichard).

actes devant les conseils de préfecture
(C. de dr. adm. Cot. 2ᵉ édit. t. 3,
p. 252 et 253).

—◦⊛◦—

CHAPITRE VI.

TIMBRE ET ENREGISTREMENT DES PROCÈS-VERBAUX EN MATIÈRE DE GRANDE VOIRIE (*).

873. L'article 24 de la loi du 13 brumaire an VII, faisant défense aux juges de prononcer aucun jugement, et aux administrations de rendre aucun arrêté, sur un acte, etc., non écrit sur papier timbré, on devait naturellement en conclure que les procès-verbaux de contraventions en matière de grande voirie, sur lesquels les conseils de préfecture sont appelés à statuer, devaient être revêtus de la formalité du timbre ou d'un visa en débet.

874. Le n° 35 de l'article 68 de la loi du 22 frimaire an VII, assujétit les procès-verbaux et rapports d'employés, gardes, etc., à la formalité de l'enregistrement au droit fixe d'un franc, élevé à deux francs par le n° 16 de l'article 43 de la loi du 28 avril 1816. Et, par une lettre, en date du 25 thermidor an XIII, le ministre des finances a fait connaître au directeur général des ponts et chaussées, qu'il avait été décidé, le 16 frimaire an XI, que ces dispositions étaient applicables aux procès-verbaux dressés par les agents des ponts et chaussées : le ministre

Il n'est pas nécessaire, à peine de nullité, que les procès-verbaux constatant des contraventions aux lois sur la police du roulage soient timbrés et enregistrés (Ord. du 29 août 1821).

Les procès-verbaux des sous-officiers et gendarmes sont faits sur papier libre : ceux de ces actes qui seraient de nature à donner lieu à des poursuites judiciaires, sont préalablement enregistrés en débet ou gratis, suivant les distinctions établies par la loi du 22 frimaire an VII, et l'article 5 de l'ordonnance royale du 22 mai 1816 (Art. 308 de l'Ord. du 29 oct. 1820 portant réglement sur le service de la gendarmerie).

Vu le décret du 18 août 1810, qui n'astreint les préposés des ponts à bascule qu'à l'affirmation de leurs procès-verbaux;

Vu l'article 77 de la loi du 28 avril 1816, qui maintient les dispositions des lois et ordonnances ainsi que des décrets auxquels il n'a pas été dérogé par ladite loi;

Considérant que les dispositions de la loi du 19 décembre 1790, ont été abrogées par les lois et décrets postérieurs, et notamment par le décret du 23 juin 1806, qui n'a pas assujéti au droit de timbre et enregistrement les procès-verbaux relatifs à l'exécution des lois des 29 floréal an X et 7 ventôse an XII;

Notre conseil d'état entendu :

Sont annulés les trois arrêtés du conseil de préfecture du département de ***, en date du 5 mars 1824, qui annullent trois procès-verbaux pour contraventions à la police du roulage, et ordonnent la restitution des amendes prononcées par le maire de ***, pour n'avoir pas soumis lesdits procès-verbaux à la formalité de l'enregistrement.

A Paris, le 18 janvier 1826.

Déjà, le 30 décembre 1822, sur le rapport du comité du contentieux, une ordonnance royale, conçue dans les mêmes termes que celle ci-dessus,

---

(*) L'article 44 du projet de loi sur la police du roulage, adopté par la chambre des pairs, dans sa séance du 8 avril 1842, prescrit, *à peine de nullité*, l'enregistrement en débet des procès-verbaux de délits ou contraventions en cette matière.

ajoutait que l'enregistrement devait se faire en débet, sauf le recouvrement des droits contre les parties condamnées.

875. Enfin, une circulaire du ministre de l'intérieur, en date du 31 décembre 1808, porte en substance ce qui suit :

« On a demandé si les procès-verbaux qui sont rapportés par les fonctionnaires ou agents désignés dans l'article 2 de la loi du 29 floréal an X, étaient assujétis au timbre et à l'enregistrement.

La loi du 13 brumaire an VII porte expressément, que le droit de timbre est établi sur tous les papiers destinés aux écritures qui peuvent être produites en justice et y faire foi. Or, il résulte de cette disposition, que *tous les procès-verbaux, sans distinction ni exception, doivent être visés pour timbre et enregistrement en débet*, sauf recours contre les parties condamnées. Ce principe a été consacré par plusieurs arrêts rapportés ci-contre.

876. Jusque-là, ce point de la législation était positivement et clairement établi, et ne laissait aucune matière à équivoque; mais, par un retour dont on ne peut expliquer la cause, que par une rigoureuse application du principe posé par l'article 26 de l'arrêté des consuls du 8 prairial an XI, qui n'assujétit qu'à la seule formalité de l'affirmation les procès-verbaux de contraventions sur la police de la navigation intérieure, les fonctionnaires et autres agents désignés dans l'article 2 de la loi du 29 floréal an X, se trouvent affranchis de l'obligation du visa pour timbre et enregistrement des

du 18 janvier 1826, a été rendue dans le même but (*Voir* à la page 69 du Bulletin annoté des lois par Lepec).

procès - verbaux de contraventions sur la police du roulage et ce, en vertu d'une ordonnance royale rendue en conseil d'état le 18 janvier 1826, rapportée textuellement prge 430.

877. Quant aux procès - verbaux autres que ceux de contraventions en matière de police du roulage, ces actes demeurent soumis aux prescriptions des lois sur le timbre et l'enregistrement, suivant les termes de l'ordonnance du 22 mai 1816, ainsi conçue :

Les actes et procès - verbaux des huissiers, gendarmes, gardes champêtres ou forestiers (autres que ceux des particuliers), et généralement tous actes et procès-verbaux concernant la police ordinaire, et qui ont pour objet la poursuite et la répression des délits et contraventions aux règlements généraux de police, continueront à être visés pour timbre et enregistrés en débet, lorsqu'il n'y aura pas de partie poursuivante ou qu'elle aura négligé ou refusé de consigner les frais de poursuites, sauf à poursuivre le recouvrement des droits contre qui il appartiendra (Art. 5).

La disposition qui précède est confirmée par l'article 74 de la loi des finances, du 25 mars 1817.

L'enregistrement des procès-verbaux soumis à cette formalité, doit avoir lieu dans le délai de quatre jours (Art. 20 de la loi du 22 frim. an VII), et à peine de nullité (Art. 34 de ladite loi).

La peine de nullité, prononcée par l'article 34 de la loi du 22 frimaire an VII, ne s'applique qu'aux procès-verbaux qui font foi jusqu'à inscription de faux. Elle n'est donc pas applicable à ceux des gardes champêtres qui ne constatent que de simples contraventions (Ar. C. de cass. du 18 fév. 1820. Sir. t. 20. p. 269).

Lorsque l'affirmation est à la suite du procès-verbal, l'enregistrement qui se trouve être à la suite de l'affirmation se rapporte nécessairement au procès-verbal qui, seul, est sujet à la formalité de l'enregistrement (Ar. C. de cass. de 28 avril 1809 Sir. t. 16. p. 224).

NEUVIÈME PARTIE.

DU MODE DE PROCÉDER DEVANT LES CONSEILS DE PRÉFECTURE (*).

◇❀◉❀◇

CHAPITRE PREMIER.

DE L'INTRODUCTION D'INSTANCE.

—◇❀❀◇—

SECTION I. — Principes fondamentaux et règles d'analogie.

878. On appelle *instance* l'action intentée devant un tribunal, à l'effet d'obtenir la réparation d'un tort ou dommage quelconque.

La loi du 28 pluviôse an VIII, qui a institué les conseils de préfecture, n'ayant tracé aucune règle pour le mode de procéder devant ces tribunaux administratifs, il y a lieu de suppléer au silence de la loi, sous ce rapport, en puisant, par voie d'analogie, dans les dispositions du décret du 22 juillet 1806, les règles de procédure suivies au conseil d'état, en tant qu'elles peuvent être applicables à la juridiction inférieure.

879. L'avantage qu'offre la procédure administrative, c'est de n'occasionner aucuns frais de greffe. Elle n'oblige non plus ni à constitution d'avoué, ni à intervention d'avocat, attendu qu'à la rigueur, dans les affaires de la compétence des conseils de préfecture, l'instruction pourrait se faire par écrit, sur simples mémoires ou pétitions, *communiqués administrativement* aux parties intéressées pour qu'elles aient

Les conseils de préfecture ne peuvent connaître des réclamations élevées contre les arrêtés des préfets (Ord. des 12 nov. 1809. Sir. t. 17. p. 197. 17 mars et 11 mai 1825. Mac. t. 7. p. 143 et 160).

Ces conseils ne peuvent interpréter les lettres-patentes et les arrêts de l'ancien conseil du roi (Ord. du 23 sept. 1810. Sir. t. 1. p. 401).

Ni s'approprier le jugement des affaires contentieuses qui sont du ressort des ministres du roi. Ils ne peuvent, par exemple, ni statuer sur les marchés passés de gré à gré entre les ministres et leurs agents; ni élever des conflits; ni s'attribuer l'interprétation et la réformation des ordonnances des intendants

---

(*) Les variations fréquentes que l'on remarque dans la jurisprudence du conseil d'état, paraissent suffisamment justifier le point de doctrine établi par M. Cotelle, qui s'exprime dans les termes ci-après, à la page 54 du tome 1er de son cours de droit administratif, 2e édition :

« Quelque considérable que soit l'autorité d'un arrêt » du conseil d'état sur une question du droit adminis- » tratif, il faut cependant bien considérer qu'il a été » rendu dans une espèce particulière dont les circon- » stances ont influé sur la décision, *et que le juge* » *pourra prononcer différemment sur une autre espèce* » *malgré l'analogie la plus frappante.*

» Les ordonnances rendues en matière contentieuse, » avertissent bien du sens dans lequel cette juridiction » applique les principes de la matière; cependant *sa* » *jurisprudence n'est pas invariable*, et elle n'est pas » liée par ses décisions. *Un arrêt enfin n'a que l'au-* » *torité d'un exemple, et c'est d'après la loi seule que* » *chaque cause doit être jugée. On ne doit, au reste,* » *jamais craindre de lutter contre une jurisprudence* » *établie, si l'on découvre des raisons susceptibles de* » *ramener le juge à une solution contraire.* »

à produire leurs moyens et conclusions.

Mais ce mode, qui fut long-temps en usage, n'est plus pratiqué que par un très petit nombre de conseils de préfecture, car il résulte de renseignements recueillis à ce sujet, que la plupart d'entre eux admettent actuellement les parties ou leurs fondés de pouvoirs à présenter oralement leurs moyens, par analogie avec l'usage établi au conseil d'état, du moins depuis 1831.

et généralités, cette connaissance appartenant exclusivement au pouvoir exécutif (Ord. du 4 juin 1823).

Ni interpréter les actes de concession émanés du gouvernement (Ord. du 25 juil. 1827. Mac. t. 9. p. 409).

Ni statuer sur une question donnée à raison de laquelle un ministre aurait déjà prononcé (Ord. du 14 mai 1828).

Ni statuer sur les arrêtés des anciennes administrations départementales (Ord. du 6 juin 1830. Mac. t. 12. p. 278).

Ces conseils ne peuvent prescrire des mesures qui doivent être ordonnées par l'administration active (Ord. du 1er août 1834. Mac. t. 2. p. 531).

Ni statuer par voie d'interprétation générale des ordonnances royales, par exemple, en matière de tarif d'un pont (Ord. du 8 août 1834).

--◊◈◊--

SECTION II. — Formalités à remplir par les impétrants.

880. Nous avons fait connaître, dans la première partie de ce recueil (*voir* chapitre 4, p. 17 et suivantes), les principaux objets susceptibles de faire naître des contestations en matières administratives ressortissant aux conseils de préfecture. C'est ici qu'il convient d'indiquer les formalités à remplir par ceux des citoyens, ou corps de communauté, c'est-à-dire, administrations municipales, des hospices, etc., qui se croiraient fondés à ouvrir une action devant le tribunal administratif de leur département.

881. L'article 15 du titre 3 de la loi du 28 octobre-5 novembre 1790, porte ce qui suit : « Nul ne peut intenter une action contre l'état, sans avoir préalablement remis à l'autorité administrative un mémoire explicatif. La remise et l'enregistrement de ce mémoire au secrétariat de l'administration dépar-

Un conseil de préfecture ne peut connaître à nouveau *d'une contestation sur laquelle il aurait déjà prononcé contradictoirement* (Ord. du 31 mars 1825. Mac. t. 7. p. 186).

Lorsque les requêtes ou mémoires présentés par les parties offrent des questions de même nature à résoudre, il y a lieu de les joindre pour statuer par un seul et même arrêté (Ord. des 22 fév. et 8 mars 1833).

En matière de grande voirie, les conseils de préfecture sont valablement saisis, *sans assignation, par la seule remise d'une expédition du procès-verbal notifié au contrevenant* et du mémoire en défense prescrit par la loi (Ord. du 26 nov. 1839. Fél. Leb. p. 550).

Un conseil de préfecture est valablement saisi dans les circonstances suivantes : le maire d'une commune dont certains biens ont été usurpés, envoie au sous-préfet les pièces établissant les droits de la commune, en lui écrivant qu'il espère du préfet un arrêté qui lui donne la force de reprendre les terrains usurpés ; la lettre et les pièces sont transmises par le sous-préfet au préfet qui les soumet au conseil de préfecture (Ord. du 21 nov. 1839. Fél. Leb. p. 534).

tementale ou d'arrondissement inter-
rompront la prescription ; et, dans le
cas où les corps administratifs néglige-
raient de statuer dans le délai d'un
mois, il sera permis de se pourvoir
devant les tribunaux civils.

Les dispositions de l'article 15 de
la loi précitée du 28 octobre-5 novembre 1790, sont applicables aux actions à intenter contre les administrations départementales, communales et
autres établissements publics. Seulement le lecteur voudra bien se reporter
au nombre 247, p. 89, relativement
au délai dans lequel l'administration
doit statuer à l'égard des demandes
d'autorisation pour ouvrir une action
judiciaire contre une commune.

882. L'article 24 de la loi du 13 brum.
an **VII**, faisant *défense aux juges de prononcer aucun jugement, et aux administrations de rendre aucun arrêté sur
un acte non écrit sur papier timbré*, tout
citoyen ou corps de communauté, qui
se croira fondé à intenter une action
contre l'état, le département, une
commune ou établissement public, lui
faisant grief, devra adresser un mémoire explicatif au préfet ou au sous-
préfet de la localité où se trouve l'objet
du litige. *Ce mémoire sera rédigé en
double minute, dont une sur papier timbré.*

Il n'y a d'exception à la règle ci-
dessus, qu'en ce qui concerne le contentieux en matière de contributions
directes, au sujet duquel nous renvoyons le lecteur au nombre 400,
page 200 du présent recueil.

883. Si l'objet du mémoire est de la
compétence de l'administration active,
le préfet statue lui-même ou transmet

au ministre pour être statué ce que de droit : dans le cas contraire, il en saisit le conseil de préfecture, qui statue, s'il y a lieu, ou autorise les parties à ester en justice.

CHAPITRE II.

DE LA COMPOSITION DU CONSEIL ET DE LA TENUE DES SÉANCES.

SECTION I. — Nombre de juges. — Suppléants. — Incompatibilités. — Récusations. — Nécessité d'instituer un ministère public.

884. Pour éviter des redites fastidieuses, nous renvoyons le lecteur à la 1re partie du présent recueil, titre 2, p. 4 et suivantes, où il trouvera l'indication du nombre de conseillers nécessaires pour valider les décisions, par qui les titulaires peuvent être suppléés; celles des incompatibilités et les causes de récusations.

Nous nous bornerons à exprimer ici notre opinion sur la convenance d'instituer un ministère public près des conseils de préfecture.

885. Dans l'ordre judiciaire, à partir des justices de paix et en remontant jusqu'à la cour de cassation, il y a un ministère public près de chacun des tribunaux des diverses juridictions (*).

Les tribunaux militaires ont également chacun le leur.

Au conseil d'état, les maîtres des requêtes remplissent ces fonctions dans les affaires contentieuses administratives.

L'alliance de deux conseillers de préfecture qui ont pris part à un arrêté, n'est pas une cause de nullité prévue par les réglements administratifs (Ord. du 12 août 1818).

Un conseil de préfecture est légalement composé lorsqu'il a pourvu au remplacement de ceux de ses membres absents ou qui se seraient récusés pour cause de parenté avec l'une des parties (Ord. du 26 juil. 1820. Mac. t. 8. p. 429).

(*) A l'exception des tribunaux de commerce, dont l'organisation présente une semblable lacune contre laquelle on réclame depuis long-temps.

Examinons d'où peut provenir que *les conseils du contentieux administratif* (*), ont pu faire exception, en demeurant privés jusqu'à ce jour de l'assistance d'un ministère public.

Si la loi du 28 pluviôse an VIII et les actes ultérieurs du pouvoir constituant ne comportent ni institution, ni mention d'un office de ministère public près des conseils de préfecture, c'est probablement parce que dans la pensée du législateur les instructions d'affaires contentieuses administratives devaient être jugées comme en matière sommaire, sur simples mémoires ; et, que ce mode de procéder n'exigeant ni constitution d'avoué, ni intervention d'avocat, l'office de ministère public eût été inutile.

886. Mais actuellement, qu'en exécution d'une ordonnance royale du 2 février 1831, le conseil d'état admet les avocats des parties à présenter des observations orales, et que, par analogie, la presque totalité des conseils de préfecture est également dans l'usage d'admettre les parties, ou leurs fondés de pouvoirs, à présenter oralement leurs moyens et conclusions, il paraîtrait d'autant plus convenable d'instituer un office de ministère public près de ces conseils, que les modifications qui viennent d'être récemment apportées à certaines parties de la législation en matières administratives,

---

(*) Un arrêté du gouvernement en date du 26 ventôse an VIII (17 mars 1800), portant règlement sur les dépenses des préfectures et des sous-préfectures, désigne les conseils de préfecture sous la dénomination de *conseil du contentieux* que nous avons adoptée ci-dessus, en y ajoutant le mot *administratif* pour mieux préciser le but de l'institution ; but que la dénomination actuelle n'indique pas suffisamment.

laissent une grande liberté d'action *aux tribunaux du contentieux administratif* pour l'application des peines pécuniaires qu'ils sont appelés à prononcer; qu'ainsi l'intérêt de la loi et celui de la justice semblent s'unir pour motiver l'institution susmentionnée.

887. L'office de ministère public près des conseils de préfecture, tel que nous l'entendons, n'occasionnerait en lui-même aucun surcroît de dépense, attendu qu'il pourrait être convenablement rempli par le secrétaire général de préfecture, dont les attributions spéciales sont fort restreintes (*). Mais comme, d'ailleurs, il s'entend de soi-même que, si l'on attribuait à ces fonctionnaires l'office en question, ils ne pourraient plus participer aux délibérations (du moins en qualité de juges); dans ce cas, le nombre des membres titulaires des conseils de préfecture se trouverait réduit à deux dans les 42 départements où ces conseils ne se composent que de trois titulaires, y compris le secrétaire-général, et alors il y aurait nécessité de nommer un troisième conseiller, ce qui produirait *une modique dépense de* CINQUANTE MILLE QUATRE CENTS FRANCS.

(*) Les attributions des secrétaires-généraux de préfecture, telles que l'ordonnance royale du 9 avril 1817 les a déterminées, consistent *à signer les expéditions des actes administratifs déposés aux archives ou dans les bureaux; à veiller à la bonne tenue des archives et à ce que les régistres des arrêtés et décisions du préfet, ainsi que ceux des délibérations des conseils de préfecture soient constamment à jour.*

Au surplus, les fonctions de secrétaire-général de préfecture, entrent entièrement dans la sphère de l'administration active, qui est seule chargée de recevoir et faire compléter, au besoin, les documents relatifs aux affaires contentieuses administratives ressortissant aux conseils de préfecture, l'office de ministère public ne semble-t-il pas être naturellement dévolu à ce fonctionnaire?

888. On a indiqué à la page 6 du présent recueil les divers inconvénients qui résultent de la composition vicieuse des conseils de préfecture réduits à trois membres titulaires, y compris le secrétaire-général ; on est porté à croire que la modification proposée ci-dessus satisferait à toutes les exigences du service, et certes la dépense qu'elle occasionnerait est trop minime pour devenir un obstacle sérieux à son exécution.

—◇◉◇—

SECTION II. — Les séances peuvent être publiques. — Parties admises à présenter oralement leurs moyens et conclusions.

889. Jusqu'alors les séances des conseils de préfecture n'ont pas été publiques, par la raison sans doute que l'instruction écrite étant admise en principe, ces tribunaux de contentieux administratif, *jugeaient comme en matière sommaire sur le vu des mémoires et autres pièces produites par les parties.*

890. Désormais, rien ne paraît s'opposer à ce que les séances soient publiques, et les parties ou leurs fondés de pouvoirs entendus oralement. Ce mode doit être suivi par voie d'analogie et d'application des dispositions d'une ordonnance royale en date du 2 février 1831, relative à la procédure devant le conseil d'état, et dont on trouvera ci-après un extrait littéral.

« L'examen préalable des affaires contentieuses actuellement attribuées à notre conseil d'état, continuera d'être fait par le comité de justice administrative. » (Art. 1er de l'Ord. du 2 février 1831.)

» Le rapport en sera fait en assemblée générale de notre conseil d'état et en *séance publique,* par l'un des conseillers ou par l'un des maîtres des requêtes et des auditeurs attachés à ce comité.

» Le rapport résumera les faits, les moyens et les conclusions des parties (Art. 2 de l'Ord. précitée).

» Immédiatement après le rapport, *les avocats des parties pourront présenter des observations orales,* après quoi l'affaire sera mise en délibéré (Même Ord. Art. 3).

» *La décision sera prononcée* à une autre assemblée générale et *en séance publique.*» (Même Ord., Art. 4).

891. Nous devons faire remarquer ici qu'il est dérogé aux principes posés dans l'ordonnance royale ci-dessus transcrite, par l'article 5 d'une autre ordonnance en date du 12 mars même année (1831). Cet article 5 est ainsi conçu :

« *Notre ordonnance du 2 février dernier n'est point applicable aux autorisations de plaider, demandées par les communes ou établissements publics, aux demandes en autorisation de poursuivre devant les tribunaux les fonctionnaires publics pour raison de leurs fonctions, ni aux appels comme d'abus.*»

892. La question de savoir si les parties pouvaient être admises à comparaître en présence des conseils de préfecture, ou si elles devaient se borner à défendre sur mémoire, ayant été soumise à la délibération des comités réunis du contentieux et de l'intérieur, ces comités donnèrent l'avis ci-après, sous la date du 5 février 1826 :

« Considérant que *les décisions des conseils de préfecture en matière con-*

tentieuse, ne sont regardées comme con-
tradictoires que lorsqu'elles visent les
mémoires et les défenses régulièrement
communiqués, d'où il suit que *l'instruc-*
tion par écrit est établie devant ces con-
seils; que l'instruction se faisant par
écrit au conseil d'état du roi, dans les
affaires contentieuses, aux termes du
décret du 22 juillet 1806, *l'analogie*
demande que le même mode d'instruc-
tion subsiste devant les conseils de pré-
fecture, qui exercent en première instance le premier degré d'instruction.»

893. Mais cet avis nous paraît sans
force aujourd'hui, puisqu'il est motivé
sur ce que l'instruction se faisant alors
par écrit au conseil d'état, l'analogie
voulait que le même mode fût suivi devant les conseils de préfecture, tandis
que les dispositions de l'ordonnance
royale du 2 février 1831, établissent une
analogie contraire *en admettant les avo-*
cats des parties à présenter des observa-
tions orales devant le conseil d'état, en
assemblée générale et en séance publique.

Au surplus, l'audition des parties
en personne ou de leurs fondés de
pouvoirs est souvent un moyen puis-
sant d'instruction, et l'équité peut en
souffrir lorsqu'il est interdit aux juges
de l'employer, par le motif que tel individu qui serait incapable d'exposer
ses moyens par écrit, pourra les énon-
cer verbalement d'une manière suffisante et sans recourir à l'intervention
d'un tiers, intervention plus ou moins
onéreuse.

— ◇⊛◇ —

CHAPITRE III.

DES INCIDENTS.

—◇⊛◇—

SECTION I. — Principes fondés sur l'analogie.

894. Jusqu'à ce jour, la législation et la jurisprudence, en matière contentieuse administrative, n'ont pas établi de règle sur les incidents qui peuvent se produire devant les conseils de préfecture. Cette lacune existe également dans les traités spéciaux de MM. de Cormenin, Macarel et autres, qui ont écrit sur cette matière, et cela provient, comme nous l'avons dit à la préface, de ce que ces savants jurisconsultes ONT PRIS LA SCIENCE ADMINISTRATIVE DE TROP HAUT, *en négligeant la juridiction inférieure.* De là naît la nécessité de puiser encore des principes d'analogie dans le décret du 22 juillet 1806, relativement aux incidents prévus par ledit décret pour les affaires portées devant le conseil d'état, attendu que ces incidents peuvent se produire d'une manière identique devant les conseils de préfecture, et qu'il y en a de plusieurs espèces. Nous les indiquerons dans la section suivante, ainsi que les règles d'analogie tracées dans le décret précité de 1806.

895. On nomme *incident*, une contestation qui s'élève dans le cours d'un procès ouvert sur l'action principale. Ainsi, par exemple, lorsqu'une des parties à laquelle on oppose une pièce, demande la vérification d'écriture, elle forme une demande incidente.

Un conseil de préfecture dans les affaires de sa compétence par le fond doit renvoyer à l'autorité judiciaire, pour les examiner et les juger, *les exceptions et incidents* qui peuvent se présenter et qui sont dévolues à cette autorité (Déc. rendu en C. d'ét. le 28 fév. 1809).

La litispendance devant les tribunaux civils n'empêche pas l'autorité administrative de connaître d'un litige qui, de sa nature, est administratif (Ord. du 6 sept. 1820).

Les demandes incidentes peuvent être faites par le défendeur, comme par le demandeur, *mais avant le jugement de l'affaire principale*. Elles doivent être formées par un simple acte contenant les moyens et les conclusions avec offre de communiquer les pièces justificatives sur récépissé ou par dépôt au greffe (C. de proc., Art. 337).

Les demandes incidentes sont jugées par préalable, s'il y a lieu; et dans les affaires sur lesquelles il a été ordonné une instruction par écrit, l'incident est porté à l'audience pour être statué ce qu'il appartient (Même Code, Art. 338).

—◦◉◦—

SECTION II. — Nature des incidents.

896. Les principaux incidents qui peuvent naître dans les actions portées devant les conseils de préfecture, sont: *l'inscription de faux*, *l'intervention* et *le désaveu*.

Parmi les divers objets contentieux de l'administration, il en est quelques-uns qui peuvent produire des incidents préalables et d'autres accessoires de la demande principale ; tels sont ceux en matière de travaux publics.

Voici les règles qu'il paraît convenable de suivre dans les différents cas prévus ci-dessus, en prenant l'analogie dans le Code de procédure civile et dans le décret du 22 juillet 1806.

897. Ainsi, dans le cas d'INSCRIPTION DE FAUX, il y aura lieu de faire l'application de l'article 20 du décret précité de 1806; c'est-à-dire que, si la partie qui a produit la pièce déclare qu'elle entend s'en

Lorsque dans une affaire civile il s'élève un incident qui ne peut être jugé que par l'interprétation d'un titre émané de l'autorité administrative, le tribunal saisi doit surseoir et renvoyer les parties devant l'autorité compétente (Déc. rendus en C. d'ét. les 11 et 13 janv. 1813 et Ord. rendue *idem* le 11 déc. 1816).

La divisibilité de compétence est admise non seulement pour juger la même affaire sous deux points de vue différents, mais encore dans la même affaire et sous le même point de vue, pour remplir le vœu d'un interlocutoire avant de passer à la décision définitive (Ord. du 27 mai 1816).

servir, le conseil de préfecture doit surseoir à l'examen du fait jusqu'à ce que la question de faux ait été vidée par les tribunaux civils.

898. A l'égard de l'INTERVENTION, son principe paraît suffisamment motivé et légitimé par celui de la tierce-opposition admise par la jurisprudence dans les affaires soumises aux conseils de préfecture. En effet, dans les deux hypothèses c'est le même objet qu'on se propose, savoir : la mise en cause d'un tiers qui ne s'y trouvait pas d'abord; à cette seule différence près, cependant, *que l'intervention doit avoir lieu pendant l'instance*, tandis que la tierce-opposition ne se produit qu'après.

L'intervention peut être formée par requête au préfet qui la transmettra au conseil de préfecture, lequel après avoir, s'il y a lieu, ordonné la communication aux parties, admettra ou rejettera la demande en intervention.

899. Le DÉSAVEU POSITIF, fait par une partie d'une pièce produite en son nom, doit être agréé par le conseil de préfecture, qui, toutefois, peut passer outre et statuer au fond, en se déclarant suffisamment informé, s'il reconnaît que le désaveu n'est qu'un prétexte pour parvenir à entraver la marche de la justice administrative au moyen de dénégations mensongères.

Quant aux *incidents préalables*, ils doivent être jugés avant de poursuivre le cours de l'affaire, mais les *incidents accessoirs* se jugent avec l'objet de la demande principale.

CHAPITRE IV.

DE LA PROCÉDURE.

—◇◈◇—

SECTION I. — Des interlocutoires. — Expertises, etc. — Mise en demeure des parties.

900. On nomme *interlocutoire*, l'acte par lequel des juges, sans décider le fond d'une affaire, statuent sur un fait utile à la cause. Ainsi, sont réputés interlocutoires les jugements (ou arrêtés des conseils de préfecture), *qui ordonnent, avant faire droit*, une preuve, une vérification, ou un supplément d'instruction.

Or, les conseils de préfecture étant investis par les lois qui leur confèrent leurs attributions, du droit de faire tous les actes préparatoires nécessaires pour éclairer leur religion, cette faculté implique évidemment le droit d'ordonner des enquêtes, des productions de pièces et de plans des lieux, des expertises, contre-expertises, descentes de lieux, et faire demander aux parties en cause, soit comme demandeurs soit comme défendeurs, tels développements de moyens qu'ils jugent convenables (Corm. Quest. de droit adm. 2e édit. t. 1er p. 17 des Proleg.).

901. Le mode de nomination des experts tel qu'il est prescrit par le Code civil et le Code de procédure civil, n'est pas d'obligation pour les actes de l'administration, d'autres modes spéciaux ayant été tracés postérieurement à ces codes par la loi du 16 septembre 1807 et une ordonnance royale du 25 juin 1817.

Un conseil de préfecture peut, sans commettre un excès de pouvoirs, ordonner le dépôt dans les archives de la préfecture d'une expédition d'acte produit par une des parties, mais il ne peut ordonner le dépôt de la minute qui est restée chez le notaire.

Un mémoire adressé au préfet ou au ministre, avant que l'instance soit engagé devant le conseil de préfecture ne peut faire la base d'une décision contradictoire (Ord. du 16 juin 1831 et 8 fév. 1833).

Quant au choix des experts, la règle et l'usage veulent qu'on en laisse le soin aux parties, et l'autorité ne doit en nommer d'office que sur leur refus et mise en demeure.

902. Aux termes d'un décret rendu en conseil d'état sous la date du 5 brumaire an IV, les conseils de préfecture ne peuvent rendre leurs arrêtés sans avoir mis les parties en demeure de fournir leurs défenses. Cette mise en demeure se fait par voie administrative, c'est-à-dire par correspondance.

Il y a lieu d'adjuger au demandeur ses conclusions, lorsque le défendeur n'a pas produit ses défenses dans les délais du réglement (Ord. du 13 juin 1827. Mac. t. 2. p. 68).

903. Lorsque sur la demande et les défenses dont il est saisi, le conseil de préfecture trouve la cause prête pour rendre son jugement, il doit cependant apprécier d'abord les exceptions, fins de non recevoir et moyens dilatoires qui pourraient l'empêcher de statuer ou lui faire ajourner sa décision ; tels seraient, par exemple, le défaut de qualité et d'intérêt d'un demandeur, son acquescement à l'acte contre lequel il réclamait la prescription de son droit pour cause de déchéance, s'il s'agit d'une réclamation d'indemnité, l'incompétence du conseil de préfecture sur une question qui serait du ressort des tribunaux. (Cot., Cours de droit adm. t. 1er p. 176, nombre 14.)

—◇◈◇—

SECTION II. — Des décisions des conseils de préfecture. — Dénomination des ces actes. — Leur similitude avec les jugements des tribunaux civils. — Différence dans l'intitulé. — Cas où les décisions des conseils de préfecture sont entachés de nullité.

904. Les décisions que rendent les conseils de préfecture ont reçu le nom d'*arrêtés*. Ils *peuvent être rendus par défaut* sauf recours, par voie d'opposition, devant la même autorité, ou au moyen

La mention dans un arrêté de conseil de préfecture de quelques renseignements étrangers à ce qui fait l'objet dudit arrêté ne le vicie pas (Ord. du 4 mars 1819).

Les conseils de préfecture ne peuvent procéder

de pourvoi formé devant le conseil d'état, *s'ils ont été rendus contradictoirement.*

905. Ces actes ont la même force que les jugements des tribunaux civils; ils en ont les caractères et les effets, parce que, comme eux, ils sont empreints du sceau de la puissance publique, d'où résulte *qu'ils emportent hypothèque et contrainte par corps*, et sont exécutoires nonobstant appel (*). Ce double principe a été posé dans un avis du conseil d'état en date du 25 thermidor an XII (13 août 1804), ainsi conçu :

« Considérant que les administrateurs auxquels les lois ont attribué, pour les matières qui y sont désignées, le droit de prononcer des condamnations ou de décerner des contraintes, sont de véritables juges, dont les actes doivent produire les mêmes effets et obtenir la même exécution que ceux des tribunaux ordinaires; que ces actes ne peuvent être l'objet d'aucun litige devant les tribunaux civils, sans troubler l'indépendance de l'autorité administrative, garantie par les constitutions de l'empire français ;

« Est d'avis : 1° *Que les condamnations et les contraintes émanées des administrateurs, dans le cas et pour les matières de leur compétence, emportent hypothèque de la même manière et aux mêmes conditions que celles de l'autorité judiciaire;* 2° que, conformément aux articles 2157 et 2159 du Code civil, la radiation non consentie des

par voie réglementaire (Ord. du 26 fév. 1823. Mac. t. 5. p. 146).

Les conseils de préfecture doivent prononcer sur les dépens faits devant eux (Ord. du 21 juil. 1824. Mac. t. 6. p. 434).

Leurs arrêtés *sont par défaut* lorsqu'ils ne visent aucun moyen de défenses (Ord. du 8 fév. 1833).

Un conseil de préfecture ne peut, par son arrêté sur le fond, *prononcer une amende pour contravention à un arrêté* D'AVANT DROIT, qui aurait fait défense de continuer des constructions déjà commencées (Ord. du 17 janv. 1825. Mac. t. 7. p. 503).

Un arrêté de conseil de préfecture ne peut être considéré comme contradictoire, par cela seul qu'il a été rendu sur le vu d'une expertise faite avant que le conseil ne fût saisi, et dans laquelle ont été consignés les dires de toutes les parties (Ord. du 18 déc. 1839. Fél. Leb. p. 584).

Un mémoire en défenses qui n'est signé ni par la partie ni par un *mandataire régulièrement constitué*, et s'il est désavoué, ne peut faire la base d'une décision contradictoire (Ord. des 16 juin 1831 et 8 fév. 1833).

(*) La jurisprudence du conseil d'état permet d'accorder un sursis à l'exécution d'un arrêté de condamnation rendu par un conseil de préfecture, lorsque la mise à exécution doit produire des effets qui seraient irréparables dans le cas où la décision viendrait à être annulée par la juridiction supérieure (*Voy.* Sursis).

inscriptions hypothécaires, faites en vertu de condamnations prononcées ou de contraintes décernées par l'autorité administrative, doit être poursuivie devant les tribunaux ordinaires, mais que, si le fond du droit y est contesté, les parties doivent être renvoyées devant l'autorité administrative. »

906. Du principe que les conseils de préfecture *ont l'autorité de juges*, il suit naturellement *qu'ils en ont l'indépendance*; ainsi, ils n'ont besoin, pour l'exécution de leurs arrêtés, ni du visa des préfets ni de leur mandement (Cormenin, Quest. de dr. adm. 2ᵉ édit. t. 1, p. 17 des Prolég.).

Les conseils de préfecture ayant le caractère de tribunaux de première instance, pour tout ce qui se rapporte au contentieux administratif, il en résulte, savoir :

Qu'à l'imitation de ces tribunaux, ils reçoivent l'opposition à leurs arrêtés rendus par défaut, jusqu'à exécution, dans les formes et les délais déterminés par le décret du 22 juillet 1806 ;

Qu'ils reçoivent également la tierce opposition à leurs arrêtés définitifs, conformément aux dispositions des articles 474 à 479 du Code de procédure civile ;

Que leurs arrêtés interlocutoires peuvent être déférés au conseil d'état ;

Que la requête civile n'est pas admise contre eux dans les formes prescrites au titre 2, livre 4 du Code de procédure civile (*) (Corm. Même quest.);

(*) Dans son cours de Droit administratif, 2ᵉ édition, M. Cotelle s'exprime ainsi à l'égard de la requête civile devant les conseils de préfecture :

« Quoique dans la rigueur des principes, les conseils de préfecture ne puissent pas réformer leurs arrêtés contradictoires, cependant le conseil d'état a reconnu

Le délai de trois mois fixé par le décret du 22 juillet 1806, (Art. 11), ne coure à l'égard des décisions administratives interlocutoires ou préparatoires, qu'à partir de la décision définitive (Ord. des 23 juin 1819. Sir. t. 5. p. 142. 28 nov. 1821. Mac. t. 2. p. 517 et plusieurs autres).

Considérant que dans les affaires de leur compétence les conseils de préfecture sont de véritables juges dont les actes doivent produire le même effet et obtenir la même exécution que ceux des tribunaux ordinaires, que ce principe a déjà été consacré par plusieurs de nos décrets et notamment par celui du 16 thermidor an XII ; *qu'il en résulte*

Que *leurs arrêtés contradictoires ne peuvent être ni réformés ni rétractés par eux*, sous prétexte d'interprétation ou pour erreur reconnue, ou vice de formes, ni même pour cause d'infraction à la loi, parce que les pouvoirs du juge sont complètement épuisés et que son jugement ne lui appartient plus (Corm. Quest. de dr. adm. 2ᵉ édit. t. 1, p. 17 des Prolég.).

906. Cependant, aux termes du paragraphe 3 du titre 3 du décret du 22 juillet 1806, le recours est admis contre toute décision contradictoire du conseil d'état, dans les deux cas spécifiés à l'article 29 du décret précité (*Voir* sect. 10 du présent chap.).

Les conseils de préfectures ne peu-

que les conseils de préfecture comme les tribunaux n'ont pas le droit de réformer leurs décisions, et que ce droit n'appartient qu'à l'autorité supérieure, etc. (Extrait d'un Déc. rendu en C. d'ét. le 21 juin 1813).

Les conseils de préfecture ne peuvent pas réformer leurs arrêtés rendus contradictoirement, *mais ils peuvent, sur la demande des parties, rendre un arrêté de simple interprétation* (Ord. rendue en C. d'ét. le 8 fév. 1823).

---

que la règle comporte exception, s'ils sont déterminés à se réformer par un des moyens graves que signale la surprise faite aux juges et que la loi admet dans les tribunaux comme ouverture de requête civile. Cette règle se justifie par un décret du 3 janvier 1813, dont voici les motifs :

« *En principe, les jugements contradictoires rendus en dernier ressort par les tribunaux de première instance et les cours d'appel, peuvent être rétractés par le moyen de la requête civile et pour les causes exprimées en l'article 480 du Code de procédure civile.*

» Or, dit-on, les arrêtés des conseils de préfecture ne sont pas des jugements rendus en dernier ressort, ils sont soumis à l'appel devant l'autorité souveraine ; les conseils de préfecture ne peuvent donc eux-mêmes se juger.

» On peut répondre que, si dans des cas ordinaires, on permettait aux conseils de préfecture de réformer légèrement leurs arrêtés, ce serait intervertir l'ordre naturel des juridictions et favoriser une négligence qu'il leur deviendrait facile de réparer après coup. Ce danger serait grand, sans doute, mais il n'existe plus, dès qu'on limite ce droit de rapporter aux cas exceptionnels prévus par l'article 480 du Code de procédure civile et qu'on lui applique les règles rigoureuses de la requête civile. »

L'opinion émise par M. Cotelle peut être fondée en droit et en équité; cependant on a vu plus haut qu'elle est contredite par M. Cormenin, qui déclare que la requête civile n'est pas admissible contre les conseils de préfecture ; de plus, on voit également par le décret rapporté en regard de l'opinion citée de M. Cormenin, que le conseil d'état repousse le point de doctrine que M. Cotelle tend à faire prévaloir. (*Voy.* ci-dessus le décret rendu en conseil d'état, le 21 juin 1813.

vent juger au-delà de la demande (Ar.
du 25 brum. an XII).

9)7. Leurs arrêtés peuvent être annulés dans les cas suivants :

S'ils ont été rendus un dimanche ou
un jour férié (*)(*Voir* ci-contre l'Ord.
rendue en C. d'ét. le 30 mai 1834);

S'ils ont été pris par deux conseillers ou suppléants seulement, attendu
que *l'article* 1 *du décret du* 19 *fructidor
an IX exige la présence de trois membres
au moins pour valider leurs décisions;*

Si, parmi ceux qui ont signé, il s'en
trouve un qui exerce des fonctions incompatibles avec celles de conseillers
ou de suppléants;

S'ils n'ont pas été portés sur le registre des délibérations, ni signés du
nombre de membres indiqués plus
haut;

Enfin, s'ils ne sont pas motivés (Corm.
Quest. de dr. adm. 2ᵉ édit. t. 1, p. 17
des Prolég.).

908. En ce qui concerne la forme de
ces arrêtés, cette question ayant été soumise au conseil d'état, les comités du
contentieux et de l'intérieur réunis ont
donné l'avis suivant, sous la date du
5 février 1826 :

« Considérant que la juridiction administrative exercée par les conseils
de préfecture et celle qui appartient
aux cours et tribunaux, formant deux
ordres de juridiction entièrement distincts dans leur contexture et dans leur
objet, il y aurait inconvénient à assimiler les formules employées dans les

Ne sont pas nulles les décisions d'un conseil de
préfecture rendues un jour férié (Ord. du 30 mai
1834. Mac. t. 4. p. 341).

Les arrêtés des conseils de préfecture n'ont
caractère légal qu'autant qu'ils ont été rendus par
trois membres au moins (Ord. des 22 janv. 1808.
Sir. t. 1. p. 144. 16 fév. et 6 sept. 1825. Mac.
t. 7. p. 78 et 572).

Un arrêté de conseil de préfecture est valable,
encore qu'il n'ait été signé que par deux membres,
en conformité de l'article 2 du décret du 15-27
mars 1791 qui autorise les membres de l'administration centrale à ne pas signer les arrêtés pris
contre leur opinion (Ord. du 6 sept. 1825. Mac.
t. 7. p. 572).

Le conseil d'état a jugé en sens contraire le
22 février 1821 (Mac. t. 5. p. 55).

Un arrêté de conseil de préfecture doit être
motivé sur chaque chef de réclamation, notamment
au cas de demande en indemnité formée par un
entrepreneur de travaux publics et fondée sur des
chefs distincts (Ord. du 9 mai 1834. Mac. t. 34.
p. 564).

Un arrêté est suffisamment motivé quand il
s'appuie sur le rapport des ingénieurs ou autres
chefs de service, ou quand le conseil déclare s'en
référer à l'avis du sous-préfet, lequel a cité à l'appui
de son opinion la législation existante (Ord. des 12
déc. 1816 et 16 janv. 1822).

(*) Aux termes du concordat du 29 germinal an X.
l'Ascension, l'Assomption, la Toussaint et Noël sont des
jours fériés. D'après un avis du conseil d'état du
20 mars 1810, le premier jour de l'an est également un
jour férié.

jugements qui émanent de l'une et de l'autre ;

» Sont d'avis qu'il n'y a lieu de donner aux décisions des conseils de préfecture un intitulé, ni d'y joindre un mandement semblables à ceux qui sont déterminés pour les arrêts des cours et tribunaux. »

—<✦✧✦>—

SECTION III. — Des oppositions contre les arrêtés des conseils de préfecture.

909. La loi ne donne aucun moyen aux tribunaux pour contraindre le prévenu d'un délit ou d'une simple contravention, à comparaître personnellement, mais elle a prévu le cas d'absence, en autorisant le tribunal saisi à donner défaut contre le prévenu qui ne comparaît pas, c'est-à-dire à passer outre en l'absence de la partie ou de l'une d'elles, et à rendre un jugement contre lequel la voie de l'opposition est ouverte aux parties en cause pendant un délai déterminé, comme il sera dit plus bas.

L'*opposition* est un acte qui a pour objet d'empêcher l'exécution d'une décision rendue par défaut au préjudice de l'opposant. Ainsi, l'opposition à un arrêté rendu par un conseil de préfecture est une voie par laquelle on attaque devant ce même conseil une de ses décisions que l'on soutient contenir une condamnation irrégulière ou injuste rendue par défaut. (Dict. de lég. usuelle par Chabrol de Chaméane.)

910. Les arrêtés non contradictoires des conseils de préfecture sont sus-

Les conseils de préfecture doivent admettre l'opposition formée à leurs décisions non contradictoires, lorsque ladite opposition a été signifiée dans les délais déterminés ci-contre.

S'ils s'y refusent, c'est la décision portant ce refus qu'il y a lieu d'attaquer devant le conseil d'état et non pas celle rendue par défaut (Ord. du 24 mars 1819).

L'opposant à un arrêté par défaut d'un conseil de préfecture, doit ne pas se borner à en demander la rétractation par le motif qu'il n'a pas été appelé à se défendre, mais *déduire ses moyens de défense au fond par application des dispositions de l'article 161 du Code de procédure civile.*

La même obligation est imposée à celui qui attaque devant un conseil de préfecture un arrêté rendu, non seulement par défaut, mais sans qu'il ait été appelé (Ord. du 21 nov. 1839. Fél. Leb. p. 534).

Les conseils de préfecture doivent rejeter les oppositions à leurs arrêtés rendus contradictoirement (Ord. du 11 mars 1830).

L'opposant à un arrêté rendu par défaut, par un conseil de préfecture, n'est pas fondé à faire valoir devant le conseil d'état des moyens de nullité tirés de la procédure de l'arrêté intervenu par défaut, lorsque l'opposition à celui-ci a été admise (Ord. du 24 avril 1837).

Le pourvoi formé contre un arrêté de conseil de préfecture fait obstacle alors même qu'il ne serait pas recevable à ce que le demandeur attaque postérieurement au pourvoi l'arrêté dont il s'agit par la voie de l'opposition (Ord. du 26 fév. 1840).

L'opposition à un arrêté de conseil de préfecture est recevable dans le cas où les opposants déclare

ceptibles d'opposition devant le conseil même qui a rendu l'arrêté (Ord. royale du 23 déc. 1815, Bul. des lois N° 49.)

911. *Les arrêtés non contradictoires des conseils de préfecture sont susceptibles d'opposition jusqu'à exécution; mais en matière de police de roulage le délai pour former opposition est de trois mois*, aux termes d'une ordonnance royale en date du 9 juillet 1823, dont voici les considérants :

Vu l'article 162 du Code de procédure civile ;

Considérant que les lois et règlements sur la police du roulage n'ont point fixé de délai pour l'opposition aux jugements rendus en cette matière par les conseils de préfecture ;

Considérant que le délai de huitaine n'est pas applicable à des rouliers et conducteurs que leur état éloigne rapidement du lieu de la contravention et dont le domicile réel en est souvent aussi à une grande distance, etc. (Bul. des lois N° DCXVI, ou 616).

912. En procédant par voie d'analogie, aux termes de l'article 29 du décret du 22 juillet 1806, les oppositions aux décisions rendues par le conseil d'état étant admises, elles le seront également pour les arrêtés des conseils de préfecture.

Elles devront *être formées dans le délai de trois mois, à compter du jour où la décision par défaut aura été notifiée :* après ce délai l'opposition ne sera plus recevable.

L'opposition d'une partie défaillante à une décision rendue contradictoirement avec une autre partie ayant le même intérêt, ne sera pas recevable (Déc. préc. du 22 juil. 1806, Art. 31).

que le mémoire en défense visé dans l'arrêté n'était signé ni par eux, ni par leur fondé de pouvoirs, et qu'ils le désavouent entièrement (Ord. du 16 juin 1831) (*).

Lorsqu'un arrêté de conseil de préfecture rendu sur une opposition n'a pas été signifié, on peut former une nouvelle opposition au second arrêté qui survient (Ord. du 10 juil. 1822).

Les arrêtés des conseils de préfecture sont considérés comme rendus par défaut, et comme tels, susceptibles d'opposition, lorsqu'ils interviennent sur une production clandestine.

Il ne suffit pas d'ailleurs que la partie citée devant le conseil de préfecture, ait produit ses moyens de défenses pour que l'arrêté à intervenir ne soit pas rendu par défaut, la notification doit lui être faite légalement des mémoires en réponse à sa défense et les titres s'il en a été produit (Déc. rendu en C. d'ét. le 18 janv. 1813).

(*) L'application absolue de la règle établie par cette ordonnance n'aurait souvent d'autre résultat que d'encourager le mensonge et d'autoriser la fraude dans les affaires contentieuses administratives. C'est donc encore ici le cas, pour les conseils de préfecture, d'examiner soigneusement ce nouveau genre de désaveu et de ne l'admettre que quand on aura pu acquérir la certitude qu'il est parfaitement exact; car on sait que les délinquants ou prévenus emploient toute espèce de subterfuges pour éviter une condamnation équitable.

SECTION IV. — De la tierce-opposition.

913. La tierce-opposition est une voie par laquelle on attaque un jugement rendu dans une affaire où l'on n'a point été partie et duquel on ressent néanmoins un préjudice.

L'article 474 du Code de procédure civile donne à une partie le droit de former tierce-opposition à un jugement qui préjudicie à ses droits, et lors duquel, ni elle, ni ceux qu'elle représente n'ont été appelés (Dict. de législ. usuelle, par Chabrol de Chaméane).

La tierce-opposition aux jugements dans la procédure desquels une partie lésée n'a été présente ni appelée *est recevable pendant trente ans* (Ar. C. de cass. du 17 germ. an IV. Sir. t. 65. p. 53).

Le tiers opposant à un arrêté du conseil de préfecture ne doit pas se borner à en demander la rétractation pure et simple, par le motif qu'il n'a pas été appelé à l'instant, mais il doit déduire ses moyens de défense au fond (Ord. du 21 nov. 1839).

La tierce-opposition à un arrêté du conseil de préfecture déféré au conseil d'état, doit ramener devant le conseil de préfecture l'affaire pour être vidée contradictoirement avec les premières parties (Ord. du 10 janv. 1827).

—◇✿◇—

SECTION V. — Du désistement.

914. Le désistement est un acte par lequel une partie déclare renoncer à suivre une procédure commencée.

Bien que le désistement n'emporte pas renonciation au droit pour lequel l'instance avait été entamée, et qu'une nouvelle instance puisse encore être intentée, il ne peut cependant être valable que de la part de ceux qui ont la capacité requise pour aliéner; ainsi une *femme mariée, un tuteur, un maire*, etc., ne pourraient valablement se désister sans une autorisation régulière (Dict. de législ. usuelle, par Chabrol de Chaméane).

Pour la femme mariée, l'autorisation dont il s'agit doit être donnée par son mari (C. civ. Art. 217).

Pour le tuteur, par un conseil de

Lorsque le désistement est pur et simple, le conseil de préfecture doit l'admettre (Ord. du 16 fév. 1835).

Lorsqu'il n'y a pas eu désistement sur un chef de la demande, le conseil de préfecture doit prononcer sur ce chef (Ord. du 27 fév. 1835).

famille (Même Code, Art. 457, 464
et 467).

Pour un maire, par le conseil de
préfecture, sur le vu d'une délibération du conseil municipal de la commune (Loi du 18 juil. 1837, Art. 49
et 52).

———◇·🅱·◇———

SECTION VI. — Signification ou notification des arrêtés (*).

915. Les arrêtés des conseils de préfecture doivent être signifiés ou notifiés régulièrement aux parties, c'est-à-
dire *par le ministère d'un huissier*, avant
de pouvoir être mis à exécution et pour
faire courir les délais.

L'envoi officiel ou *la notification par
voie administrative est insuffisante* et
n'équivaut pas à une signification régulière par le ministère d'un officier
public.

Pour faire courir le délai du pourvoi, il faut non-seulement que la no-

Une connaissance certaine de l'arrêté attaqué
peut suppléer à la notification légale (Ord. des 6
sept. 1826 et 29 janv. 1841).

Lorsqu'une personne réunit en même temps la
double qualité *de partie intéressée et de maire
d'une commune* contre laquelle le conseil de préfecture a rendu un arrêté, la notification dudit
arrêté à cette personne ne peut faire courir le délai
du recours contre la commune (Ord. du 16
nov. 1835).

Lorsqu'un particulier prétend qu'un arrêté de
conseil de préfecture n'a pas été signifié à son véritable domicile, cette question préjudicielle rentre
dans la compétence des tribunaux civils (Ord. du
6 avril 1836).

Un percepteur à qui le maire de sa résidence a
notifié un arrêté de conseil de préfecture et qui a
reconnu le fait de cette notification par un acte
extra-judiciaire, est tenu de se pourvoir dans les
délais de la notification, sans pouvoir exciper du
défaut de signification par huissier (Déc. rendu en

(*) Sur la question de savoir quelle est l'espèce de
notification propre à faire courir le délai du pourvoi, la
jurisprudence du conseil d'état offre de nombreuses
contradictions. Cependant, de l'ensemble des décisions,
on pourrait conclure que, toutes les fois qu'il s'agit
d'arrêtés ou décisions rendus entre particuliers, ou
entre particuliers et corporations, communes, fabriques,
établissements publics, le trésor et le domaine, une
notification par huissier est nécessaire; mais que les
décisions rendues par les ministres, au profit de l'état,
peuvent être notifiées administrativement, par eux-
mêmes, par les directeurs-généraux ou autres agents
à ce délégués à Paris, et dans les départements, par les
préfets, intendants-militaires et autres agents du gouvernement.

Néanmoins, plusieurs ordonnances rendues en conseil d'état semblent contrarier la distinction ci-dessus, en
admettant d'une manière absolue, tantôt l'obligation
d'employer le ministère d'un huissier, tantot son inu-
tilité.

Ainsi, on est fondé à dire que la jurisprudence
n'est pas encore bien fixée sur ce point, ce qui occasionne trop souvent un doute fâcheux.

(*) Voir en outre les décrets rendus en conseil d'état,
les 17 août 1812, 1er février 1813 et l'ordonnance rendue de même le 18 mars 1816.

Les arrêtés des conseils de préfecture doivent être
notifiés régulièrement par le ministère d'un huissier
pour pouvoir être mis à exécution et faire courir les
délais, suivant un décret rendu en conseil d'état le 17
avril 1812, et dont voici le considérant:

« Considérant sur la fin de non recevoir que le Sr N***
n'a point fait notifier au maire de *** l'arrêté du conseil
de préfecture mentionné ci-dessus; que si l'envoi par
les autorités supérieures aux autorités inférieures, peut
rendre exécutoire les actes purement administratifs,
il n'en est pas de même quand il s'agit d'arrêté d'un
conseil de préfecture statuant sur la propriété » (*Voir*
en outre les ordonnances rendues en conseil d'état les
6 mars 1816, 31 mars et 25 novembre 1831 et 2 juin 1832)

tification ait été faite par huissier, mais *aussi à personne et à domicile*, conformément aux dispositions de l'article 443 du Code de procédure civile.

C. d'ét. le 22 janv. 1806 et Ord. rendue *idem* le 21 mai 1817).

En thèse générale, les délais du pourvoi au conseil d'état ne commencent à courir contre les arrêtés et décisions de l'administration *que du jour de la signification par huissier :* la notification administrative est insuffisante pour faire courir ces délais (Ord. des 1er fév. 1813. Sir. t. 2. p. 259. 26 fév. 1807. Sir. t. 3. p. 520 et un grand nombre d'autres).

—◇◈◇—

SECTION VII. — Des surséances et sursis à exécution.

916. On nomme *sursis ou surséance* la remise d'une affaire à être jugée, lorsqu'une autre qui lui est préjudicielle l'aura été elle-même.

Ainsi, lorsqu'une question administrative est subordonnée à une question de la compétence des tribunaux civils, le conseil de préfecture doit surseoir jusqu'à ce qu'il ait été prononcé préjudiciellement par ces tribunaux (Dict. de légis. us. par Chabrol de Chaméane).

Voyez, pour les cas de sursis à exécution, la section 10e ci-après, l'article 3 du décret du 22 juillet 1806 qui s'y trouve rapporté.

Le conseil d'état accorde un sursis à l'exécution d'un arrêté de conseil de préfecture qui prescrit une plantation ou un abbatis d'arbres (Ord. des 17 juin 1820 et 13 mars 1822).

Il peut être sursis à l'exécution d'un arrêté attaqué devant le conseil d'état, portant condamnation de détruire ou de démolir une digue ou autre ouvrage d'art établi dans le lit d'une rivière navigable, lorsque, de l'avis du directeur général des ponts et chaussées, l'intérêt de la navigation n'exige pas la prompte exécution dudit arrêté. Il en est de même dans tous les cas où l'exécution entraînerait des dommages inutiles et irréparables (Ord. des 17 juin 1822 et 14 avril 1824 et plusieurs autres).

—◇❋◇—

SECTION VIII. — Acquiescement.

917. L'acquiescement est l'adhésion ou le consentement qu'une partie donne à une demande, à une condition, à une clause ou à une décision intervenue à l'égard de cette partie.

L'acquiescement est *exprès* ou *tacite;* exprès, quand on l'a exprimé formellement; tacite, lorsqu'on peut l'inférer

On ne peut se pourvoir contre un arrêté à l'égard duquel on a fait acte d'acquiescement (Ord. du 31 oct. 1821).

L'exécution volontaire d'un arrêté de conseil de préfecture, dans l'une de ses dispositions, ne saurait entraîner l'acquiescement quant aux autres dispositions dudit arrêté (Déc. du 17 avril 1812).

Le paiement volontaire et sans réserves d'une somme à laquelle on a été condamné par un arrêté de conseil de préfecture, suppose l'acquiescement

d'un acte ou de la conduite de la partie à laquelle on l'oppose; par exemple, si la partie condamnée sollicite un délai pour exécuter la décision qui l'a frappée.

audit arrêté, et rend le pourvoi non recevable (Déc. du 25 fév. 1813).

L'exécution volontaire ou l'acquiescement à un arrêté de conseil de préfecture rend non recevable à attaquer ledit arrêté, bien que celui-ci serait entaché d'irrégularité (Déc. rendu en C. d'ét. le 22 vent. an XIII et autre du 3 nov. 1809).

— ◇ ◆ ◇ —

SECTION IX. — Des recours ou pourvois (*).

918. Les voies de recours contre les arrêtés des conseils de préfecture sont :

L'opposition quand ces arrêtés ont été rendus par defaut ;

La tierce-opposition ;

Et le pourvoi au conseil d'état, qui seul a le droit d'annuler lesdits arrêtés, soit pour incompétence ou excès de pouvoir, soit pour violation de la loi, ou mal jugé en la forme ou au fond (Corm. quest. de droit admin. *Voyez* section 1re du présent chap.).

Suivant l'opinion de M. de Cormenin et d'après les usages généralement suivis, les divers moyens de recours devant être employés dans les formes et les délais déterminés par le décret du 22 juillet 1806, nous avons cru devoir rapporter ci-après les dispositions textuelles dudit décret, dont l'application peut être faite par voie d'analogie aux conseils de préfecture.

919. Le recours des parties au conseil

Un ministre peut, dans l'intérêt de la loi, attaquer un arrêté de conseil de préfecture qui a acquis l'autorité de la chose jugée (Ord. rendues en C. d'ét. les 3 sept. 1836 et 8 fév. 1838).

Le conseil d'état seul a le droit d'annuler les décisions des conseils de préfecture (Déc. rendus en C. d'ét. les 22 oct. 1810 et 9 janv. 1812).

On ne peut se pourvoir *même après trente ans,* contre un arrêté de conseil de préfecture *qui n'a été ni signifié ni exécuté* (Ord. du 25 avril 1839. Fél. Leb. p. 246).

Le pourvoi au conseil d'état contre les arrêtés des conseils de préfecture rendus par défaut, n'est admissible que lorsque la voie de l'opposition a été épuisée (Déc. rendu en C. d'ét. le 25 mars 1813 et Ord. rendues *idem* les 16 août 1815 et 31 août 1830).

Un pourvoi dirigé au nom de plusieurs individus par une même requête, contre une décision qui leur fait grief, n'est pas recevable lorsque ce pourvoi a pour objet, non un intérêt collectif, mais un nombre quelconque d'intérêts individuels ; et, en ce cas, les parties doivent être renvoyées à se pourvoir chacune en son propre et privé nom (Ord. du 4 juin 1823. Mac. t. 5. p. 393).

Lorsque le conseil de préfecture a statué par des arrêtés spéciaux sur des réclamations concernant plusieurs parties qui ont des intérêts distincts, le recours devant le conseil d'état ne peut être formé par elles collectivement (Ord. du 22 janv. 1824. Mac. t. 6. p. 55).

Lorsque deux recours portés devant le conseil de préfecture sont connexes, ce conseil peut y statuer par un seul et même arrêté. Il n'est pas nécessaire qu'au préalable la jonction ait été demandée ou prononcée d'office (Ord. du 11 janv. 1838).

(*) La question préliminaire et importante de savoir en quelles matières le recours par la voie contentieuse est permis devant le conseil d'état, a donné lieu à un grand nombre de décisions dont la connaissance paraît de nature à intéresser particulièrement les fonctionnaires de l'ordre administratif et autres officiers publics auxquels nous offrons le présent Recueil, parce que les décisions précitées forment un ensemble de doctrines que le lecteur pourra consulter avec fruit.

d'état *en matière contentieuse*, sera formé par requête signée d'un avocat (*) : elle contiendra l'exposé sommaire des faits et des moyens, les conclusions, les noms et demeure des parties, l'énonciation des pièces dont on entend se servir et qui y seront jointes (Art. 1. du Déc. précité du 22 juil. 1806).

Le recours en conseil d'état n'aura point d'effet suspensif, s'il n'en est autrement ordonné.

Lorsque l'avis de la commission établie par notre décret du 11 juin dernier sera d'avis d'accorder le sursis, il en sera fait rapport au conseil d'état, qui prononcera (Art. 3 du Déc. préc. du 22 juil. 1806. *Voyez* plus haut, section 8ᵉ).

Le sursis peut être accordé sans communication à l'adversaire de la partie en faveur de laquelle il a été prononcé (Corm. quest. de droit admin. t. 2. p. 478).

920. Lorsque la communication aux parties intéressées aura été ordonnée, elles seront tenues de répondre et fournir leurs défenses dans les délais suivants :

Dans quinze jours, si leur demeure est à Paris ou n'en est pas éloigné de plus de cinq myriamètres.

Dans le mois, si elles demeurent à une distance plus éloignée dans le ressort de la cour d'appel (actuellement cour royale) de Paris, ou dans l'un des ressorts des cours d'appel d'Orléans,

____

(*) Il résulte de la disposition de l'article 1ᵉʳ du décret du 22 juillet 1806, que tout recours au conseil d'état nécessite la constitution préalable d'un avocat aux conseils du roi, et, suivant l'usage établi, la partie qui veut se pourvoir, doit d'abord compter à celui qu'elle constitue une provision de 600 fr.

Rouen, Amiens, Douai, Nancy, Metz, Dijon et Bourges.

Dans deux mois, pour les ressorts des autres cours d'appel en France.

Et, à l'égard des colonies et des pays étrangers, *les délais seront réglés ainsi qu'il appartiendra par l'ordonnance de soit communiqué.*

Ces délais *commenceront à courir du jour de la signification de la requête à personne ou à domicile,* par le ministère d'un huissier.

Dans les matières provisoires ou urgentes, les délais pourront être abrégés par le grand juge *ministre de la* justice (Art. 4 du Déc. préc. du 22 juil. 1806).

921. La signature de l'avocat au pied de la requête, soit en demande, soit en défense, vaudra constitution et élection de domicile chez lui (Déc. préc. Art. 5).

Le demandeur pourra, dans la quinzaine après les défenses fournies, donner une seconde requête et le défendeur répondre dans la quinzaine suivante.

Il ne pourra y avoir plus de deux requêtes de la part de chaque partie, y compris la requête introductive (Déc. préc. Art. 6).

Lorsque le jugement sera poursuivi contre plusieurs parties dont les unes auraient fourni leurs défenses, et les autres seraient en défaut de les fournir, il sera statué à l'égard de toutes par la même décision (Déc. préc. Art. 7).

Dans aucun cas, les délais pour fournir ou signifier requête ne seront prolongés par l'effet des communications (Déc. préc. Art. 10).

922. Le recours au conseil d'état contre la décision d'une autorité qui y ressortit, ne sera pas recevable après

Lorsqu'après avoir présenté une requête introductive d'instance, on a laissé passer les délais sans produire ni requête ampliative, ni mémoire quelconque à l'appui des conclusions, il y a lieu de rejeter la demande (Ord. du 28 avril 1833. Mac. t. 5. p. 280).

Il y a également lieu d'adjuger au demandeur ses conclusions lorsque le défendeur n'a pas produit de défenses dans les délais de règlement (Ord. du 13 juin 1821. Mac. t. 2. p. 68).

Le délai de trois mois fixé par l'article 11 du décret du 22 juillet 1806, pour se pourvoir au conseil d'état contre les décisions administratives, est de rigueur, et son expiration emporte déchéance insurmontable contre la partie, et des protestations faites contre la décision rendue ne préservent pas de la déchéance (Ord. du 6 juil. 1810. Sir. t. 1. p. 387 et 6 fév. 1811. t. 1. p. 455).

L'expiration du délai fixé par cet article, ne peut être opposé aux parties qui exercent leur recours contre des actes de l'autorité administrative antérieurs à la publication du décret du 22 juillet 1806 (Ord. du 16 mai 1810. Sir. t. 1. p. 371).

Jugé en sens contraire que la déchéance établie par le décret précité est applicable aux décisions antérieurement rendues; qu'en conséquence le délai

trois mois du jour où cette décision aura été notifiée (Déc. préc. Art. 11).

Lorsque, sur un semblable pourvoi fait dans le délai ci-dessus prescrit, *il aura été rendu une ordonnance de soit communiqué*, cette ordonnance devra être signifiée dans le délai de trois mois *sous peine de déchéance* (Déc. préc. Art. 12).

923. Les décisions du conseil d'état rendues par défaut, sont susceptibles d'opposition ; cette opposition ne sera point suspensive, à moins qu'il n'en soit autrement ordonné.

Elle devra être formée *dans le délai de trois mois*, à compter du jour où la décision par défaut aura été notifiée ; après ce délai, l'opposition ne sera plus recevable (Déc. préc. Art. 29).

Défenses sont faites sous peine d'amende, et même en cas de récidive sous peine de suspension ou destitution aux avocats en notre conseil d'état, de présenter requête en recours contre une décision contradictoire, si ce n'est en deux cas : *si elle a été rendue sur pièces fausses, ou si la partie a été condamnée faute de représenter une pièce décisive qui était retenue par son adversaire* (Déc. préc. Art. 32).

Ce recours devra être formé dans le même délai et admis de la même manière que l'opposition d'une décision par défaut (Déc. préc. Art. 33).

de recours a couru du jour même de la publication du décret, surtout lorsque la décision a été parfaitement connue de la partie qui veut se pourvoir (Ord. des 11 déc. 1813. Sir. t. 2. p. 471. 30 juil. 1817. t. 4. p. 100. 24 mars 1819. t. 5. p. 92, et 13 juil. 1825. t. 7. p. 400).

—◇⊛◇—

DE LA PRESCRIPTION DES POURSUITES EN MATIÈRES ADMINISTRATIVES.

924. L'action publique et l'action civile pour une contravention de police, seront prescrites après une année ré-

Selon M. Cotelle, la prescription était anciennement nommée *la patronne du genre humain*. Ce savant jurisconsulte ajoute : c'est une exception si favorable que des esprits très sérieux se sont fait

volue (*), à compter du jour où elle aura été commise, même lorsqu'il y aura eu procès-verbal, saisie, instruction ou poursuite, si, dans cet intervalle, il n'est point intervenu de condamnation : s'il y a eu un jugement définitif de première instance, de nature à être attaqué par la voie de l'appel, l'action publique et l'action civile se prescriront après une année révolue, à compter de la notification de l'appel qui en aura été interjeté (Art. 640 du Code d'instr. criminelle).

En aucun cas, les condamnés par défaut ou par contumace, dont la peine est prescrite, ne pourront être admis à se présenter pour purger le défaut ou la contumace (Même Code, Art. 641).

Les condamnations civiles portées par les arrêts ou par les jugements rendus en matière criminelle, correctionnelle ou de police, et devenues irrévocables, se prescriront d'après les règles établies par le Code civil (Même Code, Art. 642).

925. Les dispositions du présent chapitre ne dérogent point aux lois particulières résultant de certains délits ou de certaines contraventions (Même Code, Art. 643).

L'article 484 du Code pénal est ainsi conçu : Dans toutes les matières qui n'ont pas été réglées par le présent Code et qui sont régies par des lois et règlements particuliers, les cours et tribunaux continueront de les observer.

scrupule de la proscrire absolument; on a préféré éluder la question, ne s'expliquant qu'en termes dubitatifs.

D'un autre côté, une ordonnance royale rendue en conseil d'état porte : qu'au cas où l'action publique serait prescrite par une année révolue, la prescription ne commencerait toujours à courir que du jour où la contravention aurait cessé (Ord. du 27 fév. 1836. Pozzo di Borgo).

Voici le dispositif d'une autre ordonnance rendue en conseil d'état, concernant la prescription en matière de voirie :

Les contraventions résultant de constructions et plantations effectuées ou ayant subsisté le long d'une rivière navigable *sont permanentes*, et la répression doit en être poursuivie *quel que soit le laps de temps écoulé ;* d'où il suit qu'elles *ne peuvent être couvertes par la prescription* établie à l'article 630 du Code de procédure civile (Ord. du 2 janv. 1838. Fél. Leb. t. 8. p. 8).

(*) En attendant qu'une loi ou son règlement d'administration publique statue positivement sur la prescription en matières administratives, il paraîtrait convenable d'admettre en principe que les règles générales du droit commun, transcrites ci-contre, deviennent applicables à tous les délits et contraventions que des lois spéciales ont pour but de réprimer, lorsque ces lois n'ont pas établi des règles particulières pour la prescription.

APPENDICE.

SUPPLÉMENT DE JURISPRUDENCE A CONSULTER.

—◦◦❀❀◦◦—

DEUXIÈME PARTIE.

CONTENTIEUX DES COMMUNES, ETC.

CHAPITRE 3. — *Du Partage des biens communaux.*

Ancien mode de partage des biens communaux ; page 45 nombre 125.

Sous l'édit de 1769, relatif au partage des biens communaux, *dans les Trois-Évêchés*, lorsqu'au décès du père apportionné, son fils aîné se trouve incapable de recueillir son lot, soit parce qu'il est déjà apportionné, soit parce qu'il n'est pas domicilié dans la commune, le lot du père défunt passe au fils puîné, et l'on n'est pas fondé à prétendre que ce lot doit sortir de la famille pour être attribué au plus ancien ménage non encore pourvu (Ord. du 23 juin 1821. Fél. Leb. t. 11. p. 258).

Idem ; p. 45. n. 125.

D'après l'arrêt du conseil d'état du roi du 25 février 1779, concernant le partage des biens communaux en Artois, le lot du père de famille doit, au décès de celui-ci, être recueilli par l'aîné de ses enfants, à l'exclusion de la veuve du défunt. (Même rec. p. 259).

CHAPITRE 7. — *Élections municipales* (*).

Officiers de la garde nationale maintenus sur les listes ; p. 63 n. 175.

Des officiers de la garde nationale qui ont été confirmés dans leur grade par une réélection, mais qui n'ont point de nouveau prêté serment, ni été reconnus, doivent être maintenus sur la liste des électeurs municipaux, lorsqu'il n'a pas été pourvu à leur remplacement et qu'ils ont continué à remplir leurs fonctions (Ord. du 28 janv. 1841. Fél. Leb. t. 11. p. 15).

Attribution de contribution pour le cens électoral ; p. 65. n. 175.

La question de savoir quelle est la quotité de contribution à attribuer à un fermier pour former son cens électoral, est de la compétence des tribunaux civils (Ord. du 14 juil. 1841. Fél. Leb. t. 11. p. 311).

Attribution de contribution pour le cens électoral ; p. 65. n. 177.

L'autorité administrative est seule compétente pour prononcer sur les contestations relatives à l'attribution de la contribution des patentes. Le taux de la patente doit être compté, pour le cens électoral, à celui sous le nom de qui la patente a été prise, lors même qu'en réalité la profession serait exercée par un autre que le patenté (Ord. du 5 fév. 1841. Fél. Leb. t. 11. p. 45).

Attribution de contribution pour le cens électoral ; p. 65. n. 177.

L'interprétation d'acte de donation, en vertu duquel un père s'est dépouillé de ses biens en faveur de ses enfants, est de la compétence des tribunaux civils, lorsqu'il s'agit d'attribution de contribution pour le cens électoral (Ord. du 5 fév. 1841. Fél. Leb. t. 11. p. 45).

Application de l'article 16 de la loi ; p. 65. n. 177.

La restriction énoncée à l'article 16 de la loi du 22 mars 1831, n'est appli-

---

(*), *Voyez* la jurisprudence en regard du nombre 169, page 62 du présent recueil.

cable qu'aux *électeurs adjoints* et non aux censitaires appelés, en vertu de l'article 12, à compléter le nombre des électeurs domiciliés dans la commune (Ord. du 18 mars 1841. Fél. Leb. t. 11. p. 118).

Le motif que la boîte du scrutin serait restée ouverte, est insuffisant pour vicier l'élection, lorsqu'aucune manœuvre frauduleuse n'est alléguée (Ord. du 25 fév. 1841. Fél. Leb. t. 11. p. 84).

La question de savoir s'il y a alliance dans le sens de l'article 20 de la loi du 21 mars 1831, entre le père adoptif et le mari de la fille adoptive, est de la compétence des tribunaux civils, et le conseil de préfecture doit surseoir à statuer sur l'incompatibilité jusqu'à ce que le tribunal civil ait prononcé sur la question préjudicielle (Ord. du 8 mai 1841. Fél. Leb. t. 11. p. 182).

En cas d'incompatibilité entre deux conseillers élus par deux sections différentes, la préférence est déterminée par l'antériorité des élections (Ord. du 25 mai 1841. Fél. Leb. t. 11. p. 203).

Lorsqu'il y a incompatibilité entre deux conseillers élus en même temps, l'élection du plus âgé doit seule être maintenue. La démission donnée avant l'ouverture du scrutin par un membre du conseil, beau-frère d'un candidat, fait cesser à l'instant même l'incompatibilité (Ord. du 11 août 1841. Fél. Leb. t. 11. p. 430).

Le fait que la liste des électeurs n'a été affichée que dans le courant du mois de mars, c'est-à-dire moins d'un mois avant l'époque fixée pour sa clôture (le 31 mars), constitue une irrégularité de nature à vicier les élections survenues depuis (Ord. du 23 juin 1841. Fél. Leb. t. 11. p. 270).

On ne peut empêcher un électeur de voter sur le motif qu'il est inscrit sur la liste sous d'autres prénoms que les siens, lorsque d'ailleurs l'âge, la profession et le domicile établissent suffisamment son identité (Ord. du 3 avril 1841. Fél. Leb. t. 11. p. 131).

Les électeurs suppléants ne doivent pas être admis à voter en remplacement des électeurs décédés *postérieurement à la clôture définitive des listes*. Mais si quelques-uns de ces électeurs ont été indûment admis à voter, cette irrégularité ne vicie l'élection qu'autant qu'elle a pu influer sur son résultat. (Ord. du 3 avril 1841. Fél. Leb. t. 11. p. 131).

La majorité absolue est légalement acquise à un candidat qui a obtenu *plus de la moitié des suffrages exprimés* (par exemple, 22 sur 43 votants), sans qu'il soit nécessaire que ledit candidat ait réuni la moitié plus un des suffrages (Ord. du 4 juin 1841. Fél. Leb. t. 11. p. 217).

Lorsque les opérations ont été interrompues et renvoyées à une autre heure par suite d'irrégularités reconnues qui ont occasioné des scènes tumultueuses, on doit dresser procès-verbal de ces premières opérations. En l'absence de cet acte, le conseil de préfecture ne peut apprécier les motifs de l'annulation ni de la validité des élections qui ont suivi (Ord. du 8 mai 1841. Fél. Leb. t. 11. p. 190).

La présence de moins de trois membres du bureau n'entraîne pas la nullité des opérations électorales, lorsqu'il n'est pas allégué qu'on ait alors déposé des bulletins (Ord. du 25 fév. 1841. Fél. Leb. t. 11. p. 84).

On doit compter à un candidat des bulletins qui ne portent que son surnom, lorsqu'il n'existe sur la liste aucun autre électeur ainsi nommé ou surnommé (Ord. du 8 mai 1841. Fél. Leb. t. 11. p. 183).

On doit compter à un candidat des bulletins qui portent son nom patronymique, bien qu'il existe un homonyme inscrit sur la liste, lorsque la candidature du premier est notoire et que le second n'est désigné spécialement par aucun des bulletins dépouillés (Ord. des 5 fév. 25 mai et 16 juin 1841. Fél. Leb. t. 11. p. 46, 199 et 252).

Les procès-verbaux des élections font foi des faits qu'ils constatent, nonobstant toutes les allégations contraires; lors même que les réclamants offriraient de faire la preuve testimoniale, qui n'est pas admise non plus que l'inscription de faux (Ord. des 28 janv. et 17 août 1841. Fél. Leb. t. 11. p. 17 et 458).

La lecture du procès-verbal après chaque scrutin n'est pas de rigueur à peine de nullité (Ord. du 28 janv. 1841. Fél. Leb. t. 11. p. 17).

Lorsque la présence d'individus non électeurs au sein de l'assemblée a pu gêner la liberté des votes, et, par suite, influencer sur le résultat de l'élection, il y a lieu d'annuler les opérations électorales.

NOTA. Dans l'espèce, c'était le garde champêtre qui s'était introduit dans le sein de l'assemblée (Ord. du 8 mai 1841. Fél. Leb. t. 11. p. 179).

Le fait que les bulletins n'ont pas été brûlés, séance tenante, ne constitue pas une irrégularité de nature à vicier l'élection dont le résultat avait été proclamé (Ord. du 27 avril 1841. Fél. Leb. t. 11. p. 169).

Le délai d'un mois fixé par l'article 52 de la loi du 21 mars 1831 ne compte que du jour de la réception des pièces à la préfecture (Ord. du 28 janv. 1841. Fél. Leb. t. 11. p. 16).

Élections aux conseils généraux de département et d'arrondissement (*).

Les électeurs sont suffisamment avertis, par la publication et l'affiche régulière dans toutes les communes du canton, de l'arrêté de convocation indiquant les jour, lieu et heure de l'assemblée électorale (Ord. du 23 fév. 1841. Fél. Leb. t. 11. p. 70).

La circonstance que les cartes distribuées aux électeurs n'indiquaient pas l'heure fixée par l'arrêté de convocation, n'est pas de nature à vicier les opérations électorales (Ord. du 23 fév. 1841. Fél. Leb. t. 11. p. 71).

Tout électeur inscrit, bien qu'il ait transféré son domicile dans un autre canton, a le droit de voter là où il est inscrit (Ord. du 23 fév. 1841. Fél. Leb. t. 11. p. 71).

Il n'y a lieu d'annuler une élection sur le motif que le procès-verbal n'a pas été signé séance tenante et qu'il n'en a pas été donné lecture, lorsque ledit procès-verbal a été signé par les cinq membres du bureau (Ord. du 23 fév. 1841. Fél. Leb. t. 11. p. 71).

(*) Nous avons rapporté sous ce titre les articles de jurisprudence qui ne sont applicables qu'aux élections départementales, mais le lecteur reconnaîtra facilement les parties de la jurisprudence qui, bien qu'étant rapportées sous le titre *élections municipales*, peuvent et doivent même s'appliquer aux élections des diverses espèces. (*Voir au surplus la jurisprudence en regard du nombre* 169, *page* 62 *du présent recueil*).

TROISIÈME PARTIE.

CONTRIBUTIONS.

CHAPITRE 2. — *Contribution foncière.*

Une maison dont les travaux intérieurs ne sont pas terminés, n'est pas imposable par le motif qu'elle sert quelquefois, ou accidentellement, à des réunions; elle ne doit être assujétie à l'impôt, comme construite ou reconstruite, qu'à l'époque où elle a été achevée et habitable, c'est-à-dire susceptible d'être louée (Ord. du 17 déc. 1841. Fél. Leb. t. 11. p. 547).

L'établissement du tarif des évaluations cadastrales est une opération purement administrative, et dès-lors les arrêtés préfectoraux qui fixent les tarifs de ces évaluations sont inattaquables par la voie contentieuse, *excepté de la part des particuliers propriétaires de la totalité ou de la presque totalité d'une nature de culture* auxquels cette voie est ouverte par l'article 81 du règlement du 15 mars 1827 (Ord. du 23 juil. 1841. Fél. Leb. t. 11. p. 375).

Lorsque le propriétaire de la presque totalité des bois d'une commune réclame contre le classement de certaine partie de ces bois, la commune peut remettre en question le tarif des évaluations pour la totalité des bois du réclamant(Ord. du 16 déc. 1841. Fél. Leb. t. 11. p. 540) (*).

Si l'évaluation du revenu imposable des parcelles choisies pour types ou étalons des classes n'avait pas été faite d'après les bases établies par la loi du 3 frimaire an VII (Voyez art. 2 à 6 inclus), les propriétaires pourraient se refuser à ce que leurs propriétés fussent classées par comparaison avec ces types, et demander que le revenu imposable de ces propriétés fût établi conformément à ladite loi (Ord. du 5 mars 1841. Fél. Leb. t. 11. p. 96).

Aux termes des articles 5 et 87 de la loi du 3 frimaire an VII, le revenu imposable des usines doit être déterminé sur la valeur locative établie d'après l'état matériel des établissements, considérés comme usines ,tels qu'ils se comportent au moment où il s'agit de les imposer (**). Ce serait à tort qu'on ne tiendrait pas compte , dans l'appréciation , des machines qui en font partie (Ord. du 8 mai 1841. Fél. Leb. t. 11. p. 176).

CHAPITRE 4. — *Contribution des portes et fenêtres.*

La disposition finale de l'article 24 de la loi du 21 avril 1832, n'est point applicable aux habitations comprises dans les limites de l'octroi (Ord. du 13 nov. 1841. Fél. Leb. t. 11. p. 507).

Lorsqu'un bâtiment est situé dans un enclos , la porte de cet enclos est imposable (Ord. du 30 décembre 1841. Fél. Leb. t. 11. p. 657).

Lorsqu'une boutique a une porte d'entrée par le côté et que le surplus de la façade est fermé par un châssis, on doit compter une porte et une fenêtre. Si

---

(*) Cette ordonnance autorise l'*ultra petita* en cas de réduction reconnue équitable par l'autorité.

(**) Voyez pour le droit proportionnel de patente la jurisprudence au nombre 450 , page 159.

la porte est au milieu et qu'il y ait un vitrage à droite et à gauche, on comptera trois ouvertures (Ord. du 28 janv. 1835. Beauc. t. 5. p. 46).

Les ouvertures servant à éclairer l'escalier *d'une maison d'habitation*, doivent être imposées à la contribution des portes et fenêtres, ces ouvertures n'étant pas comprises dans l'exception prévue à l'article 5 de la loi du 4 frimaire an VII (Ord. du 19 août 1837. Beauc. t. 19. p. 410).

La disposition de l'article 12 de la loi du 4 frimaire an VII doit s'entendre en ce sens, que les propriétaires doivent être portés au rôle et payer la contribution des portes et fenêtres, même pour les maisons qu'ils ont louées en entier à un seul individu (Ord. du 15 juin 1841. Fél. Leb. t. 11. p. 235).

CHAPITRE 5. — *Contribution des patentes.*

Industries et professions hors classes.

Il suffit qu'un individu se livre à des opérations de banque pour qu'il devienne passible de la patente de banquier, quelles que soient d'ailleurs l'étendue de ses opérations, l'origine des fonds dont il dispose et l'importance de la localité où il exerce son industrie (Ord. du 8 juil. 1840. Fél. Leb. t. 10. p. 204 et 14 juil. 1841. même rec. t. 11. p. 307).

Le particulier qui fait partir une voiture publique à jours et heures fixes, et dont le service se fait au moyen de relais, doit la patente d'entrepreneur de voiture publique (hors classe) et non simplement celle de loueur de chevaux et de voitures suspendues (Ord. du 17 août 1841. Fél. Leb. t. 11. p. 455).

Il en est de même, lorsque ce particulier, chargé du transport des dépêches, conduit en même temps des voyageurs (Ord. du 26 nov. 1841. Fél. Leb. t. 11. p. 511 et autre de 1839, même rec. *voyez* t. 9. p. 611).

Le classement établi par les articles 64 et 60 des lois du 25 mars 1817 et du 15 mai 1818, concerne non-seulement les établissements industriels proprement dits, tels que les manufactures et les usines où l'on fait emploi des machines et des moteurs extraordinaires, mais encore ceux où les produits sont fabriqués à la main, tels, par exemple, que les fabriques d'horlogerie (Ord. du 14 janv. 1841. Fél. Leb. t. 11. p. 1).

Un conseil de préfecture excède ses pouvoirs en statuant sur une demande en réduction de droit de patente, lorsque le réclamant n'a pas été classé conformément aux prescriptions des articles 64 et 60 des lois du 25 mars 1817 et 15 mai 1818 (Ord. du 28 janv. 1841. Fél. Leb. t. 11. p. 12).

Industries et Professions rangées dans la 1re classe.

Le particulier qui se borne à percevoir des fermages pour le compte de parents ou d'amis qui lui ont confié la gestion de leurs propriétés, ne peut être assujéti à la patente comme les receveurs de rentes assimilés aux agents d'affaires (Ord. du 15 juil. 1841. Fél. Leb. t. 11. p. 340).

NOTA. Il convient de faire remarquer que dans l'espèce qui a provoqué l'ordonnance ci-dessus, le montant des fermages que le réclamant percevait annuellement s'élevait à environ 25 mille francs, et que ses mandants lui faisaient une rétribution annuelle de 1,400 fr.

Celui qui, n'étant ni avocat, ni avoué, ni notaire, se charge de suivre les affaires des particuliers devant les tribunaux et dans les études des notaires, où il donne des conseils aux parties, est imposable comme agent d'affaires (Ord. du 25 avril 1834. Bul. des contr. p. 146).

Copropriétaire de navire mis en armement; page 140. nombre 427.

Le copropriétaire d'un navire qui ne concourt à son armement que par une mise de fonds avec les autres propriétaires, sans se mêler personnellement aux opérations de l'armement, *n'est pas imposable à la patente d'armateur* (Ord. du 11 août 1841. Fél. Leb. t. 11. p. 424).

Professions rangées dans la 2ᵉ classe, par voie d'analogie.

Conducteurs des ponts et chaussées qui rédigent des plans et devis pour les communes; p. 143. n. 428.

Les conducteurs des ponts et chaussées qui se chargent, moyennant salaire, de devis, de plans et de travaux de constructions pour le compte des communes, doivent être assujétis à la patente d'architecte (Ord. du 28 janv. 1841. Fél. Leb. t. 11. p. 12).

Professions rangées dans la 3ᵉ classe, par voie d'analogie.

Individu qui achète du blé par charretées; p. 145. n. 429.

On doit considérer *comme marchand de grains* au droit fixe de la 3ᵉ classe, *et non pas simplement comme blatier*, celui qui achète du blé par charretées, et le fait transporter de même pour le revendre sur des marchés environnants (Ord. du 23 févr. 1841. Fél. Leb. t. 11. p. 67).

Propriétaire des ponts à péage; p. 145 n. 429.

En vertu de l'article 35 de la loi du 1ᵉʳ brumaire an VII, il y a lieu de ranger dans la 3ᵉ classe du tarif, les propriétaires des ponts à péage, par analogie avec les détenteurs, fermiers ou propriétaires des bacs (Ord. du 5 mars 1841. Fél. Leb. t. 11. p. 99).

Marchands d'huile; p. 145. n. 429.

Les marchands d'huile doivent être imposés au droit fixe de patente de la 3ᵉ classe, par assimilation de leur profession à celle de marchand de vin, liqueur et vinaigre (Ord. du 30 nov. 1841. Fél. Leb. t. 11. p. 526).

Professions rangées dans la 4ᵉ classe, par analogie.

Maitres de manéges avec manéges et chevaux; p. 147. n. 430.

Les maîtres de manéges, avec manéges et chevaux, doivent être soumis à la patente de 4ᵉ classe, par assimilation de leur profession avec celle de loueur de chevaux (Ord. du 30 déc. 1841. Fél. Leb. t. 11. p. 557).

Professions rangées dans la 5ᵉ classe, par analogie.

Maitres avec compagnons; p. 149. n. 431.

On doit considérer comme travaillant avec compagnons et par conséquent assujétis au droit fixe de la 5ᵉ classe, le charpentier qui emploie des ouvriers soumis eux-mêmes à la patente comme charpentiers (Ord. du 17 déc. 1841. Fél. Leb. t. 11. p. 556).

Droit fixe des patentables ayant plusieurs établissements.

Marchands coquetiers; p. 158. n. 448.

Les dispositions des articles 66 de la loi du 25 mars 1817, et 61 de la loi du 15 mai 1818, sont applicables aux marchands coquetiers exerçant dans plusieurs communes (Ord. du 23 fév. 1841. Fél. Leb. t. 11. p. 69).

Maitres maçons.—Dépôts d'outils constituant un établissement; p. 158. n. 448.

Un dépôt d'outils et ustensiles, tels qu'*étais, échelles, échafaudages*, etc., servant à l'exercice de la profession de maître maçon, constitue un établissement dans le sens de l'article 66 de la loi du 25 mars 1817, aux termes duquel les patentables qui ont plusieurs établissements doivent payer le droit fixe dans le lieu où ce droit est le plus fort (Ord. du 5 fév. 1841. Fél. Leb. t. 11. p. 41).

Exemptions des patentes.

Les propriétaires qui donnent à boire chez eux, ne doivent pas être assujétis à la patente, *s'ils se bornent à vendre le vin qu'ils récoltent* (Ord. du 4 mars 1839. Bull. des cont. juil. 1839. p. 218).

Un propriétaire qui fait vendre son vin hors de son domicile, à pots et à pintes, *moyennant une remise*, ne peut conférer à celui qu'il commet, le privilége de l'exemption accordée par le nombre 2 de l'article 29 de la loi du 1er brumaire an VII (Ord. du 22 mars 1816. Bull. des cont. juil. 1839. p. 219).

L'exemption prononcée par l'article 29 de la loi du 1er brumaire an VII, en faveur des médecins des pauvres, n'est pas applicable aux *médecins surnuméraires non chargés d'un service habituel et régulier.*

Un médecin attaché à un établissement de charité par nomination de l'autorité ecclésiastique ou d'une commission administrative d'hospice, etc., ne peut se prévaloir de cette nomination pour réclamer le bénéfice de l'exemption prononcée à l'article 29 de la loi du 1er brumaire an VII (Ord. des 23 juin et 14 juil. 1841. Fél. Leb. t. 11. p. 263 et 308).

Les médecins vaccinateurs et ceux membres des comités gratuits de vaccine nommés par les préfets, n'ont pas droit à l'exemption de patente prononcée par l'article 29 de la loi du 1er brumaire an VII (Avis du com. des fin. du cons. d'ét. du 30 juin 1818 et Ord. du 15 juil. 1841. Fél. Leb. t. 11. p. 345).

Chapitre 6. — *Prestations sur les chemins vicinaux.*

Les maîtres de poste sont exempts de la prestation en nature pour le nombre de chevaux qu'ils doivent tenir exclusivement affectés au service du relais, alors même qu'ils emploient ces chevaux à des transports de terres ou d'autres travaux agricoles (Ord. du 29 janv. 1841. Fél. Leb. t. 11. p. 37 et 38).

Lorsque le harnachement ordinaire des bêtes de somme pour lesquelles un individu est soumis à la prestation en nature, ne permet pas de les employer en cet état aux travaux des chemins, le prestataire n'est pas tenu de les fournir avec des harnais qui permettent de les utiliser (Ord. du 17 août 1841. Fél. Leb. t. 11. p. 466).

Chapitre 10. — *Demandes en décharge ou réduction.*

Section 1re. — *Dispositions principales.*

Le propriétaire d'une usine est, *à ce titre*, sans qualité pour demander, au nom de son fermier ou gérant, la décharge ou réduction de la patente portée au nom de celui-ci (Ord. du 15 juil. 1841. Fél. Leb. t. 11. p. 339).

Section 2. — *Mode et formes de l'instruction des réclamations.*

Lorsque par suite d'un premier avis donné par le directeur des contributions directes, conformément à l'article 29 de la loi du 21 avril 1832, un contribuable a fourni de nouvelles observations, suivies d'un second rapport du directeur, celui-ci est tenu, en vertu de l'article précité, de donner au réclamant communication de ce second rapport (Ord. du 27 avril 1841. Fél. Leb. t. 11. p. 163).

Dispositions particulières aux communes cadastrées.

Application de l'article 38 de la loi du 16 septembre 1807. Démolitions volontaires; page 196, nombre 393.

Les dispositions de l'article 38 de la loi du 16 septembre 1807 sont applicables au cas où les propriétaires font démolir leurs bâtiments.

Le dégrèvement peut être demandé, même pour l'année pendant laquelle la démolition est effectuée, et à partir de l'époque où cette démolition a été terminée (Ord. du 1er nov. 1838. Fél. Leb. t. 8. p. 582 et autre du 5 fév. 1841, *idem*, t. 11. p. 41).

Expertises.

Cas où l'expert du réclamant ferait défaut; p. 193. n. 387 et p. 201. n. 403.

Lorsque, faute par l'expert du réclamant de se présenter au jour fixé pour l'expertise, l'autre expert a opéré en présence de toutes les personnes qui doivent assister à cette opération, si l'expert qui a fait défaut fait ensuite séparément son travail, le remet au réclamant et que celui-ci discute celui de l'expert de l'administration, le vœu de la loi concernant l'expertise se trouve rempli (Ord. du 25 fév. 1841. Fél. Leb. t. 11. p. 82).

Pourvoi. — Défaut de qualité.

Le ministre des finances ne peut se pourvoir en matière de prestation en nature; p. 206. n. 419.

Par le motif que la prestation en nature n'est pas une perception en faveur du trésor, le ministre des finances est sans qualité pour déférer au conseil d'état les arrêtés des conseils de préfecture qui accordent indûment des décharges de cette prestation (Ord. du 5 mars 1841. Fél. Leb. t. 11. p. 105).

QUATRIÈME PARTIE.

TITRE 5. — *Matières forestières. — Bois des particuliers.*

Rachat des droits de parcours des communes; p. 254. n. 521.

La contestation sur le point de savoir si les droits de parcours appartenant à une commune, dans les bois d'un particulier, sont d'une absolue nécessité pour cette commune, est de la compétence, non des tribunaux civils, mais du conseil de préfecture, comme au cas où il s'agit de droits d'usage dans les bois de l'état (Ord. du 4 sept. 1841. Fél. Leb. t. 11. p. 490).

CINQUIÈME PARTIE.

ATELIERS DANGEREUX, INSALUBRES, ETC.

Attributions du préfet et du conseil de préfecture relatives aux établissements de 2e classe; p. 267. n. 548.

Aux termes de l'article 7 du décret du 15 octobre 1810, c'est au préfet qu'il appartient exclusivement de statuer d'abord sur les demandes d'établissements rangés dans la 2e classe.

Le conseil de préfecture n'est appelé à juger que les oppositions formées aux décisions de l'autorité administrative. Il serait saisi prématurément lorsque le préfet n'a pris encore aucune décision (Ord. du 26 déc. 1830. Mac. t. 12 p. 554).

Les opposants ne peuvent se pourvoir au conseil d'état, tant que le conseil de préfecture n'a pas statué.

Les oppositions formées dans le cas prévu à l'article 7 du décret du 15 octobre 1810, ne peuvent être portées devant le conseil d'état si le conseil de préfecture n'a pas été saisi préalablement (Ord. du 11 août 1841. Fél. Leb. t. 11. p. 423 et plusieurs autres).

Classement des fabriques de pavés de bitume; p. 265. n. 546.

L'ordonnance royale du 31 mai 1833, qui classe parmi les établissements dangereux, insalubres ou incommodes de 2e classe, les ateliers pour la fonte et la préparation du bitume pissasphalte, comprend les fabriques de pavés de bitume (Ord. du 17 déc. 1841. Fél. Leb. t. 11. p. 546).

SIXIÈME PARTIE.

SERVITUDES MILITAIRES.

Il n'est dû aucune indemnité pour servitudes ; page 285. nombre 569 et p. 295. n. 588.

Les propriétaires de terrains qui viennent à être soumis aux servitudes militaires n'ont droit à aucune indemnité pour ce fait (Ord. du 23 juil. 1841. Fél. Leb. t. 11. p. 394).

La défense portée par l'article 34 de la loi des 8-10 juillet 1791, de déposer des décombres *à moins de cinq cents toises des parapets des chemins couverts les plus avancés*, s'applique, *à fortiori*, aux dépôts qui seraient faits sur le terrain militaire même intérieur. Cette défense s'applique également aux parties de terrain militaire intérieur qui ne seraient pas la propriété de l'état (Ord. du 25 fév. 1841. Fél. Leb. t. 11. p. 86).

Constructions sur un cours d'eau dans les zônes de servitudes ; p. 290. n. 578.

La construction d'un barrage sur un cours d'eau, dans un rayon de 250 mètres autour d'une place de guerre ou d'un poste militaire, constitue une contravention aux lois et ordonnances qui règlent les zônes de servitudes défensives (Ord. du 5 fév. 1841. Fél. Leb. t. 11. p. 54).

SEPTIÈME PARTIE.

TRAVAUX PUBLICS.

Indemnité pour diminution de force motrice d'une usine ; p. 321. n. 645.

Lorsque, dans la vente nationale d'une usine située sur une rivière navigable, l'usage des eaux a été apprécié par les experts et compris dans leur estimation, l'administration peut diminuer ensuite la force motrice pour des travaux de navigation sans être tenue à une indemnité (Ord. du 22 mars 1841. Fél. Leb. t. 11. p. 124).

Inondations par négligence ou fausses manœuvres des écluses ; p. 321. n. 645.

Lorsque les propriétés riveraines d'une rivière canalisée sont inondées par faute ou négligence dans les manœuvres des écluses, le règlement de l'indemnité due pour dommages est de la compétence des conseils de préfecture (Ord. du 30 nov. 1841. Fél. Leb. t. 11. p. 534).

Cours d'eau non navigables ni flottables ; p. 324. n. 651.

L'article 48 de la loi du 16 septembre 1807 est applicable aux usines établies sur les cours d'eau ou rivières non navigables ni flottables (Ord. du 26 nov. 1841. Fél. Leb. t. 11. p. 511).

Carrière en exploitation ; p. 256. n. 656.

On doit considérer comme carrière en exploitation celle qui a été exploitée par un entrepreneur de travaux publics qui l'a abandonnée, et dont l'exploitation a été continuée ensuite par des maîtres carriers étrangers à l'administration (Ord. du 15 juil. 1841. Fél. Leb. t. 11. p. 358).

Frais d'expertise ; p. 328. n. 658.

Lorsqu'une expertise a lieu pour l'estimation d'un terrain cédé à l'état pour cause d'utilité publique, le propriétaire doit supporter les honoraires de son expert (*).

Intervention de l'associé d'un entrepreneur ; p. 330. n. 664.

L'associé d'un entrepreneur n'a pas qualité pour intervenir dans une instance engagée sur des contestations entre l'état et l'entrepreneur (Ord. du 12 fév. 1841. Fél. Leb. t. 11. p. 61).

Retard dans la liquidation d'une entreprise ; p. 330. n. 664.

Lorsque le retard de la liquidation d'une entreprise est provenu des difficultés mêmes de cette liquidation, l'entrepreneur est sans droit à réclamer des intérêts (Ord. du 3 avril 1841. Fél. Leb. t. 11. p. 134).

(*) *Voyez* plus haut le titre *expertises*, relatif au cas où l'expert du réclamant aurait fait défaut.

CHAPITRE 8. — SECTION 2. — *Mines et minières.*

Des travaux de recherches faits sur le fonds d'un tiers, sans son consentement et sans l'autorisation du roi, ou avant cette autorisation, constituent une voie de fait, et l'autorité judiciaire est seule compétente pour connaître des dommages-intérêts auxquels ces travaux peuvent donner lieu (Ord. du 16 avril 1841. Fél. Leb. t. 11. p. 146).

HUITIÈME PARTIE.

GRANDE VOIRIE.

TITRE 2. — *Police des routes.*

Les dispositions de l'arrêt du conseil du 27 février 1765, portant défense de faire, sans la permission de l'autorité, des réparations aux façades des maisons situées le long des routes, *sont applicables aux travaux qui ne sont pas confortatifs, mais à l'égard de l'amende seulement;* dans ce cas, les conseils de préfecture doivent s'abstenir de prononcer la démolition des travaux non confortatifs (Ord. du 23 fév. 1841. Fél. Leb. t. 11. p. 74).

Les propriétaires peuvent, sans autorisation, faire des travaux de réparations dans l'intérieur de leurs maisons, même sur la partie retranchable, pourvu qu'ils ne réconfortent pas les murs de face (Ord. du 25 fév. 1841. Fél. Leb. t. 11. p. 88).

Lorsqu'une construction effectuée sans alignement préalable se trouve sur l'alignement qui aurait dû être donné, le conseil de préfecture doit se borner à prononcer l'amende (Ord. du 15 juil. 1841. Fél. Leb. t. 11. p. 551).

L'amende de cinq cents francs prononcée par l'arrêt du conseil d'état du roi du 4 août 1731, pour la répression des dépôts sur les routes, n'est pas applicable dans les localités qui formaient autrefois la généralité de Paris ; dans ces localités, l'amende encourue pour dépôts sur les routes est fixée à cent francs, par une ordonnance du bureau des finances du 17 juil. 1784 (Ord. du 5 mars 1841. Fél. Leb. t. 11. p. 107).

Voirie fluviale.

L'article 1 de la loi du 29 floréal an X *n'attribue pas restrictivement* à l'autorité administrative la contestation des faits qui s'y trouvent spécialement énoncés; dès-lors, cet article place dans la compétence des conseils de préfecture toutes les contraventions qui peuvent être commises dans le domaine de la grande voirie et par conséquent tout ce qui tient à la liberté et à la sûreté de la navigation sur les fleuves et rivières (Ord. du 23 fév. 1841. Fél. Leb. t. 11. p. 73).

L'arrêt du conseil d'état du roi, du 24 juin 1777, est applicable aux bateliers qui mettent obstacle au libre cours de la navigation par la conduite de leurs bateaux sur les canaux et rivières navigables (Ord. du 5 fév. 1841. Fél. Leb. t. 11. p. 55).

Police du roulage.

La disposition de l'article 2 de la loi du 7 ventôse an XII s'oppose à ce qu'on attèle un deuxième cheval à une voiture dont les jantes ont moins de 11 centimètres de largeur, pour cause de l'état et de la difficulté des routes

(Ord. des 29 janv. 23 fév. 27 avril, 15 juin, 14 juil. et 5 août 1841. Fél. Leb. t. 11. p. 36. 78. 173. 244. 335 et 420 et plusieurs autres antérieures).

Il y a transport de roulage et non simplement transport d'agriculture, lorsque l'habitant d'une ville fait transporter du fumier de cette ville à sa ferme ou des produits d'une ferme à la ville, à son domicile (Ord. du 27 avril 1841. Fél. Leb. t. 11. p. 171).

Les transports de décombres ou de sable pour constructions sont des transports de roulage, et les voitures qui y sont employées doivent être assujéties aux prescriptions de la loi du 7 ventôse an XII et de l'article 34 du décret du 23 juin 1806 (Ord. du 23 juin 1841. Fél. Leb. t. 11. p. 287).

La défense d'atteler plus d'un cheval aux voitures dont les jantes ont moins de 11 centimètres de largeur, s'applique aux animaux de trait autres que le cheval, lorsque les forces réunies de l'attelage sont supérieures à celle d'un cheval, par exemple, à un attelage de deux bœufs (*) (Ord. du 15 juil. 1841. Fél. Leb. t. 11. p. 355).

En général, une voiture habituellement employée à l'agriculture perd le bénéfice de l'exemption prononcée par l'article 8 de la loi du 7 ventôse an XII, toutes les fois qu'elle est employée à d'autres transports (Ord. des 29 janv. et 25 fév. 1841. Fél. Leb. t. 11. p. 37 et 91).

L'article 3 de la loi du 29 floréal an X, sur la police du roulage, permet de constater le poids du chargement des voitures de roulage par la vérification des lettres de voitures, dans les lieux où il n'existe point de pont à bascule (Ord. du 28 janv. 1841. Fél. Leb. t. 11. p. 24 et 26).

Lorsqu'à défaut d'énonciation du procès-verbal, l'instruction établit qu'une voiture trouvée sans plaque n'était pas employée au transport des récoltes ou à l'exploitation d'une ferme, il y a lieu d'appliquer l'amende prononcée par l'article 34 du décret du 23 juin 1806 (Plusieurs Ord., rendues sur le même sujet, du 25 fév. 1841. Fél. Leb. t. 11. p. 92 et suiv.).

Les prescriptions de l'article 34 du décret du 23 juin 1806 sont applicables non-seulement aux voituriers de profession, mais encore à tous propriétaires de voitures employées à des transports de roulage (Ord. du 27 avril 1841. Fél. Leb. t. 11. p. 171 et 172).

Un char-à-banc chargé de marchandises doit être assujéti à l'obligation de la plaque comme voiture de roulage (Ord. du 29 janv. 1841. Fél. Leb. t. 11. p. 35).

L'individu que le procès-verbal de contravention désigne comme propriétaire de la voiture, parce que son nom se trouve sur la plaque, doit être condamné, alors même qu'il aurait prêté sa voiture, sauf son recours contre celui auquel il l'aurait prêtée (Ord. du 11 août 1841. Fél. Leb. t. 11. p. 435).

(*) Dans une espèce semblable on a invoqué la disposition d'un arrêt du conseil du 20 avril 1785, portant *que deux bœufs doivent être assimilés à un cheval*; cette question n'a pas été résolue par l'ordonnance intervenue à ce sujet, le 25 juillet 1841, laquelle se borne à prononcer le rejet du pourvoi formé par le ministre, pour cause de déchéance encourue (Fél. Leb. t. 11. p. 592). Toutefois, a dit le ministre, à cette occasion, l'administration a cru devoir, dans l'intérêt des cultivateurs, *admettre provisoirement* cette assimilation en faveur des voitures qui, attelées de deux bœufs, transportent des denrées sur les marchés des villes.

Lorsque plusieurs voitures marchant ensemble, sont la propriété du même individu, il ne suffit pas que l'une d'elles soit pourvue d'une plaque, la disposition de l'article 34 du décret du 23 juin 1806 étant applicable *à toutes les voitures de roulage* (Ord. des 5 sept. 1840 et 30 déc. 1841. Fél. Leb. t. 10. p. 390 et t. 11. p. 564).

Les agents désignés dans l'article 112 du décret du 16 déc. 1811, peuvent affirmer leurs procès-verbaux de contravention devant le maire du lieu de leur résidence (Ord. du 25 fév. 1841. Fél. Leb. t. 11. p. 87).

Les procès-verbaux des agents chargés de constater les contraventions de grande voirie *font foi seulement jusqu'à preuve contraire* (Ord. des 8 juin 1832. 21 mars 1834. Del. t. 2. p. 309. t. 4. p. 205 et 14 juil. 1841. Fél. Leb. t. 11. p. 332).

Mais précédemment l'autorité souveraine avait décidé le contraire, c'est-à-dire que ces procès-verbaux *font foi jusqu'à inscription de faux* (Ord. des 2 sept. 1829. 30 nov. et 26 déc. 1830. Mac. t. 2. p. 359 et t. 12. p. 525 et 585).

NEUVIÈME PARTIE.

PROCÉDURE.

L'omission de la formalité du timbre sur une requête en pourvoi ne constitue pas une fin de non recevoir (Ord. du 18 mars 1841. Fél. Leb. t. 11. p. 113).

Lorsqu'après la production des moyens du défendeur, le conseil de préfecture ordonne une visite des lieux à laquelle le défendeur comparaît, l'arrêté qui intervient ensuite au fond sans production de nouvelles défenses est contradictoire.

En l'absence d'une disposition qui autorise à prononcer des dépens à la charge ou au profit de l'administration lorsqu'elle procède devant les conseils de préfecture, ceux-ci doivent laisser chaque partie supporter ses propres dépens (Ord. du 28 janv. 1841. Fél. Leb. t. 11. p. 20).

Au cas ou un arrêté contradictoire, considéré mal à propos comme rendu par défaut, est frappé d'opposition, cet acte établit que l'opposant avait connaissance pleine et entière de la décision attaquée, *et le pourvoi qui vient à être formé contre cette décision après les trois mois, du jour où l'opposition a été faite est tardif* (Ord. du 29 janv. 1841. Fél. Leb. t. 11. p. 31).

La disposition de l'article 4 de l'ordonnance du 1er juin 1828, portant *qu'il ne pourra jamais être élevé de conflit après jugement...* Acquiescement doit s'entendre des seuls jugements sur le fond du droit et nonobstant l'acquiescement donné par le défendeur à un jugement qui a rejeté le déclinatoire proposé par lui ; et, basé sur ce que la demande était de la compétence de l'autorité administrative, le préfet peut ultérieurement revendiquer la cause pour cette autorité (Ord. du 5 mars 1841. Fél. Leb. t. 11. p. 94).

La déchéance prononcée par l'article 12 du décret réglementaire du 22 juillet 1806, est applicable au cas où l'ordonnance de soit communiqué n'a pas été régulièrement signifiée dans les trois mois, par le demandeur au défendeur (Ord. du 8 mai 1841. Fél. Leb. t. 11. p. 191).

FIN.

TABLE DES MATIÈRES.

—◇❀❀◇—

TABLE.

NEUVIÈME PARTIE.

MODE DE PROCÉDER DEVANT LES CONSEILS DE PRÉFECTURE.

FIN DE LA TABLE.

BESANÇON, IMPRIMERIE DE BINTOT.

www.ingramcontent.com/pod-product-compliance
Lightning Source LLC
Chambersburg PA
CBHW031614210326
41599CB00021B/3181